Richard Burton

Melvyn Bragg

Richard Burton

Sa vie, ses carnets intimes

Traduit de l'anglais
par Éric CHÉDAILLE

Presses de la Renaissance
37, rue du Four
75006 Paris

Titre original : *Rich. The life of Richard Burton,* publié par Hodder & Stoughton, Londres.

ISBN 2-85616-489-7 H 60-3533-1

Table

Première Partie

Deuxième Partie

TROISIÈME PARTIE

Première Partie

CHAPITRE PREMIER

JENKINS LE GALLOIS

« Pwy sy'n fel ni ? » (« On ressemble à qui ? ») avait coutume de demander le père Jenkins, assis sur ses talons, devant le Miner's Arms, les soirs d'été ; mélancolique et ivre.

« Neb », lui répondaient ses amis, tous des mineurs comme lui. A personne.

« Pwy sy'n fel ni ? » (« Et moi je ressemble à qui ? ») ajoutait-il.

« Neb ! » A personne !

En effet, Richard Walter Jenkins était un homme hors du commun. Aux yeux de ses onze enfants, de ses voisins, et de ses compagnons de labeur. On l'appelait Dic, Dic Bach y Saer, « P'tit Dick le Charpentier », ainsi nommé d'après le grand-père qui fabriquait des étais de mine, ou encore « Daddy Ni », « notre Daddy », pour ses enfants. Un mètre soixante, une force colossale, « un type capable de soulever un homme de quatre-vingts kilos par le fond de son pantalon ! » « Un mineur hors pair. Il examinait d'abord la veine, puis il prenait un pic numéro deux (un pic à une seule tête) et s'il frappait au bon endroit, quelque chose comme vingt tonnes de charbon s'arrachaient du front de taille ! » En outre, Daddy Ni avait une passion pour les mots — « plus ils étaient longs, mieux c'était ».

« Il me ressemblait beaucoup », prétendait le plus célèbre de ses fils, qui s'appelait aussi Richard Walter Jenkins, connu plus tard sous le nom de Richard Burton. « C'est-à-dire, il avait le visage grêlé ; un air retors. Il souriait beaucoup quand il avait des ennuis. » Mais de l'avis général, le jeune Richard tenait plutôt de sa mère, Edith, une jolie blonde, plutôt mignonne, bien plus grande que Dic, « une femme à poigne », à laquelle son mari fut toujours parfaitement fidèle et envers laquelle il se montra tout aussi parfaitement irresponsable ! Il ne se comporta pas mieux avec le reste de la famille.

Unique en son genre, Daddy Ni l'était aussi quand il s'agissait de boire. Un vrai héros ! Six litres de bière par jour ! Il disparaissait des nuits entières. « J'ai rencontré un ami », disait-il en guise d'explication, incapable qu'il était de passer devant un pub sans s'y arrêter. C'était aussi un joueur — « les courses de lévriers ». Laissant régulièrement femme et enfants sans un sou, au bord du désespoir : comme si les temps n'étaient pas déjà assez durs comme ça. Et pourtant, grâce à son charme il arrivait toujours à s'en sortir. « Il n'y avait pas le moindre fond de méchanceté chez cet homme-là. » La famille avait beau ruminer ses remontrances pendant des heures, l'attendant de pied ferme après ses terribles virées, il finissait toujours par les attendrir par d'invraisemblables histoires. Braconneur de surcroît, il dormait dans les poulaillers, traînait dans les bas-fonds des docks. Le clan Jenkins veillait sur lui, coûte que coûte. Dic Bach y Saer était porté dans son lit par les aînés de la tribu qu'il délaissait en toute sérénité. « J'ai des milliers d'enfants, disait-il dans un murmure, ils sont bons comme du bon pain. »

Un point de vue que partageait en tout cas un de leurs voisins : « Ils étaient tous adorables, dans cette famille, si gentils. Des gens remarquables. »

Les Jenkins constituaient un des « clans » du pays de Galles. Quand Daddy Ni disait : « Nous ne ressemblons à personne », le « nous » désignait les Gallois. Dans les moments forts de leur histoire, les Gallois ont su revendiquer de plus nobles attaches — ainsi le légendaire roi Arthur — et se vanter d'avoir fourni à l'Angleterre ses plus grands monarques, issus de la lignée des Owen Tudor : Henry VII, Henry VIII, Elizabeth Ire. « C'est une race à part, écrira Burton, et personne ne sait d'où ils viennent, ni qui ils sont. » La tribu égarée d'Israël ? Des Carthaginois poussés vers le nord par le Gulf Stream ? Des Celtes, sans aucun doute, qui ont secoué le joug des occupants romains. Peut-être même descendent-ils en ligne directe des dieux de l'Antiquité ? Ils avaient besoin de mythes ; la réalité du XXe siècle ne leur offrait pas de quoi se réjouir, loin de là. Les Gallois constituaient en effet une minorité, opprimée, démunie, exploitée, totalement assujettie aux Anglais alors tout-puissants. Leur unique singularité étant la langue galloise, parlée par un quart d'entre eux seulement.

La famille de Daddy Ni en faisait partie. Par le langage, ils embellissaient leur passé, ils faisaient de leur histoire une légende, ils se rassuraient sur leur identité, comme les minorités l'ont toujours fait : Juifs, Noirs américains, Basques, Sikhs, en quête de rédempteurs, de messies ou, dans le cas des Gallois, de héros. Richard Burton, acteur, héros gallois, est entré dans la légende de son pays. « Nous sommes si peu nombreux, a-t-il écrit, Dieu sait que nous ne pouvons pas nous permettre de perdre une trop grande partie de nos effectifs ! » Il ne devait jamais trahir le pays de Galles.

En dehors de sa famille, son appartenance au peuple gallois était la plus grande bénédiction qu'il ait reçue du ciel : il demeura à jamais attaché à sa terre natale, berceau de héros si nombreux. Gloires amères. Forces sans égales. Les Gallois ont toujours su embrouiller l'ennemi, confondre l'envahisseur. Tous des héros. Au fond des puits, sur les terrains de rugby, dans les pubs, à raconter des histoires, à chanter des motets comme si c'étaient des chants de guerre, à découvrir des poètes : Dylan Thomas, David Jones, R.S. Thomas. Tel est le pays du Dragon rouge. Chaque dimanche, le petit Richard allait à la chapelle, écouter la lecture de la Bible en gallois et chanter dans cette langue aussi complexe que mélodieuse. Dès qu'il eut atteint l'âge de raison, il observa avec intérêt, par-delà les remparts de la culture galloise, cette civilisation étrangère qui envahissait la terre de ses ancêtres, et menaçait l'identité des siens. Très jeune, il prit conscience de son appartenance à une vieille tribu, qui paraissait alors condamnée, sans légitimité : il ne l'oublia jamais. Il mit un point d'honneur à venger cette tribu. Avant tout, défendre l'identité galloise.

Dans ces vallées où régnait l'industrialisation, comme pour combattre d'une manière détournée l'iniquité du sort, les familles galloises croissaient et se multipliaient et chérissaient leurs ouailles avec un zèle et un dévouement bibliques !

Dic et Edith Jenkins se marièrent le jour de Noël 1900 ; ils eurent treize enfants en vingt-six ans. Thomas Henry naquit en 1901, Cécilia en 1905, Ifor en 1906 ; deux filles, toutes deux prénommées Margaret Hannah, moururent au berceau ; puis arrivèrent William, né en 1911, David né en 1914, Verdun, né en 1916, Hilda, née en 1918, Catherine, née en 1921, Edith, née en 1922, Richard Walter, né en 1925, et enfin Graham, né en 1927. Plus qu'une famille, c'était une véritable petite armée. Edith Thomas se maria à dix-sept ans ; elle travaillait comme serveuse au Miner's Arms, où elle rencontra son futur époux. Ses parents désapprouvèrent cette union avec un mineur de vingt-quatre ans. Les Thomas s'estimaient socialement supérieurs aux Jenkins. Pourtant Edith et son mari furent les premiers membres de leurs familles respectives à signer le registre des mariages autrement qu'avec une croix. Les uns comme les autres s'étaient sortis de ce que l'on pourrait appeler une « lumpen » paysannerie, pour rejoindre les rangs de ce que Karl Marx baptisa justement le lumpen prolétariat. Leur personnalité et la richesse spécifique de leur existence — avec le coup de pouce de la chance — les plaçaient bien au-dessus de ce genre d'étiquetage.

Si l'Homme était aux yeux du jeune Richard (ce prénom signifie Souverain implacable) un Héros, dans la lutte comme dans la chanson, la Femme, elle, était au regard de l'enfant l'image de la Noblesse, admirable et infiniment compétente. Edith, sa mère, était parfaitement à la hauteur de cet idéal. Elle subvenait aux besoins de sa nombreuse progéniture et leur fournit une éducation convenable. Elle cousait leurs habits, faisait le pain, préparait à manger, brassait la bière et la vendait, confectionnait du beurre qu'elle vendait aussi. En outre, elle décorait les maisons des voisins avec goût, et se chargeait de la lessive de plusieurs familles. Et cela, pour ainsi dire sans le moindre soutien de la part de son mari qui se retrouvait en général sans le sou quelques heures après avoir touché sa paie. C'était un grand enfant, plus qu'aucun des siens. Quand il était bébé, Richard ne supportait pas que sa mère disparût de sa vue et pleurait dès qu'elle le laissait seul.

Taillés dans le granit, les hommes étaient d'une intrépidité farouche dans le monde souterrain, primitif et périlleux de la mine. Les femmes, on les considérait comme des saintes ; et c'est elles qui tenaient les rênes. Tout ce petit monde était cent pour cent gallois. Seuls les Gallois présentaient un caractère si dur, seules les Galloises étaient si belles, seuls ces gens-là pouvaient raconter de pareilles histoires. Décidément, ils ne ressemblaient à personne. A personne.

La famille Jenkins avait aussi ses propres histoires, que Richard Burton racontait inlassablement parce qu'il était fier de glorifier son passé et qu'il refusait de laisser la richesse, le succès empiéter sur son enfance. Plus le fossé grandissait entre sa formidable réussite et les cottages en terrasses du sud du pays de Galles, plus il s'obstinait à évoquer « le temps jadis », avec une absolue fidélité. Il tenait à ce que l'on sache d'où il venait, non pas pour s'apitoyer sur lui-même (bien que dans le monde cruel de la mine, cela aurait pu se comprendre), pas davantage pour se vanter (même si les combats qu'il avait dû mener et gagner pour en arriver là méritent certainement notre admiration). Non, si Burton éprouvait le besoin de ressasser continuellement ces histoires, c'était en fait par fidélité à son passé. En 1970, au cours d'une interview qu'il accorda à David Frost en compagnie de Liz Taylor, il conta l'une de ses fameuses histoires :

« De temps en temps, mon père faisait ce que l'on appelle une virée. J'ai assez de contrôle sur moi-même pour que mes virées à moi ne durent que deux, trois jours. Les siennes duraient parfois trois semaines. Un vendredi, il s'éclipsait. Nous l'attendions toute la journée du samedi. Nous étions très pauvres. Cela se passait vers les années 1930, pendant la Dépression, si je me souviens bien. L'une des grandes distractions des mineurs gallois, en ce temps-là comme aujourd'hui, c'étaient les courses de lévriers. Une semaine s'écoula, sans que nous ayons de nouvelles du vieux ! Puis deux, puis trois ! Nous étions tous franchement désespérés. Il y avait de quoi ! A l'époque, il y avait encore onze bouches à nourrir à la maison. Un beau jour, la porte de la cuisine s'ouvrit avec fracas — nous nous tenions dans la cuisine, et mon père apparut sur le seuil. Son sourire le plus effronté traînant sur les lèvres. Il braqua ses yeux étonnamment durs sur la famille frappée de stupeur, rassemblée devant lui. A la main, il tenait une corde orange, et au bout de cette laisse improvisée, il y avait un chien, un lévrier édenté qui devait avoir au moins vingt-quatre ans. Comme le fit remarquer l'un de mes frères, quand on l'emmenait faire deux pas, il pantelait. Père jeta un coup d'œil à la ronde, puis il flatta tendrement le dos du chien galeux en s'exclamant : "Nos ennuis sont finis, les enfants !" »

Sur P'tit Dick le Charpentier, les histoires abondent. On racontait par exemple qu'il n'avait jamais réussi à assister à un match de rugby parce que sur le chemin, il y avait trop de pubs. Qu'il avait été grièvement brûlé dans l'explosion d'un puits de mine : il avait passé des mois enveloppé dans des bandages qui ne laissaient libres que ses yeux et ses narines. Avec une patience infinie, ses filles l'avaient soigné, en se relayant pour l'enduire d'huile d'olive. Daddy Ni insistait toujours pour emmener sa fille

Cecilia (Cis) aux concours de chant parce qu'il adorait l'entendre chanter ; mais elle devait constamment le supplier « de ne pas s'arrêter n'importe où et de ne pas la laisser dans l'entrée de la salle de concert ». On racontait aussi comment le père Jenkins parvenait à travailler sur une veine de charbon, large de 60 cm avec de l'eau jusqu'en haut des cuisses.

Le Miner's Arms était une source intarissable d'anecdotes, et le théâtre de bien des aventures. Le grand-père de Richard, Tom, avait été estropié dans la mine ; depuis, il était resté cloué sur un fauteuil roulant. Un jour, il gagna une somme coquette en pariant sur un cheval appelé Black Sambo. Au Miner's Arms, il paya à tout le monde tournée sur tournée... Une fois dehors, soûl comme une barrique, on le hisse sur sa chaise. Mais la route est en pente raide jusqu'à chez lui. Il file comme un dératé en criant : « Allez Black Sambo ! Allez ! » Il perd le contrôle de son véhicule, s'écrase contre un mur et meurt sur le coup. On a toujours raconté cette histoire comme une histoire drôle !

On évitait en revanche de ressasser les tragédies — les morts violentes ou à petit feu de mineurs anonymes. Il faut dire que la ville était une véritable cour des miracles : invalides, tuberculeux, hommes et femmes prématurément vieillis. La silicose faisait les pires ravages, ainsi que la malnutrition, le désespoir, les deuils trop fréquents. Il n'y avait qu'une seule manière de se sortir de ce marasme : l'argent !

L'homme que l'on estima, à un moment donné, comme l'artisan de l'une des six plus grandes fortunes du monde naquit à Pontrhydyfen, le 10 novembre 1925, au numéro 2 Dan-Y-Bont. Son père avait alors quarante-neuf ans et sa mère quarante-deux. Le nouveau-né pesait douze livres, un record pour l'époque et le lieu ! Deux ans plus tard, sa mère mourait d'une « fièvre puerpérale » (par « manque d'hygiène » devait dire son fils tristement), après avoir donné naissance à un treizième et dernier enfant. L'argent, et surtout la connaissance que procure l'argent, aurait pu la sauver.

Pontrhydyfen est une localité nichée tout au fond de la vallée de l'Afan. Vers 1850, la douce harmonie de ces vallons verdoyants aux formes suaves fut brusquement brisée par l'apparition de carreaux de mine, d'usines sidérurgiques et de régiments de petites maisons uniformes et très modestes. La campagne mord sur les flancs de cette austère petite ville. Le père de Richard, ainsi que d'autres membres de la famille, avaient connu l'alternance des verts patûrages et des noires usines. Richard, lui, naquit trop tard pour la voir. Le pays de Galles, dans sa dimension purement physique, c'était un réseau de catacombes minières, de machines et de bâtiments qui participaient à la création massive de richesses.

Rues étroites, luisantes de pluie, coteaux dégoulinant de suie : triste fond sur lequel se détache parfois un aqueduc, tel celui de Pontrhydyfen, sous lequel se trouve encore aujourd'hui la maison où est né Richard. On a bien essayé d'y apposer une plaque, mais les amateurs de ce genre de souvenir les piquent à la moindre occasion !

Un tel lieu se prêtait évidemment peu à l'éclosion de celui qui allait devenir le nouvel interprète d'*Hamlet*, à l'Old Vic, celui d'Arthur dans *Camelot* : deux pièces ayant battu à Broadway tous les records de durée. Grand amateur de vin, Burton allait être appelé à rencontrer un nombre incalculable de princesses. Quant à l'époque où tout cela se produisit, elle était encore moins favorable que le lieu. Sa génération avait hérité des promesses manquées de la Grande Guerre, après laquelle un autre Gallois avait assuré au soldat britannique de retour chez lui « un foyer digne d'un héros ». La Galles du Sud, comme toutes les régions à hauts fourneaux d'Angleterre, subissait pour sa part une dépression économique sans précédent. L'année 1926 fut marquée par une fameuse grève générale : les mineurs gallois marchèrent sur Londres, couvrant à pied plus de 300 kilomètres de route qu'ils émaillèrent de leurs crachats noircis de sang, de sorte qu'il était aisé de suivre leur trace. Pendant ce temps-là, les troupes britanniques avaient envahi les régions minières, car le gouvernement redoutait les soulèvements. On peut difficilement évaluer l'impact de tels remous sociaux sur un enfant en bas âge, mais il est clair que la famille Jenkins, infime partie de cette grande masse, fut entraînée dans ce tourbillon. Les élans occasionnels de radicalisme que Burton manifesta tout au long de sa puissante carrière prenaient évidemment leur source à Pontrhydyfen, de même que son amour d'un langage subversif qu'on entendait à chaque coin de rue.

La mort d'Edith Jenkins éprouva vivement la famille. Daddy Ni, fuyant comme toujours la réalité, entreprit dès lors de faire la navette entre les maisons de ses filles, où « l'on ne remarquait pas sa présence quand il ne parlait pas ». Il jouait toujours aux courses, lisait tout ce qui lui tombait sous la main et continuait à disparaître de temps à autre et à négliger ses enfants, tous ses enfants, alors que ses filles, elles, l'accueillaient systématiquement à bras ouverts et lui témoignaient la plus grande affection. Daddy Ni : la version heureuse d'un Roi Lear des bassins houillers gallois !

Cinquante ans plus tard, une voisine et amie des enfants Jenkins se souvient encore avec respect de leur comportement. « Ils étaient merveilleux », dit-elle. Merveilleux dans leur débrouillardise. Les garçons en firent très vite à leur guise. Les filles s'élevèrent toutes seules. On casait les petits à droite et à gauche. Il ne manquait jamais rien. C'étaient des gens très forts, voyez-vous, les Jenkins de Pontrhydyfen. En plus, ils s'occupaient de la chapelle ; elle était toujours impeccable. On s'amusait beaucoup en leur compagnie. Ils jouaient tous un peu la comédie ; chacun avait son petit numéro bien au point, vous voyez. Ils étaient très nature, tout à fait remarquables, répète-t-elle. La progéniture « dorée » de Daddy Ni resta fidèle à elle-même malgré la perte affligeante qui l'avait accablée.

Les parents sont, dit-on, les premiers modèles de l'enfant. Richard Jenkins avait un père alcoolique et une mère bien-aimée qui mourut, et l'abandonna donc, quand il avait deux ans. On affirme que dans ce cas-là, l'individu est à la recherche de sa mère pour le restant de ses jours. Curieusement, alors que Richard bébé ne supportait pas que sa mère le laisse seul, dès que sa sœur aînée, la fidèle Cis, l'eut pris chez elle, il cessa de pleurer. A son grand regret, Richard Burton ne conserva aucun souvenir de sa mère.

Sans doute peut-on mesurer la grandeur d'une vie à l'amplitude et à la valeur du chemin parcouru : celui de Richard Jenkins-Burton fut proprement épique. Au départ, tout était contre lui. Combien de millions de gens, partis de rien comme lui, ont renoncé à toute ambition, ou se sont débarrassés du fantôme du succès ?

On dit aussi que le cadre de l'enfance contribue à façonner l'individu : Richard Burton grandit dans les vallons sombres et lugubres de la Galles du Sud, véritables tranchées du champ de bataille industriel. Sa vie durant, il puisa fierté et bonheur dans les récits de son sombre passé gallois que la langue celtique ne cessait de transfigurer. Il s'en émerveillait lui-même. Et il y a de quoi s'émerveiller lorsque l'on songe à l'incroyable parcours qu'il suivit sans jamais tourner le dos à ce passé sans gloire.

Richard Walter Jenkins dînera avec le duc et la duchesse de Windsor sans se départir pour autant de sa simplicité. Des chefs d'État ont recherché sa compagnie et il s'attira les éloges du Premier ministre le plus célèbre du siècle. Sur la scène des théâtres classiques, il devait susciter la plus grande admiration de la part d'acteurs tels que Sir Laurence Olivier, John Neville, Sir John Gielgud, Sir Peter Hall. De grandes figures du cinéma américain, Humphrey Bogart, Clint Eastwood, John Huston, Mike Nichols adoraient ses prestations à l'écran. Il allait renchérir sur Aristote Onassis pour un bijou et épouser à deux reprises l'actrice la mieux payée du monde. Ses prouesses de buveur et d'amant firent le tour de plusieurs continents. Poussé par un démon inconnu, il ne cessa jamais de lutter, façonnant lui-même ses propres mythes, celtiques ou faustiens. Icare et Don Juan à la fois, ayant surgi de son cher pays de Galles tel un guerrier mystique, avide de conquérir le monde, jamais en repos, toujours téméraire.

En attendant, le premier voyage dont il se souvient, c'était en bus, ils étaient pauvres comme les pierres, il pleura tout le long du chemin. Il avait tout juste deux ans et sa sœur, Cis, l'accompagnait. Six ou sept kilomètres à peine séparaient Pontrhydyfen, au cœur du pays de Galles (avec ses récits magiques, ses héros, ses dragons), de Port Talbot, ville d'aciéries lourdes, ville de labeur salie par la suie, où l'on parlait anglais et non plus gallois. Richard cessa de pleurer dès qu'ils arrivèrent à la maison. La magie de Cis ! Elle non plus, elle ne ressemblait à personne ! *Neb !* A personne !

CHAPITRE 2

« UNE CLOCHETTE DANS CHAQUE DENT »

A partir de 1927, Richard, ou Rich, comme on l'appelait, vécut chez sa sœur, Cis. Il y resta quinze ans et lui fut tendrement reconnaissant jusqu'à la fin de ses jours. En 1965, il publia un conte de Noël dans lequel on lit :

> Ma sœur n'était pas une femme ordinaire. Aucune femme n'est ordinaire, mais à mes yeux, ma sœur l'est encore moins que quiconque. A la mort de ma mère, elle la remplaça. Elle fut plus maternelle avec moi que n'importe quelle mère n'aurait pu l'être. J'étais immensément fier d'elle, de sa beauté de bohémienne aux yeux verts, de sa chevelure de jais. Elle chantait tout en travaillant d'une voix si pure que les hommes du quartier disaient qu'elle avait une clochette dans chaque dent, et que c'était un don du Bon Dieu... Elle était candide, sans malice, on avait envie de la protéger... Elle était très sensible à la misère, sauf à la sienne...

Plus loin, il ajoute : « Il m'a fallu trente ans pour comprendre, en la retrouvant dans une autre femme (Elizabeth Taylor) que je l'avais cherchée toute ma vie. »

Lorsque l'on rencontre Cis aujourd'hui, on reconnaît aisément la femme à qui s'adresse cet éloge. « Avec Rich, comprenez-vous, m'expliqua cette femme encore très belle, la voix toujours aussi limpide, je cédais toujours. J'adorais mon mari. C'était un type bien, un homme bon. Mais s'il nous arrivait de nous chamailler à propos de Rich, il suffisait que je regarde mon frère pour qu'immanquablement, je prenne son parti. C'est la vérité. Vous ne pouvez pas savoir à quel point je me suis fait du souci pour lui. »

« Cis était tellement affairée, raconte un voisin, qu'elle n'avait même pas le temps de tousser... Ils étaient si nombreux. »

Cis et son mari, Elfed James, mineur lui aussi, ne tardèrent pas à quitter le deux-pièces qu'ils occupaient pour s'installer au 73 Caradoc Street, au fin fond de la ville, une maison construite contre le flanc d'une montagne qui suintait son jus de charbon et qu'on appelait « la muraille ». C'était un coin plutôt sinistre où les hommes aimaient pourtant se retrouver, accroupis, pour bavasser et griller une cigarette. Burton garda un souvenir chaleureux de ces rassemblements fraternels, tant appréciés des mineurs. Il fallait vraiment aimer ce que vous aviez devant les yeux à Port Talbot, pour supporter cette ville où l'une des plus grandes aciéries d'Europe déversait sa fumée, tandis que le vent qui balayait la baie de Swansea rabattait impitoyablement des torrents de pluie. Taibach, où Cis et Elfed vivaient à présent, n'était guère plus qu'un pâté de petites maisons modestes, alignées en rangées uniformes. Aujourd'hui ce quartier n'existe plus et personne ne le regrette ! Pour quelqu'un comme Cis, c'était une véritable gageure de faire un logis confortable et agréable de ces trois pièces dans une maison neuve et accolée. Sa revanche, en quelque sorte, contre l'iniquité du sort !

Mais le couple ne manquait pas de courage. Cis était mère d'un bambin de deux ans, vigoureux et bien potelé, qui n'allait pas tarder à avoir trop besoin d'elle. Ses autres frères et sœurs vivaient non loin de là, à Pontrhydyfen, et elle estimait de son devoir de leur faire à manger et de laver leur linge. Et puis il y avait Daddy Ni. L'église. Les soucis d'argent. Sans parler d'Elfed, son époux de fraîche date, heureux élu au sein d'une kyrielle de prétendants.

Cis vit aujourd'hui avec ses deux filles, Marian (trois ans de moins que Richard) et Rhianon (six ans de moins). Elles ont gardé du passé des souvenirs vifs et nombreux. Après nos entretiens, toutefois, Rhianon jugea bon de m'écrire. Sa sœur et elle — élevées avec Richard comme des frères et sœurs, alors qu'en réalité, ce sont ses nièces — avaient en effet estimé que certains points évoqués avec moi risquaient d'embarrasser leur mère. Voici le contenu de la lettre :

« Il est dommage que dans l'ensemble l'on ait fait si peu de cas de mon père, Elfed, tant dans la presse que dans les livres. Il fut un excellent père, quelquefois sévère, c'est vrai, mais il avait un cœur d'or. Il n'a pas eu la vie facile. Nous ses enfants, nous ne pouvions pas toujours nous en rendre compte. Nos parents avaient pris Richard en charge, vous le savez, mais ma mère devait s'occuper aussi de ses autres frères et sœurs restés à Pontrhydyfen. Elle allait les voir au moins deux fois par semaine, en trimbalant Richard, qui n'avait que deux ans, avec elle ; il fallait prendre deux bus différents pour s'y rendre. Le plus souvent, après avoir préparé à manger et nettoyé la maison, elle revenait à Taibach avec des valises entières de linge sale qu'elle lavait et repassait pour les rapporter à sa prochaine visite.

« Étant donné la masse de travail qui lui incombait, ma mère était forcément très organisée. La maison était toujours impeccable. Ses frères portaient des chemises parfaitement repassées et amidonnées. On m'a raconté que même à cette époque-là, maman était toujours ravissante et bien habillée...

« Mon père trimait dur dans la mine pour un salaire de misère. Il n'était probablement pas très content que sa femme, qu'il n'avait déjà pas beaucoup le temps de voir, se démène pour tenir deux ménages en même temps. Elle s'épuisait à la tâche ; en outre, elle avait profondément souffert d'avoir perdu très jeune sa propre mère qu'elle adorait. Et puis ils avaient toujours des problèmes d'argent.

« Mon père connaissait le solfège, comme la plupart des gens de notre paroisse d'ailleurs. Il dirigeait la chorale de Noddfa Chapel, à Taibach, que nous fréquentions tous. Il avait une belle voix de ténor et appartenait à un petit chœur d'hommes qui chantaient en solo. Il faisait également partie du comité de la Coopérative de Taibach et de celui de l'hôpital. Il avait aussi de l'humour. Il nous a poussés tous les trois à réciter des poèmes, à chanter et à jouer de l'harmonium. Il était assez strict avec nous. Richard, qui ne manquait pas de caractère et qui par ailleurs adorait le rugby, faisait souvent des bêtises. Faire des bêtises, cela voulait dire salir ou déchirer ses plus beaux habits, ou arracher la semelle de ses chaussures d'école en donnant des coups de pied dans les cailloux, en rentrant à la maison. Chaque fois que mon père réprimandait Richard, ma mère prenait illico la défense de ce dernier, qu'il ait tort ou raison. Cela faisait enrager mon père et portait atteinte à son autorité. Jamais il ne leva la main sur nous... Une fois adultes, ma mère nous a souvent dit que tout en adorant mon père, et tout en sachant pertinemment qu'elle aurait dû se ranger de son côté, elle ne pouvait s'empêcher de prendre le parti de Richard, dès qu'une dispute éclatait entre eux à son sujet. »

Cette expression revient sans cesse, en effet : Burton lui-même l'employait souvent en parlant d'elle, non sans fierté. Il avait d'ailleurs tendance à répéter ainsi des formules brèves qui semblaient tout dire : c'était presque une obsession chez lui. Il en martelait ses phrases comme un forgeron son enclume ou comme si chacune de ces formules était la clé d'une galerie de souvenirs. Quoi qu'il en soit, Cis vouait à son petit frère une adoration sans réserve, et ce dernier le lui rendait bien !

On fait souvent remarquer que c'était beaucoup demander à Elfed que de le charger de la responsabilité du petit Rich. En tout cas, plus Richard grandissait, plus l'adolescent devenait indiscipliné, plus sa révolte prenait d'ampleur. Ses querelles avec Elfed étaient de plus en plus fréquentes... et pour assaisonner le tout, Cis, piquée au vif, prenait sa défense ! Il est aisé de mal interpréter les choses et d'attribuer le mauvais rôle à Elfed. La vision de Rhianon est à mon avis tout à fait convaincante. On s'est trompé sur le compte d'Elfed, on l'a injustement sous-estimé : il était sans doute bien plus brave et bien plus sobre qu'on n'a voulu nous le faire croire. Cela s'explique d'une part par le fait qu'il a dû subir chaque jour, durant de nombreuses années, les assauts d'un enfant en pleine crise de croissance, débordant d'énergie et d'assurance. Et d'autre part, plus simplement, plus douloureusement aussi, parce qu'il n'était pas un Jenkins ? Il n'était pas un héros, tel que Daddy Ni, déchu maintenant mais autrefois glorieux, à qui Elfed cédait le meilleur fauteuil de la maison quand il venait en visite, ou bien encore Ifor, la nouvelle référence masculine dans l'univers du jeune Rich.

Né en 1906, Ifor était le troisième enfant de la famille Jenkins. Il avait dix-neuf ans de plus que Richard, qui, dès sa prime enfance, en fit son idole. Ifor était un excellent piqueur de houille et un rugbyman hors pair. Pilier des Jenkins, il veillait sur la forteresse familiale à Pontrhydyfen. Richard adorait et vénérait son grand frère qui voyait, à son tour, en lui l'espoir de la famille, un conquérant, le seul véritablement capable de s'en sortir, de leur montrer de quoi les Jenkins étaient faits. Un attachement profond devait les unir toute leur vie.

Nombreux sont ceux qui parlent d'Ifor avec une chaleur et une admiration sans bornes : Lauren Bacall, à Los Angeles, Brook Williams, en Suisse, Emlyn Williams, à Londres, John Neville, à Stratford, dans l'Ontario, ainsi que Kate Burton, à New York et Robert Hardy à Londres. « Ifor ! s'exclament-ils à l'unisson, Ifor était merveilleux. » Il faut le souligner. Car Ifor faisait indiscutablement partie de ces êtres exceptionnels qui laissent une impression forte sur tout le monde. D'ailleurs, il eut l'occasion de côtoyer une foule de gens divers puisqu'il a sillonné le monde aux côtés de Richard. De même que Cis était plus qu'une mère pour lui, de même Ifor fut pour Richard, dès sa plus tendre enfance, le grand frère par excellence, un protecteur tout-puissant sur lequel il a toujours pu compter dans ce rude milieu des corons.

Un ami de longue date soutient qu'Ifor aurait beaucoup aimé continuer l'école : « Il était bon élève. Mais dès l'âge de treize ans, il lui a fallu descendre dans la mine et tenir bon. Il travaillait déjà à l'époque des grèves de 1921 et de 1926 quand tous les mineurs furent mis sur la touche. Ifor finit par abandonner la mine et trouva un emploi chez un entrepreneur. Très habile de ses mains, il faisait partie de ces hommes qui savent tout faire : plomberie, mécanique auto, etc. Il était toujours ponctuel et ne perdait jamais de temps. Tout le monde le craignait un peu, car il était très strict, très digne. Cis raconte que lorsqu'il rentrait à la maison de mauvaise humeur ou un peu gris, on hissait le petit Richard sur la table de la cuisine et on lui disait de danser. Cela faisait toujours rire Ifor. Il adorait la poésie, et la déclamait aussi bien que Richard, sinon mieux. Ils passaient des nuits entières à réciter des poèmes. Il avait une très belle voix. Et puis surtout, il faisait partie de l'équipe de rugby, ce dont Richard était particulièrement fier. Il était fou de rugby et il idolâtrait son grand frère. Comme Richard, Ifor avait des problèmes de dos, et cela depuis le débarquement en Normandie... En fait, tous les Jenkins avaient une ossature défectueuse. »

Trois personnes dominèrent donc l'enfance de Rich Jenkins : Cis, pour toujours la femme idéale, celle « qui ne pouvait s'empêcher de prendre sa défense » ; Elfed, un homme droit et sobre, qui essuya injustement les premières révoltes de Richard ; et enfin Ifor, sorti tout droit des brumes de la mythologie galloise, poète et héros de la guerre, qui incarnait tout ce que son propre père n'avait pas su être. Cis fut en quelque sorte la première conquête de Richard ; Elfed, son premier rival en amour ; Ifor, l'idole qu'il serait contraint un jour de déloger.

Le travail était toute leur vie, un travail harassant, ennuyeux (mais qu'on avait peur de perdre) et fort peu gratifiant. Mais ils parvenaient tout de même à trouver des compensations : le chant, le sport et les éternelles légendes familiales qu'on abordait avec les voisins. Loin d'être la clé du bonheur, l'argent n'était à leurs yeux que le moyen de répondre aux besoins matériels. La religion nourrissait les esprits et laissait l'estomac vide. Un gamin romantique et affectueux comme Rich, témoin de l'âpreté du labeur et des vicissitudes de la pauvreté, désirait par-dessus tout que le sort récompensât les êtres qui l'aimaient si fort. L'argent lui parut être une solution à tout, la seule voie de salut possible ! Très jeune, il commença à glaner quelques sous en jouant les coursiers, en collectant les journaux, en rendant des services ici et là. Il prit aussi des habitudes coûteuses : à huit ans, il fumait déjà.

En dehors de ce trio rassurant, il y avait autour de lui un tourbillon perpétuel de parents, de voisins, d'amis, de camarades ou de bandes. Adulte, Richard Burton achetait continuellement des maisons. Enfant, il faisait la navette entre deux lieux d'habitation : Port Talbot et Pontrhydyfen, où il passait la plupart des week-ends, partageant un lit avec un frère ou un cousin.

« Tiens, voilà notre petit Gallois », disait Daddy Ni. L'enfant répondait dans le dialecte local : « Je suis content d'être chez toi, Daddy Ni. » Là, il retrouvait ses frères et sœurs. Edith était très douée en calcul et résolvait les problèmes qui se posaient à la famille ; David allait devenir inspecteur de police ; Hilda et Cassie gâtaient leur petit polisson de frère, avec trois sous par-ci, six sous par-là ! Les Jenkins étaient des gens extraordinaires.

Verdun, qui perdit la moitié d'un pied dans la mine, reçut une indemnité de 300 livres, avec laquelle il acheta un piano droit, bien que ne sachant pas en jouer. « Ce fut un grand événement dans la maison », raconte Cis. Il fabriqua aussi pour son petit frère une sorte de vélo dont les roues en fer faisaient trembler tout le quartier.

Rich vivait parmi des enfants à peine plus jeunes que lui, qui étaient en réalité ses neveux et ses nièces. Il y avait aussi son cousin Dillwyn, dont il était devenu inséparable. Ils se partageaient une paire de patins à roulettes, et pour lui témoigner à sa manière son affection, Richard l'entraînait systématiquement dans ses frasques, à la suite desquelles ils se faisaient tous deux tirer les oreilles.

Richard se souviendra aussi de ces tantes à la mine sévère qui ne cessaient de lui faire peur avec d'horribles histoires de brûlures au fer à repasser, en punition de petites sottises, et d'oncles bien sympathiques sur lesquels on pouvait toujours compter pour avoir des bonbons ou quelques sous. Dia Doodle Alley Tap, qui ne tournait plus rond dans sa tête depuis la guerre, Tom Francis, qui gardait les cochons, vivait à la dure et fumait des feuilles de choux. Richard grandit entouré par l'affection des siens — une affection qui n'empêchait pas des relations humaines plutôt complexes. Très émotif, il passait de l'un à l'autre, comme ces enfants audacieux qui sautent de cheval en cheval dans un carrousel. Il semble qu'il était toujours bien accueilli. A propos d'une tante particulièrement sévère, Rhianon raconte que « Rich était le seul à pouvoir l'amadouer. Il se plantait devant elle avec sa casquette sur la tête et se mettait à chanter, avec une candeur et une simplicité qui vous faisaient oublier le monde entier ».

Dans sa vie adulte, Richard aimait à se retrouver « entre hommes » ; enfant déjà, il appréciait l'atmosphère des réunions masculines. Cependant, et de l'avis général, il se plaisait beaucoup en compagnie des femmes. Par ailleurs, il reconnaissait lui-même qu'il était un peu « enfant gâté » et qu'il jouait « au petit seigneur » ; mais il était le seul à le penser. En fait, il se démenait pour rendre service aux gens de son village. Lui non plus n'avait pas le temps de dire ouf. Il adorait la rue, les voies de chemin de fer et n'hésitait pas à se rendre sur les lieux de divertissement les plus attirants, ceux que fréquentent les adultes. Il plongeait la tête la première dans tout ce qui se présentait.

Les Jenkins n'étaient pas des gens pauvres. Il eût été absurde de les taxer d'indigence. C'était une famille respectable, entre toutes. Ils ne faisaient certainement pas pitié. Néanmoins, la gêne, le besoin et l'insécurité matérielle vous poursuivaient en permanence, dans un tel contexte. La famille avait certes connu des périodes extrêmement difficiles, par exemple lorsque Daddy Ni, le seul soutien financier de la maison, se soûlait et disparaissait des jours entiers. Les frères et sœurs de Richard ont confié leurs souvenirs de ces années noires. Mais quand il atteignit l'âge de sept ou huit ans, les choses s'étaient considérablement arrangées. Ses cinq frères travaillaient, ainsi qu'Elfed et Daddy Ni, par intermittence.

Le garçon se trouva en fait dans une situation singulière. La pauvreté constituait une menace constante. A cette époque, même si l'on avait de quoi se chausser, de quoi se nourrir à peu près convenablement et tout le nécessaire pour se maintenir en vie au quotidien, on était perpétuellement sur la corde raide.

Trop de vos voisins étaient dans le besoin pour que vous puissiez jamais vous sentir vous-même à l'abri. Toutefois, dans les années trente, les mineurs virent leur condition s'améliorer, et les Jenkins en bénéficièrent eux aussi. Le jeune Richard vécut alors une période merveilleuse, recevant cadeaux et friandises, argent et gâteries.

A cet égard, un passage de son conte de Noël, récit autobiographique, est tout à fait révélateur, en particulier si on le compare à un manuscrit gribouillé et non publié que j'ai retrouvé dans ses papiers. Dans son conte de Noël, il s'interroge sur le cadeau qu'il risque de recevoir :

> Mon Dieu, pourvu que ce ne soit pas la ferme de Tommy Elliot, avec laquelle j'ai joué pendant deux ans. J'ai peur que ce soit ça — à cause des coups d'œil et des chuchotements que j'ai surpris entre ma sœur et madame Elliot. Ils vont sûrement la nettoyer et me l'offrir à Noël. J'aurais honte d'avoir un cadeau d'occasion. Tout le monde le saurait.

Richard connut effectivement cette humiliation une fois quand il était jeune.

Dans le manuscrit inédit, des souvenirs pêle-mêle sur Noël (d'ailleurs, comme la plupart de ses notes personnelles, un texte beaucoup plus vivant que celui qu'il a effectivement publié), il raconte par le menu l'histoire de ses Noëls :

> Au lit, essayant désespérément de dormir et d'oublier le miracle de demain matin, je me dis que si je reçois une ferme avec des vaches, des moutons, une barrière, des poulets et un poulailler, un champ en feutrine vert, comme les tables de billard, un chien ou deux, un chat, non, le chat, c'est pas la peine, peut-être un renard dans une colline... si je reçois ça, avec une paire de patins à roulettes pour que je puisse filer comme une flèche et aller à reculons au milieu de la circulation dense du vendredi et me faire autant remarquer que Boy Davids dans le parc... Si j'ai droit à tout ça et à un livre ou deux, j'irai à la messe tous les mercredis soir pendant un an. (Il ajoute :) J'ai eu tout ça et j'ai tenu ma promesse !

Il y eut des Noëls encore plus féeriques.

> Une année, j'ai fait mieux que tout le monde. Mon frère Ifor m'a donné une superbe bicyclette, avec des freins à disques et une dynamo, un truc superbe. Quelle joie pendant deux ou trois ans !

J'ai toujours été très fier de cet engin ailé. Je la prêtais à tout le monde. J'ai roulé jusqu'à Swansea et Newport avec. J'ai même été à Aberdare et à Mountain Ash.

Qu'il ait prêté sa bicyclette à tout le monde, cela n'a rien d'étonnant ! Très tôt, tous les souvenirs, toutes les anecdotes témoignent de sa générosité. La possessivité lui était, semble-t-il, étrangère. Des possessions, certes, il en avait, et il y tenait beaucoup. Mais il n'avait aucun mal à se détacher des choses. Avec le temps, ce détachement spontané lui permit d'acquérir cette sérénité et cette assurance qui impressionnèrent tant de gens.

« Il était incapable de la moindre méchanceté, affirme Marian, l'une des filles de Cis. Il était comme un frère pour moi, et comme j'étais passablement plus jeune que lui, ma mère me confiait souvent à lui. "Emmène Marian au parc, Rich", disait-elle ; il grommelait et me prenait avec lui. Bien entendu, il allait retrouver ses copains, n'ayant qu'une seule idée en tête : jouer au rugby. Il était fou de rugby. A défaut d'autre chose, il jouait avec une boîte de conserve. Quand j'étais petite, j'avais toujours le nez qui coulait. Il partait avec les autres et je restais plantée là, avec mon nez qui coulait. Au bout d'un moment, il faisait un effort et venait jouer avec moi. Très vite, il proposait que nous jouions à cache-cache. C'était moi qui devais compter jusqu'à cent (j'étais incapable de compter jusqu'à cent, alors j'additionnais les dizaines). Quand je rouvrais les yeux, il avait disparu. Il était parti jouer au rugby dans un autre coin du parc. Je le retrouvais toujours. Même dans la rue. Il n'était jamais désagréable avec moi mais me disait simplement : "Tiens, te voilà", et il m'entraînait dans ses jeux. »

« Il nous aidait souvent à faire nos devoirs, ajoute Rhianon, sa sœur. Il était très rapide et n'aimait pas nous expliquer deux fois la même chose ! »

Sur ses talents précoces de chanteur, les anecdotes abondent. En revanche, ses éventuelles performances d'acteur n'ont guère laissé de trace dans les mémoires, en tout cas jusqu'à son adolescence. « Le premier souvenir que j'ai à cet égard, raconte Marian, nous étions seuls à la maison. Maman avait demandé à Richard de veiller sur Rhianon et sur moi. Il nous fit nous asseoir près de la cheminée ; il sortit et revint, les yeux maquillés de noir, la figure barbouillée de suie, enveloppé dans une couverture, en s'écriant : "Je suis Charlie Chan !" Puis il a pris un couteau de cuisine. Épouvantées, ma sœur et moi, nous nous sommes mises à hurler, si bien que Richard, affolé, a tout fait pour nous calmer avant le retour de maman. »

Richard découvrit le cinéma en fréquentant l'établissement local, baptisé le Cach (littéralement les Chiottes). Cis s'obstinait à l'appeler le « picturedrome »... En vain ! A partir de sept ou huit ans, il allait régulièrement au cinéma avec son cousin Dillwyn, dépensait une partie de ses sous durement gagnés pour s'acheter un paquet de Woodbines — des cigarettes vendues par cinq — tout en espérant qu'il y aurait de l'action sur l'écran. Il adorait les westerns et dédaignait les histoires d'amour. « C'est encore un truc d'amour », disait-il d'un air dégoûté, quand on lui demandait pourquoi il n'avait pas aimé tel film. A ma connaissance, Burton n'a jamais fait grand cas de tous les films qu'il a pu découvrir au cours de sa jeunesse, contrairement à la plupart des acteurs qui parlent toujours avec enthousiasme des films qui les ont marqués. Il faut croire que sa propre existence était suffisamment agitée pour qu'il n'éprouve pas le besoin de vivre par procuration (même s'il se plaisait beaucoup à imiter Hopalong Cassidy). En tout cas, il ne semble pas que les images cinématographiques se soient substituées à son imagination, au demeurant fertile, comme cela se produit si souvent chez les futurs comédiens. De même qu'il fut influencé sans doute par les options politiques qui émanaient en filigrane des conversations de ses frères, de même les premiers films qu'il a vus ont dû servir de toiles de fond à sa culture cinématographique, qu'il le veuille ou non. Ainsi quand Richard avait besoin d'émettre une opinion politique, il n'avait pas à la chercher très loin ; il lui suffisait d'aller puiser dans ses souvenirs d'enfance. On peut aussi imaginer que lorsqu'il se vit dans la nécessité de choisir une carrière, le Cach ressurgit subrepticement dans sa mémoire : les images défilant sur l'écran, le plaisir de voir la fumée des cigarettes illicites se dérouler dans le faisceau du projecteur.

Plus que tout, Richard adorait le sport. Même si les filles, ce n'était pas mal non plus. « Il a toujours eu un club d'admiratrices, je vous assure, explique Marian. A l'âge de douze ans déjà, il y avait des filles qui venaient traîner à la maison et pleurer dans le giron de Cis. "Phyllis est venue te voir, disait-elle à Richard. Tu avais promis de la voir. — Désolé, Cis, répondait-il, j'ai été jouer au rugby." » Il aimait beaucoup le cricket aussi et devint d'ailleurs capitaine de l'équipe locale. Ifor lui avait appris à jouer au tennis et il s'entraînait beaucoup aussi au ping-pong. Quand il commençait à jouer, d'ailleurs, il n'arrivait plus à s'arrêter. Mais sa véritable passion, c'était le rugby ! Pas n'importe quel rugby, le rugby à la galloise. Qui, au pays de Galles, n'a pas rêvé de s'intégrer à cette équipe composée de quinze joueurs amateurs en maillot rouge, relevant le défi de leurs homologues britanniques dans l'enceinte de l'Arms Park de Cardiff, déterminés à leur administrer la raclée du siècle ! Burton ne déclara-t-il pas un jour qu'« il aurait préféré jouer à l'Arms Park pour le pays de Galles plutôt que d'incarner Hamlet à l'Old Vic » !

Cela aurait très bien pu se faire. Enfant déjà, il paraissait bien parti pour devenir un joueur professionnel. La guerre mit fin à cet espoir. A la RAF, il eut le grand honneur de jouer au côté d'un international de renom, Bleddyn Williams. En effet, dans un article qu'il écrivit sur le rugby, Burton nous apprend qu'

> à la page 37 de ses *Mémoires*, M. Williams a eu la gentillesse de suggérer que j'aurais pu devenir un excellent rugbyman, à condition que la gloire, l'argent, le clinquant, le grimage ne m'eussent pas tant séduit ! Incidemment, à propos de ce livre, il est un fait tout à fait curieux. Figurez-vous que chaque fois que je prends l'autobiographie de Bleddyn dans les rayonnages de ma bibliothèque, il s'ouvre automatiquement à cette page. Mes amis m'en ont souvent fait la remarque et cela leur a donné l'occasion de s'interroger une fois de plus sur le pouvoir de magie des Gallois. C'est effectivement le seul commentaire à mon égard qui me flatte !

Enfant, il connaissait par cœur le nom des joueurs de toutes les équipes galloises et internationales.

> Je suis issu d'une famille de mineurs gallois, fanatiques de rugby ; cinq de mes six frères étaient des joueurs de rugby accomplis. Je me souviens d'une femme de Taibach qui en guise de préambule aux matches régionaux qui se déroulaient à Abevaron descendait sur le terrain et marquait des buts à près de quarante mètres, de n'importe quel pied et pour le plus grand plaisir de la foule. Je me rappelle même son nom : Annie More… Il y avait même un demi d'ouverture manchot dans l'équipe de Caernarvon, il avait perdu un bras pendant la première guerre mondiale. Il joua des années durant, avec un talent époustouflant… Jimmy le manchot… Il était capable de stopper comme personne une sortie du ballon en touche, d'un coup puissant de son moignon… Bon nombre de ceux qui commirent l'imprudence de jouer contre lui moururent prématurément vers l'âge de quarante ans.

Mais Burton ne se reconnaissait guère de talents en matière de rugby.

> Pendant mon adolescence, je m'étais maintenu de justesse au sein d'équipes de premier ordre pour la bonne raison que je connaissais tous les trucs tactiques possibles et imaginables, aussi pernicieux soient-ils. En plus j'étais très, très mauvais perdant. Mais je crois que ce qui a surtout compté, c'est que j'étais rapide comme l'éclair. Je mesurais 1 mètre 77 et ne pesais pas plus de 79 kilos. J'occupais généralement la position de troisième ligne-aile contre des adversaires vraiment balèzes, il s'ensuivait que j'avais tout intérêt à bouger vite. Quand il m'arrivait de me retrouver devant des avants plus costauds et plus rapides que moi, j'étais fichu.
>
> R.T. Evans, par exemple, qui appartint à l'équipe de Newport, au pays de Galles, avec ses 90 kilos bien tassés pour 1 mètre 87, était un véritable cauchemar quand vous l'aviez en face de vous, dans l'équipe rivale. Par contre, lorsqu'il était de votre côté, il faisait honte à tous les joueurs. J'eus le malheur de jouer contre lui, mais plus souvent avec lui, ce qui était certainement un moindre mal ! Peu importe la carrure, quand on est vraiment un bon joueur, mais j'ai tendance à l'oublier !

Le jour de son premier mariage, son épouse dut partir au théâtre où elle jouait en matinée, quelques heures à peine après la consécration de leur union. Richard, lui, écouta la retransmission radiophonique d'un match international que le pays de Galles perdit. Nous tenons de bonne source qu'il fut de très mauvaise humeur le reste de la soirée. Où qu'il fût dans le monde, il trouvait toujours moyen d'être informé des derniers résultats de rugby. De même, tous les contrats qu'il signa stipulaient qu'il ne travaillerait jamais le jour de la saint David, la fête nationale galloise. Cliff Morgan, un demi d'ouverture gallois merveilleusement astucieux, qui devint plus tard un grand ami de Richard, me fit observer que « l'on ne pouvait certainement pas douter de sa passion pour le rugby, dont il connaissait et adorait toutes les complexités. J'ai interrogé des gens avec qui il avait joué. Ils disent qu'il était "rude et intrépide". »

Cette passion eut des effets considérables, tour à tour comiques ou relativement dramatiques, sur son existence. Par exemple, un jour qu'il jouait *Hamlet* en matinée, à l'Old Vic — un rôle qui l'obligeait à rester en scène durant la plus grande partie de la pièce, il voulut absolument se tenir au courant du match international gallois qui se déroulait au même moment. Il avait apporté un transistor dans les coulisses et, pour une raison que le public ne pouvait s'expliquer, Hamlet n'arrêtait pas de s'éclipser derrière les décors. De surcroît, les autres acteurs s'étaient engagés à le tenir informé. Il semblerait que ce soit Gertrude qui lui ait transmis le résultat final du match.

Lorsqu'il y avait un grand match, venant de Londres, il se rendait généralement à Cardiff, à moins qu'un quelconque Hamlet ne l'en empêche vraiment. Un soir qu'il en revenait, en compagnie de son frère Ifor, ils prirent part à une violente bagarre contre des supporters anglais. Burton a d'ailleurs toujours imputé à cet incident la cause des douleurs dorsales qui l'ont harcelé sa vie durant et qui furent finalement attribuées à un tassement des vertèbres.

Les accidents dorsaux et cervicaux sont évidemment très courants chez les joueurs de rugby. Les plus vulnérables sont indéniablement ceux qui, comme Richard, jouent « en se servant de leur poids ». En fait, il était un peu trop léger pour la position qu'il occupait, à une époque où les plaquages les plus brutaux étaient la norme en rugby. Il faut se rendre compte que la plupart des joueurs qu'il affrontait alors étaient vraisemblablement des mineurs, comme ses cinq frères, et comme Ifor qui était capable de porter un sac de ciment sous chaque bras. Burton avait une cage thoracique solide ; il était aussi robuste qu'un poney gallois, mais sa fougue et sa remarquable détermination l'ont sûrement entraîné dans des corps à corps qui, ajoutés à la violence du jeu en lui-même, contribuèrent indiscutablement au mauvais état de sa colonne vertébrale. Une remarque que m'avait faite un voisin des Jenkins, à propos d'Ifor, m'a frappé à cet égard : « Toute la famille avait des problèmes osseux. » Mais n'oublions pas qu'il s'agissait d'une époque et d'un milieu où les carences nutritives étaient courantes.

Aussi le rugby donna-t-il à Burton un certain avant-goût de la célébrité. Pas question de faire semblant une fois que vous étiez sur le terrain boueux et venteux, avec vingt-neuf autres gars prêts à tout : il fallait être bon ! Aussi modeste fût-il, Richard était incontestablement parmi les meilleurs. Plusieurs de ses partenaires de rugby ont témoigné de ses talents de « conciliateur ». S'il arrivait qu'un de ses camarades se fasse malmener par un membre plus costaud et bravache de l'équipe rivale, Burton s'empressait d'aller régler son compte à ce dernier, aussitôt que l'arbitre avait le dos tourné. Pour un Gallois, il ne pouvait y avoir plus belle réussite que d'être un héros des terrains de rugby et se mettre ainsi sur les rangs des internationaux au maillot rouge. Burton se hissa aux côtés de ces hommes d'élite.

Le rugby vous posait dans la société des hommes en général, et dans celle des sportifs en particulier ; Richard en tira parti toute sa vie, tant pour le plaisir que pour le délassement. Vers quinze ans déjà, peu après le début des hostilités, il était déjà une star, comme en témoigne un article publié dans la revue de l'école de Port Talbot : « R. Jenkins est un joueur de rugby remarquable. Dans des circonstances normales, il aurait probablement déjà acquis une place dans la sélection internationale. Il est indiscutablement digne de cet honneur. »

Une bonne partie de ses démêlés avec Elfed eurent le rugby comme toile de fond. « Pour rentrer à la maison après l'école, il était forcé de traverser le parc, explique Cis. Systématiquement, il commençait une partie... sans prendre le temps de rentrer se changer. Toutes ses paires de chaussures y passaient les unes après les autres. Ça nous coûtait cher. Il promettait toujours de rentrer à la maison d'abord, et puis il oubliait. Elfed était furieux. » Et Cis s'obstinait à le défendre.

Pendant ce temps-là Ifor, lui, suivait les progrès fulgurants de l'équipe municipale. En fait, toute la famille surveillait de près le petit frère qui, allégrement ou de force, franchissait un à un les obstacles successifs sans que rien, semblait-il, ne l'arrête... Sous l'œil bienveillant de Cis.

CHAPITRE 3

HÉROS DE LA CLASSE OUVRIÈRE

Il avait gagné le premier prix de soprano enfant à l'Eisteddfod. Il jouait déjà au rugby comme un joueur professionnel, il était capitaine de l'équipe locale de cricket. Il avait des petites amies depuis l'âge de douze ans et buvait, paraît-il, de la bière depuis à peu près la même époque.

A l'école, il n'hésitait jamais à répondre, poliment, au directeur, lorsqu'il s'estimait dans son droit. D'une manière ou d'une autre, presque toutes les semaines, il arrivait à gagner à peu près autant d'argent qu'un jeune mineur. Pourtant, aux yeux d'Ifor, de Cis et du reste de la famille, je présume, tout cela n'était rien comparé au fait qu'à onze ans, Richard Walter Jenkins junior avait obtenu une bourse lui permettant de faire des études secondaires. Il était bien le premier de la lignée Jenkins à y parvenir. Et de cela, il y avait de quoi être fier !

Burton a toujours été terriblement impressionné par les écrivains et les intellectuels en général. Il s'essaya à l'écriture, mais ce n'était pas chose facile, comme en témoignent ses journaux intimes. Il voua toujours à l'intelligentsia une véritable vénération, tout en sachant pertinemment qu'il ne pourrait jamais en faire partie.

Ifor travaillait à la mine, jouait au rugby et lisait des poèmes : un métier dangereux, un passe-temps brutal et un goût certain pour les choses de l'esprit. De la Grèce antique à Pontrhydyfen, l'idéal masculin semblait s'être préservé, inaltérable.

Burton a toujours eu un regard serein, détaché, sur son travail d'acteur. Grâce à une confiance en soi qui a pu grandir. Il a été soutenu par l'affection d'une famille unie, et aussi peut-être par son arrogance naturelle d'athlète qu'il a su déployer. Le détachement de Richard vis-à-vis de son métier de comédien s'expliquait aussi par son admiration pour l'écriture et l'érudition, qui, à ses yeux, surpassaient son art, et de loin.

Il fut un lecteur avide. De la bibliothèque qu'il se fit construire dans sa maison en Suisse, il tirait une fierté sans nom. Ce dévoreur de livres en avait fait un véritable repaire. On y trouve une foule d'ouvrages choisis avec soin, lus, annotés, critiqués abondamment dans ses journaux. Quant aux recueils de poésie, il en connaissait en général le contenu par cœur, d'autant qu'il eut souvent à les déclamer, une tâche dont il s'acquittait avec brio. De John Donne à William Dunbar, en passant par Edward Thomas, John Betjeman, Gerard Manley Hopkins, sans oublier Shakespeare et Dylan Thomas. Dylan Thomas qui fut sa première grande découverte dans ce domaine, et devint par la suite un ami très cher.

Les amateurs de sensationnel en prendront ombrage, cela ne fait aucun doute, mais le secret doit être révélé ! Même à l'apogée de sa carrière, lorsque la star galloise ivrogne et sa ravissante épouse aux diamants innombrables choquaient tout Hollywood, la ville du péché, et faisaient la une de tous les journaux, Burton aimait passer des heures entières devant le feu avec une pile de livres qu'il venait d'acheter, et peut-être à l'occasion, mais pas forcément, avec un verre de vin — que souvent il ne buvait pas. Partout où il allait, il emmenait avec lui un sac de livres. Tous ceux qui m'ont parlé de lui, sans exception, ont mentionné ses lectures, l'ampleur de ses connaissances livresques, cette passion, le plaisir qu'il prenait à faire partager aux autres, religieusement, ce qu'il avait lu la veille au soir. Il dormait peu et avait longtemps souffert d'insomnies. La lecture occupait ainsi de longues heures nocturnes et solitaires.

Richard fit ses études primaires à l'Eastern Infants School, où les enfants jouaient sur un terrain bétonné et où l'on apprenait le dur métier de footballeur en se flanquant régulièrement contre un mur de brique. Les classes comptaient une cinquantaine d'élèves, mais la discipline, nous dit-on, était excellente. Si un enseignant vous réprimandait ou vous frappait, la dernière chose à faire était d'aller s'en plaindre à la maison, car dans ce cas, vous étiez certain d'en recevoir davantage.

A cette époque-là, la classe ouvrière n'avait pas encore secoué son joug ; elle savait que pour survivre, elle ne devait prendre aucun risque : en toute circonstance, le mieux était donc de se taire. Ce fut précisément en bousculant ces règles que Burton s'acquit une réputation particulière au sein de sa communauté. Toutefois, par rapport à la rébellion des générations futures d'écoliers, il aurait eu l'air d'un véritable enfant de chœur !

Très tôt, il fut un lecteur insatiable, dévorant tout, des livres les plus populaires aux œuvres les plus ardues. Personne ne l'y obligeait. Sa chance, et il en eut beaucoup (ce qu'il reconnaissait volontiers), fut de rencontrer dès l'école primaire le premier des nombreux enseignants qui le poussèrent dans la bonne direction.

Certains voyaient en Meredith Jones un maître sévère, brutal même, qui choisissait parmi ses élèves les éléments les plus brillants pour leur faire décrocher une bourse d'études et s'en targuer par la suite. Burton ne partageait pas du tout ce point de vue. Jones, écrivit-il, « était ni plus ni moins l'héritier spirituel de Girald le Cambrien et du Fluellen de Shakespeare — un être passionné, un érudit qui avait la parole facile... d'une vitalité remarquable, et ne craignant personne ». Richard ne le redoutait pas particulièrement non plus, ce que Jones appréciait au plus haut point.

Obtenir une bourse d'études, c'était la porte ouverte à un avenir meilleur. Plus rien ne vous obligeait à devenir mineur, commis de boucherie, vendeur, ouvrier, ou à vous résigner à quelque autre métier ingrat. De nouveaux espoirs vous étaient désormais permis : celui d'être instituteur un jour peut-être, qui sait ?

Au bataillon d'élite qu'il avait sélectionné, Jones imposait un bourrage de crâne systématique. En mars 1937, Richard passait l'examen requis pour l'obtention d'une bourse, qu'il réussit sans encombre. A l'automne suivant, il débutait les cours à l'école secondaire de Port Talbot. « Sans Meredith Jones, je n'aurais jamais fait d'études », affirmait-il. Chez les Jenkins, en tout cas, tout le monde exultait.

Pendant les quatre années et demie qui suivirent, pareil à un jeune requin dévorant tout sur son passage, Richard consomma avidement ce qui s'offrait à lui : activités sportives, clubs, chœurs... Il était de toutes les sorties. Il fut bon élève, sans plus. Il fit un peu de théâtre, incarna notamment Mr. Vanhatten, l'Américain, dans *La charrette de pommes* de Bernard Shaw, mais les terrains de sport et la rue demeuraient ses lieux de prédilection. Ce fut l'époque où il répondait avec audace à ses professeurs, sortait avec des filles et épatait tout le monde au rugby et au cricket.

Et puis tout à coup, au cours de la cinquième année de ses études secondaires, alors qu'il était censé mettre les bouchées doubles pour décrocher le certificat d'éducation générale, étape obligatoire sur le parcours des élus, il abandonna l'école pour prendre une place de vendeur au rayon mercerie de la Coopérative régionale. Ce fut une déchéance terriblement humiliante. Pour la première fois, sa force de caractère fut sérieusement mise à l'épreuve. Il se rendit compte que rien n'était plus aussi facile, et il détesta ce constat.

Tennessee Williams a évoqué à plusieurs reprises dans son œuvre le thème du héros sportif brusquement terrassé à l'apogée de ses exploits. On songe aussi au personnage de Biff dans *Mort d'un commis voyageur*, d'Arthur Miller. Ce que leur mésaventure démontre avant tout, ce que ces auteurs ont saisi avec force, c'est la violence d'un pareil choc dans une vie d'adolescent : le fait de déchoir et de voir son existence confinée aux entrepôts d'une coopérative, dans une ville de province. Culturellement et socialement, c'était une mise au rancart. Pourquoi sa bonne étoile l'avait-elle abandonné ? Où étaient donc passés Cis et Ifor ?

Il est difficile ici d'être précis car un voile semble avoir été jeté sur ce revirement de situation. Beaucoup plus tard, Burton se contenta de dire « qu'une petite crise familiale avait exigé qu'il quitte l'école et qu'il se mette au travail ». Il semble qu'Elfed soit tombé malade et qu'il ait dû cesser toute activité. Il avait assumé les frais de l'éducation de Rich pendant près de quatorze ans, et le garçon avait dépassé l'âge normal de la scolarité. En outre, c'était un adolescent difficile. Ses professeurs ne présageaient rien de bon pour son avenir : il paraissait avoir troqué son intérêt pour l'étude contre une ambition étrangère, plutôt dangereuse : la libre expression de lui-même. Richard avait obtenu cette place grâce à Elfed qui faisait partie du comité de la Coopérative. A vingt-huit shillings par semaine, « ce n'était pas une mauvaise affaire, explique sa nièce Marian. Une bonne place d'employé, sûre, et qui risquait même de lui donner droit à une retraite. »

Il ne semble pas que quiconque dans la famille se soit élevé contre la décision d'Elfed. Peut-être estimèrent-ils que le jeune Richard n'avait aucune chance de s'en sortir autrement. L'idée qu'il fasse des études, qu'il puisse accéder à l'Université n'avait été qu'un rêve, un rêve absurde ! De toute façon, chacun avait ses propres problèmes à résoudre et c'était mieux ainsi.

Néanmoins, tout le monde savait pertinemment qu'il était malheureux. « J'ai eu le cœur brisé le jour où je suis allé le voir au magasin, avoue Cis. Il détestait ce travail. Oh, vous ne pouvez pas savoir à quel point ! »

Il est possible qu'en définitive la famille ait décidé d'un commun accord qu'Elfed (qui avait assumé jusque-là la responsabilité de Richard) cesse à présent de s'occuper de lui. Certes, les frères aînés de Richard lui avaient apporté leur soutien en cours de route, comme le prouvent les fastes des Noëls familiaux ; ils lui donnaient de temps en temps des cadeaux, un peu d'argent de poche, des gâteries. Mais Elfed s'était obstiné. De toute façon, Richard était un garçon à problèmes : il fumait, il buvait, il passait son temps avec des filles et puis il avait passé l'âge d'aller à l'école.

Comme d'habitude, Daddy Ni resta en dehors de ce conflit, trop occupé par ses chiens et l'esprit embrumé par l'alcool...

Sur la jeunesse effrontée de Rich, les interprétations sont diverses et tiennent souvent à une mythologie qui a la vie dure.

A quinze ans, Richard était déjà presque un homme, autonome, dur à cuire, indocile. Professeurs, parents et amis en témoignent amplement. Mais il convient de replacer les choses dans leur contexte. Dans une communauté stricte et religieuse comme celle de Taibach, arriver à dix heures cinquante lorsque l'on avait promis d'être là à dix heures et quart, c'était faire preuve de subversion ! De la même façon, on choquait tout le monde en sortant avec une fille, à l'âge qu'avait Richard, même si c'était en toute innocence et sans en faire grand cas, et même si vous la raccompagniez chez elle sans l'avoir touchée de toute la soirée. « Il avait beaucoup de classe, raconte l'une de ses anciennes conquêtes. Pas du tout du genre à vous peloter. » Être subversif, c'était aussi répondre aux ordres souvent imbéciles que l'on vous intimait par des remarques du plus pur bon sens, et prendre le contrepied des obligations que l'on vous imposait, dans le seul but de vous forcer à faire comme les autres. Car plus que tout, l'on redoutait une remise en cause de l'ordre établi, un ordre qui ne s'était certes pas instauré tout seul mais qu'il fallait à tout prix préserver, de crainte que quelque chose de bien pire ne vienne le remplacer. Tout faire pour conserver ce qu'on avait. Ne pas trop en demander. Protéger ses intérêts. Garder pour soi ce que l'on pense. Des préceptes de survie sans complaisance régissaient l'existence. A l'abri des chapelles, les prédicateurs gallois interprétaient à leur guise le vénéré Livre des Révélations, censé annoncer la fin des privilèges, le renversement des pouvoirs en place, l'accession à la gloire et à la puissance des communautés d'opprimés. Mais de telles prémisses ne devaient pas dépasser le cadre de la religion. Par son comportement, Rich brandissait une menace qui, en fin de compte, se retournerait forcément contre lui.

Qu'il travaille, cela lui mettra un peu de plomb dans la tête ! En effet, Elfed n'avait pas tout à fait tort car effectivement, Rich tira une bonne leçon de l'expérience... A sa manière.

Il aurait pu s'accrocher. Il touchait un salaire décent, son travail ne lui demandait guère d'efforts et lui laissait tout le loisir de jouer au rugby, de courir les filles et de faire du théâtre, ce qui semblait l'intéresser de plus en plus. Le comptoir de mercerie aurait très bien pu servir à l'élaboration de son plan. En tout cas, il aurait au moins pu faire semblant d'accepter la situation. Il était parfaitement capable de tout concilier pour satisfaire la galerie. Il ne fit ni l'un ni l'autre. Sa réaction fut peut-être la première démarche réfléchie de son existence, et indubitablement la plus importante.

Pour commencer, il laissa libre cours à ses sentiments profonds. Il se sentait par-dessus tout humilié d'être un vendeur, lui qui était issu d'une famille de mineurs. Cela le rabaissait en tant qu'homme. Absurde, me direz-vous, mais pas tant que cela quand on a été élevé dans ce monde-là. Les frères de Richard lui racontaient tous les jours leurs déboires dans la mine. Daddy Ni lui-même y travaillait encore, ainsi qu'Elfed le rabat-joie !

Et Rich ? Que faisait-il ? Il livrait des boîtes de chaussettes et apprenait à plier les costumes. Il traînaillait pendant les livraisons, s'invitait ici ou là à déjeuner ou à prendre le thé ou faisait un détour par le Talbot, le pub situé en face de la Coopérative, bien qu'il n'eût pas encore l'âge de fréquenter l'établissement. Il se forgea ainsi une réputation d'incorrigible. De surcroît, il n'hésitait pas à manifester son mépris pour ce travail de mauviette, dont il s'acquittait le plus mal possible, tout en étant conscient des risques qu'il encourait. Mais il en prit d'autres, bien plus graves encore, que sa famille élude encore aujourd'hui dans la conversation. Le fait est qu'il contrevint à la loi. S'il s'était fait prendre ou s'il avait paniqué, il aurait sans doute eu de gros ennuis ; le charmant jeune intrépide aurait très bien pu se retrouver devant la justice.

C'était la guerre et l'on distribuait des tickets de rationnement. Y compris pour les vêtements. Sans ticket, pas de marchandise. Il en était ainsi pour tout le monde. Sauf à la Coop où Richard travaillait seul. Un hochement de tête, un clin d'œil suffisaient parfois ! A leur grande surprise, les amis de la famille récupéraient miraculeusement leurs tickets ou se voyaient dispensés de les remettre à l'employé de service. Les rumeurs qui circulaient alors étaient accablantes mais on aurait du mal aujourd'hui à prouver quoi que ce soit, d'autant que personne ne veut plus en parler. Il y a fort à parier qu'il n'y avait pas que les coupons que l'on distribuait gratuitement !

Comment est-ce qu'une idée pareille avait pu lui venir à l'esprit ? Il y avait bien sûr le côté diabolique de la chose, l'esbroufe, outre sa générosité naturelle — tout cela mêlé au plaisir sournois de faire un mauvais coup. L'illégalité, comme la boxe, a toujours été un moyen, pour les garçons de la classe ouvrière, d'accéder à des privilèges théoriquement réservés à d'autres. Cela a par ailleurs l'avantage de mettre un peu de piment dans la vie : tout à coup, cette conspiration qui se trama derrière le comptoir de la Coopérative agrémentait irrésistiblement les interminables journées de travail. Les héros de la classe ouvrière flirtent souvent avec la délinquance pendant leur adolescence. Ils ont du mal à trouver des soupapes à leurs réserves d'énergie. On pourrait penser qu'il s'agissait d'une sorte d'appel au secours de la part de Richard. Il était certainement suffisamment intelligent et averti pour connaître les risques qu'il encourait ; ce qui ne l'empêcha pas de les prendre.

Cis, qui était parfaitement au courant de l'affaire, était folle d'inquiétude. A mon avis, Richard se saborda sciemment pour toucher au tréfonds de son être. « Il détestait ce magasin. Il le détestait. » Tous les témoignages concordent. Telle une autruche s'enfouissant la tête dans le sable, il sombra volontairement et résolut d'aller aussi loin que possible. S'il devait être un raté, alors autant y aller carrément ! C'était une manière comme une autre de s'imposer, une sorte de rite initiatique. Oh, tout cela était très gai, un peu fou ! Il fallait avoir le cran de le faire ! Mais c'était aussi une forme d'humiliation délibérée. Le genre de mortification que doivent subir les novices avant d'être admis dans un ordre. On aurait dit qu'il cherchait à s'inoculer ce mal baptisé « faiblesse », pour s'immuniser contre ce fléau une fois pour toutes. A l'instar de Thomas Hardy, il pensait, je crois, que si l'on veut avoir accès au meilleur, il faut passer par le pire. Il réussit en tout cas à se faire remarquer.

A priori, ce voyou impénitent semblait avoir compromis son avenir. Torturé comme toujours par de maudits furoncles — auxquels il donnait des noms ! (« C'est la méchanceté qui sort », disaient certains), exclu, par la volonté de sa famille, de la noble course aux diplômes, ni mineur courageux, ni particulièrement brillant, il n'était qu'un pas-grand-chose, sans perspectives d'avenir. Pourtant, une fois qu'il eut touché le fond, il se mit à remonter la pente, avec une telle furie qu'il médusa aussi bien ses détracteurs que ceux qui avaient continué à croire en lui. Désormais, il n'était plus question de rater la moindre occasion de s'en sortir ; le théâtre serait sa planche de salut.

Meredith Jones avait créé un centre pour la jeunesse. Garçons et filles se retrouvaient le soir dans le vieux bâtiment délabré de l'école primaire. Ce fut là que Burton trouva finalement le moyen de se ressaisir. Il jouait divinement au ping-pong, faisait de la boxe, chantait ; il était farceur, donnait volontiers un coup de main ; il réussit ainsi à s'imposer tout naturellement à la tête de ce groupe où régnait un fort esprit d'émulation. Son talent aux multiples facettes, que sa passion du sport et les soucis de son âge avaient quelque peu occulté, se manifesta alors dans toute son ampleur, ce qui lui rendit en l'occurrence un fier service. L'activité théâtrale du centre était dirigée par Leo Lloyd, qui, à l'instar de Meredith Jones, promut la carrière de nombreux garçons et filles de la vallée d'Afan.

Lloyd ne les ménageait pas. La jeunesse de Port Talbot découvrit d'entrée de jeu le vrai et grand théâtre ; toutes les ambitions étaient permises. Sans doute qu'à l'image de Jones, Lloyd fut d'autant plus stimulé dans son enthousiasme et sa générosité naturels que la guerre venait d'éclater et que les occasions offertes aux enfants de la ruche industrielle s'en trouvaient encore amoindries. Certains de leurs collègues, et les parents de ces écoliers, ne reviendraient jamais des champs de bataille. Raison de plus pour encourager les générations futures. A l'instar de son compatriote gallois, Henry VII, Richard Burton n'oublia jamais ceux qui l'épaulèrent alors que les lauriers du succès n'étaient encore qu'une illusion, dans une Angleterre sens dessus dessous. Avec l'exubérante chaleur qui le caractérisait, il écrivit, bien plus tard, à propos de Leo Lloyd :

> Cet homme se vouait corps et âme à son travail. J'ai du mal à croire qu'il faisait tout cela à ses moments perdus... Il me persuada que rien n'était plus fascinant que le métier d'acteur.

Il m'apprit les fondements de cet art... sans jamais ménager ses efforts... Il sut canaliser mes frustrations. C'est grâce à lui que j'ai résolu de devenir comédien.

Lloyd lui confia notamment le rôle d'un comte dans une pièce en un acte inspirée des *Misérables* ; Richard se montra brillant. Il participa ensuite à un documentaire radiophonique sur l'ATC*, dont il faisait partie.

En attendant, le jeune Jenkins travaillait toujours à la Coopérative. Cis sortait un jour de l'établissement, priant le Ciel pour que Richard n'ait pas renouvelé une fois de plus son stock personnel de cigarettes en le portant sur le compte familial, lorsqu'elle tomba par hasard sur un Meredith Jones, aux moustaches hérissées, qui lui demanda à brûle-pourpoint : « Pourquoi ne le retirez-vous pas de là-dedans ? » Aujourd'hui encore, lorsqu'elle raconte cette histoire, ce souvenir lui pèse. « Je lui expliquai que mon mari avait un métier difficile, qu'il n'avait pas pu travailler pendant une période... »

« Il pourrait faire un bon acteur, avait répliqué l'instituteur, laissant Cis pantoise. Je vais voir ce que je peux faire. »

Il est à peu près certain que Cis n'avait encore jamais vu son jeune frère jouer la comédie, du moins pas sur les planches. D'où sa perplexité. Mais elle ne se laissa pas démonter et attendit le miracle.

Il faut rendre hommage à Meredith Jones pour la décision qu'il prit à l'égard de Burton et pour la détermination dont il fit preuve par la suite. Son attitude en dit long sur les qualités évidentes du jeune rebelle. Celui-ci dut faire une forte impression sur le jeune instituteur, dont la générosité égalait l'obstination, pour le persuader ainsi de sa valeur et de ses talents d'acteur. Fi du rugbyman (auquel on avait tant cru), fi de l'intellectuel à mi-temps dont les appétits de lectures constituaient la meilleure des garanties. Il semblerait que, très jeune déjà, Rich ait eu une forte présence sur scène. Un don qui allait le propulser en un temps record au premier rang d'un métier difficile et périlleux.

Son « exil » à la Coopérative lui avait au moins laissé le loisir de trouver un centre d'intérêt. Rich l'intrépide, aux multiples talents, s'était découvert une raison d'être. Plus rien ne le détournerait désormais de sa voie. En attendant, Meredith Jones avait promis à Cis d'intercéder en sa faveur.

---

* ATC : *Air Training Corp* (préparation militaire supérieure pour l'aviation).

Il fallut plusieurs mois à l'instituteur pour arriver à ses fins, mais ses efforts finirent par porter leurs fruits. Il persuada en effet le directeur du comité pédagogique de Glamorgan Llewellyn Heycock, de faire réadmettre Richard au lycée. « Il est arrivé à la maison tout excité ce jour-là, raconte Cis. J'étais en haut. "Cis ! Cis ! C'est la première fois qu'ils font ça ! Cis ! Il s'est passé une chose incroyable ! Je tiens ma chance ! Ils vont me reprendre !" »

Dix-huit mois après avoir quitté l'école, il y retournait, résolu à poursuivre ce qu'il avait commencé. Il était plus âgé que les autres garçons de la classe, mais peu lui importait. Sa réputation l'avait précédé, et l'un des enseignants, Philip Burton, ami de Meredith Jones et chef du corps de l'escadron auquel appartenait Richard au sein de l'ATC, fut prié de surveiller de près ce brillant sujet, particulièrement difficile. On était conscient de prendre un risque. Pour marquer son retour, dès son entrée dans la classe, Richard avait commencé par balancer une chaussure de gym à travers la salle : un carreau cassé ! Le cauchemar de la Coopérative était fini ! Il était de retour à l'école, plein d'une énergie nouvelle que la chaussure de gym signalait à sa manière ! Il resterait lui-même.

CHAPITRE 4

L'HOMME QUI LUI DONNA SON NOM

Les Jenkins ne pouvaient plus grand-chose pour lui. Certes Elfed lui avait trouvé une place qu'il aurait pu garder jusqu'à la retraite. Cis était toujours là, et ni ses frères ni ses sœurs ne le perdaient de vue. Rich avait maintenant seize ans, ce n'était plus un enfant, et quand les premiers signes indiquèrent qu'il risquait de sombrer, personne dans la famille ne put, ne sut lui venir en aide. Jamais il ne leur en voulut. Mais jamais il n'oublia non plus que cette année-là, il faillit tout perdre, et disparaître : on le repêcha juste à temps. Il allait désormais pouvoir se prendre en charge et même soutenir les Jenkins, consolidant ainsi les liens qui les unissaient. Richard Burton a certainement passé l'essentiel de sa vie à veiller sur les membres de chacune des familles que le hasard plaça sur son chemin. Les structures familiales ne lui firent plus jamais défaut. Il apprit à s'entourer. Il alla même plus loin : il rechercha activement ceux qui avaient une chance de l'aider. Parmi eux il y eut Philip Burton dont l'influence fut déterminante.

Sa vie était en train de changer. Il retournait à l'école. Son inadaptation, son indiscipline, son considérable retard scolaire étaient tels qu'on ne le prit qu'à l'essai. Et cet esprit d'indépendance qui l'animait ne pouvait que lui nuire. Moins d'un an plus tard, sa carrière était lancée : il avait réussi à se faire remarquer par deux ou trois personnes suffisamment influentes pour l'arracher à l'ennui de Taibach et lui ouvrir toutes grandes les portes des studios. Le West End l'attendait et ne lui laissa guère le temps de souffler. L'homme à l'origine de sa carrière n'était autre que Philip Burton.

Cela va sans dire : Philip trouva en Richard une force et un caractère sans lesquels il n'aurait rien pu faire. Il suffisait de façonner peu à peu le personnage. Il le fit. Jusqu'à ce que respect et affection mutuels viennent prendre le relais.

Richard se lança dans sa carrière sans perdre de vue qu'il lui faudrait jouer un numéro d'équilibre pour le moins déconcertant. D'abord il y avait le personnage qu'il était en train de devenir. Tous ceux qui l'ont connu à l'époque parlent de lui avec tendresse. Les anecdotes sur son compte fourmillent : par exemple, celle où il se soulagea, dit-on, par la fenêtre d'un train au moment où celui-ci quittait le quai. Et encore cette histoire de Richard faisant fuir à toutes jambes une de ses petites amies, qu'il a entraînée dans la montagne, en poussant un hurlement effroyable sous prétexte que la main de sa douce compagne s'est fébrilement posée sur l'un de ses plus méchants furoncles ! Et encore, Richard, empestant la bière, qui entre en titubant dans la salle de classe et qu'on expédie aussi vite chez lui. Toujours Richard le voyou, le héros du quartier, l'idole de l'équipe de rugby, la coqueluche du club, qui put tout faire et à qui on pardonna tout. Et il y a aussi le romantique Richard qui emmène une fille au bord de la rivière et qui lui déclame des poèmes en toute innocence. Une chose est certaine à son sujet : tout le monde s'accorde sur sa simplicité, sa modestie. Plus tard, à Oxford, son camarade Robert Hardy (Tim), dont la famille était très influente, dira de lui qu'il avait vraiment « des allures d'aristocrate » : un type né pour commander. C'est l'impression que semblent partager tous les gens qui l'ont connu à l'époque.

Le noyau de sa personnalité était à présent formé. Il s'était « trouvé » très jeune, et il se cramponna à ce qu'il était : toute sa vie il resta celui qu'il était. Et pourtant il dut se plier aux impératifs contraignants, appauvrissants, du système éducatif. Se lever tôt et prendre le chemin de l'école. Aussi reconnaissant fût-il (peu de gens firent preuve dans leur vie de tant de générosité à l'égard de tous ceux qui l'avaient aidé ou qui simplement s'étaient trouvés là dans les moments difficiles), il n'était pas question d'imaginer qu'on allait le mener par le bout du nez. Ce n'était pas envisageable. Sa nature même l'aurait empêché. Meredith Jones, à qui la rudesse de Richard plaisait, comprit l'affaire et recommanda le jeune homme à son ami Philip Burton. Qu'il veille sur lui et qu'il ne laisse pas échapper cette deuxième et dernière chance.

Un motif de confusion supplémentaire attendait Richard : le fait qu'il ne savait pas très bien lui-même ce qu'il voulait être. Et l'aurait-il su, comment parvenir à ses fins ? Il se retrouvait piégé par son propre caractère : comment tout faire pour ne pas gâcher sa chance ? Et comment ne pas laisser la chance tout dévaster de son être ? Au moment de reprendre ses études secondaires il avait fort diplomatiquement annoncé sa ferme intention de devenir enseignant. Mais après avoir remporté quelques succès auprès du public de son Club, après de longues conversations avec Philip Burton, il se prépara à l'idée qu'après tout il pourrait devenir un acteur : toute cette énergie en lui ne demandait qu'à se libérer. Il était prêt à foncer. Et pour ce douzième rejeton de Daddy Ni, le projet ne manquait pas d'audace. Le pays de Galles était lui aussi en guerre, et le temps était à la mobilisation.

Mais ce projet était-il si fantasque ? Après tout, il y avait Owen Jones. Jones à qui l'Académie royale d'Art dramatique de Londres venait d'accorder une bourse, qui s'était vu confier un rôle dans *Hamlet*, mis en scène par Olivier à l'Old Vic. D'autres garçons de l'école secondaire de Port Talbot avaient eux aussi franchi les portes mystérieuses qui ouvraient sur le monde mythique des comédiens de métier. Et quel était l'homme à qui ils devaient tous cette ascension, sinon Philip Burton ?

Richard et Philip : difficile d'imaginer deux personnes aussi diamétralement opposées. Un couple impossible réuni pour le pire et le meilleur. Mais c'est précisément cela que ressentait Richard, et qui expliquait son attachement pour Philip, lequel pouvait se vanter d'avoir un réel ascendant sur le jeune garçon ! Rich choisit, par pure reconnaissance envers lui, de prendre le nom de son maître et rien ne l'empêcha de faire scintiller les lettres de ce nom dans les théâtres du monde entier. Désormais ils seraient l'un pour l'autre père et fils. Ils restèrent des amis jusqu'à la mort de Richard, hormis le temps d'une brouille. Au départ, ils avaient surtout eu besoin l'un de l'autre : Richard avait besoin d'un mentor, de quelqu'un qui le ferait progresser. Philip cherchait un élève qui mériterait le dévouement illimité qu'il lui accorderait. Mais ils mirent longtemps à se trouver. Ils ne se comprenaient pas. En apparence, c'était le jour et la nuit.

L'éducation qu'avait reçue Philip Burton le disposait à devenir ce qu'il est convenu d'appeler un jeune homme irréprochable. Un sang mi-anglais mi-gallois coulait dans ses veines. Son père, mineur de fond, musicien et grand buveur de bière, mourut dans un accident de mine alors que le garçon n'avait que quatorze ans. Sa mère, avec obstination, se chargea de lui inculquer les bonnes manières ; ce fut elle qui, malgré l'adversité, l'envoya à l'université du pays de Galles d'où il réchappa à vingt ans, titulaire d'un diplôme de mathématiques et d'anglais. Certains membres de la famille, du côté anglais, avaient connu, disait-on, une certaine grandeur. Mais d'autres Burton avaient amassé de l'argent dans des conditions plutôt roturières : cela empoisonna les débuts de Philip. Il fallut qu'il gagne sa vie. Il prit un poste d'enseignant à Port Talbot. A cette époque il avait déjà deux passions : d'abord le théâtre, ensuite ce qu'il appelait son complexe de Pygmalion, ou encore de Svengali. Il écrivait des pièces de théâtre qu'il envoyait aux directeurs des théâtres du West End. Les refus ne le décourageaient pas : il continuait d'écrire. Il travaillait aussi par intermittence pour les studios de la BBC à Cardiff en qualité d'auteur, d'acteur et de producteur indépendant. Il y avait aussi les pièces pour l'école. Quant à son côté Svengali, plusieurs de ses élèves de Port Talbot avaient fait leur chemin dans la vie en s'en remettant à lui presque aveuglément.

Philip Burton menait à présent l'existence d'un célibataire endurci, au-dessus de tout soupçon : chez Ma Smith, qui prenait des gentlemen en pension, il disposait d'une chambre à coucher et d'un salon particulier ; le dévouement de la veuve Smith et de ses filles lui était assuré. Ses journées étaient longues et réglées à l'avance. En plus de son travail d'enseignant, de ses activités théâtrales et de ses cours particuliers, Burton jouait de l'orgue à l'église anglicane. Plusieurs fois par semaine, il entraînait ses élèves de l'Air Corps : il en fit une des meilleures équipes de la région, on faisait souvent appel à elle pour les parades. Et surtout il lisait beaucoup et appréciait la solitude. Il disait souvent à Mrs. Smith qu'« une personne qui se cultive n'est jamais seule ». A l'époque où Richard retourna à l'école, Philip avait trente-huit ans. C'était un homme redoutable, très respecté dans le milieu où il évoluait.

Il avait toujours été ainsi. Rien ne le faisait dévier de lui-même. Richard, en revanche, faisait songer à un puits de pétrole qu'on vient juste de forer et qui n'en peut plus de jaillir tous azimuts. Philip avait toujours vécu dans un contexte émotionnel parfaitement contrôlé, où tout prenait sa place. Rien de tendre ni d'heureux ne venait le perturber. Rich, lui, n'était que tourbillon d'émotions fragiles, contradictoires, indéfinissables ; une immense confusion. A la rigueur de Philip répondait la négligence de Rich. Enthousiaste, sportif, Richard ne tenait pas en place. Philip, homme de savoir, rivé à son bureau, ne s'intéressait qu'aux choses de l'esprit. Il était très soigné de sa personne alors que Rich, le rustre, empestait. Ce dernier, en toutes choses, était d'une extrême insouciance ; Philip, lui, ne prenait jamais assez de précautions avant d'entreprendre quoi que ce soit.

Quelques mois à peine après qu'il eut repris l'école, Richard quitta sa famille et s'installa auprès de Philip. Même s'il dut se battre pour arriver à ses fins — cela ne fait aucun doute — Philip lui ouvrit la voie, avant de lui donner son nom. Il le guida non seulement vers le théâtre mais aussi vers les sommets de sa propre ambition : l'université d'Oxford à laquelle, à l'époque, un fils de mineur n'osait même pas rêver.

La force de Philip Burton — et il fallait qu'il en eût pour que le jeune Jenkins consentît à suivre ses instructions — résidait dans sa culture. Meredith Jones, lui, était un beau parleur. En revenant du Club, il berçait tout le monde de propos sur la poésie. Il dissertait sur *Prufrock*, le poème d'Eliot. Philip Burton était un véritable érudit, un écrivain, quelqu'un qui dans sa conversation était capable d'ouvrir des portes que l'on pensait fermées à jamais, et notamment au nez d'un certain Rich Jenkins, gallois de sa naissance, assoiffé de vivre, et dur à cuire... Meredith Jones était le genre de type qui pouvait vous sortir de la Coop, puis vous faire réintégrer l'école. Philip Burton, lui, était un homme dont les ressources semblaient sans limite.

Il vit aujourd'hui à Key West. Citoyen américain depuis de nombreuses années, il a dirigé une école d'art dramatique à New York, écrit des livres, produit des pièces après avoir à tout jamais abandonné les vallons encaissés du pays de Galles où il fallait déployer une énergie et des efforts surhumains en vue d'atteindre les objectifs les plus ordinaires. Il préféra le pays de l'abondance, où la réussite individuelle était rendue plus facile. Il gagna sur tous les fronts. C'est aujourd'hui un fringant octogénaire qui donne volontiers son point de vue sur *Hamlet*, parle de ses amis du Cercle littéraire de Key West et de ses activités diverses et variées d'autrefois. Il émane de lui une sérénité révélatrice d'un bien-être certain, mais il y a aussi quelque chose de plus professoral : une grande assurance, qualité que l'on attribua aussi à Richard.

On imagine très bien ce jeune joueur de rugby, farouche et intrépide, ce gamin des rues méfiant, qui profitait déjà de ce charme fou qu'hommes et femmes s'accorderaient sans conteste à qualifier de beauté, en dépit de son visage grêlé, venir se briser comme une vague contre le roc d'érudition inébranlable qu'était Philip. La culture, le sport, l'argent, la poésie : voilà ce qui comptait aux yeux du jeune Gallois. Ainsi qu'une chose encore plus capitale : guetter la chance. L'univers de la mine lui avait énormément appris, mais il y avait puisé tout ce qui était possible. Et Philip Burton et lui se disposèrent à lancer une offensive de séduction sans précédent qui allait en définitive le propulser sous les feux de la rampe.

Au cours de l'interview qu'il m'accorda, Philip Burton choisit de me lire quelques passages de ses *Mémoires* inédits intitulés « Les Deux Burton ». De sa voix limpide, il me fit le récit captivant de son aventure. Celle d'un homme qui, comme tant d'autres à son époque, s'était juré de repêcher un jeune garçon de condition modeste mais au talent prometteur. Encore une histoire d'amour.

Quelques mois plus tard, Philip Burton, ayant décidé de ne pas publier son livre, me proposa avec une générosité à laquelle je fus extrêmement sensible d'en tirer, pour mon propre usage, les extraits qui m'intéressaient.

> Un jour de 1964, à l'époque où Richard jouait *Hamlet* à Broadway, nous fûmes interviewés ensemble dans un coin tranquille d'un restaurant-bar de la 8e Avenue, très fréquenté par les gens de théâtre. Hormis le journaliste, une seule autre personne était présente : Elizabeth Taylor, la femme de Richard. On me posa notamment la question suivante : « Comment en êtes-vous venu à l'adopter ? » Pour des raisons que vous saisirez par la suite, j'hésitai beaucoup, m'efforçant de trouver la réponse juste. Mais Richard répondit à ma place : « Ce n'est pas lui qui m'a adopté. C'est moi ! » C'était assez juste. Il avait besoin de moi, et comme je le compris par la suite, il trouva en moi ce qu'il cherchait.
>
> Des années plus tard, Richard retrouva le journal qu'il tenait quand il était encore écolier, en 1940, c'est-à-dire deux ans avant que je l'eusse vraiment remarqué ; il me le confia. J'y apparaissais à treize reprises sous le nom de « M. Burton » ou tout simplement « Burton ». Toutes ces références à mon sujet étaient élogieuses. Presque tous les passages rédigés le dimanche commençaient par

l'indication : « Chapelle toute la journée* ». Dans celle que fréquentait Richard, on parlait le gallois : lui-même et beaucoup d'autres s'adonnaient avec bonheur à ces chants dominicaux. Son journal mentionne des raids aériens fréquents, parfois deux ou trois dans la journée. Port Talbot était le site d'importantes installations sidérurgiques, et les nuits éclairées par la lune amenaient presque infailliblement la Luftwaffe. Ce qui n'empêchait pas les Allemands d'attaquer aussi dans la journée. Je me souviens que, des années plus tard, la première fois que Richard m'accompagna à Londres, nous essuyâmes un raid particulièrement violent. Je m'étais précipité dans un abri avec les autres clients de l'hôtel, persuadé que Richard nous avait suivis. Erreur. Il était monté sur le toit pour ne rien manquer du spectacle. Son journal indique que même lorsque sa famille courait à l'abri le plus proche, Richard, lui, restait au lit.

Par ailleurs, il prenait soigneusement note des moindres pennies qu'il gagnait, notamment en collectant des journaux qui servaient à faire des cornets pour les fish-and-chips. Elfed s'était réjoui de voir en Richard un soutien de famille potentiel. Et voilà qu'il retournait à l'école, ce qui allait encore coûter de l'argent au lieu d'en rapporter.

Au fil des pages de son journal, on constate d'ailleurs plusieurs références à des disputes avec Elfed, pour des motifs quelquefois futiles. Par exemple le jour où Richard avait rendu des livres à la bibliothèque, oubliant complètement qu'Elfed voulait en lire un.

Dans le passage correspondant au 21 mai, on note un élément tout à fait révélateur. Elfed avait dû mettre la main sur le journal de Richard. J'ignore dans quelle mesure il en avait pris connaissance, mais le compte rendu de la veille l'avait sûrement fait bondir puisqu'il y était écrit noir sur blanc que le « soutien de famille potentiel » avait passé le plus clair de la journée à jouer au cricket ! Dans la marge, Elfed avait gribouillé : « A quatre heures, Richard s'est fait sonner les cloches. » Cette remarque était griffonnée au crayon et l'on peut se demander pourquoi Richard ne l'a pas effacée. Il semble qu'il ait voulu conserver la preuve de la façon dont Elfed était disposé à son égard. Il y ajouta même un commentaire : « C'est Elfed qui a écrit ça dans le but de gâcher mon journal et ça restera là, même si je vis cent ans ! » Les jeudi et vendredi 10 et 11 octobre nous fournissent un rapport

* Au pays de Galles, on qualifie de chapelles tous les lieux de culte non anglicans *(NdT)*.

poignant de la situation. Jeudi : « Bagarre terrible avec Elfed aujourd'hui. Il m'a ordonné de retourner à Pontrhydyfen. J'ai marché jusqu'à Cwmavon. Je ne peux décidément pas le voir en peinture. Je vais demander à papa de me reprendre à la maison. Je pourrais toujours retourner travailler. Je n'arriverais plus à rester à la maison sans rien faire. » Vendredi : « J'étais décidé à retourner à Ponty mais je me suis un peu calmé maintenant. Cis dit qu'il faut que j'y aille si j'en ai envie. Mais je suis sûr que où que j'aille, on ne voudra pas plus de moi qu'ici. »

Quand Richard reprit ses études, il allait avoir dix-sept ans. Étant donné le temps qu'il avait perdu, il ne put réintégrer son ancienne classe et se retrouva ainsi avec des camarades — garçons et filles —, d'un an plus jeunes que lui, voire plus, et beaucoup moins expérimentés que lui dans la vie.

Richard fit alors deux démarches qui le rapprochèrent de moi : il s'incorpora au ATC Squadron — et puis il s'arrangea pour faire partie de mon équipe de surveillance contre les incendies. Chaque soir, en effet, un groupe d'élèves, parmi les plus grands, montait la garde à l'école en prévision des raids aériens, sous la surveillance d'un instituteur de l'établissement. Ils devaient notamment intervenir au cas où une bombe incendiaire viendrait se loger dans le toit. Ce fut par ce biais que Richard en vint en définitive à vivre sous le même toit que moi.

Pendant nos nuits de faction, Richard profitait de toutes les occasions pour s'entretenir avec moi seul à seul, bien que nos conversations fussent souvent interrompues par des alertes. Je portai très vite un vif intérêt à ce garçon incontestablement doué, certes, mais pour quoi ? Il vivait alors une prise de conscience sociale et politique aiguë et je l'imaginais assez bien consacrant son existence au Parti travailliste. Quand il me confia qu'il rêvait d'être acteur comme Owen Jones, j'en fus très surpris, mais aussi instinctivement ravi du défi qui m'attendait.

J'expliquai à Richard que s'il voulait devenir comédien, il fallait qu'il commence par travailler sa voix et son élocution et que cela nécessitait un exercice pénible et fastidieux. Sa réaction fut simple : « Bon ! Eh bien, faites-moi faire ce qu'il faut ! »

Richard m'avoua peu à peu les difficultés qu'il devait affronter à la maison. Il me confia qu'il avait essayé plus d'une fois d'aller se réfugier chez un autre de ses frères et sœurs. A chaque tentative, on l'avait persuadé de retourner chez Cis et Elfed. Ils répugnaient sans doute à prendre en charge un adolescent qui ne gagnait pas sa vie. Mais l'attachement de Cis pour son jeune frère y était incontestablement pour quelque chose !

Un soir, il me fit un récit si poignant des derniers incidents que, sans vraiment me rendre compte de ce que je disais, je lui signalai qu'une chambre venait de se libérer à la pension de Ma Smith, suite à la mobilisation de l'employé de bureau qui l'occupait.

Richard sauta sur l'occasion et s'empressa d'aller demander quand il pouvait y emménager. Mais aussitôt je me rétractai. « En définitive, personne ne veut de moi », commenta-t-il d'un ton peiné. J'eus honte de moi et m'efforçai de justifier mon revirement. Il me fit remarquer qu'il serait bientôt engagé dans l'Air Force et cesserait alors d'être à la charge d'Elfed.
De toute façon, dès la fin de la guerre, il allait gagner sa vie comme tout le monde et donner de l'argent à Cis et à son mari. D'ailleurs, Elfed verrait alors que l'obstination de son beau-frère risquait fort de tourner à l'avantage de la famille !
J'étais convaincu que Cis et Elfed ne le laisseraient pas partir pour aller habiter ailleurs. « Vous n'avez qu'à le leur demander », me dit-il. Je lui promis de le faire et il fut convenu que je rendrais visite aux James le dimanche suivant.
Je me souviens comme si c'était hier de mon entretien avec Elfed et Cis. Nous ne nous étions jamais rencontrés auparavant. Je m'étais résolument préparé à invoquer tous les arguments possibles et imaginables pour que Richard restât auprès d'eux. Richard n'était pas dans le salon. Dès mon entrée, je fus frappé par la beauté presque virginale de Cis. Elle resta silencieuse pendant que son colosse d'époux conversait avec moi. En fait, à toutes les questions que je lui posai, il répondait inlassablement : « Prenez-le, M. Burton, prenez-le. » Je leur promis qu'ils n'auraient pas à assumer le coût de ses études. Après la guerre, je m'arrangerais pour qu'il ait une bourse lui donnant comme il le méritait accès à l'université. Elfed acquiesçait toujours : « Prenez-le, M. Burton, prenez-le. » Finalement, dans l'espoir d'échanger quelques mots avec la taciturne Cis, je priai Elfed d'aller chercher Richard qui, dans la cuisine, attendait le résultat de notre entretien. Elfed quitta la pièce à contrecœur. « Ritchie est plus qu'un frère pour vous, glissai-je à Cis. C'est presque un fils et je sais combien vous tenez l'un à l'autre. Que voulez-vous que je fasse ? » Sa réponse changea la vie de Richard, mais aussi la mienne : « Si vous le prenez avec vous, me dit-elle, vous exaucerez mes prières. » Quand Elfed revint en compagnie de Richard, je leur annonçai que j'agirais donc selon leurs souhaits à tous. Leur soulagement était visible.

Le 1er mars 1943, jour de la saint David, Richard emménageait au 6 Connaught Street, à Port Talbot, dans la pension de Mrs. Smith. A partir de ce moment, à en croire Philip Burton, il n'y eut plus d'accroc. De temps en temps, Richard retournait voir sa sœur (notamment le dimanche matin). Maintenant que le gamin des rues s'était transformé en comédien, les James semblaient rassurés. L'étaient-ils vraiment ?

Aujourd'hui encore, le visage de Cis s'assombrit au souvenir de cette période-là. « On aurait pu se débrouiller, dit-elle, et faire face. » Rien d'étonnant à ce qu'un certain malaise courût dans la famille. Ce n'était certes pas la première fois qu'un instituteur dévoué prenait sous son aile un élève au talent prometteur mais n'y avait-il pas quelque chose d'humiliant, de honteux à confier ainsi le garçon aux soins d'un tiers ? Et dire que c'était chez eux qu'on était venu le chercher ! « Personne ne peut savoir combien j'ai pleuré », avoue Cis.

Elle lui avait donné un idéal et apporté un soutien inconditionnel, inaltérable. Plus tard, dans sa vie d'adulte, il rechercherait toujours une femme à son image, sur laquelle il puisse compter quoi qu'il arrive.

Cis avait su aussi lui accorder la liberté au moment voulu. Après l'école, il venait quelquefois la voir, à l'heure du thé, mais elle le renvoyait chez Mrs. Smith. « Ce n'est pas juste, Rich. Puisque tu as voulu aller vivre là-bas, il faut y rester, pour de bon. » Richard n'était pas heureux. « Pourquoi es-tu malheureux, Rich ? — Ça bouillonne trop là-dedans, disait-il en se tapotant le crâne. Il faut tout le temps que je réfléchisse. » Philip Burton était prêt à tout pour qu'il réussisse. Le façonnage fut ardu et le marqua à vie.

Ses anciens camarades d'école se souviennent que Richard arrivait quelquefois à l'école la mine déconfite à la suite d'une querelle avec son protecteur. Il a d'ailleurs avoué lui-même que cette période avait été pour lui « un véritable enfer », précisant qu'il n'avait « jamais travaillé autant de sa vie ». Philip était impitoyable et le garçon n'avait plus le choix : il lui fallait obéir, faute de quoi, il se retrouverait à son point de départ. Il avait beau renâcler ; en définitive, s'il voulait seulement survivre dans ce monde, sans même parler de réussir, il ne lui restait plus qu'à se conformer à la lettre aux instructions de son maître. L'ascendant intellectuel de Philip et les rapports affectifs qui les liaient eurent vite fait de rectifier le comportement de Richard.

Soulignons toutefois que si Philip se voua corps et âme à l'éducation de Richard, il répondait ainsi à un besoin inhérent à sa personnalité qui le poussa sa vie durant à aider de nombreux jeunes gens à s'en sortir. Ce que confirme G. Dear, l'un des anciens camarades d'école de Richard : « En classe, il nous en apprenait davantage par ses constantes digressions que les autres professeurs qui, eux, s'en tenaient au programme... C'était un honneur d'être sélectionné pour la représentation de théâtre annuelle... »

G. Dear devint professeur d'anglais. « Naturellement, j'eus recours aux méthodes de M. Burton. J'ai obtenu des résultats incroyables avec mes élèves et je suis sûr que c'est grâce à lui ! Je lui dois beaucoup et je ne suis pas le seul... »

Philip pouvait être fier de lui, car en dépit des dix-huit mois où il avait manqué l'école, Richard réussit sans aucune peine l'examen de fin d'année. Il se distingua en anglais et en mathématiques, les deux disciplines clés de son protecteur, et passa aussi avec succès cinq autres épreuves, y compris le gallois et la chimie, une matière qui lui faisait pourtant horreur. On imagine qu'il dut travailler d'arrache-pied pour obtenir une réussite pareille au bout de neuf mois en étant parti de zéro, même si l'on tient compte de ses aptitudes. A ce moment-là, on vit ressurgir chez lui certaines facilités qui s'étaient profilées très tôt mais que les âpretés de l'adolescence avaient fini par occulter.

A côté du travail scolaire, Philip s'employait aussi à lui apprendre le métier d'acteur, comme il l'avait promis. « Il avait une voix rude au début, écrit Philip Burton, mais à force d'exercice, elle devint remarquablement harmonieuse. » Ils répétaient dans le salon des psaumes et des versets de Shakespeare. Quelquefois, le ton montait si haut que la pauvre Mrs. Smith se demandait avec horreur si son pensionnaire favori et le petit Jenkins, « charmant bien qu'un peu canaille », n'étaient pas en train de se chamailler.

Mrs. Smith trouvait que Richard manquait de raffinement : d'abord, il ne se tenait pas très bien à table. Il enfumait toujours les cabinets, situés dans le jardin. Et puis, c'était un vrai enfant gâté : la première chose qu'il lui avait demandé, en arrivant à la pension, c'était de cirer ses chaussures ! Il arrivait aussi que Philip aille travailler avec Rich à l'air des montagnes galloises, tels le maître et son disciple de la parabole. « Je lui faisais déclamer par exemple un passage de *Henry V* et puis je m'éloignais. Il fallait que j'entende distinctement ce qu'il disait, sans qu'il ait besoin de crier. De cette manière, il comprit vite que c'était la clarté de l'élocution qui comptait et non la hauteur de la voix. »

Philip Burton évoque souvent la curiosité d'esprit de Richard. Il décela très tôt son goût marqué pour la poésie : « Un dimanche matin, alors que nous revenions chacun de notre chapelle respective, il apparut soudain, tout excité, un journal à la main. "Écoutez ça", me dit-il, et il me lut un poème de Dylan Thomas. Quand il eut fini, je lui demandai s'il en avait compris le sens. "Je n'en suis pas sûr, me répondit-il, mais c'est magnifique, n'est-ce pas ?" »

Richard avait du talent. Philip commençait à en prendre la mesure et Richard aussi. Un don, voilà qui facilitait passablement les choses. Quand on avait l'ambition suspecte de devenir acteur dans une ville comme Taibach, il fallait avoir de sérieuses dispositions. Le talent vous donnait incontestablement une supériorité et vous permettait de vous intégrer à une élite. C'était la seule issue possible pour s'extirper de la misère, de la condition des gens démunis, surtout quand les rares privilèges étaient entre les mains d'un pays étranger ! Chacun voyait bien ce que coûtait, jour après jour, cet inéluctable broyage humain. Il fallait une chance inattendue, un miracle pour secouer un pareil joug. Aux yeux de Philip, en tout cas, les aptitudes de son élève justifiaient amplement son dévouement et son attachement croissants. Un garçon aussi doué méritait tous ses efforts, au mépris des ragots qui pouvaient circuler au sujet du zèle excessif qu'il lui témoignait. Philip saupoudrait de sucre les céréales de son protégé au petit déjeuner et il lui prêtait ses vêtements. Il lui acheta même un imperméable coûteux, alors qu'il était plutôt économe de nature. Un imperméable que Richard perdit d'ailleurs le soir même dans une salle de billard. Si le garçon avait effectivement un don, alors il s'imposait de tout mettre en œuvre pour qu'il ne fût pas gaspillé. Les gens de talent étaient rares : on ne devait s'épargner aucun sacrifice.

Ce ne fut certainement pas facile ni pour l'un ni pour l'autre. Philip confirme l'irrémédiable tendance à la mélancolie de son élève : en gallois, le mot *« hiraeth »* traduit cette disposition particulière. Un soir qu'il avait oublié sa clé, par exemple, Richard alla passer la nuit sur la tombe de sa grand-mère au bord d'un cours d'eau baptisé le Frwdwyllt, le ruisseau sauvage. Il avait peur, déjà, et il regrettait presque d'avance de devoir s'éloigner des siens pour accomplir son destin. Qu'allait-il se passer quand il finirait ses études, avec près de deux ans de retard, qui plus est ? Il serait probablement mobilisé. Et après ?

Avait-il vraiment un avenir? Les bombes pleuvaient inlassablement sur le pays de Galles et les soldats victimes de la guerre étaient de plus en plus nombreux. Le combat que Richard se livrait à lui-même pâlissait au regard des bombardements auxquels il assistait et dont il entendait parler tous les jours dans les journaux. La violence et la mort accompagnèrent toute son adolescence, de la même façon que la répression et les rationnements avaient marqué son enfance.

Richard avait maintenant dix-huit ans passés. Puissant, large d'épaules, il était à l'aise dans son corps, malgré sa peau grêlée et les maudits furoncles qui lui empoisonnaient toujours l'existence. Un beau regard bleu-vert illuminait un visage que l'on pouvait déjà qualifier d'inoubliable. Bien que ses rendez-vous avec les jeunes filles aient largement dépassé en nombre la moyenne, compte tenu de l'époque, de l'endroit et du milieu où il évoluait, ils n'en étaient pas moins infructueux. Pourtant, son pouvoir de séduction était déjà alimenté par cette sensualité et cette vulnérabilité masculine qu'allaient dévoiler les feux de la rampe et l'œil de la caméra dans les années à venir. Quant à Philip il était, à la force de l'âge, un chaste célibataire. Impensable ! Presque indécent ! Pourtant, des liens puissants, irréductibles, et que l'on n'aurait jamais soupçonnés au départ, allaient s'établir entre les deux hommes. C'était d'ores et déjà la preuve de la nature aussi riche que complexe de Richard Burton et de son attitude face à l'autorité, la loyauté, l'amour, la sexualité.

S'il y avait un mot qui résumât à postériori le comportement du jeune garçon tout au long de cette année difficile, voire critique, ce serait « conquérant ». Une disposition dont ne devait jamais se départir ce Gallois descendu de ses collines pour faire une razzia chez les riches, avant de regagner, triomphant, sa terre d'origine, dans les labyrinthes insondables de son passé. Héros, il le fut sur les scènes de théâtre et à l'écran : Alexandre, Antoine, Thomas Becket, Trotski. Mais c'était une vocation précoce. Notre conquérant fit ses classes de bonne heure et ne fit au fond qu'affiner son pouvoir de séduction au fil de sa carrière. En effet, il avait commencé par captiver l'attention de l'homme à qui Owen Jones devait sa réussite. Il sut si bien s'y prendre que l'instituteur le logea, le vêtit, le nourrit et consacra tout son temps libre à le préparer à un avenir illustre, aussi indiscernable fût-il encore.

Philip remania pour lui une pièce de théâtre, lui donnant ainsi l'occasion de monter sur les planches. Richard, lui, se résolut à dompter son propre tempérament, déterminé à ne pas laisser passer cette deuxième chance qui s'offrait à lui. Il apprit à maîtriser son élocution et, tout à fait paradoxalement, se retrouva dans le rôle du professeur Higgins d'un *Pygmalion* mis en scène par Philip Burton lui-même. Sa diction était irréprochable.

Un incident mineur mais significatif raconté par Philip illustre le désir de Richard de réussir coûte que coûte :

Tant qu'il était encore à l'école, je lui fournissais toutes les occasions possibles de se produire en public. Il adorait jouer. Quand il est venu s'installer à la pension, il a éprouvé une certaine jalousie à l'égard de son jeune frère, Graham, qui venait de concourir avec succès pour le prix de soprano, dans le cadre du festival de chant gallois. Je lui fis remarquer que sa propre voix avait mué depuis longtemps mais il insista malgré tout pour que je lui apprenne le morceau sélectionné pour le prochain festival. Il s'agissait d'*Orphée et son luth* de Sullivan. Un soir, de guerre lasse, je cédai à ses harcèlements et nous allâmes répéter à l'école pour profiter du piano. L'instrument se trouvait sur une estrade, contre le mur du grand préau. Richard se planta devant le public imaginaire, si bien qu'il ne pouvait pas voir les grimaces que je faisais chaque fois qu'il ouvrait la bouche. Finalement, n'y tenant plus, j'éclatai de rire. Il se tourna vers moi, fou furieux. Puis il sortit en claquant la porte, après m'avoir crié : « Vous verrez. Un jour, je vous montrerai de quoi je suis capable ! » C'est ce qu'il fit, le soir de la première de *Camelot* à Broadway, le 3 décembre 1960. Je m'étais rendu dans sa loge à la fin de la représentation. Il y avait un monde fou et, par-dessus les têtes, Richard me cria : « Alors, ça y est. Je vous ai enfin montré ce dont j'étais capable, hein ? » Sur le moment, je ne vis pas du tout ce à quoi il faisait allusion.

Dix-sept ans plus tard Richard, lui, n'avait pas oublié et il tenait à ce que l'on se souvienne que depuis longtemps déjà, il avait parfaitement conscience de ce dont il était capable.

Malgré le succès, Richard serait toujours un homme pondéré, dissimulant sa mélancolie derrière cette assurance teintée de modestie qui n'appartenait qu'à lui, et résistant par la même occasion à la tentation de faire de l'esbroufe. En ce temps-là, il attendait résolument sa chance. Mais d'où viendrait-elle ? Comment se présenterait-elle ? Viendrait-elle jamais ?

Philip Burton nous raconte dans ses *Mémoires* la façon dont son disciple franchit les portes du succès :

Mon escadre, la 499ᵉ de l'Air Training Corps, acquit une renommée excellente, au point que l'on me décerna une médaille. Un grand honneur pour moi ! Mais si je mentionne ce fait, c'est parce que cette distinction eut notamment l'avantage de m'attirer les faveurs du commandant en chef pour le pays de Galles, grâce auquel j'obtins l'admission de Richard à l'Exeter College d'Oxford, six mois avant son enrôlement dans la Royal Air Force. Ce privilège n'était consenti qu'à un nombre très restreint d'élèves-officiers. S'ils faisaient bonne impression au cours de leur

> bref séjour à l'Université, ils regagneraient en priorité les rangs des étudiants dès leur démobilisation. Le commandant souleva toutefois une question importante, à savoir l'ambiguïté de mon rôle et de mon statut vis-à-vis de Richard. Il avait un autre foyer ; son père vivait toujours. En tout état de cause, il était donc préférable que je l'adopte ; cela simplifierait grandement les choses. Lorsque je fis part de cette situation à Richard, il consentit sans hésiter à devenir mon fils adoptif. Je mis l'affaire entre les mains d'un homme de loi qui en référa au tribunal régional. J'étais bien connu dans la ville et l'adoption ne souleva aucune objection. Pourtant, il nous fallut renoncer quand on s'aperçut que je n'avais pas tout à fait vingt et un ans de plus que Richard, ce qui était légalement indispensable. (J'étais né vingt jours trop tard !) Il ne restait plus qu'une seule solution : Richard devait être placé sous ma tutelle, mais pour cela, il nous fallait obtenir le consentement de son père. David Jenkins, l'un des frères de Richard, et un gendarme se chargèrent d'obtenir sa signature. Daddy Ni ne fit aucune difficulté. Richard prit ainsi officiellement le nom de « Burton ».

L'acte stipule que « Richard Walter Jenkins s'engage à renoncer à l'usage du nom de son père et portera dorénavant celui de son adoptant. Il sera considéré par la société et traité à tous égards comme s'il était l'enfant de l'adoptant. »

« Par la suite, ajoute Philip, quand Richard parlait de son père, c'était de moi qu'il s'agissait. Il me raconta lui-même qu'en 1957, en apprenant la mort de Dic Jenkins, sa réaction immédiate avait été de demander : "Mon père ? lequel ?" »

CHAPITRE 5

LE CHOIX D'UNE CARRIÈRE

Richard Burton eut de la chance. Il sut exploiter les atouts dont il disposait au départ, aussi ténus fussent-ils. Des centaines de milliers de gens issus du milieu auquel il appartenait parvenaient tout juste à faire face à un quotidien souvent extrêmement difficile. C'était déjà un exploit de taille que de réussir à s'en sortir au jour le jour. Quant à imprimer sa marque sur le monde, c'était proprement inimaginable ! Burton réussit, lui, à se distinguer à sa manière, en faisant exactement ce qu'il voulait. Et ça, c'était magique !

Comment s'étonner dès lors que tous les gens qui l'ont rencontré aient considéré cette occasion comme un événement marquant de leur existence. Une sorte de coup de théâtre !

Son génie résidait avant tout dans sa manière d'être. Burton prit son essor sans effort apparent, et sans jamais rabaisser qui que ce soit au passage, de sorte qu'il s'exposa lui-même à peu d'avanies.

Il s'efforça de prendre en charge toutes les difficultés que rencontrait sa famille. Que ce soit chez Cis, Ifor ou parmi la ribambelle de frères, sœurs, cousins et tantes, il avait toujours son couvert mis. D'un environnement étroit et puritain, durement éprouvé par la guerre et où l'on avait tout juste de quoi vivre, il sut tirer profit.

Il quitta Port Talbot avec plusieurs cordes à son arc : une fort belle voix, certaines connaissances en matière musicale, des dispositions sportives indéniables et un ardent désir d'apprendre. Il ne devait jamais oublier que quelques shillings pouvaient faire toute la différence entre la pitié et la dignité, la pauvreté et un confort élémentaire. Il s'acquit l'admiration de Meredith Jones, puis celle de Philip Burton, qui crurent en lui dès le départ, le soutinrent inconditionnellement et l'aidèrent... à s'aider lui-même. Il y avait en Richard un étrange mélange de paix intérieure et de fébrilité apparente. Il était sûr de lui, à la fois calculateur, âpre au gain et d'une insouciance royale. On l'aurait dit inébranlable, même si l'on pouvait imaginer que sa superbe serait mise à l'épreuve avec le temps. Il y avait aussi en lui un équilibre précaire entre cette manière de se jouer de tout et cette volonté d'aller au bout de lui-même, presque jusqu'à l'autodestruction. La vie était courte et Richard la saisissait à bras-le-corps !

S'il est vrai que nous vivons le plus clair de nos années d'apprentissage en prenant exemple sur nos proches, Burton, lui, surpassa très vite ses modèles. La force de sa loyauté le ramenait encore et toujours à la féminité parfaite de Cis, et à la virilité sans égale d'Ifor, mais saisis dans une perspective plus lointaine, ces deux n'étaient guère que des points de référence. Restait à combler les cases demeurées libres sur l'échiquier de sa vie. Elles furent bientôt occupées par Philip Burton, Meredith Jones, par les grands rugbymen, les poètes, et enfin et surtout par lui-même.

Une chose est certaine, en tout cas : il n'y allait pas de main morte, comme s'il cherchait à se punir, prenant même des risques excessifs.

Bien que de constitution relativement faible pour un joueur de rugby, il n'hésitait jamais à affronter les plus robustes de ses adversaires, se retrouvant de ce fait régulièrement sur le carreau ! Très jeune, il s'était mis à boire, à boire beaucoup, comme s'il voulait défier le commun des buveurs mais surtout, semblait-il, comme pour s'aligner sur les mineurs, réputés gros buveurs. Ne travaillant pas à la mine, Richard en était réduit, ne fût-ce que pour éliminer tout cet alcool, à pratiquer divers sports. Mais peut-être qu'en fréquentant les pubs, il cherchait aussi à se rapprocher de son père dont il parlait peu et avec lequel, au fil du temps, il eut de moins en moins d'échanges. De surcroît, il fumait énormément, ce qui n'était pas pour arranger l'état de ses poumons déjà éprouvés par l'atmosphère ambiante. La malnutrition, à l'origine de ses problèmes de peau, ajoutée à une ossature fragile héritée de sa famille, ne présageait rien de bon : une espérance de vie tronquée et des ennuis de santé en perspective. Mais cela ne semblait pas l'inquiéter outre mesure.

Une maîtrise de soi remarquable et un calme intérieur indéniable contrebalançaient en réalité les contradictions et la tension qui émanaient apparemment de lui. Une maîtrise que semblaient confirmer ces grands yeux bleu-vert, dans un visage aux traits fortement marqués, le sourire rare. C'est à travers sa passion du langage que Richard Burton parvenait le mieux à s'exprimer.

En un sens, il s'agissait là d'un intérêt d'ordre purement technique, une sorte de manie. Burton a toujours été un cruciverbiste enragé, un fanatique de l'acrostiche, un étymologiste amateur invétéré, une école Berlitz à lui tout seul ! Sa dernière épouse, Sally, raconte que même pour le week-end, il emportait systématiquement avec lui « un dictionnaire, les œuvres complètes de Shakespeare, l'*Oxford Book* de poésie anglaise, le Coran, un Larousse, un atlas, ainsi que l'*Oxford Book* des citations et une encyclopédie de poche... », sans oublier les romans récents, biographies et ouvrages historiques qu'il avait eu le temps de se procurer lors de ses descentes dans les librairies.

Dans ses beaux jours, il avait une mémoire phénoménale. Quand cela lui chantait, il était capable de déclamer certains sonnets de Shakespeare en commençant par la fin : c'était l'un des numéros qu'il avait mis au point pour les soirées. Son répertoire comportait également des morceaux choisis de la Bible, particulièrement mouvementés, qu'il récitait indifféremment en anglais ou en gallois, sans compter les grands monologues de Shakespeare, les poèmes de Manley Hopkins, Baudelaire, Rimbaud, Donne, Dylan Thomas. Il suffisait de demander ! Son amour de la langue était réel et pas seulement pour amuser la galerie. Si Richard Burton possédait un don qui surpassait tous les autres — et Alec Guinness y voyait son plus grand talent, c'était sans doute cette passion et cette intelligence remarquables qu'il mettait à dire la poésie. La poésie était en effet une véritable obsession chez lui, une obsession qu'il s'était inventée lui-même. C'était la force qui sous-tendait tout son être. « La seule chose qui compte dans ma vie, déclara-t-il un jour en larmes à Elizabeth Taylor, c'est la langue. Pas l'amour. La langue. Rien d'autre. »

Le métier de comédien n'était au fond qu'un produit dérivé de cette passion, et faute d'une annonce fortuite dans le *Cardiff*

Western Mail, les choses en seraient sans doute restées là. Alors Oxford, la bourse d'études auraient été l'influence déterminante. L'ancestrale ville universitaire serait devenue son théâtre d'activités ; il y aurait trouvé le moyen de se redéfinir. Mais voilà qu'un autre magicien gallois allait l'entraîner dans d'autres sphères. L'annonce disait que l'éminent auteur dramatique-acteur-metteur en scène Emlyn Williams cherchait des acteurs et actrices d'origine galloise pour « interpréter des petits rôles dans sa nouvelle pièce qui devait débuter à Londres à l'automne ». On avait notamment besoin d'un « jeune acteur gallois ».

Philip Burton fit aussitôt parvenir à Williams le nom de son protégé. Le garçon était en bonne forme. Un peu anxieux, certes : il attendait les résultats de ses examens. Dans le cadre de l'école, il avait eu des expériences théâtrales variées. A son actif : un jeu de mime (dans *Les misérables*), un rôle principal important (le professeur Higgins) et un numéro de virtuose où, sous les traits d'un homme d'affaires américain, le jeune Burton avait impressionné son public en parlant dans cinq téléphones à la fois. Tout Taibach s'en souvenait et Cis en avait eu des échos à tous les coins de rues. De plus, il avait travaillé à la radio. Sans oublier les précieuses séances dans le salon de Ma Smith ou dans les montagnes avoisinantes, séances durant lesquelles maître et élève, tous deux fils de mineurs gallois, s'acharnaient à articuler la langue de Shakespeare.

Richard allait décrocher sans la moindre difficulté les meilleurs rôles au théâtre. Pour commencer, à dix-sept ans à peine, il s'empressa de faire du charme à la ravissante Daphné Rye — une jeune femme très sophistiquée, qui était le meilleur et le plus écouté directeur de casting de Grande-Bretagne. Trois ans plus tard, elle lui ouvrirait les portes du West End, le sortant d'un oubli dû à l'interminable processus de la démobilisation.

Mieux encore, il conquit Emlyn Williams. Ce dernier lui confia en effet le rôle qui devait lui assurer son entrée au West End, quelques mois seulement après la fin de ses études secondaires. Il écrivit, en outre, un rôle pour lui dans ce qui serait son premier film. De plus il allait lui présenter sa future femme et lui donner un véritable frère cadet « pour la vie » en la personne d'un de ses fils, Brook. Plus important encore que tout cela, Emlyn Williams le mit sur les rails. Ainsi, Richard se retrouva-t-il par un formidable coup du hasard, face à face avec son destin, au moment où il en avait le plus besoin. Emlyn

Williams avait lui-même emprunté la voie dans laquelle Richard voulait s'engager. Il lui indiqua la direction à suivre et Richard s'y lança, car de toute façon, il avait le « feu sacré ».

Or Williams, fils de mineur comme lui, avait réussi lui-même à se sortir des corons et du pays de Galles par l'entremise d'une institutrice. Cette femme lui avait d'ailleurs inspiré son premier succès, *The Corn is Green*, l'histoire d'un jeune garçon de la mine découvert par une institutrice et qui, à force d'opiniâtreté, parvient à entrer à Oxford. A Oxford où le jeune Gallois s'était lancé dans une carrière d'acteur et d'auteur dramatique qui lui avait valu une reconnaissance nationale. Emlyn était tout désigné pour être le prochain gourou de Burton. Mais une fois encore, il fallait que ce dernier sache s'imposer et forcer la chance.

Williams garde un souvenir très vif de cette première audition.

« C'était un garçon tout à fait remarquable, avec ces superbes yeux bleu-vert et cette impression de sérénité qui se dégageait de lui. Il n'avait pourtant rien d'un enfant précoce ou d'un petit futé. Il était presque timide et pourtant sûr de lui. Vous voyez ? »

En réalité, c'était Sarah Grace Cooke, l'institutrice de Williams, une femme épatante et très perspicace, qui l'avait rencontré la première. Elle avait dit à Emlyn : « Il vous ressemble, mais il a le diable en lui. Ce n'est pas comme vous. »

C'était un diable qui ne demandait qu'à sortir de sa boîte, et *The Druid's Rest*, la tendre comédie d'Emlyn, devait lui donner l'occasion de le faire. Le jeune homme comprit combien il pouvait s'amuser ! Le diable qui l'habitait fut désormais lâché à jamais ! Un sens du plaisir puissant, sans bornes, mobilisait en effet Burton, alimenté en outre par une énergie considérable et cette voracité propre à ceux qui n'arrivent pas à croire qu'une chance pareille ne leur échappera pas avant que leurs appétits soient rassasiés. Il n'avait pas dix-huit ans et il allait faire la tournée des villes légendaires de l'Angleterre.

Il allait côtoyer des danseurs de music-hall, boire avec les nomades du théâtre ; il aurait bientôt assez d'argent pour se payer des filles et aller se désaltérer dans les bars louches ; il aurait le temps de lire, de bavasser. Et on le féliciterait du travail qu'il ferait sur les planches alors que cela ne lui demandait strictement aucun effort. Le métier d'acteur, n'était-ce pas la clé du paradis ?

Dans cette soif de vie toute celtique, Richard n'était pas tout seul. Il avait un fidèle acolyte en la personne de Stanley Baker, sa doublure, fils de mineur lui aussi, issu d'une famille encore plus pauvre que la sienne et « cueilli » comme lui parmi les rangs de l'armée ouvrière par un instituteur. De quelques années plus jeune que Richard, Baker paraissait pourtant plus âgé ; il avait déjà tourné dans un film.

Toujours est-il que ces deux rescapés du puritanisme gallois se mirent en devoir de montrer au monde de quel bois ils se chauffaient !

Les fenêtres des loges des artistes situées au quatrième étage volèrent en éclats, un soir où l'acteur et sa doublure se battirent comme des chiffonniers. Emlyn avait fort mal pris la chose et les avait menacés de châtiments terribles. Le lendemain, ils se querellèrent de plus belle. Après cela, ils décidèrent d'aller bras dessus bras dessous prendre la température des pubs malfamés, des docks de Liverpool. Puis ce furent des voyages en train dans les banlieues glaciales et la première tentative de rapports sexuels... qui s'acheva devant un feu de cheminée où Richard s'était assoupi. Cette nuit-là, il eut le sentiment d'échapper à la damnation éternelle : pendant qu'il dormait, ses chaussettes qu'il avait gardées aux pieds avaient commencé à brûler ! Ainsi donc, le sexe pouvait vous envoyer tout droit en enfer ! Bien que pressé de faire absolument tout, il ne savait pas comment s'y prendre. Il rencontrait de la sorte d'innombrables embûches ! Si Richard et Stanley prenaient un malin plaisir à bombarder les filles de la troupe qui profitaient des matins tranquilles pour prendre leur bain de soleil — le jeu consistant à bombarder la poitrine des malheureuses de petits projectiles à l'aide de sarbacanes de poche, depuis la fenêtre de leur chambre —, ils s'amendaient toutefois le soir venu en les invitant à boire une bière, sans manquer de les poursuivre de leurs assiduités dans les coins sombres. Tous ces événements précipités avaient évidemment de quoi vous chavirer la tête. Estimant de son devoir de surveiller Richard d'un peu plus près, Philip finit par se joindre à la troupe, puis ce fut le tour d'Ifor.

Quoi qu'il en soit, Richard était désormais livré à lui-même.

« C'était le plus beau garçon que j'aie jamais vu, affirma Gladys Henson, qui tenait le rôle de sa mère. Il était toujours en train de traîner. D'un calme olympien, il réussissait tout, sans le moindre effort apparent... En réalité, il s'intéressait beaucoup plus au rugby qu'au théâtre. Il en parlait sans arrêt ! Un jour que je lui reprochais de s'endormir pendant les répétitions, il me répondit que je le connaissais assez pour savoir que de toute façon, il n'en ferait qu'à sa tête ! »

Burton menait une vie de patachon et cela l'enchantait. Un

déluge de perspectives inespérées lui était tombé du ciel et il était aux anges. Si Emlyn Williams lui avait dit de s'intéresser à l'art ou à la magie, en plus du théâtre, Richard aurait trouvé le temps de le faire, mais pas tout de suite, plus tard. Mieux valait commencer par saisir ce qui s'offrait. Quelle vie ! Que d'excitations et que d'occasions ! Peut-être que tout cela ne l'avançait pas à grand-chose, au fond. Quelques carreaux cassés, alcool à volonté, une ou deux bagarres, une flopée de filles presque « tombées », du baratin... beaucoup de vent, en somme. Mais comparé à ce qu'il avait connu jusque-là, c'étaient les fastes de l'Orient, la liberté, le chant des sirènes. En contrepartie, on ne lui demandait qu'une seule chose : jouer à être quelqu'un d'autre et le faire de façon convaincante. Ce qui ne lui posait pas de problèmes majeurs.

« Dans un rôle pourtant médiocre [il incarnait Glan, le fils aîné d'un couple de tenanciers de pub], Richard Burton fait preuve d'un grand talent », écrivait le *New Statesman*. Il affirma par la suite que cette phrase avait changé sa vie et l'avait convaincu que le métier d'acteur, c'était quelque chose, finalement. L'hebdomadaire socialiste intellectuel, le seul, l'unique, l'avait acclamé ! Si seulement il parvenait à ne pas perdre cette authenticité qui, mystérieusement, lui permettait de réussir dans ce métier, alors, tous les espoirs étaient permis.

En arrivant à l'Exeter College d'Oxford, en avril 1944, plutôt que de se montrer humble et reconnaissant à la manière d'un Jude l'Obscur, il fit au contraire une entrée fracassante. Il était apparemment prêt à tout. Grâce à la préparation de premier ordre dispensée par Philip, l'entraînement de la RAF n'avait présenté aucune difficulté. Le travail universitaire ne lui posa pas davantage de problèmes. Richard s'était inscrit en anglais et en italien. Comme ce n'était pas la saison des matches de rugby, il disposait de beaucoup de temps libre et les soirées étaient longues... Il a pourtant reconnu, des années plus tard, qu'il était terrorisé de se trouver là !

Rien d'étonnant à cela car l'université d'Oxford, berceau des intellectuels anglais depuis l'époque d'Alfred le Grand, avait toujours représenté un idéal quasi sacré pour des générations d'instituteurs et d'écoliers. La tragédie de Jude l'Obscur, imaginée par Thomas Hardy, se fonde sur cette hypothèse : faire ses études à Oxford, c'était entrer au royaume des Cieux. Et il y était entré, lui, fils de Dic Bach y Saer et d'une serveuse, originaire d'une cité minière galloise, dans cette fameuse ville universitaire, avec ses innombrables collèges, ses cours d'honneur, ses dômes, ses flèches d'église... Big Tom, All Souls, la Radcliffe Camera, la Bodleian Library, ses parcs, ses barques. Oxford, pépinière des premiers ministres, des vice-rois, des évêques, plaque tournante de l'érudition.

Et bien que l'ambiance estudiantine fût quelque peu égayée par la présence de soldats en garnison dont les fredaines faisaient en temps de guerre les beaux jours de la presse, Oxford était surtout fréquenté par des fils de famille, la jeunesse dorée d'Angleterre, un monde tout à fait étranger à Richard. De jeunes privilégiés arrogants, aux accents péremptoires, auxquels les postes de commande du royaume étaient déjà réservés. Or c'était contre ces gens-là justement que ses frères et leurs amis s'étaient élevés dans les années vingt. C'étaient eux qui avaient envoyé l'armée remettre de l'ordre chez les mineurs ; à cause d'eux les siens en avaient bavé, en temps de paix comme en temps de guerre. Ces souvenirs étaient à tout moment présents dans son esprit. Il ne manqua d'ailleurs pas de les évoquer publiquement, bien des années plus tard, en s'en prenant à Churchill.

Pourtant le radicalisme de Richard Burton s'estompa vite, eu égard aux innombrables privilèges que lui valurent ses talents. Sa confiance en soi le conduirait à se satisfaire de ce qu'il aurait et à ne pas craindre la comparaison. Mais il reste que son arrivée à Oxford le remit pour quelque temps face à la réalité de sa classe et de sa famille. Le fait qu'il ne cessa jamais de tout mesurer à l'aune de son passé était précisément sa force, même si d'aucuns devaient parfois en rire. Il avait profondément besoin de ce point de repère, et si ce rapport au passé venait à lui manquer, alors la source même de son talent, cette manière inimitable de s'exprimer, d'incarner un personnage avec le pouvoir de conviction qu'on lui connaissait, tout cela risquait fort d'être compromis. Pontrhydyfen était le point d'ancrage de son art, son talisman. Tout compte fait, Oxford ne fut qu'une péripétie de plus sur son chemin, une péripétie à laquelle il s'attaqua, comme de coutume, à bras-le-corps.

Avec sa propension à boire, son franc-parler, ce goût du risque dont parle Robert Hardy (« il respirait le danger »), Richard Burton s'acquit vite une notoriété certaine parmi ses camarades de collège, contraints d'assimiler ce phénomène ! Au bout d'un mois ou deux, ce garçon de dix-huit ans et demi réussissait à se distinguer, en dépit de la forte concurrence qu'il rencontrait, que ce soit sur les terrains d'aviation ou dans les académies où les autres étudiants d'Oxford pouvaient *inventer* à son usage l'école et le passé qui leur permettaient de justifier plus facilement le fait qu'ils l'eussent admis parmi eux. En attendant le moment d'une revanche personnelle et authentique, Richard devait s'accommoder des réalités de cette forteresse du savoir et de l'érudition.

Il eut vite l'occasion de s'apercevoir que tous les étudiants ne pouvaient être mis dans le même panier. Il y avait Robert Hardy, par exemple, dont on disait qu'il était en douzième position dans le rang des prétendants au trône d'Angleterre. Où était-ce en vingtième ? Quoi qu'il en soit, il était un membre éminent du gratin britannique. Une amitié solide s'établit très vite entre Burton et lui, après une prise de bec initiale.

En règle générale, Richard commençait toujours par se quereller avec ceux qui devenaient par la suite ses proches amis. Aujourd'hui encore, Hardy qui a réussi un beau doublé en faisant une carrière d'acteur classique tout en se taillant un franc succès populaire, évoque le Burton de sa jeunesse avec une véritable adulation.

« Je n'avais jamais rencontré quelqu'un comme lui auparavant et je n'ai jamais rencontré quelqu'un comme lui depuis. C'était indiscutablement un grand homme, un meneur ; il avait un charisme fou. Réunissez une demi-douzaine de déchaînés dans une pièce en sa compagnie : en dix minutes, il se sera imposé à leur tête. Regroupez vos meilleurs orateurs autour d'une tasse de thé ou d'un dîner, et Richard n'en fera qu'une bouchée ! Il avait une audace telle, à la scène comme dans la vie, que cela vous prenait à la gorge. Nous courions tous les filles mais c'était toujours lui qui réussissait à les avoir. Nous buvions tous pas mal : Richard tenait toujours le coup plus longtemps que les autres. Vous pensez peut-être que j'exagère, mais je vous dis la vérité, autant qu'il m'en souvienne et j'ai une excellente mémoire. Richard avait plus d'envergure, d'originalité que quiconque. »

Si Hardy n'est pas avare de compliments, il n'est pas homme à faire du sentiment. Certains aspects de la vie de Burton l'ont contrarié, et il n'hésite pas à le dire. Si leur amitié fait un peu penser à l'histoire du prince et du mendiant, les responsabilités étaient partagées. L'esprit de classe ne va pas sans un certain snobisme, et le jeune Burton fut certainement affecté par ce syndrome, les premiers temps.

Par ailleurs, Richard fit clairement connaître sa position à son ami, presque crûment, comme il allait toujours le faire par la suite en pareille circonstance, ne laissant aucun doute sur le fait qu'il contrôlait la situation d'une manière ou d'une autre, en tenant par exemple les cordons de la bourse. Ce fut lui qui prêta en effet à Hardy l'argent dont il avait besoin pour aller à Paris, qui prit résolument sous son aile la carrière prometteuse de ce jeune homme de bonne famille, et qui obtint pour lui une audition devant son père adoptif, dans les studios de Cardiff.

Paradoxalement, Hardy pense qu'il s'agissait peut-être d'un coup monté par Richard, visant à le dissuader de se lancer dans une carrière d'acteur. En effet, à l'issue de cette audition, Philip avait complètement découragé Robert Hardy. Par chance, il se trouvait justement là un autre producteur qui lui conseilla au contraire de persévérer. « Quand il a appris que je voulais devenir acteur, il s'est senti profondément responsable de moi et s'est imaginé qu'il fallait à tout prix me freiner sur ma lancée. »

Hardy trouve amusant que Richard n'ait pas vu la main de fer qui se dissimulait sous le gant de velours. A mon avis, Richard était surtout très fier de sa nouvelle amitié avec un fils de riche et avait voulu épater Philip, en lui faisant passer une audition.

Quelque chose de plus qu'une sympathie mutuelle et spontanée liait les deux jeunes gens : une passion réelle et sincère pour *Henry IV*, première et deuxième parties, et pour *Henry V*. Ils étaient en effet arrivés, chacun de son côté, aux mêmes conclusions sur le personnage du prince Hal, et sur la manière dont ce personnage devait évoluer durant la pièce. L'un et l'autre devaient du reste illustrer leurs points de vue communs à l'occasion de représentations mémorables. En attendant, des discussions passionnées, étalées sur quelque trois ou quatre ans, contribuèrent ainsi à cimenter une amitié surtout fondée sur une complicité intellectuelle. De fait, ils incarnaient assez bien Hal et son coquin de compagnon.

A propos de la période oxfordienne de Richard Burton, les anecdotes ne manquent pas. Sa réputation de gros buveur fut honteusement exploitée par un imbécile qui trouva le moyen de corser sa bière avec de l'alcool méthylique ; il dégringola un escalier les quatre fers en l'air et s'abîma le dos. « Son dos le faisait déjà beaucoup souffrir à l'époque », rappelle Hardy.

Dans son esprit, les pubs demeureraient à jamais liés à son enfance galloise. Les allusions qu'il y fit sa vie durant sont publiées ici pour la première fois. Le passé de Burton, loin de lui paraître sordide dans la sphère de privilèges et d'insouciance dans laquelle il évoluait désormais, se transforma comme par magie en un monde merveilleux : grands-pères, frères et cousins piqueurs de houille, instituteurs homériques et sopranos aux dents de clochettes firent pêle-mêle leur entrée sur la scène universitaire en compagnie des chanteuses de music-hall d'Oxford, des noctambules qui hantaient les docks de Liverpool et du beau monde du West End, où il avait fait ses débuts dans *The Druid's Rest* en janvier 1944, sous un ciel embrasé par la Luftwaffe qui lâchait bombe sur bombe, tandis que pubs et clubs avoisinants s'égayaient sous le manteau du couvre-feu. Ygarth, le chat sauvage qui s'attaquait aux moutons et faillit mourir noyé, ressurgit lui aussi du passé ! Tout le monde eut le loisir d'admirer Burton dans un grand numéro qui consistait à descendre deux pintes de bière en dix secondes. Un record qui ne fut jamais homologué !

Privé de la sécurité du terrain de rugby où il était toujours à son affaire (fort heureusement, d'ailleurs, sinon il n'aurait pas eu une seule minute à lui), il se mit à faire un peu de squash et de tennis, mettant notamment au point son fameux service « boulet de canon ». Et puis il apprit à baratiner les femmes. Ce fut à Oxford, comme il le reconnut plus tard, qu'il fit la connaissance d'une femme plus âgée que lui qui « lui enseigna là-dessus tout ce qu'il fallait savoir. Depuis, plus de problèmes. »

A ce sujet, nous ne disposons que du témoignage verbal de Burton lui-même, car l'obligeante dame est introuvable. Ce genre d'épisode est aussi fréquent dans la vie que dans les romans. On note toutefois avec intérêt que Burton était disposé à parler publiquement de son expérience avec cette femme d'une manière qui laisserait supposer qu'auparavant, il aurait eu des problèmes sexuels. Et nous n'avons aucune raison de ne pas le croire.

Burton a toujours aimé les solutions simples et émouvantes aux problèmes de la vie, surtout si l'on pouvait en faire un beau récit. De la même façon qu'il n'avait pas hésité à faire du charme à la grande prêtresse du théâtre dès sa première audition, il eut l'effronterie, et le bon goût, de se lancer par la suite à la conquête de la ravissante et coquette Nina Bawden, future romancière. Il l'avait rencontrée à l'occasion d'un week-end à Londres, chez Emlyn Williams et lui avait fait des avances. Elle l'avait gentiment mais fermement découragé. Comment ce gamin boutonneux avait-il réussi à se faire inviter chez Emlyn ?

Que croire de ce qu'il disait ? Non pas qu'il se vantât, si peu en fait. Mais il en rajoutait. « Il adorait les revirements de situation, raconte Hardy, et prenait un malin plaisir à mettre les gens à l'épreuve, pour voir jusqu'où allait leur bluff. Il s'amusait follement à ce jeu-là. A la fois sérieux et futile, comme le sont les très, très grands comiques. Il aurait d'ailleurs dû jouer la comédie. Une suggestion qu'Emlyn Williams confirme du reste : « Il avait ce sens de l'à-propos dont les comiques ont besoin. Et puis c'était un pince-sans-rire, de la plus pure espèce. » En tout cas, son sens de l'humour alimenta ces récits épiques d'inspiration galloise et forgés de toutes pièces, dont il régalait ses camarades universitaires. A Oxford, il s'amusa comme un petit fou. « L'alcool lui donnait de l'éclat », selon la formule de Hardy. Burton était dans son élément, au milieu de cette compagnie composée principalement d'hommes, une poignée d'élus, capables d'endurer des débauches dignes des dieux, de chanter de vieilles chansons, de réciter les poèmes immortels, de débiter des histoires interminables mêlant réalité et fiction en un flot ininterrompu de paroles, alors qu'au-dehors, c'était la guerre qu'ils seraient tous obligés d'affronter mais qu'aucun d'entre eux ne redoutait. Oxford resterait dans son souvenir l'un des flambeaux de son existence.

« Ce garçon est un génie et il fera un grand acteur. Il est d'une beauté et d'une robustesse remarquables, très viril, et même s'il est extrêmement réservé, l'on sent qu'un feu couve en lui. »

Tel était le jugement de Nevill Coghill, professeur de littérature anglaise, directeur des Amis de la société d'art dramatique de l'université d'Oxford, qui montait les pièces les plus somptueuses au sein de son département, une tradition grâce à laquelle de nombreux acteurs en herbe s'étaient retrouvés sur la scène londonienne.

Du temps de Burton, Coghill décida de produire *Mesure pour mesure*. Burton demanda à passer une audition, bien qu'on l'ait prévenu que tous les rôles étaient pourvus. Il choisit de réciter *« To be or not to be »*. « Ce fut la meilleure interprétation que j'avais jamais entendue, raconta Coghill, à l'exception de celle de John Gielgud que j'étais allé voir quelque temps plus tôt au Haymarket. Il y avait là beaucoup plus qu'une imitation de Gielgud. »

Coghill l'autorisa à doubler le rôle principal, Angelo, « un puritain obnubilé par les femmes, une personnalité complexe ». Le jeune premier auquel ce rôle avait été confié fut inopinément rappelé sous les drapeaux par la RAF et Burton le remplaça. Philip accourut du pays de Galles pour faire répéter son « fils » appelé à jouer un grand personnage shakespearien dans un collège d'Oxford devant un vaste auditoire comprenant notamment les phares du West End, Gielgud, Terence Rattigan : « Nous avons travaillé la pièce réplique par réplique, heure après heure, chaque jour jusqu'au petit matin... Je n'ai jamais cessé d'être étonné par la rapidité et l'efficacité avec lesquelles il assimilait mes observations. »

Beaucoup estimèrent que Burton avait triomphé dans le rôle d'Angelo. « A certains moments, de par sa sérénité, il était totalement maître de son public, raconte Hardy. Et sa voix, qui chantait comme un violon, prenait quelquefois des accents si profonds que le sol en tremblait. » Après la réception qui fit suite à la représentation, Binkie Beaumont, le plus grand imprésario de Londres (qui avait produit notamment *The Druid's Rest*) vint trouver la jeune vedette et lui demanda s'il avait l'intention de faire carrière dans ce métier. Burton n'osa pas se prononcer de façon affirmative. « Si vous vous êtes décidé à la fin de la guerre, lui dit Beaumont, venez me voir. »

Ce soir-là, Philip s'était rendu au collège pour attendre Richard et célébrer avec lui l'événement. Richard n'apparut qu'à l'aube, alors que les premiers oiseaux commençaient à gazouiller aux abords des pelouses verdoyantes, trempées de rosée, du collège. Son pantalon était déchiré et sa jambe saignait ; il s'était fait un accroc en escaladant la grille du collège. Il expliqua qu'il avait passé la soirée chez une dame riche et qu'ayant vu là le plus vaste échantillonnage de boissons de sa vie, il n'avait pu résister à la tentation de les essayer toutes. Pour finir, il était tombé dans les pommes. « Désolé, Phil. » Philip lui pardonna une fois de plus. Il avait été largement récompensé de tous ses efforts vis-à-vis de Richard.

L'année avait été particulièrement remplie. Le West End, le diplôme de fin d'études, Oxford, Angelo, Gielgud l'applaudissant, Coghill reconnaissant son « génie » et Binkie Beaumont s'intéressant à lui. Tout cela pour un garçon de dix-huit ans qu'un an plus tôt on jugeait indomptable, et qui avait failli moisir derrière le comptoir d'une Coopérative. Philip avait toutes les raisons d'être content, mais Richard n'était pas encore tout à fait décidé à embrasser la carrière d'acteur.

La carrière de Burton est si fascinante qu'on en oublie aisément la toile de fond dramatique et complexe sur laquelle elle s'élabora. Enfant, il vécut la Dépression, à travers cette industrie défaillante et à bout de souffle qui se cramponnait à un siècle dont la priorité était ailleurs ; le massacre industriel avait commencé. La guerre, elle, fut le théâtre de sa jeunesse.

Son séjour à l'ATC le destinait inévitablement à l'Air Force ; son tempérament le poussa à briguer le grade de pilote. La région d'Oxford était pleine d'élèves-pilotes. Des raids aériens se succédaient sans répit et du front provenaient constamment les noms de nouvelles victimes, des jeunes gens à peine sortis de l'adolescence, fauchés à la fleur de l'âge. L'idée du risque, l'ampleur du danger avait un aspect excitant aussi bien qu'alarmant. Le besoin impérieux, presque viscéral qu'éprouvait Richard de saisir au plus vite ce qui s'offrait à lui, de peur que cela ne lui échappe, serait encore renforcé, à ce stade critique de sa vie, par l'hédonisme fataliste qui prévalait à l'époque, compte tenu des circonstances.

Il quitta Oxford à l'automne 1944 pour intégrer l'école d'instruction de Torquay. L'insuffisance de son acuité visuelle lui interdit l'accès au pilotage, ce qui le contraria terriblement ; toutefois, il fut admis comme navigateur. (Incidemment, en partant d'Oxford, il figurait parmi les douze élèves-officiers lauréats.) Peu de temps après, il embarquait pour le Canada à bord de l'*Aquitania*. La bombe atomique mit un terme aux perspectives d'action de son contingent, le dernier contingent d'aviateurs à débarquer sur le continent nord-américain. Ils ne décollèrent pas une seule fois. Pendant les deux ans qui suivirent, et conformément au principe selon lequel les derniers arrivants sont les derniers servis, ils endurèrent une insoutenable attente jusqu'à leur démobilisation. Durant cette période, comparable aux premières années de ses études secondaires, Burton redevint sans se faire prier l'enfant terrible-joueur de rugby-tireur au flanc qu'il avait été. Il semblait ne pas avoir le moindre souci dans l'existence !

Avant le départ de Richard pour le Canada, Philip s'était arrangé pour lui obtenir une permission : il lui réservait en effet le rôle principal dans une production radiophonique de *The Corn is Green*, qui devait être enregistrée à Cardiff ! C'était lui lancer une perche de taille ! Car n'était-ce pas leur histoire que l'on allait mettre en scène, celle d'un garçon tiré d'une morne existence et promis à un avenir brillant grâce à l'intervention d'un instituteur dévoué ?

Sans compter que ce rôle le libérait, temporairement au moins, de ses obligations militaires, et lui rapporterait, en plus d'un prestige certain, l'équivalent du salaire hebdomadaire d'un mineur pour quelques heures de travail facile.

Pourtant Richard refusa cette offre généreuse. Il n'osait pas encore sauter le pas. Il voulait faire la guerre. Quand il fut établi qu'il n'y jouerait aucun rôle, il se rabattit sur les distractions inattendues de son séjour forcé sur le continent américain. Quittant Winnipeg, où il était contraint de recourir à des ruses dignes des bootleggers de l'époque de la Prohibition pour avoir un verre, il partit pour New York en auto-stop rendre visite à des amis de Philip. Ils étaient dans le Vermont. Il passa quelques jours à Manhattan où, paraît-il, il chanta et fit la manche pour s'offrir un dîner à Greenwich Village. Si tel fut le cas, cela n'aura été ni la première ni la dernière fois. Il n'hésitait jamais à chanter ou à se produire en public quand nécessité faisait loi. Son agréable voix de ténor et son excellente mémoire lui permettaient d'enchaîner sans peine chansons, hymnes gallois, vieux refrains de music-hall et numéros de comédie, de quoi distraire son public une bonne partie de la nuit. Il faisait aussi des numéros d'imitation : Churchill était l'une de ses victimes préférées.

A son retour en Grande-Bretagne, Burton se lia avec Warren Mitchell. Diplômé en sciences, ce dernier faisait partie des douze officiers-lauréats d'Oxford. Il s'appelait alors Mick Misell et venait de l'East End. Mitchell se souvient d'avoir eu la chair de poule en entendant la réponse de Richard à un officier qui lui avait demandé s'il avait l'intention de devenir acteur : « Probablement pas, mon commandant. Le problème, c'est que les Juifs ont une mainmise sur le théâtre. »

« Il avait probablement entendu cela dans la bouche d'un vieil acteur, affirme Mitchell avec une certaine tendresse. Il n'y avait pas une once de préjugés chez lui... en dehors du fait que les Gallois étaient des gens merveilleux, surtout ceux qui parlaient la langue celte, notamment ceux de Pontrhydyfen et plus précisément ceux de la famille Jenkins ! Cela mis à part, il a vécu avec une habilleuse noire, se soûlait avec des Irlandais, et ses meilleurs amis étaient des Juifs. (Je me souviens du jour où il présenta Elizabeth Taylor à mon père en lui disant : « Avez-vous déjà fait la connaissance de ma petite amie juive, monsieur Misell ? ») Il se payait la tête des gens, c'était précisément ce qui le rendait si attirant. Cela avait tout de même quelque chose d'effrayant... Quoi qu'il en soit, j'ai pris la mouche et je lui ai fait remarquer que ce qu'il venait de dire à mon père était justement l'une des raisons pour lesquelles nous étions censés faire cette guerre. Ma réaction fut violente. Il reconnut ses torts devant tout le monde et sans la moindre hésitation. Nous nous serrâmes la main. Puis il s'excusa, demandant qu'on lui pardonne sa bêtise. Nous sommes restés bons amis depuis. »

Comme Robert Hardy, Mitchell est un homme intelligent, honnête et profond. Il a peu de réserves à émettre sur le Richard Burton de cette époque-là. « Il inspirait une sorte d'émerveillement. Et qu'il en eût conscience ou pas, il faisait partie de ces gens que vous ne pouviez vous empêcher de regarder. Un jour, du temps où nous étions dans l'Air Force, nous installions des estrades, lorsque tout à coup, il grimpa sur l'une des plates-formes et se mit à réciter cinq ou six tirades de *Henry IV* et de *Henry V*. C'était stupéfiant. Je me tournai vers les autres, des durs à cuire je peux vous l'affirmer. Ils étaient eux aussi fascinés, complètement subjugués. » Il avait toujours les mêmes passions, dévorantes. « C'était le rugby, le rugby, toujours le rugby. Il jouait dans une équipe qui comptait au moins dix joueurs internationaux. Après la partie, ils allaient boire et parler de leur match jusqu'à deux heures du matin ! Depuis qu'il savait qu'il ne ferait pas la guerre, il semblait se désintéresser complètement de la navigation aérienne, si tant est que cela l'ait jamais intéressé. « Je l'ai entendu dire un jour alors que nous étions en exercice, dans les nuages : "Désolé, mon vieux, j'ai oublié ma règle" ! Imaginez un navigateur qui oublie sa règle ! Et puis il y eut l'histoire du test de reconnaissance. Le score maximal était de 100. Six points de moins si vous descendiez un allié ! Huit quand on ratait une cible ennemie !

"Burton !

— Oui, mon commandant !

— Votre score, Burton !

— Moins deux cent cinquante-quatre, mon commandant !" »

Autre incident curieux, lorsque Burton prit la défense d'un prisonnier de guerre italien. L'homme était accusé d'avoir violé une fille du coin ; il risquait de gros ennuis. Burton, qui avait étudié l'italien à l'université, entreprit de le défendre. Était-ce parce que l'inculpé parlait un dialecte ou parce que Burton parlait en réalité très mal l'italien ? Toujours est-il qu'ils eurent beaucoup de mal à communiquer. Richard réussit toutefois à savoir qui était la fille en question. Il la connaissait bien ainsi que la majorité de la garnison ! En définitive, il parvint à convaincre la cour que c'était elle qui avait dû le violer. L'affaire fut classée.

Burton demanda alors à l'accusé (qu'il avait baptisé SOB*) de chanter une aria. Il s'exécuta et Burton lui donna la réplique en entonnant une chanson galloise.

Il organisa une chorale galloise composée uniquement d'hommes « bien qu'à un moment donné, il n'y eût que deux Gallois dans le camp ». Il semble que pendant une période, à la base de Docking, près de Norfolk, il fut à deux doigts de faire du camp une colonie indépendante !

Ce que confirme Robert Hardy qui, avec sa débrouillardise habituelle, avait réussi entre-temps à se faire muter à Londres. « J'allai le voir au camp. On se serait cru chez les Tartares. C'était lui qui menait la danse. Avant d'aller au pub, ils dessinaient à la craie des galons de commandant en chef de l'armée de l'air sur leurs uniformes. Ils cassaient des vitres pour prouver que cela pouvait se faire sans effusion de sang. Il y avait des bagarres terribles, des jeux, des gages, comme nous n'en voyions jamais à Londres. » « Richard passait tout son temps au réfectoire, ajoute Mitchell, parce qu'il couchait avec la cuisinière. » « J'ai essayé de le faire venir à Londres, reprend Hardy, mais il ne voulait pas en entendre parler. Il pouvait jouer au rugby autant qu'il en avait envie, m'expliqua-t-il. Et puis il était en train de traduire un roman en gallois, sans compter qu'il voulait monter une des pièces de Philip avec l'équipe de vauriens qui l'entourait. De surcroît, il n'avait pas encore épuisé tous les bouquins de l'excellente bibliothèque du camp. » « Il me fourgua l'une de ses petites amies, raconte Mitchell. Il en avait trop, comme d'habitude. Je devais essayer de me faire passer pour lui ! Parler en gallois, réciter du Shakespeare... "Tu es un peu petit pour un capitaine de rugby, me dit-elle. — Ce n'est pas la taille qui compte, c'est la manière dont on leur tape dessus", lui répondis-je. Elle était coiffeuse, pas mal de classe. Elle avait de l'argent. "Salut, Mick, me disaient les autres. — Mick? s'étonnait-elle. Mick ? — Ils veulent dire Dick. Ils sont comme ça. On a tous des surnoms." J'ai tenu le coup trois semaines. Dans la peau de Richard Burton. Je me disais que si l'on pouvait être à la fois gallois et juif, plus rien ne pouvait vous arrêter ! »

Le fait est qu'ils n'avaient strictement rien à faire et que ces jeunes gens de bonne famille étaient bien trop inventifs et trop bouillants pour supporter de rester inactifs. On leur avait donc lâché la bride... Et Burton, lui, avait pris les rênes en main. « La

---

* *Son of a bitch :* enfant de salaud *(NdT).*

plupart d'entre eux se laissaient mener car ils y trouvaient des compensations extraordinaires ; avec lui, les choses prenaient des proportions invraisemblables. Ainsi, le première classe Burton s'en sortait toujours, disait-on, même quand il se faisait prendre en flagrant délit avec la femme d'un officier !

Il connut pourtant, au cours de cette période, une liaison stable avec une jeune femme un peu plus âgée que lui, l'actrice Eleanor Summerfield. Il faisait des centaines de kilomètres en train pour aller la voir quelques malheureuses heures durant le week-end, au théâtre municipal d'une ville perdue de province. Elle l'emmena dans sa famille, dans les faubourgs de Londres ; sa mère ne trouva pas du tout le jeune homme à son goût.

Quoi qu'il en soit, ils se considéraient comme fiancés. Cette amourette ne dura qu'un temps ; ils se séparèrent apparemment bons amis et gardèrent un excellent souvenir l'un de l'autre.

Pendant ce temps-là, au pays de Galles, Philip avait sauté le pas : il s'était installé à Cardiff et travaillait à plein temps pour la BBC, en qualité de producteur. Mais il n'abandonna pas Richard pour autant. Ils allèrent ensemble à Stratford-upon-Avon voir le *Faust* de Marlowe. Ils y restèrent une semaine, et chaque matin, dans les jardins de l'hôtel, l'ancien instituteur lui faisait répéter et apprendre par cœur de grandes tirades. *The Corn is Green* allait être produit pour la toute jeune télévision (nous sommes en 1946) et Philip se débrouilla pour obtenir une permission pour Richard, qui devait, une nouvelle fois, interpréter le rôle de Morgan Evans. Il se vit ainsi arraché à nouveau aux joies bohèmes de la vie de soldat pour retourner aux sources et affronter la réalité.

En 1947, il était de passage chez Philip Burton alors que ce dernier montait une nouvelle pièce de son cru intitulée *The Rescuers*. L'intrigue s'inspirait indirectement de la mort du père de Philip et relatait les efforts désespérés d'un groupe de mineurs pour sauver une poignée de leurs camarades prisonniers de la mine. Là encore, Richard hésita. Ne ferait-il pas mieux de retourner à Oxford pour tâcher de décrocher la place de capitaine de l'équipe de rugby ? En fait, il y avait tellement d'anciens joueurs internationaux britanniques à l'université qu'il valait mieux qu'il attende un an ou deux ! Et s'il se mettait à écrire ? N'avait-il pas déjà envoyé plusieurs manuscrits, y compris à la BBC ? D'accord, ils n'avaient pas été acceptés. Et alors ? Quoi qu'il en soit, il continuait de résister aux exhortations de Philip.

Burton a longtemps hésité avant de décider de « ce qu'il allait faire après ». Il vivait à fond le présent ; en même temps, son esprit vagabondait perpétuellement loin des contingences de la réalité quotidienne. Cette dichotomie le rendait à la fois terriblement vigilant et extrêmement distrait, tour à tour attentif et absorbé par son monde intérieur. L'avenir, toujours une inconnue, le prenait systématiquement par surprise ; il affrontait sans sourciller ce que lui réservait le sort et prenait le taureau par les cornes. Peut-être cela explique-t-il en partie l'impact qu'il avait sur les gens, aussi divers soient-ils : cette insouciance royale face au futur, cette manière détachée d'affronter les vicissitudes de la vie. Comme si l'idée de planifier son avenir lui semblait une perte de temps. Le temps de vivre, le temps de ruminer, c'est tout ce qu'il demandait. Pourquoi se fût-il soucié de ce qu'il allait devenir ?

Ce fut pourtant à peu près à cette époque-là qu'il se résolut à devenir acteur. « Il n'avait aucune estime pour les acteurs et méprisait leur genre de vie, affirme Robert Hardy. Mais dès qu'on lui confiait un rôle, il jubilait. » *In Parenthesis*, pièce radiophonique de David Jones produite pour la BBC par Douglas Cleverdon en 1946, mit sans doute un point final à ses tergiversations.

La qualité de cette œuvre y fut certainement pour quelque chose. L'intrigue, reposant sur un poème épique de David Jones, se déroule pendant la première guerre mondiale, bien qu'elle fasse intervenir des éléments de l'histoire militaire galloise ainsi que des références mythologiques remontant à l'époque romaine. *In Parenthesis* est un véritable tour de force, une œuvre complexe, d'une grande profondeur, à laquelle l'adaptation radiophonique de Cleverdon conserve toutes ses qualités. Burton estimait, dit-on, que c'était la meilleure chose qu'il ait jamais faite. Et lorsqu'on écoute aujourd'hui cette voix tour à tour âpre, vive, intelligente et passionnée, on ne peut que lui donner raison. Tous les paramètres auxquels il tenait le plus étaient réunis dans ce rôle puisqu'il s'agissait d'un drame héroïque d'inspiration galloise, d'une grande poésie, et que l'on pouvait indiscutablement compter parmi les grandes œuvres littéraires.

Philip y jouait lui aussi un rôle (il ne fait aucun doute que c'est grâce à lui que Richard faisait partie de la troupe) ainsi que Dylan Thomas. Et c'est à mon avis la présence de ce dernier qui acheva de peser dans la balance. Le grand poète devint son ami.

Bien qu'il fût d'un milieu beaucoup plus aisé que Burton, Dylan Thomas avait été élevé non loin de Port Talbot, de l'autre côté de la baie de Swansea. Il avait quelques années de plus que le talentueux jeune homme, appelé à devenir le meilleur récitant de sa poésie qui soit ! Burton avait découvert le poète par inclination personnelle. Philip en avait été terriblement surpris et Emlyn Williams se souvient encore, quarante ans après, du jour où Richard avait déclamé du Dylan Thomas dans une rue de Londres en plein couvre-feu. A tous ceux qu'il jugeait aptes à les goûter, il faisait partager les saveurs de cette langue aux consonnes percutantes, aux voyelles lugubres. La première fois que l'œuvre majeure de ce grand poète, une pièce intitulée *Under Milk Wood* (« Au bois lacté ») fut interprétée — tant à la scène qu'à la radio —, ce fut Richard en personne qui interpréta le rôle principal.

Dylan Thomas était un très grand poète, dans la lignée de John Donne ; il était gallois, il buvait, et les deux hommes se lièrent d'amitié. Burton en tira une grande fierté.

De temps en temps, il arrivait à Thomas de monter sur les planches, histoire de payer ses factures. Il faisait partie de la distribution de *In Parenthesis* et Burton a donné un compte rendu édifiant du jeu du poète :

« Dylan déployait une force véritablement explosive en tant qu'acteur. Pour les autres comédiens, il était un dangereux rival. Je suis bien placé pour le savoir puisque j'ai travaillé plusieurs fois avec lui. A l'occasion de la répétition d'une pièce radiophonique, je me souviens qu'un metteur en scène (Douglas Cleverdon) lui demanda de crier "Maman ! Maman !" aussi fort que possible : "Vous êtes en train de rendre l'âme dans un no man's land, lui expliqua le metteur en scène. Dès que vous entendez l'orchestre royal gallois, je vous fais signe et vous hurlez !" ; l'orchestre royal gallois intervenait effectivement dans la pièce, c'était un enregistrement, bien sûr. Le chant décrivait le paysage depuis les collines surplombant Jérusalem. Tout l'air se jouait sur le mode mineur et c'était triste comme la mort. Tout à coup, la lumière verte clignota et Dylan, petit, rondelet, les jambes arquées, le grand Thomas connu dans tous les bars, poussa un cri comme je n'en avais jamais entendu auparavant, mais comme j'en avais souvent imaginé. Nous étions tous choqués, tous les crayons restèrent suspendus au-dessus de nos grilles de mots croisés et des poils ataviques, invisibles depuis des siècles, se dressèrent sur notre dos. Il y eut alors un drôle de silence, que Dylan rompit : "Je parie que tu ne pourrais pas pousser un cri pareil avec une cigarette dans la bouche !" dit-il tranquillement. Je tâchai de me reprendre, détournai le regard, esquissai un sourire, et hochai la tête pour dire qu'il avait effectivement poussé ce hurlement monumental avec une cigarette entre les lèvres, puis encore sous le choc, je me replongeai dans mes mots croisés. »

Ainsi soit-il. Si le théâtre convenait à un homme comme Dylan Thomas, que Richard idolâtra plus que quiconque, si c'était l'univers de mots de David Jones et le désir le plus cher de ce bon vieux Philip, alors rien ne l'empêchait de s'y essayer lui aussi.

Sans compter que, comme promis, Binkie Beaumont s'arrangea pour lui faire un contrat quelques semaines après sa démobilisation tant attendue, en 1947. Peu de temps après, Burton rencontra Warren Mitchell dans la rue, par hasard. Il exultait : 500 livres par an c'était davantage d'argent qu'aucun membre de sa famille n'en avait gagné de toute sa vie. « Tu te rends compte ! 500 livres par an que je travaille ou pas ! »

Le problème fut ainsi réglé, une fois pour toutes.

CHAPITRE 6

SYBIL ENTRE TOUTES LES FEMMES

« Où étais-tu hier soir ? lui demandait régulièrement Emlyn Williams.

— Je suis allé boire. » Richard ne craignait jamais de dire la vérité à Emlyn. « Avec des greluches.

— Pourquoi ne te trouves-tu pas une fille bien ?

— J'sais pas.

— Il y en a plein autour de toi. Celle-là là-bas, par exemple. Elle s'appelle Sybil Williams. Va te présenter à elle. »

C'est ce qu'il fit. Ils se marièrent quelques mois plus tard. Sybil avait dix-neuf ans. Burton vingt-trois.

Leur rencontre avait eu lieu sur le tournage de *The Last Days of Dolwyn*, alors que Burton faisait ses débuts au cinéma dans un rôle écrit spécialement pour lui. Emlyn Williams, le metteur en scène du film, l'avait pris sous son aile. Richard fut très impressionné par ce Gallois issu de la classe ouvrière, diplômé de l'université d'Oxford, qui conjuguait les talents d'auteur, d'acteur et de metteur en scène. Williams eut d'ailleurs beaucoup d'influence sur le jeune comédien, même si ses conseils n'étaient pas toujours écoutés.

« Des gens sont venus me voir en me disant : "Il boit, vous savez", fit-il un jour remarquer à Richard.

— C'est vrai, Emlyn ?

— Oui. "Ah bon, je leur ai dit, et qu'est-ce qu'il boit ? De la bière, ils m'ont répondu. Beaucoup de bière."

— Ils t'ont dit la vérité, Emlyn.

— Écoute. Moi aussi, j'aime bien boire un verre de temps en temps, mais il faut faire attention. Tu vas faire des jaloux. Les gens ne manqueront pas une seule occasion de te prendre en faute, tu comprends ?

— Oui.

— Alors, fais attention, je t'en prie.

— Je te le promets, Emlyn. »

« Et il resta planté là, l'air tellement malheureux, conclut Emlyn, que je préparai vite deux gin-tonic bien tassés. »

La question des femmes semblait donc réglée une fois pour toutes. Restait l'alcool qui ne paraissait pas vraiment poser un problème. Pour commencer, l'alcoolisme était tout juste reconnu en tant que tel à l'époque ; ce n'était certainement pas, comme c'est le cas aujourd'hui, un véritable fléau social. Plus que le tort que Richard risquait de se causer à lui-même, Emlyn redoutait surtout les écarts de conduite susceptibles de se produire en cours de route !

Une fois de plus, Richard avait donc suivi les conseils d'un aîné, et cela semblait lui avoir réussi. L'entrée de Sybil dans sa vie fut une bonne chose et durant des années, tout porterait à croire que leur mariage était la solution rêvée !

Depuis son retour à Londres, assuré d'un salaire hebdomadaire de dix livres, Richard avait recommencé à faire les quatre cents coups. En compagnie de son fidèle acolyte, Stanley Baker, il jouait les jeunes stars au Palais de la Danse de Streatham, rôdait tel un vautour autour des pigeonniers où nichaient des infirmières irlandaises, ajoutant inexorablement à la liste de ses conquêtes ouvreuses, vendeuses, actrices, chanteuses... Jusqu'où allaient-ils ? Combien de ravages firent-ils ? Le temps leur a fait la grâce de tout effacer. Mais ils s'en donnèrent à cœur joie, cela ne fait aucun doute.

Personne n'aurait songé à s'en étonner. C'était on ne peut plus courant à l'époque; dans certains milieux, ce type de comportement est toujours de mise aujourd'hui. Qu'ils en aient eu plus que leur compte, c'est tout aussi incontestable. Pour dire les choses crûment, en ce temps-là il était entendu que les jeunes gens devaient « en profiter au maximum » avant que le mariage leur coupe toutes les issues, sauf une ! En outre, si vous veniez d'une famille religieuse et puritaine où l'on vous avait passé au laminoir de la morale et de la rigueur, et où l'unique chaleur promise émanait des feux de l'enfer, dès lors que l'occasion vous en était donnée, vous mettiez évidemment les bouchées doubles ! Si vous aviez réussi, de surcroît, à vous intégrer à un cercle d'artistes, d'acteurs, héritiers des troupes ambulantes, et traditionnellement réputés et jalousés pour leurs mœurs libertines, alors tout vous était permis.

Faut-il rappeler qu'aujourd'hui encore, alors que les comédiens (ceux qui ont la chance de travailler) sont de plus en plus nombreux à rechercher avant tout un emploi régulier et stable, les liaisons, les amourettes et les aventures purement sexuelles sont monnaie courante au sein des troupes. Les attaches passagères coïncident souvent avec l'oasis d'un engagement temporaire dans le désert du marché du travail. C'était d'autant plus le cas à l'époque où les compagnies de théâtre à peine remises de l'ère des black-out et des music-halls de l'après-guerre, se soudaient pour une courte durée autour d'une production qui, le plus souvent, faisait naufrage. Un psychologue dirait peut-être que dans un tel contexte, seules les liaisons de passage avaient le pouvoir de maintenir la cohésion du groupe. D'aucuns soutiendront par ailleurs que, s'agissant d'une communauté ayant la vie courte, tant que les comédiens vivaient ainsi, pratiquement en circuit fermé, il n'existait aucune barrière entre eux. Et parce que c'est effectivement la tradition, leurs relations semblaient à la fois plus lestes et plus tendres, plus faciles et moins lourdes de conséquences que dans le monde extérieur. Bien que l'on se trompe peut-être à cet égard, car la facilité est certainement un art en soi. L'essentiel en tout cas, c'était que l'aventure sentimentale allait de pair avec le théâtre, de même que l'on associait les costumes rayés et le chapeau melon à la City of London ! Quoi qu'il en soit, cet état de choses convenait très bien à Richard.

La sexualité de Burton, à laquelle beaucoup attribuent la force de sa présence sur la scène comme à l'écran, acquit une notoriété qui en faisait tout le scandale. Un penchant qu'il développa très tôt. Aujourd'hui encore, ses contemporains lèvent les yeux au ciel et susurrent des « Chut ! chut », car elles vivent encore... celles dont les sentiments pourraient être froissés. Et mieux vaut que l'étendue des ravages perpétrés reste cachée derrière l'écran des multi-mariages et des liaisons notoires.

De nos jours, Don Juan n'a plus aussi bonne presse qu'à l'époque où s'exerçait la domination masculine. Le féminisme ainsi qu'une conscience accrue de l'égalité et de l'indépendance des sexes (même si cela n'a pas nécessairement d'effet dans la réalité) ont contraint le grand séducteur, bouffon de notre époque, à mettre de l'eau dans son vin. La psychologie l'a disséqué à mort, le sida l'a radié de l'histoire. Mais ce n'est pas parce qu'un roi médiéval, au demeurant éclairé et artiste, trouvait du plaisir à massacrer des centaines de cerfs au cours d'une journée de chasse et à barbouiller sa figure et celles de ses amis de sang frais, que nous devons l'effacer à jamais de nos mémoires. Les exemples de ce type sont légion. Extraire ainsi brutalement quelqu'un de son époque et le malmener sous prétexte qu'il n'a plus sa place parmi nous est un exercice peut-être salutaire mais mesquin. Les temps ont changé. On ne peut le nier. Et l'insatiabilité sexuelle précoce de Richard Burton, ses infidélités, ses innombrables conquêtes concurrençant son attachement à la monogamie, appellent évidemment certaines explications.

Des explications, et non pas une apologie. Pour commencer par le plus évident, on ne peut faire état d'aucun témoignage selon lequel Burton aurait forcé une femme à coucher avec lui. Aucun. Il ne laissait jamais planer le moindre doute sur les termes de l'arrangement. Il ne dupait personne. Si certaines se sont fait des illusions, elles ne devaient s'en prendre qu'à elles-mêmes. Étant donné que sa réputation le précédait comme la fanfare à l'avant d'un défilé de carnaval, aucune des femmes qu'il a rencontrées à partir de l'âge de vingt ans n'aurait pu prétendre ignorer la réalité.

On peut examiner les faits sous un autre angle, plus aléatoire mais plus significatif aussi peut-être. Burton avait grandi dans un contexte fait de tensions, d'obligations, d'allégeances multiples. Comme il le disait lui-même avec un certain regret : « Cis était merveilleuse, mais ce n'était pas ma mère. » A son père s'était d'abord substitué un frère aîné, puis un instituteur, enfin un autre homme tout aussi dominateur. Ses nièces étaient pour lui des petites sœurs, ses sœurs aînées des tantes, ses frères des oncles, ses cousins des frères, ses vraies tantes de véritables mères. Une multitude d'univers parallèles lui étaient ouverts, au fond. Il ne vécut pas pour autant dans l'insécurité affective. Question tendresse, il n'avait que l'embarras du choix. Mais choisir n'était pas chose facile ; c'était une contrainte, une bizarrerie même. Comme le serait plus tard pour lui la monogamie. Peut-être était-ce précisément cette bizarrerie qui l'attirait. Mais pourquoi fallait-il qu'il en soit ainsi ? Complications, embrouillements, alternatives, vies parallèles, il en avait toujours été ainsi pour lui. Telle était la norme de son existence.

Sybil l'avait-elle compris ? Je le crois volontiers. Elle savait aussi que ce n'était pas forcément négatif, tant que l'on ne mettait pas le feu aux poudres !

Elle y vit peut-être autre chose. A savoir que dans ce tourbillon émotionnel qu'il avait réussi à tourner à son avantage, son seul véritable souci à l'époque était d'être un homme. Les hommes de son entourage étaient principalement des mineurs, ou bien encore des ouvriers des aciéries. Ils étaient toujours sportifs. Dans l'enfance, on les avait gâtés. Comment pourrait-on blâmer un bambin de cinq, sept ou onze ans d'avoir été habitué, irrémédiablement, à ce qu'on lui cire les chaussures, lui serve son thé, lui brosse les cheveux, par une mère qui allait au-devant de ses moindres désirs ? Une mère qui ne pouvait lui donner tout l'amour dont il avait besoin parce qu'elle était déjà usée et qu'en réalité, elle n'était pas sa mère. Les hommes avaient un rôle de pourvoyeurs. Il n'était pas question de mettre en cause leur statut : ils étayaient tout le système. S'il leur arrivait de gaspiller leur temps, s'ils tardaient quelquefois, on le leur reprochait, bien sûr ; on criait haro sur eux si on les prenait sur le fait, mais tout cela n'avait guère d'importance face à la nécessité d'être un homme. Or Sybil savait pertinemment, et pour cause, d'où venait cette mentalité-là.

Comme toujours, on a parlé d'insécurité à propos de Richard. Ce en quoi on n'a peut-être pas tort, bien que cette notion à la mode soit invoquée à tort et à travers comme si c'était la clé de tous les mystères ! Les proches de Richard Burton parlent au contraire d'une remarquable assurance. « Le moins que l'on puisse dire, affirme Emlyn Williams, c'est qu'il ne manquait pas de confiance en lui. Il faisait preuve d'une grande force à cet égard. » Il apprit à se connaître et à déceler ses objectifs bien avant que la plupart des gens parviennent à ce stade. Ce qu'il voulait *être*, ça c'était autre chose. La réponse à cette question embarrassante et douloureuse se ferait davantage attendre. Mais cette image inaltérable de soi-même face aux autres fut un des atouts qu'on lui envia le plus.

Il est vrai aussi que Richard était perdu sans une femme à ses côtés. Pour commencer, il ne savait ni coudre ni faire la cuisine. En le servant complaisamment comme un jeune prince, Cis l'avait par trop gâté.

Burton s'estimait maître de son corps et de ses appétits. Peut-être présumait-il de lui-même. Il pensait que ses besoins physiques traduisaient sa nature profonde : et il se laissait aller et se punissait tour à tour. Le sport, le manque de sommeil (Burton a toujours été insomniaque), l'alcool (qu'il considérait au fond comme un lubrifiant supplémentaire pour faire fonctionner la machine), le tabac (dont il était grand consommateur), ainsi qu'un comportement de voyou faisaient partie des sanctions qu'il s'infligeait. Le sexe, en revanche, était un des plaisirs auxquels il s'abandonnait. De même que l'argent. Voilà ce qui valait vraiment la peine.

Les femmes succombaient à ses talents de conteur. « C'était en les faisant rire qu'il les amenait à céder à ses avances », affirme Warren Mitchell. « Il y avait les poèmes, les histoires, sa drôlerie », ajoute Robert Hardy. Richard était indéniablement un coureur de jupons mais il ne fut jamais question pour lui de battre des records. Pas plus rapace qu'intransigeant, il n'était pas du genre à se contenter de rapides parties de jambes en l'air. Il tenait à ce que ces bons moments soient partagés. Par ailleurs, on s'amusait bien en sa compagnie. Plus important peut-être, comme le conclut elle-même la femme à qui nous devons ces observations anonymes : « Tant que vous étiez avec lui, vous pouviez être certaine d'être le seul être qui l'intéressait, même si vous saviez pertinemment qu'une ou deux semaines plus tard, vous aviez toutes les chances d'être remplacée. Cette façon de concentrer sur vous, temporairement, toute son attention, était une prise de responsabilité en soi. » Mais il était aussi capable, comme tout un chacun, de très mal se comporter.

Curieusement, surtout en regard de la promiscuité du milieu dans lequel il avait grandi, Burton détestait qu'on le touche. Étreintes et caresses n'étaient pas son style ! Jamais il ne passait son bras autour des épaules de ses camarades. Jamais de câlins pour les jeunes filles. Cette réserve naturelle était telle qu'il avait « les nerfs en pelote » et « la chair de poule » à la perspective de devoir embrasser quelqu'un sur scène. Il ne supportait pas davantage de se changer en public. C'est tout de même étonnant de la part d'un homme qui, pendant des années, semaine après semaine, joua au rugby avec quatorze autres hommes avec lesquels il lui avait bien fallu partager l'espace confiné et nauséabond des vestiaires lorsque son équipe sillonnait le pays. A cette aversion du contact physique s'ajoutait la distance qu'il était capable de mettre entre lui et les autres, ce repli sur soi-même que l'on peut sans doute attribuer à une volonté de se préserver d'un destin qu'il pressentait funeste : la mort précoce de sa mère, l'indifférence de son père (dont il valait mieux plaisanter), le terrain vague oublié du monde occidental où il avait grandi, ces circonstances l'avaient-elles tant marqué que rien ne pouvait le guérir ? Dans ce cas, comment y remédier autrement qu'en portant tout à l'extrême, autant que faire se peut, afin d'avoir le sentiment de vivre à fond, tout en tâchant de conserver en soi un sanctuaire inviolable ?

Après sa démobilisation, Daphné Rye, qui comptait parmi ses poulains les plus grands espoirs du théâtre anglais, le prit sous son aile. En 1948, elle lui ouvrit les portes du West End en lui confiant un rôle dans *Castle Anna*, une pièce littéraire tirée du roman d'Elizabeth Bowen, mise en scène par Daphné elle-même. C'était un petit rôle, que Richard interpréta avec compétence. A cette occasion, il fit la connaissance de Richard Leech, un jeune médecin irlandais venu tardivement au théâtre. Leech qui s'était attendu à trouver en Richard un rival passionné, avoue avoir été très étonné d'entendre Burton décréter un jour de but en blanc que s'il n'arrivait pas rapidement à bien gagner sa vie avec le théâtre, il abandonnerait vite la partie. En outre, le rugby lui manquait. Un soir où il alla le voir dans sa loge après une représentation, Warren Mitchell, qui se souvenait encore de la réaction initiale de Burton en apprenant le montant de son cachet, fut amusé de l'entendre grommeler : « Vous ne croirez jamais ce qu'il me donnent pour ça ! 500 livres par an ! Une misère ! »

Les histoires que l'on raconte sur le Burton d'alors sont nécessairement enjolivées par le souvenir. Le jeune homme impétueux, le boxeur-poète qui faisait des ravages chez ces dames et dans les pubs, nous font oublier le provincial seul dans Londres, conscient qu'il ne pouvait compter que sur lui-même et qu'il fallait qu'il ouvre l'œil et le bon ! Après la guerre, une foule de jeunes gens tentèrent leur chance comme lui dans la capitale : ils étaient généralement mieux introduits que lui, plus débrouillards aussi, qu'ils survivent en jouant les pique-assiette ou les marchands des quatre-saisons ! Pour arriver, il s'agissait d'avoir les reins solides et de ne pas perdre de temps. Pas question de lambiner indéfiniment dans les coulisses des théâtres si cela ne débouchait sur rien. Il devait prendre les devants et imposer ses propres conditions.

Si Burton avait fait ses débuts à Londres ne serait-ce que dix ans plus tard, il aurait été heureux comme un poisson dans l'eau. A la fin des années cinquante et au début des années soixante, en effet, dans des productions comme *Look back in Anger, Roots,*

A Taste of Honey, Saturday Night and Sunday Morning, Lucky Jim et *Room at the Top*, un jeune acteur comme lui aurait très vite trouvé sa place. Les accents provinciaux étaient devenus acceptables ; pendant une courte période, ils furent même recherchés. Bon nombre d'auteurs dramatiques puisaient leur inspiration dans les milieux sociaux voisins de celui de Burton. De surcroît, tout un groupe d'écrivains, d'acteurs, de metteurs en scène, de critiques ouvrirent conjointement la voie à un théâtre intellectuel, réaliste, passionné, qui aurait parfaitement convenu au jeune comédien. Il y aurait une étude intéressante à faire sur les hommes et les femmes nés « en dehors de leur temps ». C'est un phénomène courant. Lorsque l'on a ainsi manqué le coche, il ne reste sans doute plus qu'à mettre au point des stratégies originales, voire excentriques, si l'on veut s'imposer malgré tout à son époque. Quand la manœuvre fonctionne, elle produit alors un effet détonant !

Le metteur en scène et auteur dramatique Bryan Forbes s'intégra au milieu théâtral londonien en même temps que Burton ; il fit très vite sa connaissance. A propos du théâtre du West End, dont Burton et lui étaient légataires, Forbes parle du « théâtre de Binkie ». « Binkie Beaumont contrôlait directement ou indirectement, une douzaine de théâtres à l'époque. Il avait un goût assez sûr. Malheureusement, si vous vous laissiez faire, il vous payait une misère. Et puis il fallait faire partie de la clique. L'homosexualité était de mise, on ne peut le nier. Vous n'étiez pas obligé d'être homosexuel, mais cela facilitait les choses. Richard, se refusant bien sûr à toute déférence, à toute intimidation, en rajoutait... dans l'autre sens ! Plus que jamais, il courait le jupon ! Il n'y avait rien à faire pour le changer ; et ils ne prirent même pas la peine d'essayer. Cela dit, ces messieurs n'étaient pas des sots : ils savaient reconnaître le talent ! En attendant, la note était donnée : si Hollywood cueillait ses starlettes aux États-Unis, c'était à Londres que l'on venait chercher les jeunes premiers en herbe. Heureusement, il y avait Daphné : elle nous a sauvés ! »

Richard aimait vivre à contre-courant. Cet état de fait lui donnait l'impression d'exister intensément. L'on peut d'ailleurs dire qu'il a vécu en opposition avec ses propres inclinations pendant de longues périodes de son existence. Il est donc intéressant de se demander si ce milieu homosexuel dans lequel il évolua ne le rendit pas, par pur esprit de contradiction, encore plus amateur de femmes qu'il ne l'était déjà. Quoi qu'il en soit, l'important, c'était qu'il s'agissait d'un réseau. Burton connaissait déjà l'importance de ces réseaux ; il commençait à comprendre que c'était ce qui faisait bouger les choses. Meredith Jones s'était servi du réseau pédagogique ; par l'intermédiaire d'un autre réseau, Philip avait ouvert les portes d'Oxford au simple cadet de l'ATC qu'il était ; Emlyn Williams était au centre d'un réseau gallois de plus en plus étendu, ladite « Tafia » ; Binkie Beaumont (qui avait fait ses débuts dans un théâtre de Cardiff — là encore, il se peut que la Welsh Connection ait donné un coup de pouce à Burton) était, aussi surprenant que cela puisse paraître, le parrain du réseau londonien. Burton lui-même se retrouverait un jour dans ce rôle, ce qui le ravirait. Le monde fonctionnait donc ainsi. Il s'y résigna. C'était à Daphné Rye qu'il devait son intégration dans le réseau du théâtre.

Burton avait l'habitude de composer sur elle des poèmes mordants mais pleins de tendresse. Il faisait désormais partie de ceux que l'on appelait « les cabotins de Daphné », au même titre que Richard Leech et Bryan Forbes. « Daphné nous protégeait, raconte Forbes, ceux d'entre nous qui avaient besoin de l'être. » Elle alla pêcher Burton dans un meublé de Streatham pour l'installer au dernier étage de sa maison à Pelham Crescent, à deux pas de chez Emlyn Williams. Les préoccupations de Daphné rejoignaient celles de Williams : elle aimait les productions de qualité et s'était entourée d'une troupe de talent, la Compagnie des Quatre, qui joua notamment *Castle Anna* d'Elizabeth Bowen et John Perry, dont la première eut lieu en février 1948, et *Dark Summer*, de Wynyard Brown. Grâce à elle, Burton obtint de bons rôles. Daphné s'évertuait à promouvoir la carrière des jeunes comédiens qu'elle jugeait talentueux. C'était par ailleurs une femme d'une truculence toute rabelaisienne, surprenante, très drôle.

Quelques mois après sa démobilisation, Burton obtint son premier rôle au cinéma. « Libéré un lundi, le mardi j'étais sur les planches, le mercredi je devenais une star. Je n'ai jamais regardé derrière moi », raconterait-il plus tard. Burton a toujours aimé plaisanter à propos de son succès et embrouiller les esprits à cet égard.

Il n'était pas au bout de ses peines, loin de là, mais Emlyn Williams était déterminé à l'épauler. Le rôle du jeune homme dans *The Last Days of Dolwyn* fut écrit spécialement pour lui. Emlyn eut du mal à persuader Rank et les producteurs du film, Alexander Korda et Anatole de Grunwald, d'engager son nouveau protégé. Il s'arrangea pour que Burton fasse un bout d'essai. « Je l'avais très soigneusement préparé. Korda et Grunwald n'en revenaient pas. J'envoyai aussitôt un télégramme à Richard : "Tu as décroché la bourse." C'est une des répliques de *The Corn is Green*. Eh bien, figurez-vous qu'il ne se donna même pas la peine de répondre ! »

A l'époque, Richard était en tournée avec la troupe de *Dark Summer*. Ses camarades furent tout aussi surpris de sa réaction. Tout de même, il aurait pu répondre ! Après avoir pris connaissance du télégramme, il l'avait envoyé valser d'un coup de pied, puis il était allé boire un verre. Le premier jour du tournage de *The Last Days*, plusieurs mois plus tard, il se pointa comme si de rien n'était. « J'ai cru que tu ne viendrais jamais », s'était alors exclamé Emlyn, mi-fâché, mi-intrigué. Insouciant, sûr de lui, en ce temps-là déjà il se comportait comme s'il n'avait de maître que lui-même.

« Il était vraiment nature », commente Williams, ajoutant ainsi son nom à la très longue liste d'hommes et de femmes intelligents et avisés qui s'avérèrent incapables d'analyser plus explicitement ce trait de caractère insolite auquel Burton doit vraisemblablement son succès. « La seule chose qu'il n'arrivait pas à faire, c'était de prendre un air vraiment innocent. Cet état lui était étranger. Il ne connaissait pas la vulnérabilité. Dans la pièce, il devait regarder une fille danser par la fenêtre ; il ne pouvait pas s'empêcher de prendre un air farouche. Peut-être n'avait-il jamais connu l'innocence. A huit ans déjà, il fumait en cachette !

« A propos de fumer, poursuit Williams, laissez-moi vous raconter une anecdote. Le tournage se déroulait dans un petit village au nord du pays de Galles pendant la saison où il pleut le plus. Burton fumait constamment tout en lisant et en faisant ses mots croisés. "Richard, tu as une jolie voix, remarquai-je un jour. Tu devrais vraiment arrêter de fumer. Écoute, si tu arrêtes pendant trois mois, je te donne 100 livres", — une coquette somme en ce temps-là, peut-être l'équivalent de 1 000 livres, 2 500 livres d'aujourd'hui. Bref ! Son visage s'illumina. Mais au bout de trois mois, il craqua et vint me le dire aussitôt. Pas de tricherie ! Le plaisir avait été plus fort que la cupidité ! »

Sybil Williams était née au pays de Galles. Très jeune, elle avait perdu son père, qui était porion*. Elle fut élevée par ses

* Contremaître dans les mines de charbon *(NdT)*.

sœurs qui lui donnèrent une bonne éducation. Elle était issue d'un milieu social légèrement supérieur à celui des Jenkins, et cet atout lui permit sans doute de faire face plus aisément à l'aplomb du jeune comédien. De ses multiples qualités, c'était l'équilibre foncier qui la caractérisait qui surprenait, semble-t-il, le plus. Sybil était venue à Londres pour habiter avec l'une de ses sœurs. Elle suivit des cours d'art dramatique. Un de ses professeurs passa par l'intermédiaire d'Emlyn Williams pour la faire apparaître dans la distribution de *The Last Days of Dolwyn* en tant que sixième figurante, « alors que le budget n'en prévoyait que cinq ». « J'ai pensé qu'Alexander Korda pouvait bien s'en offrir une sixième », avait décrété Emlyn, faisant ainsi une fleur à la section féminine de la Tafia.

Sybil était menue, les cheveux grisonnants. Elle était très vive, intelligente, et disposée à faire confiance à Richard. Après leur premier rendez-vous, il lui promit de la rappeler : elle attendit jusqu'à minuit près de son téléphone. L'appareil resta muet. « Où étais-tu ? lui demanda-t-il le lendemain. Je n'ai pas arrêté d'appeler toute la journée. Tu ferais bien de faire venir la compagnie du téléphone. »

Sybil ne protesta pas. Ils commencèrent à sortir ensemble. Sybil n'a jamais été l'objet d'attaques. Au contraire, les gens tendent à s'empêtrer à son sujet dans les superlatifs les plus élogieux. Sa vie et sa carrière après sa séparation d'avec Burton racontent l'énergie exemplaire, le talent, la droiture qui l'ont toujours caractérisée. Elle prit en charge Richard et il est certain que très vite, elle comprit qu'il y aurait des embûches : elle était bien placée pour savoir que les gens de théâtre avaient des liaisons. Elle savait aussi que les engouements de Richard ne duraient en général qu'une nuit, ou le temps d'une saison théâtrale tout au plus. Et puis, le plus souvent, il prenait toutes les précautions nécessaires pour ne pas être découvert. « Faut pas faire de mal à Sybil. »

Quand elle apprenait malgré tout la vérité, ils s'arrangeaient entre eux. « La première semaine, je lui disais de ne pas *la* blesser, aurait affirmé Sybil. La deuxième semaine, de ne pas *me* blesser. » Mais lorsque l'on interroge l'entourage des Burton, personne n'est disposé à s'étendre sur cette question.

La famille aimait bien Sybil : Cis et Hilda, Ifor et David, à Pontrhydyfen comme à Port Talbot. Elle était galloise, charmante, facile à vivre. Une personnalité agréable. Et puis elle avait une voix magnifique et beaucoup d'humour. Exactement ce qu'il fallait à Richard. On ne pouvait pas mieux rêver ! Une femme remarquable. Selon Lauren Bacall, elle avait du cran. Elle en a toujours. Elle était trop bien pour lui, soutient de son côté Kate Burton, leur fille aînée. Je sais qu'à l'époque, ils se convenaient parfaitement. « Merveilleuse », s'exclame Robert Hardy, et ce mot se répète comme un écho dans le cercle de leurs amis.

Richard avait déniché une perle et il n'allait pas la laisser filer. Très vite, Sybil abandonna sa carrière d'actrice — qu'elle n'avait jamais vraiment prise au sérieux, il est vrai — pour se consacrer à lui. Pour se consacrer à lui ? Le gâter ? Gérer sa carrière à sa place ? L'intention de la jeune femme était vraisemblablement plus prosaïque : il s'agissait pour elle de se préparer à fonder une famille. Un objectif qui ne se concrétisa malheureusement que des années plus tard.

« On se demande comment elle a bien pu faire pour le supporter », disent certains. Richard promettait de revenir pour déjeuner ; il ne réapparaissait que le soir, pour le dîner, en compagnie de Stanley ou d'autres copains. Il prenait des risques, bien sûr, mais Syb n'avait pas l'air de s'en offenser outre mesure. Ils chantaient ensemble des airs gallois. Elle fredonnait la mélodie d'accompagnement ; lui inventait des paroles un peu coquines. Sur les photographies de l'époque, ils sont rayonnants et se ressemblent étrangement, presque comme un frère et une sœur. Sybil ne se laissait jamais prendre au dépourvu.

Sybil est « fabuleuse, disait-il à ses amis. J'ai rencontré une fille extraordinaire ». Il interrompit séance tenante ses activités sur tous les autres fronts ! Il lui fit la cour et l'épousa dans les mois qui suivirent. La veille de son mariage, cependant, son détachement et son spleen habituels se réaffirmèrent lorsqu'il confia à Stanley Baker qu'il l'épousait simplement « parce que c'était ce qu'elle attendait de lui ». C'était une fille bien et elle voulait la bague au doigt.

N'était-ce pas précisément le genre de compagne qu'il cherchait ? Lorsqu'on lui avait suggéré de se ranger — telle avait été la recommandation d'Emlyn Williams, qui avait repris dans une large mesure le rôle paternel que Philip Burton avait joué jusque-là dans sa vie —, cela avait fait tilt dans son esprit. Il s'était dit : pourquoi pas ? Puis il avait eu la chance de tomber à point nommé sur le bon numéro.

On constate avec intérêt que Richard Burton épousa en définitive le type même de fille avec laquelle il se serait marié s'il était resté au pays. Car assurément, à Port Talbot, un garçon intelligent comme lui aurait jeté son dévolu sur une compagne un cran ou deux au-dessus de lui dans l'échelle sociale, s'élevant du même coup, dans sa fierté, d'un ou deux échelons. C'est précisément ce qu'il fit, en définitive. Et c'est toute la beauté de l'histoire. Sybil, comme lui, vivait en exil. A eux deux, ils composaient une petite principauté à l'intérieur de la grande métropole. Il savait tout d'elle ; elle connaissait ses moindres faits et gestes depuis l'enfance.

Ils se marièrent en février 1949. Après la cérémonie qui se déroula le matin, Sybil se précipita au théâtre où elle jouait dans *Harvey* en matinée. Richard mit la radio : l'équipe de rugby galloise disputait ce jour-là un titre international et se fit battre à plate couture. Daphné Rye, qui avait organisé une petite réception pour le mariage, encouragea Sybil à venir s'installer à Pelham Crescent. Au début de l'année suivante, toujours avec l'aide de Daphné, les Burton achetèrent une maison au 24 Lyndhurst Road, à Hampstead, dans le nord de Londres, un quartier qui attirait les écrivains, les peintres, les acteurs, tous ceux qui avaient l'âme un peu bohème, et surtout les immigrants, notamment d'Europe de l'Est, même si les traditionnels cockneys étaient eux aussi au rendez-vous. Un creuset qui convenait bien au jeune couple gallois. Les Burton louaient une partie de la maison et occupaient le reste. Tout cela était très raisonnable et tout à fait honorable.

De plus, cela faisait très chic d'habiter Hampstead.

Sybil lui faisait tellement penser à Cis. En elle, Richard avait retrouvé son passé, transplanté à présent dans un faubourg de Londres, ancien repaire de voleurs de grand chemin légendaires, à un quart d'heure seulement du West End. La présence de Sybil à ses côtés était rassurante.

Chapitre 7

VERS LA RÉUSSITE

Moins de trois ans après sa démobilisation, le Richard Burton qui avait mené une existence si indolente sous les drapeaux en temps de paix était devenu un grand acteur classique, héritier présomptif de John Gielgud et de Laurence Olivier. De surcroît, Hollywood, toujours en quête d'une nouvelle star, suivait son évolution de près. Après ce tournant radical, la carrière de Burton ne devait plus jamais se dérouler en droite ligne ; son parcours fut toujours imprévisible et plein d'embûches. Certes, le jeune prodige avait brûlé les étapes, d'une manière extraordinaire. Il n'était apparu que dans cinq productions théâtrales lorsque l'on fit appel à lui à Stratford-upon-Avon pour interpréter divers rôles shakespeariens d'envergure, durant toute une saison. Et surtout, il joua si merveilleusement que certains spectateurs de l'époque se souviennent encore avec émotion, trente-sept ans plus tard, de ses débuts fracassants. Peter Hall notamment : « Il fut absolument étonnant, prodigieux. Il n'incarnait pas le prince Hal. Il *était* le prince Hal. » Ainsi le fils de Dic l'ivrogne, enfant adoptif de Philip, l'austère instituteur, se transforma-t-il en un roi d'Angleterre héroïque et vit-il se prosterner devant lui l'élite théâtrale.

En février 1949, Burton incarna Henry V pour sa chère BBC, grande dispensatrice du Verbe, de la poésie, et de tout ce qui comptait pour lui dans la vie. Alec Guinness, que Richard rencontra à peu près à cette époque-là, estime que ses lectures de poésie radiophoniques surpassaient en qualité toutes ses autres prestations. La pièce, *Henry V*, avait été montée par un autre Gallois, Frank Hauser, un jeune intellectuel passionné de théâtre. Hauser raconte : « Quand je l'ai vu arriver pour l'audition, j'ai tout de suite compris qu'il avait bu... Il avait la peau grêlée ; je le remarquai au premier coup d'œil. Il était très nerveux et visiblement ivre. La séance d'essai se passa plutôt mal. C'était Robert Hardy qui me l'avait recommandé. Pour finir, nous décidâmes de lui confier le rôle, et je crois que cela l'aida beaucoup. L'incident Scofield venait de se produire, voyez-vous, et j'ai le sentiment que Rich avait assez mal supporté la chose. Pour la première fois de sa vie, il lui avait fallu rabattre son caquet ! »

L'épisode Scofield en question ne fut jamais totalement élucidé. Voici ce dont il s'agit. Un jeune auteur dramatique du nom de Terence Rattigan, aussi en vue à l'époque que Tom Stoppard l'est aujourd'hui, avait écrit une pièce intitulée *Adventure Story*, inspirée du personnage d'Alexandre le Grand. Quand on monta la pièce, Paul Scofield fut choisi pour interpréter le rôle principal, et l'on confia à Burton celui d'Hephaestion, l'ami d'Alexandre, un rôle important. Une fois de plus, Daphné Rye avait intercédé en sa faveur, au bon moment. Burton n'aurait pas pu rêver mieux à ce stade de sa carrière. Malheureusement, Peter Glenville, un metteur en scène remarquable et fort respecté, vit les choses d'un tout autre œil : il s'empressa de congédier Richard. Son motif était fort simple : Burton était trop petit. Quand Alexandre, alias Scofield s'était exclamé : « Mon rocher sur lequel je m'appuie », à propos de son ami Hephaestion, et qu'il avait joint le geste à la parole, il lui avait fallu se pencher d'environ cinquante centimètres ! Burton expliquait son renvoi d'une autre manière : « J'étais censé incarner le meilleur ami de Paul Scofield, raconta-t-il, mais comment voulez-vous... Il avait l'air d'avoir quatre-vingt-dix ans. » A une autre occasion, il affirma que Glenville avait besoin d'un acteur plus mûr et plus averti.

Sur le moment, Burton avait été profondément froissé. Bien sûr, il pouvait toujours retrouver du travail, grâce à la bonne vieille BBC : c'était de toute façon à la radio qu'il se sentait le plus à son aise. Quoi qu'il en soit, la proposition de Hauser lui mit du baume au cœur.

« Richard était profondément égocentrique, comme tous les

comédiens », raconte Hauser. Mais il avait en même temps une personnalité très attirante. Il avait absolument besoin d'espace autour de lui pour pouvoir se mettre au travail. Un espace qu'il était capable de créer lui-même, si nécessaire. A l'époque, il n'avait pas encore l'étoffe requise pour s'attaquer aux grands rôles. *Henry V* lui convenait assez bien.

Ce n'était pas tant le fait de s'être fait coiffer au poteau par un autre acteur de la génération montante, en la personne de Scofield, au vu et au su de tout le monde, qui l'avait hérissé, même si cela avait forcément attisé son esprit de concurrence. Il souffrit surtout du fait que les raisons de ce rejet lui avaient totalement échappé. Très vite, Richard en était arrivé à la conclusion qu'il ne parviendrait jamais à s'expliquer précisément en quoi consistait son talent. Par superstition peut-être, ou par mesure de protection, il ne tenait d'ailleurs pas du tout à élucider ce mystère, ni à y regarder de trop près. Il laissait les choses se faire, interdisant à quiconque de s'en mêler. Le Ciel l'avait gratifié d'un don : c'était aussi simple et mystérieux que cela. Et si tous les ingrédients nécessaires étaient réunis, en particulier si le rôle proposé lui convenait, il ne pouvait échouer. Lui dire qu'il ne pouvait pas assumer le rôle d'Hephaestion, c'était sous-entendre que ce don venu du Ciel pouvait disparaître aussi soudainement qu'il était venu. Il y avait là de quoi vous ébranler sérieusement !

Daphné Rye le tira d'affaire, une fois de plus. John Gielgud montait alors *The Lady's not for burning*, de Christopher Fry, au Globe. En mai 1949, Richard auditionna pour le rôle du « jeune orphelin ». Cette pièce, écrite en vers, se déroulait au Moyen Age ; elle relatait les péripéties d'un soldat qui, au retour de sept années de guerre, ne demandait plus qu'à mourir, et d'une ravissante sorcière qui elle, ne demandait qu'à vivre.

L'audition devait avoir lieu en fin d'après-midi. En arrivant, Burton rencontra dans le couloir une très jeune actrice du nom de Claire Bloom, qui attendait elle aussi d'auditionner pour un petit rôle dans la pièce. Elle se souvient que Burton risqua quelques « vagues plaisanteries » et qu'il avait « les mains qui tremblaient ». Les contrecoups d'*Adventure Story* continuaient à se faire sentir, et il y avait fort à parier qu'il avait bu un verre ou deux avant de venir, pour tâcher de se calmer les nerfs. Il lui arrivait quelquefois de trembler ainsi sans que l'on puisse s'expliquer pourquoi ; en guise de remède, ses camarades de longue date lui recommandaient en général une bonne rasade de brandy… Il rata l'audition. Pamela Brown, qui devait partager la vedette avec Gielgud, se souvient d'avoir dit : « La fille, oui, mais pas le garçon. » Gielgud décida en définitive de lui donner une deuxième chance et lui demanda de revenir le lendemain. Fry lui-même, frappé par l'intelligence et l'esprit d'indépendance du jeune comédien, intercéda en sa faveur. Pour finir, Gielgud l'engagea.

Gielgud n'arrive pas à se souvenir s'il s'était laissé convaincre par Fry, Daphné Rye ou Binkie Beaumont, qui produisait la pièce, ou si, en dépit de la nervosité du jeune acteur, il lui avait reconnu un certain talent. De toute façon, c'était un second rôle, il était pressé, et le jeune homme avait un physique étonnant, un « prince de rêve », selon l'expression de Gielgud lui-même. Cela suffirait peut-être. En tout cas, il n'en fallut pas plus pour transformer la carrière de Burton du jour au lendemain.

Si *The Lady* fit un nombre d'entrées déplorable dans les provinces anglaises, ce drame en vers, intelligent mais hermétique et pas du tout commercial, remporta un franc succès à Londres, où il demeura un an à l'affiche, avant d'être monté à Broadway. Burton jouait là dans une pièce de qualité, qui plaisait de surcroît à un public éclairé. Dans l'avalanche de critiques suscitées par *The Lady*, il était rare que son nom ne fût pas mentionné, souvent de façon élogieuse. En outre, pendant toute une année, il évolua sur scène aux côtés de l'un des plus grands et vénérés acteurs britanniques du siècle. Il apprit ainsi son métier sur le tas, sous l'égide prestigieuse de Gielgud qu'il idolâtra jusqu'à la fin de ses jours.

Ce fut après cette tournée que Vere Barker, son agent, aida Burton à trouver la maison d'Hampstead et commença à majorer ses cachets, y compris à la radio pour laquelle il continuait de travailler. Dans le milieu bourgeois où il évoluait désormais de plus en plus, l'idée de gagner de l'argent, de devoir travailler pour avoir de quoi vivre, était considérée comme vulgaire ! Rien de plus méprisable, de ridicule même aux yeux de ces gens-là, que de rêver de devenir un millionnaire. L'argent était censé vous arriver sur un plateau d'argent, grâce à papa ou à un héritage quelconque : c'était ainsi que l'on concevait les choses, même si dans la réalité, cela se passait généralement tout différemment ; auquel cas, on évitait d'en parler. A ce préjugé, séduisant dans sa candeur, s'opposait toutefois un autre point de vue, beaucoup plus proche de la réalité : l'argent ne se trouvait pas sous le pas d'un cheval et l'on faisait ce que l'on pouvait pour en avoir. C'était encore l'époque de l'austère après-guerre, des cartes de ravitaillement et des fameux coupons que le jeune Jenkins avait distribués si généreusement du temps où il travaillait à la Coop de Port Talbot! Burton n'avait pas les prétentions des fils de famille, et certainement pas le moindre désir non plus de singer les manières aristocratiques de certains individus de son entourage. En revanche, il était partie prenante d'une entreprise commune. Cela aussi le différenciait des autres.

Lorsque Gielgud l'engagea, le producteur Binkie Beaumont lui proposa dix livres par semaine. Burton exigea le double. Il s'agissait d'une production prestigieuse qui devait se jouer dans le West End. Et puis après tout, il s'était déjà fait un nom grâce à *The Last Days of Dolwyn*. Finalement, on se mit d'accord sur dix-sept livres et demie par semaine, et Burton, content de lui, s'offrit un taxi pour rentrer à Pelham Crescent. En arrivant, il tomba sur son voisin, Emlyn Williams, auquel il raconta les détails de la tractation. Celui-ci le renvoya sur-le-champ chez Beaumont, en l'exhortant à exiger trente livres. Pris en étau entre les « deux hommes qu'il redoutait le plus », selon sa propre formule, Richard s'exécuta, en dépit de l'importance de l'enjeu. Il eut finalement gain de cause. Comme il quittait le bureau de Binkie Beaumont, celui-ci lui glissa à l'oreille: « Je ne suis pas fou. Je sais que c'est cette vieille mule galloise qui vous a bourré le mou. »

Ce fut une leçon édifiante pour Burton: il comprit en effet qu'à partir d'une proposition, au demeurant décente, il pouvait obtenir une véritable « fortune » s'il négociait convenablement. Il avait eu parfaitement raison de faire monter les enchères. Le génial Binkie Beaumont lui-même n'aurait donc pas hésité à le payer le tiers de ce qu'il valait et de ce qu'il avait tout lieu d'exiger, comme Emlyn Williams, en homme averti, avait eu la bonté de le lui démontrer. L'univers du théâtre et du cinéma était infesté de marchands de tapis, prêts à vous rouler, aussi sympathiques fussent-ils. Burton fut bien forcé d'accepter cette réalité, et en tira la leçon qui s'imposait.

Dans les premiers temps, Richard faisait très attention avec l'argent. Sauf lorsqu'il se trouvait dans un pub. La maison d'Hampstead fut achetée pour faire un investissement, par mesure de sécurité. De même qu'il ne pouvait s'expliquer son talent, Burton n'a jamais cru à sa chance. Sa vie durant, comme il le découvrit de bonne heure, il devait être à la merci de l'un comme de l'autre. Il semble qu'à ce stade, il se soit forgé une philosophie naturelle, à partir des clichés hérités d'une enfance démunie : « ne compter que sur soi », « acquérir son indépendance le plus tôt possible », « mettre un peu d'argent de côté, on ne sait jamais de quoi demain sera fait », « profiter du bon temps, ça ne durera peut-être pas ».

Autour de lui, en 1949 déjà, on murmurait qu'il serait peut-être un jour millionnaire ! Il affirmait pour sa part que la « pauvreté du pays de Galles » avait aiguillonné son ambition. Un peu présomptueux, il faut bien le reconnaître, mais non moins justifiable. L'argent avait son importance. « Réussir » signifiait aussi faire de l'argent. Il fallait se mettre à l'abri des mauvais jours et effacer le souvenir persistant d'un passé aride et lugubre.

Gielgud, un homme d'une finesse et d'une intelligence exceptionnelles, se veut rigoureusement exact quand il s'agit de dresser le portrait de Burton, avec lequel il fut ami dès leur rencontre. C'est lui qui mit en scène le fameux *Hamlet* à Broadway ; il joua aussi aux côtés de Richard dans *Wagner*. Les deux hommes se connaissaient intimement et quand Gielgud nous dépeint son jeune émule à vingt-quatre ans, on peut prêter foi à ses propos : « Il était merveilleux pendant les répétitions. Il avait vraiment de l'instinct. Il suffisait de lui donner quelques indications de scène. Quelquefois, ce n'était même pas la peine. Il trouvait tout de suite le ton juste et s'y tenait. Je ne sais pas si vous vous souvenez de la fameuse scène où Richard devait briquer le sol. Pamela et moi échangions un long dialogue extrêmement soutenu ; on m'a raconté que pendant tout ce temps-là, le public avait les yeux rivés sur Burton, tant sa présence était forte. C'est Alec Guinness qui me l'a fait savoir ; puis d'autres acteurs me l'ont confirmé. Un talent aussi flagrant que le sien, cela ne se trouve pas tous les jours. Et il va sans dire que cela peut être dangereux dans la mesure où c'est souvent difficile à maîtriser. »

A propos du caractère de Burton, Gielgud ajoute : « Il était heureux de nature, sans vanité, sûr de lui. Il lui arrivait de temps en temps de fanfaronner, bien sûr, mais comme on le fait dans les pubs, vous savez, pour s'amuser. Ses origines galloises y étaient aussi pour quelque chose. Comme tous les clients assidus des pubs, il adorait parler, et il n'était jamais ennuyeux. Extrêmement intelligent, il lisait énormément. Toujours des femmes autour de lui. Et toujours très respectueux à mon égard. Autre chose encore, son insouciance : déroutante. Le premier jour de la répétition, dès le matin, il se mit à bâiller et à regarder sa montre. Il ne pensait qu'à une chose : aller boire un verre. C'était l'occasion rêvée pour lui, et voilà qu'il bâillait à se décrocher la mâchoire. »

« Il se prenait déjà pour une star, confirme Claire Bloom. Cela ne faisait absolument aucun doute dans son esprit. »

En 1950, Burton se rendit à Brighton pour jouer, pendant deux semaines, dans une pièce de Christopher Fry intitulée *A Phoenix too Frequent*, qui, contre toute attente, avait séduit le public, en dépit d'un texte très travaillé et relativement hermétique. A la même époque, entre 1949 et 1951, il obtint ses premiers rôles cinématographiques dans des productions qui, à l'évidence, n'ont pas laissé un souvenir impérissable : *Now Barrabas was a Robber, Waterfront, Green Grow the Rushes* et *The Woman with no Name*. A l'instar de Laurence Olivier, Richard acceptait à peu près tout ce qu'on lui proposait. Il pouvait d'ailleurs difficilement faire autrement. A la suite des critiques très encourageantes que lui avait values sa prestation dans *The Last Days*, Korda lui avait fait signer un contrat de sept ans. Il ne lui restait plus qu'à se mettre au travail.

Cette série de films donne avant tout la mesure de sa volonté de faire du cinéma. L'industrie cinématographique britannique était en pleine restructuration ; en réalité, elle pataugeait, souvent désespérément. Cette phase d'incertitude donna lieu à des initiatives inattendues. Ainsi le syndicat des techniciens du cinéma se décida par exemple à tenter sa chance en tournant *Green Grow the Rushes*. Burton prit part à cette audacieuse aventure, qui déboucha sur un échec complet. En revanche, *Waterfront* (1950) suscita d'assez nombreuses critiques grâce à l'esprit de réalisme social qui en émanait.

En vérité, il n'y avait pas de place pour un acteur de la trempe de Burton dans le cinéma britannique de l'époque et aucun metteur en scène digne de ce nom pour le diriger. La vigueur de son jeu, ce réalisme passionné, intelligent, qu'il était capable d'imprimer à un rôle, ne trouverait son emploi que bien des années plus tard. Pour l'instant, aventuriers et cœurs tendres menaient la danse et il n'y avait rien à redire, si ce n'était que Burton ne cadrait pas du tout.

Now Barrabas was a Robber, mis en scène par Gordon Parry, et adapté d'après la pièce de William Douglas House, lui valut toutefois des éloges flatteurs de la part de l'un des meilleurs critiques de la période, C. A. Lejeune, dans l'*Observer* : « A mon avis, écrivit cette dernière, il a toutes les qualités du jeune premier, dont le cinéma anglais a tant besoin dans les circonstances actuelles : la jeunesse, un physique agréable, des traits photogéniques, une intelligence manifeste et l'art de produire un effet maximal avec le minimum de chichi. » Quand le film sortit sur les écrans américains, le *New York Times* vanta également les mérites du jeune comédien britannique.

A cette époque-là, le cinéma avait très mauvaise presse dans les milieux de théâtre londoniens. Les acteurs empochaient leur cachet mais ils ne s'en vantaient pas. On se contentait d'ironiser sur le cinéma, en affichant un mépris certain pour cet art jugé mineur. Dans le fond, on était terrorisé par le cinéma mais l'on se gardait bien de le reconnaître. Les films ne comptaient pas ; seul le théâtre était considéré comme digne d'intérêt. Burton a vraisemblablement souffert de ces préjugés ; il aurait difficilement pu en être autrement. Là encore, il est important de comprendre les circonstances grâce auxquelles il a pu trouver la meilleure expression de lui-même.

Enfant, il allait au cinéma de Taibach, le Cach, où il découvrit ses premiers héros de l'écran. Les films avaient quelque chose de magique. Jouer dans un film, c'était inimaginable ! Pourtant, il n'existait aucune école de pensée qui puisse encourager ou cultiver cet enthousiasme initial, pas plus qu'il n'y avait de groupe de jeunes metteurs en scène influents et brillants, susceptibles d'exploiter le potentiel de Richard, comme C.A. Lejeune avait affirmé qu'il pouvait l'être. Si sur la scène, il avait le texte de Christopher Fry ou la présence de John Gielgud pour lui inspirer d'excellentes prestations, au cinéma, en revanche, il ne disposait en général que d'un script bavard et de courtes séquences qui ne lui donnaient guère l'occasion de s'échauffer, ou de donner toute sa mesure. Il ne s'en plaignait pas. Ce n'était qu'un début. Il avait bonne réputation. Un club d'admirateurs et d'admiratrices s'était déjà constitué. Chez lui, au pays de Galles, les journaux lui consacraient des pleines pages. Ifor venait de temps en temps à Londres pour suivre de près ses progrès.

Pendant la journée, Richard tournait pour le cinéma. Les soirées se passaient sur les planches. La nuit, il allait boire. La vie lui filait entre les doigts à toute vitesse. Seule à Hampstead ou en compagnie d'une de ses nombreuses amies, Sybil entretenait le foyer ; elle se joignait de temps en temps à la bande de son époux dans les grandes occasions. Elle était décidée à soutenir Richard coûte que coûte, puisque sa carrière était en pleine ascension. L'une après l'autre, les portes du succès et du prestige s'ouvraient devant lui.

Ce fut au moyen d'un bien curieux véhicule : une charrette, qu'il alla au-devant de sa première grande conquête nationale. Plus exactement une brouette transportant une vieille dame de-ci de-là, sur une scène dépouillée. Richard Burton incarnait le fils de la dame en question, attendant un signe de Dieu... En janvier 1950, Gielgud avait choisi *The Boy with a Cart*, une pièce en un acte de Christopher Fry pour continuer à promouvoir l'œuvre de cet auteur dramatique si populaire à l'époque. « Burton fut absolument éblouissant dans le rôle du garçon, commente Gielgud. Ce fut pour lui un merveilleux succès d'estime ; ses talents de mime fascinèrent le public (il devait mimer la construction d'une cathédrale). » Burton a raconté que ce fut à l'occasion de cette scène qu'il sentit pour la première fois ses poils se dresser sur sa nuque et qu'il mesura véritablement l'impact qu'il pouvait avoir sur son public.

Anthony Quayle, responsable de la saison shakespearienne du Festival d'Angleterre, était à la recherche d'un jeune premier. Il alla voir Burton et fut immédiatement conquis. « Il était là devant moi : le prince Hal en personne. » Quayle avait déjà une réputation bien établie en qualité d'acteur, de metteur en scène et d'administrateur. Le Festival d'Angleterre, en 1951, avait un objectif ambitieux : annoncer au monde que les Anglais, après avoir combattu vaillamment pendant la guerre, avaient repris le dessus. Redoublant d'enthousiasme et de vigueur, pleins d'idées nouvelles, les Britanniques prendraient ainsi le mors aux dents au vu et au su de tous : ils voulaient démontrer qu'ils abordaient avec confiance et entrain la seconde moitié du XXe siècle. Shakespeare fut mis à contribution. Quayle se vit donner les pleins pouvoirs pour honorer le grand dramaturge à Stratford. Pour ce faire, il s'assura les services de Burton.

Quayle incarnait Falstaff — le personnage comique le plus riche et le plus aimé de l'œuvre de Shakespeare. Dans *Henry IV*, première et deuxième parties, il avait de quoi se défouler pleinement. A côté d'un Falstaff débordant de vitalité, corrompu mais irrésistible, évolue le prince Hal, un être en marge, qui échappe au destin que l'appartenance à la famille royale impose, s'associant à des malfrats et autres mauvais sujets, délaissant l'apprentissage du métier de roi auquel il est censé se consacrer. Dans la plupart des productions d'*Henry IV*, le jeune Hal apparaît comme le disciple et complice de Falstaff, un gaillard affirmé, tournant résolument le dos à son honorable destinée.

Philip Burton vint une nouvelle fois aider Richard à travailler son rôle. Robert Hardy était là lui aussi. Richard et lui reprirent les interminables débats qu'ils avaient eus sur diverses bases aériennes désertes pendant la guerre. Comme toujours lorsqu'il révélait le travail qui lui était confié, Burton se donna à fond à ce rôle. Son Hal ne serait pas un vaurien noceur mais un prince truand, révolté contre son père, certes, et dédaigneux des espoirs du peuple, mais un prince à part entière, toujours attentif, donnant à ses répliques la vigueur nécessaire pour s'imposer en tant que tel. Il arriva à la première répétition en connaissant son texte sur le bout des doigts ; il était déjà entré dans la peau du personnage.

On a raconté que Quayle et Burton avaient eu de vives querelles à propos de l'interprétation de leurs rôles respectifs. Des rumeurs que Quayle a toujours niées tandis qu'elles trouvent confirmation dans les propos de Richard Burton, ainsi que dans les Mémoires de son tuteur. Il m'a semblé approprié, en l'occurrence, de donner la parole à Philip Burton. Il avait toujours rêvé de voir Richard dans le rôle prestigieux du prince Hal. Voici que, aussi incroyable que cela puisse paraître, ce rêve allait se concrétiser à Stratford, berceau de Shakespeare, où Richard s'était retrouvé de surcroît en fort bonne compagnie. Philip était enfin récompensé de tous ses efforts.

> J'avais une idée précise du rôle, d'autant plus que les trois pièces allaient être données, et que nous allions voir ainsi le personnage se déployer dans toute son ampleur. A mon avis, même dans ses moments les plus frivoles, le prince doit prendre conscience, ne fût-ce que de temps en temps, du fardeau qui lui incombera un jour du fait de son rang. Il y eut un passage dont je fus particulièrement fier, car Richard lui donna toute sa magie. Il se situe dans la première partie d'*Henry IV*. Falstaff et le prince se divertissent agréablement en jouant, chacun à leur tour, à imiter le roi reprochant à Hal ses relations avec Falstaff. A la fin, Falstaff supplie le roi (alias Hal) de lui promettre de ne jamais bannir... Falstaff : « Bannissez Jack le grassouillet, autant bannir le monde entier ! » Je voulais que Richard marque une pause pour donner à ses paroles tout leur poids, avant qu'il n'ajoute pour lui-même : « Je le bannis. Je le veux. » Ce qui se confirme inévitablement le jour où il accède au trône.
>
> Richard m'a raconté que son interprétation du prince Hal avait déplu au metteur en scène qui jouait lui-même le rôle de Falstaff, et qui tenait à ce qu'aucune note sérieuse ne vienne entamer le comique des scènes de la taverne.

Quelques passages de mon journal témoignent de ma joie face au succès de Richard pendant cette saison à Stratford en 1951 :
Dimanche 8 avril (à Londres). Journée tranquille à la maison, passée à lire avec délectation les critiques sur Richard à Stratford. Miraculeux.
Vendredi 11 mai. Ai vu *Henry IV*, première partie. Richard est superbe et Sybil délicieuse. (Elle a un petit rôle, celui de Lady Mortimer qui ne parle que le gallois. Shakespeare ne lui a même pas consenti de répliques en anglais.) Je jubile.
Lundi 14 mai. Triste journée. J'ai dû quitter Stratford à contrecœur, après un week-end idyllique. Je n'ai plus du tout envie d'aller en Amérique... Mais j'y suis allé malgré tout, de sorte que je n'ai pas pu assister au moment le plus fort de la trilogie, *Henry V*, avant le...
Samedi 22 septembre. Levé de bonne heure pour me rendre à Stratford. Rich et Sybil sont venus me chercher à la gare. J'ai revu la deuxième partie, en matinée ; c'est beaucoup mieux. Le monologue « Oh, splendide perturbation », particulièrement impressionnant. Très ému, le soir, par *Henry V*: aucun doute à avoir sur le talent de Richard. Je me sens à la fois fier, humble, et émerveillé par les voies mystérieuses du Seigneur.

Anthony Quayle fut vraisemblablement gêné par la présence de cet arrogant prince-Burton, qui éclipsait les rires et la maîtrise de Falstaff. Comment aurait-il pu en être autrement ? Un acteur de renom se voit confier la mise en scène d'une œuvre magistrale, et voilà qu'un débutant vient lui ravir la palme ! Quayle était conscient de la détermination immuable dont son partenaire était capable. Une fois que le jeune comédien avait décidé de l'interprétation à donner à son rôle, il n'était plus question de le faire changer d'avis ; il n'y avait rien à faire. Dès qu'il était en scène, personne n'avait la moindre chance de lui imposer un jeu qu'il n'aurait pas choisi. Combien de fois Burton a-t-il répété « qu'une fois sur les planches, on est tout seul », « qu'il faut alors lutter pour sa survie », qu'être en scène, c'est « se retrouver seul contre tous ». Quoique modeste et engageant, Burton était un fanatique de la compétition dans toutes les sphères de l'existence : au pub comme au lit, dans le sport ou sur la scène, comme lorsqu'il s'agissait de raconter des histoires.

A titre de metteur en scène, d'acteur et de mécène, Quayle avait évidemment toutes les raisons d'en vouloir à Richard : ce dernier prenait décidément trop de place. Quayle reconnaissait pourtant la profondeur de l'inspiration de Burton, puisée à la source de ses origines. Il fut l'un des premiers à déceler et à décrire ce rapport mystérieux, superstitieux, presque mystique, que le jeune acteur entretenait avec son talent. « J'ignore d'où cela me vient, lui avait dit celui-ci. Je ne sais vraiment pas ce que c'est. C'est juste un "truc". Qui risquait au demeurant de lui échapper s'il ne demeurait pas fidèlement à l'écoute de lui-même, s'il n'alimentait pas ce don avec son énergie vitale, allant jusqu'à mettre en péril sa santé, voire son équilibre mental.

Autre facteur clé de ce que Sybil appela « ce merveilleux été » : la présence de tant de Gallois réunis à Stratford. « De véritables rossignols », commenta Robert Hardy, tellement affecté lui-même par les intonations mélodieuses de ses partenaires sur la scène que l'archevêque Scrope, qu'il incarnait, avait un léger accent des corons. « Nous avons beaucoup ri. » Ce fut à Stratford que Richard acquit sa première voiture : une Flying Standard. Robert Hardy lui apprit à conduire, et cette aventure donna lieu à suffisamment d'anecdotes pour occuper la moitié d'une nuit passée, comme d'habitude, à s'abreuver au Dirty Duck, le pub de Stratford que fréquentaient les acteurs. En ce temps-là déjà, Richard admettait volontiers son désir de collectionner les voitures de luxe. Un an plus tard, il achetait une Lea-Francis, la Flying Standard ayant rendu l'âme ! Puis se succédèrent une Jaguar 10, une Cadillac et une MG rouge qu'il ne revendit jamais et qu'il emmena avec lui en Suisse.

En attendant, cet été à Stratford fut un paradis gallois. Il y avait là Hugh Griffiths, un comédien gallois de grand talent, aussi imposant par sa taille que par sa noblesse bucolique, en dépit de ses sourcils en guidon de vélo ; Rachel Roberts, une harpiste du pays elle aussi, qui prétendait être un fantôme. Sybil et elle furent inséparables tout l'été, se faisant appeler « Lady ceci ou cela ». Elles connaissaient tous les cancans et contribuèrent pour une large part à souder la communauté d'acteurs réunis à Stratford à l'occasion du festival. Elles n'hésitaient pas à monter sur scène avec du vernis aux ongles ou une montre-bracelet !

Ce fut au cours de ce séjour à Stratford que Sybil décida d'abandonner le théâtre pour de bon et de se consacrer entièrement à la carrière de Richard et à la future famille tant attendue. Après les représentations, on prenait des bains de minuit dans la chaleur des nuits estivales. Des amis et voisins du pays de Galles se déplacèrent pour venir voir de leurs propres yeux le phénomène Burton, redoutant que ses origines ne fussent par trop évidentes : « Les Anglais ont peur de nous », disait Richard. De temps en temps, pour le prouver, il semait la pagaille. A côté de la joyeuse compagnie de lurons réunis sur scène autour de Falstaff, il y avait Hugh Griffiths, tout le contingent de Gallois que Burton menait tambour battant.

De l'admiration, on en vint à l'émerveillement lorsqu'Humphrey Bogart et Lauren Bacall débarquèrent un beau matin pour assister aux représentations et furent aussitôt séduits par Burton. « Il était absolument merveilleux, raconte Lauren Bacall, merveilleux, mais déjà fauteur de troubles. Une demi-heure à peine après avoir fait notre connaissance — nous nous étions rencontrés au Dirty Duck —, il insista pour m'emmener voir la maison où était né Shakespeare. Après notre arrivée sur les lieux, il me récita comme il se devait de longues tirades. Il ne chercha pas vraiment à me séduire, mais que devait en penser Bogie ? En fait, Bogie l'adorait, comme tout le monde d'ailleurs. On ne pouvait pas faire autrement. »

Certains critiques cependant émirent quelques réserves sur le talent de Richard. D'autres le battirent ni plus ni moins en brèche, le trouvant inexpressif ou trop transparent. L'un d'eux, Kenneth Tynan, appelé à s'imposer comme le critique du théâtre britannique des années cinquante et soixante, prit toutefois la peine de se rendre dans les coulisses après le spectacle, en compagnie de son épouse, Elaine Dundy, pour féliciter et encourager le jeune acteur. Plus tard, ils allèrent boire un verre ensemble. A la suite de cette rencontre, Tynan écrivit un article qui réduisit en poussière toutes les autres critiques, et grava le nom de Burton en lettres d'or sur les registres de l'époque.

> Son interprétation du prince Hal... transformait la curiosité de réserve en fascination, et ce, dès qu'il commençait à parler. Pendant le premier entracte, les critiques de la presse locale erraient bouche bée dans les couloirs. Burton est un torrent fougueux, d'une profondeur troublante. A vingt-cinq ans, il est maître de son jeu, serein, et ses silences sont éloquents. Son prince Hal n'a rien d'un enragé : il médite, étendu ou assis, les épaules voûtées, le regard sombre et impassible. Il attend de ses compagnons impétueux qu'ils le distraient, mais en réalité il est ailleurs : il songe à la couronne qu'il portera, et qui exigera de lui qu'il se ressaisisse. « Il porte sa cathédrale sur ses épaules », s'exclama un des membres de la troupe, ébloui. En dépit de son audace chevaleresque, notre Celte a tout l'air de descendre de la chaire d'une paroisse de province.
>
> Disert, sobre, robuste et bien bâti, Burton sourit là où les autres Hal pouffaient de rire, se montre détendu alors que les autres se crispent, et Falstaff (interprété par Anthony Quayle, aux tendres

rondeurs) doit se donner beaucoup de peine pour le divertir un tant soit peu. Dans la bataille, le ton de Burton se fait pressant et vif ; mais notre prince est toujours aimable et séduisant.

Burton avait donc fait la preuve de son talent. Son image publique et sa nature d'exception étaient clairement définies aux yeux de tous. On lui reconnaissait une présence hors du commun : « le port de tête et les épaules magnifiques » remarqués par l'alchimiste de la perspicacité, Alec Guinness : « cette "cathédrale" qu'il portait sur lui », comme l'avait fait observer l'un de ses camarades de scène. Une voix incomparable. Ce sang-froid aussi, et en même temps cette aura sexuelle, cette irrésistible sensualité que tous, hommes et femmes, hétérosexuels ou homosexuels, lui reconnaissaient dans son expression la plus crue et la plus troublante : tous les atouts d'une star.

1951. Voilà donc notre prince formé sur le tas, paradant dans le pub de Stratford-upon-Avon, en face du Shakespeare's Memorial Theater. « Il sortait de nulle part, remarque Gielgud, c'est exceptionnel. » Il rêvait de briller au firmament de Hollywood : il rêvait d'autres grands rôles au théâtre, d'autres soirées d'ivresse, en bonne compagnie, mais aussi de femmes, d'argent, de gloire. Autant de rêves qui deviendraient réalité pour ce fils de mineur gallois au visage grêlé, né « avec le démon en lui », comme l'avait fait remarquer Sarah Grace Cooke, l'ange gardien d'Emlyn Williams. Un démon dont il s'était affranchi, qu'il avait exorcisé.

Chapitre 8

HOLLYWOOD, ME VOILÀ !

« Je ne voulais pas qu'il soit acteur, avoue Cis. Je trouvais que c'était un métier trop difficile. J'avais peur pour lui. » Cis avait toutes les raisons d'avoir peur. Elle le connaissait bien. Richard se lançait sur une voie susceptible de le mettre à l'épreuve jusqu'aux limites du supportable. Il était résolu à jouer avec le feu, à risquer sa propre nature, et par conséquent sa vie et son équilibre, et cela avec une audace et une opiniâtreté de plus en plus périlleuses. Dans une certaine mesure, nous nous prêtons tous à ce jeu, et les acteurs sans doute plus encore que quiconque. Mais dans le cas de Burton, l'entreprise avait une tout autre envergure : il misait sur son talent, les enjeux étaient colossaux et les pertes à redouter fracassantes, du fait que tout se déroulait sous les feux de la rampe. Dans ce tourbillon, Burton demeura pourtant fidèle à lui-même, un homme paisible, passionné de lecture. Cis devait reconnaître en lui, avec soulagement, le petit garçon d'autrefois assis au coin du feu, absorbé dans un livre : là résidait toute la différence.

« Soit j'ai une voix de stentor, soit l'on ne m'entend pas, fit-il remarquer à l'époque. Chez moi, pas de juste milieu. » On avait eu tout le loisir de s'en apercevoir quand il avait incarné le rôle de Ferdinand, dans *La tempête*, à Stratford, au cours du glorieux été de 1951. Ce personnage romantique, plutôt insignifiant, sans rien d'hostile ou de poignant, ne lui convenait pas du tout. Son ami et admirateur inconditionnel Robert Hardy lui-même en fut réduit à louer la collerette qu'arborait l'insipide Ferdinand ! Le parangon d'*Henry V*, au demeurant plus mûr et plus serein, n'échappa pas davantage à la censure. En prince Hal, il était superbe, mais sous les traits du placide futur souverain, « il lui manquait quelques centimètres », selon un critique. Laurence Olivier lui mit un peu de baume au cœur en lui envoyant un petit mot pour lui faire savoir qu'il avait été accusé lui aussi de « manquer de centimètres , par le même critique, qui plus est ! Grâce aux bons offices de sa mère, Gielgud exhuma aussi divers articles destinés à prouver que les piliers de l'âge d'or du théâtre classique, avec lesquels Burton se voyait comparé à son désavantage, avaient subi eux aussi en leur temps les mêmes outrages.

Sans doute était-ce dans ce juste milieu dont parlait Burton que l'acteur rompu à son art pouvait exister et progresser. Seulement Richard n'avait rien d'un comédien accompli. Il donnait *l'impression* que c'était facile. Là était la différence ; et l'orgueil du rugbyman gallois macho y était sans doute pour quelque chose. Il avait de la classe, certes. Mais il lui restait encore beaucoup de chemin à parcourir avant d'être vraiment à l'aise. L'acteur William Squire, qui travailla souvent à ses côtés, au cinéma comme au théâtre, parle de sa « maladresse et de son ignorance des ficelles du métier. Il était comme il était, voilà tout. Quand ça marchait, et c'était souvent le cas, il était prodigieux. Pourtant, même s'il reconnaissait la nécessité de posséder certaines techniques, il ne se souciait pas de les apprendre. »

A ce stade, il est important d'essayer de comprendre ce qui se passa vraiment pour Burton, puisque l'essentiel de sa vie serait désormais conditionné par les tensions entre le cinéma à Hollywood et la scène, en Grande-Bretagne, l'art et l'argent, la fidélité et l'inconstance, entre sa vie privée et son public. Il allait devenir l'un des plus grands séducteurs de son temps, dans une ville — Los Angeles — où pourtant la concurrence ne manquait pas. Très bientôt, il s'affronterait au tout-puissant Darryl Zanuck et repousserait un pot-de-vin susceptible de faire de lui un millionnaire, tout en se promettant intérieurement de rallier au plus tôt le club des ultra-riches. Rapidement, il serait nominé pour un premier Oscar et cabriolerait allégrement parmi les montagnes russes du cinéma hollywoodien. Sur la scène londonienne, il raflerait les plus grands rôles. Dans son pays de Galles natal, sa renommée s'élèverait comme le fortissimo d'un orgue de chapelle et ses actes de générosité ou de témérité, la rudesse ou la subtilité de ses manières alimenteraient tour à tour sa légende, comme autant de bûches sèches jetées dans un brasier. On est fasciné par le fait que, si jeune et après une carrière si courte, il ait pu inspirer un pareil intérêt.

Où puisait-il sa force ? A mon avis, dans sa nature profonde, à laquelle il se raccrochait toujours même s'il ne la comprenait pas, ou qu'il n'estimait pas utile de comprendre, tant qu'elle lui fournissait la force nécessaire. Une sorte de lampe d'Aladin, un don auquel il recourait quand le besoin s'en faisait sentir : le génie apparaissait et tout se réglait de soi-même. En ce sens, Burton faisait appel à quelque chose d'ancré très profondément en lui et potentiellement dangereux. Peut-être fit-il preuve d'imprudence et abusa-t-il de ce don.

Quelque part dans les profondeurs inconnues de l'être, où la volonté, l'instinct, l'habitude se mêlent à l'hérédité, à la chimie, à la biologie, l'individu lutte pour arriver à « se trouver », un combat que beaucoup, cependant, refusent ou ne sont pas à même de mener, et dont certains n'ont même pas conscience. Comme dans la tragédie grecque, l'essentiel de cette lutte vitale se déroule en coulisses. C'est là que les ingrédients apparemment les plus ordinaires s'organisent et se renforcent les uns les autres, pour donner naissance aux explosions de personnalité les plus extraordinaires. Burton choisit d'exposer au grand jour ce combat intérieur, et imposa à ce « moi » ainsi démasqué autant d'épreuves qu'il pouvait en imaginer. Des épreuves qui font souvent songer à celles qui constituent la trame de tant de grands mythes, légendes et récits.

Il voyait véritablement sa vie comme une succession d'épreuves, qu'il s'inventait lui-même dans la plupart des cas. L'un des moyens les plus sûrs d'échapper au passé consiste à s'imaginer un avenir que l'on se choisit. Le parcours de Burton s'apparenterait à celui du héros celtique, harcelé, mystifié, éprouvé jusqu'au point de rupture, avant d'être enfin en droit de réclamer son tribut et de clamer son héroïsme. Burton commença par se mettre lui-même à l'épreuve ; puis il se soumit à l'appréciation du public, soit qu'un démon l'y poussât, sur lequel il n'exerçait aucun contrôle, soit qu'il voulût forcer le démon en question à sortir de lui-même pour pouvoir l'affronter. Probablement ces deux motifs ont joué alternativement.

De sorte qu'il se montrait toujours tel qu'il était. Les metteurs en scène, de cinéma et de théâtre, devaient même se plaindre de ce que Burton ne « jouait pas ». Ils le trouvaient trop spontané. Il entrait dans un rôle avec une conviction totale, ou, au contraire, il l'endossait, tel un costume, avec un mépris ou un ennui flagrants. Cela fonctionnait très bien ou pas du tout. Quoi qu'il en soit, ce n'était pas son affaire. Il estimait que rien ne l'obligeait à modifier sa nature en conséquence. Burton défiait la vie de lui donner le meilleur, ou de provoquer le pire. C'était ce réalisme foncier qui était à l'origine de sa séduction, de sa dimension en tant qu'acteur, de sa puissance en tant qu'homme.

Burton savait pertinemment qu'il lui faudrait beaucoup de courage. Même s'il avait l'orgueil et la dignité de prendre les choses apparemment à la légère, il était souvent terrorisé. Il avoua ainsi qu'en arrivant à Oxford, il était « mort de peur ». Pourtant, il y conquit tout le monde. Il tremblait lorsqu'il se présenta à sa première audition, pour John Gielgud, et *The Lady's not for burning*. Il s'en sortit cependant fort bien. Tout cela n'a rien d'inhabituel, me direz-vous. Ce qui distingue Burton, malgré tout, est la formidable nature des obstacles qu'il s'imposait de franchir, ignorant délibérément les faiblesses croissantes de son corps. Il s'était mis au défi de réussir, de se faire une place au soleil. En même temps, il semblait prêt, à tout instant, à y renoncer. Burton était un conquérant amoureux de la conquête, qui se lassait vite de son butin.

Dès le départ, il fit de lui-même un laboratoire expérimental, entreprenant des expériences de plus en plus risquées. Tel un savant-cobaye, il ingurgitait les cocktails et les mixtures dérivés de ses propres fantaisies et de ses peurs, puis il se contentait d'observer ce qu'il lui arrivait. Au lieu de se tenir sur ses gardes, il n'hésitait pas à aller jusqu'au bout. Quand il buvait, Burton faisait quelquefois preuve d'une grande agressivité et d'une méchanceté sans nom. Il apprit par la suite à se contrôler. Les premières interviews qu'il accorda à la presse sont l'équivalent de séances de psychanalyse, au cours desquelles transparaissait un manque total de confiance en soi. En présence d'un journaliste de passage, il lui arrivait de parler en associant librement ses pensées, d'une manière qui aurait passionné Freud. Son enfance venait d'un monde totalement imaginaire, ressemblant tour à tour aux *Bas-fonds* de Gorki, aux taudis de Chicago, à un pays occupé où sévissait la guérilla, une terre peuplée de géants, de princesses immaculées, bercée de poésie et de chansons. Son ivrognerie était une manière détournée de prendre sa revanche. L'ombre de la maladie pesa toujours sur lui : il lui arrivait d'avoir des pertes de conscience inquiétantes, des malaises alarmants.

Une des priorités que se fixa Burton — ou peut-être s'imposa-t-elle à lui, sans qu'il pût rien y faire — fut l'absence totale d'hypocrisie, de feinte, de dissimulation avec lui-même. S'il devait découvrir sa vraie nature et ses limites, et chasser au fil du temps la *timor mortis* — la peur de la mort —, il irait alors jusqu'au bout, quoi qu'il advînt. Pas étonnant que Cis se soit beaucoup inquiétée pour lui.

Un peu avant la saison à Stratford, Richard Burton s'était rendu à New York pour jouer dans *The Lady's not for burning*. La pièce avait assez bien marché et, malgré son modeste rôle, il s'était fait remarquer par la critique. Aux yeux d'un Gallois accoutumé aux rationnements de l'austère après-guerre, l'Amérique d'alors devait être un véritable jardin d'Eden. Burton adora l'Amérique, et bien qu'il regagnât comme convenu l'Angleterre pour relever le grand défi du théâtre, il fut heureux de retourner outre-Atlantique dès qu'il fut à nouveau libre, pour interpréter le rôle principal dans *La légende des amants* d'Anouilh, initialement baptisée *Eurydice*. C'était le genre de rôle que, dorénavant, on lui confierait souvent. Plus qu'une pièce à succès, *La légende* est une œuvre intellectuelle. Les mauvaises langues diraient sans doute qu'en mettant en scène de telles pièces, les producteurs cherchent surtout à se faire valoir. Mais le public lui réserva un bon accueil et la critique encensa Burton une fois de plus. A ce stade de sa carrière, il n'était pas encore question de vedettariat : les invités savaient que lorsqu'on n'avait qu'une si courte carrière derrière soi et peu d'appuis, il n'était guère aisé de s'imposer, que ce soit à Broadway ou au West End.

De retour à Londres, et grâce à l'entremise de Daphné Rye, Richard obtint le premier rôle dans une autre pièce de qualité, *Montserrat*, adaptée par Lillian Hellman et produite par Binkie Beaumont. La première eut lieu le 8 avril 1952, au Lyric, à Hammersmith. Burton y incarnait un jeune capitaine angoissé mais héroïque, s'obstinant à ne pas trahir un chef révolutionnaire, en dépit du massacre impitoyable de six otages. La pièce ne tint l'affiche que six semaines. Là encore, la presse gratifia Burton de critiques excellentes. Beaucoup jugèrent sa prestation inoubliable : Burton, seul, face aux institutions, au pouvoir, à l'oppression. Son rôle le plus convaincant, selon certains. Cependant les spectateurs furent peu nombreux ! Le jeune comédien se retrouva avec une poignée de bonnes critiques, outre l'espoir de jouer au West End. Une proposition généreuse d'Anthony Quayle l'attendait : reprendre Shakespeare, revenir à Stratford, et s'attaquer enfin aux rôles essentiels du répertoire shakespearien.

Burton déclina cette proposition pour deux raisons. Pour commencer, il voulait faire une pause avant de retourner à Shakespeare. Ce en quoi il avait probablement raison. La saison de 1951 à Stratford avait été un succès ; il aurait été dommage de se lancer à nouveau sur scène avant d'avoir repris son souffle. Il avait besoin de se ressaisir. Mais surtout, instinctivement, il sentait qu'il n'était pas dans de bonnes dispositions. On en resta là.

Korda lui assura qu'il était prêt à l'aider à faire ses premiers pas à Hollywood. Les stars de l'époque touchaient des cachets astronomiques. Korda le laissa signer un contrat portant sur trois films avec la Fox. Il continua à le payer 15 000 dollars par an mais il empocha une large part de ce que la Fox lui versa. Sur l'ensemble des trois films, Richard dut toucher environ 80 000 dollars. En 1952, vous pouviez pratiquement vous offrir Buckingham Palace avec une somme pareille ! « Il n'arrivait pas à croire qu'il y avait autant d'argent dans le monde et qu'il allait pouvoir le mettre sur son compte », raconta Sybil. Nuit après nuit, il refaisait les additions. « Constamment, il sortait de sa poche ce bout de papier et le regardait, sans vraiment y croire. » Outre la sécurité financière absolue, ce contrat lui donnait l'occasion de jouer avec les plus grands et de se mesurer à eux.

Avant son départ pour les États-Unis, Korda organisa pour lui une soirée pour le moins... renversante. Le lendemain, ses amis le mirent dans l'avion où, toujours sous l'emprise de l'alcool, il se tint très sage pendant les treize heures de vol. Il fit escale quelques heures à New York, le temps de boire un verre ou deux avant de poursuivre son équipée : onze heures supplémentaires jusqu'à Los Angeles, rendues plus supportables grâce à une rasade de plus. A son arrivée, il s'engouffra dans la limousine qui l'attendait, pâle, nerveux, tout froissé, mal rasé, pitoyable. Parvenu au luxueux hôtel de Beverly Hills où on lui avait réservé une chambre, il eut la bonne surprise d'y trouver une bouteille de scotch qu'il s'empressa d'entamer.

Quelques heures plus tard, il se retrouvait dans une monumentale soirée hollywoodienne. Là, l'enfant prodige du pays de Galles, venu tout droit de Stratford-upon-Avon, se mit à déclamer du Shakespeare en éclusant verre sur verre ; il récita

Dylan Thomas, chanta et raconta des histoires. Certains membres de cette honorable assemblée estimèrent peut-être qu'il y allait un peu fort, mais dans l'ensemble, on le trouva merveilleux : un tourbillon de talent et d'énergie physique. Ces quarante-huit heures n'avaient été qu'une courte séquence d'ouverture au jeu de hasard auquel Burton se livrerait pendant les trente ans à venir. « Il faudra qu'on ensevelisse mon foie séparément du reste de mon corps, avec tous les honneurs qui lui sont dus », devait-il déclarer un jour dans un film.

Lauren Bacall et Humphrey Bogart l'accueillirent à bras ouverts et il s'incorpora aussitôt aux milieux les plus huppés d'Hollywood. « On s'amusait follement en sa compagnie, raconte Lauren Bacall, toutes ces histoires, cette belle énergie, les poèmes. Ce n'était pas un homme comme les autres. Bogie l'adorait. » Dans ces conditions, comment pouvait-on lui refuser quoi que ce soit ? Impossible. Comme le confirmèrent du reste un nombre considérable de jeunes femmes, à en croire les potins ! Burton, pour sa part, démentit catégoriquement les rumeurs, de bonne source, selon lesquelles il aurait brisé neuf mariages. D'ailleurs, sur les neuf couples en question, il y en avait trois qu'il ne connaissait même pas ! Sybil tapissa les murs des toilettes avec cet article accusateur et autres chroniques du genre.

Les rares informations fiables dont nous disposons sur Sybil à cette époque-là nous la présentent comme une femme solide, énergique, ayant choisi une ligne de conduite, et bien décidée à s'y tenir. En dépit des escapades solitaires de son époux, tout porte à croire qu'ils exploitèrent de concert le filon hollywoodien, estimant sans doute qu'il fallait en profiter pendant qu'il était temps ! Sybil était d'une fidélité exemplaire à son époux ; en revanche, il semble que Richard ait eu le champ libre.

Les impératifs du respect humain et de la délicatesse vis-à-vis de ceux qui sont encore de ce monde nous engagent à tirer le rideau, un rideau un peu kitch comme l'étaient ces pièces d'étoffe dans le Hollywood des années cinquante, sur cet aspect de leur vie. Il faut se souvenir que c'était l'époque où l'on ne pouvait montrer une cheville nue sans que l'on parlât de « nudité », de « sexe » et partant, inévitablement, d'un discrédit national. La vie amoureuse de Richard Burton était étalée dans tous les journaux : « Avec ce gars-là, disaient ces dames, il faut apporter son matelas. » Et cet humour caustique se justifiait pleinement. On se souvient de sa relation avec Jean Simmons (alors mariée à Stewart Granger). Burton était tellement épris d'elle qu'un soir de Nouvel An, après les douze coups de minuit, il continua à l'embrasser fougueusement, devant tout le monde, jusqu'à ce que Sybil intervienne brutalement : une gifle retentissante interrompit leur étreinte. Après quoi, elle quitta la soirée et partit aussitôt pour New York, où son infidèle époux la rejoignit quelques jours plus tard. A leur retour à Los Angeles, les Burton, qui avaient vécu jusque-là sous le toit du couple Simmons-Granger, se résolurent à louer un minuscule bungalow appartenant à James Mason.

D'aucuns jugèrent le comportement de Burton parfaitement inadmissible. Lauren Bacall évoque ce qu'elle avait baptisé « le comité de défense de Sybil ». « Les gens réprouvaient cette manière de s'afficher avec une femme différente à chaque fois. » On ne saurait mettre en doute le témoignage de l'actrice. Mais il se peut que, rétrospectivement, son jugement soit plus sévère compte tenu de la véhémence de sa réaction, dans les années soixante, lorsque Burton « crucifia » Sybil en la délaissant pour Elizabeth Taylor. Que Lauren Bacall ait fait partie de ce fameux comité de défense, cela paraît évident. On imagine assez bien l'existence d'une faction farouchement opposée à Burton parmi les épouses, les maîtresses, les starlettes d'Hollywood, assistées d'autres combattantes moins en vue mais tout aussi avides d'éliminer ce fléau.

Burton comptait sur ses amis pour le couvrir. En règle générale, son entourage se prêtait au jeu et acceptait assez volontiers de se faire complice de ses aventures amoureuses. « Je ne ferai jamais de mal à Sybil, je ne l'abandonnerai jamais », ne cessait-il de répéter. Ce leitmotiv était-il un vœu pieux, une incantation, une prière ? Pourtant, à mesure que le temps passait, il semblait de moins en moins se soucier du qu'en-dira-t-on. Peu lui importait si l'on était au courant de ses infidélités. Cette inconstance faisait partie de lui, il n'y avait rien à y faire.

Par ailleurs, Burton se plaisait à provoquer perpétuellement son entourage en clamant haut et fort ses aspirations. « Tout ce que je veux, c'est vivre ma vie, m'acheter une nouvelle Jaguar et me produire à l'Old Vic. » On ne saurait être plus clair. Le cercle théâtral britannique, persuadé qu'il rêvait de devenir leur nouvelle idole, fut on ne peut plus déconcerté par cette première déclaration — « tout ce que je veux, c'est vivre ma vie » —, mais on estima qu'il s'agissait là d'une des excentricités parmi d'autres de l'indomptable Gallois, et l'on passa outre. La volonté de « se produire à l'Old Vic » lui attira en revanche une foule de nouveaux supporters. Mais « s'acheter une Jaguar » ! Ah ça non ! Grand Dieu, non ! Quel que fût le véhicule sur lequel ils avaient eux-mêmes fixé leur choix, Bentley, Rolls, MCS ou Rover, et la manière dont ils s'étaient débrouillés pour réunir les fonds nécessaires à son acquisition, l'idée de clamer publiquement pareille aspiration leur paraissait intolérablement vulgaire ! Il y a fort à parier que Richard s'attendait à une telle réaction et qu'il fit cette déclaration provocatrice avec d'autant plus de délectation. A l'instar de la société hollywoodienne, mais pour des motifs différents, l'intelligentsia londonienne avait elle aussi ses réserves sur l'audacieux jeune premier.

Burton adorait les femmes. « Il faut d'abord l'aimer ou croire que vous l'aimez, recommandait-il. Lorsque vous êtes avec la femme, l'unique, celle que vous pensez être unique, dans le moment présent, il faut l'aimer et apprendre à connaître son corps comme un grand musicien orchestrerait un thème divin. Vous devez faire usage de tout ce que vous possédez, vos mains, vos doigts, la parole, avec séduction, poésie, quelquefois avec brutalité, mais toujours avec une passion démoniaque. » Ceci est le testament d'un maître de l'érotisme !

L'amour était une des grandes réalités de sa vie, et Richard s'y adonna sans réserve. « Tout ce que je veux, c'est vivre ma vie »...

Pour ce qui est de la réaction de Sybil, nous en sommes réduits aux hypothèses car elle s'est très peu prononcée en public. Il semble qu'elle ait affronté la situation avec une remarquable élégance. On les conviait ensemble dans les soirées et ils repartaient bras dessus bras dessous. Quand l'un entamait un air, l'autre reprenait le refrain. Leurs fameux calypsos étaient très appréciés et leur compagnie recherchée. Emlyn Williams, qui séjourna chez les Burton à cette époque, alors qu'il était en tournée (il faisait des lectures publiques de Dickens) évoque une joyeuse atmosphère de travail dans leur foyer. Richard ne jurait que par Sybil : « Elle ne me quittera jamais. » Les rares remarques de Sybil avaient un accent plutôt fataliste. Même s'il lui arrivait parfois de perdre son sang-froid, comme dans l'affaire du baiser avec Jean Simmons, son indulgence semblait sans limite. On peut en conclure logiquement que les Burton s'apportaient beaucoup l'un à l'autre, suffisamment en tout cas pour que leur couple tienne. Ils s'appelaient « Boot », abréviation de Beautiful, prononcé comiquement à la galloise : « Bootiful » ! Pourtant, Richard abusait largement de ses prérogatives. Lauren

Bacall ne tarda pas à le comprendre et lui en voulut beaucoup. « Jamais je ne divorcerai de Sybil, s'obstinait-il à répéter, et jamais elle ne me quittera... Elle me considère comme un génie ! »

Il n'avait pas froid aux yeux, en tout cas. Lors d'une soirée où Cole Porter, au piano, et Judy Garland, au chant, s'étaient produits tour à tour, il n'hésita pas à relever le difficile défi, à la demande de plusieurs membres de l'assistance, et riva son clou à ce public improvisé en déclamant magistralement, en gallois, le fameux *« To be or not to be »* ! Il plaisanta avec Greta Garbo, qu'il n'avait pas reconnue, et alla jusqu'à poser la main sur le genou de la déesse. Il s'obstinait à porter le pantalon à côtes de velours usé et la vieille veste de tweed qui composaient l'uniforme de l'acteur londonien fauché, non pas pour se donner un genre, mais parce qu'il estimait que c'était du gaspillage que de s'acheter des vêtements. Peu lui importait qu'on le taxât de pingre. Les Burton vivaient frugalement, ils empruntaient des voitures pour éviter d'en louer, acceptaient volontiers l'hospitalité, et s'exposèrent de ce fait, encaissant sans sourciller les remarques les plus désobligeantes émises à leur endroit. Ils s'en tinrent fermement à leur objectif qui était de faire de l'argent et de rentrer en vitesse à Londres pour retrouver le théâtre et réapprovisionner leur compte en banque. A tout moment, la chance pouvait tourner. Mieux valait tenir que courir. Encore un adage gallois qui les rappelait à la raison, dans les périodes d'euphorie ou d'insouciance. L'argent comptait dans la vie : ceux qui n'en avaient jamais eu étaient bien placés pour le savoir ! La morne sagesse des démunis gouvernait toujours leur mode de vie. Tant que la chance vous souriait, il fallait en profiter. La pauvreté vous guettait toujours au détour d'un chemin.

Burton avait une fâcheuse manie qui consistait à provoquer tous ceux qu'il rencontrait pour la première fois. A sa première partenaire cinématographique à Hollywood, Olivia de Havilland, il ne put s'empêcher de glisser quelques remarques désobligeantes. Elle s'empressa d'annoncer au monde que c'était « un rustre mal dégrossi dont le talent demandait encore à s'affirmer ».

Il n'aurait probablement rien trouvé à redire à cela. Au cours d'une répétition, on le vit se taper la tête contre un mur, furieux contre lui-même. Ce jour-là, la caméra lui donna beaucoup de fil à retordre. Il pouvait être, à l'occasion, merveilleusement photogénique ; il arrivait souvent que la caméra le serve prodigieusement. Arthur Ibbetson, un cameraman britannique qui travailla avec lui à maintes occasions, se souvient à quel point il avait été catastrophé au premier abord par le grain de sa peau ; il oublia pourtant très vite ce désagrément tant il fut ébloui, au contraire, par la forme de son visage, son professionnalisme aussi, et sa patience. Certains trouvaient que Richard manquait de relief à l'écran, alors que sur scène sa présence était très forte ; Burton lui-même estimait avoir ce défaut. C'est bien possible, mais l'on ne peut certainement pas dire qu'il passe inaperçu dans des films tels que *Qui a peur de Virginia Woolf ?*, *La nuit de l'iguane*, *L'espion qui venait du froid*, ou encore *Look back in Anger*. Il n'avait aucune peine à faire preuve de professionnalisme : il faisait son travail avec compétence tout en demeurant totalement détaché. Quelquefois, ce détachement est trop perceptible. A sa manière, il lui arrivait d'attirer ainsi l'attention sur la distance qu'il prenait par rapport au script, au film, à son travail. « Ne voyez-vous pas que je déteste cette niaiserie ! » semble-t-il nous dire. Ses meilleures prestations doivent beaucoup à la qualité du texte écrit, ainsi qu'à la proximité d'un acteur qu'il respecte. Même dans ces conditions favorables, il paraît quelquefois mal à l'aise. L'acteur est un stratège qui apprend à conquérir son public ; il existe toute une panoplie de clins d'œil, de mimiques reconnaissables, aguichantes, indissociables du processus de séduction. C'est tout un savoir-faire. Or Burton ne se donna jamais la peine de passer par cet apprentissage. Soit qu'il en fût incapable, ce qui, compte tenu de son intelligence et de sa vivacité d'esprit, paraît peu probable ; soit qu'il s'y refusât, ce qui, vu son opiniâtreté et la ténacité avec laquelle il se cramponnait à l'image qu'il voulait donner de lui-même, semble beaucoup plus plausible. Rappelons-le une fois encore : Burton, d'une indépendance farouche, n'obéissait qu'à ses impulsions. C'est ce qui explique qu'avec lui, cette complicité, certes fictive mais non moins plaisante, que l'on attend d'un grand acteur, n'était pas de mise.

Si la caméra est un détecteur de mensonges, et c'est parfois le cas, alors elle nous dit la vérité sur le naturel réservé de Burton. Ce « moi secret » dans lequel il puisait ses forces et qu'il mit de plus en plus à l'épreuve avec le temps, ne s'affichait pas publiquement, à moins que Burton en eût décidé ainsi. C'était son droit. Il me paraît judicieux de rappeler ici à quel point il détestait qu'on le touche. Sa première petite amie avait dit qu'« il n'était pas du genre à vous peloter, il avait trop de classe ». Les baisers, sur la scène comme à l'écran, à quelques rares exceptions près : Claire Bloom et Elizabeth Taylor, bien sûr, « lui mettaient les nerfs en pelote ». On s'étonne qu'un homme réputé pour la multiplicité de ses aventures sexuelles répugne tant à ces contacts en public ; mais cela faisait partie de sa pudeur foncière. De même que ses plaidoyers fréquents et sincères en faveur de la monogamie s'intégraient sans conteste dans la notion complexe, confuse même, et profonde qu'il avait de la répartition des responsabilités et des territoires selon les différents échelons de l'amour et les divers types de relations entre les sexes.

De la même façon, les metteurs en scène qui le firent travailler constatèrent que Burton donnait rarement la mesure de sa rage naturelle, que ce soit sur la scène ou à l'écran. Dans la vie, la colère pouvait s'abattre sur lui comme une pluie d'orage en accéléré et exploser en une avalanche d'épithètes percutantes. A vingt ou trente ans, combien de fois participa-t-il à des bagarres ? Devant la caméra, cependant, il usait avec parcimonie de cette fureur qui l'habitait, préférant feindre plutôt que d'extérioriser sa colère.

La timidité y était certainement pour quelque chose, mais surtout, il se réservait le meilleur de lui-même, refusant de donner ce dont il estimait avoir le plus besoin. Ses prestations en souffrirent. C'est en tout cas un nouvel indice sur les intérêts fondamentaux de Burton dans l'existence : sa vie le préoccupait beaucoup plus que sa carrière. Être lui-même : telle était sa vocation, découvrir jusqu'où il pouvait aller, et même, à ses dépens, quel effet cela ferait de jouer perpétuellement avec le feu.

La presse à sensation trouva en Burton une victime toute désignée. Les histoires de pauvreté et de luttes acharnées pour survivre prirent des proportions de plus en plus abracadabrantes dans les pages des journaux, jusqu'à ce que sa famille apparût sortie tout droit du Moyen Age, à quatre pattes ! Richard résistait rarement à la tentation de berner ses intervieweurs : s'ils étaient assez bêtes pour croire ce qu'il leur racontait, tant pis pour eux ! Il semblait oublier que ses propos seraient publiés. Il avait l'air de penser que ces messieurs de la presse étaient simplement venus le voir pour boire un verre en sa compagnie. Un fait indéniable lui échappa aussi : les plaisanteries traversent difficilement les frontières. Il passait souvent pour avoir la grosse tête, comme on dit. Froissé par cette ignominieuse accusation, il prit un centimètre… et reconnut que depuis qu'il avait quitté le pays de Galles, son tour de tête s'était accru de quelques millimètres. A un moment donné, les journalistes n'hésitèrent pas à affirmer que la famille Jenkins subsistait avec un dollar par semaine. Pour quatorze personnes ! Hollywood était le plus grand carnaval auquel Richard eût jamais assisté. Il se prenait pour un artificier mettant le feu à toutes ses fusées à la fois !

En attendant, Burton continuait à tourner. Ce furent tour à tour *Ma cousine Rachel* (1952), *Les rats du désert* (1953) et *La tunique* (1953).

Ma cousine Rachel, d'après le roman de Daphné du Maurier, devait donner le coup d'envoi à la carrière d'Olivia de Havilland. En dépit d'une prestation plutôt maladroite, Richard y fit suffisamment d'effet pour obtenir une citation aux Oscars. Son costume ainsi que l'éclairage du film le desservirent pourtant considérablement, en atténuant la rudesse de son personnage au lieu de la mettre en valeur ; le rôle manquait de vigueur et de caractère. Malgré cela, ce n'était pas un mauvais départ pour un garçon sorti de la grisaille de Port Talbot.

Dans *Les rats du désert*, il cadrait bien dans le rôle du jeune capitaine anglais damant le pion à l'insolent Rommel, en lui tombant dessus au moment crucial de la campagne d'Afrique (le tournage se déroula à Palm Springs). Burton s'en tirait toujours très bien dans les rôles de militaire ou d'homme d'action. Il avait un jeu extrêmement naturel, et certains producteurs, nous l'avons dit, le déplorèrent. Ils désespéraient de trouver un acteur de la trempe de John Wayne, de Clint Eastwood, de Lee Marvin ; ils allaient devoir attendre encore un peu.

Burton remplissait sa mission devant la caméra avec autant de compétence, semblait-il, qu'il en aurait eu dans la vie. Un manque d'affectation tout à fait remarquable caractérisait ses prestations. Dans les scènes d'action, il était éblouissant. A le voir, on pouvait imaginer comment il se serait comporté en temps de guerre ; après tout, il avait suivi un entraînement militaire suffisamment long ! Cet antécédent explique la teneur du remarquable travail qu'il devait fournir à plusieurs reprises dans sa carrière : des interprétations très professionnelles et convaincantes. Richard eut en tout cas un plaisir extrême à tourner avec James Mason. Robert Wise, le metteur en scène des *Rats du désert*, le trouva fort agréable, consciencieux et fiable, comme Henry Koster eut également l'occasion de le constater durant le tournage de *Rachel*. Burton était un bon soldat.

Le troisième film de cette première trilogie hollywoodienne allait lui rapporter « plus d'argent qu'il pensait qu'il y en avait dans le monde ». Avec *La tunique*, en effet, Burton décrocha le gros lot, comme l'on dit.

Les nombreuses tentatives faites par Hollywood pour en venir aux prises avec Dieu rendent clairement compte de l'action réciproque entre l'Amérique-pays de rêves et la vision américaine de l'Autorité suprême et de la Terre promise. *La tunique* devait être le film religieux le plus audacieux et le plus grandiose jamais réalisé. Les producteurs envisageaient une épopée digne de Cecil B. DeMille, tout en traitant l'histoire du Christ sous un angle plus sérieux et plus réfléchi. Évidemment, il s'agissait aussi de faire d'énormes profits, tout en remportant la palme de l'intégrité et de la dévotion ! On est toujours tenté de se montrer sceptique, dès qu'il est question de Hollywood et de Dieu. Comment pourrait-il en être autrement ? Pourtant, il ne fait aucun doute qu'au-delà de la volonté de faire un film à succès, se profilait l'intention plus louable de promouvoir un idéal.

Le budget initial, prévu avant le début du tournage, atteignait la somme astronomique de seize millions de dollars ; y compris le cachet de Tyrone Power dans le rôle principal. Dès qu'on lui eut confié la mise en scène, Koster s'empressa de réduire le budget à six millions de dollars. Il admirait beaucoup Burton ; il est donc possible qu'il ait passé par-dessus le dos d'Olivier au bénéfice du jeune Gallois. A moins qu'il ait effectivement proposé le rôle à Olivier et que celui-ci l'ait refusé. Quoi qu'il en soit, Burton voulait ce rôle qu'il considérait, à juste titre, comme une bonne référence dans un Hollywood de plus en plus compétitif. On avait misé gros sur ce film ; on disait même que les studios de la Fox jouaient leur avenir dans l'entreprise. Burton comprit qu'il devait à tout prix obtenir un rôle. *La tunique* devait être une sorte de Ben Hur religieux, une fresque de la chrétienté en Cinémascope*, une grande première. Le film visait un public d'adultes.

Dans *La tunique*, Richard Burton tient le rôle de Marcellus, un patricien romain converti au christianisme qui choisit de mourir pour sa foi. A ses côtés, l'on trouve Jean Simmons, qui commence par le méjuger pour finalement l'adorer, et Victor Mature en personne, qui le conduit au Seigneur.

En dépit des sourires que ce film nous inspire aujourd'hui, il est important de noter qu'au moment de sa sortie, il fut plutôt bien reçu. La communauté religieuse envoya même des messagers sur le tournage pour recueillir les impressions des vedettes. Burton leur débita de telles balivernes (« En jouant

* C'était le premier film tourné avec ce procédé *(NdT)*.

Marcellus, j'ai l'impression de me retrouver dans le rôle d'Hamlet ») que sa réputation d'honnêteté vis-à-vis de ses intervieweurs n'aurait pas dû y résister. On le pria de ne pas fumer sur le plateau. Cela compromettait la qualité de l'image. Il fuma de plus belle. Quant au film, on ne lui laissa guère le loisir de le revaloriser : presque tout du long, il erre comme une âme en peine dans un petit costume de Dior fraîchement amidonné, en quête d'une réplique digne d'être dite ! A propos de Jésus-Christ, quelqu'un s'exclame à un moment donné : « Il faut absolument que l'on sache où il crèche la nuit »... Au début du film, Marcellus est un ivrogne, un coureur de jupons, une âme solitaire au milieu des décors (surchargés) de la Rome antique et corrompue. Par la suite, il se convertit et l'on se prend à le regretter sincèrement ! Victor Mature, qui a séduit tant de cœurs en son temps qu'il ne devrait pas être permis de le dénigrer de quelque manière que ce soit, n'a cependant pas l'heur de nous convaincre, assis dans sa cellule, avec sa minijupe en peau, absorbé dans la lecture de Pythagore. A d'autres moments, il contemple le ciel, serrant et desserrant mécaniquement les mâchoires comme s'il mâchait un chewing-gum particulièrement récalcitrant, tandis que le Kansas City Glee Club distille une musique solennelle. Sans doute voudrait-il les faire taire, mais rien à faire ! A un moment du film, Burton perd complètement la tête. On le comprendrait à moins !

Victor Mature et lui devinrent bons amis ; ils prirent l'habitude de jouer aux dés sur le plateau.

Il émane de *La tunique* une innocence respectable certes, mais par trop douceâtre : décors en carton-pâte, atmosphère artificielle, répliques gnangnan, lourdes comme du plomb. De sorte qu'aujourd'hui, *La tunique* nous paraît encore plus kitch et plus désuet que les premiers films muets. Si tant est que le film se tienne, c'est indéniablement à Burton qu'il faut l'attribuer. La question est de savoir si cela valait vraiment la peine qu'il s'embarrasse d'une telle responsabilité.

Qu'y pouvait-il ? C'est ce qui se faisait à l'époque. En Angleterre, ses amis eux-mêmes firent la fine bouche. Ils étaient tout de même très impressionnés par ses succès hollywoodiens. Beaucoup d'acteurs britanniques feignaient, par principe, de mépriser le cinéma, pour la bonne raison que personne ne leur demandait de tourner, ou alors seulement dans des rôles mineurs. Ou tout bonnement parce qu'ils n'arrivaient pas à s'y mettre. L'ascension hollywoodienne de Richard suscita inévitablement des jalousies et des rancœurs.

D'une certaine manière, il est regrettable que grâce à Burton, *La tunique* ait évité le pire. De même que *Rachel* avait permis à Hollywood de prendre conscience de sa distinction, et *Les rats du désert* de se convaincre de sa fiabilité, de même *La tunique* démontra qu'il était capable de porter à lui seul, sur ses solides épaules d'acteur, l'irrécupérable épave d'une ère sans lendemain.

Ce film avait été tourné en Cinémascope dans l'espoir de ramener au bercail les cinéphiles désormais épris du petit écran. Des secousses sismiques annonciatrices d'une vaste catastrophe, à laquelle personne ne voulait croire, ébranlaient déjà les studios de Hollywood. Cet ancien système des studios, qui avait produit tant de bons scénaristes, metteurs en scène et acteurs, et des films d'excellente qualité, était en train de s'effondrer, entraînant dans sa chute les plateaux de tournage les plus prestigieux, les plus intouchables. Au départ, la télévision eut sur le cinéma à peu près le même effet que le tremblement de terre de San Francisco sur l'immobilier local. De toute évidence, le moment était venu de prendre un tournant. La télévision entamait une marche triomphante qui allait durer trente ans. Par ailleurs, l'Europe était sur le point de prendre la relève dans le domaine cinématographique. L'industrie du film américain allait piétiner quelque temps en attendant la prochaine fournée de jeunes talents qui lui redonneraient du souffle. Dans l'impasse, Hollywood en fut donc réduit à opter pour une stratégie prudente qui consistait à reprendre les grands succès du passé en les développant dans les grandes largeurs. Dans cette entreprise de sauvetage, Burton allait jouer un rôle éminent.

Richard Burton tenait enfin sa vraie chance au moment où, à Hollywood, on ne pensait plus qu'à exhumer le passé, où la seule chose qui semblait compter était de consolider les succès d'antan. A défaut d'autre chose. Il faudrait donc attendre avant que le cinéma ne se décide à tirer pleinement parti de la force réaliste, persuasive, poétique même de ses interprétations. Les grandes fresques historiques allaient sauver les studios du marasme. C'était en tout cas ce qu'on espérait !

A postériori, il est aisé de critiquer les conditions dans lesquelles le jeune Gallois plein d'ambitions fit ses débuts dans le bocal rempli de piranhas qu'était le Hollywood du début des années cinquante. En arrivant, il ne connaissait pour ainsi dire personne et l'on est fasciné par la rapidité avec laquelle il perça, en ayant si peu d'expérience. Surtout si l'on prend en compte le milieu d'où il venait. En un sens, il correspondait assez bien au profil recherché. Après tout, au petit cinéma local de son enfance, il avait été à bonne école. Voilà qu'il se retrouvait dans le plus grand cinéma du monde, à imiter les grandes figures des années trente qu'il avait vu évoluer sur l'écran. Lui-même avait puisé dans la sécurité de la tradition. Les initiatives émanent en général plutôt des artistes issus de la classe moyenne à qui il a été donné d'absorber très jeunes une foule d'informations ; dans un contexte économique et éducatif plus sécurisant, ils se sentent évidemment plus sûrs d'eux pour aller de l'avant. En revanche, leurs homologues de la classe ouvrière sont élevés dans la tradition. Et encore ! Ils savent qu'à tout instant, tout peut leur échapper du jour au lendemain.

Dans l'ensemble, au cours de sa première année à Hollywood, Burton s'en tira plutôt bien. Il avait déjà le pied à l'étrier en arrivant et il avait rapidement grimpé les échelons. Désormais, il serait toujours le bienvenu au royaume du cinéma américain.

A cette époque-là, Richard Burton prit une décision admirable pour laquelle on ne lui a jamais accordé le crédit qu'il méritait. Il refusa catégoriquement un extraordinaire pont d'or, la rançon du roi qui devait lui permettre d'exaucer tous les vœux qu'il avait jamais formulés de sa vie. Il démontra une volonté d'indépendance irréductible.

Au moment du tournage des *Rats du désert*, la Fox lui fit en effet une proposition mirobolante, par l'intermédiaire de son directeur, Darryl Zanuck, l'un des rares survivants des barons du cinéma hollywoodien et véritable faiseur de vedettes. Il s'agissait d'un contrat portant sur sept films et couvrant une période de sept années. Un contrat d'une valeur d'un million de dollars ! Zanuck consentait même à le libérer de temps en temps pour qu'il puisse maintenir sa présence sur les scènes londoniennes. Un million de dollars — sans les commissions ! Bien sûr, Richard pouvait toujours compter sur le minimum garanti par Korda qui le mettait à l'abri du besoin, mais cette offre-là était d'un autre gabarit — le moins que l'on puisse dire.

Nous sommes en 1953. Pour mettre cette proposition en perspective, il faut imaginer un jeune acteur inconnu d'aujourd'hui ayant à son actif une brève carrière théâtrale classique, mais pas un seul film digne d'être mentionné, et ne présentant pas la moindre garantie de succès, à qui l'on offrirait, en 1988, entre douze et quinze millions de dollars ! Pourtant, Burton fit la fine bouche. Quinze millions de dollars ! Il s'était engagé à retourner à l'Old Vic, à raison de quarante-cinq livres la semaine, pour jouer *Hamlet*. Il tiendra sa promesse. Sa décision était irrévocable.

Burton n'a jamais cherché à dissimuler le respect que lui inspirait le pouvoir de l'argent. Quoi qu'en disent les snobinards anglais, Richard, lui, était bien placé pour savoir qu'argent rimait avec confort, sécurité, possessions. Autant de bienfaits qu'il tenait à partager avec sa famille... et avec la kyrielle d'amis, de plus en plus nombreux à vivre à ses dépens à mesure que le temps passait. En un seul élan, il aurait pu s'affranchir à jamais de tout souci financier. Il lui suffisait pour cela de rester sous le soleil, et d'apparaître aux studios chaque fois qu'un script, approprié ou non se présentait (il avait désormais l'habitude d'accepter le tout-venant). Il fit preuve d'une constance extraordinaire en repoussant pareille proposition. C'était un jeu risqué autant qu'un sacrifice financier.

Le grand Zanuck, roi des studios, ne trouva pas drôle du tout le refus catégorique de Burton et essaya de lui forcer la main. Dans ce genre de circonstances, selon ses amis, Burton n'y allait pas par quatre chemins. Il contre-attaquait, laissant libre cours à sa hargne, qui le poussait quelquefois à de sérieux actes de violence contre le mobilier qui l'entourait ! En outre, il faisait clairement savoir à ses interlocuteurs, sans que sa parole puisse être mise en doute, que quoi qu'ils fassent, disent ou tentent contre lui, rien ne l'empêcherait de faire exactement ce qu'il avait envie de faire. « Il ne cédait jamais, confirme Brook Williams, le fils d'Emlyn, à qui que ce soit. » Burton présente pour sa part une version des faits plus nuancée :

> D'un côté de la salle de tribunal se tenait Darryl Zanuck, ainsi que la moitié des bonshommes de la corporation américaine. Je leur faisais face, seul. Je n'avais pas pris d'avocat. J'avais décidé de la jouer à l'anglaise.
>
> A un moment donné, un de leurs avocats se leva et, me menaçant du doigt, s'écria : « Vous aviez donné votre accord à M. Zanuck sur ce contrat. Vous vous êtes même serré la main dans son bureau.
>
> — Je doute que M. Zanuck vous ait dit cela, lui répondis-je, car c'est un homme honorable. S'il l'a effectivement affirmé, eh bien, c'est un sacré menteur. »
>
> Après cela, ce fut la confusion la plus totale. Tant est si bien que certains s'évanouirent et il fallut les évacuer...

L'épisode fit sensation à Hollywood, au point qu'il éclipsa la multitude d'histoires abracadabrantes qui circulaient déjà sur le compte de Richard. On en oublia presque les gouttières escaladées, les défis lancés à Stewart Granger, les jeunes femmes nues qui se présentaient dans sa loge, les cuites qui se succédaient jour et nuit et les coups de tête donnés dans le mur. Le jeune acteur avait prouvé qu'il avait de l'intégrité ! A l'Old Vic, il retournerait donc.

Cette aventure s'acheva néanmoins sur une note heureuse puisqu'en définitive, Burton gagna sur toute la ligne. Il retourna effectivement à Londres ; il défia bel et bien la toute-puissance de Zanuck. Mais l'astucieux Alex Korda récupéra par la suite le fameux contrat qui lui rapporta bien un million de dollars ; en échange de quoi Burton se vit contraint d'accepter quelques rôles assez minables.

Telle était la règle du jeu. Faire du cinéma en Amérique exigeait une soumission totale au bon vouloir des studios qui menaient la danse et auxquels les acteurs appartenaient pour ainsi dire corps et âme. Toute tentative de subversion de leur part se soldait par un procès ou... une mise à pied. Les stars étaient les esclaves de ce système. Pourtant, au moment crucial, Burton n'avait pas hésité à renâcler ! Certains magnats de Hollywood ne devaient jamais le lui pardonner et tirèrent vengeance de cet affront des années durant.

Le tournage de *La tunique* fut laborieux. A la fin, Richard n'en pouvait plus. Sybil et lui décidèrent donc de prendre quelques semaines de vacances avant de regagner Londres. Lorsque le calme revenait après la tempête, il retournait toujours se réfugier auprès de Syb.

Quelle année il venait de passer ! Trois superproductions en moins de douze mois ! Il s'était soûlé avec Humphrey Bogart et il avait flirté avec Greta Garbo. Hedda Hopper, la grande chroniqueuse de Hollywood, s'était prise d'intérêt pour lui. C'est « l'histoire de la plus émouvante réussite depuis l'époque où Gregory Peck signa ses premiers contrats, il y a dix ans de cela », avait-elle écrit à son propos. Il avait conquis les plus grands metteurs en scène et s'était taillé une réputation d'homme fort et incorruptible. En outre, il avait épousé une charmeuse. Pourtant, au cours de la dernière réception où il se rendit avant son départ de Hollywood, assis par terre avec Olivia de Havilland avec laquelle il s'était rabiboché, il lui confia qu'il était « mort de peur » à l'idée de recommencer à jouer *Hamlet* ; il était tellement inquiet qu'il se réveillait au milieu de la nuit, en sueur, tout tremblant et sans pouvoir se rendormir : le trac qui l'attendait, ainsi que les grands acteurs anglais auxquels il allait à nouveau être confronté, rien d'autre n'occupait son esprit. Il ne pensait qu'à cela.

C'est ce qu'il affirmait et nous n'avons aucune raison de mettre sa sincérité en doute. Les grands rôles shakespeariens, tel était l'objectif qu'il s'était fixé. De ce choix découlaient toutes les décisions qu'il prendrait sur le plan professionnel. Sur cette voie, il irait jusqu'aux limites de lui-même. Il était précisément sur le point d'aborder l'un des rôles les plus difficiles de sa carrière théâtrale et s'imaginait déjà ce que pareille gageure exigerait de lui.

Douze ans environ après cette première expérience hollywoodienne, Burton consigna ses impressions. Il décrivit notamment une soirée mémorable :

> La maison se situait, si je me souviens bien, dans le quartier de Bel Air à Los Angeles. On aurait dit qu'une main de géant l'avait plaquée à flanc de coteau et qu'elle était restée collée là !
> Le premier étage comportait un vaste salon, la chambre du maître de maison, les chambres d'amis, et la cuisine. Le reste de la maison faisait saillie, en contrebas ; c'était ce que l'on appelait la salle de jeux.
> Mais cette salle de jeux n'était pas destinée aux enfants. On y trouvait pêle-mêle un bar, avec un barman, une machine à hot dogs, un réfrigérateur géant à deux portes, des chauffe-plats comme on en voit dans les snack-bars. De grands trophées de chasse ornaient les murs de la salle. Notre hôte était un passionné de chasse, qui faisait du cinéma à ses moments perdus. On s'asseyait dans d'énormes bergères et des divans profonds et bas, horriblement inconfortables pour les hommes, mais merveilleusement faits pour les jolies petites femmes qui s'y nichaient en repliant leurs jolies petites jambes, blottissant ainsi avec effronterie leurs mignonnes petites personnes à la mine boudeuse dans les creux de ce monumental mobilier, comme autant d'adorables petits minous.
> De la salle de jeux, il fallait encore descendre d'un étage pour accéder à la piscine, entourée de douches et de cabines de bain et surplombant le paysage.
> C'était mon premier séjour en Californie et la première fois que je me rendais chez un de ces milliardaires snobs. Il y avait beaucoup de monde autour de la piscine ainsi que dans l'eau. Tous bronzés et en train de siroter un petit remontant, nécessaire en ce dimanche matin — Bloody Mary, Screw-driver, whisky ou bière glacée. Je connaissais déjà certains convives ; d'autres me

furent présentés. Des bras hâlés et trempés émergèrent de la piscine pour me serrer la main. Tout le monde était très gentil et tous m'appelèrent « Dick », spontanément. Je les priai gentiment de bien vouloir m'appeler plutôt Richard. Le surnom de Dick me donne l'impression d'être une sorte de symbole*. Ils rirent. Quelques-uns en tout cas. Comme on était dimanche matin, évidemment, j'étais assez nerveux.

Je savourai tranquillement mon petit succès lorsqu'une fille assise de l'autre côté de la piscine posa son livre et retira ses lunettes de soleil pour me dévisager. Elle était d'une beauté tellement extraordinaire que je faillis éclater de rire...

Elle but quelques gorgées de bière et retourna à sa lecture. Je feignis de m'entretenir avec les autres, mais du coin de l'œil — tout en jouant, pour la galerie, le rôle du pauvre fils de mineur abasourdi et profondément touché de l'attention que ces charmantes gens voulaient bien lui accorder, je l'observai.

Elle était époustouflante de beauté... Une splendeur. L'abondance faite femme... Sombre... Impassible. En bref, elle était franchement trop. En plus, elle m'ignorait totalement. Je faillis hurler de frustration lorsque ayant achevé le récit cocasse de la mort de mon grand-père qui fit rire tout le monde, je dirigeai mon regard sur elle pour m'apercevoir qu'elle me tournait le dos, en grande conversation qu'elle était avec une autre femme.

Elizabeth Taylor se souvient elle aussi de cette brève rencontre. « A première vue, je l'avais trouvé plutôt prétentieux, dit-elle. Je crois me souvenir qu'il a parlé sans arrêt ce jour-là et que je lui ai décoché quelques coups d'œil glacials. »

Richard repartit seul, comme il était venu. Sybil avait pris les devants ; elle était déjà partie pour Londres depuis une semaine. Il fallait rouvrir la maison de Hampstead. Richard Burton s'apprêtait à rallier sa base.

---

* En argot, *dick* désigne le sexe masculin *(NdT)*.

CHAPITRE 9

LE BON TEMPS

En 1953, Burton rentra d'Amérique en héros triomphant et se rendit aussitôt dans son pays de Galles natal pour voir où en étaient les choses… et pour se montrer. Cis était toujours là, bien sûr, ainsi qu'Hilda. Tom travaillait encore à la mine. David était devenu gendarme, Verdun était mécanicien, Graham employé et Ifor maçon. Tous se déplacèrent pour venir le voir. Après un grand nettoyage de printemps, Cis invita Richard et sa jeune épouse à demeurer quelques jours sous son toit. Les habitants de Taibach et de Pontrhydyfen étaient fiers de lui. Richard, pour sa part, était sincèrement heureux d'être de retour. La bière coula à flots et l'on n'en finissait plus de raconter des histoires. Les photographes surprirent le jeune et robuste prodige traversant un pont en compagnie de son père, l'air stupéfait et paraissant minuscule à côté de ce fils que le succès semblait avoir grandi ; ils retrouvèrent les deux hommes à l'intérieur d'un pub, Richard dévisageant d'un air méfiant ce père qui semblait le mettre en garde, le doigt levé au-dessus de sa pinte de bière. Obligeamment, Richard consentit ensuite à poser pour eux, le regard perdu au loin, alors que le vent soufflant de la baie de Swansea ébouriffait ses cheveux.

Richard distribua des cadeaux à la ronde, ce dont il ferait d'ailleurs une habitude. Il avait plaisir à gâter ceux qu'il aimait. Plus tard, il étendrait ses largesses aux œuvres de charité ainsi qu'aux êtres dans le besoin qui croiseraient son chemin. Il prodiguerait sans hésiter le fruit de son labeur à de vieilles connaissances désargentées. Sous le soleil doré de Hollywood, entre les piscines et les portefeuilles gonflés de dollars, il s'était montré plutôt pingre. De retour chez lui, c'était un véritable philanthrope. Quand Richard était petit, Cis lui chantait souvent une chanson dont le dernier couplet disait que si elle avait un jour de quoi s'en offrir un, elle s'achèterait un manteau en petit-gris. Voilà qu'il lui en avait rapporté un, ô miracle ! Emballé dans une boîte « trop jolie pour qu'on l'ouvre » et « venu tout droit d'Amérique »! Ce fut probablement au cours de ce séjour à Talbot qu'il conçut le projet, effectivement mis à exécution, d'offrir à tous ses frères et sœurs soit une maison, soit une affaire.

En réalité, cette visite au pays l'avait un peu déprimé, principalement à cause de l'attitude de son père. Jamais Richard n'a médit de son père ; il vantait au contraire sa force physique et son esprit aventurier. Pourtant l'indifférence du vieil homme (« Bonjour, Rich, comment ça va ?... J'aurais aussi bien pu être parti à Swansea pour le week-end ») avait quelque chose de désagréable, d'oppressif même. Quel que soit son attachement au pays de Galles qu'il ne trahirait jamais, il savait maintenant qu'il pouvait être plus heureux sous d'autres cieux. Le temps des contradictions était venu. Désormais, Richard ne connaîtrait plus le répit, les tensions s'accumuleraient en lui.

En attendant, le moment était venu de remonter sur les planches.

Juste avant le retour de Burton, le critique Kenneth Tynan avait évalué une nouvelle fois le talent du jeune acteur dont il avait loué avec tant d'éloquence la prestation à Stratford dans le rôle du prince Hal :

> Burton est avant tout un acteur animal, doté d'une grâce naturelle presque sauvage et mû par des engouements prosaïques... Le Hal de Stratford, comme Burton lui-même, était un vrai prince aux ambitions farouches, rendues tolérables par un bon sens tout aussi irréductible... Un bon sens que rien n'a entamé, en dépit des succès de Hollywood et de l'accueil que l'Old Vic s'apprête à lui réserver. Il s'est attaché au grand mât de son navire et se laisse guider par sa propre étoile, l'étoile de la confiance en soi absolue qui illumine l'âme des meilleurs acteurs et dont la trajectoire est inaltérable, y compris dans l'échec.

On s'étonne que Kenneth Tynan, comme Robert Hardy et

tant d'autres, s'obstine à qualifier de « princier », d'« aristocratique », ce fils de mineur, comme si ses véritables origines ne pouvaient en aucun cas rendre compte de son talent.

Londres, 1953. Le Seigneur Hamlet est sur le point d'entrer en scène.

Une fois encore, Philip Burton est là, texte en main criblé de notes, la tête pleine de théories nouvelles.

« Le 28 juin, je recevais une copie de la version tronquée qui devait être utilisée. Deux jours après, nous nous mettions au travail. D'après mon journal, nous eûmes sept séances de répétition, quelques-unes très longues... » Comme d'habitude, Richard arriva à la première répétition officielle en sachant son texte sur le bout du doigt ; le metteur en scène se contenta de survoler les monologues, en disant : « Ça, c'est à vous. » Lorsque l'on songe qu'après avoir tenu tête à Darryl Zanuck, après s'être battu à mains nues avec Bogart, et maintenant qu'il était plus ou moins en mesure de choisir ses rôles au sein de la compagnie de théâtre classique la plus en vue du pays, Burton écoutait encore avec déférence et soumission les conseils de Philip, on prend réellement la mesure des liens exceptionnels qui unissaient les deux hommes.

La revanche ! Tel était aux yeux de Philip le thème essentiel de *Hamlet*, une pièce qu'il disait construite selon une « formule aussi précise que celle qui régit les pièces policières modernes, où, si tant est que le système fonctionne, le coupable s'avère être le moins suspect de tous les personnages et le plus convaincant ». Inébranlable dans sa volonté de se venger, Hamlet doit cependant commencer par s'assurer de l'identité du meurtrier. Le spectre lui a bien révélé son nom, mais...

... Cet esprit que j'ai vu
Est peut-être un démon, et le démon a pouvoir
De revêtir plaisante forme...
(Acte II, 2)

Peut-il se fier au fantôme ? De surcroît, si le coupable, l'assassin, est effectivement le nouveau roi, l'impératif de vengeance l'oblige donc à commettre un régicide : le crime par excellence au temps de Shakespeare.

Le pouvoir divin qui cerne le roi
Est tel que la trahison ne peut jeter
Qu'un coup d'œil à ce qu'elle projette,
Et n'accomplir que peu de sa volonté...
(Acte IV, 5)

Ce Hamlet n'est donc plus le jeune prince poète, à la sensibilité à fleur de peau, qu'incarnait Gielgud (pour lequel Philip avait au demeurant une admiration profonde). Ce Hamlet-ci ne pense qu'à une seule chose : se venger. Mais des fausses pistes viennent contrecarrer ses desseins, outre l'angoisse de commettre un crime plus monstrueux encore que celui qu'il s'emploie à réparer. La puissance, la férocité même du texte devaient être soulignées. Le style, à l'apparente langueur, traduit en réalité l'indécision du héros et l'élaboration méticuleuse du complot. Dans ses réflexions même, il cherche l'action.

On reprocha à Burton d'avoir « ravi au texte de Shakespeare toute sa poésie », exactement comme on en avait fait grief à Olivier, dans les années trente, lorsqu'il avait interprété Roméo. L'un et l'autre jouèrent la carte du réalisme. Olivier parce qu'il perçut, à mesure qu'il se glissait dans la peau du personnage, ce que son rôle exigeait de lui ; Burton, parce qu'il extirpa de lui-même tout ce qu'il pouvait donner, tout en ajustant le personnage de Hamlet à sa propre nature. Si Olivier s'est toujours efforcé d'être différent, Burton, en revanche, cherchait avant tout à être lui-même. Olivier vivait au travers des multiples rôles qui lui incombaient, tandis que Burton faisait vivre ses personnages à travers lui. Sans doute Olivier voulait-il se perdre, alors que son jeune émule s'évertuait à se trouver !

Claire Bloom fut son Ophélie, tout au long de la saison sur la scène mais aussi dans la vie. « Je ne l'ai jamais vu aussi heureux », affirme William Squire, qui faisait partie de la troupe. « Et pour la première fois, la suprématie de Sybil était véritablement en danger. »

Depuis qu'elle avait joué avec Burton dans *The Lady's not for burning*, Claire Bloom avait posé les premiers jalons d'une carrière qui devait s'avérer remarquable et adroitement orchestrée.

Tragédienne avant tout, ce fut pourtant grâce à Charlie Chaplin qu'elle acquit une renommée internationale en jouant dans *Les Lumières de la ville*. Ce qui ne l'avait pas empêchée de retourner à l'Old Vic dès que l'occasion lui fut donnée à nouveau de se mesurer aux meilleurs comédiens de la ville.

Avec Burton, c'est toujours au travers d'une jungle inextricable d'anecdotes, tantôt apocryphes, tantôt plausibles, qu'il faut fouiller, si l'on veut interpréter un moment précis de sa vie sentimentale. On disait que Claire Bloom l'avait traité de « grossier personnage » ; il s'était, paraît-il, juré de le lui faire payer. Cependant, ils vécurent une passion dévorante qui n'échappa à personne. Il est vrai que chez Burton, ce sont souvent d'étranges voies qui mènent à l'amour.

A propos d'anecdotes, il en est une que nous tenons de source sûre, puisqu'elle fut rapportée par Brook Williams : un soir après une journée de tournage, les « garçons » de la troupe firent comprendre à Richard, à force de clins d'œil et d'allusions indirectes, qu'il serait bien inspiré de s'attarder un peu pour une fois. Brook resta aussi et tout le monde se retrouva installé inconfortablement dans une minuscule salle de montage confinée... pour regarder des films de série X, les premiers que Burton voyait de sa vie, semblait-il. On s'esclaffa beaucoup. Prié à chaque instant de donner son avis, Richard hochait la tête, tel un arbitre. Après cette séance insolite, Brook le raccompagna en voiture. Richard était fort déprimé. « Il fallait bien que j'y aille et que je participe, Brookie. Sinon, ils l'auraient mal pris. » Richard Burton avait en réalité une sainte horreur de la pornographie, même s'il ne cachait en rien sa passion pour le sexe. A moins que ce ne soit précisément *à cause* de cette passion. Selon certains statisticiens eux-mêmes aguerris, ses appétits sexuels étaient pantagruéliques. Une fois son attention titillée, plus rien ne pouvait le faire lâcher sa proie.

Quand Claire Bloom arriva à l'Old Vic, il émanait d'elle une tension presque électrique. Elle choisit William Squire pour la chaperonner. « Vous me garderez de lui, n'est-ce pas, Billy ? » Squire ne la quittait pas d'une semelle. A l'Olive Branch, le pub situé en face de l'Old Vic, Burton, sentant peut-être l'entourloupe, s'était exclamé d'un ton bourru : « Tu t'entends bien avec Claire, dis donc ! »

La réponse glaciale qui lui fut faite (quelque chose comme : « Nous sommes bons amis ») ne suffit pas à assouvir sa curiosité bon enfant. Il persista. « Écoute, finit par lui dire William, ce n'est pas la peine, Richard. Elle n'est pas du genre à coucher avec tout le monde... Et encore moins avec toi. »

Squire refusa de s'étendre davantage sur la question, mais il en avait assez dit. Richard était touché au vif.

« Je parie que j'y arriverai.

— Sûrement pas.

— Combien tu paries ?

— Une pinte de bière, répondit Squire.

— C'est bon. »

William Squire raconte qu'un peu plus tard dans la semaine, il était assis au fond de la salle en train de regarder Burton répéter, lorsque Claire, à côté de lui, lui glissa à l'oreille : « Il est vraiment merveilleux. Tu es bien obligé de le reconnaître. — Oui, répondit-il, voyant son navire sombrer avant d'avoir quitté la cale de lancement, il est vraiment merveilleux. »

Par la suite, ajoute Squire, « un système fut mis au point pour prévenir Richard de l'arrivée de Sybil au théâtre. C'était le régisseur de plateau qui donnait l'alerte. Aussitôt, Claire quittait les genoux de Richard et se hâtait de regagner sa propre loge.

Que cette liaison leur parût choquante, gênante, voire inquiétante, l'entourage de Claire et de Richard fut bien obligé d'admettre qu'ils avaient l'air parfaitement heureux ensemble. Sybil garda ses distances, en évitant soigneusement de poursuivre Richard dans les retranchements où elle se doutait qu'elle le trouverait en compagnie de Claire ! On ignore ce qu'elle en dit en privé, mais à sa réputation d'incomparable tolérance vint bientôt s'ajouter la notion d'une Sybil martyre, potentiellement dangereuse. Les martyrs provoquent souvent chez ceux qu'ils prétendent sauver des explosions de culpabilité dévastatrices. De la même façon, et fort judicieusement, Claire Bloom garde un silence obstiné sur une relation qui semble avoir évolué, au fil des années, d'une amitié adolescente foncièrement innocente à une véritable obsession sexuelle, suivie d'humiliations, de promesses cruellement rompues, de récriminations lasses, pour s'achever par une violente rupture, accompagnée d'un mutisme total de part et d'autre. Sur les photographies de l'époque, cependant, lui en Hamlet, elle en Ophélie, ils ont l'air profondément épris l'un de l'autre.

Le plus surprenant, diront certains, c'est que Richard ait pu rester tant d'années auprès de Sybil. Il arrive si souvent, en particulier dans le monde égocentrique et instable du théâtre et du show-business, que l'épouse qui aide son mari à gravir les échelons du succès se voie rejetée le jour où ce dernier s'est acquis un certain renom. La classe de Claire, son indiscutable talent, sa valeur, sa beauté ainsi que le bel avenir auquel elle était promise mettaient toutes les chances de son côté dans ce jeu de roulette sexuelle où les briseuses de foyers l'emportaient presque toujours. Il n'y avait toujours pas d'enfant en route chez les Burton ; en outre, Richard ne croyait pas au châtiment de Dieu. Les mœurs étaient beaucoup plus strictes à l'époque qu'elles ne le sont aujourd'hui, mais personne n'attendait des acteurs un comportement exemplaire. Pourtant Sybil le tenait ; et Richard se cramponnait toujours à elle, d'une certaine manière. Leur intimité les protégeait contre les pressions extérieures trop fortes.

La troupe débuta la saison à Edimbourg. William Squire se souvient qu'un soir, il marchait dans les rues en compagnie de Robert Hardy, lorsque, soudain, du coin de l'œil, il aperçut Richard et Claire échangeant un baiser fougueux sous un lampadaire. Prestement, il fit faire volte-face à Hardy, afin que celui-ci ne surprît pas cette scène. Leur liaison était encore toute récente, et Hardy était aussi ami avec Sybil qu'avec Richard. Et puis, dans les années cinquante, ce genre de chose ne se faisait pas. Quelques jours plus tard, cependant, la ville entière était au courant. Des rumeurs circulaient sur l'énergie dévastatrice de Richard Burton : il buvait toute la nuit, disait-on, et se présentait aux répétitions sans avoir fermé l'œil. Puis il enchaînait une représentation en matinée suivie d'une autre en soirée. Ensuite, il sortait, en compagnie de Claire, et réapparaissait le lendemain matin, toujours avec elle, dans les studios d'enregistrement locaux, en n'ayant toujours pas dormi et prêt à assumer le rôle principal dans une pièce radiophonique. Quelques petits remontants et il s'installait au micro, imperturbable, dispos, parfaitement maître de lui-même.

Il avait refusé une montagne d'argent pour se consacrer aux grands rôles shakespeariens. Il ne fait aucun doute qu'à cette époque-là déjà, il était résolu à se hisser au plus haut rang et à se mesurer coûte que coûte aux meilleurs protagonistes de la scène britannique. Olivier, surtout, était dans sa ligne de mire. Après Edimbourg, la troupe continua ses représentations à l'Old Vic, l'arène du théâtre britannique.

La prestation de Richard dans le rôle de Hamlet fut bien accueillie dans l'ensemble. On le trouva « changeant, viril, funeste » ; il jouait, dit-on, avec « brio, verve et impétuosité ». John Gielgud ne fut pas de cet avis. Après la représentation, il rejoignit Richard dans sa loge pour l'emmener dîner. Voyant qu'il était assiégé de visiteurs, il demanda au jeune acteur : « Vaut-il mieux que j'y aille ou est-ce que j'attends que tu sois meilleur, je veux dire, prêt ! » Burton adorait raconter cette histoire, ainsi que celle de Winston Churchill. Ce dernier vint lui aussi assister à la pièce ; il prit place dans les premiers rangs et tout au long de la représentation, il marmonna les répliques du prince en même temps que lui. Après quoi, il se rendit dans les coulisses et, s'adressant à Richard Burton, demanda : « Seigneur Hamlet, puis-je utiliser vos toilettes ? »

Autre anecdote que Richard aimait relater : le fameux épisode du drapeau. Deux figurants étaient censés déposer un drapeau sur Hamlet à la fin de son ultime monologue, au moment où il rendait l'âme. Depuis quelque temps déjà, la discipline s'était relâchée au sein de la troupe. Ainsi, pendant toute une représentation Burton s'était amusé à imiter Gielgud. Après quoi, le metteur en scène, Michael Benthall, avait lancé quelques sévères mises en garde. Tandis que le drapeau s'abaissait, la salle retenait son souffle. Le tragique prince du Danemark murmurait ses dernières paroles. A ce moment, il se tourna vers l'un de ces messieurs assez guindés et marmonna, la bouche en coin : « Qui est ce type en noir ? » Richard raffolait de ce genre d'anecdotes.

Michael Hordern jouait à ses côtés, au cours de cette saison, ainsi qu'à de nombreuses autres occasions. Il tenait le rôle de Polonius. Je fis remarquer à ce dernier qu'en dépit de critiques plutôt bonnes, la pièce avait suscité au fond assez peu de réactions chaleureuses. Hordern ne voulut pas le savoir. « J'ai énormément admiré l'interprétation de Hamlet que donna Richard. Je vous assure, à l'époque, il lui suffisait d'entrer en scène, d'ouvrir la bouche, et nous autres nous n'avions plus qu'à rentrer à la maison. Cela fait partie de ces phénomènes qui ne s'expliquent pas. Les gens parlent de charisme. De plus, je ne l'ai jamais trouvé présomptueux. Il ne cherchait jamais à écraser les autres acteurs. A moins que vous n'essayiez vous-même de l'abaisser. »

Robert Hardy, qui incarnait Laertes, faisait partie de ceux qui trouvaient que ce Hamlet n'était pas sa meilleure prestation : « Un bon jeu, estima-t-il, mais un peu forcé. Le prince de la Vengeance en choqua sans doute plus d'un par sa fougue. » Il est un autre fait que Robert Hardy tient à inscrire dans les annales. « Il s'agit de la fameuse scène d'escrime, à la fin de la pièce. Je maniais fort bien l'épée ; j'avais pris des leçons et je m'exerçais régulièrement. Chaque combat comportait une centaine de passes, parfois assez compliquées. Nous nous mesurâmes ainsi des centaines de fois. Quelquefois, Richard avait bu une petite goutte de trop avant de monter sur scène ; en outre, il ne connaissait absolument rien à l'escrime. Pourtant, pas une seule fois, il ne manqua ni n'oublia une passe ! Et je vous assure que je devais me battre pour rester en vie ! » « Il était tellement jeune, si plein de vie, j'en pleurais d'émotion, avoue Emlyn Williams. Je n'avais jamais osé espérer qu'il serait aussi bon. »

Hardy réserve son plus bel éloge au Coriolan incarné par Burton au cours de cette merveilleuse saison 1953-1954, sous les auspices de Michael Benthall. Coriolan, héros romain farouche et inflexible, refuse de se hisser au pouvoir en sollicitant les faveurs de la plèbe, qu'il dédaigne autant qu'il méprise tous ceux qui s'appliquent à flatter le peuple afin de satisfaire leurs ambitions.

« Son Coriolan fut de loin la plus belle interprétation de ce personnage que j'aie jamais vue, affirme Hardy. Sans comparaison aucune. En même temps, on ne pouvait jamais être sûr qu'il ferait aussi bien le lendemain. » Déjà à cette époque-là, Richard se lassait vite, et cela se sentait. Dès qu'il avait percé le mystère, aussitôt qu'il s'estimait en terrain conquis, une fois l'ennemi vaincu, son intérêt se dissipait.

Michael Benthall eut de la peine à le convaincre de jouer Coriolan. Au départ, Richard refusa. Le metteur en scène appela Philip Burton pour qu'il lui vienne en aide. La pièce avait déjà été annoncée, ainsi que la distribution, mais Burton avait décidé qu'il ne voulait plus ce rôle. Philip avait-il le pouvoir de le faire changer d'avis ?

> Je promis de faire mon possible. Richard ne m'avait pas du tout parlé de l'affaire mais je me doutais de ce qui n'allait pas. Il n'avait aucune sympathie pour le personnage. Ce mépris sans mélange pour le peuple, les gens ordinaires, allait totalement à l'encontre de sa propre identification avec la classe ouvrière, comment voulez-vous ?... Il s'ensuivit une discussion inoubliable qui dura toute la nuit. Je lui fis remarquer que c'était précisément le manque total d'ambivalence du personnage qui était admirable... Coriolan n'avait aucune arrière-pensée : il se refusait obstinément à bénéficier de ses victoires. C'était un homme d'action, heureux seulement dans l'action... La quintessence du héros-soldat.

Richard finit par céder, et selon Philip, Olivier lui-même reconnut que c'était la plus belle interprétation de Coriolan qu'il eût jamais vue.

Désormais Richard était lancé, à toute vapeur. Les files de spectateurs devant l'Old Vic ne cessaient de s'allonger. Burton attirait un public jeune, intelligent, sensible à son talent. Leur enthousiasme s'exprimait parfois avec vigueur, comme le nota Philip : « Le soir de la dernière à l'Old Vic, c'est tout juste si les fans de Richard ne démolirent pas le théâtre. Il fallut l'emmener discrètement dans un taxi. »

Au cours de cette longue saison, qui dura en tout trente-neuf semaines, il joua trois autres rôles éreintants. Dans *La douzième nuit*, il incarna Toby Belch, ce dont il aurait pu, dit-on, s'abstenir. « Si les couronnes ne m'allaient pas, Richard, lui, n'était vraiment pas fait pour porter la perruque, explique Michael Hordern. Ce déguisement le diminuait. » Richard le savait pertinemment. « Il n'y connaissait rien, à l'époque, aux artifices du maquillage, ajoute William Squire. Il n'avait pas l'habitude. De même qu'il avait du mal à faire en sorte que sa voix porte. Pour ce qui est du maquillage, je crois qu'il ne réussit jamais à s'y faire. »

Dans *La tempête*, il tenait le rôle de Caliban, l'homme-animal, qui lui valut à nouveau de bonnes critiques. En revanche, Ariel alias Robert Hardy, en elfe presque nu, se fit violemment vilipender par la critique outragée. Un scandale faillit éclater. Burton s'employa à rassurer Hardy, en lui recommandant d'ignorer les critiques : « Ne les lis pas : ils ne comprennent pas. » Ne pas céder. Ne pas se laisser impressionner. Trente-quatre ans plus tard, Hardy lui en est encore reconnaissant. Dans *Le roi John*, enfin, Richard tenait le rôle du Bâtard. Le metteur en scène, George Devine, eut l'idée saugrenue de suggérer que Burton demeurât sur la scène tout au long de la pièce, comme s'il faisait partie d'un chœur. Une innovation à laquelle il fallut renoncer, comme Philip Burton le rappelle en souriant, car « les spectateurs ne pouvaient détacher leur regard de Richard ». Muet, immobile sur le côté de la scène tandis que les meilleurs acteurs du théâtre anglais classique évoluaient autour de lui, il attirait malgré tout irrésistiblement l'attention du public.

La troupe plia bagage encore une fois pour aller jouer *Hamlet* à Elseneur. Ce fut une suite ininterrompue de soirées folâtres et de nuits blanches. Un médecin avait recommandé à Richard de prendre un peu de repos. Son diagnostic : surmenage. Le jeune acteur avait laissé quelques représentations se dérouler sans lui, puis fidèle à lui-même, il avait fait fi de ces bons conseils : il avait repris en main les opérations et conquis l'auditoire danois.

Pour une première saison londonienne, la performance de Richard Burton était à vous couper le souffle. Après une année de diversion dans la cinecitta californienne, et avec une expérience théâtrale qui n'équivalait pas celle du jeune acteur amateur moyen, il avait pourtant accepté quelques-uns des rôles les plus difficiles jamais écrits et, dans un de ces rôles en tout cas, accompli des prouesses que ceux qui eurent la chance d'y assister n'oublieraient jamais.

Il était désormais, à n'en plus douter, l'héritier d'Olivier et de Gielgud simultanément. Du modeste club des jeunes de Meredith Jones, en passant par le salon tranquille et respectable de Ma Smith et les premières propositions de Daphné Rye, sans oublier un bref passage à Stratford qui n'avait pas manqué de faire impression, il s'était hissé au premier rang d'une profession où les jeunes talents, pourtant, ne manquaient pas et ne faisaient pas de quartier !

Au cours de cette ascension glorieuse, son héros mourut : le poète Dylan Thomas succomba à une crise éthylique, « une insulte au cerveau ».

Plus tard, à New York, « partout où il est allé, j'irai », Burton écrivit un essai sur Thomas :

> Il était le maître et moi, le disciple… Il commençait toujours par se rendre tout droit à la White Horse Tavern… et nous faisions cercle autour de lui, tels des vautours, y compris ceux qui ne l'aimaient pas beaucoup…
> Dylan était un fin conteur… le meilleur que j'aie jamais connu, je crois. On passa des heures à l'écouter parler, captivant un nouvel auditoire, en racontant quelque histoire scandaleuse qu'il concoctait au fil de son discours. Tous les clients du bar étaient suspendus à ses lèvres tandis que sa belle voix, tel un grondement de tonnerre, déversait sur nous une pluie d'images fabriquées de toutes pièces.

Il y avait deux Dylan, souligne Burton : celui qui ne parlait pas, ne buvait pas et travaillait à sa poésie. Et celui qui fréquentait assidûment la White Horse Tavern.

La mort précoce de Thomas secoua profondément Burton. D'une certaine manière, il se sentait responsable. Dylan l'avait appelé pour lui demander d'une voix rendue instable par l'alcool, de lui prêter 200 livres « pour l'éducation de ses enfants ». Burton n'avait pas l'argent. Thomas avait insisté : il venait d'écrire une nouvelle pièce qu'il lui donnait volontiers (« Au bois lacté »). Mais Richard ne pouvait pas lui prêter cette somme : il ne l'avait pas. Thomas partit alors pour l'Amérique. Quelque temps plus tard, il était mort.

Il est impensable que Burton ait refusé d'avancer cet argent, s'il l'avait eu à sa disposition. Il adorait Dylan Thomas. Il aurait tout donné pour avoir le talent de poète, de conteur, de ce personnage qui représentait à ses yeux une sorte de pays de Galles fait homme — talentueux, anarchique, indomptable. Le peu d'argent que le percepteur lui avait laissé après sa première année hollywoodienne (Burton fut taxé à 92 p. 100 !) avait été englouti dans l'achat d'une maison, de cadeaux, d'une voiture et de bouteilles d'alcool...

Il me semble tout à fait révélateur qu'après ce triste épisode, Burton ne fut plus jamais à court d'argent, qu'il forcerait même ses amis à en accepter. Jusqu'à la fin de sa vie, à tous ceux qu'il connaissait, de près ou de loin, et pour lesquels il éprouvait un certain attachement, sa question serait toujours la même : « T'as assez d'argent ? » Cela devint une véritable obsession chez lui. Même à John Gielgud, alors que ce dernier approchait des quatre-vingts ans et qu'il avait amassé une fortune considérable, entre ses prestations théâtrales, la télévision, les films et ses écrits, Richard n'hésita pas à proposer son aide financière, avec le plus parfait sérieux : « T'as assez d'argent, John ? » Il y avait tout lieu de croire que Dylan Thomas était mort le 9 novembre 1953, à l'âge de trente-neuf ans, parce qu'il lui manquait 200 livres.

Douglas Cleverdon, le producteur de la BBC qui avait cajolé et dorloté Dylan Thomas tout au long des années où le poète avait écrit et retravaillé « la pièce » qu'il avait proposée à Burton, « Au bois lacté », mit en scène la première représentation. La troupe ne toucha pas un sou, tous les droits et autres profits étant destinés à la veuve Caitlin et à leurs enfants. Richard joua le rôle que Dylan lui-même aurait interprété. Sybil faisait partie de la distribution, ainsi que Philip.

To being at the beginning :
It is spring, moonless night in the small town,
*starless and bible-black, the cobblestones silent**.

Cette voix est une élégie qu'il consacre à son propre passé, au pays de Galles tel qu'il le rêvait, au héros de son cœur, un poète, terrassé par l'alcool, mort parce qu'il lui manquait 200 livres « pour l'éducation de ses enfants ».

Ce fut à peu près à cette époque-là que sa famille se rapprocha de lui, à moins que ce ne soit lui qui revendiquât de nouveau leur attention. Il descendit au pays de Galles, pour assister à un match de rugby bien sûr, mais aussi pour voir ses frères et sœurs, ses nièces et ses neveux, et puis Daddy Ni. Daddy Ni qu'il

* *Être au commencement ;*
le printemps, nuit sans lune dans une petite ville,
absence d'étoiles, obscurité profonde,
les pavés silencieux.

emmena faire un tour dans sa Jaguar : « Qu'est-ce que tu penses de ma voiture, Daddy ? — Ce n'est pas une voiture, p'tit, c'est un vrai bateau. » Plus tard, Cis se rendit à Londres pour assister à une représentation à l'Old Vic ; elle pleura d'émotion et de fierté pendant toute la pièce.

Ifor avait dix-neuf ans de plus que Richard. De la même corpulence que lui (il portait ses costumes), chauve, très robuste, il était, nous l'avons dit, extrêmement manuel. Grand amateur de poésie, puissant joueur de rugby, ancien mineur, époux fidèle et grand buveur, il incarnait le meilleur de ce qui avait composé l'enfance de Richard, même si sa présence devait aussi évoquer dans l'esprit de ce dernier des souvenirs qu'il ne tenait pas à voir ressurgir du tréfonds de sa mémoire. Toujours est-il que la nouvelle fut bientôt officielle : Ifor allait suivre Richard dans ses pérégrinations et s'occuper de lui !

Il ne fait aucun doute que Richard adorait son frère Ifor pour lequel il avait une admiration profonde. Comme dans le cas de Sybil, il est impossible de trouver la moindre critique formulée par l'entourage à l'encontre d'Ifor, pas une seule remarque désobligeante, pas un reproche. Richard le jugeait solide comme un roc. Il n'était pas le seul, loin de là. Cependant, on est plutôt porté à croire que c'est Ifor qui s'appuyait sur Richard. Las peut-être de la petite existence étriquée qu'il menait à Port Talbot, ne vit-il pas en Richard la chance tant attendue d'améliorer son sort ? Richard ne s'est jamais plaint de l'avoir pris financièrement en charge, et il est certain qu'Ifor a bien mérité ce qu'il a gagné.

Richard Burton allait traîner son passé toute sa vie. Désormais, librement certes, et de bon gré, mais sans relâche, il rembourserait ses dettes, réelles ou imaginaires, au-delà de toute attente raisonnable, au-delà même de sa générosité. Comme si quelque force l'y poussait : une force le contraignant à oblitérer le passé tel qu'il l'avait connu et à en faire ce qu'il aurait voulu qu'il soit. Incapable de tourner la page, refusant d'oublier, Richard se jura, semble-t-il, de réécrire son histoire et de dédommager tous ceux qui avaient fait partie du voyage dans le dénuement.

Dès lors, il ne lui fut plus possible de rompre le cercle émotionnel dominateur de son enfance. Il s'était échappé de la prison, mais il avait emmené les murs avec lui.

Le pays de Galles qu'il avait quitté avait eu tôt fait de retrouver sa trace : il l'avait accueilli à bras ouverts. Ifor représentait la famille ; sa présence lui renvoyait aussi l'image de sa propre culpabilité. La fidélité conjugale d'Ifor contrastait tellement avec les facultés amoureuses de Richard qu'elle semblait une manière de reproche. Mais surtout, Richard s'apprêtait à devenir totalement responsable d'Ifor, il redoutait qu'en l'ayant entraîné ainsi loin de la sécurité et de la stabilité du pays de Galles, il lui ait fait prendre des risques inutiles. Cette situation devait d'ailleurs avoir des conséquences tragiques.

Sybil et Richard n'avaient toujours pas d'enfants et songeaient à présent à en adopter. Ifor et Gwen semblaient s'être fait une raison. Sybil demeure indistincte pendant toutes ces années. Le silence absolu qu'elle garda après son mariage ne fut jamais explicité par son entourage d'amies qui se sont soigneusement gardées de faire le moindre commentaire. L'épouse de Stanley Baker et elle se voyaient très souvent ; elle s'entendait aussi très bien avec Rachel Roberts. Elle avait son propre cercle d'amis mais elle était toujours la bienvenue parmi les compagnons du moment de Richard.

« Je ne sais vraiment pas comment elle faisait pour le supporter », ont reconnu quelques-uns d'entre eux. Pourtant, aucun ne trouvait qu'elle avait tort de vouloir rester à tout prix au côté de son époux. « Il ne faut pas que je fasse de mal à Syb », répétait-il continuellement. « Il ne la quittera jamais », soutenait l'entourage. « C'était un plaisir de les voir ensemble », affirme Emlyn Williams.

Une fois la saison de l'Old Vic terminée, Burton retourna au cinéma. Sur les sept films inclus dans le contrat signé avec Korda, il lui en restait encore trois à tourner. Ce fut d'abord *The Prince of Players*, qui relate la vie de l'acteur Edwin Booth, le frère de John Wilkes Booth, qui assassina le président Lincoln. Korda le renvoya donc une nouvelle fois à Hollywood.

Ce rôle-là, en tout cas, semblait fait pour lui. Le producteur et metteur en scène du film, Philip Dunne, l'avait vu dans *The Lady's not for burning* et il avait eu le coup de foudre. *La tunique* avait été un succès, et même si certaines rumeurs, discrètes mais perplexes, circulaient sur l'impact de Richard à l'écran, il n'en était pas moins considéré désormais comme l'un des rares bons acteurs de sa génération, par des professionnels qui n'étaient pas toujours très tendres avec les stars. Son talent sautait aux yeux, que ce soit sur les plateaux ou à l'image. Les cameramen le disaient remarquablement photogénique : quel bel effet produisaient en gros plan cette tête bien faite, ce regard bleu-vert, perçant, ce nez puissant, cette bouche arrogante, une fois le vilain grain de peau dissimulé sous le maquillage ! Un flot incessant de jeunes admiratrices déferlait, affirme-t-on, à toute heure, vers la loge de Burton. On se serait cru sur le Mississippi, à Mardi-Gras. Cela avait aussi son importance. Cela prouvait qu'il avait du sex-appeal. Le problème était de trouver le moyen de le faire passer à l'écran. Tous ces virtuoses hollywoodiens de la caméra, tant vantés par Orson Welles et si bien utilisés par les Huston, Wilder et Hitchcock, avaient sûrement le pouvoir magique d'en tirer parti.

Quand Philip Burton acheva la lecture du scénario de *Prince of Players*, « il était trois heures du matin. C'est... une horreur », décréta-t-il. Le film ne lui inspira pas davantage de compliments. Ce fut, dit-on, « le premier échec en Cinémascope ».

Ce film aurait pu être porteur pour Burton ; le rôle lui convenait bien. Aujourd'hui encore, les scènes tirées de Shakespeare retiennent l'attention. Et puis il y a des passages, tout au long du film, où Burton joue parfaitement juste. Pourtant, rien ne pouvait triompher de l'insipidité du scénario et de la mise en scène. C'était un dilemme auquel Richard se trouverait confronté un nombre incalculable de fois dans sa carrière. Il y aurait toujours des mauvaises langues pour dire qu'il ne pouvait blâmer que lui-même, qu'il aurait dû choisir ses rôles avec davantage de précautions, que la chance, ça se provoquait. C'est vrai jusqu'à un certain point. Dans *Le prince*, il incarnait un acteur au passé fascinant ; il jouait Shakespeare ; il était dirigé par un metteur en scène qui avait une excellente réputation. Seulement voilà ! Le scénario ne tenait pas, et parce que Burton interprétait le rôle principal, il écopa !

Il attaqua pourtant le film suivant avec l'espoir d'avoir laissé derrière lui un travail de qualité. La Fox avait consenti à le prêter à United Artists pour tourner sous la direction de Robert Rossen, détenteur d'un Oscar pour *Les fous du roi*. Rossen était déterminé à donner un nouveau souffle à un genre cinématographique pesant mais chéri par Hollywood : l'épopée. Il n'était plus question de la Bible ; cette fois-ci, les Grecs étaient en vedette. Une histoire « si forte qu'elle confond l'imagination : celle d'Alexandre le Grand ».

Avec le tournage de *Prince of Players*, Richard avait retrouvé le Hollywood qu'il connaissait bien. Sybil n'avait pas tardé à le rejoindre et ils avaient loué une petite maison. Les Bogart les avaient accueillis gentiment, et les récents événements survenus à l'Old Vic constituaient un excellent complément aux récits du séjour précédent. Le succès international a ses propres résonances. La vraie célébrité s'identifie aisément : c'est l'unique espéranto en usage. Hollywood attendait l'arrivée de Burton de pied ferme. Le personnage d'Edwin Booth, acteur shakespearien américain et illustre, lui allait comme un gant. Il est probable que le comité de défense de Sybil fit de nouveaux adeptes, bien qu'une fois qu'on se fût rendu compte que le Don Juan gallois était aussi capable de faire tenir un mariage, étant donné le contexte, l'époque, les occasions qui s'offraient..., sa frivolité devint acceptable. D'autant plus qu'elle donnait lieu à des cancans dont on faisait des gorges chaudes. On ne s'ennuyait jamais avec le sir Burton. C'était un buveur qui savait encaisser l'alcool... un conteur qui captivait son auditoire... un excellent sportif, dont on connaissait les prouesses au tennis, au ping-pong et au cricket... Tous les jeunes gens de sa génération, qui avaient perdu des années à cause de la guerre, s'attardaient tous un peu plus longtemps qu'il n'était de mise sur les terrains de chasse réservés aux célibataires...

Alexandre le Grand devait être tourné en Espagne entre février et juillet 1955. Ce serait une superproduction, censée ouvrir une nouvelle voie dans le domaine cinématographique. Burton incarnerait bien sûr l'héroïque Alexandre. Rossen, qui mettrait en scène par la suite l'un des films fétiches de Richard, *L'arnaqueur* (dont il citait de longs passages en jouant au billard), fut profondément impressionné par l'intelligence de Burton et surtout par l'étendue de ses lectures. On a de la peine à admettre qu'en dépit de la vie désordonnée qu'il menait, des mois de concentration intense nécessaires à la préparation de ses grands rôles shakespeariens, malgré l'alcool, ses liaisons, ses passages éclairs à la radio pour récolter 20 livres par-ci par-là, Burton réussissait à dévorer trois ou quatre bouquins par semaine. Il étudia à fond le personnage d'Alexandre et passa avec Rossen des heures palpitantes à analyser le grand homme et son époque. Ce fut finalement ensemble qu'ils élaborèrent ce grand film-épopée.

A l'occasion du tournage d'*Alexandre,* Burton allait pour la première fois partager avec ses proches le fruit de sa bonne fortune : l'expérience se répéterait un nombre incalculable de fois. Tout le monde se vit convié à venir prendre du bon temps sous le soleil espagnol. Sybil le rejoignit immédiatement, suivie, peu de temps après, d'Ifor, des Gwen et de Valerie Douglas, sa secrétaire. Par la suite, de nombreux metteurs en scène seraient bien obligés d'admettre que louer les services de Richard Burton revenait à prendre en charge toute sa cour. Pour le moment cependant, il ne s'agissait que des « copains ». Un mot qui évoquait aux oreilles de Rossen certains collègues de la scène britannique... Et voilà qu'apparurent tout à coup sur les lieux du tournage, Michael Hordern, William Squire et Stanley Baker. De toute évidence, on n'allait pas s'ennuyer. D'aucuns ont affirmé que Burton faisait passer le plaisir avant toute chose ; c'est certainement une accusation légitime. Frederic March se vit confier le rôle de Philippe, le père d'Alexandre, et Claire Bloom débarqua un beau matin en Espagne pour jouer Barsinoe, l'une de ses trois épouses, « plutôt sa maîtresse », reconnut-elle complaisamment lors d'une interview ! Peu de temps après, Sybil rentrait à Londres.

Burton se vit affubler d'une perruque blonde et laineuse. Erreur fatale. En dépit des années de recherches que Rossen se piquait d'avoir faites, on aurait dit que l'ensemble de la distribution avait été confiée à quelque costumier qui se serait contenté, pour se documenter, de regarder un film de Cecil B. DeMille en accéléré. Tout ce qui compose le film — le décor, les costumes, l'action — manque totalement de vie. Le film comporte de nombreux plans de chevauchées sur des cartes émaillées de noms antiques. Les vieillards fameux abondent (« Je te salue, Aristote »), ainsi que les questions obtuses : « Quelles pensées traversent ton cerveau en proie à la tempête ? » Paré de sa toison blondasse et d'une tunique digne des joueuses de tennis de Wimbledon des années trente, Burton promène un regard éperdu tout en débitant une intarissable litanie de lieux communs.

En s'obstinant à vouloir raconter toute l'histoire d'Alexandre, Rossen commit une grave erreur. La tension dramatique est imperceptible. Les volumineux décors ont tout l'air de moulages en plastique. Or ce sera sur Burton, chargé de prononcer davantage de discours qu'un candidat présidentiel, que l'on rejettera la cause de l'échec.

Richard quitta pourtant l'Espagne dans de bonnes dispositions. Comme dans le cas de *Prince of Players*, il était persuadé de laisser derrière lui du bon travail. Il était bientôt de retour à Hollywood, pour un autre film financé par la Fox, *The Rains of Ranchipur (La mousson)*. Burton incarne le rôle d'un médecin hindou. Son interprétation est désastreuse. Le film aussi. Burton ne se laissa pas démonter pour autant. Après le tournage, il s'empressa de rentrer à Londres. On l'attendait à l'Old Vic. A l'Old Vic, où il lui faudrait à peu près une quinzaine d'années pour gagner ce qu'*Alexandre* et *La mousson* lui avaient chacun rapporté en autant de semaines.

Une remarque intéressante à propos de *La mousson* : comme dans le cas de Sir Toby Belch, Burton ne prit même pas la peine d'essayer de composer son rôle, à moins qu'il n'en eût pas le talent. Sa méthode consistait à imaginer qu'il était le personnage en question, que lui, Richard Burton, pouvait accomplir tous ces exploits, qu'il s'agisse de conquérir un empire, de réciter Shakespeare dans un bordel, d'incarner le prince du Danemark ou Caliban, l'homme sauvage sur l'île magique de Prospero. Oui, tous ces rôles-là, il pouvait les assumer, tant qu'on ne l'affublait pas d'une perruque ridicule.

Il critiquait sévèrement la plupart de ses films, qu'il se donnait d'ailleurs rarement la peine d'aller voir. Il estimait, avec raison, qu'on lui reprochait de prendre des risques trop souvent vains. Il faut reconnaître qu'il ne manquait pas d'audace, professionnellement parlant. Il n'était pas du genre à opter pour la facilité en jouant la carte du succès commercial. Il visait haut : la grande épopée, les films difficiles (*Prince of Players* « un sujet ardu », selon l'expression de Zanuck, qui se protégeait lui-même prudemment en disant cela), et se lançait souvent dans de véritables batailles cinématographiques avec des producteurs et des metteurs en scène ambitieux et réputés. Seulement, on lui confiait trop souvent des textes insipides ; et sans les mots, il ne lui restait pas grand-chose. Certes, il était à l'aise dans l'action, mais il fallait qu'elle fût spontanée, enlevée, intrépide, sans tambours ni trompettes. « Aucun de mes films ne m'a fait justice », déclara-t-il à un moment donné, et il les débinait tous avec une sorte d'exubérance amère, rappelant le petit garçon qui s'asseyait au dernier rang du cinéma de Taibach et qui rentrait ensuite chez lui en ronchonnant tout le long du chemin : « Saloperie d'amour ! »

Pendant son absence, son ami Robert Hardy avait fait un tabac dans le rôle du prince Hal. Burton avait été choisi pour interpréter Henry V à l'Old Vic. En un geste de générosité caractéristique, et probablement unique, Richard écrivit à son ami Hardy pour lui suggérer de prendre le rôle à sa place ! « Il estimait avoir eu sa chance à Stratford quelques années auparavant. A présent, c'était mon tour. Extraordinaire, vous ne trouvez pas ? Qui d'autre pourrait faire une chose pareille ? Je ne vois pas. Ni à l'époque, ni aujourd'hui, constate Hardy. Je refusai, cela va sans dire. »

La « famille » était à nouveau au centre de ses intérêts, et la famille, c'étaient aussi les amis. Rien n'était trop bon pour eux ; ils valaient tous les sacrifices. La solidarité inébranlable des corons serait le modèle de sa nouvelle vie.

En décembre 1955, Burton joua *Henry V* à l'Old Vic et le monde du théâtre londonien fut époustouflé par sa prestation. Le critique du *Times* commença son article en soulignant les défauts qu'il avait relevés chez le Henry V de Burton à Stratford puis changea de ton :

> Les progrès de Monsieur Burton sur la scène sont tels qu'il est déjà capable de tirer avantage de toutes ses carences, si manifestes il y a quelques années encore... Ce qui rendait autrefois un son métallique et grinçant à nos oreilles s'est transformé en une force capable de restituer la résonance martiale, la pureté du discours patriotique d'Henry V. On le sent à présent habité de la mission régalienne dont il est investi, et intimement convaincu de sa capacité de la mener à bien... Toute sa prestation, romantique à souhait, est placée résolument sous l'empire de l'imaginaire.

Tynan, alors en train de s'imposer comme le maître de la critique théâtrale, décréta que Burton était « d'ores et déjà le successeur naturel d'Olivier ». Il alla même plus loin en affirmant que l'on ne tarderait pas à reconnaître en lui le plus grand acteur classique de son temps. « C'est un antiromantique pur, qui développe le personnage en lui-même plutôt qu'il ne l'extériorise. Chez cet acteur, on note toujours une certaine réserve, une solitude appuyée que son sang gallois teinte de mystère. Dans ces limites, il est le maître. » Puis Tynan ajoute, et c'est important : « Au-delà de ces limites, il a beaucoup à apprendre. » En janvier 1956, Burton se voit attribuer pour son Henry V le prix d'art dramatique du quotidien l'*Evening Standard*, qui couronne la meilleure prestation théâtrale de l'année.

Il avait grandement besoin de l'approbation de la critique. *Alexandre* et *La mousson* avaient été des échecs retentissants : au cinéma, Richard n'attirait décidément pas les foules. A Hollywood, sa réputation déclinait à vue d'œil.

En février 1956, un nouveau défi l'attendait à l'Old Vic : il s'agissait d'interpréter en alternance avec John Neville les rôles de Iago et d'Othello. Une gageure qu'ils n'étaient pas les premiers à relever. Irving et Booth, par exemple, s'y étaient essayés avant eux, mais jamais pour très longtemps. C'était de la bravade pure et simple. Futile, ridicule même. En attendant, Neville et Burton étaient très vite devenus d'excellents amis ; on les surnommait Welsh Wizard — le Sorcier gallois —, et Willesden Wonder — la Merveille de Willesden (un faubourg sans attraits du nord de Londres, réputé seulement pour le nombre de lignes de chemin de fer qui y convergeaient et pour sa gare de triage). Les critiques firent l'éloge de Richard dans le rôle d'Othello. D'aucuns lui reprochèrent pourtant, comme lorsqu'il avait incarné Hamlet, de priver le texte de sa poésie. Son Iago, en revanche, rallia tous les suffrages.

Un soir où il jouait Othello, Frank Hauser vint le voir investi d'une étrange mission. Hauser, qui avait produit la version radiophonique d'*Henry V* avec Burton, tentait alors de faire revivre l'Oxford Playhouse Theatre ; il avait besoin d'argent. Or Burton avait promis de lui donner 2 000 livres, par respect et par dévouement envers Oxford. D'une certaine manière, c'était aussi une façon pour lui de régler ses comptes avec la cité universitaire, en la rendant en quelque sorte sa débitrice. C'était lui rendre la monnaie de sa pièce — dans les deux sens du terme. De la gratitude, certes, mais aussi une douce revanche. 2 000 livres de 1955 équivalent approximativement à 25 000 ou 30 000 livres d'aujourd'hui, peut-être davantage. C'était un don royal, compte tenu du coup de massue que le percepteur venait d'assener à Burton : sur les 82 000 livres qu'il avait gagnées, le fisc ne lui en avait laissé que 6 000. Il consentait donc à se défaire d'un tiers de ses gains annuels au profit de l'Oxford Theatre. Admirable ! Certes un autre vieil ami, le professeur Nevill Coghill, avait joué un rôle dans cette affaire. Et puis Hauser était gallois lui aussi.

Un soir avant la représentation, Hauser se rendit donc à l'Old Vic pour recevoir l'argent. Burton le persuada de rester et d'assister à la pièce. Ils se verraient ensuite. Hauser est un homme intransigeant et l'a toujours été ; c'est un intellectuel incorruptible, passionné de théâtre, le genre d'homme qui prend le temps qu'il faut pour se faire une opinion. Il condamne par exemple sans partage l'idée que « Burton puisse être un génie raté. Un génie raté, cela n'existe pas. C'est soit l'un, soit l'autre ».

En tant qu'homme de théâtre, Hauser s'était toujours fait un peu de souci pour Richard. « Les metteurs en scène ne sont pas prêts à acheter la prestation de l'acteur les yeux fermés quand ils signent le contrat. » Il ne croit guère au hasard et constate que Burton a travaillé à plusieurs reprises avec des metteurs en scène faibles (il y en eut aussi d'excellents qu'il omet de mentionner) parce qu'à son avis, « il ne voulait pas qu'on le bouscule ».

Au début, Hauser assista à la représentation d'*Othello* à contre-cœur. Il était censé se rendre à une réception donnée pour le mariage d'un ami. En outre, il avait entendu dire que Burton était remarquable dans le rôle de Iago mais que son Othello, en revanche, manquait de substance. « Je fus pourtant ébloui par son jeu ce soir-là. Très libre, passionné. Même avec les plus grands acteurs, ce sont des instants auxquels on s'attache... Ce qu'ils font précisément à un moment donné... Quand Othello assassine Desdémone et qu'il se rend compte de l'effroyable erreur qu'il vient de commettre, Richard bondit tout à coup sur le lit et la serre contre lui, comme un animal. « Personne ne me la prendra. » Tout à fait bouleversant, inoubliable.

Dans sa loge, Burton lui remit les 2 000 livres (et il n'en reparla plus jamais. C'est Hauser qui relate les faits). Puis il le pria de venir dîner avec lui et Valerie Douglas, son assistante, qu'il avait ramenée avec lui d'Hollywood. Burton avait une proposition à faire à Hauser, celle de venir mettre en scène sa prochaine production. On suggéra à mots couverts que si Hauser avait accepté ces fonctions qui lui étaient offertes, renonçant de ce fait à son premier projet, l'argent serait évidemment revenu à Richard... « Quelle démonstration de savoir-vivre », remarque Hauser avec admiration. Il avait fait une promesse et il la tenait. Il est vraisemblable qu'à cette époque, Richard ne pouvait vraiment pas se permettre ce genre de dépenses. Pourtant, il tint parole. Trop de savoir-vivre, y compris pour vouloir être intéressé à cette délicate opération de sauvetage. » Hauser refusa la proposition de Burton et empocha l'argent. Il administra jusqu'en 1973 l'Oxford Playhouse qui connut pendant une période un énorme succès. « Vous savez, raconta Burton, des années plus tard, à Hollywood, à cette époque-là, on me conseillait constamment des placements : 500 dollars ici, 2 000 là. Une foule d'agents de change et de comptables brillants vinrent m'expliquer comment investir et gagner des millions. Toutes les affaires où j'ai mis de l'argent ont fait faillite. Toutes, sauf l'Oxford Playhouse. »

Après cette saison passée ensemble à l'Old Vic, la carrière de John Neville divergea de celle de Burton. Il dirigea plusieurs théâtres, dans les Midlands, en Nouvelle-Écosse. Il vit aujourd'hui au Canada. On le compare souvent avantageusement à Burton, ce qui a le don de le faire sortir de ses gonds. Aujourd'hui encore, on reconnaît bien en lui l'idole des matinées théâtrales londoniennes des années cinquante, à la beauté classique et ténébreuse. En ce temps-là, Burton et lui, à l'Old Vic, et Johnnie Ray, au London Palladium, ralliaient à eux trois tous les cœurs des adolescentes à la page.

Voici le souvenir qu'a conservé Neville du Burton des années 1955-1956 : « Il était toujours un peu réservé, sauf avec ceux qu'il connaissait vraiment très bien. Mais il avait cette aura que procure le succès. La première fois qu'il entendit le son de ma voix, je jouais Fortinbras ; il était Hamlet. Je n'oublierai jamais son regard lorsqu'il se tourna vers moi à la fin de ma réplique. Plus tard, je lui en demandai l'explication. Il m'avoua qu'à cet instant, il s'était dit : "Voilà quelqu'un avec qui il va falloir compter." Nous étions tous les deux issus du même milieu, et ce fait nous liait indiscutablement. Tout ce qui est arrivé à Richard au cours de sa vie était fortement enraciné à ses origines. "Je travaillerai jusqu'à ce qu'ils soient tous (sa famille) à l'abri du besoin", disait-il. C'était tout à fait extraordinaire, à l'époque, d'être Gallois ou cockney, et de ne pas en avoir honte. Nous nous prîmes de sympathie l'un pour l'autre, et avec Richard, c'était sérieux. Il avait un sens très profond de l'amitié.

« Je fis la connaissance de toute la famille… Quand mes trois enfants étaient très jeunes, Cis les prit en charge à une occasion, à la suggestion de Richard (!), afin que mon épouse puisse nous accompagner lors d'un voyage à New York. Au retour, les petits avaient un fort accent gallois et Cis pleura sur le pas de la porte : elle ne voulait pas les laisser partir ! Ces gens-là n'étaient vraiment pas comme tout le monde.

« Quelle énergie prodigieuse il avait ! Sans commune mesure avec les autres acteurs. Il jouait le soir Othello ou Iago. Puis nous allions faire la tournée des pubs et des clubs. En ce temps-là, il ne buvait que de la bière. Jamais il n'était en retard pour la répétition le lendemain matin. Moi, j'avais une gueule de bois terrible. Richard, lui, me parlait de l'*Histoire des mathématiques* dans laquelle il s'était plongé en rentrant chez lui. Quel dynamisme ! Quelle force vitale !

« C'était un acteur merveilleux. Il était quelquefois stupéfiant. Il lui suffisait d'entrer en scène pour aussitôt imposer sa présence, une sorte d'aura. Cela tenait pour une grande part à son sex-appeal, atout que je situe en toute première place parmi les attributs indispensables aux grands comédiens.

« Il était plutôt paresseux, cependant. Il n'avait pas beaucoup besoin de travailler. De ce fait, il s'ennuyait et parlait quelquefois, timidement, d'écrire.

« On s'amusait tellement avec lui. Beaucoup de jeunes gens sont venus au théâtre classique par lui. On ne pouvait pas lui résister. Nous faisions régulièrement la tournée des pubs. Sybil téléphonait à Caroline, ma femme : "Richard est-il chez vous ?

— Non, je pensais que John était chez vous", répondait Caroline. Nous jouions un double jeu.

« Et puis il était d'une telle générosité ! Un soir que nous étions à Hampstead, il me taquina à propos de ma voiture. Il avait une Jaguar. Je possédais pour ma part une vieille Austin 16, tout en longueur, dont le cousin de ma femme m'avait fait cadeau.

"Il te faudrait une voiture digne de ce nom, me dit-il.

— Celle que j'ai me convient très bien, répondis-je.

— Tu appelles ça une voiture ? Quel modèle aimerais-tu avoir si celle-ci te laissait tomber ?

— Une Morris Minor décapotable.

— Combien ça coûte ?

— 680 livres. Une fortune." On pouvait encore s'offrir une jolie petite maison dans un quartier décent de Londres pour cette somme-là.

"Allez viens !" s'exclama-t-il tout à coup.

« Il m'emmena dans sa chambre, et de dessous le lit, il extirpa une valise remplie de billets. On se serait cru dans un film de gangsters. Il compta 680 livres.

"La journée a été bonne, commenta-t-il.

— Je te rembourserai.

— Ne t'inquiète surtout pas pour ça." »

Neville remboursa effectivement sa dette, à la différence d'une ribambelle de gens. Et maintenant, pour ceux-là, il est trop tard. Richard n'en parlait jamais. Pourtant, il avoua un jour à Neville qu'il avait été le seul à lui rendre son argent ! Plus tard, il y en aurait un autre qui s'acquitterait de sa dette, à nouveau, curieusement, un camarade de la même classe sociale, Stanley Baker, qui avait connu une enfance encore plus démunie que Burton ou Neville. Non content de rembourser Burton, Baker lui versa même des intérêts !

« Richard a fait de sa vie exactement ce qu'il voulait en faire, conclut Neville. Toutes les remarques qu'on a pu entendre sur le fait qu'il aurait trahi son talent n'ont aucun sens. Il a choisi la voie qui lui convenait et s'y est tenu, en dépit des critiques et des coups bas des uns et des autres. Il s'était mis des œillères. Il mena sa barque comme il l'entendait. Le théâtre n'était pas l'essentiel ; c'était la vie qui comptait le plus à ses yeux même s'il rêvait de devenir écrivain. Mais en attendant, c'était une star. Et le public de l'Old Vic en donna une preuve irréfutable. Il n'y avait pas à s'y tromper. Il lui suffisait d'entrer en scène pour méduser son auditoire. Et cela, personne ne peut vous le retirer. »

CHAPITRE 10

LA RETRAITE

A la fin de la saison à l'Old Vic, Richard commença à songer à quitter Londres pour aller s'installer en Suisse. Principal motif de ce repli : l'argent. L'idée étant d'en amasser un maximum.

Au cours de l'année passée à Hollywood, Burton avait empoché quelque 82 000 livres ; on a vu ce que le fisc britannique lui avait laissé. Le gouvernement était alors entre les mains des conservateurs, mais les travaillistes avaient taxé les grandes fortunes de la même manière. Il ne fallait donc espérer aucun changement.

Étant donné que le cinéma, à l'inverse du théâtre, avait principalement pour avantage de rapporter de l'argent, il y avait décidément quelque chose qui n'allait pas ! Ifor et Gwen étaient à sa charge à présent. Sybil ne travaillait pas. Et puis Richard était toujours aussi fermement résolu à donner un coup de pouce à ses frères et sœurs. En outre, les Burton n'avaient pas perdu l'espoir d'avoir des enfants ; et les gestes de générosité impulsifs de Richard — ses largesses, serait-on tenté de dire — ne facilitaient guère l'épargne. Certains de ses collègues, plus âgés que lui, réussissaient à conserver une plus grande part de leurs revenus en résidant à l'étranger, sur le continent ou encore à Hollywood, où la communauté britannique était nombreuse. D'autres avaient des comptables extrêmement astucieux, à moins qu'ils n'eussent trouvé le moyen d'« institutionnaliser » leur argent. Les percepteurs britanniques se montraient généralement plus compréhensifs vis-à-vis des sociétés et des institutions qu'avec les particuliers. Le problème de Burton, c'était qu'il avait eu l'illusion de gagner ce qui représentait à ses yeux une véritable fortune, alors qu'en définitive, il se retrouvait avec une somme certes coquette mais comparativement ridicule.

Le cinéma était un domaine précaire. En plus, il n'avait pas besoin qu'on lui dise qu'il ne passait pas très bien à l'écran ; il le savait. Même s'il se gaussait volontiers des films qu'il faisait, il ne tenait vraiment pas à ce que la source se tarisse. On avait tort de prêter foi à ses dénigrements sur le cinéma... et à tout ce qu'il a pu dire d'autre, d'ailleurs, dans les interviews. Le fond de sa pensée, il le réservait à ses plus proches amis, à un ou deux membres de sa famille. Plus tard, il se confierait à ses carnets ; c'est sur le papier qu'il s'épancherait le plus sincèrement. Le reste dépendait de son humeur : c'était tour à tour des taquineries, des plaisanteries, des déclarations outrageuses, des vantardises ou des exagérations outrancières, n'importe quoi au fond pourvu qu'il passât un bon moment. Il rêvait bien sûr d'être *aussi* un grand acteur de cinéma. Toutes ces plaisanteries n'étaient qu'un bouclier contre l'échec : c'est là une stratégie on ne peut plus courante. Les diatribes lancées contre l'industrie cinématographique avaient un objectif semblable ; là encore, une pratique fort répandue. Burton ne supportait pas l'échec, et au cinéma, il était clairement sur la mauvaise pente.

Suffisamment au fait des impératifs du métier d'acteur pour reconnaître l'importance d'un ego inébranlable, il n'avait pas d'autre solution que de blâmer... le cinéma. Lui-même n'était pas du tout en cause. Laurence Olivier était passé par là lui aussi, dans les années vingt et trente, mais il lui avait fallu beaucoup plus de temps pour s'en sortir. Le tournant pour Olivier avait été sa rencontre avec William Wyler. Il n'aurait rien pu lui arriver de mieux que de se heurter au talent inébranlable du grand réalisateur américain. Au cours du tournage des *Hauts de Hurlevent*, Wyler lui apprit littéralement son métier d'acteur de cinéma. Au début, Olivier lui en voulut terriblement, même si en définitive, il lui en fut reconnaissant jusqu'à la fin de sa vie. Wyler força Olivier à respecter la caméra autant que le cinéma en tant qu'art.

Le Wyler de Burton n'avait pas encore fait surface, et tant qu'il continuerait à tourner dans les épopées bêtifiantes, les critiques continueraient pour leur part à le massacrer, tels des chacals auxquels on jetterait de la chair fraîche en pâture. Le problème de Burton différait toutefois de celui d'Olivier en ceci que, pour on ne sait quelle raison, il donnait sur le plateau, l'*impression* d'être très bon (contrairement à l'Olivier d'avant Wyler). Il paraissait excellent, parfaitement naturel. C'était le Burton intériorisé, son individualité propre, cette réserve toute galloise qu'il présentait avec défiance à la caméra, tel un homme doué d'une volonté de fer résistant obstinément à un hypnotiseur. Il ne succomberait pas. Il serait toujours fidèle à lui-même. Il fallait qu'il trouve des scénarios l'autorisant, comme Shakespeare le lui avait permis, ainsi que Christopher Fry et Lillian Hellman, à être à la fois lui-même et le personnage qu'il devait incarner, en osmose parfaite. Dans ces conditions-là seulement, il pouvait faire en sorte que cela fonctionne.

En attendant, Richard devait bien se rendre compte que sa chance était peut-être sur le point de lui échapper. A Hollywood, on évitait le plus souvent les jugements hâtifs et partiaux. Les producteurs savaient pertinemment qu'ils avaient affaire à un acteur prodigieux. Des directeurs des studios aux figurants, personne, certainement, n'aurait dit le contraire. Il y avait pourtant un problème : comment faire passer ce talent à l'écran...

Le théâtre était déjà un secteur précaire ; le cinéma devait commencer à lui paraître un pari encore plus risqué. S'il voulait amasser le « nécessaire » pour garantir la sécurité matérielle de Sybil et la sienne et aider les autres, comme il se l'était promis, il n'avait peut-être pas beaucoup de temps devant lui. Les réputations ne se défont-elles pas aussi vite qu'elles se font ? Il avait un métier instable qui ne donnait droit à aucune retraite. Ce dont se réjouissaient sans aucun doute bon nombre de ceux qui lui reprochaient de faire preuve d'antipatriotisme en désertant l'Angleterre. Par ailleurs, il ne faisait pas partie du réseau des écoles privées — si comiquement caricaturé par Evelyn Waugh dans *Le déclin et la chute*, un réseau qui l'aurait certainement mis à l'abri de toutes sortes de déboires. Il sortait de nulle part. Il serait toujours un outsider. Il partageait en toute connaissance de cause le sort des joueurs, des vagabonds, des charmeurs. Il avait dû faire son chemin tout seul et faisait désormais figure de chef de clan, de « Parrain », pour toute la mafia galloise qu'il avait promis de prendre sous son aile.

En définitive, la décision de partir se fit d'elle-même.

Bien sûr, il possédait une maison à Hampstead (dont la moitié était encore louée et qu'il avait achetée avant l'épisode hollywoodien). Une Jaguar l'attendait devant la porte, et de dessous son lit, il extirpait à l'occasion des valises remplies de billets de cinq livres. Certes, il lui arrivait de jouer les Aga Khan, sans jamais exprimer le moindre regret. Mais il n'empêche que ce n'était pas la richesse. Il y avait là quelque chose d'étrangement humiliant. Après *La tunique* et *Alexandre*, les histoires à propos de Garbo et Bogie, toute cette énergie dispensée, brûlée, que lui restait-il, en définitive ? Une demi-maison. Sa renommée internationale florissante lui avait laissé entrevoir des agréments insoupçonnés de l'existence, sans lui garantir l'aisance qui aurait dû étayer ce succès.

L'une des conséquences de cet état de fait fut l'édification d'un entourage financier d'une espèce qui risquait de lui coûter fort cher. Le groupe en question se composait d'un avocat new-yorkais aux appointements exorbitants, de Valerie Douglas, qui occupait les fonctions de secrétaire-gestionnaire et qui se chargea du déménagement en Suisse, et de Vere Barker, son agent anglais. Outre Maurice Solowitz, l'agent suisse que Burton ne tarderait pas à ajouter à son équipe.

Bien sûr, Richard aurait très bien pu décider de se passer de leurs services, se contenter de ce qu'il avait, et fumer tranquillement sa pipe en lisant des livres. Ce qui revient à dire qu'il aurait très bien pu être quelqu'un d'autre que Richard Burton !

Sa stratégie consistait à foncer coûte que coûte, dans l'espoir d'une nouvelle conquête, à s'attaquer aux difficultés de front et les surmonter. L'idée était de passer quelques années en Suisse, de se constituer un magot (en Suisse, à l'époque, sur son apport initial de 82 000 livres, on lui en aurait laissé environ 80 000, soit treize fois plus que ce qu'il avait obtenu en Angleterre), d'installer sa famille et puis de retourner à Londres, une fois qu'il aurait assuré son indépendance, sa sécurité, son invulnérabilité. N'est-ce pas là le rêve de tous les hommes et femmes qui ont grandi sans aucun espoir de jouir des privilèges des classes supérieures ? L'argent était la clé de tout. A Taibach, déjà, Richard avait eu tout loisir de s'en rendre compte. L'aisance et la désinvolture de ses riches amis londoniens le lui avaient confirmé. Hollywood le revendiquait sans pudeur. La mort de Dylan Thomas avait achevé de le convaincre, si tant est que cela fût nécessaire. Il agissait donc en conséquence.

Il y avait un autre motif à cela. Depuis qu'il avait quitté la RAF, en 1948, il avait foncé, telle une comète, selon une trajectoire qu'il s'était fixée d'avance. Sa vie avait été une suite de décisions instinctives. Il avait pris la résolution de devenir acteur et investi à cet effet l'époustouflante énergie qu'il avait en réserve. Au-delà de son métier, cela exigeait de lui qu'il soit noceur, bon vivant, ami généreux, ennemi redoutable, soûlographe impénitent, qu'il prenne la mesure de sa virilité et en éprouve les limites. Avec tout cela, il n'avait guère eu le temps de réfléchir. Il semble qu'il dévorait ses lectures aussi goulûment que tout le reste. Pas une minute pour rêvasser. A chaque jour, son nouveau contrat. Pas le temps non plus d'être seul : il évoluait entre des groupes qui se protégeaient tous farouchement. En bref, il avait besoin de silence et de calme.

Richard espérait bien que la Suisse lui apporterait cette paix tant attendue. Ifor le suivrait là-bas, bien sûr, ainsi que Gwen... Il y aurait de longues balades, des conversations à bâtons rompus, des bûches dans la cheminée, des lectures paresseuses qui se prolongeraient tard dans la nuit. De nouveaux livres arriveraient par la poste du week-end. Personne pour vous demander d'enregistrer une radio à la hâte, ou de participer à une réunion futile. De fait, il se ménagea toujours semblables plages de tranquillité, et ceci jusqu'à la fin de ses jours. Ce furent quelques-uns des moments les plus heureux de son existence. Cette installation en Suisse mettait au jour les deux aspects diamétralement opposés de sa personnalité. Dans le monde, il se comportait comme un chasseur en pleine jungle et n'épargnait pas grand-chose, bien qu'il semble avoir rarement fait entorse à son code d'honneur. Dans sa tour d'ivoire, en revanche, il s'abandonnait aux ensorcellements des poètes et des érudits, et rêvait de les rejoindre, ne serait-ce qu'en s'appliquant à les lire avec toute l'attention qu'ils exigeaient.

L'initiative du déménagement fut surtout prise en prévision de l'avenir. Il n'y avait pas tellement d'argent de côté dans la valise sous le lit. Il fallait faire de nouveaux films pour s'offrir cette lubie. Ce serait par trop humiliant d'avoir fait ses adieux à l'Angleterre, et d'avoir supporté toute l'hypocrisie et l'opprobre dont on l'avait couvert en le traitant de « fraudeur » et d'« antipatriote », sans y avoir rien gagné. Il avait en effet fort mauvaise presse lorsqu'il quitta Londres en 1957.

Roberto Rossellini ne tarda pas à faire appel à lui pour tourner dans *Sea Wife* (*L'épouse de la mer*). Le tournage devait avoir lieu à la Jamaïque. Rossellini était un grand nom du cinéma. C'était aussi un excellent metteur en scène. De surcroît, il proposait un cachet substantiel, et le site était idyllique. Alors adieu Londres. Ou plutôt au revoir. Mais Rossellini se retira avant le premier tour de manivelle.

Joan Collins, dans le rôle d'une religieuse, était la partenaire principale de Burton dans ce film, une sordide histoire de naufrage. Philip Burton se souvient d'avoir eu honte en le voyant. Un vrai navet. Mais sous l'égide de Rossellini… ?

Joan Collins rapporta par la suite qu'au cours du tournage, Burton lui avait fait des avances qu'elle avait repoussées. Elle raconta que Burton a) lui expliqua en long et en large que les femmes succombaient toujours, et b) qu'il s'était empressé de coucher avec toutes les filles de l'île. « Je suis sûre que tu serais capable de sauter un serpent », lui aurait-elle dit un jour. « Seulement s'il porte un jupon », riposta Richard, enchaînant sur le même ton. Cet échange est censé le desservir ; j'estime pour ma part qu'il ajoute là un peu de sel à une réplique sans grande finesse.

Je suis convaincu que Burton était quelquefois aussi ébahi que les autres par sa boulimie sexuelle et tout aussi surpris de pouvoir si souvent la satisfaire. Pour un homme issu des terres incultes et puritaines du pays de Galles, peuplé d'innombrables chapelles, il y avait de quoi être choqué ! Ce qui ne l'empêchait certainement pas de continuer.

Il serait sans doute trop facile de ne voir en lui qu'un rustre mal dégrossi, macho, soûlard et insensible. Les faits, cependant, sont déconcertants. On est d'autant plus enclin à écouter d'une oreille attentive ses amis qui ne peuvent s'empêcher de sourire en évoquant ses escapades, sexuelles ou autres. Comment oublier le jour où il essaya de faire monter un cheval au premier étage d'un restaurant, ou celui où après une représentation de *Henry V* particulièrement inspirée par l'alcool, il paria qu'il se soulagerait dans son armure. Ou encore les innombrables paris qu'il acceptait contre une pinte de bière, à propos de sa prochaine conquête avec laquelle il s'apprêtait à vivre à coup sûr une liaison aussi forte qu'éreintante. Et si ces amis sourient, c'est que ces épisodes abracadabrants les lient automatiquement à l'homme qui leur procura, à eux comme à beaucoup d'autres, tant de joie. Quant à son talent, au moment où il s'apprêtait à s'installer à Céligny (du « mauvais » côté du lac), il ne faisait plus aucun doute.

La nouvelle maison fut baptisée Le Pays de Galles.

> En janvier 1957, écrivit Philip Burton, je reçus la première lettre de Richard expédiée de sa nouvelle demeure helvétique, et j'en fus profondément troublé. Instinctivement, je m'étais opposé à ce déménagement qui allait éloigner Richard de l'univers dans lequel il fonctionnait le mieux et où il était le plus heureux, le théâtre londonien. Aux yeux de Valerie Douglas, le monde de Richard, c'était Hollywood dont la fonction première était de nous permettre de faire beaucoup d'argent.
> De l'argent qu'il fallait protéger par tous les moyens. Dans mon journal, j'ai écrit que dans sa lettre, Richard manifestait une certaine « lassitude vis-à-vis du monde ». Je pense que ce sentiment lui était inspiré par la prise de conscience, tout involontaire qu'elle fût, de ce que signifiait ce changement de vie.

Richard s'était coupé d'un nombre considérable de choses. Le théâtre, les pubs, le rugby, un entourage immédiat, le travail à la radio, les derniers cancans. Il se priva du même coup du plaisir d'assister à la renaissance du théâtre et du cinéma britanniques, qui aurait pu lui assurer des bénéfices matériels non négligeables. L'inspiration des auteurs dramatiques de la Royal Court et des scénaristes de la nouvelle industrie cinématographique anglaise procédait précisément d'un réalisme engagé teinté de romantisme, de cet anti-héroïsme qu'incarnait Burton. Il devint le prince exilé.

En s'installant en Suisse, il renonçait aussi aux liaisons si faciles à nouer en ville. Peut-être intentionnellement, pour vouer tout son temps, ou en tout cas une partie de son temps, à Sybil. Céligny était un petit village paisible, loin de tout. La maison sans prétention, où l'on vivait encore assez à l'étroit à l'époque, se situait à une centaine de mètres d'une voie ferrée et à moins d'un kilomètre du lac Léman. De modestes agrandissements étaient prévus. Ifor devait construire un chalet dans le jardin. On transformerait le haut de la grange en bibliothèque. Le Pays de Galles n'avait certainement rien à voir avec les somptueuses demeures de Beverly Hills ; ce ne serait jamais le cas et ce n'était pas le propos non plus. Le seul endroit notable du village était le café de la Gare, de l'autre côté de la rue. Sybil et Richard ne tardèrent pas à se lier d'amitié avec les propriétaires. L'établissement était beaucoup trop près de la maison. Richard n'avait pas d'autre solution que de se laisser domestiquer.

Au début de 1957, Sybil fut enceinte. Il y avait longtemps qu'ils espéraient l'un et l'autre la venue d'un enfant et la nouvelle les rendit très heureux.

Assez vite, Brook Williams prit l'habitude de leur rendre régulièrement visite. Si Emlyn se reconnaissait en Richard, tel qu'il avait été dans sa jeunesse, Brook, lui, voyait en Richard un père, un frère aîné, un héros, et plus tard un ami intime. A la fin des années quarante, Richard avait fait de fréquents séjours chez les Williams, dans leur cottage. Brook a vécu à Céligny du temps de Sybil, de Suzy Hunt et de Sally. Elizabeth Taylor y venait de temps en temps mais elle n'habita jamais sur place préférant rester chez elle à Gstaad, dans les montagnes. Gstaad, voilà un village chic, à la mode, avec ses rues animées et ses châteaux-chalets. Brook devint l'un des pivots de cette famille Burton élargie qui se déplaçait au gré des tournages, tel un peloton de mercenaires : coiffeur, habilleur, cascadeurs, ou copains... Il semble que Richard ait pris Brook sous son aile lorsqu'il était enfant. Ce dernier le dédommagea en quelque sorte par la suite en veillant sur lui de nombreuses années.

Richard le prit en main lorsque Brook avait environ dix ans. « C'est lui qui m'a appris à me raser. Je le regardais faire. Et puis il me couvrait le visage de mousse et me tendait un rasoir sans lame. Après quoi, nous nous plantions l'un à côté de l'autre devant la glace et il me montrait comment il fallait faire pour faire glisser le rasoir, tendre le menton, gonfler les joues, tout en parlant d'homme à homme. Et moi, je l'imitais. »

Il lui livra aussi une foule de tuyaux. « Il me disait par exemple : "Sais-tu comment neutraliser un homme, Brookie ? Tu lui descends la veste sur les bras, et bang ! C'est un bon truc ça, hein !" Au tennis aussi. Il m'enseigna son fameux service canon. "C'est tout ce que tu as besoin de savoir pour jouer au tennis, Brookie. Ils n'arrivent jamais à renvoyer." » Richard venait le voir jouer dans les pièces de l'école. « Il emmenait avec lui une gourde ordinaire, comme celles que l'on remplit généralement de thé, seulement la sienne contenait une pinte bien tassée de martini. Il en versait un peu dans un gobelet en plastique et soufflait dessus ! »

Emlyn Williams était souvent en voyage ; Burton savait ce que c'était que d'avoir un père toujours absent. Il savait aussi, grâce à Ifor, le rôle primordial que pouvait alors jouer un frère aîné. Brook en fut le bénéficiaire et ne perdit jamais ce statut.

Nous avons recréé certaines des habitudes de Richard... Il monte un beau dimanche matin dans sa MG rouge — toujours en parfait état de marche. Destination : l'aéroport de Genève, à vingt minutes de Céligny. Avant de partir, il a pris soin d'appeler le kiosque de l'aéroport pour s'assurer que les journaux du dimanche sont bien arrivés. Peut-être un petit blanc au bar, en parcourant les pages sportives, la section littéraire, les critiques, gardant les articles plus longs pour plus tard. Un premier assaut aux mots croisés. Suivi d'un passage rapide à la librairie, le temps de faire un ou deux achats. « Tu l'as lu celui-là, Brookie ? Sacrément bon. Je vais te l'acheter. Et moi je vais prendre ces deux-là. » Retour à la voiture, et peut-être un petit détour par un des villages pittoresques du bord du lac, histoire de boire un autre petit blanc ou peut-être une vodka au bar, avec les gens du coin, avant de regagner Céligny à temps pour le déjeuner, vraisemblablement au café de la Gare — filets de perche et vin régional. L'après-midi, une partie de boules, de tennis ou de ping-pong. Le soir, lecture intensive agrémentée d'un ou deux petits verres de vin...

Comme le séjour de Richard à Céligny se prolongeait (au début, on avait vraiment pensé qu'il n'y ferait qu'une visite éclair), il accueillait avec de plus en plus de bonheur les cancans, surtout s'ils touchaient aux acteurs qu'il connaissait et qu'il aimait bien. En particulier lorsqu'il s'agissait d'anecdotes comiques. « Il adorait tous ces ragots et prenait un plaisir extrême à les raconter encore et encore. Toutes les gaffes de Gielgud, notamment celles qui l'atteignaient lui-même : "Quand vous serez meilleur... euh, je veux dire, prêt !" Brook Williams s'est fait le dépositaire de ces histoires innombrables. »

« Tout ce qui avait trait à Hugh Griffiths l'amusait follement. » Griffiths, nous l'avons vu, était un acteur gallois de l'époque, personnage impressionnant, du même style corrosif et tonitruant que Donald Wolfit. Un visage de statue de l'île de Pâques dont la mère se serait accouplée avec une gargouille ! Un corps rembourré comme un matelas. Gallois jusqu'aux extrémités de ses boucles noires. « Il incarnait l'archevêque de Stratford dans *Henry V*. Cette longue tirade assommante au début ! Richard exécutait un superbe saut : les lumières vacillaient, il rebondissait sur un tremplin dissimulé au regard du public et pouf ! il se retrouvait sur son cheval. Magique ! Tout cela était d'une extrême précision. La manœuvre était délicate. Un soir, Hugh revint sur la scène en catimini, déguisé en soldat, et par jeu, déplaça légèrement le cheval ! Avec beaucoup d'adresse, Richard réussit malgré tout à enfourcher sa monture, mais il se retrouva la tête en bas, souffrant le martyre, les roubignoles fortement endolories, le souffle coupé. Le rire saccadé de Griffiths, dans les coulisses, retentit dans tout Stratford. Richard se vengea bien évidemment de ce mauvais coup. Je ne me souviens plus comment. » Autre fredaine de Griffiths, las de ce qu'il considérait comme du travail d'amateur lors d'un tournage en Amérique : il quitte le plateau d'un air dédaigneux en annonçant son intention de rentrer au pays. Richard s'empresse de rassurer tout le monde : Hugh reviendra. En réalité, il n'a aucune idée de ce que Hugh va faire. En fin d'après-midi, on voit la silhouette titubante d'un ivrogne barbu s'élancer dans l'allée centrale. Brusquement, elle s'immobilise : « Je suis revenu parce que je ne suis pas Jésus-Christ et je ne peux pas marcher sur les eaux de l'Atlantique. » Chaque syllabe forgée sur l'enclume galloise.

Lorsque Griffiths se retrouva sur la liste des nominés aux Tony Awards pour son rôle dans les *Corps sauvages*, quelqu'un lui demanda s'il avait suivi les cours de la Méthode. « Non, non, répondit-il. Mais je suis méthodiste*. »

Si Burton se fit une spécialité de ces anecdotes, la manière dont il les racontait n'appartenait qu'à lui. Comme beaucoup d'acteurs, c'était un imitateur sans scrupule qui collectionnait les maniérismes et afféteries de langage d'autrui comme d'autres collectionnent les timbres-poste. Il enjolivait ses récits à coups d'envolées adjectivales baroques, en apparence superflues, qui constituaient en réalité autant de digressions paradoxalement indispensables à la cohésion de l'histoire et qui rendaient compte de l'extraordinaire vision d'un homme qui se complaisait dans tout ce qui était anarchique, démesuré, insouciant, destructeur, dément.

Burton adorait Robert Newton, la star d'*Oliver Twist* dans le rôle de Bill Sykes, et le méchant par excellence, sous les traits de Long John Silver, dans *L'île au trésor*. Newton s'était mis à boire d'une façon épouvantable. C'était une époque où se livrant à des excès de ce genre, on affichait non seulement un certain machisme mais aussi une indépendance farouche et un mépris total du qu'en-dira-t-on : les deux qualités les plus désirables aux yeux de la gent théâtrale perpétuellement enchaînée aux quatre boulets de la profession : le téléphone, le contrat, les critiques et l'approbation du public. L'ivrognerie était un royaume en soi, et pendant une période, au sein de cette cour particulière, Newton fut indiscutablement le roi.

---

* Astuce classique sur la Méthode de l'Actor's Studio et le courant protestant appelé méthodisme *(NdT)*.

« A un moment donné, Richard et lui se rendaient chaque jour ensemble aux studios, raconte Brook. Robert l'emmenait dans sa vieille Bentley. Un matin, Richard s'amena à cinq heures trente et Newton apparut, un flacon de brandy à la main. Il n'avait pas dormi, il ne s'était pas rasé, mais il était prêt à prendre le volant pour se rendre à Pinewood, dans la banlieue de Londres. La Bentley refusait de démarrer. C'était l'hiver. Elle était couverte de givre. Newton confia son flacon à Richard et disparut dans la maison ; il revint armé d'une cravache et se mit à frapper le capot à coups redoublés. Puis il se remit au volant ; la voiture démarra sans problème. Comme Richard éclatait de rire, Newton lui jeta un coup d'œil indigné. Ils gagnèrent Pinewood, tout en vidant le contenu du flacon. En arrivant, Newton décréta brusquement qu'il ne passerait pas les grilles des studios. Il était déterminé à rentrer par la fenêtre du poste de sécurité. On finit par l'y hisser à grand-peine. Avec tout cela, il était en retard. Son habilleur, en émoi, fort affairé, l'entraîna à toute allure pour lui enfiler sa redingote et lui mettre sa cravate. A ce moment, Newton entendit la cloche et s'élança vers la scène, se précipitant droit sur les décors. L'habilleur, trottinant auprès de lui, essaya désespérément de lui faire comprendre qu'il ne portait ni pantalon ni caleçon. Finalement le pauvre homme s'exclama : « Monsieur Newton, je vous en prie. » Ils étaient sur le plateau à présent, au beau milieu des techniciens, des réalisateurs et des acteurs. « Oh, monsieur Newton, vous ne pouvez pas y aller comme ça. — Et pourquoi pas ? » L'œil de Long John Silver s'ouvre au maximum. « Parce qu'il vous manque quelque chose, monsieur. — Il me manque quelque chose ? Il me manque quelque chose ? » beugle Newton puis son regard se porte sur les pans de sa chemise. Il se tourne alors vers son habilleur et hoche la tête. « Merci, mon ami, dit-il, merci de me l'avoir fait remarquer. Je vous en suis très reconnaissant. » Sur ce, il soulève sa chemise et hurle : « Maquillage ! »

« Newton en était arrivé à détester tout cela, à l'époque, voyez-vous, explique Brook. Il était prêt à tout pour rompre l'ennui. »

Pourvu que l'on soit quelqu'un de rare, de bizarre même, ou que l'on ne se prenne pas au sérieux, l'intérêt de Burton était aussitôt en éveil. Pendant le tournage de *The Robe (La tunique)*, il devint ami avec Victor Mature. Ce dernier lui apprit à jouer aux dés. Richard lui déroba la vedette alors que sa caméra faisait un gros plan poignant sur lui. A la suite de quoi ils se querellèrent allégrement. Richard adorait les histoires que

Mature racontait sur lui-même, par dérision : par exemple lorsqu'il avait voulu adhérer à un club de golf très fermé, et qu'il s'était vu éconduit sous prétexte qu'on n'y acceptait pas les acteurs. « Je ne suis pas acteur, avait répondu Mature à la lettre de refus qu'on lui avait adressée, et j'ai une soixantaine de films à mon actif pour le prouver ! » Des anecdotes, Richard en connaissait des milliers. Celle d'Ernest Thesiger en tournée à Moscou avec la troupe de l'Old Vic. Scofield interprétait Hamlet et le rôle d'Ophélie était tenu par Mary Ure. Au cours d'une visite du Kremlin, Thesiger reste en arrière du groupe pour écrire à la craie sur les murs : « BURGESS AIME MACLEAN ». Et celle d'Edmond Knight, dont l'œil de verre ne cessait de sortir de son orbite pendant les représentations de *The Lady's not for burning* : « Eh bien, mon cher enfant, ramassez-le, ramassez-le ! » Ou encore celle de Hamlet sautant dans la tombe, hélas trop profonde et se hissant péniblement pour dire : « C'est moi », avant de retomber. Puis surgissant à nouveau de sa cachette :... « Hamlet »... Nouvelle éclipse... « Le Danois ». Avant de disparaître complètement pendant plusieurs minutes.

Son répertoire d'anecdotes était inépuisable. Toutes les occasions étaient bonnes pour les évoquer de nouveau, en les peaufinant chaque fois. Gielgud était bien évidemment son sujet favori. Le soir de la première catastrophique d'*Othello* avec Ian Bannen dans le rôle principal (le décor s'était effondré, et un des acteurs s'était entaillé la main), la représentation durait déjà depuis quatre heures et demie et il restait encore plusieurs scènes lorsque Bannen décida qu'il fallait à tout prix raccourcir. « Roderigo est mort, monseigneur », annonça-t-il. (Roderigo avait encore deux scènes à jouer.) Gielgud le foudroya du regard. « Mort, dites-vous ? » Bannen/Iago : « Enfin, pas tout à fait. Mais il se porte fort mal, monseigneur ! »

La présence imposante de Gielgud sur scène, son esprit de repartie intimidaient bon nombre de ses partenaires. Vers la fin d'une autre pièce, surgit un messager porteur de nouvelles capitales. Il sèche complètement. Gielgud le fixe intensément. Le pauvre malheureux a tout oublié. Sa réplique, la date, sa mère, son nom, tout. Gielgud : « N'as-tu donc rien à me dire ? » Long silence. Le messager : « Rien, monseigneur ! » Autre favori de Richard, Michael Redgrave, dont les fréquents moments de distraction étaient une véritable source de joie ! C'est la dernière scène de la pièce. Redgrave est seul sur les planches, avec un serviteur ; il est sur le point de se suicider. Au fil de la pièce, il a suscité une forte montée de tension, dont il ressent les effets autant que le public. Il s'achemine, comme hypnotisé, vers sa dernière réplique qu'il déclame d'un ton hésitant mais d'une voix claire. Il était censé dire : « Apporte-moi un carafon de porto et un pistolet. » Le serviteur devait quitter la scène et le rideau tombait alors lentement. Au paroxysme de la tension, Redgrave s'exclama : « Apporte-moi un carafon de pisse et un pistolet. » Le domestique, un tout jeune acteur, tenta une opération de sauvetage désespérée : « Un carafon de pisse, monseigneur ! — Si fait, acheva Redgrave, furibond, et un portolet. »

Le plus grand bonheur de Burton était d'entendre des anecdotes et d'en raconter lui-même, surtout un verre à la main. Il était toujours capable de boire jusqu'à l'hébétude, de ne dormir que quelques heures, de se lever à cinq heures du matin, comme les mineurs, avec une formidable gueule de bois, et de travailler allégrement toute la journée. Les douleurs dorsales et cervicales qui devaient le martyriser à la fin de sa vie et le neutraliser beaucoup plus souvent qu'il ne l'admit jamais, une fois apaisées par l'alcool, se résumaient alors à un élancement passager, à une crispation des muscles de l'épaule, à une raideur dans le mouvement de balancier qui précédait son fameux service canon. L'alcool lui servait d'anesthésiant.

On peut considérer le séjour de Richard à Céligny sous deux aspects, et c'est précisément ce qu'il fit lui-même. D'un côté, on pouvait estimer qu'il avait pris une décision déraisonnable en se coupant ainsi de ses contacts professionnels, de ses amis, des ragots, des plaisirs qu'il aimait tant, et en endossant le rôle du traître par excellence de la période d'austérité de l'après-guerre, celui du fraudeur fuyant le fisc. (Les plaisanteries adressées aux journalistes, sous-entendant que les acteurs devraient être exonérés d'impôts, ne firent certainement rien pour arranger les choses.) D'un côté, la fuite. D'un autre côté, on pouvait considérer cette retraite forcée comme une pause nécessaire et fort sage. En moins de dix ans, le vaurien sans avenir qui vivait aux frais de la RAF était devenu l'un des plus grands acteurs classiques de sa génération. Le West End veillait jalousement sur lui. Il avait un nom au cinéma, même s'il n'était pas encore une grande star hollywoodienne. Ses enregistrements radiophoniques connaissaient un succès considérable, qu'il s'agisse de pièces de théâtre ou de poésie. Il avait amassé une véritable fortune, selon la norme des années cinquante, et accumulé les expériences, sexuelles et mondaines, intellectuelles et sportives, vécues tour à tour dans la sobriété ou l'ébriété. Il était temps de digérer tout cela. Temps aussi de transporter son pays de Galles à l'étranger et de l'y implanter solidement. Temps de lire, de jouir de la compagnie d'Ifor et de Gwen, de penser au reste de la famille, d'établir un nouveau réseau d'agents et d'avocats, d'assistants et de copains acteurs, pour lui tout seul, à l'écart du showbiz. A Céligny, il aurait tout loisir de décider de façon précise, comme il éprouvait toujours le besoin de le faire, ce qu'il avait vraiment envie d'accomplir. Le métier d'acteur, c'était très bien. Cela pouvait même être sublime quelquefois. Mais la vie ne pouvait tout de même se réduire à cela.

Dérouté par son propre talent que, superstitieusement, il remettait sans cesse en cause, il avait toujours besoin de temps pour s'habituer à lui-même, et vérifier que ce talent ne lui avait pas faussé compagnie. Le moment était venu de repartir de zéro. Il repartait toujours de zéro.

Rapidement, avec détermination, Richard creusait son trou. Lorsque son père mourut (« Lequel ? »), à l'âge de quatre-vingt-un ans, quelques mois après son arrivée à Céligny, ni Richard ni Ifor n'allèrent à l'enterrement. Pour un homme qui se plaisait tellement à raconter ses histoires de famille, ce n'était pas une mince décision à prendre et les excuses en forme de boutades qu'il a pu avancer ne nous suffisent pas. Ce choix démontre clairement que les deux frères s'étaient finalement révoltés contre le rejet paternel. Dic le Charpentier, le Petit Dic. Dic l'ivrogne ramené à la maison sur les épaules d'Ifor à travers un réseau de rues inhospitalières éclairées au gaz. Un personnage muet et lointain dans l'existence de Richard, qui même s'il le protégeait à travers ses récits, voyait en lui l'anéantissement de la vie d'une femme, sa mère. Ne pas se déplacer, c'était faire un affront au passé, inhabituel. Le signe d'un déclin qui se changerait en désespoir avec la futilité de la vie.

Mais en septembre 1957 naissait Kate. Le premier enfant tant attendu. Burton venait de tourner avec Nicolas Ray. Il avait espéré, à tort hélas, que le réalisateur de *La fureur de vivre* produirait à nouveau une œuvre de qualité. *Amère victoire* est un mauvais film de guerre. On pourrait voir en ce titre un commentaire désabusé sur l'exil par trop hâtif de Burton. Lui-même n'aurait pas été de cet avis. Il avait fait ses malles pour aller vivre où il l'entendait, comme il l'entendait. Dans son pays de Galles helvétique, tel un croisé en route pour la Terre sainte.

CHAPITRE 11

LA SATISFACTION DU TRAVAIL ACCOMPLI

La naissance de Kate imprima un nouvel élan à la vie de Richard et de Sybil. Sybil semblait totalement rassurée maintenant. Elle était consciente de ce qu'elle avait, elle savait ce qu'elle voulait et ce qu'elle était prête à supporter pour l'avoir. Bon nombre de ses amies avaient certainement un époux plus fiable et plus fidèle et jouissaient de davantage de respectabilité, mais elles s'amusaient beaucoup moins qu'elle ! Leur vie manquait de poésie, de sexe, de piquant. Sybil connaissait bien son homme. Il défendait résolument la monogamie tout en réclamant la liberté de batifoler comme bon lui semblait. C'était assez courant. Ce qui l'était moins, c'était l'envergure des appétits sexuels de Richard, autant que l'intensité de son dévouement vis-à-vis de sa femme. Kate en était à la fois la preuve et la confirmation.

Plusieurs « théories » ont été avancées pour expliquer le comportement de Burton. On évoque bien sûr le plus souvent le désir d'être aimé, auquel on recourt systématiquement lorsque l'on est confronté à ce genre de phénomène. A cela on ajoute : « Plus il s'agit d'une grande star, plus ce besoin d'être aimé est grand. » C'est effectivement une explication plausible. Enfant, Richard fit l'objet d'une véritable adoration de la part de ses sœurs aînées, et les petites filles de son âge l'adulaient. Adulte, il se mit à considérer les femmes comme le gibier d'une chasse miraculeuse. Il était né chasseur et conquérant, et le monde dont il avait hérité ne lui laissait pas livrer d'autre bataille que celle des sexes. On sait qu'il faisait volontiers le récit de ses bonnes fortunes, même les plus modestes, tel un vieux soldat. C'était choquant, sans aucun doute, sauf aux yeux de la société masculine complice, proprement inadmissible dans notre monde post-féministe, et condamnable certainement aux yeux de ces hommes et de ces femmes qui professent l'absolue nécessité de garder dans l'intimité les affaires privées. Or pour Burton, ces choses-là n'étaient pas toujours de l'ordre du privé. Par naissance, par tempérament, par choix, il était de ces hommes qui s'efforçent de mettre leur virilité en relief et voient en la mise à l'épreuve de leurs capacités sexuelles... le sel de la vie. Les femmes complaisantes, qui se prêtaient au jeu, faisaient partie de la bataille.

En outre, le sexe étant un plaisir garanti, il ne fallait en aucun cas s'en priver. Burton fumait, buvait, vivait à fond chaque minute de la vie. Par ailleurs, il était capable de lire, d'écrire des heures durant, et de couler des jours très tranquilles.

C'était un guerrier ; et ses combats, il les menait contre ses anciens engagements, vis-à-vis de l'autre sexe d'abord, et finalement, avec de plus en plus de férocité, vis-à-vis de lui-même. La guerre, il fallait à tout prix en faire une, quelle qu'elle soit. Sinon la vie d'un homme n'avait pas de sens.

L'espace de quelques mois, toutefois, pendant la grossesse de Sybil, il parut trouver quelque apaisement. Kate parle de son père avec beaucoup de chaleur et de reconnaissance. Si l'on peut juger des qualités d'un père d'après les appréciations de ses enfants, Burton a indéniablement rempli son contrat à cet égard. Kate, en tout cas, n'en doute pas. Les amis de Richard, sachant pertinemment ce que la famille signifiait pour lui, virent la naissance de Kate en Suisse comme la meilleure chose qui pouvait lui arriver. Tout était à sa place désormais. Ifor construisait un chalet dans le jardin pour agrandir les lieux. Gwen était là pour tenir compagnie à Sybil. Kate était un beau bébé éveillé. Le café de la Gare servait un excellent vin, un plat de poisson délicieux, et se trouvait à deux pas. La Suisse n'offrait strictement aucune tentation.

Mais *Amère victoire* fut un fiasco et le bruit courut que Burton n'était décidément pas un atout pour le box-office, qu'il représentait un mauvais investissement. Maintenant qu'il avait tout préparé en vue de tirer au maximum profit de son oasis, loin des agents du fisc, déterminé à enrichir son nid domestique à coups de raids judicieux à l'étranger sur les terres bénies des films à gros budget, voilà qu'il se retrouvait le bec dans l'eau. Le téléphone cessa de sonner. Le facteur ne déposait plus de scénarios sous le paillasson. En d'autres termes, il s'était mis sur son trente et un, mais on ne l'invitait nulle part.

L'incertitude est certainement, dans la vie d'un comédien, l'élément le plus facile à comprendre. C'est là une chose contre laquelle la plupart d'entre nous luttons notre vie durant. Rares sont les acteurs qui ne sont pas contraints à de longues périodes d'oisiveté. Cela peut être humiliant, si l'on ne se préserve pas : vous êtes là, disponible, acteur ou actrice de grand talent, et personne ne fait appel à vous, personne ne reconnaît ce talent, tout le monde se fiche éperdument de vous. Burton avait perdu l'habitude de ne rien faire. A ce stade de sa vie où il avait un maximum de responsabilités et où il avait mis toutes les chances de son côté pour revivre un semblant de félicité conjugale, voilà que sur le plan professionnel, c'était le désert.

De sorte que lorsqu'à la fin de 1957, on lui proposa de remonter sur les planches, en Amérique, il ne se fit pas prier. Cela devait lui rapporter un bon paquet d'argent et lui remettrait le pied à l'étrier. Il s'agissait d'une comédie, *Léocadia*, d'Anouilh, alors généralement considéré comme un auteur dramatique intellectuel. Burton y partagerait la vedette avec Helen Hayes, et Susan Strasberg jouerait le rôle de la jeune fille. A peine débarqué du bateau, Richard entama une fougueuse liaison avec cette dernière. Elle en rendit compte avec force détails dans ses *Mémoires* intitulés *Doux-Amer** nous offrant par la même occasion le premier aperçu d'un amour de Richard Burton vu sous l'angle féminin.

C'est un récit fascinant, honnête, généreux qui nous en dit fort long. Susan Strasberg avait des parents remarquables : Lee et Paula Strasberg vivaient exclusivement pour le grand art, et en particulier, pour le théâtre. Ils étaient de ceux qui donnent la priorité aux expériences créatives fortes. Cette philosophie amènerait Lee Strasberg à fonder l'Actor's Studio, et il est évident que certains des plus grands acteurs américains doivent énormément à son enseignement, à commencer par Marlon Brando. Par ailleurs, c'est à son épouse Paula qu'il faut attribuer notamment l'émergence de la future Marilyn Monroe, qui en

* Publié en traduction française aux Presses de la Renaissance en 1980.

venant recevoir la bénédiction de l'Actor's Studio, à l'instar de Brando et compagnie, noua avec Paula une relation complexe et exigeante qui allait durer des années. L'art était un idéal et, de ce fait, la justification de tous les excès. C'est pourquoi les Strasberg allaient très bien accepter cette liaison apparemment passionnée entre cet homme marié et père de famille, la trentaine passée, séducteur notoire, et leur fille âgée de dix-neuf ans, couchant ensemble sans vergogne à une époque où cela ne se faisait pas du tout chez les jeunes filles de bonne famille. En réalité, Paula s'en félicita. Quant à son mari, il s'y intéressa de très près.

Il faut dire que les Strasberg n'avaient pas froid aux yeux : ils n'avaient pas hésité non plus à faire monter leur fille sur les planches dès l'âge de quinze ans. Susan fit en effet ses débuts à Broadway dans le rôle d'Anne Frank. Un rôle-vedette dont elle s'acquitta avec brio. Pas plus qu'ils n'y réfléchirent, semble-t-il, à deux fois avant de faire froidement irruption dans la loge de Susan à la fin de la difficile première de *Léocadia*, pour lui décréter qu'elle avait épouvantablement mal joué, refusant même de la laisser les embrasser. « Comment peux-tu me faire ça à moi ? » se serait exclamé sa mère. Une mère sur laquelle Susan ne pouvait guère compter cependant, comme elle l'apprit à ses dépens : dans un moment de détresse, Paula choisit de prendre l'avion pour la Côte Ouest afin d'être aux côtés de Marilyn, son élève-star, alors en plein tournage, plutôt que de rester auprès d'elle.

Dans *Léocadia*, Richard incarnait le rôle d'un prince, et Susan, celui de la jeune fille naïve qui tombe éperdument amoureuse de ce dernier. On serait tenté de dire que la réalité dépassa la fiction, mais il faut préciser au moins deux choses : Susan n'était plus vierge et les hommes plus âgés qu'elle, et mariés, ne lui étaient pas étrangers. Et puis Burton était prêt, à tout moment et plus particulièrement au début, à surmonter des obstacles qui auraient certainement dissuadé, ou au contraire aiguillonné, un simple Casanova de parade. Car même si Mlle Strasberg tomba effectivement amoureuse de lui et partagea son lit avec lui tout au long de la tournée, elle avait laissé son diaphragme à New York ! Leur liaison en fut amoindrie.

Aux dires de Susan, et d'autres l'ont confirmé, Richard succomba à ses charmes tout à fait innocemment et sans s'en cacher. Il avait bien un appartement, mais ils n'avaient pas de rendez-vous secrets. On les voyait ensemble dans les night-clubs et dans les bars fréquentés par les gens de théâtre. Il y eut des déjeuners en famille chez les Strasberg, le dimanche, des dîners avec Olivier, Ustinov, Philip Burton, Fonda. Sous le regard désapprobateur d'Helen Hayes, qui redoutait que Richard ne gaspillât son talent et que Susan ne mît en péril ses futures chances de trouver un époux, Richard tenait un bar dans sa loge (celui qui restait ouvert le plus tard dans tout Broadway !) où Susan se comportait véritablement comme s'il lui avait promis le mariage. En attendant, la pièce suscitait de bonnes critiques, ce qui surprit Richard. (Il confia à Philip que son rôle le déprimait.) De bonnes critiques, certes, mais pas de bénéfices. Le producteur se plaignit de ce que les acteurs étaient trop grassement payés.

Richard présenta Susan à David, le frère de Sybil. Comme il le lui avait recommandé, elle déclara, en gallois, qu'elle aimait Richard plus que quiconque au monde. Il organisa une surprise-party en son honneur dans un théâtre désaffecté, où il convia l'essentiel du gratin de Broadway. Il lui offrit une broche ornée d'un diamant qu'elle adorait et dont elle ne se séparait jamais ; ainsi qu'un tailleur en satin qu'elle détestait parce qu'« il lui donnait l'impression d'être une maîtresse. » Il lui offrit aussi un manchon et une étole de vison blanc qu'elle trouva merveilleux jusqu'au jour où elle apprit que Sybil avait eu droit à un manteau de vison. Avait-il acheté le lot ?

Il lui donna surtout... des mots, des mots à lui, ceux de Shakespeare, de Shelley, de Dylan Thomas, et des promesses. De l'aimer pour toujours. De rester auprès d'elle jusqu'à la fin de ses jours ; de ne jamais la laisser partir. Il semble qu'il se soit montré aussi possessif à son égard qu'elle était elle-même jalouse. Peut-être était-il sincère.

Son enthousiasme, certainement, portait à le croire, mais il faut bien admettre qu'il était souvent (Non, *toujours*, concède gracieusement Mlle Strasberg en personne) fort éméché quand il s'enflammait ainsi pour elle et la couvrait de cadeaux. *In vino veritas ?* Pourquoi pas ? C'étaient les Assyriens, me semble-t-il, qui avaient pour règle de débattre à deux reprises des questions importantes : la première fois ivres, la deuxième fois, l'esprit clair. Où tranche-t-on ? Le Burton sobre fit venir Sybil et la petite Kate à New York, les installa dans un appartement et donna en leur honneur une spectaculaire soirée familiale hawaiienne. Il était extrêmement rare qu'il découchât ; il finissait toujours par rentrer, même si c'était à une heure avancée de la nuit. Dès la fin de la pièce, il reprit le bateau en famille à destination de la Suisse... après une promenade nocturne en carriole dans Central Park, en compagnie de Susan, sous une couverture infestée de puces. Et pourtant, il lui avait promis la lune.

Nous n'hésitons certainement pas à taxer de la pire infamie les individus qui se permettent de transgresser ainsi les commandements de la morale. On serait aussi tenté d'accuser Burton de cupidité et de folie. Ne peut-on pas voir une sorte de dédoublement de la personnalité dans ces phases d'ivresse entrecoupées de moments de sobriété ? De fait, Richard redoutait d'être ennuyeux quand il ne buvait pas, et s'estimait beaucoup moins insipide lorsqu'il avait un verre dans le nez.

L'alcool était peut-être une fuite. Mais c'était surtout pour Burton une manière de se découvrir une personnalité plus plaisante et magique. Dans l'ivresse, si tant est que l'on soit suffisamment fort pour supporter l'alcool, on peut vivre l'expérience tout orientale du présent continu. « Je t'aime pour toujours » signifie alors que l'instant durera toujours, que l'amour ne cessera jamais d'exister en ce sens apparemment profond. On fait fi de la chronologie. « Tu es la femme de ma vie » veut bien dire ce que cela veut dire... sur le moment. C'était parfaitement injuste, bien sûr, pour Susan, mais elle n'était pas sans connaître l'existence de Sybil et de Kate. Elle avait rencontré Sybil et savait pertinemment que Richard s'était juré de ne jamais quitter son épouse. Elle eut le cœur brisé quand il partit, mais l'un de ses amis fit observer sans détour que « ce n'était pas la première fois ».

Ce qui est intéressant dans tout cela, c'est l'intensité et la sincérité des sentiments que Richard manifesta à l'égard de Susan. Il prit beaucoup plus de risques par rapport à sa réputation qu'il n'était nécessaire et en révéla bien plus long qu'on ne le lui demandait. Il était amoureux, le démontra amplement et ne fit rien pour le cacher. Ce n'était pas tant un besoin d'être aimé qui s'exprimait ainsi (bien que nous partagions tous ce désir, dans une certaine mesure) qu'un immense appétit d'amour : Burton était amoureux de l'amour. Plus tard dans sa vie — était-il ivre ou non ? —, il reconnut avoir aimé toutes sortes de femmes : des vieilles, des jeunes, des grosses, des lisses, des poilues, des belles, des laides, de toutes les confessions, de toutes les couleurs, de tous les âges, de tous les genres, et précisa qu'il avait adoré leur faire l'amour, à toutes ! Peut-être existait-il un équilibre clé entre l'acte d'amour et sa haine foncière du contact physique. Cela laisse supposer, en tout cas, indubitablement, la présence en lui de plusieurs facettes contradictoires mais susceptibles de coexister, à ce stade, en bonne intelligence. Cela met aussi en lumière sa détermination à prendre des risques et à explorer les limites de sa personnalité, où que ce soit, dans les rues, dans les bars, au lit autant que sur la scène.

Dans *Doux-Amer*, Susan Strasberg parle d'une manière tout à fait significative du rôle de l'alcool dans la vie de Burton. Il est clair qu'à trente-deux ans, il était déjà parfaitement conscient de l'emprise que la boisson avait sur lui. Il écrit d'ailleurs à Sybil qu'il commence à considérer l'éthylisme comme un problème pour lui. Lors des périodes de tempérance, le verre de champagne qu'il tient sur la scène tremble comme dans la main d'un parkinsonien. Il avoue à Susan qu'il a peur d'en mourir un jour. Mais il ne doit pas mourir. Il faut qu'il vive pour l'aimer. Seulement la volonté d'aller jusqu'au bout de soi-même, de profiter de tout ce que la vie avait à offrir, et le plaisir qu'il éprouvait à se mettre lui-même à l'épreuve sur cette voie unique qui s'ouvrait à lui étaient plus forts que tout. Ce sont des tentations qui assaillent toujours ces hommes et ces femmes issus des couches sociales les plus démunies, parvenus un beau jour aux sommets de la gloire, et qui provoquent le plus souvent leur ruine.

A New York, Burton le buveur insatiable, le tombeur de ces dames, le conteur, le généreux bienfaiteur qui donnait gracieusement des cours sur Shakespeare aux autres acteurs et à leurs amis, finit par devenir une sorte de légende. Les survivants de cette époque s'en émeuvent encore et ils n'ont jamais oublié combien ils se sont amusés en sa compagnie. Burton était une source d'énergie inépuisable qui illuminait l'existence de ceux qu'il rencontrait en chemin.

Cette révélation sur ses problèmes avec l'alcool est importante parce qu'elle prouve qu'il s'en inquiéta bien avant de l'admettre ouvertement. S'il cessait de boire, ne risquait-il pas de s'effondrer d'une manière ou d'une autre ? Cela lui faisait aussi terriblement peur. L'angoisse du voile noir. L'alcool était une force dans sa vie. A ce stade, il ne semble pas que cela l'ait empêché de faire tout ce qu'il avait envie de faire, dans son travail comme en dehors. Mais tout comme ces douleurs qui lui empoisonnaient de plus en plus l'existence, cette inquiétude persistante à propos de son accoutumance à l'alcool préfigurait déjà les violents combats intérieurs qui le hanteraient plus tard, et jusqu'à la fin de ses jours.

Le Burton de cette période new-yorkaise nous apparaît comme un homme prêt à tout et déterminé, semble-t-il, à se définir par rapport à des normes extrêmes. Tel un athlète cherchant à donner son maximum, Burton était résolu à aller jusqu'aux limites de lui-même. Sa consommation d'alcool allait bien au-delà de l'alcoolisme mondain ou de l'esbroufe. Il arrivait déjà très éméché dans un bar à minuit, et le lendemain matin, on le retrouvait là, tenant toujours de grands discours et descendant avec constance doubles vodkas et verres de bière. Son histoire avec Susan Strasberg n'avait rien d'une toquade ni d'une amourette d'une ou deux nuits. Ce fut une vraie passion qu'il vécut au grand jour, malgré tous les risques que cela comportait. A côté de cela, son mariage se portait très bien. Tout le monde le disait. Et Sybil entretenait les rouages d'une vie familiale et sociale agréable, en organisant des randonnées, des pique-niques, des dîners. Richard passait des heures à débattre du métier d'acteur avec Lee Strasberg, qui lui vouait une grande admiration ; puis il réfléchissait longuement, à sa manière, à tout ce qu'ils s'étaient dit... pour revenir finalement à son point de départ. Il n'était pas un domaine qu'il laissât inexploré.

Pour une multitude de raisons, la plupart enfouies dans les profondeurs de son inconscient, il s'acharnait à se façonner lui-même et à creuser son sillon dans la vie avec une véhémence digne d'un démon celtique, se mettant au défi de donner le meilleur de lui-même, attendant de pied ferme les pires difficultés. Sa vie dépassait de loin les limites de l'acceptable et de l'accepté, quelles que soient les normes prises en compte. Foncièrement indépendant, il suivait le chemin qu'il s'était tracé. A ce stade, cela lui convenait de mener de front plusieurs vies et il n'allait sûrement pas s'en priver.

Pendant ce séjour à New York, on fit appel à lui pour une version télévisée des *Hauts de Hurlevent*, qui donna lieu à d'excellentes critiques. Philip Burton, partial certainement mais non dénué de discernement, trouva que Richard y était superbe. Certains allèrent même jusqu'à le trouver meilleur que Laurence Olivier. Olivier était un ami de Richard et un de ses admirateurs. Même si ce dernier voyait en lui un aîné, il ne faisait aucun complexe vis-à-vis de lui. Il appréciait beaucoup Gielgud auquel il était profondément attaché, tant pour l'homme qu'il était que pour l'aide qu'il lui avait apportée au tout début de sa carrière.

Pour Olivier, il était un rival potentiel, notamment dans le cas des films où leur profil d'acteur les rendait interchangeables. Ils n'étaient pas encore des stars, ni l'un ni l'autre ; pourtant, on les considérait tous les deux comme des comédiens de tout premier ordre. Comme Olivier, Richard manifestait encore un certain mépris vis-à-vis de ses films, par mesure de défense. Plus tard, il aurait affaire à des metteurs en scène qu'il pourrait respecter. Il finirait par admettre l'étiquette qu'on lui collait, celle de l'acteur musclé doté d'un quotient intellectuel satisfaisant, et par accepter ce qu'on lui offrait.

A Hollywood, royaume du cinéma, Burton savait très bien que sa survie dépendait autant de la teneur des contrats que de la qualité du travail fourni. Il devint un âpre négociateur. De sorte qu'à la fin des années cinquante, son compte en banque continuait à se remplir même si sa carrière semblait ne le mener nulle part. C'est à peu près à cette époque-là que son entourage de conseillers, d'agents, d'avocats, jusque-là restreint, commença à prendre des proportions imposantes : à Aaron Frosch et Valerie Douglas, vinrent s'ajouter Norman Gyre, de la Goring, Gyre, Tyre, Rudin and Brown, pour l'Amérique, Pierre Folliet pour la Suisse, et Hugh French, à Londres.

Pour survivre en affaires, il devint donc homme d'affaires, et commença à accumuler des monticules de dossiers jaunes bourrés de jargon, de comptes rendus de tractations, de chiffres, de pourcentages... Là encore, comme à son habitude, il ne lésina pas sur les moyens, de sorte qu'à la fin des années cinquante, après ce qui avait été pour lui une période plutôt médiocre sur le plan professionnel, il pouvait se flatter d'avoir amassé un million de dollars qu'il gardait précieusement dans ce fameux compte en banque suisse, dont il révélerait les mystères à un groupe de journalistes anglais médusés, qui en étaient restés à l'imposition à 98 p. 100 et aux dépenses personnelles limitées à cinquante livres par jour pour toute visite à l'étranger. Les pauvres croyaient encore que le seul moyen de devenir riche un jour, c'était de gagner le jackpot de 75 000 livres que pouvaient rapporter les paris sur le football.

L'obstination de Burton à mener sa barque tout seul et à afficher son désir de faire fortune finit par lui causer des ennuis. En Angleterre, à cette époque, gagner beaucoup d'argent avait quelque chose de vulgaire. De soi-disant patriotes le montraient du doigt. Certains acteurs, dont le talent ne risquait sûrement pas de les exposer aux sirènes du succès, lui reprochaient ce qu'ils tenaient pour une capitulation de sa part. Une poignée de critiques insidieux n'avaient de cesse de ternir sa réputation et profitèrent de ce prétexte de l'argent pour s'en prendre à ce qu'ils détestaient foncièrement chez lui — ses origines galloises et ouvrières, ses succès, auprès des femmes en particulier, son talent, et ses manières qui n'avaient rien de britannique. Comme toujours, les meilleurs (Olivier, Gielgud, Neville, Tynan, Hall, et Brook) se montraient beaucoup plus compréhensifs. Ils avaient une idée assez précise de la difficulté et de l'intérêt qu'il pouvait y avoir, pour un homme comme Burton, à se bagarrer jusqu'à ce qu'il ait obtenu ce qu'il voulait, sans jamais renoncer à ce qu'il chérissait et à ce qui comptait vraiment pour lui. Entre autres choses les dettes et les responsabilités qu'il estimait avoir vis-à-vis des siens, et sa sincérité.

Aujourd'hui encore, dans les antres glacials et pleins de courants d'air de l'hypocrisie britannique, on s'obstine à vilipender Burton sous prétexte qu'il ne se serait jamais soucié que de faire de l'argent. A deux reprises déjà, et pendant de longues périodes, il avait tourné le dos à ce que ses détracteurs auraient peut-être accepté comme la rançon du roi, en refusant de réintégrer la troupe de l'Old Vic, à raison de quarante-cinq livres par semaine. Voilà qu'il allait répéter cet affront, avec encore plus d'outrecuidance que d'habitude !

Laurence Olivier donna une soirée à New York à bord d'un bateau loué pour la circonstance. Le menu était à base de moules et de coques. On n'aurait pu faire plus anglais. Ni plus Sunset Boulevard, eu égard au nombre de stars présentes. Ce soir-là, Burton fit la connaissance de John Osborne, l'auteur dramatique anglais le plus en vue depuis la guerre. *Look Back in Anger* avait incontestablement été la Bible de toute une génération, tout en imposant à l'Angleterre une autre vision d'elle-même. Depuis lors, Osborne était sans doute l'une des figures les plus controversées et les plus redoutées de l'actualité culturelle britannique. C'est un original, un séduisant mélange d'intellectuel strict et d'officier de cavalerie exalté, à la fois exigeant et merveilleusement insolent. Burton fut tout de suite fasciné. Osborne lui-même fut très attiré par le jeune acteur. Accepterait-il de jouer le rôle de Jimmy Porter, le héros de *Look back in Anger*, au cinéma ? La présence de Burton permettrait certainement à Osborne d'obtenir le soutien financier nécessaire, et peut-être même, qui sait ?, de réaliser des bénéfices. Richard n'hésita pas une seconde.

Ses conseillers furent consternés. Ils étaient en train de négocier pour lui un contrat portant sur trois films avec la Warner, et Burton laissait tomber ! L'affaire devait lui rapporter 450 000 dollars environ. Pour *Look Back in Anger*, il toucherait moins de 100 000 dollars. Il renonçait donc à quelque 350 000 dollars. Pour avoir l'équivalent en monnaie d'aujourd'hui, il faudrait multiplier au moins ce chiffre par douze. Soit un manque à gagner de plus de quatre millions de dollars. Ceci à un moment où Richard était particulièrement déterminé à bâtir sa fortune et où, dans le contexte d'Hollywood, un contrat avec la Warner aurait été fort bien venu. Pour un homme soi-disant exclusivement limité à des œuvres alimentaires, c'était là une décision pour le moins surprenante. Pour un texte de qualité, il était prêt à renoncer à tout.

Richard profita aussi de son séjour à New York pour tâcher de mettre sur pied un projet qui lui tenait à cœur et qu'il avait échafaudé avec Philip : un film basé sur *Coriolan*. Philip lui avait soumis un récit de la vie de Simon Bolivar, le personnage clé du mouvement d'indépendance en Amérique latine au début du XIXe siècle. Rémunéré par Richard, il avait donc entrepris d'écrire un scénario inspiré par ces deux personnages au destin parallèle. Pendant ce temps-là, il était entendu que Richard s'efforcerait de réunir les fonds nécessaires à la réalisation du film. Il échoua en définitive, mais l'énergie qu'il investit dans ce projet qui aurait pu s'avérer une entreprise originale et audacieuse confirme, s'il est besoin, son attachement aux sujets ambitieux. Il se rattrapa avec *Look Back in Anger (Les corps sauvages)*.

La mise en scène avait été confiée à Tony Richardson, un ancien élève d'Oxford (ce qui flattait le côté snob et intellectuel de Burton). Richardson était au sommet de sa forme à ce moment-là. Quelque temps plus tard, la critique le confirmerait d'ailleurs en lui décernant un Oscar pour *Tom Jones*. Burton partageait la vedette avec Claire Bloom et Mary Ure. Il interpréta le personnage de Jim Porter avec audace, sans réprimer sa propre puissance sexuelle, mais en la forçant au contraire et en la déformant. Dans *Les corps sauvages*, il nous subjugue par la force de sa rancœur, toute prolétarienne, contre ce qu'il considère comme les privilèges immérités consentis par la société à la femme qu'il a épousée, en comparaison avec le sort misérable réservé à sa vieille logeuse, personnage ô combien émouvant. Il s'agit à bien des égards d'un mariage de revanche.

Burton/Porter va en effet frapper l'élitisme injuste et méprisant des classes supérieures britanniques, au cœur même de leurs institutions : la famille. Il prend là des risques colossaux, sans se préoccuper de son image. Il se pose comme un homme consumant le monde et lui-même dans le feu de sa juste révolte. Il peint en outre avec férocité le caractère désespérant de l'amour idéalisé. Cette remarquable prestation contribua pour une large part à rétablir sa réputation en Angleterre et lui donna des satisfactions auxquelles il n'était pas habitué. Il s'en ouvrit à Philip :

> Il semble que le tournage se soit bien passé, même si je sais, et pour cause, qu'il y a pas mal de choses qui clochent. Mais tout le monde est très content de tout le monde. Tony Richardson et John Osborne m'ont tous les deux écrit : des lettres dignes d'Edmund Kean et qui d'ailleurs auraient très bien pu lui être adressées. Je me suis donné à fond et j'espère avoir su restituer tout le côté humoristique de la chose. L'histoire contient, on l'oublie, une bonne dose d'humour noir, décapant... Je te promets qu'il n'y a pas une once d'auto-apitoiement dans ce que j'ai fait. Pour la première fois de ma vie, je meurs d'impatience de voir un film dans lequel je suis.

La plupart des critiques américains détestèrent le film et trouvèrent la prestation de Burton mauvaise. Il y avait longtemps qu'on ne faisait plus grand cas de lui outre-Atlantique. *Les corps sauvages* fut un échec commercial. Harry Saltzman, le producteur, en attribua la faute à Burton qu'il décréta « totalement inadapté au rôle ». Saltzman a parfaitement tort. La mise en scène de Tony Richardson fait ressortir l'atmosphère sordide, déprimante, lugubre, le côté bas-fonds londoniens sous l'ère victorienne du film. Il semble qu'il ait profité de toutes les occasions pour répercuter par le biais des personnages une certaine conscience sociale. Burton lâche fielleusement des phrases qui jettent un froid : « Pourvu qu'il meure, cet enfant », « Que le bébé ait deux têtes au lieu d'une, ça m'est parfaitement égal ». On comprend que certains aient eu de la peine à aimer ce film. Trop dérangeant. On pouvait être ému et admirer la prestation des acteurs. Ou bien l'on partait en courant. Mais blâmer Richard est ridiculement injuste. Pourtant, ces calomnies entachèrent sa réputation. Les avis se durcirent encore : on doutait de plus en plus de sa présence à l'écran, y compris dans les films d'art et d'essai.

En attendant, il semble que Claire Bloom ait réapparu à ses côtés, dans la vie comme dans le film. A peine arrivée aux studios pour retrouver son amant après de longues semaines de séparation durant lesquelles elle n'avait cessé d'échafauder des plans pour le rejoindre outre-Atlantique, Susan Strasberg se vit flanquer sans façon à la porte de sa loge et enfermer dans les toilettes adjacentes juste avant l'arrivée de Claire. Burton n'avait pas mis longtemps à lui signifier que tout était fini. Susan alla rôder sur le pont de Waterloo, la mort dans l'âme, et très humiliée par l'épisode des toilettes. Elle songea un instant à se précipiter dans la Tamise puis, forte de ses vingt ans, elle s'en fut prendre le premier avion pour New York. Il est difficile d'expliquer l'attitude de Richard à son égard. Peut-être estima-t-il que cette situation vaudevillesque devenait par trop compliquée. A moins qu'il n'ait considéré qu'à Londres, sur son propre terrain, les règles du jeu étaient nécessairement différentes. Ou bien peut-être n'était-il pas du tout amoureux de Susan, ce qui paraît au fond l'explication la plus plausible. En attendant, l'attitude de Sybil n'était pas plus claire. Comment jugeait-elle tout cela ? Mystère. Les points de vue de ses amis diffèrent considérablement. Certains affirment qu'elle était au courant de tout, qu'elle en souffrait terriblement, mais en silence. D'autres soutiennent qu'elle savait mais que cela lui était égal. D'autres encore qu'elle ne connaissait qu'une partie de la réalité et en prenait son parti. D'autres enfin qu'ils avaient une relation de frère et sœur, celle de deux enfants du pays de Galles, lancés à la conquête du monde, une relation qui pouvait s'accommoder de beaucoup de choses tant que cela n'affectait pas le principal dessein et qu'ensemble, ils gagnaient du terrain.

Il vaut la peine de noter que le look de Burton dans *Les corps sauvages* n'a plus grand-chose à voir avec l'apparence qu'il avait, disons, cinq ans plus tôt, dans *La tunique*. Il ne rase plus sa poitrine à la toison abondante, à présent ; les rondeurs ont disparu, tout comme le côté jeune premier. Désormais, c'est un homme mûr, viril, d'une beauté extraordinaire, intelligent, généreux mais dangereux aussi. La froideur du regard, l'agressivité verbale : il se reconnaissait bien en Jimmy Porter, et c'est là une facette de sa personnalité qui en dit plus long sur lui que ses excès ou sa vantardise toute galloise et somme toute sympathique. On découvre là un être tourmenté, révolté, en proie à une indicible souffrance que seul un humour caustique lui permet de surmonter. Quelqu'un qui croit pouvoir se jouer du diable, sans risquer de s'exposer aux feux de l'enfer.

De retour en Angleterre pour le tournage des *Corps sauvages,* Richard retrouva avec satisfaction ses anciennes habitudes. Il enregistra pour la radio une pièce galloise intitulée *Brad (Trahison),* de son compatriote Saunders Lewis, contemporain et ami d'une de ses idoles, le poète et peintre David Jones. Il était très fier que l'on pût encore faire appel à lui pour jouer en gallois. Une fois encore, il vaut la peine de s'arrêter un instant ici pour considérer la nature exceptionnelle d'un homme capable de refuser l'équivalent de quatre millions de dollars offerts par Hollywood, pour se satisfaire le lendemain des quatre ou cinq cents livres que lui payait la BBC.

Il profita bien évidemment de son séjour à Londres pour se rendre au pays de Galles. Quand il allait là-bas, il n'avait pas à s'embarrasser de fausse modestie. Tout le monde s'attendait à ce qu'il se comportât en grande star, ce qu'il était indéniablement aux yeux de ses compatriotes. Un ami d'un de ses frères lui demanda un jour dans un pub : « Et Brando ? Qu'est-ce que tu penses du petit Brando ? — Très bon », répondit Richard qui effectivement l'aimait beaucoup. Vraiment très bon. — Je sais, reprit le Gallois, mais Rich, est-ce que tu peux le *battre* ? » Dans ce genre de circonstances, il avait suffisamment de savoir-vivre pour ne pas leur faire faux bond.

Il arrivait en Rolls. La voiture s'arrêtait devant le pub. Un vieil ami de son père, qui avait toujours rêvé d'être Pierrepont le bourreau, s'y installait alors et passait des heures dans le ravissement le plus total à caresser les garnitures intérieures. Il ne voulait pas aller faire un tour. Il voulait simplement rester là, tout seul. A l'intérieur du pub, Richard avait déjà offert la première tournée générale et entamé un nouveau chapelet d'anecdotes sur les gens riches et célèbres de ce monde. Pour les siens, il était prêt à donner autant, si ce n'était plus, que ce qu'il dispensait d'énergie pour un grand film. On rejouait de mémorables matches de rugby ; des personnages d'antan ressurgissaient comme par enchantement dans les récits. L'amour de Burton pour son pays était profondément sincère et contagieux. Il restait fidèle à lui-même et se montrait aux siens tel qu'il était désormais, sans faire semblant d'être « comme eux ». Il n'avait pas besoin de faire semblant. Mais il avait changé, il changerait encore bien plus, et il leur faisait l'honneur non seulement de le leur révéler mais aussi de célébrer avec eux sa réussite.

La famille commença alors à avoir un avant-goût de la

formidable campagne de générosité dont Richard les ferait profiter, ainsi que leurs enfants et d'autres parents et amis gallois, jusqu'à sa mort. Et même après sa mort. Il acheta une maison pour Cis et Elfed. Tout le monde reçut de l'argent. Il installa Ifor et Gwen à Squire's Mount dans le quartier d'Hampstead. Tom eut droit à un bungalow, Hilda à une maison dans un lotissement, Will, Verdun, David et Graham eurent chacun une voiture. Il distribuait régulièrement des chèques à la ronde, en particulier à Noël... et pour les vieux de Caradoc Street eux-mêmes, il finançait des excursions...

Lui-même continuait à vivre assez modestement. La villa de Céligny n'était pas plus spacieuse que bon nombre de cottages anglais modestes. Pas de meubles anciens ni de toiles de maîtres, pas de tapis persans ni de vases Ming, pas de livres rares ni de cave exceptionnelle. Pas d'équipement de sports de luxe, pas de chevaux ni de vêtements de haute couture. En revanche, un nombre impressionnant de livres, principalement des livres de poche. Question alcool, une ou deux douzaines de bouteilles de bordeaux, tout au plus, un peu de vodka, juste de quoi satisfaire d'éventuels invités. Mais le mieux, bien sûr, c'était de les emmener en face, au café de la Gare. Le mobilier était de bonne qualité, mais sans prétention. Burton ne portait que des vêtements de confection, qu'il achetait sans réfléchir, comme le font souvent les hommes. Son seul luxe, c'étaient les voitures. Il conserva toujours la MG couleur de voiture de pompier ; mais il avait systématiquement un autre véhicule à côté, en général une Cadillac ou une Rolls, qui lui servait pour la plupart de ses déplacements. En dehors de cela, il mettait de l'argent de côté, pour sa sécurité financière, qu'il ne tarda pas à acquérir, et puis pour subvenir aux besoins de sa famille et de ses amis. Il commença par des logements, des pensions, des cadeaux en espèces, pour finir par des folies : un aller et retour New York, puis Budapest, pour toute la famille, puis la location de tout un étage de l'hôtel Dorchester afin de loger tout le monde...

En 1959, l'année qui suivit le tournage des *Corps sauvages*, Burton fit deux films, *Bramble Bush (Le buisson ardent)* et *Ice Palace (Les aventuriers)*, mis en scène par Vincent Sherman. Pour chacun de ces films, il toucha un cachet de 125 000 dollars, sans compter les heures supplémentaires qui, dans le cas des *Aventuriers*, doublèrent ses rentrées. Daniel Petrie, metteur en scène du *Buisson ardent*, avec lequel Richard avait déjà eu affaire dans les *Hauts de Hurlevent*, en fut réduit à conclure à nouveau que même si Burton était « incontestablement l'un des plus grands acteurs du monde », il ne passait pas à l'écran. Il est possible que la mise en scène y ait été pour quelque chose ; à moins que cela ne tienne au fait que la censure américaine jugea bon de tronquer la fin du film, qui perdit ainsi tout son sens. En théorie, cela avait paru une décision sensée, compte tenu du fait que le film traitait d'un problème ô combien sensible : l'euthanasie. Comme la plupart des metteurs en scène, Petrie admirait le professionnalisme de Burton : le fait qu'il ne faisait jamais d'histoires ni de caprices, sa ponctualité, l'attention qu'il accordait aux autres acteurs, la complaisance avec laquelle il se conformait aux souhaits du réalisateur. A l'instar des autres metteurs en scène, Petrie s'abstint judicieusement de défier Burton ou de le mettre inutilement à l'épreuve.

Quelque temps plus tôt, Richard avait embauché un dénommé Bob Wilson « pour s'occuper de lui ». Un grand Noir efflanqué originaire du New Jersey qui avait notamment pour mission de faire en sorte qu'à cinq heures du matin, un grand verre de vodka-tonic, le premier de la journée, se retrouvât dans la main tendue de Richard. A cette époque-là, il ne buvait jamais avant cinq heures du soir quand il tournait. En revanche, rien ne l'aurait empêché d'écluser ce premier verre à l'heure dite.

Vincent Sherman, le metteur en scène des *Aventuriers*, adapté du roman d'Edna Forber, comparait souvent Burton à Clark Gable : la même facilité, l'absence de chichis, l'affection masculine qu'il suscitait, ainsi que la dureté, les origines, l'audace, l'humour, l'agrément de sa compagnie et l'attrait inexorable qu'il exerçait sur les femmes. Le tournage se déroulait en Alaska, ce qui posa de nombreux problèmes. Obligé de se lever à cinq heures du matin, Burton préférait souvent ne pas se coucher et passer la nuit à picoler. Tout le monde sur le plateau, par des températures le plus souvent inférieures à zéro, pour des prises et reprises, chacun était pétrifié de froid sur place en attendant son tour. Burton ne se plaignait jamais. A Jim Backus (la voix de Mr. Magoo), qui partageait ses nuits d'ivresse en Alaska, il déclara pourtant : « Quand je pense que nous sommes ici sur le toit du monde, en train de nous soûler à trois heures du matin, tout cela pour produire cette merde... » Ce en quoi il n'avait pas tort. Or, une fois de plus, on constate avec intérêt que Richard dissocie totalement le mépris que lui inspirait le film et la qualité du travail qu'il se doit de fournir. Là encore, pourtant, il nous offre quelques superbes envolées, notamment lorsqu'il prend la défense des ouvriers. Un soir très tard, dans un bar local, alors que de vrais ouvriers étaient en passe de troubler sérieusement l'ambiance, Richard se tourna brusquement vers eux et leur adressa une formidable tirade de Shakespeare qui leur cloua le bec. Il n'y en avait pas deux comme lui.

Pendant que Richard tournait *Les aventuriers*, Sybil donna naissance à une deuxième fille, Jessica. Philip se souvient que Sybil avait dû consoler Richard par téléphone de ne pas avoir été là.

Céligny était désormais son port d'attache. Il en parlait comme un châtelain gallois faisant référence à son domaine. C'était son point d'ancrage, le pivot d'une vie vouée à l'exploration et à la conquête. Hors de cette forteresse, une fois le pont-levis franchi, tous les hommes étaient des étrangers, des ennemis en puissance. Le jeu consistait à se mettre en campagne et à se constituer un butin, tout en vivant sur le pays, puis à rentrer au bercail, les poches bien remplies, pour y retrouver le repos, l'aisance et l'amour d'une femme pure et d'enfants innocents au nom desquels les plus barbares forfaits pouvaient être commis. Hors des limites du pays de Galles régnait un état de guerre permanent où les plus forts gagnaient, où tout était à prendre. Seules les règles de la guerre, courtoisie, magnanimité, bienséance, étaient de mise. A l'intérieur de l'enceinte familiale, il retrouvait un monde de paix, le vrai monde, celui qu'il avait fallu conquérir afin de le mettre à l'abri de tout danger.

Le Burton casanier aurait terriblement déçu les journalistes qui s'étaient déjà habitués à trouver en lui une source inépuisable de cancans et de plaisanteries croustillantes. Avec Burton, on savait qu'il y aurait de l'action ! Derrière les remparts de Céligny, il passait tout son temps à lire et à s'exercer à l'écriture, sans jamais cesser d'espérer que cette ambition profonde mais timide encore se réaliserait un jour. Jessica était un superbe bébé. Les Scofield s'invitèrent pour quelque temps. Paul Scofield avec lequel, comme John Neville, Burton allait se voir comparer de plus en plus souvent à son désavantage, alors que les deux hommes l'admiraient et continuent à l'admirer profondément, et bien que ni l'un ni l'autre ne pussent se flatter d'avoir eu des occasions ou des propositions comme celles auxquelles Richard eut droit. Les Scofield trouvèrent que le couple Burton se portait très bien, qu'ils avaient l'air heureux, tout dévoués qu'ils étaient à leurs deux petites filles. Ils n'avaient pas perdu l'habitude de s'appeler « Boot » ou de chanter en duo des chansons galloises. Ifor et Gwen étaient douillettement installés dans le chalet. Même si Richard parlait sérieusement de trouver le moyen de représenter *Lear, Macbeth, Richard II*, sous un angle plus moderne (il était d'ailleurs en contact avec Peter Hall et Peter Brook à ce sujet), personne ne doutait un instant qu'il reviendrait au théâtre classique, ainsi qu'il l'avait fait dans le passé.

Burton avait beaucoup de chance. Il était assez intelligent pour en avoir conscience, suffisamment sensé pour en profiter, suffisamment dynamique aussi pour ne pas se laisser dépasser par les événements. Même si l'on doutait parfois de sa qualité de locomotive de box-office, il devançait cependant Olivier sur la plupart des palmarès, et comme il le disait volontiers, il était de ceux vers lesquels on se tournait quand Brando refusait un rôle. Brando lui-même avait énormément de respect pour Richard. Comme d'autres enfants terribles du cinéma américain, il avait fait ses débuts sur la scène et menaçait constamment d'y revenir pour de bon, bien qu'il ne le fît jamais, à la différence de Burton. Tous savaient le courage que cela demandait de retourner au théâtre, surtout après les lumières tamisées et l'opulence hollywoodienne. De sorte que, même s'il était à la fois déçu et décevant, Burton pouvait affirmer que les films qu'il tournait servaient ses intérêts. Il finit par renoncer à toute forme de snobisme, bien qu'il lui arrivât encore d'y sacrifier par pure malice, de la même façon qu'il lui prenait parfois l'envie de prétendre qu'il avait des ascendances juives ou que sa famille avait vécu longtemps avec cinq shillings par semaine. N'importe quelle galéjade pourvu qu'il mystifie tous ces journalistes par trop crédules et rompe la monotonie des interviews. Une seule chose lui importait : faire du bon travail. A cet égard, *Les corps sauvages* avait été un vrai bonheur.

Un bonheur que le même duo Osborne-Tony Richardson allait lui procurer à nouveau en 1960, sous la forme d'une pièce pour la BBC intitulée *A Subject of Scandal and Concern*. A cette occasion, la BBC lui octroya un cachet sans précédent dans la maison : mille livres. La pièce, une tragédie presque élégiaque, s'inspirait d'une histoire vraie, celle de George Jacob Holyoake, un instituteur du XIXe siècle qui ruina sa vie et sa famille au nom de ses principes. Burton jouait là un rôle de composition et il s'en acquitta si bien qu'on aurait pu croire qu'il avait fait ça toute sa vie. Une fois de plus, en présence d'un texte de qualité et d'un metteur en scène de talent, il tira pleinement profit de ses atouts.

Malheureusement, après un ou deux passages à la télévision, le film fut mis aux oubliettes, sans avoir bénéficié de la renommée de l'acteur principal.

Pourtant, tant qu'il pouvait faire des films comme *A Subject of Scandal and Concern* et, à un degré moindre, *Fifth Column*, avec Maximilian Schell, pour la télévision américaine, tout allait bien. Bien sûr, il n'allait pas falloir qu'il tarde à remonter sur les planches. Mais dans quel rôle... ?

La proposition de Moss Hart n'aurait pas pu mieux tomber. Il voulait que Richard joue le rôle du roi Arthur dans une pièce qui serait finalement intitulée *Camelot*. Julie Andrews devait incarner Guenièvre. Moss Hart, qui avait fait l'adaptation de *Prince of Players* et qui avait beaucoup d'admiration pour Burton, persuada Lerner et Loewe, respectivement auteur et compositeur de *Camelot*, que la voix de Burton conviendrait on ne peut mieux. En réalité, il ne l'avait entendu qu'en duo avec Sybil lors d'une soirée à Hollywood. Burton demanda son avis à Olivier. Ce dernier lui conseilla d'accepter : la plupart des grands acteurs anglais, aussi classiques fussent-ils, n'avaient-ils pas rêvé un jour de jouer à Broadway dans une comédie musicale ? Burton devait toucher 4 000 dollars par semaine, plus un pourcentage.

Pendant qu'il se préparait à ce rôle, on lui demanda d'enregistrer le commentaire d'une série télévisée en vingt-six épisodes, intitulée *The Valiant Years*, et inspirée des souvenirs de guerre de Winston Churchill. Le producteur, Jack le Vien, voulait une voix qui s'apparentât à celle de Churchill. Burton décida de ne pas faire de l'imitation pure et simple, bien qu'il pût se flatter de contrefaire à la perfection la voix du grand homme politique. Il trouva une inspiration tout à fait insolite : « Un jour, j'ai entendu Peter Sellers prendre une voix d'Anglais de la haute, laissant tomber les H et changeant les R en W. C'est de cela que je me suis inspiré. » Solution brillante, en tout cas, puisque sa version fut extrêmement bien accueillie et contribua pour une large part au succès de la série. Il arriverait par la suite qu'on lui rebatte les oreilles au sujet de son apparente identification à Churchill. Même là, il sauterait sur l'occasion d'insister auprès des journalistes sur le fossé social et politique qui le séparait de ce personnage. Dans le contexte du système de castes anglais, n'étaient-ils pas des ennemis naturels ? Il ne fallait pas qu'on l'oublie. Il savait que le succès de ses prestations, quelles qu'elles soient, dépendait de son degré d'identification avec le personnage. Or il y avait en lui quelque chose du leader arrogant, dictatorial, tyrannique même. De sorte que louer « son » Churchill, c'était exalter le côté de sa personnalité qu'il aimait le moins, tandis que le condamner, c'était condamner son propre personnage. Il nourrissait ses vies potentielles, mais non vécues, à travers les rôles qu'il interprétait. Il ne devait pas donner l'impression d'être trop proche du personnage de Churchill : car il fallait laisser ouverte la voie le ramenant à Pontrhydyfen. Pour ce commentaire, il toucha la coquette somme de 100 000 dollars.

The Valiant Years eut un succès retentissant en Amérique. C'était précisément ce dont Richard avait besoin car à ce stade, c'était l'Amérique qu'il lui importait de conquérir. Sa voix séduisit tout le monde, comme toujours. Certains trouvèrent qu'il n'en avait jamais fait meilleur usage. Il disposait là, il est vrai, d'un outil remarquable, même si aujourd'hui, en passant un de ces enregistrements ou en l'entendant dans un film, son ton nous semble au prime abord un peu artificiel. Jusqu'à ce qu'on se rende compte que cela faisait partie du « genre » de l'époque. L'on est saisi alors par l'extraordinaire qualité de sa voix, l'équilibre parfait entre le fond et la forme, la force et l'intelligence, les pauses senties, mesurées, soumises à un rythme naturel, instinctif, évoquant tout à la fois, irrésistiblement, son passé dans les corons, la poésie, la passion, la vodka et les cigarettes d'une aube glauque après une nuit sans sommeil.

Les avances consenties pour *Camelot*, qui faisait suite au *My Fair Lady* de Lerner et Loewe, battaient tous les records. L'intrigue s'inspirait de la vision romancée, presque magique de la cour du légendaire roi Arthur par T. H White. Burton tenait le rôle principal. On ne tarda pas à surnommer la pièce « Costalot*, la comédie médicale ». Malheureusement, on aurait dit qu'une force maligne s'acharnait à décimer la troupe : Moss Hart eut une crise cardiaque. Victime d'une grave hémorragie, Loewe dût être hospitalisé pendant quinze jours, en pleine répétition. Lerner était en plein divorce d'avec sa troisième épouse. Les décors et les costumes coûtèrent si cher que tous les trésors de la cour du roi Arthur n'y auraient pas suffi. Le spectacle durait près de cinq heures. En définitive, Burton prit les rênes en main et sauva l'entreprise du naufrage, comme tout le monde s'accorda à le reconnaître. C'était le genre de situation dans lequel il était tout à son affaire.

* Jeu de mot : « Coûte cher ».

« Il aurait fait un excellent meneur d'hommes », fit observer Robert Hardy, et il n'était pas le seul de cet avis. Olivier lui suggéra maintes fois de prendre la direction du National Theatre. A cette époque, Burton envisageait d'ailleurs de se lancer dans la mise en scène. Mais ses combats les plus acharnés, il les menait toujours contre le monde extérieur, outre les mises à l'épreuve qu'il s'imposait à lui-même.

Pour *Camelot* comme pour chacune de ses pièces, il s'était préparé longtemps à l'avance. Jamais il n'a sous-estimé les difficultés de la scène, où l'acteur, surtout s'il est une star, s'expose au regard inquisiteur, tantôt admirateur, tantôt critique, du public, sans protection aucune. Il faut être là chaque soir, tenir son rôle devant toutes ces paires d'yeux rivés sur vous et convaincre l'auditoire de suspendre son incrédulité le temps de la représentation : cela demande du cran et une forte dose d'énergie. Le métier permet de surmonter ces difficultés, mais en dehors de sa puissance vocale infinie, Burton n'a jamais utilisé beaucoup de ficelles. L'essentiel de son apprentissage s'était déroulé, on s'en souvient, dans le salon de Ma Smith. Sa méthode, presque magique, à laquelle seuls quelques rares acteurs de haut vol peuvent se permettre de recourir, le plus souvent au détriment d'eux-mêmes, consistait à puiser au plus profond de son être des ressources permettant de se couler si intimement dans la peau du personnage qu'une sorte d'hypnose s'emparait alors de l'assistance. Un sort est jeté. Quand le charme se rompt, l'artiste, qu'il soit chanteur, acteur, musicien ou comique, se retrouve alors dans un état de totale euphorie, ou complètement vidé, disloqué. Burton était conscient des risques qu'il prenait en faisant appel à ces forces-là, mais il en tirait une telle fierté qu'en dépit du danger il ne pouvait s'empêcher de continuer. C'était précisément ce qui faisait de lui un grand acteur et il fallait à tout prix qu'il continue à le prouver, à lui-même ainsi qu'au monde. Il prenait toutefois la précaution, indispensable, d'assimiler son rôle avant tout travail avec le metteur en scène. Et le plus souvent, aussi étonnant que cela puisse paraître après tout ce temps, c'était en collaboration avec Philip qu'il se préparait.

Philip résidait dorénavant à New York. Il trouva un appartement pour Richard et Sybil et leur prêta même sa femme de ménage, Madge.

> Richard arriva six jours avant Sybil et les enfants, écrivit-il, et passa le plus clair de son temps en ma compagnie.
> Dès qu'il eut en main le script et le texte de *Camelot*, nous nous mîmes au travail ; son rôle comprenait trois solos et un duo. Il y avait un piano dans l'appartement. Dans ma jeunesse, j'avais appris à jouer tout seul et je déchiffrais assez bien. Le souvenir du jour où Richard avait insisté pour que je lui apprenne le premier mouvement de la *Sonate au clair de lune* de Beethoven, note après note, m'est revenu à l'esprit. Il avait fini par la jouer suffisamment bien pour surprendre son auditoire quand il était d'humeur à faire étalage de ce genre de talent. ... Nous passâmes d'excellents moments à travailler son texte. Tout cela était de très bon augure.

Le jour de la première répétition de *Camelot*, il apparut vite que Richard avait pris une sérieuse avance, comme il aimait à le faire. La scène confirmait l'une de ses convictions profondes : l'on est seul, toujours seul et totalement responsable de soi-même. Il s'agissait de l'opposition de plusieurs individualités luttant, chacune pour soi, afin de s'imposer. Tel était le monde dans lequel il vivait. D'une certaine manière, il se retrouvait en territoire connu, car même si la scène était à cent lieues des mines de son enfance et pouvait difficilement être considérée comme faisant partie du même monde, elle exigeait des qualités similaires. Il pouvait mener ses propres combats sur la scène et prendre les risques qu'il souhaitait prendre en public. Le danger y était toujours présent, de même que la peur. C'était ce qu'il lui fallait.

Et pourtant. Tous les acteurs qui jouèrent avec lui sont unanimes sur le fait qu'il ne tirait jamais la couverture à lui et qu'il n'était pas du tout du genre à jouer de sa célébrité, surtout en présence de ceux qu'il aimait et respectait. Car ceux-là faisaient partie de la famille, et même s'il lui arrivait parfois de brusquer son entourage, il était toujours disposé à lui tendre la main. Plus on cerne de près l'homme Burton, plus il devient clair que la corde raide sur laquelle il évoluait était tendue entre des pôles d'un antagonisme souvent extrême.

Pour ce qui est de *Camelot*, on peut affirmer qu'il en porta à bout de bras la tournée chaotique, et que c'est grâce à son esprit de décision que le spectacle atteignit Broadway. Il sut, en dépit de multiples défections, maintenir une certaine cohérence au sein de la troupe. Lorsque Moss Hart et Loewe tombèrent malades l'un après l'autre, il fit appel à Philip pour reprendre en main la mise en scène. En quelques semaines de travail acharné, à eux deux, ils tirèrent la production d'une de ses phases les plus critiques. Il semble que Burton s'accommodait très bien des situations difficiles. Il prit lui-même en charge les répétitions des doublures, période pendant laquelle il ne but pas une goutte d'alcool. Sans Burton — Lerner le répéta maintes fois —, la pièce n'aurait jamais vu le jour.

Lorsqu'il fut décidé de modifier son rôle, il ne fit pas la moindre remarque. En l'espace d'un après-midi, dans sa loge, il réapprit ses répliques et le soir même, il jouait. Quand les banquiers venaient se lamenter, lorsque les ambulances allaient et venaient, la réaction de Burton était toujours la même : « Ne vous inquiétez pas, mes cocos, on s'en tirera. » Tout cela, semble-t-il, sans jamais contrarier personne. « Je ne me souviens d'aucun autre acteur faisant ainsi l'unanimité au sein d'une troupe », écrivit Lerner, qui pourtant en avait vu d'autres. Burton était comme un poisson dans l'eau face aux mille et une difficultés rencontrées pendant la tournée, aux tensions quotidiennes qui sont le lot de ces superproductions musicales. Lerner le trouva époustouflant. « Dieu sait ce qui serait arrivé si Richard Burton n'avait pas été là. On peut dire qu'il s'est vraiment comporté comme une star, au sens noble du mot. Sans lui, jamais nous n'aurions donné *Camelot* à New York. »

Lerner l'observa également en scène : « C'était la première fois que je voyais quelqu'un doté d'une telle présence. A un moment donné, il était debout près du feu, abîmé dans ses pensées pendant que les autres personnages de la scène dialoguaient. Je remarquai que personne ne s'intéressait à ce qui se disait. Burton avait un tel pouvoir de concentration qu'il absorbait toute l'énergie présente sur la scène. » Lerner modifia cette scène, y donnant à Burton un rôle plus actif.

Il eut l'occasion de connaître Richard sous tous ses angles. Un soir, il essaya même de le suivre dans... l'ivresse et échoua lamentablement : « Dans ce domaine-là, personne au monde, à mon avis, n'était de force à se mesurer à lui. »

Un jour où la troupe jouait en matinée et en soirée, Burton paria qu'il pouvait boire une bouteille de vodka pendant chacune des représentations, sans que cela ait d'effet sur son jeu. Il fut convenu que Julie Andrews, qui n'était pas au courant, ferait office d'arbitre. « Qu'as-tu pensé de ma prestation aujourd'hui, ma cocotte ? » lui demanda Richard en fin de journée. « Un peu meilleure que d'habitude », répondit-elle.

La pièce suscita des avis mitigés. Burton fut bien reçu par une partie de la critique, mais le public fit la moue et certains spectateurs s'en allèrent même avant l'entracte. Grâce aux énormes avances consenties, on pouvait cependant tenir le coup mais tout portait à croire que ce ne serait pas un succès, jusqu'au jour où un extrait de vingt minutes passa à la télévision, dans le cadre de l'*Ed Sullivan Show*. Toutes les places furent aussitôt vendues. On faisait la queue sur la longueur d'un pâté de maisons. Burton était invité partout. Il était la coqueluche de la ville, le roi de Broadway. On lui décerna le Tony Award pour le meilleur rôle masculin dans une comédie musicale. Il fit une noce à tout casser !

Le « Burton's Bar » ouvrit ses portes dans sa loge. Sybil et lui dépensèrent 700 dollars de leur poche pour remeubler les lieux. Le Tout-New York venait y boire un verre et bavarder, ainsi que le gratin hollywoodien et londonien de passage en ville. Toute la bande s'en allait finir la soirée dans les bars et les clubs. Il y avait toujours un défilé de femmes. Pat Tunder, par exemple, une belle danseuse aux jambes interminables qui se produisait alors au Copacabana Club. Sa relation avec Richard fit beaucoup de bruit à l'époque et a suscité depuis une foule de commentaires. Burton arrivait quelquefois le matin un peu grognon et tombant manifestement de sommeil. Il lâchait alors sa formule passe-partout : « Ne vous inquiétez pas, mes cocos », et sous le regard incrédule de Lerner, il cessait miraculeusement de trembler, montait sur la scène, hésitait une ou deux secondes avant de reprendre pleinement possession de sa voix et de son corps anéanti par une nuit d'amour agitée, et il disait son texte au mot près. Une de ses parties chantées commençait par : « Je me demande ce que fait le roi ce soir ? » Souvent, ses partenaires croyaient entendre quelque chose comme : « Je me demande qui se fait mettre par le roi ce soir ? » « C'était un homme volontaire, constata Lerner, un être remarquable, un acteur exceptionnel. »

A l'aube d'une longue période de succès, Burton continuait à amasser des montagnes de livres et commençait à penser plus sérieusement à ses projets de mise en scène. Pour 8 000 dollars, il se procura les droits de *La plage de Felesin* de Dylan Thomas, et paya Philip pour qu'il fasse une première ébauche de scénario. Malheureusement, cela ne donna rien. Il mit de l'ordre dans ses finances, plaça de l'argent en dépôt pour ses enfants, renfloua la famille et découvrit qu'en l'espace de cinq ans depuis son départ de Londres, il était devenu ce qu'il avait toujours rêvé d'être : un millionnaire. Entre les contrats de films, ses solides économies et *Camelot*, il avait amassé une véritable fortune.

Camelot ne cessait de grimper au box-office. Un nouveau sommet avait été atteint. Après ses succès à l'Old Vic, sur Broadway, à la BBC, il avait réussi à apparaître et à se maintenir sur le grand écran, en dépit des coups sévères portés au cinéma par la toute jeune télévision.

Son interprétation du prince Hal à Stratford avait inauguré une nouvelle façon d'aborder Shakespeare. Il tenait le rôle principal, celui de Jimmy Porter, dans l'adaptation cinématographique de *Look Back in Anger*, considéré par les gens de théâtre comme le chef-d'œuvre de la décennie, et même si l'on a depuis repris régulièrement la pièce en la modifiant conformément au goût du jour, sa prestation véhémente a largement contribué à en faire l'un des meilleurs films britanniques des années cinquante et à imposer une vision de Porter qui nous apparaît aujourd'hui encore étonnamment juste.

Les Kennedy aimèrent beaucoup la pièce et Burton fut convié à la Maison Blanche. Dans *Camelot*, Burton occupait la place que l'Amérique voulait lui voir occuper. Dans un royaume de grâce et de droiture, entouré de monstres et d'ennemis implacables, il avait triomphé, avec pour toute arme une épée et une chanson. La Démocratie du bien l'avait ainsi emporté sur l'Empire du mal.

On peut pousser le raisonnement plus loin. Sa conduite n'avait rien de si insolite au fond. Ce qui le différenciait avant tout, c'était son audace, caractéristique qui deviendrait une vertu maîtresse de la société permissive des années soixante. Peut-être la sympathie qu'inspiraient ses écarts s'expliquait-elle, dans une large mesure, par le fait qu'il apparaissait déjà comme le précurseur d'une ère nouvelle ? Sa franchise préfigurait sans aucun doute ces bouleversements jugés nécessaires, salutaires même à l'aube des années soixante. L'univers désuet dominé par les valeurs à la Doris Day se lézardait. Le taux de divorces montait en flèche. On commençait à remettre sérieusement en cause la stabilité soi-disant idéale d'une existence banlieusarde aseptisée. Et le respect de l'autorité se perdait. L'idée d'hommes et de femmes menant leur chemin individuellement se profilait à l'horizon et l'on cessa de considérer l'hédonisme comme un péché mortel. En ce sens, la concupiscence de Burton, la mission qu'il s'était apparemment fixée de b… le monde entier, au nom de principes qu'il jugeait recevables, étaient en harmonie avec l'air du temps. Bien avant tout le monde, il s'était libéré du carcan moraliste des années cinquante.

Ses excès éthyliques étaient dans le droit fil des héros de sa jeunesse. Ses histoires et ses fanfaronnades fascinaient tout le monde. Le seul domaine dans lequel il n'avait pas tapé dans le mille, c'était le cinéma. Mais on lui avait confié des rôles qui ne lui convenaient pas. Il avait joué de malchance, écopant tour à tour de bons metteurs en scène au plus bas de leur forme, d'excellents scénarios entre de mauvaises mains, de projets ambitieux qui s'en allaient à vau-l'eau. Mais toutes ces excuses mises à part, il avait bel et bien échoué, hormis dans *Les corps sauvages* et *Les rats du désert*, et quelques scènes de-ci de-là. Ce n'était pas suffisant pour convaincre les producteurs qu'il pouvait être un atout au cinéma. S'il pouvait s'en tirer sans donner le meilleur de lui-même, il ne s'en privait pas. De surcroît, on aurait dit qu'à l'instar de certains Indiens et Arabes, il redoutait que la caméra ne lui ponctionne son âme.

Malgré cela, à trente-cinq ans, en 1960, il était clair que, tout bien considéré, il avait réussi au-delà de ses espérances. Il s'était fait une place de choix au sein du groupe très fermé des grands acteurs britanniques. A Hollywood, même s'il ne figurait pas toujours au box-office, il était loin d'être hors circuit. Ses ambitions d'écrivain grandissaient. Il avait découvert le moyen de faire des montagnes d'argent et d'en conserver la plus grande part. Il avait à ses côtés une épouse fidèle qu'il aimait et deux beaux enfants. Et puis il avait son autre vie, dans l'univers nocturne des excès, des poètes, du sexe, des chansons, des conversations enflammées, un manège fantastique sur lequel il tournait de plus en plus vite. Mais ce qui comptait le plus pour Richard, c'était d'être revenu à la scène. Et d'avoir réussi son come-back. *Camelot* fut un immense succès. Son soulagement était indicible.

Peu de temps après, le bruit courut que *Cléopâtre*, la méga-production dont le tournage avait débuté à Londres, connaissait des difficultés. On fit bientôt appel à Burton pour reprendre le rôle d'Antoine. Cela impliquait de rompre le contrat passé avec Lerner et Loewe pour *Camelot*. Les deux hommes n'auraient pas pu se montrer plus compréhensifs ; ils savaient bien ce qu'ils lui devaient. Avec la complicité de Burton, ils réussirent même à obtenir de la compagnie de production une indemnité de 50 000 dollars. Du reste, tout le monde puisait abondamment dans le tiroir-caisse de cette dernière. Elizabeth Taylor avait demandé un million de dollars, cachet sans précédent sans parler de ses indemnités. Là encore, multipliez par douze... Il y a de quoi tomber à la renverse*.

Burton était ravi d'aller à Rome. Il louerait une maison sur la Via Appia pour Sybil et la famille. Question finances, il n'y avait pas à se plaindre : 250 000 dollars et plus encore, si le tournage se prolongeait. Ce qui était couru d'avance. Il était au faîte du monde. Après *Cléopâtre*, il prévoyait de retourner au théâtre, en Angleterre. L'argent de ce film lui permettrait finalement d'assurer son avenir. En attendant, il allait prendre des vacances romaines.

* Plus de sept milliards de centimes actuels *(NdT)*.

CHAPITRE 12

CLÉOPÂTRE

Cléopâtre chamboula l'existence de Burton. Non seulement de façon évidente — le divorce, la notoriété, le succès, le duo avec Liz Taylor... —, mais aussi d'une manière plus profonde. Par la suite il fut pour longtemps, et peut-être à jamais, tenaillé par la culpabilité ; il était possédé par une femme qui révélait ce qu'il avait en lui de meilleur mais aussi de plus destructeur. Par-dessus tout, il semble avoir à cette époque décidé de se consumer, de toujours prendre le maximum de risques ; de compliquer sa vie comme à plaisir, en faisant fi des conséquences. Après *Cléopâtre*, il se retrouva sur une scène à l'échelle planétaire et s'aperçut que son personnage répondait à l'attente du public. Il devint le porte-flambeau impétueux et fragile de l'amour, de la révolte et de l'aventure, enfermé en un combat à mort avec lui-même, alors même qu'il paraissait mettre le monde dans sa poche. Ce n'est que dans ses carnets intimes et dans la lecture qu'il semble avoir trouvé la paix. Tout le reste n'était que déchirements. Le premier combat eut lieu à Rome.

Les forces en présence étaient impressionnantes. *Cléopâtre* était le film le plus coûteux jamais entrepris ; il devenait de plus en plus évident que l'avenir d'une grande compagnie, la Fox, dépendrait de son échec ou de sa réussite. Aux États-Unis, on se déchirait sur le choix des studios de Cinecittà pour le tournage des extérieurs. On trouvait sur le plateau Spyros Skouras, maintenant à la tête de la Fox (Darryl Zanuck était parti, mais attendait en coulisses), Walter Wanger et Joe Mankiewicz ; quatre acteurs, quatre « pointures », se pressaient autour de Cléopâtre, chacun avec ses partisans, qui tantôt craignaient que le film ne fût mort-né, tantôt y voyaient la solution magique à des années de problèmes. L'argent coulait avec plus d'abondance que l'eau des fontaines romaines, et le public allait être bientôt tenu en haleine par ce que l'auteur, Brenda Maddox, a appelé « l'adultère le plus notoire de l'univers. » Ce qui rendait le film si intéressant aux yeux d'une foule de directeurs de magazines et de journaux conscients des goûts de leurs lecteurs, était sa distribution. Il y avait Burton et Taylor, qui devenaient et « égalaient » Antoine et Cléopâtre. A cela venaient s'ajouter d'intéressantes complications sur ce mode classique : Taylor et Fisher, Burton et Sybil, Taylor et son professeur préféré Max Lerner, Burton et sa danseuse favorite Pat Tunder... Le pays de Galles était de la bataille avec Philip, Emlyn, Ifor. Forte de sa célébrité de star made in Hollywood, Taylor faisait donner toute l'artillerie. Il y avait des enfants, quatre d'un côté, deux de l'autre. Le Vatican commença de s'émouvoir. On demanda au Congrès américain de bannir le couple Burton-Taylor du très prude territoire national. Après l'avoir façonné, après avoir tenté de l'orchestrer, les attachés de presse finirent par se résigner, impuissants, à regarder comme tout le monde le colossal événement — Le Scandale, comme l'appela Burton — s'accomplir dans sa lente et éprouvante inexorabilité. On assistait à un cocktail de tentatives de suicide, de fausses pistes, de démentis, de beaux gestes, de soûlographies, de promesses pieuses, de dissimulation grossière, d'ostentation et de cachotteries, le tout sur fond de passion indéniablement douloureuse. Les paparazzi romains étaient à leur affaire.

Le tournage terminé, Burton se retrouva transporté dans un autre univers. A moins qu'il ne s'y fût lui-même transporté ? Le film fut finalement amputé de trois heures et demie. La plupart de ces coupes comprenaient les meilleures scènes de Burton, qui dorment quelque part dans la chambre forte de la Twentieth Century Fox. Selon Joe Mankiewicz, scénariste et réalisateur, Burton y donnait une remarquable interprétation. Ainsi, ce qu'il finirait par démontrer — le fait qu'il est possible de faire un film à grand spectacle non dénué d'ambition intellectuelle —, atterrit sur le plancher d'une salle de montage de la Côte Ouest. Il se retrouva avec un rôle ne requérant ni talent ni métier, et dont la force résidait dans sa mise en présence avec sa partenaire et le public. La fiction devenait réalité. Et pendant des années, cette réalité surpasserait toutes les fictions.

Ce n'était pas la première fois que le cinéma s'intéressait au personnage de Cléopâtre. Claudette Colbert l'avait interprété dans la version de Cecil B. DeMille, puis Vivien Leigh dans celle de Bernard Shaw. L'histoire de la reine du Nil qui triomphe sur ses conquérants, d'abord César puis Antoine, qu'avant de se suicider elle conduit à la défaite, était irrésistible, surtout en cette fin des années cinquante, alors que Hollywood était en période de crise. Le projet naquit en 1958, en Angleterre. Rouben Mamoulian devait le tourner aux studios de Pinewood avec un budget d'un million de dollars tout compris. Le film coûta finalement quarante millions de dollars (d'aucuns parlent de soixante-cinq millions). Si nous multiplions par quatre — conversion très modeste —, nous arrivons à la somme de cent soixante millions de dollars actuels*. Cela donne des airs de court métrage à *Heaven's Gate*, dont la facture s'élevait à environ cinquante millions de dollars lorsqu'on en arrêta le tournage, et qui faillit entraîner la chute de United Artists.

La Twentieth Century Fox connaissait de sérieux problèmes de trésorerie. Films lamentables, panique d'une industrie tout à coup concurrencée par la télévision, pertes croissantes, affolement des actionnaires. Au fur et à mesure que les extravagances se succédaient sur le tournage de *Cléopâtre*, on avait de plus en plus de mal à discerner lequel des deux naufragés se raccrochait à l'autre. Aux yeux des observateurs extérieurs, il était toutefois évident que tous deux étaient en train de sombrer. Le budget de départ avait été multiplié par quarante. Elizabeth Taylor, qui avait négocié un contrat d'un million de dollars, cachet sans précédent, finit par en toucher près de trois. On dépensa trois autres millions pour payer Joseph Mankiewicz, venu remplacer Rouben Mamoulian, et le libérer de ses engagements précédents. On abandonna avec soulagement les terrains noyés de pluie de Pinewood, et Rome devint le principal lieu de tournage. Des millions de dollars — certains parlent de sept millions — avaient été engloutis sans qu'un mètre de pellicule utilisable ait été produit. Tandis que le tournage s'éternisait et que les séances du conseil d'administration se faisaient de plus en plus orageuses,

* Soit près d'un milliard de nos francs *(NdT)*.

il devenait évident qu'à moins que le film ne fût un succès, la Fox périrait. Entre l'Angleterre et l'Italie, la distribution fut modifiée : Rex Harrison remplaça Peter Finch dans le rôle de César, Burton remplaça Stephen Boyd. La Fox tint bon, et au bout du compte le film rapporta de l'argent. Le pari désespéré serait gagné. L'irrationnel l'emporterait sur la raison. Le manque de rigueur, l'impéritie la plus crasse allait en définitive tout débrouiller. Hollywood dans ce qu'il avait de pire allait triompher.

Joe Mankiewicz avait un vrai film en tête. Déjà titulaire de plusieurs Oscars, il jouissait de la confiance de Taylor, de l'admiration de Burton et du respect de Rex Harrison, toutes choses fort rares ; il disposait de plus d'un budget capable de recréer tous les pharaons en laissant encore assez de petite monnaie pour réaménager les berges du Nil. Le grand destrier blanc hollywoodien ne tremblait pas devant la grande épopée. Ces films à grand spectacle avaient quelque chose de démesuré et de touchant à la fois ; formidable était la portée de ce nouveau média, qui ressentait le besoin de collecter les grandes histoires humaines pour les refaire circuler de par le monde dans toute la gloire du Technicolor.

Très cultivé, animé de louables ambitions, Mankiewicz ne put toutefois faire face à la tâche écrasante que représentait la réalisation d'un tel film. Travaillant à des milliers de kilomètres de la maison mère, contraint de jongler sans cesse entre deux langues, affrontant tel jour des milliers de figurants, des dizaines d'éléphants, et le lendemain les petits dérangements de la star. Après des mois de ce régime, comment aurait-il pu conserver toute l'énergie que requérait la mise en scène ? Il écrivait de surcroît le scénario ! Il écrivait la nuit, il dirigeait le jour, cela pendant des mois. Même si l'on peut y voir tous les signes de la mégalomanie ou de quelque autre désordre mental, on ne saurait lui reprocher d'avoir saisi l'occasion et tenté de produire une œuvre grandiose et durable. Très vite, il projeta de faire deux films de trois heures, le premier centré sur César, le second sur Antoine. Même si cette option avait toutes les chances d'être viable compte tenu de la publicité dont bénéficiait le film, elle fut refusée. Le découpage final devait moins à Mankiewicz qu'à Zanuck, qui venait de succéder à Skouras à la tête de la Twentieth Century Fox. Mankiewicz, captivé par la prestation de Burton, a toujours regretté qu'elle n'ait pas été vue du public. Aujourd'hui encore, il dit que Burton l'a influencé dans la façon dont il a écrit le rôle. « Cela a été une grande perte », affirme-t-il.

S'il avait pu consacrer un peu plus de temps à l'écriture du scénario, peut-être Mankiewicz aurait-il été en mesure de réaliser une épopée moderne véritablement marquante. Si on avait accepté l'audacieux projet d'un film de deux fois trois heures, peut-être les tentatives de Burton dans ce registre eussent-elles constitué une authentique réussite. Mais en l'occurrence, entre difficultés et précipitation, entre affolement et sonnette d'alarme, disparurent les subtilités voulues par Mankiewicz. Le film fut un succès commercial principalement du fait du battage fait autour du couple Burton-Taylor autant à la ville qu'à l'écran dans les rôles d'Antoine et de Cléopâtre. Burton n'avait pas réalisé qu'elle était « si foutrement célèbre ». Elle volait même à Khrouchtchev la couverture des magazines.

De toutes les stars enfants de la MGM, Elizabeth Taylor était une de celles qui avaient le mieux réussi. Née à Hampstead, dans le Londres de la petite bourgeoisie, débarquée aux États-Unis en 1939 à l'âge de six ans, propulsée dans le show business par une mère à l'ambition dévorante, adorée par un père marchand de tableaux, elle correspondait au type de la petite fille riche. Rich se sentait porté vers les riches. Et la parfaite héritière anglaise a toujours fait figure de butin pour l'ombrageux maraudeur celte, venu de l'autre côté de la frontière.

Non contente d'être d'une extraordinaire beauté, elle était merveilleusement photogénique et prenait son métier d'actrice au sérieux. Elle figure honorablement dans les deux *Lassie*. Elle tire son épingle du jeu dans *Little Women (Les quatre filles du docteur March)*, où elle tient le rôle le plus antipathique, celui d'une gosse trop gâtée, sans s'aliéner les sympathies du public. Dans *National Velvet (Le grand National)*, elle franchit sur son cheval la ligne d'arrivée et se gagne l'affection de ce pays du cinéma qu'était alors la planète. Ce film devint un classique hollywoodien, et c'est ainsi que débuta la légende. On disait qu'elle s'était fait grandir de six centimètres en quelques mois afin de s'assurer le rôle. Elle *devint* le personnage. Le cheval lui fut offert à la fin du tournage. Elle avait supplié qu'on le lui donne ; elle l'aimait tant. Plus tard, elle se lamenta avec humeur au sujet de ce que lui coûtait son entretien.

La scolarité à l'école de la MGM n'avait rien de rigoureux. On parle d'échecs spectaculaires. Mais Taylor a toujours été fine mouche. Elle avait coutume de dénigrer son manque de cervelle, mais jamais elle ne mésestimait son astuce. Ce que l'école MGM ne fit peut-être pas, les studios MGM le compensèrent largement. Elle y apprit à chevaucher et à exploiter un univers de fantasmes, d'argent de Monopoly et d'arrangements de mafioso. La jolie petite fille riche qui aimait les cadeaux et allait jusqu'à en réclamer, cette enfant folle de cinéma et d'animaux domestiques, cette enfant extraordinairement policée, paraît avoir été jusque dans l'adolescence pareille à la marionnette d'un ventriloque, comme chargée de réaliser et de vivre les rêves de sa mère. Kitty Kelley raconte que lorsque l'on posait une question à Elizabeth, ne fût-ce que « Comment allez-vous ? », Mme T. répondait : « Elizabeth est un peu fiévreuse aujourd'hui. » Mme T. était intéressée aux cachets, ce qui n'est pas inhabituel pour les parents d'acteurs n'ayant pas atteint leur majorité.

Dans tout ce qu'elle faisait, maman était mue par le seul désir d'offrir un merveilleux avenir à Elizabeth. Elle la présenta aux deux plus fameuses courriéristes de Hollywood. Elle la chaperonnait pour lui faire rencontrer de riches jeunes gens. Elle la poussait à se soucier de son apparence, encore de son apparence et toujours de son apparence. Entre l'univers irréel du cinéma, qui était *son* monde réel, et l'ambition virulente de sa mère, qui occupait le centre de sa vie familiale, Elizabeth grandit dans un monde de rêves. Elle était comme une princesse fabuleuse, flattée, dorlotée, manipulée, destinée à plaire tout comme jadis on bandait les pieds des petites Chinoises afin qu'ils demeurent idéalement menus. Le miracle est qu'elle conserva cependant un lien avec la réalité. Comme c'est souvent le cas, l'argent fut ce lien. L'argent est bien réel. Le sexe remplit un rôle semblable lorsqu'elle l'eut découvert à l'occasion de sa nuit de noces. L'argent et le mariage devinrent ses deux guides.

Lorsque dans *Cynthia* elle donna son premier baiser cinématographique, les jeunes Américains applaudirent des deux mains. Ils connaissaient le code hollywoodien. Liz allait connaître le loup. Ce lien extraordinaire entre le public et les quelques grandes stars qu'il suit tout au long de sa vie avec l'attention, consciente ou inconsciente, témoignée à un « parent un peu spécial », était déjà bien en place. Elizabeth Taylor commença de sacrifier à cette double existence d'actrice de cinéma et de personne publique ; la vie privée devait se contenter du faible espace qu'elle pouvait se ménager entre les deux. Il ne serait pas exagéré de dire qu'en un sens, à l'instar d'une poignée d'autres stars, elle appartenait à la nation. On la considérait comme une sœur un peu lointaine, une fille de la famille, un être à idolâtrer, à idéaliser, mais aussi à fustiger sévèrement à la première saute d'humeur ou quand la magie n'opérait pas avec assez de force. Il lui fallut apprendre à s'accommoder de tout cela et, à la différence de nombreux de ses semblables, elle plia mais ne rompit pas.

Elle franchit sans marquer le pas le gouffre qui sépare l'enfance de l'âge adulte. Elle bannit sa mère pour quelque temps. Elle traversa clandestinement l'adolescence et émergea de son cocon pressée de vivre. On peut lire que c'est à cette époque qu'elle découvrit le langage ordurier et obscène dont elle se mit à émailler ses propos. Elle commença de pratiquer le débraillé. Ses chiens, qu'elle ne cherchait pas à dresser, faisaient leurs besoins un peu partout. Peut-être était-ce là une façon de se venger de Lassie. Elle exerçait son pouvoir par des habitudes usantes, telles que celle d'être constamment en retard. Elle offrait au monde ce qu'il attendait d'elle : une fausse douceur, une indéniable beauté ; la saleté, le laisser-aller de sa vie privée rétablissaient un équilibre. Une autre part d'elle-même développa le sang-froid d'un joueur de poker de classe internationale. A l'intérieur de cette jolie petite tête, quelque chose de dur, de violent et d'impressionnant s'agitait et crachait sur un monde qui la maintenait par la contrainte dans le moule de la perfection. Elle parvenait cependant à concilier ces personnalités différentes et souvent antagonistes. Quoiqu'elle fût constamment observée, il était rare que quoi que ce soit vienne crever cette belle surface. On la considérait comme une star, sans chercher plus loin.

Lorsqu'elle fit la rencontre de Burton sur ce plateau de Cinecittà, elle avait déjà traversé quatre mariages, plus d'une vingtaine de maladies, dont certaines très graves (à l'issue de l'une d'elles, elle décrivit comment, cliniquement, elle était « morte » à quatre reprises), trois accouchements extrêmement douloureux, maintes liaisons, une rançon de reine et quelques films excellents grâce auxquels sa carrière d'adulte avait pris son essor. *Une place au soleil, Soudain l'été dernier, Une chatte sur un toit brûlant* (pour lequel elle aurait mérité un Oscar) et *Butterfield 8* (pour lequel elle en décrocha un, mais seulement en raison du fait, comme elle le dit elle-même, qu'elle avait fort opportunément failli « mourir » à quatre reprises dans les semaines précédant la cérémonie des Awards). Ces films faisaient plus que compenser le quota d'œuvres médiocres auquel étaient contraintes la plupart des stars sous contrat.

Ses maris successifs avaient été 1) Nicky, héritier immensément riche de la chaîne des Hilton, joueur patenté qui paraît avoir été un bon amant, mais qui la battait et semble avoir été à sa façon le même enfant gâté qu'elle ; 2) Le très séduisant Michael Wilding, acteur de théâtre adulé du public anglais, de près de vingt ans son aîné ; elle eut deux enfants de lui ; 3) Huile parmi les huiles, Mike Todd, qui, selon ses dires, avait gagné et perdu un million de dollars avant l'âge de dix-neuf ans ; personnage ostentatoire dans le style de Cecil B. DeMille, il offrait à sa femme des cadeaux exorbitants ; pour lui faire plaisir, celle-ci se convertit à la religion juive, après avoir été élevée en scientiste chrétienne et avoir par la suite embrassé la foi catholique. Ils eurent un enfant. Todd perdit la vie dans un accident d'avion, après avoir produit *Around the World in Eighty Days*, film qui permit de rembourser d'énormes dettes et rapporta une fortune en royalties ; 4) Eddie Fisher, extraordinaire crooner, précédemment marié à Debbie Reynolds et ami intime de feu Mike Todd. Eddie et Liz adoptèrent un enfant.

Chacune de ces unions devait, comme elle le déclara chaque fois publiquement, être éternelle ; chacun de ces hommes était l'amour de sa vie. Fidélité et amour éternel étaient stipulés dans son contrat MGM. On vivait sa vie, mais celle-ci appartenait à la compagnie.

De ces mariages elle avait retiré une fortune accrue, une grande expérience sexuelle — énormément appréciée —, des enfants, de la tragédie et du scandale. Son divorce d'avec Fisher attira sur elle les foudres de l'American Righteousness, ligue de vertu puissante et redoutée. Elle n'avait pas trente ans.

Ce complexe quasi impénétrable, ce nœud de mystère, de mensonges, de publicité, de vérités et de talent, qui fit d'elle une star, était déjà en place. Elle était devenue une icône américaine. Andy Warhol allait la célébrer ; Michael Jackson s'enticherait d'elle ; ses différentes maladies lui valaient des tombereaux de lettres d'admirateurs ; chacun de ses mariages lui valait la couverture des magazines, faisait les gros titres et donnait lieu à d'innombrables interviews. Elle appartenait autant au monde de la publicité qu'à celui du cinéma, et sa vie si largement basée sur le rêve et la fantaisie était non seulement légitimée mais également encouragée par le public. Elle faisait partie de son imaginaire.

Le professeur Max Lerner, qui fut de ses amants, l'évoqua plus tard dans ses *Mémoires*. Ils eurent une liaison régulière pendant le mariage de Fisher. Cela bat quelque peu en brèche l'idée qu'elle était fidèle et qu'il lui fallait épouser tous les hommes avec qui elle couchait. Soit dit en passant, Lerner était marié à l'époque, ce qui achève de réfuter l'idée qu'elle ne couchait qu'avec ses époux, mythe destiné à conférer une certaine respectabilité à la tornade sexuelle et conjugale de sa vie. Dans son livre, Lerner parle de légende au sujet de Liz Taylor et de mythe au sujet de Marilyn Monroe. La première ne laissa pas passer : pourquoi n'était-elle « qu'une minable légende » ?

Elle était en effet passionnément soucieuse de son image. C'était essentiel au pouvoir qu'elle exerçait sur les autres. Jeune femme, une de ses préoccupations majeures était de passer des heures devant son miroir à se faire de nouvelles têtes. Lors des répétitions elle prenait laborieusement ses marques, notant le nombre de pas qu'elle devait faire vers la gauche ou vers la droite, comportement qui ne laissait pas d'intriguer toute personne venue voir une actrice au travail. Ce n'est que lorsque la caméra se mettait à ronronner qu'elle commençait à jouer. « Eh, minute, je n'étais pas prêt, moi. » Telle fut la réaction de Paul Newman, pour ne citer que lui, face à cette subite métamorphose. Elle était, elle est toujours extrêmement soucieuse de son image. Auprès de Burton, elle fut pendant plusieurs années suffisamment en confiance pour aller totalement à contre-courant de celle-ci.

Non seulement son existence ne connaissait aucune « normalité », mais cela n'avait jamais été le cas et ne le serait jamais. Elle était aussi liée à son image de star qu'une ménagère traditionnelle peut l'être à ses fourneaux. En tournage, loin de chez elle, presque tous ses frais lui étaient toujours payés. Le fait d'être dirigée devant une caméra possédait un charme indéfinissable. Le sex-appeal, la capacité d'impressionner la pellicule d'un parfum de sensualité, semble être une incontestable clé. Une autre clé participe de cet échange, de cette disposition à s'abandonner, à conclure un marché faustien avec la caméra, à sortir de soi-même. C'est là un phénomène étrange, voire inquiétant, et il semble que plus on ose y sacrifier, plus dur est le prix qu'il faut payer.

Et de même, plus grassement l'on peut se faire payer. Il suffit de se constituer une solide équipe d'agents et d'avocats. C'est ce qu'elle fit.

Ayant exigé un million de dollars (soit plus que le budget du projet originel), Elizabeth Taylor fondit en sanglots lorsqu'on lui opposa un refus. Comme souvent, ses larmes furent payantes.

Ainsi qu'on l'a vu, après dépassement, elle finit par recevoir dans les trois millions de dollars plus les habituels à-côtés et « ses cadeaux ». Si d'aventure un producteur omettait d'offrir un présent « spontané », il s'exposait à l'un des organes vocaux les plus redoutables de Hollywood, à une Taylor déchaînée, déversant un flot d'épithètes fondant sur lui comme autant d'Exocet sur l'ennemi. Elle le savait, tout était de bonne guerre dans la jungle hollywoodienne. Elle y était un fauve parmi d'autres.

Il est aussi facile de la taxer d'âpreté, d'égoïsme et de méchanceté que de taxer Burton de vantardise, de cynisme et d'ivrognerie. Bien trop facile. Il ne faut pas perdre de vue que ces deux êtres étaient soumis à d'irrésistibles opportunités, à des contraintes qui dépassent l'entendement du commun, à toutes les tentatives de la chair, de la vanité, de l'argent. Ils s'aventuraient sur des terrains où bien peu pouvaient ou osaient les suivre, et c'est ce jeu de dés avec la survie, ce surf continuel sur la vague du succès, qui nous les rendent attachants. Chez ces êtres, le primitif et la sophistication entrent constamment en collision.

Ici comme partout, Elizabeth Taylor donnait sa pleine mesure. Dans le film de sa vie elle menaçait de disparaître à la fin de maint chapitre. On peut en un sens insérer ses maladies dans le scénario qu'elle s'écrivait pour elle-même. La maladie dont elle réchappa de justesse au Dorchester, alors qu'elle était à Londres avec Fisher pour tourner *Cléopâtre* première manière, maladie qui dégénéra en pneumonie et dont elle fut sauvée par une trachéotomie pratiquée d'urgence, a été expliquée comme le symptôme de son désir de vivre dans un « univers onirique » avec le regretté Mike Todd plutôt que dans le « monde réel » avec « ce pauvre Eddie ». L'idée que ceux qui se font le miroir d'une somptueuse réalité doivent paraître dépendre fatalement du public, lui avait été inculquée à l'école MGM. L'idée corollaire selon laquelle ce même public souhaite vous voir scintiller et resplendir, mais adore aussi vous voir au bord de l'effondrement, était sienne. Sa liberté de jouer était liée à sa qualité de jouet. Il est compréhensible que ses plus proches amis fussent des homosexuels ; il pouvait se créer là une sorte d'égalité, c'est-à-dire une absence de rivalité d'ordre sexuel.

Elle débarqua à Rome en brandissant son million de dollars comme ces aigles romaines que d'autres conquérants brandissaient lorsqu'ils revenaient vainqueurs. Une armée de chiens et de chats, d'enfants, de gardes du corps, de secrétaires, de bonnes d'enfants et de coiffeurs, le tout installé dans un luxe qui se dégrada bientôt en ce que beaucoup considérèrent comme une ostentatoire saleté. Les animaux étaient vautrés un peu partout. Les chiots réveillaient les enfants à coups de langue ; leur mère trouvait cela très bien, considérant que c'était très sain. Joe Mankiewicz avait passé les dernières semaines à écrire et à attendre. Rex Harrison était là avec sa nouvelle épouse Rachel Roberts et ses propres exigences, qui n'étaient pas peu considérables. Cependant, éléphants et figurants attendaient au garde-à-vous. Burton n'était pas encore arrivé.

Quiconque s'intéresse à la relation Burton-Taylor doit faire face à des souvenirs contradictoires, à un fatras de centaines d'articles de journaux, à des témoignages de première main qui diffèrent radicalement les uns des autres, et enfin aux humeurs changeantes des deux protagonistes. *The Cleopatra Papers*, de Jack Brodsky et Nathan Weiss, principaux responsables de la promotion du film, nous propose des instantanés sur l'atmosphère du tournage. Il y a la version de Mankiewicz, et bien sûr celle de Burton. Des éclairages différents sont apportés par les témoignages d'Emlyn Williams ou de son fils Brook, par celui de Philip Burton. Les visions d'ensemble ne manquent pas. Les gros plans sont rares, d'autant que la liaison passe par une infinité de phases. C'est là un des caractères qui la rendent fascinante.

« Il va falloir que je remette mon armure pour jouer face à miss Nichons », aurait déclaré Burton avec une absence de galanterie qui ne lui ressemblait pas. Mauvaise humeur ? Citation erronée ? Puis, au cours de l'automne 1961, il attendit tranquillement à Rome que Rex César Harrison vive sa liaison avec Cléopâtre.

Quand arriva le moment de se mettre vraiment au travail, en janvier 1962, Burton était en dépassement, ce qui était loin de lui déplaire, puisque cela doublerait le montant de son cachet. Stanley Baker était à Rome, de même que Rachel Roberts, vieille amie de Sybil du temps du glorieux passage à Stratford. Il y avait également Caitlin Thomas, veuve du poète. Roddy McDowall, que Richard avait suggéré et qui avait quitté *Camelot* pour venir jouer le rôle d'Octave, partageait une maison avec les Burton. Ifor et Gwen rejoignirent tout ce petit monde. On buvait et on cancanait beaucoup. Plus sérieusement, on parlait aussi d'une nouvelle pièce de Christopher Fry qui allait être montée à

Londres, de promesses de travail avec Peter Brook. Les paris de Burton — placer l'argent en Suisse, garder un pied dans le théâtre londonien de qualité, nourrir la famille et tourner régulièrement — portaient leurs fruits. Dans les bons jours, cela pouvait même avoir des airs de stratégie.

Enfin, il revêtit son armure. On pourrait en un sens dire que jamais plus il ne l'ôta.

S'étaient-ils « connus » avant ? Certaines rumeurs persistent selon lesquelles ils se seraient rencontrés dans la nuit new-yorkaise lorsqu'il interprétait là-bas le roi Arthur ; elles parlent même de rencontres antérieures, à Hollywood. Tout ceci est plus que douteux. Tout semble indiquer une « première rencontre » à Rome. Brook Williams affirme de façon péremptoire qu'« au début Richard ne pouvait pas la voir ». Des réflexions entendues par Mankiewicz vont dans ce sens, telles « miss Nichons » et « J'espère qu'elle se rase » — grossière allusion à l'abondance et à l'étendue de la pilosité de Taylor (elle est née « couverte d'un duvet noir, rapporte Kitty Kelley, et sa mère en était au désespoir ; on avait consacré beaucoup de patience et de savoir-faire à la résolution de ce problème ».) De plus, en public il paraissait la considérer comme une star parmi d'autres. Ne les avait-il pas toutes rencontrées ? Seul l'impressionnait le talent de comédien, qualité qu'il ne lui avait pas encore découverte.

La version d'Elizabeth Taylor est qu'il l'aborda de la façon la plus stéréotypée — « Est-ce qu'on vous a jamais dit quelle jolie fille vous êtes ? » — et qu'elle n'eut plus qu'une idée, retourner en salle de maquillage pour dire « aux filles » quel balourd ce poétique Gallois, ce grand acteur shakespearien était en fait. Elle confie ensuite s'être éprise de lui dans la dernière semaine de janvier 1962, lorsqu'ils jouèrent leur toute première scène ensemble. Une autre source parle de « confrontation électrique ». Il se ressentait d'une nuit mouvementée en ville, il avait une mine de papier mâché et oubliait son texte. Il était « vulnérable ». Au début, cela la fit rire, puis elle se mit à compatir. C'est à ce moment-là, prétendait-elle, qu'elle avait craqué pour lui.

Selon des amis à *lui*, c'est en la voyant nue dans la scène du bain que son œil se serait allumé. D'autres affirment que c'est elle qui le poursuivit de ses assiduités car, dans les premiers temps, il n'était à l'évidence guère impressionné. Selon un autre témoignage, il en avait moins après son corps qu'après son *glamour*. La fortune de Taylor, son pouvoir dans le milieu du cinéma produisaient une forte impression sur lui — Mankiewicz partage cette idée. Dans leurs *Cleopatra Papers*, Brodsky et Weiss avancent cette opinion à plusieurs reprises. D'après le journaliste David Lewin, le montant de son contrat le grisait tout autant que sa plastique, et il en parlait des heures entières. Le portrait qui ressort de tout cela est celui du Celte rusé qui entrevoit le moyen de simultanément doubler ses gains et assouvir sa concupiscence.

Lorsque commença le tournage, ni l'un ni l'autre n'était libre. Quoiqu'elle ait dit, plus tard, que ce « pauvre Eddie » n'avait été que le moyen de retomber sur ses pieds après le spectaculaire Mike Todd, rien d'autre qu'un trait d'union entre celui-ci et Burton, les éléments ne manquent pas pour démontrer que Liz et Eddie s'appréciaient beaucoup. Anecdotes et souvenirs, tout indique que leur vie sexuelle était harmonieuse. Fisher était desservi par une vie professionnelle qui le retenait loin d'elle ; à l'époque et pendant de nombreuses années, Taylor supporta très mal la solitude. Dans le milieu des années cinquante, Max Lerner, alors chroniqueur pour une agence de presse, n'était jamais bien loin ; mais à présent, il était rentré aux États-Unis. Des bruits parlaient de « sexe avec son ex », Nicky Hilton.

Cependant, s'il faut en croire le livre de Brodsky et Weiss, les Fisher étaient « très amoureux » à l'époque où le tournage commença à Rome. D'autres observateurs corroborent cette opinion. D'ailleurs n'était-ce pas, selon elle, la présence d'Eddie à son chevet chaque fois qu'elle avait repris connaissance au cours de sa dernière maladie (qui avait nécessité une dizaine de médecins, dont le chirurgien de la reine), qui l'avait sauvée ? De plus, même si elle avait regagné la faveur du public et remporté un Oscar, son habitude de briser ses mariages avait sérieusement entamé sa réputation après la répudiation de Debbie Reynolds. Pour de nombreuses raisons, il était préférable de laisser entendre pendant quelques mois que son union serait durable. Et puis il y avait ce rôle, ce rôle colossal sur lequel reposaient le film, le studio, la réputation du metteur en scène, sa propre fortune — il n'était pas concevable de toucher un million de dollars pour un film qui serait un échec. Ainsi, elle était engagée de plusieurs façons.

Burton voyait toujours Pat Tunder, la superbe blonde rencontrée lorsqu'il jouait *Camelot*. Il est probable qu'il papillonnait ailleurs. Il était en plein dans sa période Don Juan ; les fantasmes de l'enfant de chœur gallois avaient pris corps, et sa soif de conquêtes, le fait qu'autant de femmes se soumettent à son désir étaient à leur summum. De toute évidence, il s'intéressait vivement aux peines et aux joies de l'autre sexe, ce qui n'est pas un don très répandu. Peut-être son succès résultait-il autant de l'attirance universellement exercée sur la gent féminine par un homme tel que lui, que d'un goût joyeusement affirmé pour la chose sexuelle. Peu d'hommes étaient aussi intrigués par les femmes, ni autant capables de leur faire plaisir.

Et il y avait Sybil. Avec ses deux filles, dont Jessica, la cadette, requérait de plus en plus d'attention. Ils sentaient poindre la terrible maladie dont elle allait être frappée. Des photographies prises à Rome semblent présenter un couple heureux, mais ces photographies ne sont, comme les interviews et les témoignages, que partiellement fiables. De la virulence avec laquelle Sybil le somma de venir lorsque commencèrent de circuler les rumeurs au sujet de Taylor, de la promptitude avec laquelle il optempéra, des violentes disputes qui l'opposèrent par la suite à Ifor et à Philip, à Stanley Baker et à Emlyn, qui tous étaient du côté de Sybil, on peut au moins déduire que leur entourage comptait bien voir leur couple perdurer. La certitude de son succès, le souci qu'il se faisait pour ses deux filles jouèrent en faveur d'un resserrement de ses liens avec Sybil. En tout état de cause, il garda pendant plusieurs mois ses distances avec sa partenaire.

Dès que l'on rencontre Elizabeth Taylor, sa beauté saute aux yeux. Ce regard violet, ces cheveux de jais, cette séduisante association de deux épaules carrées et d'une poitrine toute maternelle parlent de gaieté, de sexe et de périls. Dans sa manière d'être elle ne ressemble non plus à personne. On dirait qu'elle est pour moitié toujours enfermée dans l'univers des studios, dernière représentante des monstres sacrés, qui a tout vu et tout connu, cependant qu'une autre moitié donne le change lorsqu'on la voit évoluer, capable de tout et de rien.

Ceux qui ont connu Burton parlent à son sujet, et plus particulièrement en ce qui concerne cette première longue époque de sa vie d'adulte, d'une présence tout aussi singulière, d'un mélange unique de solidité et de totale imprévisibilité.

Lorsque ces deux-là allèrent l'un vers l'autre et couchèrent ensemble, le choc de leurs regards, leurs étreintes, leurs cris de joie et de plaisir retentirent dans toute la jungle.

Les attachés de presse, le producteur, les avocats et les amis tentèrent d'étouffer, de démentir l'événement. Tout d'abord avec quelque réussite.

Car il semble que Burton n'y ait vu, au début, qu'une liaison de plus ; c'est peut-être là ce qui fit que Taylor passa à l'action.

Il faisait l'amour avec elle ; elle, se sentant coupable : il faut que j'en fasse mon mari — il s'agit là de la version de Mankiewicz. Quelques semaines après leur première confrontation « électrique » sur le plateau, alors qu'il parvenait à peine à tenir debout, arriva la Saint-David, le 1er mars, jour où il ne travaillait jamais. Afin de célébrer la grandeur du pays de Galles, il fit une fracassante tournée des bars. Le lendemain matin, il arriva sur le plateau en compagnie de Pat Tunder, et lorsque Taylor lui reprocha son retard, il lui dit de ne pas lui échauffer les oreilles, que cela lui faisait du bien d'attendre pour une fois les autres. « Quand on se trouve dans une cage avec deux tigres, explique Mankiewicz, on se garde bien de laisser paraître qu'on est terrorisé. »

Le metteur en scène n'était pas seulement terrorisé à l'idée que sa star fasse une nouvelle rechute, fort préjudiciable aux finances de la production. Il redoutait la réaction du grand public américain. Lorsque, dix ans plus tôt, Ingrid Bergman s'était enfuie avec Rossellini, cela avait brisé sa carrière hollywoodienne. Les puritains et les censeurs tenaient toujours le haut du pavé et, avertis par quelque sixième sens que les mœurs allaient changer, ils se montraient plus virulents que jamais. Brodsky et Weiss parlent d'hystérie commerciale. Évoquée comme un cancer, cette liaison pouvait couler le film ; il était fort possible que les Églises et leurs fidèles le boycottent. Elizabeth Taylor venait tout juste de survivre, en « mourant » à quatre reprises, aux conséquences de son mariage avec Eddie Fisher (mari de sa meilleure amie et chouchou de l'Amérique !). Et voici qu'elle se remettait à frayer avec un homme marié, père de deux enfants. Et puis il y avait les siens, dont la petite Maria, cette jeune handicapée qu'elle et Fisher avaient adoptée.

Il semble qu'ils soient tombés violemment et brusquement amoureux l'un de l'autre.

Elizabeth raffolait de sa drôlerie lorsqu'il buvait. A Rome, comme naguère à New York, le bar de Burton était bien sûr parfaitement approvisionné. Et lorsqu'il berna Fisher, qui s'efforçait de surveiller la consommation d'Elizabeth, en substituant des verres pleins aux verres vides, celle-ci se dit : « J'aime cet homme. » Burton commença d'être fasciné par son énergie — Pat Tunder partit le surlendemain de la Saint-David. Et il était sincèrement et de plus en plus impressionné par son talent de comédienne. Ensemble, ils ne cessaient d'avoir des crises de fou rire.

Les choses commençaient de prendre tournure. Sybil quitta temporairement Rome pour se rendre à Londres avec les enfants. Lorsque Richard l'apprit, il « devint tout pâle » et entraîna une Elizabeth subitement inquiète jusqu'à sa loge pour lui dire que le jeu était terminé. Toutefois, au bout d'une semaine ils étaient de nouveau inséparables. A présent, Burton était tout à fait amoureux.

Ses amis commencèrent de lui prodiguer de très sérieuses mises en garde. Allait-il faire souffrir Sybil, l'abandonner avec ses deux filles ? Abandonner Kate, qu'il adorait et qui l'adorait, et Jessica, dont on venait d'apprendre qu'elle était schizophrène et autiste ? Jamais la petite ne parlerait ; son père en avait la mort dans l'âme. Toute sa vie durant, elle aurait besoin de soins spécialisés, et il y pourvoirait, mais jamais elle ne connaîtrait un instant de « normalité ». Il se faisait mille reproches. Une des rares observations de Sybil qui nous soient parvenues évoque les paparazzi, qui se montraient envahissants, qui épiaient aux fenêtres, rôdaient jour et nuit autour de la maison, au point d'arracher des hurlements de terreur à la petite Jessica. Se pouvait-il que sa liaison ait fait basculer l'enfant dans un univers de cauchemar éternel ? Jusqu'à la fin de ses jours, il fut hanté par la culpabilité.

Fisher défendit son couple non sans maladresse mais avec beaucoup d'énergie. Il se précipita au chevet d'Elizabeth à l'occasion de ce que Brodsky et Weiss appelèrent une crise foudroyante d'« intoxication alimentaire » (à la plus grande inquiétude, puis la vive colère de la propriétaire du restaurant où elle avait dîné). Mari et femme se réconcilièrent. Il s'agissait en fait d'une tentative de suicide. Elle avait voulu prouver à Burton combien elle l'aimait. Le restaurant reçut des excuses publiques. Mais quand, quelque temps après à New York, Fisher demanda par téléphone à sa femme de l'assurer de son amour, elle refusa. Elizabeth se flattait de toujours dire la vérité. Désireux de prouver publiquement qu'il était un homme, Fisher avait convoqué des journalistes pour leur faire prendre note de ce coup de fil. Ce qu'ils firent.

Peu après, Sybil fit à son tour une tentative de suicide. Comme Elizabeth, elle eut recours à des cachets. Cela se passait à Céligny. Richard se trouvait à Gstaad. Ifor s'occupa de tout. Sybil sollicita le secours de Philip. Celui-ci se rangea fermement de son côté. Mais Richard, maintenant isolé et complètement perturbé, l'envoya violemment promener. Les choses en étaient arrivées là.

Et partout et toujours, il y avait les paparazzi. La rumeur se répandait comme des retombées atomiques. Chaque fois qu'Elizabeth et Richard tentaient de s'esquiver pour la journée, ils étaient débusqués, assaillis et contraints de rentrer se mettre à l'abri. Les effets de cette pression sur leur comportement étaient, on le comprend, désastreux. Burton, le sempiternel « brave type » sur un plateau, l'homme qui était aussi *cool* que Gable, devenait nerveux et irritable. Elizabeth gâchait la vie des attachés de presse, ne se souciant nullement de les aider dans leur tâche. Elle était obsédée par Burton.

En allait-il de même pour lui ? Amoureux, il l'était, et violemment. Toutefois, il assurait encore ses amis qu'il contrôlait la situation, parvenant encore à se convaincre qu'une fois le film terminé cette liaison avec sa partenaire s'achèverait comme cela s'était déjà maintes fois produit par le passé. Son entourage en était de moins en moins persuadé. Jamais il n'aurait dit à Sybil sur l'oreiller ce que, selon Kitty Kelley, Taylor aurait dit à Fisher. Eddie ayant demandé à sa femme si elle aimait vraiment Burton, celle-ci aurait (doucement) répondu que oui. Avec moins de ménagements, elle fit venir Burton dans leur villa romaine et répondit encore et encore par l'affirmative, tandis que l'amant inventoriait le bar du mari. Jamais Burton n'amena Elizabeth chez lui, même si, dans les débuts du tournage, à l'époque paisible de Rex Harrison et de César, les Burton et les Fisher y avaient avec d'autres occasionnellement dîné ou fait la fête ensemble. Lors d'une de ces premières soirées, Sybil avait tiqué en voyant son mari dévorer Elizabeth du regard. Mais jamais il ne la quitterait. Tous ses amis le disaient. Lui-même le disait : « Je ne pourrais jamais quitter Sybil. » Tout le monde tenait cela pour acquis. Cela faisait partie de l'accord. Il avait contracté un bail. Elle était propriétaire.

Sybil se savait maintenant dangereusement menacée. Elle en appelait à la famille. Emlyn Williams fit le voyage depuis Londres — « à mes propres frais » — afin, dit-il, de se faire l'avocat d'une « gentille passade » entre Antoine et Cléopâtre. Cela n'eut pas l'heur de faire sourire Elizabeth. La croyant hors de portée de voix, il fit remarquer qu'elle marchait « comme une girl de music-hall ». (Il se souvint ensuite qu'il avait lui-même épousé une girl.) Son témoignage recoupe plusieurs autres anecdotes. Ainsi, celle d'une Elizabeth coiffée d'une perruque blonde et enveloppée dans une serviette, faisant irruption dans la loge de Burton alors qu'il se trouvait sous la douche. Le badinage érotique était déjà fort avancé. « *Dwi am broidi'r eneth ma*, confia-t-il à Williams — Je vais épouser cette fille. » C'est la première marque que nous ayons du sérieux avec lequel il voyait tout à coup sa relation avec Taylor.

Ses camarades du milieu du théâtre londonien pensaient qu'il avait perdu la tête, qu'il se liait à un monstre et faisait là une terrible erreur. Il les ignora. Certes, il semble qu'à une certaine époque la désapprobation générale tendit à lui ouvrir les yeux et à le ramener à la raison. Stanley Baker, son compatriote et complice de jadis sur les planches et auprès des demoiselles anglo-saxonnes, essaya d'intervenir. Il fut lui aussi ignoré.

Restait Ifor. Ifor prit sans réserves le parti de Sybil et des enfants. Il plaidait pour la famille, et la famille « regrettait amèrement, pour citer Cis, le jour où Richard a rencontré Elizabeth ». Ifor avait toujours été considéré comme le chef de famille. On découvrait maintenant que la réalité était bien différente. Richard n'obéissait et n'avait jamais obéi qu'à lui-même. La famille, même Ifor, constituait une partie de son passé qu'il chérissait sincèrement et même à l'excès ; mais il s'en démarquait. On a dit qu'Ifor et lui en seraient même venus aux mains. Ifor et Gwen quittèrent Rome accompagnés de Sybil et des filles.

Cependant, Burton ne se résolvait toujours pas à s'engager totalement. Il semble qu'il ait été convenu que Sybil s'éloignerait jusqu'à la fin du tournage et qu'ensuite ils se retrouveraient. Leurs amis pensaient de même. Sur le plateau, des parieurs moins naïfs misaient sur Elizabeth. Richard et Sybil donnaient de paisibles interviews dans lesquelles ils se juraient un attachement éternel et tournaient la chose à la plaisanterie. A la grande fureur d'Elizabeth.

Leur travail devant la caméra s'en trouvait parasité. Quand Elizabeth — en Cléopâtre — dut se mettre à fulminer en apprenant la nouvelle du mariage d'Antoine avec la sœur d'Octave, elle se serait écriée « Sybil ! » tout en lacérant une partie des tentures. Voyant que la situation lui échappait, Mankiewicz tenta de s'en accommoder et fut accusé d'écrire des répliques délibérément ambiguës. « Avoir attendu tant de temps pour être mise si brutalement devant le fait accompli, cela fait mal », déclarait Cléopâtre. Antoine : « Tout ce que je désire posséder, aimer, être, est là, devant moi. » « Je ne peux vivre dans un monde dont tu serais absent, Antoine », disait encore Cléopâtre. Le studio en défaillait. Mankiewicz avait beau crier plusieurs fois « Coupez ! », leur étreinte n'en finissait pas. « Vous me donnez l'impression que je suis de trop », leur dit-il.

Burton luttait pour sauver sa vie, sa vie d'avant. Une de ses particularités en tant qu'acteur de théâtre était le besoin qu'il avait de se ménager un espace, une bulle. Il s'y efforçait à l'époque et faisait son possible pour s'isoler au milieu de ce maelström. Une autre de ses particularités était sa capacité — qui devait lui coûter une énorme somme d'énergie — à soudainement *se faire* passer dans un autre monde. Il s'était *fait* grand acteur classique au terme d'une formation ridiculement réduite. Il avait *fait* d'une voix banale au timbre grossier une voix capable de faire frissonner un auditoire. Quoique trop léger et trop menu pour ce sport, il s'était *fait* rugbyman de premier plan. En dépit des ravages que cela opérait sur son organisme, il se *faisait* buveur à l'impressionnante capacité. Dans tous les secteurs de sa vie, sauf quand il s'asseyait avec un livre, quand il se mettait devant sa machine à écrire, et peut-être lorsqu'il passait un moment de tranquille intimité avec Sybil, Burton était quelqu'un qui avait besoin de se faire, de s'inventer. « Il est parti de rien », a dit Gielgud. A présent, il avait complètement dépassé ces premiers modèles, et il rejetait leurs substituts, Ifor et Emlyn, Sybil et Gwen. Il faisait de lui-même un homme nouveau.

Le pari d'unir sa destinée à celle d'Elizabeth Taylor allait à l'encontre de tout ce qu'il s'était jusqu'alors constitué. Pendant les deux années qui suivirent, les échos d'interviews gênées, de confrontations douloureuses, de sévères difficultés furent comme la plainte déchirante de racines que l'on était en train d'arracher. Il était parvenu à se conformer, à conformer son existence, sa famille et sa carrière à ses rêves de jadis. Elizabeth Taylor allait tout anéantir.

A l'instar d'Antoine, il allait devoir tout abandonner.

Il en était conscient, et cependant *« Dwi am broidi'r eneth ma »*, il allait épouser cette fille, comme il l'avait dit la première fois en gallois.

Plusieurs témoignages de l'époque laissent entendre que Burton faisait en l'occurrence preuve de cynisme et que, tourneboulé par la célébrité de Taylor, il considérait que leur association lui mettrait très efficacement le pied à l'étrier. Cette allégation était partiellement juste au tout début. Sybil confia à l'époque que ces péripéties allaient être vite oubliées et qu'ils s'en trouveraient plus riches d'un million de dollars. Comme tous ceux qui entendaient survivre au sein de cette industrie bizarre, tantôt sentimentale tantôt impitoyable, Burton était obligé de se battre sans relâche. Il savait que le fait de jouer entre Rex Harrison et Elizabeth Taylor dans un superfilm dirigé par Joe Mankiewicz ferait monter ses tarifs. C'était une des raisons pour lesquelles il tenait à participer à ce film. C'était l'équivalent cinématographique de l'interprétation du prince Hal à Stratford ou de Coriolan à l'Old Vic. C'était idéal. Un sujet grandiose, de grandes vedettes, un excellent réalisateur. Beaucoup de publicité, une profusion de primes et d'avantages, un rôle de qualité.

Mais c'est le sous-estimer que de dire qu'il choisit Taylor en raison de sa célébrité. Il faut garder présent à l'esprit le fait que, avec son apparente confiance en soi (« Tu me connais, j'agis toujours à ma guise »), son sens inné de l'égalité et sa pratique d'une supériorité rarement battue en brèche, Burton avait côtoyé les plus grandes stars londoniennes, et que, dès sa descente d'avion à Los Angeles, le gratin hollywoodien l'avait accepté comme l'un des siens.

Il était fasciné par le contrat. Tous les acteurs de la planète étaient fascinés par ce premier cachet d'un million de dollars. Avec les impérieuses exigences que renfermait ce contrat, il découvrait en Taylor un élément d'une dureté adamantine, qu'il n'avait pas soupçonné. Posant le pied à Hollywood, le Gallois Jenkins avait vite compris que c'était le royaume d'une mafia, un panier de crabes où tous les coups étaient permis ; il s'en était accommodé. Taylor, elle, avait été élevée sur place, et voici qu'il réalisait quelle femme d'affaires cela avait fait d'elle. Elle était la reine de ce secteur malfamé. Il n'ignorait pas combien il était dur d'obtenir ce que l'on désirait, il savait qu'il fallait souvent jouer sa carrière et jusqu'à soi-même sur un coup de dés. Ce contrat était l'équivalent d'un journal intime. Ce qu'elle était coriace !

L'énergie dont elle faisait preuve sur le plateau l'intriguait. Non qu'il n'en eût déjà vu de semblables, mais parce qu'elle émanait de cette poupée en sucre fardée. Il commençait de découvrir une créature unique et subodorait que personne jusqu'à présent ne l'avait percée à jour. Créature intéressante et enjôleuse, elle était une contrée vierge. Il sentait également qu'afin de l'approcher, il lui faudrait se dépouiller des défroques qui lui avaient coûté tant de rage et d'énergie. Il lui faudrait en revanche garder sur lui la cuirasse d'Antoine, cet homme qui avait tout perdu pour l'amour d'une femme dont il savait qu'elle finirait par le rejeter.

Tandis que le tournage se poursuivait en dépit des menaces que les administrateurs de la compagnie faisaient peser sur le film et des rumeurs qui s'enflaient, Burton était au supplice. Cet homme qui avait contracté une si écrasante dette auprès des siens se voyait appelé à les abandonner ; non seulement Sybil mais aussi Kate, cette enfant intelligente qu'il adorait, et Jessica, malheureuse petite qui lui inspirait l'angoisse morbide d'être porteur d'un « sang vicié » et libérait en lui des torrents de culpabilité. Le dilemme le plaçait, comme il l'écrirait, entre Kate et Liz.

Rien de tout ceci n'est exceptionnel. Des centaines de milliers d'hommes qui ont quitté leur foyer pourraient se reconnaître dans ce portrait. Peut-être cela était-il plus intense dans le cas de Burton en raison du rôle central et essentiel qu'il avait toujours prêté à la famille — mais cela non plus n'est pas rare.

Plus exceptionnelle est la manière dont il convenait de présenter cela au public, ainsi que le caractère absolu du choix auquel il se trouvait confronté. Et plus exceptionnel encore est le facteur Elizabeth Taylor. Que représentait-elle pour lui ?

Le plaisir sexuel, cela ne fait pas de doute. Et tous les degrés de la palette sensuelle, un paradis de volupté. Le divertissement aussi, un compagnon de beuverie, un boute-en-train, un copain, un tempérament anarchisant ; personnalité aux multiples facettes, elle possédait comme lui le don de passer sans peine d'un registre à l'autre. Et par-dessus tout, elle représentait le mystère et l'aventure. Il avait tout ce qu'il attendait de la vie ; à présent il pourrait avoir tout ce qu'il imaginait. Il ne pouvait cependant imaginer ce que serait la vie avec elle. Elle était à la fois toutes les sirènes et la princesse qui indique à son chevalier la quête qu'il devra accomplir. Il était hypnotisé par Taylor.

Et elle l'était par lui. Il était impossible, même pour les observateurs les plus pénétrants, de faire une distinction entre leurs deux façons d'être. Alan Jay Lerner parle de leur relation comme d'un rêve qu'ils auraient partagé, un rêve de naufrage dans lequel, saisis de panique, ils se cherchaient l'un l'autre, un cauchemar commun dont, ensuite, ils se réveillaient ensemble. Ils étaient, conclut-il, étroitement liés l'un à l'autre. Hollis Alpert du *Saturday Review* obtint une interview et les vit comme un couple marié, détendu, terriblement normal — ils paraissaient même s'ennuyer. Il s'agissait pourtant d'une période où l'hystérie de la presse et toutes sortes de pressions pesaient jour et nuit sur leur existence. Ils étaient devenus un tout, une unité, une république à deux, de plus en plus une loi et un État à eux seuls.

A Rome, chez Bulgari, elle lui montra un diamant. Il le lui offrit. (Eddie Fisher avait publiquement proclamé qu'en lui achetant un diamant on lui garantissait quatre jours de bonheur. Mike Todd lui en achetait comme un aïeul du chocolat à ses petits-enfants.) Ce diamant valait cent cinquante mille dollars. Burton paya. C'était comme un prix qu'il payait pour que l'on sût qu'il était sur le point de passer dans un autre monde. A l'instigation d'Elizabeth, il acheta pour Sybil un second bijou, qui valait le quart du premier. « Je lui ai fait découvrir la bière, dira-t-il. Elle m'a fait découvrir Bulgari. »

Ayant chassé de Rome tous ceux qui eussent pu l'aider, Burton s'efforçait de boucher le volcan. Il voulait sincèrement que cela ne soit qu'une liaison parmi d'autres. Il apparaît dans les interviews ultérieures de Burton qu'Elizabeth était elle aussi désireuse — du moins le prétendait-elle — d'y mettre bientôt un terme afin de ne pas faire souffrir Sybil, Kate et Jessica, sans parler de sa propre famille. Ils faisaient comme si. Et puis un soir, « j'en ai eu tout simplement marre que tout le monde nous répète d'être discrets, explique-t-il. J'ai dit à Liz : "Et merde, allons nous envoyer un plat de nouilles chez Alfredo" ». Le gibier était à découvert.

Ce restaurant de la Via Veneto était le terrain d'action des paparazzi. Les photos firent instantanément le tour de la planète. « Le Scandale » était rendu public. Il était lancé sur le marché, comme une valeur cotée en bourse. « On est au milieu d'un asile de fous », écrivit Brodsky.

Taylor se répandit en superbes promesses de renoncement. S'il le souhaitait, elle choisirait l'anonymat, la pauvreté, le servage ; elle laisserait tomber son métier, resterait à la maison, s'assiérait en coulisses pour le regarder jouer à l'Old Vic. La mort dans l'âme, accablé de doutes, Burton ne s'y résolut pas. Le tournage s'achèverait, et avec lui leur liaison. A la Fox, on parlait de « crise ». Pour Mankiewicz, Burton était en train d'offrir une des plus géniales prestations cinématographiques de la décennie. Les paparazzi étaient comme fous. Le Vatican lança un coup de semonce, de même que les hérauts de la moralité américaine. A la Fox, on réfléchissait à une action en justice.

Une nouvelle fois, s'il faut en croire les témoignages ultérieurs de Burton, ils prirent la décision de rompre. Trop de gens avaient déjà souffert et souffriraient de la situation. En apparence, Elizabeth Taylor allait moins en pâtir que Burton, mais ce n'était pas ainsi qu'elle voyait les choses. Il était devenu le centre de sa vie, et jamais elle n'avait été à ce point contrariée, contrecarrée, jamais elle n'avait eu à courber l'échine de la sorte. Et cependant, elle en convenait, il ne fallait pas que Sybil en souffre.

Ils se rendirent à Ischia pour tourner les scènes de combat naval, arrivant en hélicoptère et logeant dans deux suites communicantes du meilleur hôtel. Un producteur les invita à déjeuner à bord de son yacht et disposa des caméras cachées afin d'immortaliser l'occasion. Bien évidemment, cette enfant du cinéma qu'était Taylor les repéra presque aussitôt. Burton, avec raison, fit passer un mauvais moment à leur hôte. Cependant tout le monde était à l'affût d'une grande histoire d'amour. Afin de fuir photographes et journalistes, ils étaient contraints de prendre des dispositions — hélicoptères, déguisements invraisemblables —, contraints de ne se rendre que dans des endroits — yachts, soirées très sélectives — qui leur attiraient un surcroît de publicité.

Sybil attendait, et sa patience semblait ne pas être vaine.

Lorsque sa participation au tournage prit fin, Taylor passa sa dernière nuit à Ischia, une ambulance garée devant l'hôtel. Tout cela était morbide, absurde, pétri d'autocomplaisance, et néanmoins tout à fait sérieux. Ces deux emblèmes du moi triomphant avaient été gravement infectés par le poison de leur attirance réciproque. Taylor finit par faire le serment de partir pour toujours.

Ils se retrouvèrent au bout de quelques semaines pour passer plusieurs jours à Portofino en compagnie de Rex Harrison et de Rachel Roberts. Puis le tournage prit également fin pour Burton, et ils se séparèrent. Elle lui écrivit une lettre où elle lui disait qu'il leur fallait cesser de se voir, qu'ils avaient fait du mal à trop de gens.

On les retrouve en Suisse. Lui à Céligny, où Sybil et les enfants, Ifor et Gwen, toute la famille, l'attendaient au « Pays de Galles ». Il était rentré au bercail. Mais l'ambiance y était à l'épuisement et à la tristesse.

Elizabeth était à Gstaad afin, disait-elle, de se trouver à proximité de ses enfants, qui étaient en pension en Suisse. Elle téléphonait régulièrement à un Eddie Fisher effondré et désemparé, faisant semblant de vouloir le garder.

Elle attendait. Elle avait dit à Burton qu'elle renoncerait à sa carrière pour venir le regarder jouer à l'Old Vic. Pour être avec lui, elle était prête à vivre dans l'appartement le plus miteux. Pour lui, elle renoncerait à tout, son orgueil, son métier. Elle serait là quand il voudrait d'elle. L'attendant éternellement. La Belle au bois dormant, en quelque sorte.

De Céligny à Gstaad il y a à peu près cent quarante kilomètres d'une route de montagne.

Après quelques semaines, ils recommencèrent à se voir.

Céligny était maintenant un sombre caveau où régnait la culpabilité. Gstaad avec Elizabeth et l'adorable Liza, fille de Mike Todd, un lieu de félicité au-dessus des nuages.

Ils étaient attirés l'un vers l'autre. Était-elle l'araignée tissant patiemment sa toile dans les féeriques montagnes de Gstaad, lançant des fils vers Céligny, par-dessus le lac Léman ? L'avait-il hypnotisée, ensorcelée au point qu'elle faisait des choses qu'elle n'avait jamais faites auparavant ? « J'étais là quand il me voulait », confia-t-elle. Il semble qu'ils se soient efforcés de « bien » se tenir, de se comporter « convenablement » vis-à-vis de ceux qui souffraient de la situation. Ils comprenaient que ce qui leur tenait à cœur, ce qui faisait leurs délices, pouvait blesser voire anéantir certaines personnes. En dépit de leurs efforts pour la refréner, la sincérité de leur passion finissait par convaincre leurs proches, même les plus désapprobateurs, que cet attachement allait bien plus loin qu'un simple jeu érotique ou qu'un banal calcul carriériste. A présent, ils avaient terriblement besoin l'un de l'autre, et rien d'autre ne pouvait les satisfaire. Lequel téléphonait ? Certains affirment que c'était elle. Qui invitait l'autre à déjeuner en ville ? Lui, répondent certains.

Des voitures fonçaient dans les Alpes à travers la nuit automnale. Une autre rencontre, une nouvelle trahison.

A présent ils étaient l'un l'autre possédés. « Comme Roméo et Juliette, proclamerait bientôt une carte de vœux en Amérique, comme Antoine et Cléopâtre, comme Liz et Dick. L'amour est éternel. » Burton s'acheminait vers un autre monde, un monde dangereusement grisant.

CHAPITRE 13

« CE MARIAGE EST LE DERNIER ET LE BON... »

En se rapprochant d'Elizabeth Taylor, Burton abandonnait la solide citadelle de ses ambitions d'adulte pour retrouver la friche de ses rêves d'adolescent. Arrivé à Céligny sans beaucoup de moyens, il s'était en l'espace de cinq ans constitué la sécurité qu'il désirait ardemment. Cette citadelle, *Camelot* l'avait cimentée, et *Cléopâtre* lui avait érigé une muraille supplémentaire. Son premier enfant, la jeune Kate, était une véritable source d'orgueil et de joie. Sybil et lui avaient survécu à ses années de folie. Ifor et Gwen logeaient dans le chalet à l'autre bout du jardin. Il y avait de l'argent pour ses frères et sœurs restés au pays de Galles. Broadway avait été conquis et Hollywood l'attendait quand il voulait. Qui plus est, même si à Londres beaucoup le tenaient pour une canaille, il était toujours désiré dans les cénacles les plus prestigieux. Il n'était pas encore un renégat. Le théâtre classique lui était grand ouvert ; les plus grands rôles l'attendaient, les meilleurs metteurs en scène le courtisaient. Il avait tout ce qu'il avait jamais désiré.

Elizabeth Taylor redessinait ses ambitions et ses rêves. Surtout, elle l'attirait hors de la citadelle, le faisait se risquer en terrain découvert, là où il lui faudrait à nouveau se réinventer et sauver sa peau dans de nouvelles batailles, de nouvelles guerres. A contrecœur, avec agacement, il réalisa que le risque l'attirait autant que l'attirait cette femme. Il allait tout quitter pour elle.

Mais peut-être était-ce pour lui-même ? L'ennui avait toujours été le pire des maux, la sécurité pouvait se comparer à une cellule de prison.

S'agissait-il d'un marché faustien ? Échangeait-il son indéniable talent contre la célébrité, la richesse et l'amour de la « plus belle femme au monde » ? Est-ce ce qui rendit si douloureuse la dernière partie de sa vie, aussi désespérément médiocres certaines de ses dernières apparitions à l'écran ? Est-ce ce qui le fit mourir aussi prématurément ? Tout cela est vrai, d'une certaine façon. Mais il y avait une dimension supplémentaire : il savait en se lançant dans l'aventure comment elle se terminerait. Ses camarades londoniens devaient lui répéter de « prendre garde » ; elle allait « le manger tout cru », elle était « un monstre ». Il ne s'agissait pas de paroles en l'air. On *peut* se faire détruire ; le talent *peut* se dévoyer ; il *est* des monstres qui se nourrissent de la personnalité d'autrui. Peut-être les gens du show business et du théâtre ont-ils une conscience plus vive de cela ; il n'empêche que ces choses arrivent partout et tout le temps. On peut entreprendre une tâche démesurée, engager un combat douteux, et y laisser des plumes, voire s'y anéantir. Burton avait conscience de ce danger qu'elle représentait.

Mais il évitait à présent ceux qui lui prodiguaient les plus vives mises en garde, ceux en qui il avait le plus confiance, Ifor, Emlyn, Philip, Stanley Baker et, sans doute, Sybil. Il voulait être seul. Peut-être n'allait-il jamais être aussi seul.

Faisait-il cela dans le but de s'enrichir ? En choisissant Taylor, il renonçait à *tout* ce qu'il avait gagné au cours des dix dernières années, et se retrouvait complètement désargenté. Il ne pouvait avoir la moindre idée de leur future capacité à faire ensemble de l'argent. De plus, il n'était pas homme à vivre à ses crochets (à l'époque, malgré les millions de *Cléopâtre*, les comptes en banque de Taylor étaient drainés par le remboursement de nombreuses dettes et toutes sortes de dépenses extravagantes). Non, il renonçait pour elle à la richesse. La renommée, alors ? Certes, Taylor était fort connue et bénéficiait d'une énorme presse. Mais pour Burton, la renommée, c'était Dylan Thomas, Evelyn Waugh, c'était de signer des écrits émouvants, élégants, brillants. La renommée cinématographique était épatante, mais n'avait pas la même classe. Pas même celle d'Elizabeth.

Non, c'est la femme qui l'attira, son mystère, cette merveilleuse contrée vierge qui avait nom Elizabeth Taylor. C'était cependant sa propre curiosité, son propre goût de l'aventure, qui l'amenèrent à continuer dans cette voie. S'il s'agissait d'un marché faustien — et c'est ce qui a donné à sa vie cette coloration mystique —, c'en était une adaptation à sa manière. Une version peut-être moins tranchée, moins prégnante. Et cependant, au fur et à mesure que les conséquences se dessinaient, que la relation Burton-Taylor prenait forme, la ressemblance devenait de plus en plus forte avec l'histoire de cet homme qui vendit son âme en échange du secret de la richesse et de la gloire. Le rôle lui était offert. « Faust, c'est moi », dira-t-il plus tard.

Mais tout cela était encore à venir, tandis qu'ils s'engageaient sur la longue et douloureuse voie conduisant au divorce puis au mariage.

Curieusement, si de nombreux contemporains évoquent l'attirance que Burton éprouvait pour Taylor, bien peu savent ce qu'elle ressentait, sinon le plaisir d'une relation tapageuse et ostentatoire. Et cependant, dans tout ce qu'il a écrit, dans tout ce qu'on peut observer, il apparaît que cette relation était étroite et remarquablement égalitaire. La principale distinction est que si elle était encline à l'amour obsessionnel, lui ne l'était pas. Il était capable de s'amouracher dans la discrétion (Claire Bloom), parfois follement (Susan Strasberg), parfois en s'affichant ouvertement (Pat Tunder), ou par amusement (des centaines de liaisons). Mais il ne connaissait pas la passion suffocante, cet attachement teinté d'obsession que Taylor avait chaque fois éprouvé (au début) pour ses différents maris. Jamais il n'avait complètement perdu la tête pour quelqu'un. Jamais non plus il n'avait essuyé d'offensive telle que celle que Taylor allait déclencher. Son long et lent cheminement jusqu'au divorce nous semble par conséquent avoir pris valeur de double test. Il la testait : n'était-ce qu'un engouement de plus, du genre de celui qu'elle avait éprouvé pour Hilton ; s'agissait-il d'un attachement, certes plus fort, du type de celui qu'elle avait eu pendant quelques années à l'endroit de Michael Wilding ? Et il s'éprouvait lui-même : une fois révolus le carnaval romain, les diamants et les paparazzi, l'excitation de la clandestinité et l'aphrodisiaque de la publicité, était-il toujours dans les mêmes dispositions du cœur et de l'esprit ? Sachant qu'il jouait plus gros jeu qu'il ne l'avait jamais fait, sachant qu'il lui faudrait renoncer à tout ce qu'il avait chèrement payé, Burton ne se précipitait pas et attendait de voir si la passion n'allait pas retomber.

Cependant ils semblaient faits l'un pour l'autre, autant que peuvent l'être de parfaits contraires. Elizabeth Taylor représentait la féminité dans ce qu'elle peut avoir de plus abouti. Presque dès l'enfance on n'avait cessé de la flatter, de lui répéter que la suavité d'un sourire, le battement d'une paupière, la disposition d'une mèche de cheveux, la finesse de sa taille, son corps, son visage amèneraient le monde à ses pieds. En termes d'attention, de succès, d'admiration et d'argent, cela avait merveilleusement fonctionné. Seuls quelques membres de familles royales avaient une aura capable d'occulter celle d'Elizabeth Taylor et de la poignée des jeunes tsarines de Hollywood et de son empire de celluloïd. Elle savait que son corps était un tabernacle, et sa réputation une châsse.

Burton adorait tout cela, il en était transporté. Tout le monde s'accorde à dire que, dans les premières années, ils étaient constamment collés l'un à l'autre. Mais pour lui, le corps était une imposture. Le sien était tavelé, cabossé, marqué par l'excès d'alcool et de tabac. Il en plaisantait : « Les costauds sont écroulés de rire quand ils me voient prêt à passer à l'action. » Il détestait se déshabiller pour passer à l'action. Sa belle gueule était le fruit du hasard, et il n'en faisait pas plus de cas que de son talent, ce don du ciel tout aussi mystérieux. Pourtant, chacun était intrigué par la différence de l'autre. C'est là un exemple superficiel de la façon dont chacun trouvait en l'autre de nouveaux territoires.

Si l'on schématise, Burton était le Gallois macho, rugbyman, héros prolétarien, dont on attendait qu'il soit *dur*. Taylor était la starlette devenue star puis superstar, la créature suprêmement féminine dont on exigeait la plus grande souplesse. Il paraissait d'une grande indépendance, même s'il pouvait être aussi dépendant que la feuille l'est de l'arbre. Elle était complètement dépendante, même si elle pouvait se montrer aussi dure que le granit.

Cette « attraction des contraires » s'exerçait de façon exponentielle. Il possédait une solide culture et, même s'il avait tendance à se borner à une douzaine de poètes familiers, il ne cessait de faire de longues incursions chez les libraires et se tenait au courant de tout ce qui paraissait. Taylor avait été nourrie au commérage, ce qui paraissait un peu mince à côté de son intellectualisme, son goût de l'éloquence et des polysyllabes. Elle aspirait à la culture, et le premier rôle interprété par Burton avait été le professeur Higgins*. Il aimait autant enseigner

* Dans *Pygmalion*, de Bernard Shaw *(NdT)*.

qu'apprendre. Cependant elle était son maître en ce qui concernait l'expérience de la vie. Chaque atout semblait s'équilibrer chez l'autre par un manque.

Elle avait été élevée dans le cinéma, il ne jurait que par la scène. Elle savait qu'un regard, un silence, un geste pouvaient avoir l'impact voulu. Pour lui, seuls les mots étaient capables d'une réelle communication. Il paraissait enraciné dans une race, un lieu, une famille, une culture, une langue, une époque, une riche et profonde veine de houille. Pareille à quelque personnage de conte de fées, elle voguait sur la crête de la vague publicitaire, et ses racines n'étaient pas plus profondes que les engouements du public.

Il était ponctuel, excessivement soigné. Elle paraissait incapable d'exactitude et peu soignée. Il était sédentaire. Elle était comme l'oiseau sur la branche. Il n'était pas pointilleux quant au choix de ses rôles. Elle consacrait à de telles décisions autant de réflexion que des hommes d'État en consacrent à un traité de l'OTAN. Il était un joyeux vantard; elle s'attachait toujours à la stricte vérité.

Chacun était fort impressionné par les vertus de l'autre, et ravi de ses manques.

Ils avaient toutefois de nombreux points communs. Tous deux buvaient et aimaient l'ivresse. Elle était mal embouchée, et l'on put remarquer que lui, après avoir appelé les choses par leur nom, commença bientôt d'appeler les foutues choses par leur foutu nom. Cependant qu'elle, de son côté, adoptait un accent de plus en plus anglais.

Ils aimaient le sexe et ne s'en cachaient pas. Ni l'un ni l'autre n'était très regardant quant à l'argent. Dans ce qu'on pourrait appeler « les réalités », ils avaient beaucoup de choses en commun.

On les trouvait l'un comme l'autre d'une éblouissante beauté. Elizabeth Taylor était aimée des femmes comme des hommes, Burton des hommes comme des femmes. Après avoir pendant des années observé le phénomène, ils avaient une conscience aiguë de l'impact de leur physique sur les autres et savaient la douleur et la fatigue occasionnées par le port de ce genre de masque.

Et par-dessus tout, Burton et Taylor savaient ce que c'était que d'être non seulement exceptionnel mais aussi plutôt bizarre. Comme il l'avait lui-même confié à Anthony Quayle : « J'ai le petit truc en plus. » Son physique, son « petit truc en plus », sa force de volonté éternellement régénérée, tout cela provenait d'une mystérieuse source sur laquelle il était préférable de ne pas trop s'interroger, tout cela l'avait conduit de Pontrhydyfen à Rome, de la fille boutonneuse d'un commis de mercerie à la « plus belle femme du monde ». Taylor avait eu une existence pour le moins aussi singulière. Élevée et dorlotée comme seuls l'étaient dans le passé certains membres de familles royales ou certaines victimes sacrificielles, choisie pour son caractère exceptionnel et façonnée en icône profane, formée et gâtée au-delà de la normale. Créatures étranges, par bien des côtés irréelles, Burton et Taylor avaient su se reconnaître comme deux congénères.

Plus profondément encore, ils avaient conscience du désir et de l'envie de ceux qui les entouraient, conscience de la faveur changeante du grand public et du caractère fugitif de la célébrité. Ils savaient ce qu'est l'esseulement ; ils auraient voulu n'être jamais seuls, ils avaient besoin d'être en permanence rassurés, à travers le sexe, à travers un entourage compatissant. Ils savaient qu'une existence à ce point publique, une telle renommée, sont difficiles à vivre, surtout lorsqu'elles ne s'appuient pas sur une institution, par exemple l'appartenance à une famille royale, ou sur la naissance ou une fortune exceptionnelle, mais reposent entièrement sur ce que l'on donne de soi. Ils avaient toujours donné une double représentation, et celle qu'ils donnaient à la ville était de loin la plus dangereuse et la plus éprouvante.

Ils en étaient l'un comme l'autre au stade de vouloir ce qu'il y avait de plus dangereux et de plus éprouvant. Taylor ne voulait pas simplement un mari de plus. Elle voulait Burton pour toujours et était prête à s'humilier pour l'avoir. La tentative de suicide était sincère. En ce dernier soir de tournage, une ambulance avait été effectivement appelée. Elle entendait être officiellement sa maîtresse — avec toute l'humiliation qu'à cette époque le mot signifiait pour elle. Et, plus encore, elle serait tout bonnement là. Attendant d'accéder à son bon plaisir.

Tranquillement, lentement, très lentement, il allait rejeter l'existence qu'il avait mis tant d'énergie et de fureur à se bâtir. Repousser ses amis, abandonner tout réel espoir de remonter sur la scène londonienne, ignorer et même mépriser les supplications d'Ifor puis de Cis.

Elizabeth Taylor avait donné naissance à cette centrale calculatrice, avait fondu cet alliage de « génie », selon le professeur Nevill Coghill, d'« insouciance », selon un Gielgud tout aussi admiratif, et de quant-à-soi. Elle avait trouvé le démon en lui et agissait sur celui-ci.

De la même façon, il avait assujetti la véhémente passion qu'elle lui portait. Il avait pris possession d'elle. Elle était fascinée par la fascination qu'il lui témoignait. Elle était littéralement prête à se sacrifier pour lui ou, plus cruel encore pour elle, à attendre qu'il veuille bien d'elle selon les conditions qu'il aurait posées. Elle serait la Belle au bois dormant, et seul *son* baiser saurait la réveiller.

Tout au long des deux années qui suivirent, et au sujet desquelles Burton a parlé de « guerre », période durant laquelle ils furent comme prisonniers dans le faisceau des projecteurs, ils furent grisés par un sentiment d'aventure, par les risques qu'ils couraient. Chaque obstacle était un aiguillon. Chaque conversation raisonnable s'achevant par une séparation raisonnable les rapprochait chaque fois un peu plus du feu avec lequel ils brûlaient de jouer. Tous deux étaient Faust, ils avaient passé un accord. Là dehors, ensemble, une vie les attendait. Quelle serait-elle ?

Pendant les deux années qui suivirent, jusqu'à ce que les divorces fussent prononcés, ce fut une vie de fuite incessante, une vie fébrile et survoltée, une double vie la plupart du temps pour Burton, une existence brûlée par les projecteurs, une existence qui semblait être le laboratoire où s'élaborait la moralité du temps. La plupart des gens y seraient restés. Burton trouvait un secours dans l'alcool. On eût dit que les choses glissaient sur Elizabeth. Cela avait été une accumulation de stress — une grave maladie, un divorce, la mort de plusieurs amis, une famille sens dessus dessous, une nouvelle maladie, qui eût diminué la plupart des gens, qui en eût frappé une partie d'infirmité. Elle traversait tout cela avec la dureté du diamant sur la vitre. Quand, par exemple, Mike Todd trouva la mort, tout Beverly Hills l'entendit hurler son chagrin, son désir de le rejoindre ; et cependant elle retourna quelques jours plus tard sur le plateau et termina *Une chatte sur un toit brûlant*. Puis elle prit Eddie Fisher à sa meilleure amie. Puis elle « mourut presque » à quatre reprises. Ensuite elle gagna Rome pour devenir Cléopâtre. Il n'y a rien de surprenant à ce que, lorsqu'elle fit son entrée triomphale, les milliers de figurants romains aient crié « LIZ ! LIZ ! » au lieu de « Cléopâtre ! » Elle agita la main et la clameur redoubla. « Briseuse de ménages ! » criait-on par les rues. La presse, parfois furieuse de son propre assujettissement à leur notoriété, ne pouvait que se faire l'écho de tout ce tumulte. Ce retentissement ressemblait et, quantitativement, dépassait celui auquel avait eu droit la saga du duc et de la duchesse de Windsor. Taylor et Burton, Burton et Taylor devinrent les personnages royaux licencieux de ces licencieuses années soixante.

Après leurs rencontres en Suisse, l'étape suivante fut Paris, où Burton fit un enregistrement pour BBC Radio (pour la somme record de cent cinquante petites livres) et Taylor quelque travail sur *Cléopâtre*. Ils logeaient à l'hôtel Lancaster. Ils jouaient à cache-cache avec la presse et parvenaient encore à se ménager une certaine discrétion. Dans ses déclarations publiques, Burton démentait soit qu'il comptait quitter Sybil soit qu'il projetait d'épouser Elizabeth. Celle-ci faisait des déclarations moins nombreuses et plus laconiques. Depuis Céligny, Sybil envoyait des signaux d'apaisement ; Richard était un enfant terrible, mais il finissait toujours par rentrer à la maison.

A l'automne 1964, ils subissaient encore les retombées de *Cléopâtre*. En qui pouvaient-ils avoir confiance ? Des domestiques avaient dissimulé des caméras ; un producteur en vue les avait invités à déjeuner pour les filmer à leur insu ; on parlait de bandes magnétiques, d'enregistrements de conversations intimes, qui soi-disant circulaient sous le manteau ; une photo du célèbre couple aurait atteint un prix astronomique sur le marché de la pornographie. Et puis il y avait les actions en justice. La Fox poursuivait les deux stars, qui contre-attaquaient ; le cinéma était pain bénit pour les avocats.

Zanuck s'en prit violemment à Taylor et Burton. Il se retrouvait à nouveau à la tête de la Fox après l'éviction de Skouras — qui avait perdu la bataille du conseil d'administration — et prenait personnellement le contrôle de l'ensemble de la compagnie. *Le jour le plus long* étant sur ses rails (Burton y interprétait une nouvelle fois avec son efficacité habituelle un rôle de militaire), Zanuck braqua son artillerie sur *Cléopâtre*. Et sur Antoine. Il ne fit pas dans la demi-mesure et entama une action en justice.

Ils écoutèrent jusqu'au bout les avocats du producteur. Ils apprirent combien leur conduite avait porté préjudice à la carrière du film. De fait, la situation était préoccupante. Au Congrès américain, la représentante Iris Blitch venait de déposer un projet se proposant d'interdire de séjour aux USA Burton et Taylor. *Il Tempo* appelait Taylor « cette vamp qui détruit des familles et dévore ses maris à la manière d'une mante religieuse ». Radio-Vatican disait (sans citer de noms) que le battage récemment fait autour de divers scandales conjugaux et divorces « mettait en péril la santé morale de la société ». Tout cela était très sérieux. Le marché américain comptait de nombreux catholiques. Hollywood lui-même — fondé sur la saine idéalisation de la famille juive américaine — allait peut-être suivre dans un accès de rigueur morale et déshériter ses enfants dévoyés. Il semblait que la Fox y perdrait de toute façon des plumes. Elizabeth Taylor avait le sentiment de n'être pas aimée. « Jamais je ne retournerai en Amérique, déclara-t-elle. Je déteste l'Amérique et l'Amérique me déteste. »

Puis ce fut au tour de l'*Osservatore delle Domenica*, hebdomadaire de la cité vaticane, de mettre son grain de sel par le truchement de son courrier des lecteurs. La lettre mettait nommément en cause Elizabeth Taylor : « Si votre mariage est mort, nous devons considérer, selon l'usage romain, qu'il a été tué. Le problème, madame, est que vous en avez trop tué... Où finirez-vous ? Dans un vagabondage sexuel ? Quant à vos pauvres enfants... » A travers l'ensemble des États-Unis, gros titres et éditoriaux, à la radio, à la télévision, reprirent ce « vagabondage sexuel ». Ainsi que l'écrivit Louella Parsons, « cela aurait dû les anéantir ».

Ainsi, les avocats de Zanuck avaient de quoi s'inquiéter, et peut-être du travail en vue. Une nouvelle fois, comme naguère à Hollywood, Burton prit la contre-offensive, et lorsque le point de vue de la production lui eut été exposé, il déclara que sa partie allait maintenant passer au crible et révéler les agissements privés de M. Zanuck et de tous les hauts responsables de la Fox. On renonça aussitôt à un recours en justice. Zanuck déclara peu après : « J'estime l'association Burton-Taylor plutôt constructive pour notre maison. » « Plutôt » signifie « très » en Amérique. Rusé renard, Zanuck avait compris que le public raffolait de tout ce dont la presse à scandale se faisait l'écho. Burton et Taylor étaient maintenant l'objet d'une publicité gratuite et de très large diffusion. Ils avaient quitté la rubrique cinéma et côtoyaient en première page Kennedy, Khrouchtchev et les missiles cubains.

Tout cela participe pour une bonne part de ce lien complexe qui se noue entre le public et une icône profane. Est-ce l'effet du battage publicitaire, du retentissement médiatique ? De l'idée toute démocratique que n'importe qui peut s'élever à de telles hauteurs ? De l'idée qu'ils furent plébiscités par le public ? De l'idée qu'il s'agit de dieux et de déesses créés par l'homme, et qu'il est possible de les jeter bas après les avoir élevés ? S'agit-il d'un besoin de voir parmi nous des rois et des reines, et d'une préférence pour ceux qui accèdent à cet état plutôt que de le recevoir en héritage ? Et que dire de l'idée persistante selon laquelle les sociétés ont toujours fait des sacrifices et choisi avec soin leurs victimes ? Sans doute un peu de tout cela, et repris par ce média capable de leur faire faire le tour de la planète. Sans oublier le rayonnement de Burton et de Taylor en tant qu'individus. De plus, on s'attendait à une explosion imminente. Et enfin, autre puissant facteur, « Le Scandale » agaçait à la façon d'une lancette le nerf de la moralité de l'époque.

Les années soixante pourraient se flatter d'avoir été la décennie de l'honnêteté, de l'ouverture d'esprit, de la fin de l'hypocrisie, de la dénonciation des mensonges publics et privés qui (comme leurs hérauts le proclamaient) avaient pendant si longtemps vicié le mariage, le sexe et la famille. Les faux-semblants n'étaient plus de mise. Livres et travaux scientifiques dénonçaient l'hypocrisie en matière de sexe. A travers leur adultère notoire, Burton et Taylor semblaient proclamer : « Nous nous aimons, nous savons que nous brisons des mariages et perturbons des familles, mais l'amour est la seule chose qui compte et nous n'avons pas l'intention de nous cacher. Et qui plus est, bonnes gens, nous nous fichons des conséquences. » Tel était le message, et c'était comme une voix venue d'un paradis futur pour s'adresser à ceux qui avaient le sentiment d'être depuis trop longtemps sous le joug. « C'est en 1963 qu'on a commencé à faire l'amour, écrirait Philip Larkin. Pour moi, cela arrivait un peu tard. » Ce n'était pas le cas pour d'autres. Les moins pusillanimes s'affichaient, et les Burton étaient à leur tête. Les anciennes générations les enviaient peut-être en secret. Les jeunes générations applaudissaient ouvertement.

Ce message sur l'amour à découvert n'était pas tout à fait vrai. Ils se donnaient un mal fou pour tenter de se cacher. A l'époque, cela était — surtout pour lui — le principal de leurs soucis. Le plus important était toutefois l'image qu'ils donnaient. En ce domaine jamais ils ne déçurent leur nouveau public.

La beauté, le conte de fées, la célébrité, la maladie, l'alcool : quoi qu'ils fissent, on considérait que cela cadrait avec ce à quoi ils s'employaient, la destruction d'un moule. S'y fussent-ils risqués dix, voire cinq ans plus tôt, ils en auraient certainement pâti et sans doute auraient-ils dû tirer un trait sur leur carrière. Comme la moralité de la plupart des gens retarde d'au moins dix ans sur leur temps, ils paraissaient prendre des risques ahurissants.

Elle était la vindicative survivante brune, sa seule rivale étant l'ange blond Marilyn, l'innocente victime. Taylor était la coupable exécutrice. Sur la plupart des photos publicitaires de l'époque, elle fixe l'objectif d'un air presque maléfique, ne révélant rien. Elle bourrait souvent Burton de coups, lui criait dessus, jurait et le traitait de « Gallois sans talent ». « Ma grosse », répondait-il, ou bien « ma petite poule juive ». Mais il l'appelait le plus souvent « Océan », parce qu'à ses yeux elle était sans limites. Même leurs scènes étaient un ingrédient supplémentaire de leur légende. Elle était la belle jeune femme riche des fantasmes de tous les pauvres gars de Rio, Naples, Pittsburg et Birmingham. Tout cela était bien plus fort que n'importe quel feuilleton à l'eau de rose. Lequel allait l'emporter ? Lequel allait s'en sortir vivant ?

Et comme ils en rajoutaient, même au début lorsqu'ils se risquaient sans trop de précautions sur la Via Veneto et commençaient leur numéro sur la scène publique ! Il lui offrait des bijoux ; pour deux cent soixante-quinze mille dollars, elle lui offrit un Van Gogh. Elle apporta trois cents robes à Rome, puis en fit venir d'autres de Paris. Elle lui offrirait le seul cadeau qu'il disait vouloir, toute la collection des classiques de l'Everyman Library, cinq cents volumes, tous reliés en différents tons de cuir. Il s'habillait plutôt mal, ce qui plaisait aux autres hommes. Elle pouvait passer la journée à se coiffer. Mais surtout ils osaient s'avancer sous les projecteurs. Le public, par le truchement de la presse, n'en avait jamais son content. La société changeait plus vite que les conceptions de ce public, et Burton et Taylor en étaient la preuve vivante.

Burton avait toujours été le rêve pour un intervieweur. Si l'on utilise les seules coupures de journaux (à l'exception de quelques interviews réfléchies où visiblement il se surveillait), il est facile de le faire passer pour un crétin. C'était, disait-il, un miracle qu'il ne fût pas homosexuel ; ou bien, il offrirait cinq mille livres à la femme qui mettrait son enfant au monde ; ou encore, Laurence Olivier lui ayant envoyé ce télégramme : « Veux-tu que ton nom soit sur les lèvres des critiques ou sur celles des commères ? », les deux, avait-il répondu — avait-il vraiment fait cette réponse ? Sa tribune préférée était un tabouret de bar. Ses compagnons de beuverie, compatriotes ou camarades comédiens, eussent été fort surpris s'il n'en avait pas rajouté. C'était le bon côté des bars. « Il ne collait pas toujours à la vérité », reconnut Philip Burton. Ce n'était d'ailleurs pas son intention. Sauf dans son journal.

Au pays de Galles, l'habitude est de broder, d'en rajouter. Si votre auditoire est assez naïf pour tout gober, tant pis pour lui. C'était le dernier de ses soucis. Ce qui ménageait quelques surprises lorsqu'il trinquait ou, comme cela arriva au moins une mémorable fois, passait quelques jours au lit avec une journaliste complaisante qui notait tout ce qu'il disait. « Chaque fois que j'engage la conversation avec quelqu'un, se plaignait-il en rigolant, il faut que je commence par ma biographie. » Si on le confrontait ensuite à tel ou tel de ses propos, il disait l'avoir tenu sous l'empire de l'alcool, ce qui pour lui comme, supposait-il, pour toute personne un peu au courant, mettait un terme à la question. Ainsi donc, il alimentait les chaudières avec de la poudre à canon : « Je compte épouser Elizabeth », « Jamais je ne quitterai Sybil », « Elizabeth est comme une maîtresse », « Richard est incapable de me quitter » (Sybil), « Je vais épouser Richard » (Elizabeth). Puis il sortait boire un verre. Sa consommation tenait du prodige, mais, pour des raisons qui échappaient aux médecins qui l'auscultaient à l'époque, elle ne laissait pas de traces. Son organisme encaissait tout ce qu'il lui infligeait. A dix heures trente du matin, il avait déjà ingurgité plusieurs *Bloody Mary*. Vers le milieu de l'après-midi, il entamait sa seconde bouteille de vodka. Lorsqu'il travaillait, la progression était différente, mais il ne réduisait semble-t-il que très peu sa consommation. Un nouveau trait s'ajoutait ainsi à la légende, celui du héros qui traverse la fournaise et se révèle indestructible.

Durant toute cette époque, entre sa trentième et sa quarante-deux ou troisième année, il ne cessa de soumettre son organisme à toute sorte d'excès sans que son étonnante capacité de récupération en soit entamée. Cela devait être un autre de ses dons, un « petit truc » de plus. Il poussait ainsi son pauvre corps jusqu'à ses limites, jusqu'à ce que celui-ci se rebiffe ou s'effondre. Tout se passait comme si ce corps n'était pas le sien, comme s'il ne l'habitait pas. La remarquable endurance de son organisme fit qu'il en abusa pendant trop longtemps. Burton était mû par le désir de vivre intensément. L'idée de la mort ne le quittait pas, son imminence l'obsédait. Tout se passa comme s'il envoyait son corps au-devant de la mort afin de la défier et de la tenir en échec.

En raison du « Scandale », affirmait-il, personne n'allait plus, des mois durant, lui proposer de travail. Peut-être le monde du cinéma attendait-il un signal après les événements inquiétants de l'année précédente. Ce fut Zanuck qui le donna. « Plutôt constructive » était un message à usage interne que la profession comprit immédiatement. Arriva un coup de fil d'Anatole de Grunwald.

Emlyn Williams avait persuadé Anatole de Grunwald de donner au jeune Richard Burton son premier rôle cinématographique dans *The Last Days of Dolwyn*. Voici qu'il lui proposait un rôle dans *The VIP's (Hôtel international)*, comédie légère à la distribution prestigieuse, sur un scénario de Terence Rattigan. Sophia Loren était pressentie comme partenaire de Richard. « Que Sophia reste à Rome, suggéra avec à-propos Elizabeth, alors à Paris en compagnie de Richard. C'est moi qui vais le faire. » Pour un million de dollars. Richard entendait que soit appliqué son nouveau tarif, un demi-million de dollars. Anticipant le retentissement qu'aurait la sortie de *Cléopâtre*, Grunwald passa un grand nombre de coups de téléphone en Amérique (il en revendiqua vingt-sept en un seul après-midi) et mit au point un tournage rapide (dix semaines), un montage tout aussi rapide et une campagne de presse bien menée, le tout devant permettre la sortie du film à peu près en même temps que celle de *Cléopâtre*, et pour le huitième ou le dixième de son coût.

Richard et Elizabeth se rendirent à Londres par le train. Là, chacun prit une limousine pour se rendre au Dorchester, hôtel dans lequel Elizabeth était toujours descendue dès l'époque de ses débuts, et où les attendaient deux suites contiguës. Deux semaines plus tard, Sybil et les filles arrivaient discrètement à Hampstead. On était en décembre. Sybil se mit à préparer Noël en compagnie d'Ifor et de Gwen. « Ce n'était jamais ni vraiment l'un ni vraiment l'autre, se lamenta plus tard Elizabeth. Il n'arrivait pas à s'arracher à sa famille. Tout son monde était là, à portée. »

Les suites contiguës (« Deux fois plus chères », rouspétait Richard) était une dernière concession à la moralité publique. La présence de Sybil, le camp gallois établi sur la hauteur près de Hampstead Heath évoquaient un corps expéditionnaire dont le rôle eût été de raviver la mauvaise conscience de Richard. Il jonglait avec les différentes vies qui étaient les siennes.

Il fit connaître à Elizabeth le Londres qu'il aimait. Il l'emmenait voir ses connaissances, des scénaristes comme Rattigan et Robert Bolt, des comédiens, dont bien sûr Robert

Hardy (« Ne me détestez pas, Tim », lui dit-elle lorsqu'ils quittèrent sa maison de Chelsea). Tous étaient aussi ravis de faire sa connaissance qu'elle était impressionnée de les rencontrer et de leur parler. Parfois, eux seuls parlaient. Cependant elle parvenait toujours à s'en tirer avec les honneurs. Non seulement parce qu'elle était *leur* déesse de l'écran, mais aussi et surtout parce qu'elle avait la présence d'esprit de saisir au vol la moindre chance. Ainsi, au terme d'une discussion sur le théâtre au cours de laquelle elle était restée des heures silencieuse, comme excommuniée, elle confessa : « Je ne connais rien au théâtre », puis levant en un geste théâtral le bras devant son front, elle ajouta : « Mais je n'en ai pas besoin. Je suis une star. » Oui, elle était une star.

John Morgan, intellectuel et journaliste de gauche, copain gallois de Richard et observateur pénétrant, écrivit à l'époque au sujet de Taylor : « Sobre, cette femme peut être très ennuyeuse. La banalité de sa conversation apparaît très vite. Elle parle principalement de ses enfants. Mais après quelques verres elle se met à pétiller et à séduire. Sexuellement attirante ? Et comment ! » Elle s'attachait à faire peu à peu disparaître la femme « ennuyeuse ». Burton était son université. « Pauvre Elizabeth, disait-il, ne plaisantant qu'à demi, elle a fait ses études chez MGM. » Elle était une élève appliquée. Elle adorait le Londres de Richard, étonnante palette qui allait de la marquise de Bute, dont les ancêtres avaient possédé la moitié de Cardiff, à la maison à Chelsea de Tim Hardy, en passant par des pubs où l'on ne parlait que rugby, où la bière ne se buvait qu'en bocks d'un demi-litre, et où l'on attendait des femmes qu'elles restent entre elles dans un coin.

Cependant il y avait toujours Sybil et les forces qu'elle pouvait aligner contre lui. Burton aimait toujours les siens, même s'ils ne lui facilitaient pas les choses, ce en quoi il leur donnait probablement raison. Il s'en voulait terriblement à l'époque. Il était « rongé de culpabilité ». Il se rendit un jour à Hampstead pour essayer de se raccommoder avec Ifor, mais en fut réduit à se casser en deux pour hurler dans l'ouverture de la boîte aux lettres. On ne lui ouvrit pas. « Mon nom est écrit sur de l'eau », se lamenta-t-il ensuite, avalant vodka sur vodka, tandis qu'Elizabeth le forçait à prendre au moins un œuf dur. Il était déchiré. Il n'y avait pas que Sybil, à qui il devait tant ; il y avait Kate, l'intelligente enfant dont il était fou ; il y avait Jessica, la petite autiste, si triste, qui lui inspirerait pour toujours la même culpabilité, les mêmes questions sans réponses. Était-ce sa vie... les indiscrétions des journalistes... ses infidélités... « Le Scandale »... était-ce tout cela qui l'avait mise dans cet état ? Elle avait le teint très pâle et les cheveux noirs. La seule parole qui nous soit parvenue d'elle fut prononcée lorsque Sybil l'emmena de l'autre côté de l'Atlantique. En larmes, secouée de violents sanglots — ce qui était inhabituel —, la fillette ne cessait de gémir « Rich ! Rich ! Rich ! » Plus tard, vers l'âge de six ans, elle fut confiée à la clinique de la fondation Devereux. Elle y est toujours. En 1976, Burton dit le commentaire d'un film expliquant le rôle de cette fondation.

Les Stanley Baker prirent l'initiative d'inviter les Burton à dîner. Richard passa prendre Sybil. Ils se rendirent chez les Baker. Sybil semblait très fatiguée, Richard paraissait plutôt gai. Elizabeth téléphona quatre fois au cours de la soirée. Ensuite, Richard déposa Sybil à Hampstead, puis parcourut à toute allure les dix kilomètres le séparant du Dorchester afin de retrouver « la femme que j'ai cherchée toute ma vie ». Comme jamais auparavant, si ce n'est peut-être dans sa petite enfance, il faisait l'expérience de la douleur émotionnelle. Il était confronté aux décisions d'ordre privé les plus difficiles qu'un époux et un père puissent avoir à prendre. Et il lui fallait les prendre au vu et au su du public.

A l'approche d'une année 1963 qui ne promettait rien de bon, il passait tantôt quelques jours avec Sybil à Hampstead, tantôt quelques jours au Dorchester avec Elizabeth. Lorsque ces deux vies se croisaient, il s'ensuivait une crise. Il se rendit un jour à Hyde Park avec Sybil et les filles, et l'entourage d'Elizabeth fut saisi de panique à la pensée qu'elle pourrait les apercevoir de sa fenêtre. Une autre fois, Sybil alla dîner avec Robert Hardy ; pour la ramener, celui-ci passa par Hyde Park. Lorsqu'ils longèrent le Dorchester, elle se mit à implorer : « Va me le chercher ! Va me le chercher ! » Cela se passait en pleine nuit. Hardy gara la voiture et, accompagné de son chien, entra en trombe dans le hall. Le réceptionniste refusa de transmettre son appel. Hardy s'esquiva sans demander son reste, après que son chien eut mouillé le tapis.

Elizabeth fit entrer *sa* famille dans la bataille, son père, sa mère, son frère, tout le clan qui oscillait si violemment entre une ambition forcenée (sa mère) et une profonde nonchalance (son père). Elle leur avait obéi, les avait pris pour modèles, puis les avait rejetés et laissé tomber, mais ils étaient toujours là quand elle avait besoin d'eux. Ils firent leurs bagages et vinrent grossir sa cour — à moins que ce ne fût maintenant une armée ? — de secrétaires, de gardes du corps, de coiffeurs, de chiens, de chats, d'enfants, de nourrices, d'infirmières, de précepteurs...

Cela ne fut guère du goût de Burton. Le cercle des ricaneurs ne cessait de grossir. Son exil fiscal, son formidable succès, et maintenant Taylor, tout cela de la part d'un arriviste de prolétaire gallois ! C'en était trop. « C'est un homme qui a tout renié », dit avec mépris un certain Harvey Orkin, agent artistique américain résidant à Londres. Ce jugement rencontra l'assentiment de nombreux membres de la confrérie des envieux. Burton répliqua de manière cinglante, mais les couteaux étaient tirés.

Il se rendit au pays de Galles pour assister à une rencontre internationale, se mêler à la foule, brailler le « Sospan Bach » et bavarder avec des gens qui savaient de quoi ils parlaient. Il passa une excellente journée — cela avait lieu en janvier —, mais comme il descendait du train à Paddington Station, il fut mêlé à une mauvaise rixe avec plusieurs jeunes gens et reçut plusieurs coups dans le dos. Lui-même devait imputer à cette bagarre les maux de dos dont il souffrirait plus tard. C'est d'une main experte qu'Elizabeth lui tamponna ses coupures et mit de la glace sur ses ecchymoses. En cas de problème, elle devenait une merveilleuse infirmière. Et son mélange de scientisme chrétien (sa mère) et de mamma juive (par adoption) vous donnait l'envie de guérir au plus vite.

Et *The VIP's* ? Mis en scène par Anthony Asquith d'après un scénario du talentueux et très applaudi dramaturge Terence Rattigan, le film aurait dû être meilleur. Orson Welles, Maggie Smith et Margaret Rutherford figuraient parmi les seconds rôles. Burton et Taylor étaient bons mais pas renversants. Elle semblait penser à autre chose et paraissait se surveiller, ce qui lui donnait un air emprunté. L'étude de marché avait révélé qu'un titre comme *International Affair* (*affair* : liaison amoureuse) aurait été plus propre à attirer le public que *The VIP's*. S'inclinant à contrecœur devant les exigences de la moralité traditionnelle, Grunwald conserva le titre originel. Cette œuvre n'avait rien de honteux. Lorsqu'on fait autant de films, il arrive que certains soient plutôt moyens ; celui-là était au-dessus de la moyenne, et la nostalgie peut le parer de qualités supplémentaires. Le pari financier de Grunwald fut payant. Le film sortit une semaine après *Cléopâtre* et rapporta de l'argent. Burton et Taylor en tirèrent trois millions de dollars. Même dans un tel film, les qualités de Burton n'échappaient pas à certains spectateurs. Ainsi, David Lean dit de sa prestation : « Quel acteur ! Je l'ai revu l'autre soir à la télévision. Il crève l'écran. Superbe ! »

Elizabeth avait fait le film sans être assurée. La Lloyd of London avait été échaudée par son comportement sur le tournage de *Cléopâtre*, et les nouveaux tarifs auraient sévèrement grevé le budget du film. Mais elle se comporta impeccablement, afin de démontrer qu'elle en était capable.

Et puis on était en Angleterre. Son pays natal. Son accent se faisait plus anglais. Elle tourna à Londres, en tant que présentatrice, une émission pour la télévision américaine (contre le cachet record de cinq cent mille dollars), et fut critiquée aux États-Unis pour son indiscrétion et le tout nouveau snobisme de ses intonations. Mais elle savait se tenir. Elle laissait pour un temps à Richard le langage ordurier. Et pas question d'être importune. La carrière de Richard passait en premier. « Je ne suis qu'une femme, dit-elle. Je ne savais pas que je détruisais un grand acteur. » Non, Londres n'allait pas la taxer de vulgarité. Elle conseilla Richard de revenir à Shakespeare ; sa carrière cinématographique, elle en faisait son affaire.

Cependant, tout comme lui, elle nourrissait de grands espoirs au sujet de *Cléopâtre*. Tous deux avaient été très impressionnés par Mankiewicz. Elizabeth comptait être au moins sélectionnée aux Oscars pour son rôle. Peut-être même allait-elle recevoir un Oscar, qui lui serait plus profitable que celui qu'elle avait reçu pour *Butterfield 8*. Burton pensait également avoir enfin réussi un grand film-épopée — même si Hollywood semblait avoir tout fait pour le déprécier, en dépit de l'argent, du travail et du talent qui avaient été investis. Des nouvelles peu rassurantes leur arrivaient de la salle de montage. Mankiewicz avait été mis sur la touche par Zanuck, qui ne concevait pas Cléopâtre comme un personnage dominateur. Ils continuaient néanmoins d'avoir de grands espoirs.

Pendant ce temps, Richard s'armait de courage pour rompre avec Sybil, et commençait de tourner *Becket*. Il cessa de boire pendant quelques jours, le temps d'écrire pour une revue américaine un article sur la pièce. Après avoir évoqué Tennyson, T.S. Eliot et Christopher Fry — de solides références ! — il poursuit :

> Dans sa version, Jean Anouilh ne cherche pas à utiliser une langue fabriquée dont l'austérité pourrait évoquer une époque lointaine. Il emploie un style parlé, et aussi rude, quand bon lui semble, que l'époque qu'il met en scène... Il est évident qu'Anouilh place son œuvre ici et maintenant et que le thème en est éternel et universel, le très ancien thème du combat entre le bien et le mal.

Puis il parle de son rôle dans le film :

> Ce combat, ce passage du temporel au spirituel qui s'opère en Thomas Becket, est aussi fascinant pour le comédien que pour l'auteur, et aussi difficile à rendre. Il est comparativement facile d'être un homme bouillant et emporté. Il l'est moins en revanche de le changer en un gringalet blafard, esseulé, consumé par la violence de sa propre foi, évoluant de façon incertaine vers une béatitude inaccessible... Il se doit d'être taciturne, ascétique, et de distribuer ses belles paroles avec parcimonie. C'est tout le problème de l'auteur et du comédien avec un personnage comme Becket : il faut qu'il soit aussi silencieux que possible et cependant captivant.

Cet article constitue une des rares fois où il s'exprime avec modération sur le métier de comédien. Il en parlait le plus souvent comme d'une occupation peu faite pour quelqu'un d'adulte. Il trouvait quelque chose d'écœurant dans le fait de se maquiller, d'enfiler des bas, ou d'apprendre « un texte assommant écrit par quelqu'un d'ennuyeux ». Il fait montre ici d'un peu plus de considération.

> J'estime que c'est essentiel à tout spectacle... Ce rapport entre les comédiens doit être total. Il m'est impossible de donner le meilleur de moi-même lorsque je suis contraint de jouer face à quelqu'un que je ne puis respecter ni admirer. Par conséquent... il était essentiel que l'interprète de Becket et celui du roi Henri au moins s'entendent bien. En l'occurrence ils s'entendaient bien — je vous en donne ma parole — ils s'entendaient très bien. Ils ont peut-être échoué, mais ils s'entendaient très bien.

C'est Peter O'Toole qui interprétait le roi Henri. Il venait de triompher dans *Lawrence d'Arabie*. Burton l'avait vu à l'Old Vic de Bristol dans *Le Roi Lear*, où il tenait le rôle d'Edmund.

> Il ressemblait à un beau serpentaire décharné... sa voix claquait comme un fouet... et par-dessus tout, on n'arrivait pas à en

> détacher le regard... La comédie est ordinairement considérée comme un métier et j'affirme qu'elle n'est rien de plus, sinon entre les mains de quelques hommes et femmes exceptionnels qui, une ou deux fois par génération, l'élèvent vers quelque chose d'étrange et de mystique, quelque chose de profondément troublant. Je pense que Peter O'Toole possède cette singulière qualité.

Peu de comédiens se seraient montrés aussi généreux avec un quasi-rival. Burton devient ensuite plus anecdotique.

> Nous avions la réputation — imméritée, je dois dire — de personnes aux mœurs déréglées. Aussi nos camarades furent-ils plutôt surpris de ne nous voir tenir pendant dix jours rien d'autre que des tasses à thé. Lorsqu'il a été clair que lui et moi étions en affinité, j'ai pris mon plus bel accent irlandais pour dire : « Peter, mon gars, je pense que nous avons mérité une petite goutte. » Et nous avons bu pendant deux nuits et un jour. Nous sommes arrivés en sale état pour jouer la scène où le roi passe l'anneau au doigt de Becket, le faisant ainsi chancelier d'Angleterre. Heureusement, la scène ne comporte aucun dialogue. Mais O'Toole a eu un mal fou à me passer cet anneau. C'était un peu comme d'enfiler une aiguille avec des gants de boxe.

Le metteur en scène était Peter Glenville. Des années plus tôt, il avait renvoyé Burton de *Adventure Story*, où celui-ci avait Paul Scofield pour partenaire. Burton accepta le rôle de Becket « à condition que je ne me fasse pas virer une nouvelle fois ». Son idole, Sir John Gielgud, devait interpréter le roi de France.

> De tous ceux que j'ai pu rencontrer, il est le seul acteur qui m'impressionne au point que j'en deviens légèrement mal à l'aise... Pour être franc, même si du fait de nos grandes différences de tempérament, de voix et de physique, cela n'a jamais sauté aux yeux de qui que ce soit, je dois dire que dès mes débuts j'ai modelé mon jeu sur celui de Gielgud.

Sir Donald Wolfit, Pamela Brown, Martita Hunt participaient également au film. « Rien que du beau linge », note Burton, satisfait.

Laurence Olivier avait interprété Becket puis le roi Henri avec grand succès à Broadway, face à Anthony Quinn, et il avait été sollicité pour le rôle dans le film. C'est un exemple parmi d'autres des nombreuses occasions où Burton et lui se sont trouvés, comme deux égaux, en compétition directe. Cela donne la mesure de la progression de Burton et de l'impression qu'il avait produite en si peu de temps.

O'Toole était son rayon de soleil. Tous deux — et cela apparaît dans le film — faisaient la fête comme deux jeunes garçons à qui on lâche la bride pour la première fois. Elizabeth était aux anges. Tout l'enchantait, les virées au pub, le champagne et l'alcool, le retour à quatre pattes jusqu'à l'hôtel, les merveilleux monologues de Shakespeare qu'ils se lançaient à la tête, les histoires vraies, fausses, fantastiques qu'ils se racontaient à la mode celte. C'était un monde qu'elle n'avait jamais soupçonné. Elle venait chaque jour sur le plateau et ne perdait jamais Richard de vue. Elle buvait quand il buvait, mais conservait toujours suffisamment de bon sens et d'énergie pour lui faire retraverser ce Londres pavé de culpabilité et le ramener au Dorchester.

Dans son texte sur *Becket*, il lui rend le premier d'une longue suite d'hommages.

> Je crois et espère qu'Elizabeth Taylor m'a fait découvrir dans le cinéma des subtilités dont j'ignorais l'existence, et que j'aurais pu découvrir par moi-même au cours de la douzaine de tournages auxquels j'ai participé, si je n'avais pas été plein de l'arrogance des timides et du refus agressif de me perfectionner au contact de grands acteurs. C'est là une des caractéristiques du comédien de théâtre secrètement envieux. Elle m'a appris entre autres choses la valeur des silences, elle m'a expliqué que ma voix mordante n'avait nullement besoin de se hausser au-dessus du niveau sonore d'une conversation téléphonique. Mais elle m'a par-dessus tout fait découvrir que le tournage d'un film est aussi exigeant et aussi sérieux que l'interprétation de Shakespeare sur une scène.

Quel changement venait de s'opérer ! Cette dernière phrase est, je crois, la plus importante. On devait en vérifier immédiatement l'exactitude. Dans *Becket*, en dépit de quelques scènes où les tensions créées par la séparation d'avec Sybil, la honte, la culpabilité sont perceptibles et noyées dans un flot d'alcool, sa composition comporte de grands moments de cinéma. Burton était de nouveau sur sa voie.

Il devait ressentir le besoin d'une nouvelle vie, sinon il n'aurait pas rejeté les conforts assurés et les avantages de l'ancienne. En mars 1963, il eut une rencontre avec Sybil dans le hall du Savoy et lui annonça enfin qu'il souhaitait la séparation. Il avait choisi Elizabeth.

Sybil appela quelques amis pour qu'ils l'aident à faire ses bagages, et partit pour New York.

Elle avait déjà démontré qu'elle était capable de se débrouiller seule. Elle avait pris un appartement à Brompton Square et était devenue la vedette du night-club Ad Lib. Elle était très amie avec Bert Shevelove, dont *A Funny Thing Happened on the Way to the Forum* débutait dans le West End. Son cercle de relations comprenait Snowdon, la princesse Margaret, Dirk Bogarde, Rex Harrison, sans oublier les vieux amis, les Baker, les Williams, Robert Hardy et sa femme... Arrivée à New York, elle prit le taureau par les cornes. Ayant dit de Richard : « Il est pieds et poings liés, comme en prêt-bail. Je vais dénoncer le bail, et quand je le récupérerai, il sera de deux millions de dollars plus riche. » Elle annonçait maintenant la séparation. Mais il n'y aurait pas de divorce, dit-elle. On opposait ainsi un démenti à Elizabeth. Richard confirma qu'il n'était pas question de divorce et annonça qu'il ne projetait pas d'épouser Elizabeth Taylor. « Liz et moi ne sommes pas faits pour le mariage. Elle n'a pas été très vernie au cours de sa vie amoureuse. En dehors de Mike Todd et, bien évidemment, de moi, elle n'a connu aucun homme digne de ce nom. »

Cette question étant réglée, Sybil se mit à soutenir un petit théâtre expérimental, ouvrit et dirigea le Arthur's, qui devint la boîte la plus courue de New York, et épousa quelques années plus tard le leader de l'orchestre qu'elle y employait. Ils ont eu une fille, Amy, et sont toujours mariés. En dehors de quelques confidences faites spontanément à des journalistes dans les premiers temps de la séparation, jamais elle ne s'est publiquement épanchée sur sa vie avec Burton. Lorsqu'il fut clair que tout était fini entre eux, elle déclara : « Je vais m'en tirer mieux que Rich. Ma famille a toujours eu plus de classe que la sienne. »

En Amérique, Sybil se gagna, dans le public, une armée de partisans. Elle connut instantanément une célébrité qu'elle ne devait qu'à elle-même. Le succès appelant le succès, le monde du cinéma se rangea de son côté. Elizabeth Taylor était jalousée et détestée ; elle avait une image de princesse capricieuse et, ce qu'on lui pardonnait encore moins, de briseuse de ménages. Peut-être montrait-elle la voie à ceux pour qui les années soixante seraient la décennie de l'amour et de la libération sexuelle ; mais le monde du cinéma était toujours très pudibond, très « lits jumeaux ». Burton n'était pas non plus très apprécié sur la Côte Ouest. Dès ses débuts il n'avait pas caché son dédain pour le cinéma, et même s'il avait maintenant changé d'attitude, le mal était fait. Son indépendance lui avait aliéné les producteurs. La longue liste des dames qu'il avait connues ou ignorées formait au sein de la mafia hollywoodienne comme une cinquième colonne d'épouses et de maîtresses qui toutes avaient leur mot à dire sur M. Burton ou un compte à régler avec lui. Jamais Hollywood ne l'adopta.

Et cela se retrouve encore aujourd'hui dans la communauté hollywoodienne, parmi les gens de cette génération-là. Il n'est pas douteux que cette antipathie personnelle fut pour quelque chose dans le fait qu'il n'obtint jamais d'Oscar ; pourtant cité à sept reprises, il vit chaque fois un acteur de moindre valeur mais plus dans la ligne se faire couronner. En 1969, John Wayne eut l'élégance de faire irruption chez lui pour lui remettre la statuette qu'il venait de recevoir pour *True Grit (100 dollars pour un shérif)*, en déclarant : « Vous l'avez plus méritée que moi. » Burton en fut touché. Il avait naguère mouché Hollywood ; Hollywood prenait sa revanche. Cela confirmait sa vision du monde. Sybil y était l'héroïne. « Bonjour, Mme Burton, lui dit un jour Joan Crawford à la faveur d'une rencontre dans un magasin de luxe. Je vous admire. Vous êtes quelqu'un d'intègre. — Merci, miss Crawford. — Vous savez ce qu'intègre signifie ? — Oui, miss Crawford. »

C'était la fin de ce qui avait été la merveilleuse histoire d'amour de deux jeunes provinciaux. Sans le sou mais heureux, ils s'étaient nourris d'espoir pour se retrouver un beau jour, de façon tout à fait inattendue, au pinacle. Ils avaient fait une longue route ensemble. Jusqu'à la fin, ceux qui connaissaient bien Richard gageaient qu'il reviendrait à Sybil ; d'ailleurs, il allait quelque temps se raccrocher à cette possibilité en faisant traîner le divorce. Il lui aurait fallu, disaient certains, deux épouses et deux familles, et, de fait, cette solution eût-elle été culturellement envisageable, cela aurait pu fonctionner... avec toute autre qu'Elizabeth Taylor. Elle voulait Burton pour elle toute seule. Et ce que Liz voulait, Liz l'obtenait. Depuis l'époque de *National Velvet*, elle n'avait connu que cela. Elle le voulait. Ce n'était ni pour aujourd'hui ni pour demain, mais son heure viendrait.

Elle était la seule femme au monde pour laquelle il pouvait quitter Sybil, et cela seulement après y avoir longuement réfléchi, et seulement après qu'il eut enfin réalisé que pour la première fois de sa vie d'adulte il était sincèrement, profondément, désespérément amoureux, de cet amour si délicieusement incontrôlable que chantaient les poètes.

Cependant, Burton travaillait sur *Becket* et cherchait à atténuer sa douleur de la seule façon qu'il connût, en la noyant dans l'alcool. Mike Maidlin était chargé de la promotion du film. Tous les attachés de presse qui travaillent avec les grandes vedettes sont aussi blasés qu'un juge de cour d'assises. Maidlin fut cependant horrifié par la consommation de Burton. Il n'avait jamais rien vu d'approchant. « Il fallait le voir pour le croire », dit-il. Et de raconter en détail une scène au cours de laquelle Burton se laissa enfin persuader de passer dans le *Ed Sullivan Show*, célèbre émission de variétés américaine. Sullivan était l'homme qui faisait et défaisait les réputations sur la scène américaine. C'était son émission qui avait rendu célèbre et acceptable Elvis Presley, qui avait fait l'immense succès du jusqu'alors confidentiel *Camelot*. Tout au long de cet exercice de persuasion, Burton et Taylor picolèrent jusqu'à l'hébétude dans le hall du Dorchester. Alors qu'il déclamait de la poésie, Burton fut subitement pris de violents vomissements. « Oh, mon Dieu, s'écria Taylor en bondissant sur ses pieds. Tu dois avoir de la fièvre. Tu ne t'es pas encore débarrassé de cette sacrée grippe. » Pareil à la cavalerie US, Otto Preminger arriva sur ces entrefaites pour sauver la situation. « Fous le camp ! Va te faire foutre ! » gronda Burton, au comble de l'humiliation. Preminger battit en retraite et n'oublia ni ne pardonna jamais cet affront. Les serveurs vinrent tout nettoyer ; ils avaient l'habitude de le faire dans la chambre d'Elizabeth, mais le hall de l'hôtel avait jusqu'alors été zone protégée.

Il n'y eut plus de zone protégée durant cette période où Burton s'évertua douloureusement à rompre avec son passé. A la date convenue, on le retrouva ivre mort, essayant d'enfiler les bas de son costume par-dessus son pantalon, tandis qu'à ses côtés une Taylor tout aussi ivre était secouée d'un irrépressible fou rire. Ne sachant plus ni qui ni quoi, il arriva sur le plateau avec plusieurs heures de retard sur l'horaire prévu pour le tournage de l'interview. L'équipe de télévision repartit pour les États-Unis avec ce qui fut décrit par euphémisme comme « un métrage inutilisable ». Sans même s'en apercevoir, il venait de gâcher une exceptionnelle occasion de soigner sa publicité.

Il y avait indubitablement à cette époque quelque chose en lui qui confinait à la folie. Ses démons avaient la bride sur le cou et lui faisaient perdre la raison. Il accorda à Kenneth Tynan une longue interview dont certains passages font penser aux égarements des personnages les moins équilibrés de D.H. Lawrence. Tynan l'interviewa dans sa suite, dont les fenêtres donnaient sur Hyde Park. A Laurence Olivier, venu s'asseoir à leur table au cours du déjeuner, Burton avait annoncé qu'il allait tourner *Macbeth*. Olivier lui avait souhaité bonne chance. *Macbeth* était le projet cinématographique pour lequel ce dernier n'avait pu réunir suffisamment de moyens, et qui marquait la fin de ses ambitions de tirer des films des pièces de Shakespeare. Burton le savait. Il ne pouvait s'empêcher de chercher querelle. Il était un « semeur de discorde », comme l'a fait remarquer Lauren Bacall.

L'interview porta sur les interviews. « Les acteurs feraient mieux de la fermer et de croiser les doigts. En général, ils ont peur de s'exprimer, et il y a de quoi. » L'alcool. « J'aime boire dans les pubs, les bars et les restaurants avec tout un tas d'amis autour de moi. J'ai horreur de la boisson en solitaire. » La politique. « Bien sûr, je suis essentiellement socialiste et le serai toujours parce que je n'ai pas la force morale de ne pas l'être. » Elizabeth Taylor (« qui entrait et sortait sans faire de bruit, non maquillée et vêtue d'un pyjama d'intérieur rose »). « Elle vous emplit d'un sentiment de danger... elle fait partie de ces rares individus qui ne sont pas des comédiens au sens où on l'entend habituellement, mais qui dégagent quelque chose dès qu'ils apparaissent sur un écran, quelque chose que, franchement, je ne saisis pas... bien sûr, c'est une belle fille. Elle a des yeux superbes, un double menton, une poitrine plus développée que la moyenne, et elle a des jambes plutôt courtes. » Jusque-là rien que de sensé.

C'est lorsqu'il se met à parler du mariage que la folie devient manifeste.

« La monogamie est un impératif absolu », déclara-t-il, tandis que, vraisemblablement, Elizabeth « entrait et sortait sans faire de bruit ». « C'est une chose à laquelle on doit se tenir. Dès l'instant où l'on rejette l'idée de la monogamie, il n'est plus nulle part de satisfaction... la relation peut cesser sur le plan sexuel, mais on ne doit jamais rompre... il est possible de trouver d'autres solutions, mais il faut ne jamais enfreindre cette règle de la monogamie. Sinon, c'est l'anéantissement... qu'on ne me parle pas d'une fille plus attirante qu'une autre, elles sont toutes semblables, et nos appétits sont tous semblables. Le sexe ne constitue pas une excuse. Il n'y a pas d'excuse à l'infidélité. Une des choses qui m'ont le plus contrarié dans cet article de *Time Magazine* est le fait qu'on y lit que je trompe ma femme. Je ne l'ai jamais trompée, du moins depuis un bon moment. » Pendant ce temps, Elizabeth continuait sans doute d'aller et venir, en pyjama d'intérieur, sans maquillage... C'est alors qu'il en vint à l'essentiel de son argumentation, qui laissa ses amis perplexes et amena un Peter O'Toole malicieux à faire irruption dans sa loge, l'article à la main. Qu'est-ce qu'il pouvait bien vouloir dire ? « Tous nous avons été élevés dans l'idée qu'on devait être absolument fidèle à l'autre en raison de l'acte sexuel. C'est d'accord ? Bon, maintenant dès lors que vous allez à l'encontre de cette idée... vous ne pouvez pas ne pas éprouver un petit sentiment de culpabilité. Il est passionnant de faire ce que je fais, à savoir dépasser l'idée de la monogamie sans physiquement investir en l'autre personne quoi que ce soit qui puisse m'inspirer de la culpabilité. Ainsi je demeure inviolé, intact. »

Le sexe est donc sans aucune importance. La monogamie est un lien mystique indéfectible. Celles avec lesquelles il s'est « physiquement investi » ne comptent pas. Cela le laisse intact. La monogamie demeure.

Tout cela comporte sa propre logique, encore qu'affirmer que coucher avec d'autres femmes ce n'est pas être « infidèle » soit un peu plus qu'une simple redéfinition de ce mot. Cela révèle cependant la profondeur de son attachement à Sybil et la réalité des réticences dont Elizabeth était de sa part l'objet.

Comment allait-elle prendre cela ? « Je ne suis pas fâchée contre Richard », intervint-elle alors que O'Toole interrogeait son ami sur la signification de « inviolé ». « Je suis amoureuse de Richard, dit-elle. Je vais épouser Richard. » Avait-il vraiment le choix ?

Cléopâtre sortit au mois de juin tandis que Burton était en tournage. Elizabeth fut contrainte de présider une projection spéciale pour le Bolchoï en visite. Elle confia que sitôt la projection terminée elle avait eu tout juste le temps de regagner le Dorchester pour vomir. Ils eurent tous les deux l'impression que tout ce qu'ils avaient fait d'un peu valable avait atterri sur le plancher de la salle de montage. Taylor était aussi furieuse que Richard, qui « avait tout d'un ivrogne échoué sur un campus ». Elle ne valait pas mieux. La rumeur selon laquelle elle aurait pendant plusieurs jours refusé de sortir de sa suite semble exacte. La presse n'était pas bonne ; il est possible qu'aucun de ses films n'eût été ni ne serait jamais aussi mal accueilli. « Avec son excédent de poids, son excédent de poitrine, sur-payée et sous-douée, elle ramène dix ans en arrière la profession d'acteur. » « Miss Taylor, c'est la monotonie en jupe fendue. » « Il s'agit d'une créature essentiellement physique, nulle émotion un peu profonde dans ses yeux chargés de khôl, nulle modulation dans cette voix qui trop souvent évoque celle d'une harengère. » Pour ne citer que les critiques les plus complaisantes. Burton reçut lui aussi une volée de bois vert (même s'il y eut un ou deux critiques pour prendre sa défense), mais il se retrancha dans une réserve méprisante. Sans doute en ce moment se raillait-il lui-même pour avoir jamais attendu du cinéma quoi que ce soit de positif. Elizabeth harcelait le plateau de coups de téléphone au point de perturber le tournage de *Becket*. Elle avait été durement secouée. Burton prit une décision. « Je vais l'épouser, dit-il à qui voulait l'entendre. Pas de si, pas de mais. »

Becket terminé, après une dernière bombance avec O'Toole et une ultime conversation avec Gielgud au sujet du *Hamlet* qu'ils projetaient de monter l'année suivante aux États-Unis, Burton s'accorda quelques jours de liberté pour sortir Elizabeth. Leur première escale fut le pays de Galles. La rencontre avec sa famille fut brève et un peu contrainte, mais le ravissement sincère que le pays inspirait à Elizabeth, son désir de se montrer agréable, le réel intérêt qu'elle prenait à toute chose et le fait que Richard était visiblement amoureux d'elle facilitèrent les choses. Désormais tous ses frères et sœurs étaient en train de se faire une place, et les chèques qu'il leur envoyait régulièrement deux fois par an, assortis de maints cadeaux, étaient les bienvenus. L'étape suivante fut Oxford pour y voir Nevill Coghill, déjeuner bien sûr au pub et parcourir non sans mélancolie cet endroit qu'il aimait tant mais où il n'avait séjourné que six petits mois. Son respect terriblement suranné pour « ceux d'Oxford », dont jamais il ne se départit, était le souvenir ému, ou peut-être la cicatrice, que lui avait laissé une scolarité éprouvante.

En retour, Elizabeth l'emmena dans le très chic Kent afin de lui faire connaître les Cazalet. Sheran était une amie de longue date ; elle épouserait Simon Hornby en 1968. Peter, le père, entraînait l'écurie de courses de la reine mère. Toujours aussi peu porté sur la toilette (ce que Taylor s'emploierait à changer), Burton fit cependant l'emplette d'un costume, fit preuve d'audace et conquit tout le monde en un rien de temps.

C'est vers cette époque qu'il fit une brève apparition dans le film *What's New, Pussycat?* « Est-ce que vous ne m'avez pas déjà vu quelque part? » s'enquiert Burton. « Saluez pour moi Comment-elle-s'appelle-déjà », répond O'Toole. C'est tout ce qu'on voit de lui dans le film. On y trouve cependant un petit indice sur ce qui allait avoir pour lui de plus en plus d'importance et le fasciner autant que le fascinaient l'érudition, les femmes et la richesse : la puissance d'une popularité planétaire, le pouvoir du public, la nature du succès ; être en représentation sans qu'il soit besoin d'un théâtre, d'une caméra, d'un micro ; jouer à être celui qu'attend le public, puis le prendre à contre-pied. Jouer de son image, comme lorsqu'on fait des grimaces devant son miroir jusqu'à ne plus se reconnaître. Une forme d'auto-hypnose en même temps qu'une expérience destinée à mesurer ce que l'on peut endurer et ce dont le « monde » est vraiment capable.

Il avait signé pour un film avec John Huston, *The Night of the Iguana (La nuit de l'iguane)*, tiré d'une pièce de Tennessee Williams. Ils partirent en septembre pour Mexico. Les deux garçons Wilding furent envoyés dans un pensionnat californien ; Liza Todd les accompagnait ; Maria, la petite handicapée adoptée par Elizabeth, devait rester à Londres sous la garde d'une nurse afin de subir de nouvelles opérations de la hanche. Cette petite était en quelque sorte pour Elizabeth la preuve qu'elle était capable de s'occuper d'un enfant durement affligé. Même si elle avait entamé la procédure d'adoption alors qu'elle était avec Eddie Fisher, elle était déjà « avec » Burton lorsqu'elle la mena à bien. Peut-être entendait-elle compenser par là l'éloignement de Jessica et démontrer qu'elle était capable de faire face. Peut-être entendait-elle donner à Richard un enfant à sauver. Afin de tisser immédiatement entre eux deux un lien solide. Il ne faut pas sous-estimer la force et la nature réellement obsessionnelle de son amour pour lui.

A l'aéroport de Mexico, ils hésitèrent à descendre d'avion face à l'énorme foule qui les attendait. Finalement, au milieu d'un désordre confinant dangereusement à l'hystérie, ils tentèrent le tout pour le tout. Elizabeth fut sévèrement malmenée. Burton se dégagea en jouant des poings. Ils refusèrent de donner une conférence de presse, mais Burton fit cette déclaration : « C'est la première fois que je mets les pieds au Mexique. Je pense que c'est aussi la dernière. » Rome mise à part, c'était leur premier avant-goût des émeutes qu'ils auraient désormais à affronter où qu'ils aillent. Cela illustre l'idée que les stars appartiennent au public, que leur règne est validé par l'adulation des foules, adulation qui, lorsqu'elle se donne libre cours, revêt des formes agressives. Ces fans sont de modernes Furies, et ceux qui sont l'objet de leur intérêt ont toutes les raisons d'avoir peur : la foule veut toucher.

Par la suite, à Puerto Vallarta, village de pêcheurs situé à cinq cents kilomètres au nord d'Acapulco, ils changèrent d'avis sur le Mexique et, du même coup, changèrent pour toujours Puerto Vallarta. Ce serait là une de leurs punitions. Ils arrivaient dans un village préservé, qu'ils se mettaient à aimer en dépit des mouches et de l'absence de commodités, qu'ils aimaient en raison de son isolement et de son authenticité. Et cependant, dès qu'ils y auraient acheté une maison pour y venir régulièrement, ce village se changerait en un Saint-Tropez mexicain. Les dieux commencent par rendre hyper-célèbres ceux qu'ils veulent détruire.

Mais cela surviendrait plus tard. Les premiers temps furent comme tous les premiers temps dans un lieu que l'on aime : rétrospectivement idylliques. La maison qu'ils venaient de louer, la Casa Kimberley, comptait six chambres et, ô miracle, six salles de bain. Plus une moustiquaire. Par la suite, ils l'achèteraient ; acheter des maisons devint un hobby. Une foule de préparatifs avaient été faits en vue de leur arrivée. Les meilleurs magasins de la localité (au nombre de deux) avaient été dévalisés. On avait pris des dispositions pour parer à toutes les éventualités possibles. Son entourage était rompu à s'occuper d'Elizabeth comme s'il se fût agi d'une maharani ; ils avaient maintenant en Burton un maharajah remarquablement peu exigeant auquel ils s'acharnaient à consacrer tant d'attention et d'énergie qu'il lui arrivait fréquemment de fuir la maison à la recherche d'un peu de paix et de tranquillité. Et d'un bar.

Pendant toute cette période il avait le dessus sur Elizabeth. Elle voulait l'épouser. Il n'était pas pressé. Elle entendait l'avoir à elle. Il considérait que c'était le cas, et cela lui suffisait. Mais elle ne désarmait pas. Bien qu'il fût le moins empressé des deux, il était de plus en plus éperdument amoureux d'elle. Elle se mettait en quatre pour lui. Chaque jour à midi, un repas chaud lui était apporté, et si elle avait du retard, il lui en faisait reproche, ne voulant pas savoir que pour gagner le lieu du tournage elle devait prendre le bateau puis grimper à flanc de montagne. Un jour qu'elle ne cessait pas de lui arranger fébrilement les cheveux, il se déversa une bouteille de bière sur la tête. Elle n'était jamais une seule journée sans venir sur le tournage.

La distribution était peut-être une des raisons de cette assiduité. Les trois principaux rôles féminins étaient tenus par Deborah Kerr, Ava Gardner et Sue (« Lolita ») Lyon. Burton interprétait un prêtre déchu. En dépit du fait qu'il n'y avait qu'une seule liaison aérienne par jour et seulement une ligne téléphonique, on vit en tout passer cent trente journalistes. Un moins grand nombre se fût déplacé pour un tremblement de terre de quelque importance. Un phénomène de célébrité comme celui de Burton et Taylor était devenu le principal aliment de la presse. Les journalistes étaient les nouveaux courtisans, et les stars le Roi Soleil et sa reine, ou plutôt sa favorite.

Le jeu de Burton s'améliore de façon notable avec *Becket* et *La nuit de l'iguane.* Hormis une ou deux exceptions de qualité inférieure, il sera très bon pendant les quelques années à venir. Il attribuait généreusement cela au fait qu'Elizabeth lui avait enseigné quelques petites ficelles et l'avait convaincu de prendre le cinéma au sérieux. Il avait coutume de faire rejaillir sur les autres les louanges dont il était l'objet. En l'occurrence, cette attitude me paraît tout à fait injustifiée.

Il semble que le cinéma exige de la part de l'acteur une approche sincère, presque religieuse. Peut-être est-ce tout bonnement au sexe qu'il devait cette amélioration de son jeu. Tous deux raffolaient de la chose sexuelle. Ou peut-être cela venait-il du fait qu'Elizabeth l'émouvait et l'excitait, le mettait à nu et le troublait si violemment que ce noyau dur jusqu'alors toujours préservé — « le prudent Gallois », « je fais comme bon me semble » — fondait quelque peu devant la caméra. Un grand acteur de cinéma venait de voir le jour. Son interprétation du prêtre de *La nuit de l'iguane* est brillante. Émouvant, concis, tendu, désespéré, il dévide avec avidité le dialogue de Tennessee Williams, comme un homme peu habitué à une telle nourriture verbale. Il joue tout en délicatesse face à Deborah Kerr, tout en rouerie face à Sue Lyon ; face à Ava Gardner, il campe avec une infinie tendresse un homme las de ce monde.

Il buvait beaucoup, même pour lui, vers la fin de cette éprouvante mais merveilleuse année — « Avant toute chose, enfile-toi tes vingt et une tequilas... » Il refusait de se rendre à New York pour répéter *Hamlet*, sachant qu'il était attendu au tournant et préférant aborder la pièce en bonne forme. Gielgud, le metteur en scène, se trouvant en Australie, Burton à côté d'Acapulco et le producteur, Alexander Cohen, à New York, il fut jugé préférable de donner la première à Toronto.

Elizabeth était quotidiennement assistée d'une collaboratrice de John Huston, qui énumérerait plus tard la variété de ses tenues exotiques ; il semble qu'elle se soit tantôt vêtue en Minehaha, tantôt en pin-up à la poitrine hypertrophiée, tantôt en fille de joie parisienne. « Elle me séduit une nouvelle fois », disait benoîtement Burton. L'impénitente collaboratrice ne manqua pas de remarquer qu'Elizabeth débordait en bourrelets de ses quarante bikinis. Elle ne remarqua pas en revanche que celle-ci ne s'en souciait guère. Elle était une star ! La graisse, cela pouvait se brûler en l'espace d'une semaine. Sa tactique avec Richard était de ne le perdre de vue à aucun moment. Il lui demanda la permission de prendre en photo les actrices du tournage « parce que j'ai peur de toi ». Elle buvait avec lui, couchait avec lui, elle le nourrissait, le dorlotait, l'écoutait déclamer du Dylan Thomas. Elle travaillait également à leurs deux divorces.

Richard était bien décidé à ce que le sien lui coûte tout ce qu'il avait. Il éprouvait comme le besoin de se purger et, de plus, entendait donner aux siens autant d'argent qu'il pourrait en réunir. Il a été établi qu'il remit à Sybil tout ce qu'il avait mis tant de soin et d'astuce à amasser depuis les débuts de sa carrière professionnelle. Biens mis à part, cela s'éleva à environ un million cinq cent mille dollars. A cela s'ajoutait l'engagement de verser chaque année une pension substantielle. Sybil ne voulait pas de la maison de Céligny ; New York serait sa base, et puis la Suisse lui évoquait Elizabeth et sa résidence de Gstaad.

Lorsqu'il s'aperçut qu'il lui restait encore de l'argent, Richard en fit don à sa famille galloise et, pour la plus grande part, à des œuvres de charité. Ainsi, ce qui avait jadis représenté ce qu'il pouvait viser de plus haut devenait maintenant le moins qu'il pût faire. Il arrivait à son mariage avec Elizabeth Taylor comme un homme sans fortune ni patrimoine, ne valant que ce que son intelligence et son talent pourraient lui rapporter. A cette période précise, ces deux atouts ne semblaient pas valoir grand-chose, après le mauvais accueil que la critique avait réservé à *Cléopâtre* et la déception que lui avait value *The VIP's*. *Becket* et l'*Iguane*, qui allaient lui apporter son aura définitive de grand acteur de cinéma, n'étaient pas encore sortis. De plus, il se rendait au Canada pour y jouer *Hamlet*. Or le théâtre classique n'avait jamais été une mine d'or. Et cependant, comme il le répétait, il avait l'intention de « s'occuper de Liz », d'être celui qui ferait bouillir la marmite de Port Talbot. « J'avais le sentiment que c'était à moi de les faire vivre, même si j'étais complètement démuni. » Une nouvelle famille se dessinait.

Elizabeth, jamais en reste, affirmait qu'elle était elle aussi fauchée, ce qui paraît difficile à concevoir. Il semble cependant que Todd avait géré ses biens de façon anarchique, et que ses gains n'équilibraient pas ses dépenses extravagantes. D'un autre côté, elle avait ses bijoux, véritable collection qui commençait à rivaliser avec celles de certains potentats orientaux ; elle avait ses toiles impressionnistes, qu'elle avait acquises sur les conseils de son père, et qui représentaient à l'époque une coquette somme ; enfin, il y avait ses royalties et ses propriétés immobilières. Il est toutefois exact que la fortune d'autrui, et à fortiori des nouveaux riches, est souvent chimérique, même si du fait de l'éloignement on peut la croire bien au chaud en de tropicaux et fiscaux paradis. Elle choisit de faire savoir qu'elle non plus n'était pas une héritière. Cela les mettait à égalité. Peut-être entendait-elle ménager ainsi l'amour-propre de Richard. En outre, cela leur donnait un surcroît d'énergie ; il fallait maintenant aller gagner de l'argent.

Mais la première chose qu'ils firent fut d'en dépenser. Ils firent l'acquisition de la Casa Kimberley à Puerto Vallarta, se gagnant ainsi la gratitude éternelle du ministère mexicain du Tourisme. Ils firent venir le frère d'Elizabeth avec ses cinq enfants, ses quatre enfants à elle, des domestiques, des gardes du corps...

Le tournage fut bouclé plus tôt que prévu et sans qu'il y ait eu le moindre différend sur le plateau. John Huston offrit à chacun de ses premiers rôles un revolver plaqué or avec des balles en argent plaqué dont chacune était gravée d'un de leurs noms — aucune ne fut tirée. Cependant Elizabeth se préparait à arracher le divorce à Eddie Fisher. Elle s'y prit d'une façon qui glace les sangs.

Fisher entendait bien ne pas lui faciliter les choses. Il n'avait pas oublié ce fameux jour où il lui avait téléphoné à Rome de New York, cela en présence de plusieurs journalistes, pour lui demander de démentir les rumeurs au sujet de Burton. Taylor, qui se flatte de toujours dire la vérité, n'avait rien démenti du tout. Le lendemain Fisher avait été l'objet des gros titres ironiques de la presse américaine. Il n'avait pas non plus oublié le mépris de Burton. Il se souvenait de sa femme reconnaissant, dans son lit, qu'elle était amoureuse de ce Gallois, il se souvenait qu'elle avait tenté de mettre fin à ses jours pour ce personnage, il se souvenait de la manière humiliante dont elle l'avait congédié.

Fisher pouvait penser avoir été utilisé. Maintenu en haleine, par exemple, le temps qu'elle mène à bien la procédure d'adoption de Maria, la petite handicapée ; convoqué à Rome chaque fois qu'elle avait besoin de restaurer sa respectabilité ; appelé à Las Vegas chaque fois que cela ne se passait pas trop bien avec Burton. « Je vais lui montrer que je suis un homme », ne cessait-il de répéter ; mais elle ne s'en laissa pas convaincre. A présent, il cherchait à soigner son orgueil blessé. L'affaire avait en outre entamé sa popularité, et il entendait faire montre de force de caractère.

Il donnait à l'époque dans les night-clubs un petit sketch intitulé « Cléo la nympho du Nil » en compagnie de Juliet Prowse, une de ses nouvelles petites amies ; Ann Margret en était une autre, qui elle aussi présentait une satire sur « Liz ». A l'époque, les colonnes des journaux, les bars et les boîtes de l'Amérique tout entière bruissaient de plaisanteries sur Dick et Eddie et Liz, la plupart aux dépens de cette dernière. Cela lui revint aux oreilles, d'où, en partie, ce « Je déteste l'Amérique ». Mais « Cléo la nympho » n'y allait pas avec le dos de la cuiller. De plus Richard obtenait enfin le divorce. Il se séparait enfin de la plus redoutable rivale qu'elle aurait jamais eue, une Galloise grisonnante qui aimait par-dessus tout rester chez elle et converser avec ses amies. Cela faisait date dans l'histoire courte mais mouvementée des amours de miss Taylor, et voilà qu'à présent Eddie Fisher la méprisait et, surtout, la provoquait. Ce qu'Elizabeth voulait — comme nombre de producteurs, acteurs, coiffeurs et journalistes étaient payés pour le savoir —, elle l'obtenait.

Elle prit à son tour l'offensive. Elle proclama bien haut qu'elle n'avait jamais aimé Fisher, qu'il n'avait eu que le mérite d'être là au moment où elle pleurait Mike Todd, qu'il n'avait pas vraiment existé pour elle, qu'il n'était pas un homme, qu'il était bête et méchant. Et qu'en outre elle entendait *tout* récupérer. Kitty Kelley raconte qu'elle voulait la Rolls Royce verte qu'*elle* lui avait offerte ! Elle voulait le chalet de Gstaad, qu'ils avaient acheté ensemble. Elle voulait la garde de Maria, et la nouvelle transpira, on ne sait comment, qu'Eddie n'était légalement pour rien dans l'adoption de la petite. Elle voulait l'éjecter des intérêts financiers qu'ils avaient contractés ensemble.

Burton entra en scène. Il ne voyait en face de lui qu'un personnage dépourvu de tout savoir-vivre, quelqu'un qui cherchait à se venger de la façon la plus vile. Pour lui, l'affaire était simple. En pareilles circonstances, l'homme se comportait de manière honorable : il payait, se retirait et la fermait ; ainsi voyait-on les choses dans les clubs de rugby gallois. « Burton mérite l'Oscar du plus parfait culot », déclara un Eddie Fisher ébranlé. Il ne faisait décidément pas le poids.

Cependant Burton et Taylor mettaient au point avec Aaron Frosch leurs futurs arrangements financiers. Des liasses de contrats allaient bientôt s'entasser dans les caves de la maison de Céligny. A ce stade, ils n'avaient qu'une conscience diffuse de leur potentiel à faire de l'argent. Ils allaient devenir les stars les mieux placées au box-office de ces années soixante, Burton devançant pendant un bon moment Taylor d'une courte tête. Ils allaient également, selon certains calculs, toucher pendant quelques années les plus gros revenus de la planète. Mais à l'époque ils pensaient surtout à assurer leur avenir et à éviter le pire. Tout cela se passait à Puerto Vallarta, où ils se firent construire une deuxième maison, reliée à la première par une passerelle faite sur le modèle du pont des Soupirs.

C'est en décembre 1963 que Burton obtint enfin le divorce. Elizabeth demanda aussitôt à celle qui avait dessiné les costumes de *Cléopâtre* de lui réaliser une robe de mariée.

En janvier 1964, Fisher capitula. Burton répétait *Hamlet*.

John Gielgud, dont beaucoup pensent qu'il a été le Hamlet le plus abouti de ce siècle, assurait la mise en scène. Aujourd'hui encore, il évoque cette expérience avec beaucoup de tendresse et la plus grande acuité. « Il est très difficile de vivre une telle célébrité. Ces gens étaient contraints de promener leurs chiens sur la terrasse de l'hôtel. Tout se passait comme s'il y avait une mitrailleuse en batterie sur le palier de leur chambre. Ce n'est pas quelque chose qu'on voit tous les jours, et il était de ce fait très difficile de les joindre. Et impossible de les régaler. C'étaient toujours eux qui régalaient. Un soir je les ai emmenés dans un bar sympathique. Le champagne a coulé à flots, mais figurez-vous que le patron n'a pas voulu me donner la note ! Il disait qu'il y avait quatre ou cinq cents personnes qui attendaient dehors — par une température en dessous de zéro — dans le seul espoir de les apercevoir. Vous voyez un peu ! Mais il me témoignait le plus grand respect et était adorable avec le reste de la troupe. Tout le monde l'aimait. Elle aussi, on l'aimait bien. Jamais ils ne se mettaient en avant. Ni lui non plus dans le rôle. Pas la plus petite trace de cabotinage. Et le succès a été énorme, vous savez ; à New York, mon propre record a été pulvérisé

— ce qui m'a bien fait un peu tiquer. » Et, après un large sourire, il se mit à parler de la mise en scène.

L'idée centrale était de retarder au maximum la première répétition en costumes. Il ne s'agissait pas d'une mise en scène « moderne » ; simplement, Gielgud espérait que ce contexte favoriserait l'épanouissement et l'interaction des individualités. L'idée était audacieuse, et avec sa haine des collants et des séances d'habillage, Burton s'y prêta avec soulagement.

La préparation de la pièce est racontée dans *Letters from an Actor* de William Redfield, qui interprétait Guildenstern. L'auteur met l'accent sur l'obsession du détail de Gielgud et sa réticence à donner à ses comédiens la vision d'ensemble, le petit discours métaphysique d'encouragement, la clé du drame, qu'ils attendaient de lui. Ils n'avaient droit qu'à des « Tiens-toi droit », des « Cesse de tripoter ton épée », des « Tu as légèrement mangé tes mots ». Il pouvait se montrer très intransigeant sur les pronoms ; « En effet, John aime les pronoms », dit Burton. Gielgud se montrait en revanche d'une simplicité ahurissante quant aux pourquoi et aux comment. Redfield aimait et admirait le metteur en scène. D'après tous les témoignages, il semble que la troupe était très heureuse. « La troupe aimait Richard, dit Gielgud. Et il le leur rendait bien. »

Cela apparaît dans l'ouvrage de Redfield. « C'est quelqu'un de très cultivé et de très naturel, écrit-il au sujet de Burton. Il combine érudition et intuition à un degré remarquable. Comédien brillant (il l'est en fait jusqu'au bout des ongles), il est ennemi de la vulgarité et en guerre contre l'ennui. » Redfield donne du personnage de Burton une vision précise et convaincante.

Ces semaines de répétitions donnèrent lieu à maintes anecdotes. La mise en scène de Gielgud était difficile à saisir. On était confronté à la menace absurde mais bien réelle que Burton ne fût pas autorisé à jouer à New York. Comme on pouvait le lire dans le *Washington Post* : « Michael A. Feighan, représentant de l'Ohio au Congrès, estime que le Département d'État devrait témoigner de son attachement aux valeurs morales en annulant le visa de M. Richard Burton, l'acteur britannique. » Il s'agissait d'un précurseur au mouvement auquel John Lennon serait plus tard en butte. Dans les deux cas, cela conféra à ces hommes une aura de hors-la-loi qui, comme par ironie, était justement fort appréciée aux États-Unis. Il n'empêche que sur le moment cela tombait très mal. Burton était en plein divorce ; il subissait de surcroît le harcèlement continuel de la foule. Il semble cependant que ses nerfs aient rarement flanché. Non plus que ceux d'Elizabeth Taylor.

C'était elle qui à la fin de la journée battait le rappel des comédiens et les invitait à venir boire un verre (dans la « suite royale »). Elle retenait souvent tout le monde à dîner. On parlait théâtre en buvant du champagne. Richard raffolait de ces soirées. On s'y échangeait des anecdotes sur Ralph Richardson, sur Barrymore, sur Olivier et Brando. Elizabeth faisait montre d'une modestie, d'un effacement, qui ne laissaient pas d'étonner Redfield. « On pouvait croire cette simplicité authentique. » Taylor était vraiment aux anges. Gielgud avait pour elle admiration et respect. Elle était environnée de vrais comédiens ; elle baignait dans Shakespeare. Elle était la figure maternelle d'une jeune troupe américaine. La vedette, ce n'était pas elle, c'était son homme ; et il allait bientôt devenir — la formule est d'elle — « le Frank Sinatra du répertoire shakespearien ». Et elle allait très bientôt l'épouser.

Redfield demande à Burton de lui confirmer l'exactitude des anecdotes qu'il a racontées la veille au soir ; bien souvent elles se ramènent à peu de chose. Mais cela laisse Burton complètement froid, et nous rappelle utilement qu'éméché il se faisait conteur, embellissait là où c'était nécessaire, et attendait des membres les plus intelligents de son auditoire qu'ils admissent l'artifice.

Le livre de Redfield révèle que Burton avait du mal à apprendre parfaitement l'ensemble de son rôle. Les grands monologues ne lui posaient, semble-t-il, aucun problème. Les passages de dialogue étaient en revanche beaucoup plus difficiles pour lui. Il devint très tendu. Rien d'étonnant à cela. A ce stade, le théâtre classique peut se comparer à l'alpinisme ou à la danse de haut niveau. On perd la forme. On n'a plus l'énergie qui permet d'occuper le centre de la scène pendant trois ou quatre heures ; la mémoire n'est plus capable de retenir non seulement votre texte mais celui de tous les partenaires ; à cela s'ajoutent les déplacements, le duel, le jeu des éclairages et une foule d'autres choses. Burton manquait d'entraînement. Et puis il y avait l'alcool. L'écrasante difficulté à faire son entrée, à se retrouver tout à coup seul sur scène, en face des spectateurs, et cela pour *des heures*, a empêché nombre de grands acteurs de cinéma de revenir au théâtre. Brando, un temps jeune espoir du théâtre américain, en est l'exemple le plus frappant. Mais Burton surmonta son trac. Encore et encore. Il voulait être là-haut, partager l'affiche avec Olivier et Gielgud. Et surtout, cela le passionnait, cela chassait l'ennui, cela l'émerveillait, le tourmentait, l'éprouvait. Enfin Shakespeare était le grand amour de sa vie.

Cependant, il semblait sur le point de flancher. Elizabeth s'en mêla. Elle téléphona à Philip Burton, que Richard n'avait pas vu, auquel il n'avait pas parlé depuis deux ans. Philip se trouvait à New York. Il tentait de monter un cours d'art dramatique et, à cinquante-neuf ans, s'apprêtait à demander la nationalité américaine. Son manuscrit inédit relate ce qui suivit.

Il n'avait cessé de s'occuper de Sybil, de Kate et de Jessica. Il leur était d'un grand soutien. Le dimanche, il emmenait Kate se promener au jardin public ; il aidait Sybil au sujet de Jessica. Il l'avait aidée à emménager dans son appartement — dans le même pâté de maisons habitaient Aaron Frosch (qui était resté son homme de loi) et Roddy McDowall, un ami de longue date. Il était resté brouillé avec Richard afin de prouver sa loyauté à Sybil, et, même s'il en souffrait, il ne se plaignait pas.

« J'ai compris qu'il y aurait des problèmes quand j'ai appris que le metteur en scène serait sir John Gielgud, écrit-il en guise d'entrée en matière au sujet de *Hamlet*. Ils ont une conception contradictoire du personnage. » Il alla voir *Becket*, qui lui arracha des « larmes de fierté ». Le samedi 2 février, alors qu'il dînait avec des amis, il reçut un coup de téléphone.

> C'était Elizabeth Taylor. Comme je m'y attendais, Richard avait des problèmes avec *Hamlet*. Il disait que j'étais le seul à pouvoir l'aider. Est-ce que je pouvais venir ?... Je me sentais complètement tiraillé. C'est alors que Richard est venu au téléphone, et je n'ai pas balancé plus longtemps... J'en ai ensuite parlé à Sybil. « Bien sûr qu'il faut que tu y ailles, m'a-t-elle répondu. Il a besoin de toi. » Cette anecdote témoigne, selon moi, des qualités de cœur à la fois d'Elizabeth et de Sybil...

Il se rendit immédiatement à Toronto.

> On m'a conduit à sa loge. Cette rencontre m'inspirait tout à la fois de l'impatience et de l'appréhension, mais elle se passa le mieux du monde. Nous nous comportâmes tous les deux comme s'il y avait trop longtemps que nous ne nous étions vus, et il n'y eut aucune gêne... Plus tard, après des atermoiements qui la retardèrent quelque peu, Elizabeth vint faire ma connaissance.

> Quoique un peu hésitante de part et d'autre, cette rencontre se passa bien et fut le prélude à une amitié chaleureuse et durable. J'allais peu à peu découvrir que ses qualités humaines, son intelligence et son talent étaient à la hauteur de sa beauté.

Il se rendit au théâtre. Mais le rideau tardait à se lever. Les spectateurs commençaient de taper des pieds et de huer. Polonius, en robe de chambre, vint le chercher pour le conduire en coulisses. « Il disait que Richard était dans un tel état qu'il ne pourrait entrer en scène sans un mot de moi. Je lui en dis un, et un sévère. »

En désaccord avec la mise en scène, Philip prit des notes et se mit à faire travailler son fils.

> Comme toujours en pareilles circonstances, nous avons parlé pendant des heures. Je lui faisais des commentaires détaillés, des suggestions, mais mon objectif était surtout de lui faire reprendre confiance en lui... C'est avec grand soulagement que j'ai reçu un coup de fil d'un de ses camarades le mardi matin [Philip avait été obligé de retourner à New York pour retirer son visa]. « Il a donné une merveilleuse interprétation hier soir. Nous n'avons pas autre chose à la bouche. Cela a versé un sang neuf dans le spectacle. »

Il peut en tout cas paraître étrange que Richard, à ce point déjà avancé de sa carrière, ait eu impérieusement besoin de faire venir Philip pour une répétition de la discussion dans le salon de Ma Smith. Mais cela lui ressemblait bien. Il conserva toujours une vive conscience de ses racines, et c'est vers elles qu'il se tournait lorsqu'il doutait ou se sentait menacé. Ou bien cela venait-il de ce qu'il n'avait vraiment confiance qu'en très peu de gens ? L'aspect remarquable de sa vie avec Elizabeth est qu'il s'éloigne peu à peu de ses racines ; il y avait trop de monde autour de lui, trop d'argent, les voyages, l'alcool... mais, et c'est, je crois, le plus important, il en vint à *désirer* cette rupture, afin de s'aventurer sur « l'Océan ». A Toronto, pour le rôle de Hamlet, il avait toutefois encore besoin d'appeler Philip, la voix qui lui servait de guide.

Puis ils se marièrent. Bob Wilson, son habilleur, fut son garçon d'honneur. Elizabeth se présenta à son côté sans escorte, ravissante. Et très en retard. « Elle sera en retard même pour le Jugement dernier », laissa tomber Richard. Elle portait, rapporte Kitty Kelley, « une robe de mousseline jaune vif, très décolletée, avec la broche à émeraude que Richard lui avait offerte pour cent cinquante mille dollars à l'époque du tournage de *Cléopâtre*. Pour son anniversaire, il lui avait offert un collier de diamants et d'émeraudes, et aujourd'hui, en cadeau de mariage, il lui offrait des boucles d'oreilles assorties au reste. »

Il aimait la couvrir de bijoux. Il se vantait de ce que cela lui coûtait comme s'il était toujours ce gosse de Pontrhydyfen qui s'écrasait le nez sur la devanture de quelque marchand de friandises tout en se demandant s'il aurait assez pour acheter un cadeau à Cis. Elizabeth, dirait-il un jour, était la femme qu'il avait recherchée depuis le temps de Cis.

Elle avait trouvé celui qu'il lui fallait. Elle, la mangeuse d'hommes. C'était toujours pour lui complaire qu'il l'épousait. Elle était déjà à plat ventre devant lui.

Il était ridiculement beau. Ses yeux bleu-vert, son profil sculpté, sa face à la fois jeune et ravagée mettaient les femmes sous le charme. Il émanait de lui une impression de grande force, comme une invite à l'aventure, qui s'assortissait à la douceur, à l'aura de danger d'Elizabeth. Comme deux bêtes de concours élevées en vue d'engendrer un lignage de première qualité. Même si, hélas, peut-être pour leur malheur, cela n'eut jamais lieu.

Il avait même acheté un nouveau complet.

Il s'était aussi enivré à bord de l'avion qui le conduisait à Montréal, où ils avaient fini par trouver un ministre unitarien prêt à encourir la colère de Dieu et de sa congrégation en unissant deux divorcés. « Mais pourquoi est-il si crispé ? demanda Elizabeth à Richard. Cela fait deux ans que nous couchons ensemble. » Au sortir de la cérémonie, elle ne déçut pas ses admirateurs en leur servant une nouvelle fois : « Cette union est pour la vie. »

Et de fait, elle semblait devoir durer. Ils n'avaient pas idée de la pression implacable et disproportionnée que le public allait faire peser sur eux. L'ennui de Richard paraissait dissipé ; Elizabeth était pour lui une amante, un objet de découverte, un disciple, un copain. Contre toute attente, ils paraissaient farouchement déterminés à pratiquer la monogamie.

Il reparut le mardi au terme d'une lune de miel d'un week-end. « Et on disait que ça ne durerait pas », dit-il à Redfield.

Elizabeth avait désormais tout ce qu'elle désirait. L'avenir lui réservait, elle le savait, un million de dollars par film et une nouvelle vie, une existence faite de rencontres intéressantes, de contacts avec des comédiens, une existence aux côtés de Richard, qu'elle entendait bien ne jamais laisser s'éloigner trop longtemps.

Burton était au comble du bonheur. Robert Misil, qui jouait Horatio, en témoigne : « Ils étaient toujours collés l'un à l'autre... Elle était fascinée par son intelligence, son aura poétique. Et lui était excessivement reconnaissant d'avoir épousé, lui, l'avant-dernier des treize enfants d'une serveuse et d'un mineur gallois, la plus belle et la plus célèbre femme au monde. »

Le jeune homme qui avait quitté le pays la rage au ventre, le « gars de nulle part » avait décroché la timbale. Il vivait un rêve, un conte de fées.

Ce premier soir, après qu'il eut été applaudi par une salle bondée et admirative, il se tourna vers les coulisses pour faire signe à Elizabeth de le rejoindre. Elle avait dû renoncer à prendre place dans la salle, car cela eût retardé le lever de rideau ; invariablement des nuées de femmes se massaient autour d'elle et disaient : « Mais elle a les yeux bleus. »

Elle vint au milieu de la scène. Il lui prit la main et déclama une réplique de la pièce. Il regarda autour de lui. Son nouvel univers serait ainsi fait, il serait à la confluence de la réalité et de la fiction. Aucune des intrigues qu'ils représenteraient sur scène ne tiendrait autant le public en haleine que celle de leur vie même. C'était ici qu'en lui se fondaient l'acteur et le mari d'Elizabeth Taylor. Il fit savoir à tous, ce soir-là, que dorénavant le monde serait leur théâtre.

Sa voix s'éleva, cette voix qu'il avait travaillée au sommet des collines galloises, cette voix que beaucoup considéraient comme le premier de ses dons. Il définissait aujourd'hui sa position, leur position, par rapport au monde, Liz et Dick, Cléopâtre et Antoine, Océan et Taffy*. « Je le proclame, ce mariage est le dernier et le bon. » Il y eut un tonnerre d'applaudissements. C'était leur couronnement.

---

* *Taffy :* surnom des Gallois *(NdT)*.

Deuxième Partie

CHAPITRE 14

« LES NOUVEAUX ÉLISABÉTHAINS »

A l'aéroport Logan de Boston, ils furent une nouvelle fois violemment assaillis par la foule. Trois mille « admirateurs » les y attendaient. Ils la tirèrent par les cheveux, lui arrachèrent ses boucles d'oreilles, la plaquèrent contre un mur. Burton dut se frayer un passage à coups de poing pour la rejoindre. Ce fut pire encore dans le hall de l'hôtel. Il avait pensé que, « une fois résolu le caractère quelque peu illicite de notre relation », l'intérêt du public retomberait. Il s'intensifia. Lorsque *Hamlet* débuta à New York, la police dut barrer la rue à la fin de la représentation, pour que Burton, accompagné de Taylor, pût parcourir sans risques les quelques mètres le séparant de sa limousine. « Pourquoi cela ? » demandait-il. « Parce que ce sont des obsédés sexuels, et que nous sommes des pécheurs et des phénomènes », répondait-elle, elle qui avait toujours entendu user de formules lapidaires à propos des masses. Frank Sinatra jurait que jamais les émeutes d'adolescentes dont il avait été jadis l'objet n'avaient été aussi importantes ni aussi virulentes.

Ils engagèrent des gardes du corps. Le personnel de sécurité devint partie intégrante de leur vie. Pendant les cinq années qui suivirent, les Burton, pour se déplacer, eurent droit à une protection rapprochée, digne d'un homme d'État de moyenne importance. Cela restreignait leur liberté de mouvement. Mais, compte tenu des risques de kidnapping — les quatre enfants étaient souvent avec eux — et de la folie collective qu'ils suscitaient, cela avait un caractère de nécessité. Ils s'en trouvaient coupés du monde extérieur. Leurs amis s'aperçurent bientôt qu'il était quasi impossible d'arriver jusqu'à eux. Lorsqu'ils y parvenaient, Burton se montrait aussi accueillant qu'à son habitude, mais l'ensemble de l'entourage — les secrétaires, coiffeuses, habilleuses, gardes du corps, nourrices, précepteurs — était aussi impénétrable qu'une cour ottomane. Alec Guinness parle de plusieurs occasions où des messages et même des cadeaux semblent n'être jamais arrivés jusqu'à leur destinataire. « C'était une situation tout à fait insolite », dit-il. Même l'indéfectiblement loyal Philip, même le très admiré Nevill Coghill, même Tim Hardy, rencontraient les plus grandes difficultés à pénétrer dans ce qui ressemblait de plus en plus à un camp retranché. Et bien sûr, au bout de quelque temps, même les amis les plus chers commencèrent à se lasser. Tout cela était aggravé par le peu de goût de Burton pour le téléphone. Il avait horreur de téléphoner. Et aussi par sa consommation immodérée d'alcool. Mais la cause principale de cet état de chose était compréhensible. Dehors, il y avait du danger.

Ils étaient terriblement exigeants l'un vis-à-vis de l'autre, et leur isolement s'en trouvait d'autant accru. Elizabeth avait dit qu'elle demeurerait toujours à son côté, et il semble qu'elle tint parole. Non seulement elle se trouvait chaque jour sur le plateau de *La nuit de l'iguane*, mais on la retrouvait chaque soir à côté de lui au bar. Elle était en coulisses pendant chaque représentation de la tournée de *Hamlet*, elle vit la pièce à quarante reprises au Lunt-Fontanne (Richard y donna cent trente-quatre représentations), apparaissant chaque fois dans une robe différente. Pour les quatre-vingt-quatorze autres représentations, elle vint le retrouver après le tomber de rideau pour quitter le théâtre avec lui, à bord de la limousine. Il proclamait sur tous les toits son amour pour elle. Après avoir fait part de son inquiétude à David Lewin — « Ce qui me tracassait, c'était la question de savoir si je serais capable d'être fidèle, parce que j'avais toujours été un sacré cavaleur, m'attaquant à tout ce qui bougeait » —, il passe à la vitesse supérieure : « Elle m'a apporté la sérénité. Depuis que je suis avec elle, je n'ai jamais désiré une autre femme et je n'ai jamais *eu* d'autre femme. »

Et chacun de renchérir sur l'autre. « Richard est un homme très attirant, déclare Elizabeth. Il émane de lui ce je ne sais quoi de brut, de sauvage. » « Celui qui ne sait pas ce que peut être une telle femme, dit Richard, est passé à côté de quelque chose. » « Je m'en remets entièrement à lui, dit-elle, je le consulte en toute chose, même pour ce qui concerne mes toilettes. Ce n'est pas d'être moi, d'être Elizabeth Taylor qui me plaît, c'est d'être la femme de Richard Burton. » Après les mariages et les naufrages qu'elle avait traversés, après qu'il se fut arraché à Sybil, à Kate et à Jessica, au pays de Galles, épisode qui lui avait laissé une blessure ouverte, il *fallait* que ce soit le mariage du siècle. Rien de moins ne pourrait le justifier. Tous deux se mirent à y travailler de toute leur énergie. Ç'allait être le triomphe de leur conception du sexe monogamique.

Leur passion exclusive les coupa au début de leur entourage et de leurs enfants. Le jeune Paul Neshankin avait été engagé comme précepteur à l'époque du tournage de l'*Iguane*, puis il les avait accompagnés au Canada, à New York, Paris, Londres, en Bavière, à Dublin... Il fit à Kitty Kelley la description de ce qu'était la triste vie de ces enfants. Il y avait Michael et Christopher, âgés d'une douzaine d'années, qui avaient tant de fois changé d'école qu'ils avaient pris du retard et étaient très indisciplinés ; Liza Todd, qui à sept ans ne savait pas lire ; Maria, quatre ans, qui ne s'exprimait pas encore en anglais et dont l'existence était centrée sur de complexes opérations de la hanche. Burton manifesta le désir d'inscrire un des garçons dans un pensionnat anglais. Mais Elizabeth souhaitait avoir tous les siens autour d'elle. Il semble malheureusement qu'elle n'ait eu que fort peu de temps à leur consacrer. Lorsqu'ils occupaient, par exemple, deux étages de l'hôtel Lancaster à Paris, le précepteur raconte que de longues périodes s'écoulaient sans que Burton et Taylor vinssent les voir, et que lorsqu'ils le faisaient, cela avait tout d'une visite royale. Pendant ce temps, ajoute-t-il, une gouvernante d'un certain âge avait toute latitude pour leur inculquer quelque discipline.

Burton avait raison. Ce n'était pas un endroit pour des enfants. Mais c'était Taylor qui décidait, et elle voulait avoir son monde auprès d'elle. Burton venait de découvrir que ne plus avoir de famille engendrait un sentiment de culpabilité mais constituait aussi une libération. Taylor s'était trouvé un homme dont le parcours de pater familias était impressionnant. Dès le début ils eurent des affrontements et des scènes, mais elle trouvait cela « vivifiant », disant qu'elle se sentait dans ces moments-là « intellectuellement son égale », ce que bien sûr elle n'était pas, se hâtait-elle d'ajouter. Ils possédaient plusieurs maisons, mais ne demeuraient jamais plus de quelques semaines au même endroit, et cette existence de nomades n'était pas faite pour simplifier les choses. Leur détermination à s'aimer jusqu'à la mort, à boire ensemble jusqu'à rouler sous la table et à faire le tour de tout ce qu'ils pouvaient s'apporter l'un l'autre leur prenait tout simplement le plus clair de leur temps. Les enfants en pâtissaient. Plus tard, Burton et Taylor leur témoigneraient plus d'attention et plus d'intérêt. Cependant, jamais leur mode de vie ne serait très ordonné.

Ils consacrèrent la première ou les deux premières années de leur mariage à explorer plus avant ce qu'ils s'étaient trouvé d'attirant pendant la période « illicite ». L'intérêt du public venait en partie de ce qu'ils conduisaient pour une bonne part cette exploration sous ses yeux — par le truchement de milliers d'articles et de photos, de douzaines d'interviews, en faisant la couverture des magazines et en pulvérisant des records d'entrées. Sans doute le faisaient-ils aussi à l'intention de ce public. Tout comme ils avaient anticipé le changement que leur adultère déclaré opérerait sur l'humeur du public, ils anticipèrent la nouvelle mode, qui voulait que l'on se mette en avant et que l'on fasse étalage de ses sentiments. Ils incarneraient bientôt encore un autre changement de l'air du temps et de la mode, cette idée que l'hédonisme était salutaire, qu'il était amusant de s'afficher, et qu'il ne fallait pas avoir honte de ce que l'on gagnait. Les Burton, au moins au cours de la première moitié des années soixante, étaient à la pointe de l'époque.

John Morgan, un des amis de Taylor, a dit d'elle qu'elle avait « ajouté cinq années à la vie de Richard ». Elle lui donnait un projet, elle le distrayait de son ennui, elle le fascinait. Son implacable franchise l'éberluait. Sans nuances ni duplicité ni mensonges, elle était « régulière ». Sa dureté lui était adorable. Elle savait que le cinéma était une industrie, que l'argent était à la base de tout, qu'elle représentait une mine d'or et risquait fort de se faire exploiter si elle ne se défendait pas. Ce que ses employeurs lui offraient était inférieur à ce qu'elle allait leur faire gagner, aussi exigeait-elle plus. Un cadeau de la production constituait une gratification essentielle autant qu'un investissement (non imposable) ; de surcroît, un peu puérilement, elle se sentait rassurée par de tels cadeaux. D'ordinaire c'était elle qui les choisissait. Elle n'en concevait aucun scrupule. Richard était toujours reconnaissant, et impressionné par l'importance de ses propres cachets ; elle ne l'était jamais.

Elle aimait qu'il réglât les factures, fît chaque matin les mots croisés du *Times* et correspondît sur un pied d'égalité avec des écrivains (Isherwood, Spencer), des metteurs en scène (Brook, Hall), des comédiens (Olivier, Gielgud). Il la couvrait de bijoux ; il la couvrait de compliments, en public comme en privé. Elle devint son disciple. Elle devint son enfant, l'appelant parfois Dad (papa). Elle le maternait comme seule Cis l'avait fait avant elle ; dans *A Christmas Story*, écrit en 1964, il dit à propos de cette dernière : « Je me sentais investi du devoir impérieux de la protéger plus que toute autre créature. Ce n'est que trente ans plus tard, en la retrouvant dans une autre, que j'ai compris que je l'avais cherchée toute ma vie. » Elle était sa « poule », terme argotique mais non péjoratif qui lui venait de son enfance galloise, de l'époque où une « poule » était la fille avec qui l'on sortait.

Ils se donnaient toutes sortes de noms. Il l'appelait Sam ou Fred, elle l'appelait Agatha. Ils prirent très tôt cette habitude, et il semble que cela ait empiré, deux ans plus tard, sous l'influence de *Virginia Woolf*, comme ce fut le cas pour les aspects les moins flatteurs de leur vie. Mais cette face sombre les séduisait tout autant. Il était possédé de cette créature fraîche et sensuelle, d'un seul bloc, avide de vivre, capable d'arracher les yeux d'un producteur et de dorloter un chaton maladif, à ce point cuirassée qu'elle ressortait apparemment intacte d'épreuves qui eussent abattu toute autre qu'elle, si facile à émouvoir, si facile à meurtrir que le moindre coup lui laissait immédiatement un bleu. Elle le désorientait, elle l'intoxiquait.

Ils se faisaient l'un l'autre des revendications. « Elle veut jouer dans *Hamlet* et je veux gagner deux millions de dollars par film », disait Burton. Il dit un soir au précepteur : « Je veux devenir riche, riche, riche ! » L'idée de la richesse le fascinait, quoique lorsqu'il avait de grosses rentrées, il se défît aussitôt de la plus grande partie, souvent auprès d'une connaissance passant par là au moment opportun. C'est dans ces années-là que furent établis les importants fidéicommis en faveur des enfants. Chaque année, la famille restée au pays de Galles recevait des chèques.

Cependant, le centre de sa vie était cette passion violente qu'elle lui inspirait. Ils étaient incapables de vivre éloignés l'un de l'autre. Jamais ils ne se séparaient. C'est pendant ces années qu'ils tournèrent *The Sandpiper (Le chevalier des sables), L'espion qui venait du froid, Qui a peur de Virginia Woolf ?, Doctor Faustus* et *La mégère apprivoisée*. C'est également durant cette période qu'ils comprirent qu'ils ne pourraient jamais avoir d'enfants ensemble ; une nouvelle grossesse eût présenté trop de risques pour Elizabeth. Ils montèrent deux compagnies de production qui, sur les huit années qui suivirent, leur rapportèrent plus de cinquante millions de dollars*, sans compter le flux régulier des royalties.

Ils avaient autour d'eux un entourage immuable : le secrétaire d'Elizabeth, Dick Hanley, et John Lee, assistant de ce dernier ; les deux secrétaires de Burton ; Bob Wilson, son coiffeur et assistant ; Gianni Bozzachi, photographe personnel d'Elizabeth, et sa femme Claudie, une des coiffeuses ; Ron Berkeley, maquilleur ; Gaston, le chauffeur français ; le précepteur, la gouvernante, la nurse de Maria et le garde du corps en titre, Bobby la Salle, ancien boxeur qui portait des nœuds papillons agrafés de sorte qu'on ne pût s'en servir pour l'étrangler, et des chaussures pointues à hauts talons pour le combat rapproché. Au besoin, Gaston pouvait lui prêter main forte ; il avait la Croix de guerre et était ceinture noire de judo. En tournage, ils étoffaient leur personnel de sécurité en engageant des extras.

Derrière cet entourage immédiat, il y avait bien sûr les avocats, les agents, les attachés de presse — Aaron Frosch, Valerie Douglas, John Heyman, John Springer... Tout cela peut paraître excessif sur le papier, mais il faut considérer l'ampleur de la famille et la diversité de ses besoins, leurs multiples déplacements, le nombre de films qu'ils tournaient et les centaines de contrats. Ces gens devinrent bientôt pour Burton comme une seconde famille envers laquelle il se sentirait autant d'attachement et presque autant de responsabilités qu'envers ses frères et sœurs restés à Port Talbot et Pontrhydyfen.

C'étaient alors les années « riches, riches, riches », peut-être les plus riches de sa vie d'adulte. Et à la fin, quand tout se mit en place, Shakespeare, Elizabeth, un film, il commença de tenir son journal. S'il fallait trouver un thème à ces premières années, ce serait celui de la générosité de Richard pour Elizabeth. Son amour et sa fascination s'exprimaient par des cadeaux, et le plus grand cadeau qu'il lui fit fut de lui donner confiance en tant que femme et comédienne. A Hollywood, elle n'avait été qu'une belle créature. A présent, elle frayait avec l'intelligentsia. Elle prenait de l'assurance. Jamais il ne cessa de la mettre en avant, et il le faisait de telle sorte que les autres prennent conscience de ce qu'elle valait. Il la poussa vers deux des grands moments de sa

* Soit environ deux milliards de francs actuels *(NdT)*.

vie d'actrice : l'interprétation de Martha dans *Virginia Woolf* et, à la grande satisfaction de son amour-propre, la lecture de poèmes, à ses côtés, sur la scène new-yorkaise.

Philip Burton avait des problèmes. Son Académie musicale et dramatique américaine souffrait d'un manque d'argent chronique. Son pari américain paraissait voué à l'échec. Richard se proposa de le remettre à flot et suggéra à Elizabeth de participer à l'opération. Jamais elle n'était encore montée sur les planches. Jamais elle ne s'était produite « en direct ». Quant à dire de la poésie, l'idée donne des boutons même à des comédiens accomplis. Elle eut l'intelligence de prendre Philip comme professeur, et il la fit travailler pendant plusieurs semaines.

Tout le monde était là. Montgomery Clift, le maire Lindsay, Carol Channing, Eunice Kennedy Shriver, Anita Loos. Cent dollars la place. Elizabeth Taylor arriva vêtue d'un peplum, bardée de diamants et de saphirs. Elle n'a jamais été du genre à passer inaperçue. Burton commença avec « To His Coy Mistress » de Marvell, puis ce fut « The Snake » de D.H. Lawrence. Le programme avait été soigneusement mis au point. Le premier passage de Burton s'acheva sur le discours de la Saint-Crespin. Sans micro sur la scène du Lunt-Fontanne, où, dans le rôle de Hamlet, Richard avait été noyé sous un déluge de critiques élogieuses tel qu'en rêve n'importe quel acteur, Elizabeth s'attaqua à Thomas Hardy (« The Ruined Maid »), Robert Frost, Elizabeth Barrett Browning... « Je ne m'attendais pas à ce qu'elle soit aussi bonne », déclara Richard. Pendant l'entracte, Bea Lillie lança à Carol Channing : « Si elle tarde encore à être mauvaise, les gens vont commencer à partir. » Elle ne le fut pas. Les gens restèrent.

Pour la seconde partie, elle avait passé une robe et orné sa chevelure d'une profusion de bijoux. Ils conclurent avec le Psaume XXIII. La langue lui fourcha au tout début. « Désolée, fit-elle. Là, je me suis vraiment plantée. Je reprends. » A chaque strophe en anglais, Burton lui répondait par une strophe en gallois. Ils furent formidablement ovationnés. Elizabeth, Liz, cette fille à la tête vide, venue d'Hollywood, cette pince à linge de luxe, croqueuse de diamants et dévoreuse de maris, enviée et raillée, saluait gracieusement le Tout-Manhattan auquel elle venait d'offrir un florilège de littérature anglaise. A son bras, l'homme qui non seulement obtenait de stupéfiantes critiques pour son Hamlet — « Électrisant », « Brillant », « l'acteur le plus doué du monde anglophone » —, mais qui avec le film *Hamlet* percevrait quinze pour cent de bénéfices estimés à six millions de dollars. La gloire et l'argent. Elle avait remis les pieds en cette Amérique « détestée » et elle leur avait montré de quoi elle était capable. Et de quelle manière ! Et lui, le petit garçon pauvre devenu riche, qui n'avait jamais oublié combien étaient proches les vallées déshéritées du pays de Galles, avait à son bras une femme couverte de bijoux, que le monde avait proclamée Reine du sexe, une créature de légende. A la réception qui fut donnée ensuite, ils s'enivrèrent en beauté.

Ils buvaient toujours beaucoup. Ils suscitaient une curiosité sans fin. On raconte qu'un couple sans scrupule aurait loué l'appartement situé en dessous du leur et aurait pris l'habitude de les espionner en grimpant sur des chaises pour coller des verres au plafond. Ces gens furent ainsi aux premières loges pour entendre quelques solides séances de beuverie et bruyantes scènes de ménage. Taylor adorait ces occasions où chacun essayait de crier plus fort que l'autre. Ils en étaient parfois comiques. Burton rentra un soir ulcéré de ce qu'un spectateur anonyme ait hué son interprétation de Hamlet ; plantée devant la télévision, Elizabeth se montra moins compatissante qu'elle ne l'aurait dû. Elle n'avait jamais vécu le stress de la scène et cette hypersensibilité qu'elle fait naître. Il balança un coup de pied à travers le téléviseur, s'entaillant l'orteil jusqu'à l'os. Du fait qu'il avait une tendance à l'hémophilie, on s'en inquiéta un moment, mais les indiscrets voisins du dessous avaient eu droit à ses imprécations et à l'énorme éclat de rire d'Elizabeth.

Lorsqu'il arrêta *Hamlet* au terme de cent trente-quatre représentations, les files d'attente indiquaient qu'il aurait pu en donner cent trente-quatre de plus. Ils refusèrent deux millions de dollars pour quatre-vingt-dix jours de travail en Israël et, sur l'insistance d'Elizabeth, acceptèrent de tourner *The Sandpiper (Le chevalier des sables)*. Elle n'avait pas tourné depuis *The VIP's*. L'accueil fait à *Cléopâtre* lui avait fait peur. Sa confiance retrouvée — mais non encore son jugement —, elle déclara plutôt inopportunément : « C'est toujours marrant de ramasser un million de dollars. » Le cachet de Richard fut d'un demi-million. Ils perçurent tous les deux de substantiels pourcentages. Elle se fit de surcroît défrayer des énormes dépenses dont elle était coutumière ; elle avait son propre costumier, sa propre maquilleuse, sa propre coiffeuse. Pour des raisons de fiscalité, il fut décidé que le tournage commencerait à Big Sur, en Californie, puis que l'on se transporterait à Paris. L'hôtel Lancaster se prépara pour l'assaut.

Bien que la presse n'en fît pas état, deux événements d'importance survinrent dans la vie de Burton à New York pendant *Hamlet*. Primo, Elizabeth, décidée à jeter des ponts, fit en sorte qu'Emlyn Williams renoue avec Richard. Williams était ravi. « A Rome c'était M. Hyde, dit-il, et voilà maintenant le docteur Jekyll. » « Je préférais M. Hyde », rétorqua Elizabeth, toujours directe. Néanmoins, les deux hommes étaient de nouveau amis. Mieux encore, elle fit venir à New York tous les frères et sœurs de Richard qu'elle put déloger (avec femmes et maris). Elle les habilla à la mode, les emmena voir *Hamlet*, fut aux petits soins avec eux. Elle se montra particulièrement attentive avec Cis et fit d'elle sa confidente. Comme Cis admirait un collier de perles qu'Elizabeth avait acheté lors de ses emplettes de la matinée, celle-ci reconnut qu'il était en effet assez joli et, d'amie à amie, confia : « Il ne m'a coûté que soixante-quinze mille dollars. » Richard était maintenant complètement rentré en grâce auprès des Gallois.

La seconde nouvelle est une confidence qu'il fit à la faveur d'une interview tardive. « C'est l'année dernière quand j'incarnais Hamlet et me remuais comme un beau diable en dévidant mon texte, que l'arthrite m'est tombée dessus. Je me suis retrouvé immobilisé en plein mouvement, complètement bloqué, le bras levé au-dessus de la tête. Une douleur indescriptible. J'ai levé l'autre bras avec beaucoup de précautions pour ramener le premier en position normale, puis je suis retourné en coulisses en traînant la patte comme un vieillard. Heureusement, Liz connaît tous les docteurs de la terre, elle m'a trouvé un gars qui m'a si bien remis d'aplomb que je n'ai manqué que deux représentations. » C'était un coup de semonce de la part des « os Jenkins, si fragiles », de ce dos trop éprouvé par des années de rugby et blessé une nouvelle fois dans la bagarre de la gare de Paddington. Burton ignora l'avertissement, tout comme il ignorait les mises en garde à propos de l'alcool. Même si cela lui était difficile, il était capable de réduire sa consommation — et il le faisait de temps en temps. Quant à son dos, un peu de marche, un peu de tennis de table, et tout rentrerait, selon lui, dans l'ordre. Il voyageait trop vite pour pouvoir s'arrêter le temps d'une réparation.

Il était temps qu'il quitte *Hamlet* car il en avait assez. Sur la fin, pour se divertir, il s'était essayé à différentes interprétations du personnage, dont un Hamlet homosexuel. Il s'amusait également à y glisser des vers de Marlowe* ou un peu d'allemand,

* Christopher Marlowe : poète dramatique anglais (1564-1593) *(NdT)*.

afin de voir si quelqu'un le remarquerait. Il avait toujours du mal à conserver de l'intérêt pour quelque chose lorsqu'il avait fini d'en faire le tour. Elizabeth, l'argent et l'écriture étaient ses trois seuls pôles d'intérêt, jamais épuisés.

The Sandpiper (Le chevalier des sables), qui raconte l'histoire d'un pasteur marié, attiré par une artiste bohème dont le fils fréquente son école, aurait pu être au-dessus de la moyenne. Dalton Trumbo avait participé à la rédaction du scénario. Le metteur en scène était Vincente Minnelli. Le film exploitait son conflit intérieur où s'opposaient Sybil et Elizabeth, mais n'aurait pas dû en être plus mauvais pour autant. Il l'était, dirent les critiques. Les auteurs ultérieurs n'ont pas été plus tendres.

Elizabeth trouvait que Richard y était « beau et fort » et que lorsqu'ils étaient ensemble ou à plusieurs sur l'écran, il faisait paraître tout le monde plus beau qu'en réalité. « Je n'ai même pas honte de ce que j'ai fait », devait-elle déclarer.

Il est vrai que Burton y est superbe — on rapporte qu'à cette époque les salles étaient pleines de mères de famille qui en pinçaient pour lui. Il est également exact qu'il sauve du seul fait de sa voix exceptionnelle des lignes de dialogue plutôt ridicules. Il est de pires scénarios et de pires films. L'intéressant est que les Burton aient été disposés à faire passer dans ces dialogues autant d'insinuations faisant directement référence à leur vie privée. Cette veine sarcastique ou dangereuse ou exhibitionniste continuerait sans interruption jusqu'à *Private Lives*, l'inutile et très débilitante dernière apparition de Burton sur une scène de théâtre.

Dans *The Sandpiper*, il joue un homme amoureux de deux femmes ; l'une est son épouse, bonne et soumise, l'autre est cette créature rare, appartenant à un univers artistique, de liberté et de spontanéité, interprétée par Elizabeth Taylor, alias E.T., comme on la surnommerait plus tard. Il est pédant, il s'écoute parler. « Le miracle de l'homme..., dit-il, est que, confronté au mystère du temps et à l'invraisemblance de la mort, il puisse néanmoins tempêter, aimer, créer. » « Grand bien lui fasse », rétorque E.T. « Depuis que j'ai douze ans, les hommes n'ont pas cessé de me dévorer des yeux et de se frotter contre moi », déclare l'héroïne de *National Velvet (Le grand National)*, consciente de ce que les pères américains qui emmenaient leurs enfants voir ce film, incroyable succès populaire, ne s'intéressaient guère au cheval. Elle y était une Lolita en jodhpurs. « J'ai toujours été avide de compliments », dit-elle. « J'ai perdu tout sens du péché, déclare Richard, et suis devenu le menteur le plus accompli de la planète. » Les femmes mariées sont « insatisfaites », dit encore Elizabeth… Le succès considérable du film était surtout dû au duo Burton-Taylor à la ville ; sa médiocrité à leur présence à l'écran.

Mais le public et les deux stars étaient en train de conclure un marché. On se déplacerait pour voir Burton et Taylor ensemble (ou seuls ; Burton n'avait pas besoin de Taylor pour être une star, ainsi que l'*Iguane* et l'*Espion* l'avaient amplement prouvé). On leur pardonnerait d'apparaître dans une œuvre médiocre à la condition qu'ils y fissent passer ce qu'était alors leur vie privée. De même que, pour les interviews qu'elle accordait à la presse, Elizabeth proposait des titres accrocheurs du genre « Cet individu méprisable a gâché ma vie » (on comprenait ensuite en lisant l'article qu'il s'agissait d'une « plaisanterie »), de même ils profitaient de certains films pour façonner ce feuilleton sentimental qu'était devenue leur vie privée-publique. Après ses bijoux, c'était son homme qu'Elizabeth exhibait. Dans ses interviews, Richard semblait considérer la presse comme un confessionnal permanent par lequel il pouvait confier à la face du monde ce qu'il pensait d'Elizabeth. Au cours d'une dispute avec Minnelli (ce ne fut pas un tournage heureux ; Burton trouvait le scénario indigent et ennuyeux ; sa mauvaise humeur ne le quittait pas), il lâcha : « Pour de l'argent, nous marcherions sur les mains. » Cependant, afin de conférer un peu de substance au film et de se divertir, il fit passer sa propre vie dans son texte, donnant ainsi une résonance particulière à une œuvre pro-hippie plutôt désincarnée. Il cherchait à prendre des risques, comme lorsqu'il interprétait Hamlet de toutes les façons possibles ; tout était bon pour tenir l'ennui à distance.

Cela le plongeait parfois dans une mélancolie impénétrable. Certains de ses proches ont parlé d'une sorte de déséquilibre morbide. Il devait plus tard reconnaître à contrecœur qu'il avait souffert dans sa jeunesse d'une légère tendance à l'épilepsie. Il ne pouvait rien contre ces périodes de profonde dépression. « Le chien noir » de l'enfance hante la tristesse celtique de maint poète alcoolique. Cela n'en constituait pas moins une souffrance. Il était parfois saisi d'une tristesse étrange qui lui était presque insupportable.

Ce Noël lui apporta la meilleure nouvelle qu'il eût reçue depuis des années. *Un conte de Noël* fut publié. Il se vantait de ce qu'un éditeur lui avait offert cent mille dollars pour qu'il écrive un roman. L'idée de devenir écrivain, perspective dont sa prudence et sa modestie l'avaient jusqu'alors gardé, commençait à germer. Il acheta un journal, relié cuir, qu'il tint par intermittence au cours de l'année 1965. Des notes laconiques.

Ils séjournent à Gstaad.

Les ennuis de santé sont à l'ordre du jour — comme ce serait si souvent le cas. Le père d'Elizabeth a des problèmes cardiaques. Elizabeth percute une porte de placard restée ouverte, ce qui lui vaut deux yeux au beurre noir.

Le prochain film est *L'espion qui venait du froid*, et Burton se rend à Londres pour y rencontrer Marty Ritt, le réalisateur, et parler du projet. Il déjeune avec Ritt et Claire Bloom, qui sera sa partenaire. « Elle était un peu tendue mais plutôt sympa », écrit-il avec grand soulagement le 7 janvier.

L'entrée suivante ne sera que pour le 3 mai. Il avait entre-temps donné une de ses meilleures interprétations dans la peau d'Alex Leamas, personnage central du roman de John Le Carré. Cela n'avait pas été un tournage heureux ; la raison en avait été Claire Bloom, ainsi qu'il le laisse entendre dans son journal.

Selon William Squire et plusieurs autres, Claire Bloom avait été la première et, jusqu'à Elizabeth, la seule vraie « menace pour Sybil ». A ce stade critique de leur mariage, la jalousie et la possessivité d'Elizabeth étaient à leur maximum. Burton se trouvait sur le ring avec ces deux femmes, et l'affrontement était sévère. Claire Bloom le connaissait depuis cette époque où il paraissait avoir trouvé un heureux équilibre entre la monogamie et le rut forcené. A présent avec Elizabeth, il était bien décidé à tout trouver en une seule et même femme.

Elizabeth devait tenir les rôles d'épouse, de mère, de fille, de sœur, de salope, de putain, de modèle de vertu, d'interlocutrice, de disciple, d'infirmière, de vengeresse et d'égale ; elle en était capable et disposée à le faire. Burton, cependant, n'était pas préparé à ces retrouvailles avec Claire Bloom, et la confrontation fut difficile. Elizabeth avait coutume de hurler « Richard ! » sur le plateau, glapissement suraigu que Claire Bloom savait imiter à la perfection. Elizabeth affectait la plus profonde compassion pour Bloom, obligée de porter des faux-cils. Celle-ci résuma plus tard cette situation de la manière la plus incisive : « Il n'avait pas du tout changé, si ce n'est physiquement », confia-t-elle à Sheilah Graham, qui avait suivi à Rome la liaison Burton-Taylor et n'approcha jamais Elizabeth, qui la haïssait. « Il buvait toujours autant, il était toujours aussi vantard, toujours en retard, il ressassait les mêmes poèmes et les mêmes histoires que quand il avait vingt-trois ans... Il était évident qu'il allait devenir une grande star, ce qui n'est pas la même chose qu'un grand acteur. Il a roulé tout le monde dans la farine. » Burton, à qui l'on montra l'article, se borna à ce seul commentaire : *« Hell hast no fury...* * »

Burton avait demandé à toucher des droits sur *L'espion*. Ce furent Martin Ritt et Paul Newman qui les obtinrent. « J'ai appuyé Burton, raconte Ritt. Ses agents demandaient sept cent cinquante mille dollars. Paramount a finalement accepté de payer. » On eût pu s'attendre à ce que Ritt et Burton s'accordent bien. Les deux hommes étaient issus de la classe ouvrière. Ritt était un personnage intègre, qui à l'époque du maccarthysme avait défendu ses principes et en avait pâti. Mais il n'approuvait pas la consommation d'alcool de Burton, et celui-ci lui en gardait rancune. Et puis l'acteur n'était pas absolument convaincu que l'idée de Ritt, qui entendait aplatir son personnage, « le rendre anonyme », fonctionnerait. Il est très difficile pour un acteur, et à fortiori un acteur intelligent et puissant comme Burton, de se prêter à une telle exigence et de faire table rase des caractéristiques sur lesquelles il a bâti sa réputation. Pas d'érotisme cette fois pour Burton, pas d'effets déclamatoires, pas d'action, pas de charme. Ritt regrettait qu'ils ne se soient pas entendus, et attribuait la mauvaise ambiance du tournage à l'affrontement entre Claire Bloom et Taylor. Il prenait le parti de Bloom et reprochait à Burton de se montrer cavalier et distant avec elle. Mais que pouvait-il faire d'autre ? Elizabeth Taylor était le KGB à elle seule. Il était vingt-quatre heures sur vingt-quatre sous surveillance. Elle épiait chaque battement de paupière.

J'ai rencontré deux témoins de la première longue période de tournage, à Dublin. Frank Delaney, le scénariste, passa « quelque temps en sa compagnie » et le trouva dans un état de « profond abattement... une anxiété de tous les instants... et puis il faisait du plat à tout ce qui portait jupon, les serveuses, une amie à moi. Il sautait aux yeux qu'Elizabeth Taylor était folle de lui... J'avais de la peine pour lui parce que, lorsqu'il était en compagnie, il était si dominant que c'était toujours à lui d'animer la conversation... très éprouvant comme situation... pas étonnant

---

* *« Hell hast no fury like a woman scorned »* (Il n'est aux enfers de furie semblable à une femme bafouée), vers fameux de Shakespeare *(NdT)*.

qu'il racontât toujours les mêmes histoires... » Nul ne pouvait rivaliser avec lui, rapportent de nombreux témoignages. « Il avait vraiment la passion des mots, poursuit Delaney. Des termes comme "melliflue" ou "servile" le plongeaient dans des abîmes de méditation... et il n'était pas continuellement ivre, pas du tout, même s'il a essayé un jour de faire monter un cheval à l'étage d'un restaurant... il était d'une compagnie très agréable... mais c'était sa mémoire qui m'impressionnait le plus — pas seulement Shakespeare et les poètes gallois, c'était la moindre des choses —, mais aussi *Tintern Abbey*, je me souviens de cela, des pages et des pages, et aussi Joyce, le début d'*Ulysse*, paragraphes après paragraphes, au mot près. »

L'autre témoin est l'auteur du livre, John Le Carré. « Marty Ritt m'a appelé — j'étais à Vienne — Est-ce que je pouvais venir à Ardmore [le studio, près de Dublin] ? Richard trouvait que le dialogue manquait de punch. Je n'avais jamais écrit une seule ligne de scénario. J'y suis néanmoins allé et nous avons déjeuné dans un pub, Burton et moi, plus Magnus Linklater [alors journaliste au *Sunday Times*]. Il nous a fait un grand numéro du genre "pauvre de moi" : "Je ne peux plus mettre les pieds dans un pub. Elizabeth est plus connue que la reine. Je préférerais que rien de tout ça ne soit arrivé." Nous avons beaucoup bu. » Ses plaintes à propos du dialogue étaient-elles justifiées ? ai-je demandé à Le Carré. « Ça oui. Il était bien trop verbeux. Il fallait le resserrer et lui donner des couilles. » Et Elizabeth ? « C'était l'époque où il exposait leur vie de couple sur la place publique ; cela donnait lieu à de sacrées engueulades au restaurant... et puis il y a eu le tournage de cette fameuse scène nocturne. »

Dans cette séquence, Burton devait sortir d'un magasin et descendre la rue. On avait tout arrosé pour que cela luise avec le noir et blanc. Ritt annonce à Le Carré que Burton s'est disputé toute la journée avec Elizabeth et qu'il est ivre ; Le Carré voulait-il aller le surveiller ? L'écrivain se rend donc dans le magasin. « Il avait une bouteille de scotch dans la poche de son imperméable, et peut-être une autre dans l'autre poche. On fit plusieurs prises. Il devait être dix ou onze heures du soir. C'était le plus grand spectacle gratuit de Dublin. Les pompiers, la police, la foule, il ne manquait personne. Arrive tout à coup la Rolls-Royce blanche avec Gaston, le chauffeur, et Elizabeth. Voilà qu'elle se gare au beau milieu du plateau ! Aussitôt la foule se précipite vers elle. Richard, de sa voix d'officier britannique :

"Mon Dieu ! Mais c'est ma petite fille !" et de s'élancer vers la voiture en engueulant la foule, en hurlant à Gaston en français, un français assez mauvais, de foutre le camp d'ici. Puis il dit la même chose à Elizabeth. Et ils repartirent. Burton revint faire de nouvelles prises. Nous bûmes encore beaucoup.

« Retour au petit matin à l'hôtel de Gresham. J'étais dans ma chambre quand tout à coup le téléphone sonne. Venez donc boire un verre. Elizabeth aimerait vous rencontrer. Moi, je trouvais cela plutôt embarrassant. Ce numéro très british... J'étais en pyjama, je me rhabille et je monte chez eux. Il était seul dans un immense salon. Là, j'assiste à une conversation plutôt éthérée. "Richard ? — Oui, chérie ? — Qui est là avec toi ? — L'auteur." Ils se parlaient sur l'interphone ! Il est allé la chercher dans la chambre. Et là, ça a été une scène carabinée. Des bruits de gifles. Tout cela m'arrivait par l'interphone ! Finalement, elle est apparue dans un peignoir vaporeux, le genre qu'on achète par correspondance, pieds nus, avec un derrière plutôt rebondi, mais l'air très câlin, extrêmement séduisante. Ses beaux yeux, des yeux encore plus beaux qu'à l'écran. Elle m'a donné une poignée de main, très petite fille, "Comment allez-vous ?" et elle est repartie. Burton était très embêté. "N'en veuillez pas à Elizabeth, je crois qu'elle ne se sent pas..." »

Le Carré conclut par ces mots : « Le connaître était chose impossible. Il y avait chez lui quelque chose d'inapprochable. Son sens de la réalité était supérieur à ce qu'on lui prêtait. J'avais l'impression que tout cela ne l'amusait plus, j'entends se bagarrer pour arriver et s'imposer. Il n'arrivait plus à se prendre au jeu... Je l'ai rencontré quelques mois plus tard en Hollande, sur la plage de Scheveningen. Cela a été un coup de voir à quel point il s'était détérioré entre-temps. Il parlait vaguement de se mettre à écrire ; il venait de publier une ou deux nouvelles. » John Le Carré avait souhaité Trevor Howard ou James Mason pour le rôle de Leamas. « Quelqu'un de plus tourmenté. Je trouvais que Burton avait plus l'air de quelqu'un qui a trop bien vécu que de quelqu'un qui a beaucoup vécu. Mais je me trompais. »

L'interprétation de Burton est brillante. Qui sait ? Peut-être l'alcool, cette détérioration dont parle Le Carré, la lassitude, peut-être tout cela l'aida-t-il à se couler dans la peau du personnage. Son approche était toujours de façonner le personnage à son image. Il disait qu'il *était* Hamlet. Il *était* Leamas ; il *serait* bientôt George dans *Virginia Woolf*.

Son journal reprend le dernier jour du tournage de *L'espion*.

Elizabeth est hospitalisée, Richard est « toute la journée tendu, inquiet pour elle ». Elizabeth dit qu'elle sait combien il peut avoir les gens malades en horreur, mais qu'il a été merveilleux avec elle. Elle se réjouit aussi de ce qu'une nouvelle opération va *peut-être* lui permettre d'avoir un enfant de lui. « Je désire cela plus que toute autre chose. » Les déclarations sincères de leur amour mutuel abondent. Ils partent se reposer sur la Côte d'Azur. Les enfants viennent les y rejoindre, et Burton éloigné pour un temps de la corde raide du théâtre et du cirque cinématographique, se consacre pleinement à sa famille.

> Avons fait une balade avec Michael, Christopher et Liza, après avoir assisté à leur cours d'équitation. Liza et Mike impeccables, mais Christopher a commencé à paniquer et, avec mon peu de goût pour le spectacle de l'humiliation d'autrui, j'ai emmené Maria faire un tour jusqu'à la rivière. E., pour la même raison, nous a rejoints peu après. Chris visiblement perturbé à la fin du cours. M'a demandé si je monterais pour mon plaisir. J'ai répondu que non, que je préférais m'asseoir avec un bon bouquin. Je crois qu'il est tout à fait d'accord, mais pas question qu'il arrête, ce serait la honte. Avons dîné à la maison. Du poulet frit.

Ils se rendent ensuite à Gstaad. Il apprend dans un bar un jeu de dés, le Yahtsee ; il l'apprend aux enfants et ils y jouent « furieusement » des heures durant. Ils se promènent dans les environs, Burton cherchant toujours à retrouver quelque stabilité après le grand « scandale ».

Cependant, après *L'espion*, qui, d'après tous les témoignages, l'avait durement éprouvé, il allait interpréter le rôle qui, selon ses amis, le déchirerait. Il s'agit du personnage de George, opposé à celui de Martha, joué par Elizabeth, dans *Qui a peur de Virginia Woolf?* d'Albee. D'ici là, ils passent ces deux mois de vacances très paisiblement. Il se plaint de ne pas arriver à se lever de bonne heure, mais c'est à peu près l'essentiel de ses soucis. Dans son journal, Elizabeth est appelée Burt. « Suis allé me promener avec Burt jusqu'au bistro du pays, à peut-être deux kilomètres de la maison, sur la plage. Burt a tout fait à pied. Que me réserve-t-elle la prochaine fois ? »

Il se met à noter les titres de ses lectures. Il s'essaie timidement à ce qui deviendra un sujet central de son journal, sa relation avec Elizabeth. Mais, en juin, la grande nouvelle est l'annonce du mariage de Sybil avec « un des membres d'un groupe "pop" baptisé “The Wild Ones”. » Il s’inquiète de ce que ce garçon, Jordan, soit de onze ans plus jeune que Sybil. Elizabeth lui assure que cela n’a rien de rédhibitoire. Le grand espoir de Burton est que ce mariage lui permettra de voir Kate plus souvent.

Sybil renonça à sa substantielle pension alimentaire, à la grande stupéfaction d’Elizabeth. Mais tout cela fut bientôt occulté par le nouveau projet qui se dressait devant eux. *Virginia Woolf* les attendait. Ils allèrent s’établir à Los Angeles.

Ce fut lui qui convainquit Elizabeth de se lancer dans *Virginia Woolf* — « Cela pourrait être ton *Hamlet.* » Ce fut elle qui le convainquit, à grand-peine, de tenir l’autre premier rôle. Ce fut également elle qui choisit Mike Nichols — qui n’avait encore jamais fait de film — pour metteur en scène. On engagea Haskell Wexler comme opérateur, en dépit des réticences de Burton qui craignait que le style impitoyablement naturaliste de ce dernier ne fît apparaître l’aspect grêlé de sa peau. (Gore Vidal m’a raconté que chaque fois qu’il rencontrait Burton, celui-ci « s’embarquait dans un numéro extravagant à propos de ce qui faisait qu’il n’était pas homosexuel. Je l’écoutais aussi longtemps que je le pouvais, puis je disais : “Tout le monde s’en fout, Richard. Parlons plutôt de dermatologie. Voilà un bon sujet !” ») Ernest Lehman, scénariste et metteur en scène, avait tiré un excellent scénario de la pièce claustrophobique d’Albee. Ce serait un plateau fermé. Ce serait le film en noir et blanc le plus coûteux jamais réalisé et l’un des films clés de la décennie.

On se posait nombre de questions. Nichols saurait-il assurer la mise en scène ? Est-ce que la force de l’œuvre « passerait » à l’écran ? La « langue » de la pièce survivrait-elle à la censure ? L’héroïque Burton pourrait-il se transformer en un petit prof de province, brisé et châtré ? Elizabeth Taylor serait-elle convaincante dans le rôle de la grosse, mal embouchée et vulgaire Martha ? Le public aimerait-il ? La vie privée des Burton résisterait-elle à ce tournage ? La réponse est affirmative pour les six premières questions. La septième appelle une réponse plus détaillée.

Taylor toucha un million cent mille dollars plus les habituels à-côtés, dont un personnel de sécurité. Elle disait (sincèrement) qu’elle l’aurait fait pour rien, mais que « pour rire » elle avait fait l’expérience de demander un cachet supérieur à celui de *Cléopâtre*. « On vous a eu, exulta-t-elle sous le nez du producteur dès que le contrat eut été signé. On vous a vraiment eu ! » Burton recevait sept cent cinquante mille dollars, plus les à-côtés et, comme Elizabeth, un coquet pourcentage. Le tournage dépassa de trente-cinq jours ce qui avait été prévu, dépassement pour lequel les Burton auraient pu réclamer plus d'un million de dollars supplémentaires. Ils n'en firent rien. Elizabeth fit savoir à Jack Warner qu'elle apprécierait en cadeau une broche de quatre-vingt mille dollars. « Compte tenu de ce que je la paie, elle peut s'acheter ses propres broches », lâcha Warner, un des rares qui sût lui tenir tête dans cette version hollywoodienne du poker.

Elizabeth obtint un second Oscar pour ce rôle dont Richard lui avait dit : « Il faut que tu le fasses pour empêcher une autre de le faire. » Lui-même cité — comme il le fut à six reprises —, il fut battu de justesse par son ami Paul Scofield pour *A Man For All Seasons (Un homme pour l'éternité)*. Il fit montre d'un certain dépit, somme toute pardonnable.

Son interprétation de George est superbe. « Je *suis* George », disait-il à Mike Nichols. Il se soumettait à un scénario qu'il respectait, à un metteur en scène qu'il respectait, et cela devait donner quelque chose de saisissant. Il y a cette séquence dans laquelle, seul, sous un arbre, il raconte l'histoire du garçon. Elle fut tournée en une seule prise. Nichols était aux anges. Pour cette seule séquence, il aurait mérité un Oscar. Mais il avait livré trop de combats à Hollywood, il n'avait jamais cherché à en être l'enfant chéri, et avait choisi un parcours de franc-tireur. « Il était l'homme le plus solitaire que j'aie jamais rencontré », dira Mike Nichols.

Son personnage d'homme brisé, tendre, mais au verbe dur, prononçait des paroles qui étaient comme l'écho de sa propre vie, qui, depuis le plateau, se répercutaient dans les loges et jusque chez lui. Elizabeth alla jusqu'à peser soixante-dix kilos et se changea en ce que Richard appelait souvent — pour rire ? — une virago. Leurs scènes de ménage n'étaient pas sans vulgarité. « Mamelles de guenon », l'appelait-il alors. « Ferme ta grande gueule ! » Leurs querelles faisaient l'ordinaire des potins. Nichols pensait que, même si Taylor lui avait été une étape nécessaire, elle commençait déjà de l'user.

Ce qui m'a le plus frappé lorsque j'ai revu le film est la façon dont Burton soutient le jeu de Taylor. Il est à la fois extraordinaire et émouvant de le voir la tenir à bout de bras. Le punch du dialogue, sans nulle doute abondamment travaillé par Nichols, est entièrement réglé et mesuré par Burton. Il sous-tend chacune des phrases qu'elle prononce, et confère à ce qui aurait pu n'être qu'intonations suraiguës ces accents d'infini désespoir. Ce qui n'est pas pour dévaloriser la prestation de Taylor, que le public et une grande partie de Hollywood trouva puissante, audacieuse et totalement inattendue. Mais il est bon de noter que tout en donnant là une des meilleures interprétations de sa carrière cinématographique, Burton gardait un œil critique et secourable sur « Burt ». Lorsqu'il vit le film, il trouva sa propre interprétation insatisfaisante.

Non content de lui offrir exactement le type de rôle dont il avait besoin, le film fit grossir encore la boule de neige médiatique. Burton et Taylor *étaient-ils* George et Martha ? Suffisamment de coups de coude et de clins d'œil semblaient aller dans ce sens. Qu'ils le fussent ou non, il s'agissait bien, là-haut sur l'écran, de Burton et de Taylor en train de vomir le mariage, à une époque où la société occidentale semblait se dépêtrer de ses liens conjugaux. Une fois de plus ils étaient en accord avec l'air du temps et peut-être contribuaient à le définir.

Virginia Woolf était également remarquable par sa « langue ». On avait craint qu'elle ne fût inacceptable selon les critères de l'époque. Dans son livre sur Burton, Paul Ferris écrit :

> Lors d'une réunion avec Jack Warner il fut dressé une liste de termes à éliminer, dont treize *« goddam »* (nom de Dieu), douze variations sur le Christ et Jésus, trois *« bastard »* (salaud), sept *« bugger »* (pédé), quatre fois le verbe « baiser », quatre *« son-of-a-bitch »* (fils de pute), deux « scrotum » et une « couille droite », en plus d'expressions comme « devraient faire ça au pieu » et « sur le tapis du salon ».

Ce film fut présenté avec un texte plus ou moins inchangé et, au grand étonnement de Warner, il ne subit pas de coupures. Il fut interdit aux mineurs de moins de dix-huit ans non accompagnés d'un adulte, mais cela constituait plutôt une incitation. Après ce film, le cinéma ne serait plus jamais le même. Une fois de plus Burton se trouvait à l'avant-garde.

Virginia Woolf laissa cependant des séquelles. Lorsqu'ils se séparèrent pour la première fois (des années plus tard), Elizabeth déclara qu'elle en avait « assez de jouer Martha ». Dans son journal Burton reconnaît avoir même à jeun une nature « maniaque », « compliquée », « violente », « querelleuse », qui dans le film avait pu se donner libre cours. Il y avait une scène où elle devait lui cracher au visage. Nichols exigea plusieurs prises, et Elizabeth finit par craquer ; elle fondit en larmes, incapable de poursuivre. Une autre fois, Burton, pourtant à jeun, fut incapable de quitter sa loge, incapable d'affronter la mise à nu qu'impliquait son rôle.

Ces deux rôles (Leamas et George) se succédant à si peu de distance auraient été éprouvants pour n'importe quel acteur. Ajoutez à cela le remariage de Sybil, les inquiétudes au sujet de Kate, les difficultés croissantes que posait la scolarité des enfants, cette vie de nomades... il avait besoin de repos — après tout, il avait fêté son quarantième anniversaire pendant le tournage de *Virginia Woolf*.

Au lieu de cela, en février 1966, les Burton se rendirent à Oxford et descendirent à l'hôtel Randolph, à quelques numéros à peine de l'Oxford Playhouse. Ils étaient ici pour tenir une promesse que Richard avait faite à Nevill Coghill, ce professeur qui avait parlé de « génie » à son sujet et l'avait dirigé dans *Measure For Measure* lors de son bref passage à Oxford. Il semble parfois se référer à une liste de tous ceux qui à un moment ou à un autre l'ont aidé, afin de leur rendre leurs bienfaits au centuple. Il s'agissait cette fois du premier rôle dans le *Docteur Faust* de Marlowe, que montaient les étudiants. L'un dans l'autre, grâce à cette production de *Docteur Faust*, l'Oxford Playhouse, théâtre fétiche de Coghill, recevrait cent mille dollars.

Il avait été question de *Coriolan* et du *Roi Lear*. Burton avait toujours en tête de revenir à la scène, de garder le contact, de ne pas perdre la main. Cependant le cinéma lui réussissait si bien... et il tirait désormais plus de fierté de son travail cinématographique. La pièce de Marlowe — dix jours de répétitions et une semaine de représentations — devrait suffire. *La mégère apprivoisée* était déjà en projet, et il commençait de songer sérieusement à l'écriture. Il venait de signer pour le *New York Herald Tribune* un article sur la biographie de Dylan Thomas de Constantine Fitzgibbon ; d'autres papiers étaient en chantier, et l'idée d'une autobiographie ou d'un journal régulier prenait forme.

Oxford constituait un cadeau de plus à Elizabeth. Nevill Coghill était fou d'elle et elle de lui. Les étudiants trouvaient les Burton simples, accessibles, généreux et amusants. Encore aujourd'hui, le journaliste Peter Hillmore éclate de rire en repensant aux histoires que Burton racontait à l'époque. La comédienne Maria Aitken, qui jouait dans la pièce, les trouvait merveilleusement drôles et raffolait de l'excentrique Bob Wilson, le grand et filiforme habilleur noir, qui attendait en coulisses avec un verre de scotch que le docteur Faust venait gober entre deux déluges oratoires.

« C'est la dernière année du professeur Coghill à Oxford, déclara Burton lors d'une conférence de presse qui draina cinquante photographes, des caméras de télévision et des dizaines de journalistes. Comme c'est lui qui m'a fait débuter, j'ai pensé qu'il me revenait de lui faire achever sa carrière. » Et Faust? « Selon moi, la dernière tirade est la plus grande de l'histoire de la littérature », dit-il respectueusement. Et l'homme? « Tout homme se trouve à un moment ou à un autre confronté à la tentation. Tout le monde se voit offrir un choix, l'une des alternatives étant facile et l'autre difficile. » Bonus pour le service des relations publiques, Elizabeth devait jouer Hélène de Troie, un rôle muet. « C'est la première fois que je monte sur les planches, aussi je commence par quelque chose de facile. C'est pour moi une occasion merveilleuse. » On pouvait y voir un nouveau présent de Burton à Taylor.

Burton ne parvint jamais à savoir tout le rôle par cœur. La rumeur veut qu'il n'y ait consacré qu'une dizaine de jours et n'ait jamais pris le spectacle très au sérieux. Cette négligence que Gielgud avait remarquée dès le début était toujours en lui, de même que le détachement et le calcul. Mais désormais il était de surcroît emporté dans un tourbillon qui avait nom Elizabeth.

La pièce fut épinglée par Irving Wardle dans le *Times* : « Le théâtre universitaire au plus bas. » Elle eut droit aux éloges enthousiastes de Harold Hobson dans le *Sunday Times*. Un autre critique, Alan Brien, accusa Burton de se mettre au niveau des comédiens amateurs. Un jeune professeur d'Oxford l'acclamait dans le *Western Mail* pour « la meilleure interprétation de sa carrière » — il faut dire que Coghill l'avait trouvé brillant. Il fallait que Burton ait les nerfs rudement solides pour se lancer dans l'entreprise et assumer le rôle, les étudiants, le temps de répétitions très court... John Crosby fait dans l'*Observer* le spirituel éloge de la tirade dans laquelle Faust sollicite l'indulgence divine et demande à Dieu s'Il ne pourrait ramener sa sentence à cent mille ans. « Il faut être un grand acteur pour donner ce monologue sans une seule fois s'étrangler de rire. Burton y est parvenu. » Elizabeth permit également aux critiques de fourbir leurs armes. Il y en eut cependant qui trouvèrent qu'elle s'acquittait superbement du peu qu'elle avait à faire, et virent dans leur participation un geste généreux et désintéressé.

La générosité était une de leurs qualités. L'annonce du don de grosses sommes par Elizabeth n'était pas toujours suivie d'effet, mais elle était toujours là pour les amis en difficulté. Pendant le séjour à Dublin, le fils de Gaston, le chauffeur, fut tué accidentellement en France. Elle accompagna Gaston en France, passa une semaine avec lui et l'aida à surmonter ce moment difficile. Son ami Montgomery Clift étant très malade et totalement insolvable, elle parvint à force de cajoleries à lui redonner le goût de vivre. Elle versa pour lui une garantie en vue d'un film, *Reflections In A Golden Eye (Reflets dans un œil d'or)*, dans lequel elle insista pour qu'il fût son partenaire. Il mourut avant le début du tournage.

A l'époque de *Docteur Faust*, David Lewin les interviewa tous les deux pour la télévision et demanda à Richard s'il voyait un parallèle entre lui et Faust. « Sacré David ! Je savais que vous poseriez cette question », dit Hélène de Troie. Richard se montra plus diplomate, parla de tentation et de choix, et fit observer qu'il revenait encore à la scène. Est-ce que je ferais recette, demandait Elizabeth, si je délaissais le cinéma pour le théâtre ? Mais l'intrigue était déjà en place. Ayant interprété le prince Hal pour ceux de sa génération, puis le « héros prolétarien », puis Don Juan, puis l'intellectuel éclectique, Burton était maintenant le docteur Faust, l'homme qui vend son art pour de l'argent. Cela coïncidait avec une analyse plus pertinente, celle d'un homme en train de glisser lentement mais, semblait-il, inexorablement dans un processus romantique et très séduisant d'autodestruction.

Mais ce n'était pas encore pour tout de suite. *L'espion* et *Virginia Woolf* démontreraient aux producteurs que ce qu'ils avaient vainement recherché dans les années cinquante était maintenant sur tous les écrans de la planète et chevauchait en tête du box-office. Ils allaient continuer encore quelque temps de faire des films ensemble. « Faudra-t-il que nous tournions *toujours* ensemble ? grogne Burton. On va finir comme Laurel et Hardy. » « Qu'est-ce que tu reproches à Laurel et Hardy ? » réplique Elizabeth l'Océan. Et de se rendre en Italie pour tourner *La mégère apprivoisée*.

Chapitre 15

VACANCES ROMAINES

Ils retournèrent à Rome en 1966, accompagnés de huit gardes du corps supplémentaires et escortés d'une police privée, le tout financé par Burton. Après avoir juré de ne jamais remettre les pieds dans la Ville sainte, voici qu'ils y revenaient en force. « Faut croire que nous avons bu un coup de trop et que cela nous a fait perdre la mémoire », déclara-t-il.

Il y tournèrent donc *La mégère apprivoisée*, dont Franco Zeffirelli assura la mise en scène, puis *Docteur Faust*, que Burton réalisa conjointement avec Nevill Coghill. Ils signent aussi le contrat pour le tournage d'un film d'après *Les comédiens* de Graham Greene, et Richard dit le commentaire d'un film sur les inondations désastreuses de Florence, film qui attirerait des dons subtantiels.

Pour financer *La mégère*, ils renoncèrent à percevoir un cachet, optèrent pour une rémunération au pourcentage. Burton réunit une partie des fonds pour *Doctor Faustus* — ils travailleront cette fois pour rien, l'ensemble des bénéfices étant versé à l'Oxford Playhouse. Le film sur Florence fut fait à titre gracieux.

C'est à cette époque qu'il se met à vraiment tenir un journal. Au cours de l'année précédente, il s'était contenté de notes sporadiques. Prenant tout d'abord la forme d'un journal, ses carnets se transformeront peu à peu en mémorandum et, ce qui est selon moi un aspect capital, en un lieu où écrire. Il avait toujours caressé — timidement — l'idée d'être un écrivain. A présent que le plus gros de ses bouleversements amoureux et familiaux était derrière lui, maintenant que les problèmes d'argent semblaient réglés (même s'ils ne percevraient pas avant encore un moment les royalties des films qui marcheraient), maintenant qu'il avait trouvé une sorte de port d'attache — comme par ironie, il s'agissait de Rome —, il prit la plume.

Au fil des années — en gros pendant la période qu'il passa avec Elizabeth —, ces carnets, deviendraient peu à peu les premières esquisses de l'autobiographie qu'il projetait d'écrire un jour. Il est significatif qu'il les ait inaugurés lorsque sa vie avec Elizabeth se mettait en place. Il entendait faire le relevé de ces eaux inconnues et tenir un livre de bord. Les détails et révélations intimes qu'il y porte peuvent paraître trop intimes justement, mais il lui était essentiel de les exploiter. Car voilà un homme qui essaie de consigner ce qu'il est vraiment. Toute la vérité. Peut-être est-ce pour lui le contrepoint aux incessants bobards, aux confessions contradictoires qu'il débite à la plupart des journalistes. Au moins y aurait-il quelque part un témoignage sincère, une version autorisée. Et puis il y avait un vide à combler. A présent qu'Elizabeth et lui abordaient une existence dont il apparaissait clairement qu'ils étaient le centre à l'exclusion de toute autre personne, ils vivaient comme dans un cocon et connaissaient de longs moments, parfois des semaines d'ennui et de monotonie. Du fait de ce qu'était leur vie, ils n'avaient pas vraiment d'égaux dans leur entourage, et seulement quelques rares amis avec lesquels Burton pouvait s'entendre intellectuellement. Ses carnets devinrent le moyen d'entretenir une conversation intelligente — avec lui-même.

Leur contenu, le fait qu'avec le temps il cherchait de plus en plus à se connaître lui-même, va de plus en plus apparenter ce livre à une autobiographie. Il y évoque parfois son passé, et ces passages éclairent les pages précédentes et, ce qui est plus important, montrent l'homme en train de se faire une idée de lui-même. Ces carnets lui permettent de parler de sa vie à l'intérieur d'un livre écrit sur sa vie. Cette double perspective vient en parallèle à la double vie de plus en plus marquée qu'il menait. Une vie qui, avec l'afflux du succès et de la célébrité, appartenait au public. Et une autre vie, de plus en plus intime, cependant qu'il cherchait, en ces eaux dangereuses, à se sonder lui-même.

C'est comme un retour au *b a ba*. Il utilise même, au début, un porte-plume. Il écrit d'une belle écriture d'écolier. Les dates sont soulignées à l'encre rouge. Du 18 mars au 19 novembre, ce sont cent seize pages d'un cahier d'écolier, avec parfois trois cents mots par page. Habitude ou souci d'économie, il utilise le verso. Peut-être est-ce le signe qu'il n'est plus le George émasculé de *Virginia Woolf*, ni l'Alec aigri de *L'espion qui venait du froid*, ni le pasteur déchiré du *Chevalier des sables*, non plus que le prêtre imbibé de whisky de *La nuit de l'iguane*, mais Petruchio, macho entre les machos, celui qui apprivoise la mégère. Burton puisait ses personnages en lui-même ; il fallait qu'ils « collent ». Lorsqu'ils étaient par trop éloignés de lui, l'effort auquel il était contraint pour s'y couler pouvait avoir un effet traumatisant. Il aimait répéter « Je suis George, George est moi », ou encore « Je suis Faust, Faust est moi ». Même s'il était porté à l'emphase, ces déclarations vont dans le sens de ce qu'il a toujours dit sur le jeu du comédien, à Anthony Quayle à Stratford, à John Neville à l'Old Vic, à Gielgud à New York. Philip avait conscience de cela. Quand Richard faisait venir Philip, c'était toujours pour que celui-ci le remette d'aplomb. Voici qu'il « était Petruchio », et c'était un rôle qui le ramenait à son passé, au temps du club de rugby, au temps de son emballement pour Shakespeare.

Peut-être n'est-ce pas une coïncidence s'il inaugure ses carnets alors qu'il travaille sur Shakespeare. Dans les pièces du grand dramaturge, il appréciait tout particulièrement les longs monologues. Ses carnets deviendraient des sortes de monologues et, à l'instar de ceux-ci, ils serviraient à dire la vérité au spectateur. Quoi qu'il ait pu dire ailleurs, mensonge délibéré ou joyeuse forfanterie, il s'exprimerait dans ses carnets aussi sincèrement que possible.

Il s'agissait du premier grand film de Zeffirelli et, en apparence, d'un choix risqué. Connu comme décorateur et metteur en scène d'opéra, il abordait non seulement un nouveau mode d'expression, mais risquait de surcroît d'avoir des problèmes avec une langue qui n'était pas la sienne. Il s'avéra cependant que le problème le plus épineux fut la question de savoir qui concevrait les costumes. Comme cela arrivait souvent avec les personnes qu'il finirait par apprécier grandement, Burton commença par se montrer très agressif.

Le décor est planté par la première phrase de la première page, datée du 18 mars.

Déjeuné à la maison avec Franco Zeffirelli, Allessandre de Paris, Irène Sharaff et Dick McWhorter [responsable de production]. Irène [costumière d'Elizabeth] est la contradiction personnifiée. Et très à cheval sur son quant-à-soi.

Quinze jours plus tard, le ciel se couvre.

(30 mars 1966) Angoisse de Franco Z. au sujet de mon premier costume. J'espère qu'il ne sera pas trop rasoir quand nous commencerons à travailler. On est en train de changer ou plutôt d'adapter le costume actuel. J'aimerais avoir le même que Larry et John. Les comédiens adorent se costumer et tout ce qui va avec les essayages, les palabres sur des points de détail, etc.

Le lendemain, les nuages continuent de s'amonceler.

(31 mars) J'ai reçu aujourd'hui une lettre de Franco disant qu'il lui était plus facile de coucher ses idées par écrit plutôt que de les exprimer oralement, car son anglais n'est pas très au point. Excellent prétexte pour ne pas affronter quelqu'un les yeux dans les yeux. N'était-ce pas Winston Churchill qui virait toujours ses subordonnés par écrit ? Qui aurait cru le Vieux aussi pusillanime ? Donc, il m'annonce qu'il m'a dessiné et fait faire un nouveau costume, et me demande si je peux passer l'essayer à seize heures. J'y suis allé et bien évidemment on m'a fait poireauter une vingtaine de minutes. J'ai été chagriné à première vue par son poids et ses dimensions, mais dès que je l'ai eu sur le dos, j'ai été tout à fait tranquillisé. Encore quelques retouches. Je refais un essayage demain matin. Il a intérêt à être au point. Irène Sharaff est visiblement dans tous ses états. Old Snapshot ne jure que par elle, et il faut que je me tienne à carreau pour qu'elle reste.

« Old Snapshot » (littéralement : vieil instantané) était un de ses nouveaux surnoms pour Elizabeth. C'était sur l'insistance de celle-ci que Sharaff était là. Dans son autobiographie, Zeffirelli reproche à Taylor son manque de ponctualité mais reconnaît qu'avec elle il n'était jamais nécessaire de faire une seconde prise. Burton met les choses au point :

(1er avril) Z. a dit que son costume [celui de Taylor] lui faisait penser à une tournée de *La mégère* en Amérique dans les années trente. Je lui ai dit qu'en ce qui me concernait il pouvait bien faire tous les foutus costumes qu'il voulait, mais que E. tenait absolument à ce que Irène signe les siens, et je l'ai averti que si

jamais elle se mettait à avoir une dent contre lui, les choses se gâteraient définitivement. S'il devait y avoir de nouveaux retards dus à des désaccords sur les costumes, lui ai-je dit les yeux dans les yeux, il faudra que nous nous séparions de quelqu'un. Nous avions investi deux millions de dollars dans ce film et je ne tenais pas à ce que cela donne un nouveau *Cléopâtre*.

Comme cela arrivait si souvent lorsque Burton faisait la rencontre d'un homme dominateur — à fortiori un individu issu d'une autre culture et physiquement très différent —, il lui témoignait tout d'abord de l'agressivité. Et bien qu'il finît par apprécier Zeffirelli et ses intonations de chanteur d'opéra, ils s'opposèrent immédiatement au début, et la question des costumes devint leur pierre d'achoppement. On voit ici se donner cours un trait de son caractère peu flatteur — « l'agitateur » —, déjà remarqué par Lauren Bacall. A une certaine époque, Burton raffolait visiblement des explosions auxquelles il était mêlé. Les plus violents échanges, les propos les plus calomnieux étaient pour lui une délectation. Il continua encore quelque temps de nourrir des doutes à propos de ce film.

(11 mai) Je commence à me faire des cheveux. Peut-être n'avons-nous pas choisi la bonne [pièce]. Snapshot est bien, et je pense que moi aussi, mais je ne suis pas tranquille en ce qui concerne les autres interprètes. Tous sont brillants, mais desservis par le metteur en scène.

Il en voulut un moment à Zeffirelli.

(21 avril) Je ne sais pas trop si j'apprécie Zeffirelli. Pour ce qui est de l'intelligence et de la personnalité, il n'arrive pas à la cheville de M. Nichols [réalisateur de *Qui a peur de Virginia Woolf?*]. Mais il a, disons, du flair. Il a le sens du spectacle. Il réussira. Hier encore il s'inquiétait de sa place au générique. Je lui ai dit pour la énième fois de voir cela avec Columbia, que ce qui serait bon pour eux le serait pour nous. Mais ses récriminations s'exprimaient sous une forme épistolaire. Il était incapable de vider directement son sac.

Tout s'arrangea cependant dans les derniers temps du tournage. Les Burton s'attelèrent ensuite au film *Doctor Faustus*. Zeffirelli alla mettre en scène à New York le dernier opéra de Samuel Barber. Ce fut un four retentissant.

> *(22 septembre)* F. Zeff. rentre de son désastre triomphal à New York. Nous ne devrions pas tarder à le voir. Et ce sera avec plaisir. Comme on peut changer. Il nous a envoyé de N.Y. tout un tas de lettres excessivement maniérées.

Cela est typique de Burton, qui entamait maintes amitiés naissantes par une tentative de déstabilisation de l'homme ou de la femme en question. Par la suite, il se montrait le plus tolérant des hommes.

Zeffirelli devint grand admirateur des deux Burton. La pièce originale de Shakespeare fut coupée de moitié et interprétée de façon enlevée et *con brio*. Il s'agit d'une irrésistible farce, avec Burton en père gai mais sévère qui regarde Taylor se faire mener la vie dure. Elle avait quelques problèmes avec le texte, mais l'abattage de Burton l'aidait à s'en tirer. Celui-ci maîtrisait encore de façon ahurissante les vers de Shakespeare. A ce propos, Zeffirelli évoque une certaine soirée. Robert Kennedy était là — *Camelot* avait transporté la cour de Burton dans le cercle des Kennedy, et les deux hommes s'étaient découvert un même goût de la poésie. Quelque peu éméchés, Burton et, même si cela ne lui ressemblait guère, Kennedy se mirent à rivaliser en récitant tour à tour des sonnets de Shakespeare. Burton finit par l'emporter grâce à son vieux tour, celui de dire mot pour mot mais à l'envers le quinzième sonnet.

Les rencontres sont évoquées brièvement mais avec précision.

> *(29 mars)* Avons flâné toute la journée, puis avons dîné à Rome avec Zeffirelli, Albee et son amie.
> Albee s'est montré très élogieux, surtout envers E. au sujet de *V. Woolf*, et très volubile, par rapport à ce qu'il est d'habitude. Ils font un rapide tour d'Europe, un jour ici, le lendemain ailleurs. Il a écrit les deux tiers d'une nouvelle pièce qui devrait être montée à Broadway cet automne. Il a dit qu'il s'agissait d'une pièce « très bizarre, oui, vraiment très bizarre ». Après *Tiny Alice* et *V. Woolf*, jusqu'où peut-on pousser la bizarrerie ? Il nous a dit qu'il réfléchissait à une pièce pendant six mois, puis l'écrivait en trois mois. Pas de deuxième jet. Elle est comme elle est, et ne change plus.

Après le dîner, ils furent traqués par des journalistes.

> Nous avons roulé à tombeau ouvert, poursuivis que nous étions par des paparazzi. Je trouve que Mario, le chauffeur, fait trop de cas de ces fouille-merde. S'ils veulent risquer leur vie, pourquoi

> ne vont-ils pas là où il y a vraiment du danger? Au Vietnam, n'importe où.

Au fur et à mesure que son nouveau couple prend forme, son journal se fait plus intimiste.

> *(22 mars)* J'ai conduit Liza et Maria à l'école ce matin, puis je suis allé chez le libraire de la Via Veneto. J'ai acheté dans les vingt ou trente livres de poche. Une demi-douzaine de romans policiers. Le livre de Ludovic Kennedy, *Le procès de Stephen Ward*. Une histoire d'horreur, vraie qui plus est, dont le théâtre est l'*Establishment*. Un procès manifestement inique, un vrai cauchemar*. Les *Mémoires* de Harry Truman. Un personnage d'une ingénuité qui force l'admiration. Étonnant qu'un homme d'une intelligence aussi moyenne (mais coriace) ait pu devenir président. *Et* s'en soit aussi bien tiré. Peut-être la fonction crée-t-elle l'homme.
> Nous avons passé une soirée tranquille à la maison. Nous avons dîné en tête-à-tête, puis nous avons lu, tout en bavardant de temps à autre et en nous lisant des passages intéressants, cela même au cours du repas.

Du fait de son amitié pour Noureiev, il se rend, de mauvaise grâce, au spectacle de celui-ci.

> A côté de lui, les autres ont l'air d'éléphants.

De retour chez lui, il se collette avec Barzini, l'auteur de

> *The Italians*... insupportablement verbeux et autocomplaisant. Il faudra que je m'y remette et fasse une nouvelle tentative pour aimer *The Italians* et les Italiens.

Il note les scores du rugby international. Disserte sur la réserve et la mélancolie. Puis lâche tout à coup :

> Je m'inquiète énormément du fait que nous n'avons pas d'argent. Je m'inquiète de ce qu'après ma mort je ne pourrai veiller sur ma femme et mes enfants. Personne ne le fera à ma place.

Il résume certaines de ces conversations qui prennent souvent un tour intime lorsque les acteurs traînent la moitié de la journée aux abords du plateau en attendant leurs deux ou trois minutes de « prise », un peu comme des chevaux de course avant leur bref

---

* Stephen Ward fut le bouc émissaire de la fameuse affaire Profumo *(NdT)*.

galop. Pour *La mégère*, il avait engagé nombre de ses vieux camarades. Sur un signe de lui, Michael Hordern, un ancien du temps de l'Old Vic, avait une fois de plus fait le voyage. « Richard n'avait qu'à claquer des doigts, déclara Hordern. Mais, vous savez, il n'était pas ce qu'on appelle de nos jours un tombeur. Dans le cas contraire, je ne me serais pas entendu avec lui. » (Mais lorsqu'il le voulait il était le genre de type que tout le monde souhaite pour ami ; pour lui, c'était un jeu, une épreuve, mais aussi quelque chose d'éprouvant.) Il y avait aussi Cyril Cusack.

> *(4 avril)* J'ai eu une intéressante conversation sur le sexe et la religion avec Cyril, qui en pince violemment pour une Romaine. Je le crois, et c'est aussi son avis, sexuellement immature. Il n'a pas ma vaste expérience en la matière. Je lui ai dit que moi, je ne pourrais pas, mais il faut dire que je suis imperméable à ce genre de tentation depuis que je suis tombé amoureux de Quicktake.
> J'ai pas mal bu plus tard dans la soirée et je m'en suis pris à E. Je ne sais plus à quel sujet. Simplement, j'étais complètement plein.

De vieux amis et de nouvelles célébrités gravitaient constamment autour du film. Comme toujours avec les Burton, le tournage devenait une fête permanente, un repaire de journalistes, une famille qui sans cesse s'agrandissait.

> *(5 avril)* Mia Farrow et Mike Nichols sont arrivés de N.Y. Ce Nichols sait vraiment s'y prendre avec les filles. Farrow aurait selon moi intérêt à prendre une quinzaine de livres et à se laisser pousser les cheveux.

> *(8 mai)* Hier soir nous sommes allés voir *The Bible*. Je pensais m'ennuyer d'un bout à l'autre, mais cela n'a pas été le cas. C'est un film honnête et qui se tient, même s'il ne m'a fait passer aucune émotion, sauf au tout début, lors de la création du monde à partir du chaos. J'espère qu'il va avoir du succès. Il faudrait que les gosses le voient, ne serait-ce que pour le passage où on voit Noé et toute sa ménagerie. C'est très bien fait.
> Nous sommes partis très vite sitôt la fin. Avant la projection nous avons rencontré Gore Vidal. C'est un grand type brun, trop bel homme, aurais-je pensé, pour être bon écrivain, ce qu'il est pourtant.

Il évoque avec tristesse le désastre d'Aberfan — que peut-on faire pour aider ces pauvres gens ? Et l'inondation de Florence.

(17 novembre) A quatorze heures trente, j'ai rencontré Sheila Pickles et le type de la télé italienne à propos du documentaire sur Florence. J'ai accepté de le faire vendredi, ici à Rome. Je vais essayer de faire un commentaire en italien pour les Italiens et un autre en anglais à l'intention du Royaume-Uni et des USA. J'ai bien peur qu'il ne me faille aussi le rédiger — pas en italien, bien sûr, ça ils se chargeront de la traduction. J'ai regardé à « Florence » et à « inondation » dans le dictionnaire des citations, et n'ai pratiquement rien trouvé d'utilisable à part quelques petites choses de Inge.

Il fait preuve d'un grand dévouement à l'égard de Maria. La petite handicapée adoptée par Elizabeth, maintenant âgée de sept ans, faisait de lents, de très lents progrès. Burton lui consacrait du temps. Il l'emmenait en promenade et réfléchissait beaucoup à son cas. Il note ses observations, toujours avec tendresse et pragmatisme.

(11 avril) Maria est sujette à toutes sortes de frayeurs. Comme le dit Karen, sa très compétente nurse, « elle a peur de son ombre ». Aujourd'hui elle s'est mise à hurler de terreur en apercevant un lézard. Que faire ? Attendre que l'amour et le temps fassent leur œuvre, j'imagine. L'autre jour alors que nous nous promenions tous les deux, elle ne voulait pas, complètement terrorisée, enjamber une file de fourmis minuscules. Pour qu'elle me suive, il a fallu que je fasse semblant de l'ignorer et que je m'éloigne. Par la suite elle s'est montrée aussi animée et aussi bavarde au sujet de cette expérience que si elle venait de traverser l'Atlantique en solitaire sur un canot en caoutchouc.

Lorsqu'il était bien luné, Burton savait voir les bons côtés d'une expérience potentiellement déplaisante.

(4 juin) Nous nous sommes levés de bonne heure, un peu anxieux au sujet de la fête de l'école de Maria. Comment allait-elle se comporter ? Afin de nous calmer un peu, Karen, Eliz. et moi-même, je nous ai confectionné des Bloody Mary. Il faisait très chaud. Nous sommes arrivés cinq minutes avant le début des festivités. Maria et une vingtaine d'autres enfants ont dansé avec un foulard de mousseline dans chaque main. Elle a toutefois gardé d'un bout à l'autre le pouce dans la bouche. Avec style et grâce, et beaucoup d'intérêt pour les autres compétiteurs, elle a terminé dernière du vingt-cinq mètres. Il y a eu des courses en sac, des lancers de sacs de haricots, des parcours d'obstacles. On trouvait toutes les couleurs de peau, depuis le gris-rose de l'Europe

septentrionale jusqu'au jaune chinois en passant par le noir de charbon. J'ai participé à la course des papas, que j'ai perdue à cause de trois Bloody Mary et de la tricherie d'un Noir, un ambassadeur. Il fallait aller ramasser un ballon de baudruche dans un coin du terrain, un fanion dans un autre, une bouteille de Coca-Cola près de l'entrée, un foulard de mousseline en chemin et une fleur de papier je ne sais plus où. J'ai rapidement combiné avec ce sacré Iago, ce Judas de couleur, de ramasser deux ballons et deux fleurs de papier, tandis que lui prendrait deux bouteilles et deux fanions, ce qui, expliquai-je en deux mots, nous permettrait, grâce à un échange, de réduire la course de moitié. Mais la mémoire génétique, l'atavisme a repris le dessus sous son crâne en ébullition, et j'ai dû rebrousser chemin pour aller chercher ma bouteille. Il a complètement oublié notre marché après m'avoir donné *un* fanion contre un ballon *et* une fleur en papier. Pareille tricherie m'anéantit. Comment veut-on que de tels arnaqueurs puissent se gouverner ? Pas étonnant que l'Afrique aille à vau-l'eau. Résultat : le diplomate noir a fini dix-neuvième et moi vingtième. Désormais je ne triche plus qu'entre Gallois. Je commence l'entraînement en vue de la course de l'année prochaine.

Un joyau d'humour non raciste, qui à aucun moment ne verse dans l'autocensure ou la gêne. Il est si certain de son absence de racisme qu'il peut en plaisanter.

Il deviendrait avec le temps de plus en plus sincère dans ses carnets. Il ferait sienne l'attitude de W.C. Fields. Il s'efforcerait de faire le tour de ce problème assez répandu : comment peut-on aimer autant les enfants et cependant être à ce point agacé par leur présence ? Déjà à cette époque, il bat le rappel du clan, constituant une nouvelle famille Burton qui comprendra non seulement le pays de Galles, mais également l'Amérique, le Mexique, la Méditerranée et tous les endroits où séjourne la tribu nomade des gardes du corps, des coiffeurs, des secrétaires et des amis. Ses vieux amis se plaignent amèrement de ne pouvoir le joindre. Il semble que les membres de son entourage, tels les eunuques muets qui protégeaient jadis empereurs et harems, soient exclusivement attachés à leurs patrons. Mais le fait est que Burton n'a jamais été quelqu'un de particulièrement sociable ; hormis quelques copains au pub, quelques conversations sur la littérature, le sport et le théâtre, son goût très relatif pour les mondanités était largement comblé par la vie de nomade qu'il menait. Et puis il avait Elizabeth pour compagnon de beuverie.

Sa fille Kate était sans doute l'être auquel il était le plus attaché. Après qu'il eut quitté Sybil, il est clair que les pôles entre lesquels il balance ne sont pas Elizabeth et Sybil, mais Elizabeth et Kate. Celle-ci est aujourd'hui un rien méditative et narquoise lorsqu'elle repense au caractère difficile de son père et aux scènes qu'il lui faisait pour qu'elle termine ses études ; mais elle garde de lui un souvenir globalement radieux. Les carnets montrent les sentiments de Burton jusque dans sa vie de tous les jours.

> *(27 septembre)* Kate est venue nous voir de Londres (en juillet ?) accompagnée d'Ifor et de Gwen. Elle est mignonne, avec des jambes interminables et des taches de rousseur. Elle marche les pieds légèrement tournés en dedans. Jusqu'à présent elle nous ressemble tellement physiquement que c'en est à peine croyable (qui nous ressemble ?) [Allusion à son propre père : Qui nous ressemble ? Personne.] Elle n'a rien de Syb, si ce n'est quelques maniérismes attrapés à son contact. Elle est affectueuse, et il est évident qu'elle adore E. et réciproquement. Elles ont passé une journée entière à bavarder au lit, toutes deux avec de la température et la grippe. A la fin de la journée, il a fallu que je la porte dans son lit. Peut-être s'imaginait-elle qu'en s'endormant sur place elle pourrait passer toute la nuit avec E. Mais j'ai été très ferme et l'ai transportée dans son lit. Neeeeeks ! Neeeeeks, telle est la version de Maria pour le mot « snakes » [serpents] lorsqu'elle voit des vers de terre.

On remarque dans ces premiers extraits combien sa famille galloise avait de l'importance pour lui.

> *(23 septembre)* Ma sœur Edith (Edie) est morte à l'âge de quarante-trois ans. Elle était la plus jeune de mes sœurs et la plus drôle. Elle est morte d'un caillot de sang peu après son opération du cœur. Nous pensions qu'elle s'en était remise (tout le laissait penser), et cinq ou six jours plus tard elle s'est éteinte comme une chandelle. Elle est le premier enfant de mes parents à mourir depuis 1907 environ. Cela a été un choc douloureux, même si elle m'était moins proche que par exemple Ifor et Cis. Nous sommes allés à Londres pour les funérailles. Tous mes frères étaient là, Ifor (venu de Rome avec nous), Dai, Will, Tom, Graham et Verdun. Ron, son mari, était dans un état pitoyable. De même que nos sœurs et les enfants de Edie. Tous les hommes se tenaient stoïquement tête baissée, de façon à ne voir que le sol de la chapelle et du crématorium. Il a fallu que je me racle la gorge et que je renifle plusieurs fois pour cesser de pleurer.

La santé mentale d'un acteur de cinéma repose pour beaucoup sur sa capacité à s'occuper pendant les périodes d'attente. Elizabeth s'absorbait dans son apparence — coiffure, costume, maquillage —, y apportant d'incessantes retouches dans une sorte d'auto-hypnose qui lui permettait de refouler le trac, de se concentrer sur l'instant où la caméra se mettrait en marche. Certains jouent aux cartes, s'adonnent à l'astrologie, se lisent les lignes de la main, commentent jusqu'à plus soif les affaires de cœur d'autrui et téléphonent à leur agent à propos du prochain engagement. Burton se comportait comme Gielgud, à qui il ressemblait par bien des points ; il faisait des mots croisés, aimait parler de théâtre, mais surtout il lisait.

> *(29 avril)* J'ai été appelé au maquillage à midi. E. l'avait été à dix heures et demie. Seulement Alexandre n'a apporté son postiche qu'à onze heures et demie, et elle n'a tourné qu'une seule prise avant le déjeuner. Du fait de ce retard au démarrage, je n'ai pas travaillé du tout. J'ai lu le dernier recueil de poèmes d'Auden, *About The House*. Et aussi un peu d'un nouveau poème intitulé « Christ », dont, singulière coïncidence, l'auteur est, comme Auden, un des élèves de Nevill. D'après le peu que j'en ai lu, « Christ » me paraît assez dépourvu d'humour.

Exemple frappant de sa rage de lire, sa réaction aux écrits du grand érudit et essayiste américain Edmund Wilson.

> *(29 octobre)* Viens de lire toutes sortes de livres. *L'Europe sans Baedeker* de ce cuistre d'Edmund Wilson. Il se trompe d'un bout à l'autre. Son livre porte sur l'Europe de l'immédiat après-guerre. Ses observations sur le caractère national sont puériles. On dirait qu'il n'a rencontré que des journalistes, des artistes de second ordre (Santayana mis à part), et que c'est d'eux qu'il tient ces impressions fracassantes. Il parle de l'influence écrasante de l'Amérique sur, par exemple, la littérature anglaise, et son écriture est la plus anglaise qui soit. De plus, il manque d'humour. Il est assommant. Il n'est que d'ouvrir son livre sur les recettes fiscales. *Mémoire du comté d'Hécate* est illisible.

L'intérêt de ceci réside en partie dans le fait que Burton était à l'évidence isolé, coupé des amitiés et coteries qui auraient pu lui donner l'occasion d'échanges intellectuels. Au moment même où son instinct lui intimait de rechercher sa survie dans l'écriture et la réflexion, sa volonté de trouver de nouveaux mondes à conquérir l'éloignait de plus en plus de ce dont il aurait pu se nourrir. L'isolement et sa conséquence, la solitude, se mettent déjà en place, même en ces premiers temps du mariage du siècle. Il lui fallait donc se colleter avec les thèses de Wilson, mais de façon insatisfaisante parce que solitaire.

> Ce qui précède fut écrit dans un état de rage impuissante. Il vaut mieux que cela. Mais je trouve tout à fait confondante cette détermination à prouver que le déclin de l'Occident, cette débâcle affolée, s'est arrêté à l'ouest des Iles britanniques et de l'Irlande. Son incompréhension des Britanniques est colossale. *Et* il n'a pas le courage de dire « Je les déteste », mais dans tout ce qu'il écrit, à deux ou trois exceptions près, il les montre comme des snobs invétérés. Dans une de ses nouvelles il met en scène une Américaine et une Anglaise, travaillant toutes deux aux Nations unies ; il y juxtapose l'esprit démocratique simple et chaleureux de la première à la froideur et au cynisme de la seconde. Est-il besoin de dire laquelle l'emporte. Il s'agit d'un homme aigri qui semble ne pouvoir connaître l'extase qu'en entrevoyant fugitivement des jeunes femmes élancées surprises sur le fait. Il a exceptionnellement quelque mansuétude pour une jeune Anglaise qu'il baptise timidement « G ». Il est, je pense, comme Hemingway, fasciné par l'érotisme passionnément dépassionné, très cours primaire, école d'arts d'agrément pour jeunes filles, l'érotisme à la papa de la moyenne et grande bourgeoisie anglaise. Il est, comme j'ai dit, médiocre écrivain, mais animé d'une irrésistible et imbécile détermination à détruire tous ceux qui ne sont pas américains. Même si j'ai lancé une douzaine de fois le livre à travers la pièce (métaphoriquement), quelque chose me pousse à le reprendre et à en poursuivre la lecture.

Il y a aussi son intérêt pour la table. Il n'est pas rare qu'il évoque dans le détail la composition d'un repas. Rien n'est trop trivial pour lui.

> *(16 octobre)* Excellent déjeuner aujourd'hui. Zuppa di Vongole (potage aux palourdes, les palourdes étant dans leur coquille) et une délicieuse petite pasta baptisée Crêpes al Formaggio. Des crêpes très légères, fourrées de fromage fondu et de prosciutto. Un gâteau à suivre. Tout était très bon. Arrosé de Rivera.

Les repas au restaurant étaient cependant parfois suivis de complications.

> Tout a été un peu gâché par des admirateurs, deux groupes de fans du genre chahuteur, ainsi que par une photographe entre deux âges, geignarde mais accrocheuse.

Cet intérêt pour la nourriture est peut-être dû à l'inquiétude croissante que lui inspire son état de santé. Il n'aime guère en parler, et cela n'apparaît que timidement.

> *(24 septembre)* E. souffre de bursite, arthrite ou fibrocyte, et éprouve une grande gêne dans le bras et l'épaule gauches. Si je connais ça ! Le plus agaçant c'est qu'on n'a rien à montrer. Pas de gonflement, pas de lésion, pas de bleu dont on pourrait se vanter — rien qu'une douleur lancinante et exaspérante.

C'est là une préoccupation qu'il cachait à tous sauf à Elizabeth. Autre souci : l'état de son épiderme.

> *(24 septembre)* Chaque soir après ma douche, quand mes pores sont bien ouverts, Ron Berkeley me frotte à l'alcool les boutons que j'ai dans le dos. J'ai hâte de voir si cela va me nettoyer la peau.

Les problèmes dermatologiques ne s'atténuent pas.

> *(8 octobre)* La bosse que j'avais sur la joue a crevé ce matin, et j'ai passé une demi-heure à la presser et la tamponner avec de l'eau bouillante. C'est la première qui me vient au visage depuis plus de vingt ans. D'où cela vient-il ? Je mange toujours la même chose. Je bois à peine ces temps-ci. C'est peut-être nerveux ? Ça ne peut pas être une question d'hygiène — je suis un maniaque de la propreté. Je prends de l'exercice. Tu n'as qu'à avoir des pensées élevées, Richard. Prends tes fortifiants et aie des pensées de toute pureté.

Il prend régulièrement de l'exercice, la gymnastique du temps de la RAF, même au lendemain d'une soirée où il s'est « complètement cuité ».

> *(11 octobre)* Me suis réveillé à six heures quarante-cinq, complètement cotonneux. Me suis aspergé d'eau froide. Couru sur place en comptant jusqu'à cent, puis vingt pompes, vingt flexions, vingt touchés d'orteils, vingt battements de bras, vingt torsions latérales. Et me suis senti mieux.

Ce qui l'inquiète le plus reparaît, une seule fois, vers la fin du journal.

> *(16 novembre)* Sitôt levé j'ai furieusement fait ma gymnastique, puis j'ai couru ou plutôt trottiné un petit kilomètre. Mes bras redevien-

dront-ils jamais ce qu'ils étaient ? Je pense moins à leur apparence qu'à leur force. Quatre années d'atrophie à cause de quelques nerfs coincés ? Une bursite ? A quarante et un ans il faut un bout de temps pour se remettre d'une arthrite. Enfin, autant essayer.

Pour son malheur, Burton déteste les médecins. Dans le contexte des problèmes de santé d'Elizabeth, il écrit à leur sujet :

(20 avril) J'en ai plus qu'assez de ces foutus médecins. Il faudrait que je sois sacrément amoché pour faire venir un de ces incapables condescendants, ivrognes et à moitié illettrés. Le seul mal dont j'aimerais qu'ils me débarrassent, est le mal au sein qu'ils m'occasionnent.

Et donc il ne consultait pas. Encore une de ces bonnes vieilles traditions ouvrières, « viriles » et au bout du compte autodestructrices. En conséquence il souffrait depuis déjà quatre ans d'une des maladies les plus douloureuses et, sans doute à l'époque, les plus mal connues — une forme d'arthrite ou de fibrocyte. Maladie qui est, je crois, pour une bonne part dans ses dépressions aussi subites que profondes. Sans doute est-ce également un des facteurs de son éthylisme, l'alcool soulageant la douleur. Son commentaire, si souvent cité, selon lequel il aurait craint d'arrêter de boire, de peur qu'on ne le trouve ennuyeux à jeun, ne tient pas face aux (longues) périodes de sobriété mentionnées dans ses carnets, et aux témoignages de ceux qui l'ont connu ivre *et* à jeun. Peut-être le besoin de soulager ses douleurs le poussait-il à boire, comme on recourait à l'opium dans les siècles précédents.

Cela est selon moi confirmé par le bon sens et la légèreté de plume avec lesquels il évoque ici son éthylisme.

(10 mai) J'ai bu pendant toute la journée d'hier de façon soutenue. Aujourd'hui je ne vais pas boire pendant que je travaillerai. Je ne sais pourquoi je bois autant. Je ne suis pas malheureux et je n'aime pas particulièrement ça — l'alcool, je veux dire.

Quelques semaines plus tard, le 30 mai, il note :

Une de ces journées inexplicablement marquées d'une humeur exécrable... Eliz. est arrivée pour le déjeuner. Elle était toute gaie, mais rien ne pouvait me sortir de cette humeur noire.

Aucune allusion à la boisson. Le 26 septembre en revanche :

> Il est étonnant de constater que j'ai perdu, temporairement j'espère, mon goût pour l'alcool sous quelque forme que ce soit. Ce soir avant le dîner je vais essayer de desserrer assez les dents pour prendre un campari-soda-vodka. Je me sens mieux comme cela, mais j'ai une mine effroyable avec de grosses poches sous les yeux. E. prend toujours le même plaisir à boire, et cela ne m'agace pas — du moins pas trop.

Et ainsi de suite :

> *(1er octobre)* Je ne sais pas ce que je ferai de ma peau dans une dizaine de jours, quand *Faustus* et *La mégère* (tournage de plans supplémentaires) seront terminés. Je pourrai apprendre *Les comédiens*. Ensuite je pourrai apprendre les chansons et le reste de *Mr. Chips*. [Il projetait de tenir le rôle principal dans une comédie musicale de James Hilton *Goodbye Mr. Chips*, rôle qui reviendrait finalement à Peter O'Toole.] Je vais peut-être écrire autre chose que ce journal. Je vais peut-être simplement lire, lire, lire. Je n'ai pratiquement pas bu depuis deux semaines. Une bière de temps en temps, et je me suis légèrement cuité à deux reprises dans des moments de vague à l'âme. Boire oui, se beurrer non.

Des soûleries surviennent, mais elles paraissent joyeuses, maîtrisées, rien que des excès occasionnels et toujours associés au plaisir d'être en joyeuse compagnie.

> *(2 novembre)* J'ai été plus ou moins ivre pendant deux jours. Je ne sais pourquoi, mais cela m'a bien plu. Je n'ai pas fait trop de dégâts, sauf que, lundi, je me suis montré un peu grossier avec Bob Wilson, et qu'il a fait la gueule pendant toute la journée d'hier (mardi). J'ai aussi vaguement peloté Karen, la nurse de Maria. Je me suis aussitôt excusé et suis allé tout raconter à E. qui a trouvé cela amusant mais peut-être pénible pour K. Je lui ai à nouveau présenté des excuses le lendemain matin, en présence d'E. Mais qu'est-ce qui m'a pris de faire ça ? Cela doit être l'approche de mon quarante et unième anniversaire. J'espère de tout mon cœur que cela n'a causé aucun dommage irréparable à Karen, car elle est quelqu'un de très bien.
>
> Je m'en suis également pris à Marlon B., lui reprochant d'avoir fort embarrassé R. [Ray] Stark [le producteur] en lui retirant sa botte pour montrer qu'il portait des talonnettes. J'ai accusé Marlon d'en porter également. Je pense qu'il en porte, encore que je ne voie pas quel mal il pourrait y avoir à ça. Des semelles compensées, toutes les femmes en portent, et j'en ai porté d'un

bout à l'autre de *La mégère* afin de paraître plus grand. Et puis je n'aime pas être obligé de lever les yeux vers les autres, surtout ceux qui méritent d'être regardés de haut.

La maladie, l'alcool, la famille, toutes ces préoccupations sont évoquées. Mais ces premiers carnets contiennent une bonne part d'anecdotes plaisantes.

(28 septembre)... D'où les poursuites en justice de Dino de L. [Laurentiis] contre Fellini. Voilà un gigantesque plateau, sur l'arrière des studios, qui est peut-être maintenant inutilisable [pour *8 1/2* de Fellini]. Dino trouvera sûrement le moyen de s'en tirer avec le sourire. J'en mets ma main à couper.
15 heures. Je viens de déjeuner avec P. Glenville [metteur en scène de *Becket*]. Jambon braisé, pommes au gratin, salade, épinards à la crème. Il m'a raconté toutes sortes de potins sur Tony Richardson, Jeanne Moreau et un gigolo grec. Paraîtrait que Fellini a trouvé un nouveau bailleur de fonds. Il va faire le film aux studios de L. mais en indépendant. Ma main ne sera pas coupée !

(24 octobre) Nous avons ouvert les yeux à neuf heures et demie. J'ai pris un bain puis j'ai fait les bagages. Nous rentrons avec beaucoup plus d'affaires que nous n'en avions en arrivant — des pulls, des pantalons pour E., des livres, etc. Nous avions prévu de déjeuner en chemin, mais E. ayant comme à son habitude consacré un temps incroyable à sa toilette et à son maquillage, nous avons décidé d'aller déjeuner à la plage et de nous mettre en route aussitôt après. Là, nous sommes tombés sur Tony et Eve Britton [l'acteur et son épouse], qui nous ont présenté une dame merveilleusement catégorique, légèrement strabique, une redoutable représentante de la société anglaise. Son mari a un poste à responsabilité au Moyen-Orient et travaille pour les Arabes. « Aimez-vous les Arabes ? » lui ai-je demandé. « Je les ai en horreur », m'a-t-elle répondu. « Est-ce que vous parlez l'arabe ? » « Quatre mots seulement au bout de vingt-cinq ans, et je suis fière de pouvoir dire que je n'en comprends pas un traître mot. » « Et votre mari, est-ce qu'il aime les Arabes ? » « Mon cher, il les hait avec passion. » Comme je lui expliquais qu'Een So [le pékinois de Burton] faisait des grossesses nerveuses et des montées de lait, elle m'a répondu : « Passez-lui les mamelles au sel d'Epsom ou à l'eau vinaigrée. » « Je suis venue ici en hiver, il y a quelques années, a-t-elle dit encore, et cela ne cessait de pisser. » « De quoi ? » a fait une jeune Romaine. « D'incessantes précipitations, ma chère. » « Cette ville vous apprécie, il faudra que vous reveniez », nous a-t-elle dit pour finir. Je crois qu'il va falloir que nous songions à déménager. E. l'a adorée.

Ils commençaient de collectionner les excentriques. Plus ceux-ci étaient outrageusement inconséquents, mieux c'était. Tout lien avec la normalité s'amenuisait rapidement.

Marlon Brando faisait tout pour être le partenaire d'Elizabeth dans *Reflets dans un œil d'or*.

> *(29 octobre)* Nous avons beaucoup vu Brando ces derniers temps. Il est très sympa — beaucoup plus qu'il ne l'a été —, et se met très vite à faire l'idiot au bout de quelques verres. L'autre jour, après une vodka et demie il a déclaré : « Sans conteste possible la *langue la plus facile* à apprendre est l'espagnol et non [comme je le prétendais] l'anglais. »

Autre rencontre quelques jours plus tard, au cours de laquelle Brando s'élève encore dans l'estime de Burton.

> *(3 novembre)* L'immoralité de Brando, la façon dont il la vit, est propre et nette. Je crois qu'il s'agit d'un type bien, et qui plus est intelligent. Il a de l'épaisseur. Ce n'est pas par hasard s'il est un acteur aussi fascinant. Il joue un personnage, bien sûr, et se fait plus énigmatique qu'il ne l'est en réalité. J'ai remarqué que pas grand-chose ne lui échappe.

Une quinzaine plus tard, le pacte était scellé.

> *(16 novembre)* Marlon B. et Christian Marquand sont venus dîner samedi soir. Tout le monde a fini complètement plein et a passé une soirée absolument oubliable (littéralement « oubliable » puisqu'il n'y a pas deux souvenirs qui concordent).

Dans les temps de cette amitié naissante avec Brando, Eddie Fisher attaqua Elizabeth en justice sur une question de partage des biens et exigea la garde de Liza Todd (« Il faudrait me passer sur le corps », déclara Burton). Ce dernier en a plus ou moins terminé avec *Faust* et vient d'accepter — un peu à l'aveuglette — un rôle dans *The Comedians (Les comédiens)*, simplement parce qu'il a de l'admiration pour Graham Greene, qui a écrit le scénario d'après son propre roman. Aaron Frosch vient passer plusieurs jours pour parler affaires. « Aaron est triste car, dit-il, il sait qu'il m'ennuie. » Burton et le réalisateur John Frankenheimer cherchent à acheter les droits du roman de Malamud, *The Fixer*. Gielgud veut qu'il soit Caliban dans *La tempête* ; il accepte. Josh Logan lui propose de tourner *Camelot* ;

il n'est pas très chaud. Dans ses carnets il évoque lord Thomson achetant le *Times*, les élections britanniques — nous sommes en 1966 — et l'écriture.

> *(20 octobre)* Ron [Berkeley] et E. ont parié avec moi que je serai incapable d'écrire un livre publiable d'au moins cent pages d'ici Noël de cette année. Le pari est de mille dollars, neuf cents pour E., cent pour Ron. On verra bien. J'ai tant de livres à écrire que je finirai probablement par n'en écrire aucun.

Il bénéficie d'un peu plus de temps libre, et ses textes se font plus longs. Il peut s'agir alors de notes rapidement jetées sur le papier comme de passages plus travaillés.

> *(17 novembre)* Je viens d'achever la lecture de *Tread Softly For You Tread On My Jokes* — titre épouvantable du livre de Malcolm Muggeridge. Il s'agit d'un recueil de ses articles parus sur plusieurs années dans divers journaux et magazines. Il se répète beaucoup et se focalise pas mal sur le sexe et la pornographie. J'ai comme le sentiment qu'il n'est pas honnête dans ses réactions. Pourquoi n'apprécie-t-il pas la pornographie ? Parce que, d'après l'*Oxford Dictionary*, elle suscite des pensées lubriques ? Et alors ? Pornographie ou non, des pensées lubriques nous en avons de toute façon. Lorsqu'on est seul et non désiré, elles aident à se consoler ; quand on a un partenaire avec qui les partager, elles peuvent être source de délices inimaginables. Les conneries onctueuses qu'on écrit sur la pornographie ne tiennent pas debout. Que je sache, la pornographie bien faite se vend bien, et cependant je n'ai jamais encore rencontré quelqu'un qui, quand on lui pose la question, reconnaisse y prendre plaisir. Ils répondront qu'ils ont lu *Fanny Hill, L'amant de lady Chatterley, Tropique du Capricorne, Tropique du Cancer, Candy,* etc. Mais ils sont encore trop inhibés pour avouer en avoir tiré un plaisir d'ordre sexuel. Je sais foutrement bien que c'est le cas. J'ai entendu trop de gars bavarder dans les baraquements de l'armée, dans des boîtes, pour ne pas savoir ce qu'ils en pensent ; trop de femmes honnêtes m'ont confié ce qu'elles avaient en tête et ce qu'elles avaient entendu de la bouche d'autres femmes, pour que j'ignore la nature de leurs pensées. Il est sans doute des âmes pures qui sont sincèrement horrifiées par la pornographie, soit que la volonté divine les ait faites asexuées, soit qu'on leur ait extirpé dans leur enfance toute normalité sexuelle, soit du fait du grand âge. Je compatis sincèrement. Bien évidemment, les journalistes sont les plus virulents pourfendeurs de la pornographie, eux qui collaborent à des journaux incapables de paraître une seule fois sans au moins une actrice ou un mannequin en petite tenue dans

leurs pages intérieures. Comment ils s'amusent dans le noir, nous ne le saurons jamais.

Il y a l'argument selon lequel la pornographie fait de vous un pervers ou un obsédé. Je suis, je pense, un homme en pleine possession de ses capacités physiques et sexuelles ; cela fait un bail, vingt ans peut-être, que je lis de la littérature pornographique, et je n'en suis pas pour autant devenu un maniaque sexuel, un détraqué, un sadique ou un masochiste. J'ai autrefois connu une fille mariée à un homme plus âgé, qu'elle ne désirait plus physiquement, bien qu'elle l'aimât toujours. Afin de s'exciter et de le satisfaire, elle lisait de la pornographie dans la salle de bain avant de rejoindre son mari au lit. Les moralistes l'eussent écorchée vive si elle avait quitté son mari pour épouser un autre homme, ou si elle avait eu des relations extra-conjugales. Qu'en conclure ? Quelle différence entre lire de la pornographie et avoir des pensées cochonnes ? Il m'est arrivé en mon temps de faire l'amour dans le noir avec des femmes qui me laissaient froid, m'efforçant désespérément d'imaginer qu'il s'agissait de quelqu'un d'autre. Et sans doute d'aucunes ont-elles fait de même avec moi. Muggeridge cite Hugh Kinsmill, selon lequel l'acte sexuel est grotesque et dégoûtant. Parle pour toi, Kinsmill. Ce grotesque et ce dégoûtant-là me plaisent, à moi. S'il faut voir les choses en noir, l'acte de marcher est grotesque et obscène, celui de nager et, par-dessus tout, celui de manger le sont. Tous ces muscles, atrophiés à cinquante pour cent chez la plupart des gens, qui vous propulsent mollement sur terre ou dans l'eau. Ah, le gobage d'une huître... Mais brisons là.

J'ai écrit ce qui précède comme cela venait, mais je le développerai un de ces jours. Il importe de dénoncer l'hypocrisie et l'imposture, même si l'on est soi-même un imposteur.

De fait, il y a de l'imposteur en Burton. Il n'aimait pas les films pornographiques. Il n'avait que peu ou pas d'intérêt pour les publications pornographiques dont regorgent certains kiosques. Cette profusion l'ennuyait, voire l'agaçait. Il en allait toutefois autrement de la littérature érotico-pornographique. Et c'est ici que l'imposture s'arrête, car il est prêt à faire part de ses réactions et à les opposer aux pieuses théories qu'il relève chez Muggeridge.

Durant toute cette période, les Burton sont en permanence protégés par des vigiles et cernés par les paparazzi. Lorsque ce ne sont pas les paparazzi, ce sont les fans. Ils ont fait une escapade jusqu'à Positano. Burton sort faire un tour.

> *(16 octobre)* Un peu plus tard, sans E., j'ai emmené Een So faire une promenade sur la colline qui domine l'hôtel. Mais, comme je provoquais littéralement des embouteillages, j'ai rebroussé chemin au bout de deux cents mètres. Il faut espérer qu'il s'agit de la foule du week-end, sinon nous serons obligés d'aller voir ailleurs ou de regagner Rome. Pourquoi font-ils cela ? De ma vie, jamais je ne suis resté à béer devant quelqu'un, et même s'il y a des gens pour lesquels j'ai de l'admiration, comme Churchill et certains écrivains (R.S., Gwyn et Dylan Thomas, T.S. Eliot, Spender, Greene, MacNeice, etc., etc.), jamais il ne me serait venu à l'idée de leur demander un autographe. En fait je suis aussi gêné de rencontrer un personnage célèbre que d'en être un.

Beaucoup de gens viennent les voir.

> Mes tendances antisociales, même avec les gens que je connais bien, vont être sévèrement mises à l'épreuve — à moins que je ne me soûle. Et je n'en ai pas envie.

Cependant, malgré sa famille dispersée, les soucis financiers (aucun des films qui marcheraient n'était encore sorti, et *La mégère* et *Faustus* semblaient devoir être déficitaires) et tous les tiraillements de leur existence, Burton décida d'apprendre l'italien, de s'installer dans une maison, de mener avec Elizabeth la vie d'un bon mari avec une épouse aimante. Tous les deux étaient fermement décidés à transplanter leur félicité domestique pour une banlieue verdoyante dans des régions où régnaient en maîtres la permissivité, l'incertitude, la peur, l'appât du gain et la jalousie.

Elle est le fil conducteur des carnets. Ils partagent un même chagrin à la mort d'un de leurs chiens.

> *(25 mars)* Toute la journée j'ai été comme une âme en peine. Lointain et mélancolique. Même chose pour E. Georgie est mort. Sans doute aura-t-il attrapé cela d'un autre chien dans le chenil où nous l'avions placé. Voilà qu'Een So est malade elle aussi. Fasse le Ciel qu'elle se remette. Je l'aime, je l'aime, cette vieille Chinoise.

Cette sentimentalité sincère est un trait commun qui les rapproche considérablement.

La première alerte sérieuse survient au début d'avril.

> *(6 et 7 avril)* E., qui devait faire une télé pour M. Todd Junior, est très malade. Toujours ses sacrés saignements. Nous avons fait venir un médecin de Londres. Je suis allé me coucher complètement déprimé et j'ai rêvé plusieurs fois qu'elle mourait.

Désormais, il évoque régulièrement l'évolution de la maladie.

> *(8 avril)* Du fait de ses hémorragies, E. a 9 de tension, ce qui est apparemment très bas.

Le 12 avril, elle doit subir une opération.

> *(12 avril)* E. rentre demain à l'hôpital pour un curetage. Elle est venue déjeuner avec moi, elle a eu un malaise et s'est évanouie. Elle saignait en arrivant à la maison. Middleton-Price est venu de Londres pour la mettre knock-out. Pauvre petite chérie. Je l'ai engueulée, lui reprochant d'être « inapte au service » par manque de discipline, par abus d'alcool. Je crois bien que c'est de moi que je parlais. Je suis tellement inquiet pour elle. Vivement que demain soit passé.

Le lendemain.

> *(13 avril)* J'ai déjeuné seul dans ma chambre, j'ai fait un peu d'italien, puis j'ai attendu que le téléphone se mette à sonner. J'ai attendu et attendu. J'ai eu le temps de lire tout un livre, plutôt précieux, d'Arthur Machen, intitulé *The London Adventure*. Puis la sonnerie a retenti et, à ma grande joie, c'était elle à l'autre bout du fil. L'opération était terminée. Elle avait mal mais elle était vivante. Elle va vivre, et je pourrai lui passer d'autres savons.
> J'ai arrêté de travailler à seize heures. Me suis douché. Ai pris ma vodka-tonic. Et foncé à l'hosto. Avant de rentrer je me suis arrêté devant Saint-Pierre (c'est Mario qui conduisait) et je suis resté un moment à contempler l'immense édifice tout en marmonnant entre mes dents.

Elizabeth était à l'époque sa préoccupation majeure. Il évoque en détail et tendrement la fascination qu'elle lui inspire.

Deux semaines plus tard, elle paraît complètement remise.

> *(28 avril)* Nous avons dîné tranquillement à la maison et fait l'amour avec douceur et tendresse. C'est la première fois depuis un mois du fait de ses problèmes de santé. Quel merveilleux soulagement et quelle délivrance.

Il l'accompagne sur le plateau et, sans se mettre en avant, la guide dans le rôle de Catharina *(La mégère apprivoisée)*. Il veille à ce qu'on refasse les scènes, peu satisfaisantes, de son premier jour de tournage.

> J'ai vu les gros plans d'E. Elle est parfaite à présent et fait donner l'artillerie lourde (rien de péjoratif). Tout cela rend cent fois mieux que ce qui avait été fait précédemment. Elle va être Catharina.

Il décrit les moments idylliques qu'ils passent ensemble. Il font halte dans un petit restaurant pour manger du fromage de pays en buvant un petit vin. Ils écoutent les accents d'une chorale qui leur arrivent d'une église proche. Ils spéculent sur un ou deux des clients.

> ... un homme d'un certain âge, bien mis et distingué, qui était assis tout seul à la terrasse et ne mangeait ni ne buvait ni ne bougeait... les voix du chœur flottaient dans l'air telle une brume invisible, comme graines de pissenlit que le vent emporte, comme un songe. Nous nous sommes arrêtés de manger et de boire pour écouter. C'était un de ces moments qui inspirent de la nostalgie avant même d'être révolus.

Elizabeth a parlé de l'époque de *La mégère* comme d'« une longue lune de miel ».

> *(29 mai)* Eliz. et moi sommes solennellement tombés d'accord : nous voulons ne plus jamais travailler et tout bonnement flâner au gré d'un éternel dimanche. Et pourquoi pas ? Nous sommes paresseux comme des couleuvres. Et ça nous plaît.

Il est très attentif aux amitiés d'Elizabeth et, à la mort de Montgomery Clift (« le meilleur ami d'E. »), il compatit sincèrement.

> *(24 septembre)* Son compagnon, son infirmière et son majordome ont très gentiment envoyé à E. ses mouchoirs, qu'il avait récemment achetés à Paris et qu'il adorait, finement brodés blanc sur blanc. Et pour moi, le savon préféré de Monty ! Dois-je m'en servir ou le conserver ? E. a été très affectée et n'arrive toujours pas à croire qu'il est mort. Depuis sa disparition, on commence de vouer un culte à Monty Clift. Il n'a pas pu trouver un engagement correct au cours des cinq dernières années de sa vie.

> Pauvre bougre. Je ne le connaissais pas très bien, mais il me faisait l'effet d'un type bien. E. a reçu deux lettres charmantes de sa mère.

Il l'encourage à cuisiner, loue sa cuisine, lui fait lire des livres et s'efforce de l'éviter lorsqu'il est par trop « en rage ». Il gagne alors un autre lit, pour bien souvent revenir se glisser dans le sien à quatre heures du matin. Il fait son éloge devant les amis : « C'est Elizabeth qui a préparé ce repas toute seule. » Cela pouvait parfois agacer l'intéressée.

Après sa première journée de travail sur le documentaire sur Florence, Burton prend quelques verres et finit par exploser devant l'agitation dont Elizabeth fait preuve à propos d'une visite de deux jours qu'ils doivent faire à Londres.

> *(19 novembre)* Suis devenu furieux à cause de ce que je considérais comme des bagages excessifs. Pour *deux* nuits à Londres nous emportons *deux* énormes valises. Mais ce n'était pas la vraie raison. Je venais d'avoir une journée éprouvante. J'avais les nerfs en pelote à l'idée de prendre l'avion, à la pensée du spectacle pour Aberfan [destiné à lever des fonds pour venir en aide aux victimes du désastre].
>
> Avant d'aller dormir, j'ai dit à E. qu'il n'était pas question qu'elle m'accompagne à Londres. Laisse-moi un peu tranquille, ai-je hurlé en claquant des portes. Fiche-moi la paix ! Les nerfs et l'alcool, où cela peut vous mener. Je n'envisagerais pas une seule seconde d'y aller sans elle.

Il s'agit de la dernière page de ce premier carnet.

Le plus frappant est cette énergie avec laquelle Burton s'efforce de créer les conditions d'une vie conjugale normale et viable. Les circonstances sont à ce point contre lui que c'en serait presque risible. Son propre passé, comme celui d'Elizabeth, augure mal de ce que sera l'avenir. Les conséquences de ce qu'ils font et de l'intérêt assidu du public entraînent des complications qui semblent leur interdire ce qu'ils désirent le plus. Burton fait néanmoins tout ce qu'il peut pour l'obtenir. Il se met à l'écriture. Il se fait chef de famille. Il est casanier lorsque cela lui est possible. Incapable de résister aux charmes de l'ivresse, mais apparemment tout aussi heureux avec un bon livre. Souffrant en silence d'une maladie douloureuse et débilitante. D'une compagnie merveilleuse dans les bons jours — et ceux-ci semblent avoir été nombreux.

A la fin de *La mégère apprivoisée*, Catharina fait profession d'obéissance. Petruchio l'a « apprivoisée », et elle fait une homélie sur les devoirs d'une épouse :

> *« Ton mari est ton seigneur, ta vie, ton gardien, ton chef, ton souverain ; celui qui s'occupe de toi... et quand elle est indocile, maussade, morose, aigre, et qu'elle n'obéit pas à ses ordres honnêtes, elle n'est qu'une méchante rebelle, coupable envers son seigneur dévoué d'une impardonnable trahison. »*

Dans le film, Elizabeth Taylor prononce ce discours sans ironie et en toute sincérité. La prise terminée, elle regarda son mari et déclara : « Évidemment, je ne peux te dire ça de cette façon, mais le cœur y est. » Burton était aux anges. Il fallait que cette déclaration fût faite en public ; cela lui conférait de la crédibilité. C'était là un aspect capital de leur vie commune.

Cependant une ombre pesait sur Burton. Non seulement sa nervosité exacerbée et son arthrite ne connaissaient pas de rémission, mais il refusait de faire ce qu'il fallait pour se soulager. Pire encore, il vivait dans la crainte de l'épilepsie. Il est certain qu'il avait eu une légère crise au temps de ses débuts ; depuis cette époque, il n'avait cessé d'y penser. Plus tard il prendrait régulièrement des pilules préventives. Ce n'était qu'une lointaine mise en garde, mais il n'était pas pour autant à l'abri. L'épilepsie, cette effroyable maladie traditionnelle de la classe ouvrière, avait aussi la réputation d'être le signe de la possession démoniaque. Pour ceux qui en étaient frappés, c'était un cauchemar à jamais imminent. En plus d'un intellect remarquable, de son audace et de son dynamisme, Burton possédait une étonnante constitution. Mais il portait aussi en lui les ferments de son autodestruction. Pendant de trop nombreuses années, sa force de volonté lui permettrait de ne pas en faire de cas.

A présent, cette force morale lui commandait de se consacrer à la lointaine Kate et de pourvoir pleinement à ses besoins, ce à quoi il s'employa ; de trouver un lieu où Jessica pourrait enfin être soignée, ce qu'il fit ; d'aider sa famille galloise, plus particulièrement Ifor et Gwen, maintenant à sa charge, Bob Wilson et sa femme ainsi que nombre d'autres employés qui devenaient de plus en plus dépendants ; d'épauler Maria, la petite handicapée, Liza qui n'avait plus de père, Michael et Christopher dans leur adolescence sans grands repères, et, pardessus tout, d'aimer pleinement Elizabeth et d'explorer cet amour avec toute la loyauté dont il était capable. De faire beaucoup d'argent et de mener une carrière dont il pût s'enorgueillir. Il était en train de donner son maximum.

CHAPITRE 16

LAUREL ET HARDY

> Elizabeth se veut mégère (écrit-il), elle se veut autocrate et en vain s'efforce d'exercer sa tyrannie dans des domaines sans importance. Il n'est pas rare, lorsque je l'agace, qu'elle m'envoie promener en présence de tiers. Elle est aussi extrêmement jalouse et n'apprécie pas du tout que je pose le moindre regard sur une jolie fille. Elle me donne de violents coups de pied sous la table, mais je continue comme si de rien n'était, car une petite humiliation de temps en temps ne peut que lui être bénéfique.

1967 semblait être un excellent cru. *La nuit de l'iguane* et *Virginia Woolf* étaient bien accueillis et faisaient recette. Ils faisaient ce coup double très enviable : acclamations de la critique et succès au box-office. Les critiques étaient dithyrambiques, le public faisait montre d'un enthousiasme à peine croyable. Que Burton fût le nouveau Numéro Un donnait raison à ces vieux producteurs hollywoodiens des années cinquante qui avaient noté son talent mais s'étaient montrés incapables de le rentabiliser. Il venait de terminer *La mégère*, et ce film, sorti à la fin de l'année, serait lui aussi un succès. La critique l'accueillerait favorablement (quoique avec quelques réserves). Les rentrées s'élèveraient à douze millions de dollars pour un investissement de deux millions, soit un profit de dix millions de dollars*. Ils n'en

* Approximativement cinq cent millions de francs actuels *(NdT)*.

attendaient pas autant de *Doctor Faustus*, mais il est vrai que ce film avait été fait sur des bases différentes (Burton disait que, n'ayant pas quatre mains, plus jamais il ne mettrait en scène), et ceux qui avaient vu les premiers rushes les avaient trouvés lui, très bien, elle, splendide, mais le film très moyen. Le couple fera contre mauvaise fortune bon cœur, même quand les critiques éreinteront *Doctor Faustus*.

Il n'est pas douteux que, bien qu'il fût captivé par ce qu'il considérait comme le mystère d'Elizabeth, Burton était le partenaire dominant. Elle l'apaisait. Elle allait le récupérer dans les bars. Pour ce qui concernait les films et le cinéma, il suivait scrupuleusement ses conseils, tout comme il écoutait Aaron Frosch pour tout ce qui touchait aux contrats ; il s'en remettait en toute chose aux experts. Philip lui avait gravé ce principe dans la tête. « Jamais ne s'est posée entre nous la question de savoir qui était le patron, dira Burton. Elle a toujours su que c'était à moi de mener la revue. » Cette observation semble correspondre à la réalité. A partir de cette année-là, les carnets montrent un Burton occupant la place du conducteur. Ils épousent sa conception de la vie ; ils montrent l'esprit coopératif d'Elizabeth en mettant en relief la façon dont elle affirme sa propre personnalité, son propre style — les chiens, la cour, les bagages.

La famille — la sienne et celle d'Elizabeth — devint une de ses préoccupations. Elle était pour lui source de ravissement, d'irritation, de colère et de tendresse. Jamais il ne fut un père très conventionnel, il en eût été incapable. Aujourd'hui encore, tous ces enfants repensent à lui avec affection et gratitude. Dans les carnets de l'année 1967, nous le voyons tenter avec application de conférer quelque stabilité, une direction, un cadre, à ce qui était inévitablement une existence vagabonde. Burton et Taylor furent les premiers baladins de l'ère du jet-set.

Il pense toujours au théâtre. Dans une interview donnée à Kenneth Tynan à la fin de 1966, il se dit « effrayé » à l'idée de remonter sur les planches, mais conscient de ce que cette peur même le contraint nécessairement à s'y risquer. Il fait en outre une nouvelle fois remarquer qu'Elizabeth a fait de lui un meilleur acteur de cinéma et lui a fait prendre celui-ci au sérieux.

Rares étaient les acteurs de cinéma qu'il admirait. Plus rares encore les metteurs en scène. Il voyait très peu de films. Le critique Elkan Allan, qui le rencontra beaucoup plus tard, estime que ce désintérêt était pour beaucoup dans la fréquente médiocrité de ses choix. Burton ne pensait pas que la connaissance du cinéma pouvait être aussi utile à un comédien que la culture littéraire. Ce mépris le desservit quelque peu. Néanmoins, au contact de Huston, de Nichols et d'Elizabeth, il commença d'admettre que la réalisation d'un film pouvait être une entreprise digne de respect.

On ne peut lui reprocher son scepticisme. Bien souvent des réalisateurs à l'itinéraire flatteur lui avaient soumis des scénarios qui paraissaient bons, et qui avaient abouti à des échecs. Très peu de gens savent ce que donnera un scénario. Cette alchimie, qui mêle scénario, réalisateur, techniciens et humeur du public, est si volatile que cet oracle moderne de la *poll-preview** était souvent inefficace. Au moins était-il possible sur scène — lorsqu'on s'appelait Burton — de moduler son texte, d'agir et d'influer sur l'attention des spectateurs. Sur la pellicule, votre interprétation peut être, littéralement, cisaillée. Un mauvais montage peut priver un personnage de sa flamme et de son souffle. Il n'était que de repenser à Antoine ! Burton était un trop grand acteur pour s'accommoder d'artifices. Et même s'il était souvent animé d'un enthousiasme sincère au début d'un tournage, il ne tardait pas à en flairer les faiblesses, les mensonges et autres dissimulations. Il commençait alors de s'ennuyer, et le film n'était plus à ses yeux qu'un moyen de faire de l'argent. « Pour de l'argent, avait-il dit sur le tournage de *Sandpiper*, nous marcherions sur les mains. »

Un des très rares acteurs de cinéma qu'il admirait était Brando. Il passait parfois prendre Elizabeth sur le plateau de *Reflets dans un œil d'or* et arrivait alors en avance afin de regarder travailler l'Américain. Bien sûr, des rumeurs couraient selon lesquelles il était jaloux des scènes entre Elizabeth et Brando, et détestait ce dernier. D'après les carnets et les interviews subséquents, il semble que ce fût tout le contraire. Brando l'intriguait.

L'essentiel de 1967 serait deux films tirés de l'œuvre d'écrivains en qui Burton et Taylor avaient la plus grande confiance. Burton aimait les auteurs à suspense, la bonne littérature et les gens cultivés. Graham Greene combinait ces trois qualités. Burton avait pour lui une véritable vénération. Travailler sur un scénario de Greene d'après un de ses romans, en compagnie d'Alec Guinness — autre comédien de son

* Certains films étaient soumis avant leur sortie générale à une projection devant une assistance quelconque. En cas de mauvais accueil, le film était modifié *(NdT)*.

panthéon très fermé — et dirigé par Peter Glenville *(Becket)*, était pour lui une grande joie et une assurance de succès. Taylor adorait Tennessee Williams, « l'Oiseau », comme on le surnommait ; elle aimait le talent bouillonnant de l'homme, son honnêteté, son allure. *Soudain l'été dernier* et *Une chatte sur un toit brûlant* l'avaient remplie de fierté. Voici qu'on lui proposait un film tiré d'une pièce qui avait eu moins de succès, *The Milk Train Doesn't Stop Here Any More* — le titre en serait finalement *Boom*. Joseph Losey, réalisateur aux références impeccables, assurerait la mise en scène. Autre point positif, le tournage devait avoir lieu en Sardaigne. Mais il fallait qu'ils soient ensemble, et cela ne fut à l'avantage d'aucun de ces deux films.

Elizabeth participa donc à *The Comedians (Les comédiens)*. Selon certaines sources, Glenville l'y aurait fait entrer de force ; selon elle, on l'en aurait persuadée. Elle y donna une de ses interprétations les moins convaincantes. C'est à contrecœur que Richard se laissa embringuer dans *Boom*, où, dans le rôle du jeune inconnu au charme ambigu, il semble un peu perdu et est, lui aussi, très peu convaincant. Mais ce serait là des jugements ultérieurs. Ils prenaient la chance comme elle venait, et ces deux scénarios qu'on leur proposait étaient une vraie bénédiction. Ils seraient fort bien payés. Pour *Boom*, ils toucheraient, à eux deux, deux millions de dollars plus des frais élevés et les pourcentages habituels. Pour *Les comédiens*, Burton toucherait sept cent cinquante mille dollars, Taylor cinq cent mille dollars plus les frais, exorbitants, et un pourcentage inhabituellement élevé. C'était la première fois qu'il était plus payé qu'elle.

Mais 1967 ne fut pas seulement l'année de la famille et des films. Ce fut également l'année où les Burton devinrent publiquement, notoirement, multimilliardaires. Pendant les années suivantes, ils exécuteraient devant le public un dangereux numéro de funambules. Mon opinion est qu'ils décidèrent d'en rajouter. « Quand on en a, autant le montrer », disait Elizabeth à propos de son exorbitante collection de bijoux. Elle pouvait payer une robe l'équivalent d'une année de salaire dans la plupart des pays, et ne la porter qu'une seule fois. Leurs extravagances et le spectacle qu'ils en faisaient iraient croissants. A l'instar du matador face au taureau, les Burton — avec Richard pour instigateur, même si Elizabeth se montrait une merveilleuse disciple — semblaient décidés à voir jusqu'où le public pourrait supporter leur effarante exhibition. Cela était bien dans le goût de Burton pour les mises à l'épreuve. Ils avaient de l'argent, ils le dépenseraient de manière ostentatoire. Pas question de s'habiller couleur de muraille, de prospérer à l'étranger sous des prête-noms. Ils allaient vivre un conte de fées à l'ancienne mode, en faire honteusement, scandaleusement étalage, et voir si le public allait être ravi de leur « franchise » ou écœuré par leur sybaritisme. C'était une nouvelle mise à l'épreuve. Une sorte de jeu. Burton était un joueur forcené, un compétiteur fanatique, un provocateur patenté.

Ils achetèrent un yacht. Ils achetèrent un jet. Ils se mirent à frayer avec la haute société européenne, les Windsor, les Rothschild, les Rainier. Au pays de Galles, qu'il n'oubliait pas, il investit cent mille livres dans un projet de création d'une chaîne de télévision privée (qui deviendrait Harlech TV). Ils achetèrent une boutique à Paris. Leur entourage ainsi que des œuvres de charité bénéficiaient énormément de leurs largesses. Pour une représentation de *La mégère apprivoisée* donnée à Londres à l'occasion d'une *Royal Command**, ils firent venir cent cinquante personnes du pays de Galles. La famille, bien sûr, mais aussi de lointains parents, des amis d'amis, de vagues connaissances... cent cinquante personnes, toutes hébergées à l'hôtel Dorchester, avec des fleurs coupées dans toutes les chambres, et une réception qui dura toute la nuit et redémarra le lendemain matin au moment du départ de Richard et d'Elizabeth et de celui des Gallois, qui allaient regagner leurs vallées en enjolivant durant le voyage le récit qu'ils feraient du retour au pays.

On a l'impression qu'en cette année 1967 les Burton s'aménagent pour habitat une île flottante avec liaisons maritimes et aériennes. Ils savourent le fait de travailler sur des films intelligemment écrits et dont tout donne à penser qu'ils auront du succès. Ils prennent plaisir à alimenter les potins mondains. Les carnets offrent un commentaire substantiel et soutenu de ce qui fut une de leurs plus heureuses années.

Seule une ombre légère se dessine. A présent Burton parle de son arthrite — mais uniquement dans ses carnets. Quant à l'épilepsie, elle n'est jamais évoquée, pas même dans les carnets. Il s'interroge sur la boisson. Il prend de plus en plus conscience des deux facettes — façon Jekyll et Hyde — de son comportement. Lorsqu'il avait l'alcool mauvais (son ivresse était le plus souvent aimable et débonnaire), il pouvait se montrer

* Chaque année, la famille royale organise un gala de charité où elle invite à se produire des artistes du monde entier *(NdT)*.

méchant, agressif et violent. Cette méchanceté s'accompagnait alors d'un goût pour la remarque cinglante. Il agressait les gens sur leur « snobisme », leur « prétention », leurs faiblesses, leur aveuglement. Même si ce n'était jamais sans fondement, ce n'était pas une chose à faire, surtout en public, et surtout lorsqu'on entendait jouer de plus en plus le jeu de la haute société. Sans doute faut-il y voir la manifestation d'un certain désespoir, le signe que, en tant qu'être dont l'œuvre et la survie devaient nécessairement étroitement s'accorder à ce qu'il *était*, il pressentait que le temps lui était peut-être compté. Il était habité d'une vive conscience de la mort. *Timor mortis*. Il avait aussi un amour intense et souvent imprudent de la vie.

Les carnets de 1967 couvrent de janvier à novembre. Toujours sur cahier d'écolier, recto verso, une calligraphie soignée, avec de temps en temps un trou d'une semaine. Il s'agit maintenant non seulement d'un journal où il consigne le quotidien, mais de plus en plus d'un galop d'essai en vue du « livre ».

Avant de se rendre au Dahomey pour tourner *Les comédiens*, il a fait ses « devoirs ». Il a lu beaucoup de choses sur ce pays et sur la situation politique en Afrique. De même qu'en Italie il a lu Barzini et commencé d'apprendre l'italien, il se concentre maintenant sur le chef de l'État. La première page, toutefois, a Elizabeth pour objet.

> *(9 janvier)* E. est superbe. Elle s'épanouit sous les climats chauds. Cela doit venir de son sang italien. Je n'ai pas bu la moindre goutte hier et cela m'a valu de violents tremblements. Il faut que j'y aille doucement avec l'alcool.
> Au Dahomey : (le 10 janvier) Hier, nous nous sommes rendus au palais pour y être reçus par le président. Ses subordonnés l'appellent *« Mon Général* »*. Il a la peau très noire (il est cependant marié à une Blanche dont il a eu sept enfants), il mesure un mètre soixante-dix environ, avec les jambes légèrement arquées et une solide carrure. Ses vêtements sont assez mal taillés alors que les membres de son cabinet sont impeccablement vêtus. J'ai cru comprendre que les coups d'État étaient ici monnaie courante, comme dans la plupart des jeunes États africains, en sorte qu'il n'est peut-être pas pour très longtemps le patron. Pour l'instant, il s'agit d'une sorte de dictature. Quand je lui ai demandé combien la Chambre comptait de *députés**, il m'a répondu *« aucune* » [sic]*. Visiblement, il aime les femmes. Il prenait continuellement E. par le bras. E. était charmante et très

* En français dans le texte *(NdT)*.

> féminine. Nous avons tous les deux trouvé l'expérience étrangement émouvante. Voilà un gigantesque palais tout en mosaïque, achevé il y a seulement trois ans. Et juste à l'extérieur de l'immense salle de réception, il y a du linge qui sèche sur un fil.
> Il nous a montré avec une grande fierté la salle « chinoise », à ce point encombrée de meubles et de tout un bric-à-brac que l'on pouvait à peine s'y mouvoir. Toutes ces choses lui ont été offertes, nous a-t-il fièrement annoncé, par son *« grand ami Tchang Kaï-Chek* »*. Avec autant d'orgueil, il nous a montré les appartements privés de sa famille, qui sont plutôt exigus. Il nous a montré le placard à vêtements de sa femme. Et E. a eu la gorge nouée quand, d'un geste plein de superbe, il a ouvert une porte pour montrer un râtelier à chaussures tout à fait ordinaire.
> En ressortant, il a demandé à E. de marcher sur un bout de tapis et a émis un gloussement de ravissement lorsque deux appliques murales se sont allumées automatiquement. E. a feint l'étonnement, ce qui l'a comblé d'aise. A ce stade, je suais comme un bœuf. Et heureux d'en finir.
> Les Anglais sont des gens froids. Nous avons ensuite déjeuné avec Guinness et Glenville, et je suis certain que si nous n'avions pas immédiatement dit combien impressionnés et émus nous étions, ils étaient disposés à tout laisser tomber.

Même s'il évoque un peu plus loin une nouvelle fois le président, qui vient en visite sur le plateau et en profite pour étreindre encore le bras d'Elizabeth, on a le sentiment que Burton ne s'intéresse plus à ce qui se passe. Tout cela n'est pas suffisamment compliqué. Il a fait le tour de la question et n'est plus qu'indifférence. Dans ce même passage on trouve une nouvelle évocation d'Elizabeth, cette fois sur un mode quelque peu graveleux, style ambiance de rugby.

> Je suis follement « amoureux » d'elle en ce moment, ce qui n'est pas la même chose que l'aimer toujours, et j'ai constamment envie de lui faire l'amour. Hélas, cela ne va pas être possible pendant encore deux jours. Dans deux ou trois jours, elle aura du mal à marcher.

L'avantage du Dahomey est que personne ne vient les importuner. Mais il y a d'autres indésirables, des « dizaines de moustiques minuscules qui, même s'ils ne piquent pas, vous donnent en permanence envie de vous gratter ». L'inconvénient,

---

* En français dans le texte *(NdT)*.

ith et Richard (Dic Bach) Jenkins, parents

Cecilia James (Cis), sa sœur aînée

Richard enfant. *En haut à gauche :* avec Elfed, à droite : Ethel, sœur d'Elfed, et le fils de celle-ci, Dilwyn

En compagnie de Philip Burton, qui lui donna son nom

1938-1939. L'équipe de rugby de l'école. Richard est le second à partir de la droite, au deuxième rang

centre, en professeur Higgins, dans *Pygmalion*

tographié par John Vickers dans *The Druid's Rest,* Londres 1944

Dans la Royal Air Force, debout, deuxième à partir de la gauche

Dans la RAF, au Canada

ı compagnie de Sybil Williams, peu avant leur mariage

Avec Olivia de Havilland dans son premier rôle à Hollywood, *My cousin Rachel,* pour lequel il fut pour la première fois cité aux Academy Awards (Oscars) en 1950

Dans le rôle de Coriolan
à l'Old Vic,
en 1953 ou 1954

ichard en Henry V à l'Old
ic en 1956. Portrait peint par
rank Salisbury. « Voici que
dessine le sentiment d'une
aute mission royale, et la
rtitude d'être capable de la
ener à bien » *(Times)*

Richard et Sybil avec Christopher Isherwood et un ami

Avec John Dearth, William Squire et Robert Hardy

Ifor Jenkins, son frère aîné

Tout ce que j'ai jamais souhaité tenir, aimer, avoir ou être est
i, près de moi » (Burton dans le rôle d'Antoine) — « Sans toi,
ntoine, ce monde n'a plus d'attraits » (Taylor en Cléopâtre)

'ournage de nuit. *Cléopâtre,* 1962

En compagnie du président Tito et de son épouse pendant le tournage de *La bataille de Sutjeska*

Dans *Absolution*, 198

ans *Les oies sauvages*, 1978

En compagnie de Tom Seaver, de l'équipe de base-ball des Cincinatti Reds

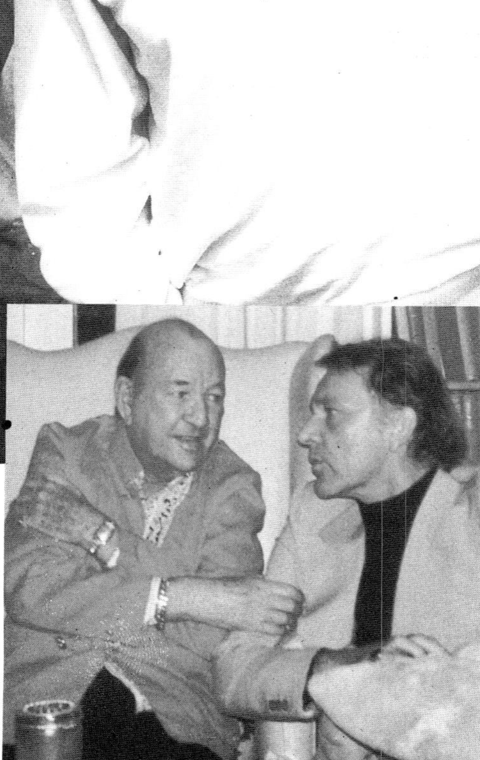

Avec Noël Coward, en 1973, peu de temps avant la mort de celui-ci

mariage avec Sally, Las Vegas, 1983

A Philadelphie pendant la tournée de *Private Lives*. Richard et Sally venaient de se marier. Elizabeth venait d'annoncer ses fiançailles avec Victor Luna

Richard et Sally à Céligny en 19

urton en 1984, lors d'un concert donné à Genève au profit de
. commission des Nations unies pour les réfugiés

Burton lisant sur la terrasse de la maison de Céligny

comme sur quatre-vingt-quinze pour cent des tournages, est qu'il faut affronter de longues plages de désœuvrement. Cela ne tarde pas.

> *(11 janvier)* Ensuite nous avons fait salon en compagnie de l'attaché de presse, jusqu'à présent un type plutôt rasoir, de Gaston, de Ron et de Frank Larue [autre membre de leur entourage]. Après que le susnommé raseur est parti, nous nous sommes mis à discuter très gravement et tout aussi éthyliquement des devoirs de chacun envers ses semblables. A-t-on le droit de faire un enfant lorsqu'on a eu des cas de maladie mentale dans sa famille ? Ce genre de chose. Tout cela ponctué de longs et graves discours d'Elizabeth et de moi. Discours d'une prodigieuse suffisance.

Il se consommait beaucoup de champagne. Elizabeth était souvent obligée de faire le tour des quelques bars de la ville afin de retrouver Richard en train de brailler des chansons avec ses compagnons de beuverie. Il était encore sous le coup de l'épreuve pénible qu'avaient été pour lui la mise en scène et la réalisation de *Doctor Faustus*, sous le coup des risques pris avec Zeffirelli, et n'avait guère d'autre activité que ce qu'on lui demandait de faire sur le plateau. Son énergie habituellement débordante était amoindrie et rien ne le tentait plus que d'aller boire un verre en ville. Il délaisse ses carnets. C'est de cette époque que date une de ses anecdotes favorites, vérifiée auprès de trois sources. Afin de mettre la main sur lui, Elizabeth tirait la sonnette de tous les bars du coin. « Richard Burton », demandait-elle de sa voix impérieuse. « Qui ça ? » lui répondait-on. « Richard Burton. Est-ce qu'il est dans votre établissement ? » « S'agit-il d'un Noir ou d'un Blanc, madame ? » lui demanda-t-on un soir. Guinness, comme plusieurs autres amis proches, ne trouvait guère de charme à leur entourage. Même réduit au strict minimum, il constituait une présence de tous les instants. On ne le trouvait pas seulement ostentatoire — « Mais pourquoi faut-il que les Burton soient aussi m'as-tu-vu ? » s'interrogeait Rex Harrison —, mais aussi carrément antipathique. S'il faut en croire de nombreux témoignages, certains de leurs employés se comportaient de façon franchement autoritaire. Il est douteux que ce genre de chose soit remonté jusqu'à Leurs Majestés. Cela s'inspirait, semble-t-il, du modèle de ces cours surprotectrices et imbues de leur rôle qui entouraient les petits landgraves du XVIIIe siècle. Comme on l'a vu, Guinness avait une ou deux fois dans le passé essayé de joindre Richard ; chaque fois, le message n'avait pas été transmis. « C'était quelque chose d'assez singulier, dira-t-il. Je ne savais qu'en penser. » Lorsque enfin Burton l'avait vu, il s'était montré, raconte Guinness, « parfaitement ravi » et tout à fait étonné de ce que les messages, et même les cadeaux, ne lui eussent pas été remis.

Sur le tournage des *Comédiens*, Guinness fit un compliment de taille à Burton. Il devait tourner une longue séquence — à peu près quatre minutes —, et Burton, hors champ, devait l'écouter. Or, de la qualité d'une écoute peut dépendre la qualité du jeu de l'acteur. « De ma vie, jamais un acteur ne m'a aussi bien soutenu », déclara Guinness. Un grand nombre de compliments superlatifs lui arrivaient de ses pairs les plus prestigieux. Les carnets ne manquent pas de compliments légers, destinés à Alec ou A. Guinness. « Il est remarquable en négresse. Au début, je n'y ai vu que du feu. » Cependant, en dépit de leur respect mutuel, les deux hommes étaient dissemblables. Guinness était une gravure en taille douce, Burton une huile de Rubens, Guinness était l'observateur acéré, Burton l'instigateur vociférant. Leur estime et leur bonne entente réciproques naissaient de leur intelligence et de leur amour commun de la littérature.

> *(mars 1967, Vendredi saint, Saint-Jean-Cap-Ferrat)* Cela semblait ne devoir jamais prendre fin. Sommes restés plus longtemps que prévu au Dahomey. Il faisait de plus en plus chaud et la plupart des gens étaient de plus en plus malades. E. a remporté le Prix des critiques new-yorkais pour *V. W.* (J'ai fait second derrière P. Scofield.) Elle a télégraphié à M. Brando, qui séjournait chez nous à Gstaad, pour lui demander d'aller recevoir le prix à sa place. C'est ce qu'il a fait, et puis, s'il vous plaît, il est venu au Dahomey pour le lui remettre personnellement ! Il semble qu'il a harangué les critiques pour leur reprocher de n'avoir pas couronné E. plus tôt et de ne m'avoir pas décerné de prix. Drôle de type.

On est impressionné par son laconisme quant au fait qu'il n'a jamais décroché de récompense prestigieuse.

> Nous gardons la nostalgie du Dahomey. La maison, les lézards, les palmiers, les intrigues de l'équipe, l'arrogance des Noirs américains à l'égard des autochtones, cet océan dangereux et fascinant à quelques dunes seulement de la maison, ce palais

complètement fou, le président et son épouse mal fagotée. Les réceptions et les fêtes au palais.

Quoique Richard n'en parle pas dans ses carnets, les Burton redoutent l'éventualité d'un kidnapping. Le roman de Graham Greene, dont l'action se passe en Haïti, avait suscité de nombreuses menaces. Ils recevaient deux ou trois menaces de kidnapping par semaine, et chacun de leurs enfants avait un policier attaché à sa personne chaque fois qu'il quittait Gstaad ou l'école. Ils étaient en train de terminer *Les comédiens* aux studios de Nice. La haute société locale commençait de s'ouvrir à eux — le prince Rainier et Grace Kelly.

(31 mars) Lundi dernier, nous sommes allés boire un verre au palais de Monaco, puis nous nous sommes rendus à l'hôtel de Paris pour un dîner de gala au profit de l'hôpital anglo-américain, banquet dont nous étions les invités d'honneur. C'était très plaisant, encore que je ne me souvienne pas de grand-chose. Il était rondouillard, avec un bon sourire et l'air gentil comme tout. Elle était jolie, avec un air juvénile, et très myope. Elle a la vue vraiment très basse, et en fin de soirée elle avait les yeux injectés de sang.

Le même jour, il dresse un bilan qui, en quelques lignes, brosse la nature cahotique de sa vie :

Les faits saillants :
Nous avons tous deux été cités aux Oscars pour *V. W.* Le film lui-même ayant eu treize nominations.
Nous avons dîné avec le duc et la duchesse de Windsor, qui nous ont ensuite raccompagnés jusqu'à notre suite au Plazza. Nous avons merveilleusement sympathisé.
Nous sommes allés à Londres pour la première de *La mégère.* Énorme succès, presque totalement gâché par le décès subit, le matin même, de Frank Flanagan. (Incidemment, c'était l'anniversaire d'E.) Il est mort rapidement, Dieu merci, d'une crise cardiaque. [Frank était le mari d'Agnes, habilleuse d'Elizabeth.]
Une quinzaine après, Sally Wilson [la femme de Bob] s'est éteinte à New York, d'une leucémie ou quelque chose comme cela.
Bob et Agnes sont tous les deux avec nous à Saint-Jean-Cap-Ferrat. Ils se remettent de ces terribles chocs. Bob est quelqu'un de solide, sa souffrance est plutôt rentrée.
Avons vu le duc de Windsor à Paris. Nous sommes retournés à l'appartement après le dîner. Le duc et moi avons chanté en un

lamentable duo l'hymne national gallois. J'ai irrespectueusement appelé la reine « sa boulotte majesté », mais ni le duc ni la duchesse n'ont paru s'en formaliser.

On remarque ici non seulement l'égalitarisme spontané avec lequel il évoque tour à tour les Windsor et l'habilleuse d'Elizabeth, mais aussi le ton sur lequel il le fait. L'intérêt et la compassion sont pour Bob Wilson et Agnes Flanagan. Il se flatte de fréquenter les Windsor mais ne peut s'empêcher de les taquiner au sujet de la reine. Sa petite dose de snobisme s'épuise vite. Il se prévaut de ne rien devoir à personne. Les treize nominations aux Oscars de *Virginia Woolf* sont évoquées de la façon la plus brève.

Et puis ce fut le yacht !

(21 mars) Nous allons acheter cette vedette. Elle est vieille (soixante ans), mesure quarante mètres de long, déplace deux cent soixante, deux cent quatre-vingts tonneaux, et possède trois moteurs. Elle compte sept cabines, dont deux avec une couchette double, et peut accueillir quatorze passagers. L'équipage est de sept personnes, dont un cuisinier, une bonne et un stewart. Quatre matelots, cinq au maximum, suffisent pour la mener efficacement. Selon mes estimations, elle nous reviendra à vingt-cinq, trente mille dollars par an. Ce n'est pas si mal si on considère que notre dernière maison (en location) coûtait dix mille dollars par mois plus approximativement mille dollars par semaine pour la nourriture, le personnel, etc. ! S'il était possible de l'utiliser au maximum plutôt que d'aller à l'hôtel, nous pourrions économiser de l'argent.

On racontait que ce bateau avait appartenu à un Anglais excentrique qui y avait fait installer un orgue et sortait en mer les jours de tempête afin de jouer du Bach. Cela n'était pas pour déplaire à Burton. En plus d'être un jouet, ce bateau devint une maison flottante convenable pour les chiens, les enfants, Elizabeth et lui-même. Évidemment, rien ne se passait comme prévu. L'architecte-décorateur, engagé par Elizabeth, était un perfectionniste. Il dut répondre à des exigences toujours plus extravagantes qui firent bientôt de ce yacht l'équivalent d'un hôtel cinq étoiles. Et puis on souffrait beaucoup du mal de mer. N'empêche, le bateau était à eux, et Burton pouvait appareiller.

(24 mai, dans le port de Portofino) E. tient à ce que j'écrive des choses sur elle, alors voilà : Elle est une bonne grosse qui adore les

moustiques et déteste les Gallois pustuleux et furonculeux, déteste le bateau et raffole de l'avion, a des yeux en boutons de bottine, des seins minuscules et aucun sens de l'humour. Elle est pudibonde, collet monté et terriblement poseuse.

Il est question que Cary Grant tourne avec Elizabeth, mais « uniquement si je mets en scène ! Il doit avoir peur d'elle ou quelque chose. Il doit avoir un petit grain. » Les ragots commencent d'aller bon train : Hugh French « nous a dit que James Mason a quitté son agence au bout de dix-sept ans, parce qu'ils, l'agence, me réservaient tous les rôles juteux. »

Le monde les rejoignait sur le bateau. Incidemment, celui-ci avait été baptisé Kalizma, d'après Kate, Liza et Maria.

(1er juin) Nous avons fait escale hier à Santa Marguerita pour faire le plein, et ce n'était pas un mal puisque cela nous a permis de quitter Rex et Rachel [Harrison et Roberts, qui habitaient Portofino]. Nous avons passé la journée de dimanche chez eux et, comme d'habitude, cela a été très arrosé. Rachel est toujours cinglée. Nous les avons revus lundi soir sur le port, au bar La Gritta. Heureusement, avant que Rachel ait complètement perdu les pédales, ils sont rentrés dîner chez eux vers les neuf heures et demie. Tennessee Williams et son petit ami Bill venaient d'arriver, ainsi que Joe Losey, J. Heyman *[Boom]* et H. French. Tennessee, qui préfère maintenant qu'on l'appelle Tom, avait l'air ivre. Il parlait d'une voix forte, sonore et quelque peu gênante. E. lui a dit à plusieurs reprises de parler moins fort. Nous étions maintenant au Pitosforo, et nous attirons déjà suffisamment l'attention comme cela. J'ai décidé de faire *Boom* avec Elizabeth. Nous commençons le 14 août. J'espère ne pas faire une erreur. Mardi soir, tout le monde est venu à bord. Rachel n'a pas tardé à être prodigieusement ivre. Elle était ou est devenue totalement incontrôlable. Ceux qui ne la connaissaient pas, T. Williams, Losey, Bill, French, Heyman, sont partis, complètement écœurés. Elle s'est mise à injurier Rex, toutes sortes d'insultes à caractère sexuel ou portant sur son physique et son intellect. Puis elle s'est vautrée par terre pour japper comme un chien. A un moment donné, elle a commencé à masturber son basset, un vieux chien adorable, un rien flapi, baptisé Omar. E. l'a sermonnée, puis moi, puis Rex. Mais c'était peine perdue. Elle a ensuite insulté la mémoire de Carole Landis et de Kay Kendall, et déversé toutes sortes d'imprécations sur Lili Palmer*. Bon Dieu.

---

* Ex-épouses de Rex Harrison, dont les deux premières étaient décédées *(NdT)*.

Burton ne cache pas son mépris. Il prétend rapporter impartialement les faits, mais le ton distancié qu'il prend fait toute la différence.

> Tennessee et Bill sont venus eux aussi. Le premier avait de nouveau l'air un peu ivre. Il n'est vraiment pas très attirant physiquement. Heyman nous a dit qu'il [T. Williams] avait essayé de se suicider il y a quelques semaines, mais que Bill était arrivé à temps. Nous n'avons pas eu plus de détails. J'ai demandé à Tenn si les pilules de diarhyl (?) le déprimaient.
> « Je n'en ai pas la moindre idée, a-t-il fait.
> — Parce que, ai-je dit, vous êtes constamment déprimé.
> — Exact », a-t-il fait.
> Ils sont partis vers seize heures, et nous avons lu au lit (du moins E. était-elle couchée) pendant le reste de la journée.

Le 2 juin, le ton est plus léger.

> Cela fait maintenant depuis dimanche dernier que les deux chiens font l'amour au moins trois fois par jour. Jamais je n'aurais cru que des chiens en chaleur pouvaient tenir le coup aussi longtemps. A la fin de chaque coït, ils restent coincés pendant dix minutes, un quart d'heure. Ils en mettent vraiment un coup, et le pénis d'Oh Fie commence à avoir piètre allure.

Trois jours plus tard, le 5 juin : « Les chiens continuent ! » La veille, les Harrison étaient une nouvelle fois venus en visite à bord.

> *(4 juin)* Rach a un peu forcé sur un mélange de Punt e Mes et de gin. A un moment, elle a commencé à se déshabiller. Là-haut sur la route, des gens se sont mis à applaudir, croyant sûrement qu'il s'agissait d'E. Je l'ai empêchée de continuer.
> Si elle est tout le temps comme cela, je ne vois pas — *nous* ne voyons pas comment Rex fait pour la supporter. C'en est pourtant arrivé au point où, comme ils me l'ont dit tous les deux, après sa conduite de mardi dernier (?) Rex lui a écrit une lettre. Ce n'est pas la mauvaise fille, mais il faudrait qu'elle s'abstienne de boire. J'ai été étonné d'apprendre qu'elle avait quarante ans. Je lui donnais dans les trente-sept. Rex fait preuve d'une patience incroyable. Je ne la supporterais pas quarante-huit heures. Lui, cela fait sept ans que ça dure.

Rachel est galloise. Rich parle pour le clan, et en tant que chef du clan.

Le 5 juin, une note brève.

> En relisant ce cahier je m'aperçois que je n'y écrivais pas au moment où nous avons appris qu'E. avait reçu un Oscar et moi non ! Quel culot. Enfin, tout n'est pas perdu, puisque P. Scofield a été couronné. Je lui ai envoyé un télégramme et lui à moi. Je reviendrai peut-être sur cet Oscar un peu plus tard dans la journée. Il faut que je descende à terre m'acheter des vêtements.

Tout ceci donnait lieu à beaucoup de spéculations et de rumeurs. On disait — sources non identifiées — que Burton désirait furieusement un Oscar. Tout aussi furieusement, Taylor aurait voulu qu'ils fissent un « doublé ». Cette année-là, elle n'avait pas affaire à forte partie. Burton, en revanche, se trouvait en lice avec plusieurs autres concurrents, surtout Paul Scofield, dont le film *Un homme pour l'éternité (A Man For All Seasons)*, écrit par Robert Bolt et réalisé par Fred Zinneman, possédait toutes les qualités appréciées des décerneurs d'Oscars. On disait qu'ayant eu vent de son échec, et peu désireux d'affronter l'humiliation, Burton avait dissuadé Elizabeth de se rendre à la cérémonie. Jack Warner avait insisté pour qu'ils y assistent : « Ne brûlez surtout pas les ponts que vous avez lancés. » Assister à la remise des Oscars était d'une grande importance pour Elizabeth. Ç'allait être son second Oscar, et ce n'était pas un mince honneur dans une ville qui prenait ces choses-là très au sérieux. On a dit que Burton avait rêvé qu'elle y allait et mourait dans un accident d'avion. Elle ne fit donc pas le voyage et fut privée de ce qui eût été pour elle un délicieux moment de triomphe et de revanche. Prête à sacrifier cela pour lui, elle était restée à ses côtés. « Mais il est vrai, lâcha Bob Hope pendant la cérémonie, que laisser Richard Burton seul sur la Côte d'Azur, ce serait un peu comme de laisser Jackie Gleason* seul dans une confiserie. » La plaisanterie était bonne, mais Burton se trouvait alors au Dahomey.

> *(13 juin)* Kate vient d'arriver de New York avec Aaron. Elle est toujours aussi jolie et délicieuse et tout excitée. Les grandes démonstrations d'affection ont aussitôt repris avec E.
>
> *(14 juin)* Kate a accompagné E. à l'hôpital ; celle-ci s'y est fait replâtrer la jambe. Kate est sans arrêt en mouvement. Cette nuit

* Acteur corpulent. On se souvient de lui en champion de billard opposé à Paul Newman dans *L'arnaqueur (NdT)*.

elle a dormi avec nous. Finalement je suis allé dormir dans sa chambre. Aaron et Bob sont venus s'installer à bord. Nous appareillons demain pour Portofino, si le temps se maintient.

(21 juin) Cela fait à peu près une semaine que nous sommes à Portofino. Nous partons demain pour Monte Carlo. E. et K. n'ont pas cessé de faire les magasins comme de vraies malades. K. a acheté tout un tas de montres (deux, je crois). Elle a le fou rire du matin jusqu'au soir. Et Elizabeth ne vaut pas mieux. Quelle paire ! Chacune pense que l'autre est la comédienne la plus rigolote de la planète.

Au fil de leur dérive méditerranéenne, ils continuent de recevoir des visites. Ainsi, à Monte-Carlo :

(24 juin) Orson Welles, gargantuesquement gros, est venu nous voir un petit moment. Il nous a dit que tous les films qu'il a réalisés au cours de sa vie lui ont coûté de l'argent, qu'aucun d'eux ne lui a jamais rapporté quoi que soit, et que *Chimes At Midnight** lui a coûté soixante-quinze mille dollars de sa poche. Il a tout à coup et théâtralement quitté la table avec un « Ma chère » murmuré à E. et en m'étreignant l'épaule d'un air de conspirateur. E. et moi nous sommes demandé comment il lui était possible de faire l'amour.

De retour à Gstaad, on assiste à une de leurs tentatives périodiques de s'occuper des études des enfants.

(20 juillet) Le 5, nous sommes allés chercher les garçons au collège. Une journée exécrable. Michael est définitivement renvoyé, alors que Chris est le chouchou général et a décroché deux premiers prix, dont celui de dessin. J'ai trouvé le principal très antipathique. Un grand gros bonhomme, un Suisse, avec une femme décharnée et, en compensation, un bébé adorable et tout potelé, une fille. Ava Gardner était là en compagnie de Ricardo (Madrid) qui a tendance à être un monsieur-je-sais-tout. Il avait là un fils de dix-neuf ans qui n'avait pas encore son diplôme (ou venait peut-être tout juste de le décrocher). Mike est lymphatique, paresseux et effronté, mais il est très affectueux et suffisamment intelligent pour se maintenir à Le Rosay. Nous allons essayer de le faire entrer à Millfield. Fred [Norma, la femme de Heyman] a parlé à Meyer, le principal, et je pense qu'ils vont l'accepter. Si nous parvenons à le maintenir à l'école pendant encore deux ans et demi, nous nous estimerons satisfaits. Sans doute est-il lent à démarrer, comme son oncle Howard [le frère d'Elizabeth].

* Titre français : *Falstaff (NdT)*.

L'arthrite frappe à nouveau, au poignet cette fois, et si sévèrement qu'il consulte. « *Moi*, aller voir un médecin !... Je m'étais dit qu'il s'agissait d'une arthrite, et c'est bien le cas. J'espère que cela ne va pas durer aussi longtemps que l'attaque que j'avais eue dans le dos... »

> *(21 juillet)* Ces cachets ont eu un effet fantastique : pendant une heure on s'imagine qu'un sadique est tranquillement en train de vous charcuter les veines, et que le bras ne va pas tarder à être sectionné. Contre cela, j'ai pris la moitié d'un des comprimés à la codéine d'E. Cela m'a un petit peu soulagé.

Il se rend à Londres pour inscrire les fils Wilding, Michael et Christopher, à Millfield.

> *(28 juillet)* Nous avons déjeuné hier avec le directeur de Millfield — l'objectif du voyage était de le rencontrer. Le personnage s'est avéré décevant. Je m'attendais à quelqu'un de plus sage et de plus autoritaire. Grand, mince, très anglais, il a le geste nerveux et la parole sèche. Un baratineur en reconnaît un autre, et certaines des choses qu'il raconte m'ont paru un peu trop belles pour être vraies. Il mettait E. et Michael un peu mal à l'aise, mais pas moi ; peut-être parce que mon respect se teintait vaguement de mépris. Toujours est-il qu'il semble que les garçons sont admissibles. Je pense qu'ils y seront bien. Le problème avec les principaux de collège est que, pendant le premier semestre, ils cherchent à en imposer aux enfants ; cela doit avoir pour effet de fausser leur relation avec les adultes. Leurs petites plaisanteries font rigoler, leurs petits accès de colère font trembler. Il est néanmoins évident qu'il fait bien son boulot. Il m'a un peu agacé à une ou deux reprises.

Pendant le voyage du retour en Sicile :

> *(28 juillet)* A bord de l'avion nous sommes tombés sur Peter et Sian O'Toole et avons entrepris de nous soûler. Peter m'a demandé combien de fois j'ai été nominé. CINQ fois, ai-je répondu en toute sincérité. Alors, comptant sur ses doigts pour bien le souligner, il a dit qu'il l'avait été à *quatre* reprises. Je sais qu'il ne l'a été que deux fois. Est-ce qu'il nous prend pour des idiots ?

Ils se rendaient à Taormina où ils devaient recevoir diverses récompenses. « Nous sommes cernés par les paparazzi et passons toute la journée sous la lumière des flashes. » C'est en des occasions comme celle-ci qu'il avait pour elle une admiration confinant à la vénération. Il ne s'en cache pas :

> *(30 juillet)* E. a beaucoup minci et je n'arrive pas à me décoller d'elle. En fait, ce n'est pas qu'elle ait perdu beaucoup de poids, mais le résultat des massages et de l'exercice, qui ont redistribué de façon harmonieuse son excédent de poids. Actuellement, elle est parmi les filles les plus sexy que j'aie jamais vues. La plus. Sexy, j'entends.

Ils vont à Rome régler certaines affaires.

> *(2 août)* Quelle exécrable et pénible journée. Et en plus profitable. En un seul jour toute ma mesquinerie, ma rancune, ma bêtise, a trouvé le moyen de s'exprimer. C'est la faute de Rome. Tout ce qui m'est arrivé de néfaste a presque toujours eu Rome pour théâtre. Cela a peut-être à voir avec l'altitude du lieu. Elle est trop près du niveau de la mer. Ou peut-être est-ce dû aux lamentables et crasseux descendants de ceux qui, par la ruse et non la bravoure, ont battu les Romains. Ceux-là ne méritent pas le nom de Romains. Il s'agit d'une population de serviteurs qui en une seule effroyable nuit a égorgé les vrais Romains dans leur sommeil. Je ne les aime pas.

Il ajoute :

> Au début de la nuit, Elizabeth et moi avons échangé des insultes. Je lui ai dit qu'elle n'était « pas une femme mais un homme ». Elle m'appelait « fillette ». Charmant couple, vraiment, en pleine décadence et voué à l'échec.

Puis, comme une douloureuse confession :

> Je me suis profondément déçu moi-même. Quelque chose s'est détraqué dans ma tête au pire moment. Enfin... quelque chose s'est détraqué. Et ne sera jamais réparé. Je crois que je suis suprêmement égoïste.

Ici Burton ouvre son âme. De quoi s'agit-il ? Quel est ce « quelque chose » qui « s'est détraqué dans sa tête au pire moment » ? Le fait d'avoir quitté Sybil, Kate et Jessica ? Le fait de s'être élancé un peu à l'aveuglette à la conquête du monde ? Ou bien quelque chose de plus simple, de médical, sur lequel il n'ose pas écrire ? La peur de l'épilepsie ? C'est un cri de désespoir. Un hurlement d'horreur en découvrant l'atroce et éphémère nudité de ce que nous sommes.

Mais la vie continuait.

> *(11 août)* Épouvantable journée, indescriptible désordre, des sacs dans tous les coins, neuf enfants et six adultes dans le même avion. Howard [le frère d'Elizabeth], Mara [sa femme], et leurs hurlements continuels. Notre nervosité d'avant tournage à E. et à moi. Les neuf enfants. La peur de l'avion. Gaston, qui est tombé follement amoureux de la mère de Patricia (Patricia est la petite amie de Christopher). Les neuf enfants. La *Kalizma* n'est pas arrivée. Personne ne nous attend à l'aéroport (Dick Hanley, Bob Wilson, John Lee nous coûtent dans les mille dollars par semaine). Les neuf enfants et une petite pièce étouffante et un film de plusieurs millions de dollars. Un peu ivre, j'ai hurlé *« merde »* dans le hall de l'hôtel... Hurler « merde » dans le hall était le seul moyen que j'avais pour prendre ma revanche sur une journée pareille.

Ils eurent la permission de se rendre à Venise pour un bal. Sinon ils travaillaient régulièrement sur *Boom*. Au début, Burton n'avait pas confiance en Losey — il avait toujours tendance à se méfier des metteurs en scène jusqu'à ce qu'ils aient fait leurs preuves. Il semble en revanche qu'Elizabeth ait eu pour lui une franche antipathie. Il lui était en conséquence très difficile de faire son métier de comédienne. Elle se connaissait bien : pour fonctionner correctement, il fallait qu'elle se sente aimée, dorlotée, si puéril, si capricieux que cela puisse paraître. Lorsque tout allait bien, elle était capable de jouer face aux meilleures actrices de l'écran. Si l'atmosphère n'y était pas, elle se raidissait. Ils étaient cependant, comme disait toujours Noël Coward, qui les avait rejoints sur le tournage, « de bons professionnels ; rien à voir avec cette absurde méthode* ». D'une certaine manière pourtant, Burton et Taylor, si excellents professionnels qu'ils fussent en apparence, puisaient tous les deux en eux-mêmes et dans leur vie d'une façon que n'eût pas désavouée Stanislavski. C'était là une des raisons de l'adoration que Lee et Paula Strasberg manifestaient à Richard.

> *(19 septembre)* Avons travaillé d'arrache-pied et mis sept minutes et demie en boîte. Après seulement trois semaines et demie ou quatre semaines de travail, nous sommes déjà presque aux deux tiers du scénario.

* L'Actor's Studio.

Incident pénible, qui a fait rire tout le monde : Michael Dunne, le nain, a été renversé par le schnauzer géant. Il a bien pris la chose et traité le chien de crétin.
E. a tourné une scène remarquable au cours de laquelle elle a manqué s'arracher les poumons à force de tousser. Tout le monde en était très admiratif.
Noël Coward est arrivé, l'air très vieux et légèrement ivre. Il a entrepris de s'enivrer un peu plus. Il nous a tous les deux serrés dans ses bras (séparément). Il a prodigué à E. toutes sortes de compliments sur sa beauté et ses grandes qualités de comédienne. De temps à autre, il me jetait un os à ronger. C'est quelqu'un de très généreux, mais dont, et c'est bien triste, l'esprit acéré commence à s'émousser, et qui, comme moi, a tendance à se répéter lorsqu'il est éméché. Il se déplace comme un vieillard, mais je me suis tout à coup souvenu qu'il s'est toujours déplacé comme un vieillard. Épaules voûtées, cou rentré, il a le corps incurvé de quelqu'un de très grand, mais n'est en fait pas plus grand que moi. Il est maintenant presque complètement chauve, et les poches qu'il a sous les yeux lui donnent plus que jamais l'air asiatique. Il se nomme lui-même « la plus vieille actrice chinoise de composition au monde ». A sa descente d'avion on lui a demandé comment s'était passé son voyage (Alitalia étant en grève, il a mis deux jours pour venir de Suisse), et il a répondu en cherchant des yeux son chemin vers la douane : « Toute ma vie n'a été qu'une folie. » C'est un personnage délicieux. « Ce J. Heyman m'a complètement désorienté, nous a-t-il dit. Après m'être entretenu avec lui au téléphone, après que nous avons échangé plusieurs lettres, je me le représentais comme un Juif de petite taille, poilu et pas très net, prenant rapidement de l'embonpoint. Et au lieu de cela, je me retrouve face à un play-boy. Voilà qui est tout à fait déconcertant. »

(20 septembre) E. et N. Coward sont littéralement fous l'un de l'autre, surtout lui d'elle. Il la trouve superbe, ce qu'elle est, et voit en elle une magnifique actrice, ce qu'elle est également. Nous avons vu des rushes et des fragments de montage hier soir. Tout ça a l'air pervers et intéressant. Je crois que nous sommes bons pour un nouveau succès, et tout particulièrement E. Je m'inquiétais un peu de ce qu'elle était trop jeune pour le rôle, mais cela ne semble pas poser problème. J'ai écrit une longue lettre à Phil, que je n'ai pas encore terminée. Je la terminerai aujourd'hui, peut-être. Me suis couché tard — vers les deux heures, je dirai.

Coward arrivait avec des commérages.

> *(21 septembre)* Nous avons parlé de D. Niven et de la façon dont, bien qu'ils eussent été proches amis, il s'était montré pendant sept mois très distant avec E. après le « scandale » avec E. Fisher. Bien que nous ayons toujours des rapports amicaux, cela ne pourra plus être comme avant. Noël nous a raconté une anecdote remontant à sa jeunesse. Un jour qu'il avait grand besoin de quarante livres pour sa mère, qui dirigeait une pension de famille, il avait demandé cet argent à l'actrice principale de la pièce dans laquelle il jouait lui-même. Oui, répondit la comédienne, il aurait l'argent. Tout joyeux, il était allé annoncer cela à sa mère. Le lendemain, la comédienne lui dit qu'on lui avait volé un chèque, que son compte avait été débité de quarante livres, et qu'elle revenait du commissariat le plus proche où elle avait porté plainte. « Exactement quarante livres ? » avait demandé Noël. « Oui, quarante tout rond. » Il s'était alors rendu au commissariat pour demander si la comédienne était bien passée déclarer un vol. Là lui fut répondu qu'on ne l'avait pas vue. « Nous sommes toujours bons amis, conclut Noël. Cela se passait en 1923, mais depuis, ça n'a plus jamais été pareil. » C'est un type de premier ordre.

Elizabeth affolait toujours autant Burton.

> *(24 septembre)* Elizabeth était infiniment sexy. Elle portait un justaucorps en filet blanc et la plus courte minijupe que j'aie jamais vue. Elle lui couvrait à peine l'entrecuisse, et plus du tout dès qu'elle se déplaçait. Les jeunes plagistes qui traînaient aux alentours et qui semblaient tous défoncés, avaient les yeux qui leur sortaient de la tête. Lorsque nous sommes partis, ils se sont mis à lui lancer diverses invitations, à se proposer de l'embrasser en différents endroits de son anatomie — la robe était très décolletée —, et même à lui faire des invites à la fornication. Avant de lancer ces offres généreuses, ils ont eu la prudence d'attendre que je sois monté à bord et que le bateau ait commencé de s'éloigner rapidement.

Il est presque touchant lorsqu'il laisse s'exprimer le macho en lui. A l'époque, Burton est visiblement d'une possessivité et d'une jalousie maladives. Taylor le tient en esclavage.

Chaque fois qu'il vient à côtoyer un bon écrivain, Burton est respectueux, et toujours attentif à ce que dit celui-ci. Il parlait un peu et très timidement, à cette époque, de se mettre à écrire vraiment, et, depuis quelque temps déjà, ne se faisait pas prier lorsqu'un magazine de qualité lui demandait un article ou une nouvelle. Noël Coward, qu'il fréquentait depuis une vingtaine d'années, était de bon conseil.

(26 septembre) Hier, avec ma loyauté coutumière (!), j'ai passé une nuit blanche avec E., N. Coward et compagnie. J'ai tapé une longue lettre à Howard et Mara pour leur prodiguer des conseils quant à la façon d'utiliser les cent mille dollars dont nous leur avons fait cadeau. De temps en temps j'allais bavarder avec E. et Noël. Il dit que la pièce qui lui a demandé le plus de temps à écrire est *Cavalcade* ; il a mis dix jours. La plus rapide a été *Blithe Spirit*, qu'il a écrite à Portmeirion en cinq jours. L'idée lui en était venue pendant le voyage en train jusqu'au pays de Galles, et il l'avait tout entière écrite dans sa tête avant même de s'asseoir devant la machine à écrire. Joyce Carey (actrice) était avec lui ; elle écrivait, dit-il vaguement, un truc sur Keats ou quelque chose comme ça. *Private Lives* lui a pris une semaine. *Hay Fever* six jours. Étonnant.

A Paris, ils sont courtisés par le grand monde et entretiennent des rapports d'aimable badinage avec le duc et la duchesse de Windsor. Ils sont venus présenter *La mégère*. Ils dînent paisiblement avec les Windsor, les Rothschild et quelques autres. A leur réveil le lendemain, ils boivent de la bière afin de dissiper leur gueule de bois, puis se préparent pour la projection et le gala prévus pour la soirée.

(30 septembre) On nous avait dit que Tout-Paris était en émoi, et, d'un point de vue médiatique, c'était certainement le cas. On a fait autant de battage autour de nous que naguère à Rome, Paris, etc., au moment du « Scandale ». Ils avaient disposé des barrières dans les rues donnant sur l'Opéra. Il devait y avoir des centaines, si ce n'est des milliers de spectateurs. Beaucoup de gens avaient passé la nuit là pour s'assurer une bonne place.
Ce jour même, aux environs de midi, j'ai fait quelque chose d'extravagant. J'ai acheté à Elizabeth le jet qui nous a amenés ici. Flambant neuf, il m'est revenu à neuf cent soixante mille dollars. Elle n'en a pas été fâchée. Je pense que nous l'amortirons sans doute assez rapidement. Même si cela a un parfum de dernière parole, je dirai que je m'y sens en sécurité. Avec une ou deux escales selon la météo, il peut nous transporter de l'autre côté de l'Atlantique en douze à quinze heures. Il est capable d'atterrir sur n'importe quel petit aérodrome, même dénué de piste en dur. Il pourra donc se poser à Abington lorsque nous irons à Oxford la semaine prochaine. *Il peut se poser à Saanen* [en Suisse]. Et grâce à lui, nous n'aurons plus jamais à fréquenter ce détestable aéroport de Londres. Hourra !
Mais pour en revenir à cette projection. Ce fut un succès exceptionnel et la couverture médiatique fut énorme. Le film est très bien accueilli, et en dehors d'une ou deux fines bouches dans

le *Herald Tribune* et d'une autre dans un journal français sans importance, la critique est délirante. E. portait un diadème créé spécialement pour elle par Van Cleef et Arpels et dessiné par Alexandre, d'une valeur de cent vingt mille dollars. Avec les autres bijoux qu'elle portait, on arrive en gros à un million cinq cent mille dollars. Lorsque nous avons quitté l'hôtel, entourés de huit gardes du corps, tous les clients de l'établissement formaient une haie dans la rue. Il y avait beaucoup de photographes. L'Opéra était devenu un asile de fous. Malgré la présence de cinq ministres, dont un nous remit un message censé être de de Gaulle en personne, et de nombreuses personnalités du cinéma, du théâtre, et des arts, E. était indéniablement la reine de la soirée. Il était rare que quelqu'un d'autre fût pris en photo. [Burton savait le goût de la société élégante pour la publicité ; la battre sur son propre terrain était une expérience très gratifiante.] J'ai eu moi aussi un certain succès, et les flatteries dont on nous abreuvait étaient très douces et entêtantes. J'espère qu'elles ne nous sont pas montées à la tête. Cela a en tout cas été une douce revanche sur l'ostracisme auquel nous fûmes en butte il n'y a pas si longtemps.

Quelques semaines plus tard ils sont à Oxford.

Avons pris vendredi dernier le 125, destination Oxford. Avons atterri, par autorisation spéciale, à Abingdon, et filé directement au « Bear » [un pub] à Woodstock.

Ils y étaient pour la première de *Doctor Faustus*.

(20 octobre) Nous étions horrifiés à la perspective de passer quarante-huit heures ininterrompues sous les yeux du public. Samedi, nous avons fait une télévision avec D. Lewisn, Alexander Walker, Jim Quelque-chose, N. Coghill, lord D. Cecil et un certain professeur Rosenberg de Berkeley, Californie. Ce Cecil est un vrai plaisir, et nous sommes tous les deux, E. et moi, tombés amoureux de lui. Il est ce qu'il se fait de mieux en matière d'excentrique bien élevé, sensé, brillant, humain mais acerbe, avec un petit côté vieille tante célibataire, quoique marié et indiscutablement de sexe masculin. Suite à une question posée pendant l'émission, Nevill a dit qu'E. aurait pu faire une érudite de première magnitude, car elle figurait parmi « les personnes les plus intelligentes qu'il ait rencontrées », et parce qu'elle était paradoxalement « une intellectuelle instinctive ». Dont acte. Il a également déclaré que je faisais partie des trois grands Gallois qu'il avait connus, les deux autres étant Dylan et David Jones. Il semble ignorer (et je n'ai pas rectifié) que Jones est un pur cockney.

Dimanche matin, j'ai dit de la poésie au Syndicat en compagnie de Wystan Auden. Il a lu nombre de ses œuvres dont ses poèmes à Coghill et Macneice. Deux excellents poèmes en forme de conversation, mais dits de ce ton monotone et sans relief que pratiquent la plupart des poètes. Je me souviens de Yeats, d'Eliot, de MacLeish, qui disaient eux aussi leurs poèmes les plus évocateurs avec une monotonie abrutissante. Seul Dylan était capable de lire ses propres trucs. Auden a un beau visage et possède une intelligence tout aussi remarquable, mais, quoique sa poésie soit comme toute vraie poésie universelle, je lui prête un orgueil monumental. Le tonnerre d'acclamations que j'ai remporté avec *« The Boast of Dai »* de D. Jones, lui a inspiré un sourire contraint et sans joie, où se lisait la surprise, la rancune et la jalousie. « Où et comment avez-vous appris à parler avec l'accent cockney ? » m'a-t-il ensuite demandé. Dans cette œuvre de quelque trois cents vers, il y en a peut-être cinq seulement qui soient en cockney.

Jeremy Treglown, aujourd'hui directeur du *Times Literary Supplement*, a gardé de cette matinée un souvenir légèrement différent. Burton était assez bon, dit-il, quoiqu'il eût le souffle un peu court ; Auden, lui, était parfaitement irrésistible.

Auden n'est pas quelqu'un de sympathique ; mais il est vrai que je n'ai rencontré qu'un seul poète qui le fût, Archie MacLeish. Dylan était toujours mal dans sa peau, sauf lorsqu'il était à moitié ivre et « allumé ». Quand j'ai fait sa connaissance, Macneice ne dessoûlait plus et n'était plus un poète. Eliot était complètement enfermé dans son mysticisme. Les seuls poètes sympathiques que j'aie connus étaient de mauvais poètes, et un mauvais poète n'est pas un poète — je n'ai donc jamais rencontré de poète sympathique, MacLeish mis à part. Ainsi, R. S. Thomas est un authentique poète, quoique mineur, mais j'aimerais autant faire le voyage vers l'autre monde en compagnie de quelqu'un de plus agréable. Je crois bien que le dernier sourire pincé qu'il se soit autorisé, lui est venu à l'âge de six ans lorsqu'il a réalisé que la mort était inéluctable. Pendant longtemps il a fait de l'existence de sa femme un enfer. Lorsqu'elle s'y retrouvera, elle ne sera pas dépaysée.

Et nous voilà arrivés à dimanche soir, pour la première de *Faustus*. Comme d'habitude sous ces climats délicieux, il pleuvait à verse. A l'extérieur, une foule de gens avec imperméables et parapluies nous ont acclamés. Une infirmière — il s'agissait d'une soirée de charité au profit de l'hôpital de Nuffield, d'où l'infirmière — a offert un bouquet de fleurs à Elizabeth en exécutant, s'il vous plaît, une révérence. E. et moi étions aux anges. J'ai fait la rencontre de Quintin Hogg et, le prenant pour Boothby, lui ai demandé : « Où est votre épouse sarde ? » Il m'a répondu qu'il n'était pas Boothby. Je me suis aussitôt ressaisi, lui ai dit que je le faisais marcher et lui ai demandé : « Pourquoi n'êtes-vous pas à la tête du parti travailliste ? » Lui : « Je leur ai donné leur chance en 1963 et ils l'ont laissée passer. Aujourd'hui, à cinquante-neuf ans, je suis trop vieux. » Moi : « Winston n'est pas devenu premier ministre avant l'âge de soixante-cinq, soixante-six ans. » Lui : « Hmm. »

Le duc et la duchesse de Kent sont arrivés. Nous avons tous été présentés. La duchesse est adorable ; E. et moi l'avons trouvée charmante. Comme nous tous, elle avait un trac fou, sauf que dans son cas cela se voyait lorsqu'on était près d'elle. Des muscles ne cessaient de tressaillir autour de sa bouche. Lui était plutôt effacé. La projection s'est passée le mieux du monde.

La réception qui a suivi était bien mais épuisante ; à nous deux, nous avons bien dû faire la connaissance d'un millier de personnes. J'oubliais : quand nous sommes entrés dans la salle de cinéma, nous avons été salués d'une sonnerie de trompettes, puis silence le temps que nous gagnions nos places, et ensuite nouvelle fanfare pour l'entrée du duc et de la duchesse de Kent. Je mentionne ce fait parce qu'il témoigne du côté stupide de la renommée. Il y a cinq ans, on nous aurait gratifiés d'un concert de bruits de pets. Avec un peu de chance.

Dans la presse du lendemain, les réactions étaient, dit-il, « nombreuses mais mitigées ». Certains étaient élogieux, d'autres parlaient de vulgarité, mais personne n'était resté indifférent.

Ken Tynan est venu de Londres pour parler de la très controversée pièce de Churchill *Soldiers*. Reviendrai plus tard là-dessus.

Il faisait un temps épouvantable, ce qui m'a donné envie de ne plus jamais remettre les pieds en Angleterre. Nous avons dû atterrir à Gatwick pour formalités douanières, et le vent était si violent que j'ai dû prendre Liza dans mes bras. Une heure après nous survolions la France puis la Méditerranée, et le ciel était de nouveau bleu et calme. Je crois que jamais je ne retournerai vivre en Angleterre, même si on me payait pour cela.

Je suis de fort mauvaise humeur. Comme toujours, E. éprouve en présence des enfants le besoin de se dresser contre tout ce que je dis ou fais. Je souhaiterais du plus profond de mon cœur qu'elle ne me contredise pas devant eux, tout comme je voudrais ne jamais le faire moi non plus. Mais tel est le statu quo. Je ferais mieux de m'écraser.

Sur cette question, les déclarations publiques d'Elizabeth étaient aussi honnêtes que ce qu'il notait dans ses carnets. « Richard n'est pas toujours facile à vivre, surtout lorsqu'il est en colère. Je crois qu'alors il est capable d'à peu près n'importe quoi. Il lui arrive de boire un peu trop. Richard est quelqu'un de très indépendant. Je le laisse faire ce qu'il veut. »

Vers la fin de l'année, il accepta un petit rôle dans une absurdité à la mode, intitulée *Candy*, reprochant plaisamment à Brando (qui y participait également, de même que Walter Matthau) de l'avoir dévoyé. Mais sa place dans le cinéma lui paraissait solide. Il pensait que *Boom* serait un grand succès ; *Les comédiens* jouissait d'une bonne critique et rapporterait même peut-être un peu d'argent. Oxford l'avait accueilli comme un héros vainqueur ; pour les Burton, Paris s'était mis en quatre. Ifor (qui, un jour, puisa « dans les profondeurs de ses entrailles et nous gratifia d'un pet cosmique à vous crever les tympans. E. était ravie ; elle voulut répondre, mais son fondement resta muet ») et Gwen avaient retrouvé leur place, et les Jenkins gallois avaient été transportés au Dorchester pour une nuit mémorable. Le yacht (« Je peux pour la première fois trimbaler mes livres avec moi ») et le jet étaient opérationnels. S'offrait à lui un monde auquel il allait en mettre plein la vue, car il aimait de plus en plus étonner et inquiéter. Le diable était désormais bien installé aux commandes.

Elizabeth était toujours sa préoccupation centrale. « Quand elle cuisine pendant une heure, il m'en faut ensuite quatre pour tout nettoyer », écrit-il. Leur vie domestique aurait effectivement pu servir de sujet à une série de films de Laurel et Hardy. Mais les accents plus sombres sont toujours présents ; le désespoir affleure parfois. Le léonin Burton est cependant toujours debout, et jamais plus lui-même que lorsqu'il campe son rôle de paterfamilias, même avec un enfant qui n'est pas de lui.

> *(21 octobre)* Hommage à la petite Liza qui, avec son argent de poche, a acheté un cadeau coûteux pour Maria — notre nouvelle femme de chambre anglo-galloise. Voici notre conversation :
> Moi : C'est très gentil, Liza. Combien cela t'a-t-il coûté ?
> Elle : Je ne vais pas te le dire.
> Moi : Et pourquoi donc ?
> Elle : Parce que tu me rembourserais ce que j'ai dépensé.
> Peut-on imaginer meilleure enfant ?

Tout fonctionnait parfaitement. Et, au milieu de tout cela, plus important que tout, les problèmes familiaux étaient en train de se résoudre.

CHAPITRE 17

1968

Les Burton venaient de laisser un sillage flamboyant à travers les années soixante. Non contents d'être des stars, de pulvériser le box-office, de faire les gros titres sur l'ensemble de la planète, ils étaient également amusants, intenables, risque-tout, imprévisibles, ils étaient au goût de l'époque. Mesdames et messieurs, les fabuleux Burton ! D'abord leur immoralité, puis leur monogamie avaient été pain bénit pour les amateurs de potins. Où l'histoire s'arrêterait-elle ? Le plus grand Don Juan de son temps serait-il fidèle à la « petite poule juive » qui lui avait extorqué la fidélité pour prix du mariage ? Et elle, quatre fois mariée avant l'âge de trente ans, allait-elle se satisfaire d'un état qui jusqu'alors lui avait si peu réussi ? Cependant ils gratifiaient la presse de déclarations pleines d'amour, de désespoir, de pressentiments. « Mon amour pour lui/elle est éternel. » « Maintenant que nous avons un avion, il nous est possible de faire un saut à Nice pour le déjeuner. » « Tout le monde devrait payer des impôts, sauf les acteurs. » Ils rendaient les choses si faciles aux journalistes que leurs noms devraient figurer dans quelque éditorial céleste pour leur contribution à la diffusion du papier journal. *« All you need is love »* [On n'a besoin que d'amour], chantaient les Beatles — Ringo, leur métronome, devint ami des Burton —, et tandis que la nostalgie pop des sexy *sixties* passait sur un rythme soutenu et indifférent, les Burton chevauchaient la crête de la vague.

Catastrophes, tirs spatiaux, guerres, malnutrition, oppression, la succession des mauvais traitements que l'homme inflige à l'homme n'avait pas quitté le ring ; mais les faux-semblants de ces années soixante, tant attendues et tant décriées, avaient été leur lot. « Va en paix, mec. » Il suffisait de brandir une fleur, comme devant Dracula un crucifix, pour que le mal disparaisse dans un nuage de fumée — de kif tunisien de préférence. Le LSD devenait acceptable, les hallucinations une forme d'exploration intellectuelle, et l'argent, méprisé, une source d'amusement sans conséquences. 1968 changea tout cela. Le Vietnam changea tout cela. La révolution estudiantine qui balaya l'Europe, l'Amérique et même l'Inde et le Japon, changea tout cela. Les années soixante-dix allaient être de plus en plus « sérieuses ».

Ce n'est rien de plus qu'une coïncidence si les Burton commencèrent de décliner à ce moment précis, mais cela n'en reste pas moins une coïncidence. C'est en 1968 que sortirent *Boom, Les comédiens* et *Doctor Faustus*. Tous les trois furent des échecs commerciaux, et aucun ne fut salué par la critique. Il y avait dans l'air comme un parfum de lynchage. *Doctor Faustus*, par exemple, n'est pas un bon film, mais en tant que spectacle estudiantin destiné à trouver de l'argent pour construire un théâtre sur le campus, c'est une tentative honorable. Burton n'y est pas complètement nul. Mais il porte le film sur ses épaules et est très mal à l'aise dans un rôle cousu de fil blanc. Ces excuses ne l'empêchèrent pas d'être sévèrement malmené par les critiques. *Boom* est un film original, mais ni l'un ni l'autre n'y est à son meilleur ; même chose pour *Les comédiens*. Et cependant, lorsqu'on revoit ces films aujourd'hui, on y trouve matière à plaisir et admiration. En dépit de leurs lourdeurs et de leurs défauts, ils éveillent plus l'intérêt que les films encensés à l'époque. Dans *Les comédiens*, Burton tire son épingle du jeu, même s'il en fait un peu trop pour coller à son personnage comme il l'avait fait dans *La nuit de l'iguane* ; on ne s'ennuie cependant pas une seconde. Dans *Boom* il est desservi par son contre-emploi, mais il y met courageusement du sien. Ni lui ni Taylor ne méritaient le traitement désinvolte qui leur fut réservé. Mais le bruit courait qu'ils avaient fait leur temps. Leur agonie allait durer très longtemps.

A partir de cette année-là, c'est l'étoile de Taylor qui commença de pâlir le plus sensiblement. Encore et toujours — jusqu'à la fin — Burton prouverait qu'il était resté un comédien, comme dans *1984*, qui ébranlerait les critiques, ferait revenir le public et lui ferait regagner son piédestal. Taylor, en partie à cause de la dégradation physique qu'elle connaîtrait au cours de l'année, entama un déclin qui, dans ce métier, est souvent irréversible. Sa renommée unique restait toutefois un énorme acquis sur lequel se reposer lorsque c'était nécessaire, un acquis apparemment éternel.

Les journaux étaient à l'affût de lézardes dans une relation bâtie sur un abîme. Le correspondant en Afrique du *New York Times* les avait rejoints au Dahomey et se trouvait avec eux lorsque arriva la nouvelle de la mort, avant même le décollage, des astronautes de la fusée Apollo. « Seigneur Dieu, c'est horrible, dit Burton. Et il faut que ça leur arrive là, sur le pas de tir... quelle mort dérisoire. » Taylor : « Oh, et leurs pauvres enfants. Quelle tristesse qu'ils soient morts comme cela, si seulement ils... » Burton (sèchement) : « Ce n'est pas leur mort qui est triste, Elizabeth. Et leurs enfants n'ont rien à voir là-dedans. Ce qui est triste, c'est la façon dont ils sont morts. » L'atmosphère, nous dit-on, « se refroidit brutalement ». Taylor (le regard fulminant) : « Mais merde, c'est ce que *j'allais* dire, quelle tristesse qu'ils... » Burton (élevant la voix) : « Ce n'est pas qu'ils soient *morts*. Tu ne peux donc pas comprendre ? Ces pauvres diables n'ont même pas pu mourir dans *l'espace* ! Si je meurs, je voudrais que ce soit dans l'espace, ou, vieillard, en train de lire dans mon lit un ouvrage de philosophie, ou encore au combat, l'arme à la main. Mais on dirait que ces choses-là te dépassent... » Taylor (criant elle aussi) : « C'est *exactement* ce que je disais, quelle tristesse qu'ils aient été au sol, privés de... » Glenville (passant les prendre pour les conduire au consulat britannique) : « Sommes-nous prêts ? »

Il est intéressant que, dans ce même article, Gaston, le chauffeur, fasse cet éloge de Burton : « Il est né pauvre. Je suis né pauvre. Il a travaillé pour arriver à Oxford, et moi, eh bien, j'ai dû travailler, je suis devenu — comment dire ? — un manuel. Laissez-moi vous dire que si tous les manuels avaient un patron comme Richard, on ne saurait plus ce qu'est le communisme. »

Les scènes étaient fréquentes. Elizabeth prétendait y prendre plaisir. Nous voyons dans les carnets que l'écrasante majorité de ces disputes étaient provoquées par Richard, et le plus souvent lorsqu'il avait bu. Nul n'a jamais parlé des contraintes particulières qu'entraînait leur situation. En Sardaigne, par exemple, pendant le tournage de *Boom*, chacun des quatre enfants était l'objet de menaces de kidnapping et avait son propre garde du corps chargé de veiller à ce qu'il ne s'écarte pas une seconde du groupe. Une absence d'une demi-heure suffisait à soulever une vive et légitime inquiétude.

A cette époque, les Burton paraissent remettre une partie de leur vie entre les mains du public. Ils avaient toujours devant eux ce public vaste et bien réel qu'il leur fallait émouvoir et divertir. Mais un autre public, plus particulier, était en train de se dessiner, un public dispensateur de plaisir : les Rothschild, les Windsor, la haute société européenne, les politiciens, le monde des acteurs et écrivains éminents. Ils commencèrent de frayer dans ce monde, en partie pour s'amuser, en partie parce qu'ils étaient fatigués de tourner des films, en partie parce qu'en 1968 ils se savaient suffisamment riches pour prendre leur retraite ; et en partie aussi parce qu'ils devaient avoir senti que le cinéma était en train de se détourner du style qu'ils représentaient.

Des films comme *Easy Rider* et *Le lauréat*, comparativement peu coûteux, branchés, où n'apparaissait aucune star, témoignaient des nouvelles tendances. De son côté, en dépit de quelques désastreuses bévues, Burton ferait preuve au cours des dix années suivantes de beaucoup de clairvoyance et d'un étonnant instinct de survie.

Comme s'ils eussent voulu marquer leur acceptation de ce nouveau rôle sur la scène planétaire, cette année-là fut celle des diamants. Ils expliquaient qu'il s'agissait d'un investissement. « Un pari sans risque, disait Burton, et transportable. » Cela, c'était pour les hommes de loi et les comptables. La vérité, comme il l'admettait tantôt joyeusement tantôt tristement, était qu'il adorait couvrir Elizabeth de diamants, et que celle-ci aimait en recevoir et les exhiber. Ils avaient tous les deux un côté assez primitif. Ce type de coutume se retrouve chez les peuplades les plus reculées. Il tirait grand plaisir de sa beauté et voulait qu'elle soit « la meilleure » ; et à fortiori, compte tenu de sa vive intuition, en cette année où elle commençait imperceptiblement à perdre de la vitesse et éprouvait de temps en temps de terribles douleurs.

Le diamant Krupp faisait 33,19 carats et lui avait coûté, en 1961, trois cent cinq mille dollars*. Diamant « baptisé », sa valeur pouvait être bien supérieure. Comme il est amusant, disait

* On obtient un équivalent (très) approximatif en multipliant cette somme par cinquante. Environ quinze millions de francs actuels *(NdT)*.

Elizabeth, qu'un tel diamant germanique échoue entre les mains d'une petite Juive comme moi. (Un des moyens dont il disposait pour la faire sortir de ses gonds était d'insinuer qu'elle n'avait pas une seule goutte de sang juif alors que son grand-oncle à lui était à demi juif...) Après le diamant Krupp, qui avait été le clou de l'émission d'inauguration de HTV — le nom des Burton n'avait pas été pour rien dans l'obtention de la concession —, il y eut la perle La Peregrina (37 000 dollars), un collier de perles, diamants et rubis (100 000 dollars), une broche montée d'un saphir entouré de diamants (65 000 dollars), d'autres rubis et diamants (60 000 dollars), un diamant en forme de cœur (100 000 dollars), et beaucoup d'autres bijoux encore, jusqu'à ce diamant de chez Cartier (62,42 carats) qui lui coûta un million cinquante mille dollars.

Ils s'offraient mutuellement de très coûteux manteaux de vison, des tableaux, des vêtements, toutes sortes de choses voyantes et exorbitantes. Burton était un curieux mélange. Il était toujours ce garçon parti de rien, regardant à la dépense, qui se relevait pour aller éteindre la lumière dans une pièce inoccupée et se lamentait sur le prix du chocolat. Mais il était parfois aussi un homme d'affaires avisé, qui opérait des placements pour les enfants, pour Elizabeth et pour lui. Et cependant il éprouvait un plaisir intense à dilapider cent mille dollars par-ci, à en donner deux cent cinquante mille par-là, à dépenser son argent de toutes les façons sinon avec sagesse et parcimonie. Sa générosité avec de parfaits inconnus est largement attestée par des lettres que j'ai reçues pendant que je travaillais à ce livre. Les sommes pouvaient atteindre cinquante mille dollars.

1968 commença avec *Where Eagles Dare (Quand les aigles attaquent)* et une première tranche de tournage en Autriche. Il s'agissait d'un film de guerre et d'action, plein de scènes périlleuses, d'évolutions au-dessus du vide, pour lequel on fit appel à des cascadeurs. Il fut rebaptisé « Quand les doublures attaquent » par Clint Eastwood. Celui-ci, comme tous les autres acteurs, dut être agréé par Burton, qui toucha d'entrée un million de dollars, exigea une limousine à sa disposition vingt-quatre heures sur vingt-quatre, ainsi que l'habituelle stipulation selon laquelle il n'aurait pas à travailler le jour de la Saint-David.

Dans le genre, c'est un bon film. Une fois de plus il était un valeureux soldat. Son entrain, son aptitude à commander y sont convaincants et permettent à une intrigue sans grande substance de franchir des ornières au moins aussi profondes que les ravins au-dessus desquels évoluent les cascadeurs. Il joue avec justesse et efficacité. Cette capacité à interpréter des rôles carrés et éprouvants lui sera d'une grande aide au cours des années d'autodestruction qui suivraient.

En février, les Burton se rendirent à Londres. Lui pour le tournage des intérieurs de *Quand les aigles attaquent* avant de commencer *Laughter In The Dark*, elle pour tourner *Secret Ceremony (Cérémonie secrète)* avec Mia Farrow et Robert Mitchum. La *Kalizma* étant en cours de refonte, ils louèrent un autre yacht (vingt mille dollars par mois). S'ils abandonnaient le Dorchester en faveur d'un quai de la Tamise, c'était en raison des chiens. La législation britannique exigeait que tous les animaux importés fussent mis six mois en quarantaine. En les confinant sur le bateau, Elizabeth gardait près d'elle ses chers et incontinents toutous (toutes les quatre semaines on remplaçait, pour une somme de neuf cents dollars, la moquette Wilton de la *Kalizma* souillée par leurs déjections) ; elle fournissait du même coup un sujet en or à la presse tabloïde, dont le lectorat avait la passion des animaux de compagnie.

Au cours de ce même mois ils firent un saut à New York pour la première de *Doctor Faustus*. Le film y fut assassiné. « C'est d'une nullité qui défie l'imagination », disait le *New York Times*. *Time* éreintait Elizabeth : « Quand elle invite Burton à la damnation éternelle, elle a les yeux et la bouche à ce point injectés qu'on pense à une infernale combinaison de conjonctivite et d'angine de Vincent. » « Il a troqué le talent contre l'argent », disait-on de Burton. L'étiquette faustienne lui était apposée sur le front comme une marque d'infamie. Et elle allait y rester collée. Ce caractère maudit n'était pas vraiment pour lui déplaire.

La vie à Londres était plaisante. On retrouvait de vieilles connaissances, on fréquentait la communauté galloise, les pubs, les écrivains. Burton essayait de mettre son roman en chantier. Harlech TV venait de commencer d'émettre. Les Burton multipliaient les promesses d'apparaître sur la chaîne galloise (Welch TV). Après *Quand les aigles attaquent*, Richard commença un film tiré de *Laughter In The Dark* de Nabokov, écrivain qu'il avait beaucoup lu et qu'il admirait.

Il jouait le rôle du marchand d'art et, tournant une scène chez Sotheby, en profita pour acheter pour neuf mille livres un dessin de Picasso. Elizabeth fit pour cinquante mille livres l'acquisition d'un Monet. Sa collection d'impressionnistes ne le cédait en rien à sa collection de diamants.

Burton fut renvoyé après quinze jours de tournage. L'incident qui mit le feu aux poudres — un dimanche, il arriva avec une demi-heure de retard —, était mineur. Tony Richardson, le metteur en scène, l'engueula, et Burton — qui avait amené Liza avec lui — lui répondit sur le même ton. Les deux hommes contactèrent leur avocat. Burton fut remplacé par Nicol Williamson.

Tout cela était très insolite. Aucune explication satisfaisante n'a jamais été avancée, et la question fut bientôt balayée par le flux incessant de l'actualité. Peut-être Burton fut-il ulcéré de se faire engueuler alors que, primo, il avait accepté de travailler le dimanche, et que, secundo, il avait amené sa chère Liza pour qu'elle s'amuse à voir comment se passait un tournage. Lui et Richardson avaient harmonieusement collaboré sur *Look Back In Anger (Les corps sauvages)*. Mais le film avait été un échec commercial, dont Burton avait, tout à fait injustement, endossé la responsabilité. Les deux hommes n'étaient pas particulièrement compatibles. Peut-être Richardson craignait-il que Burton ne tire la couverture à lui ; peut-être avait-il dès le départ souhaité Nicol Williamson pour interprète ; peut-être Burton est-il mal tombé, au beau milieu d'une de ses humeurs à la M. Hyde... Toujours est-il que cela lui laissa tout loisir de se faire du mauvais sang pour Elizabeth, qui était de nouveau souffrante et avait toutes les peines du monde à terminer son propre film.

> *(23 juillet)* Je viens de vivre les deux plus horribles journées de ma vie d'adulte. Avant cela, pour autant que je m'en souvienne, il n'était pas de honte infligée ou reçue, d'injustice provoquée ou subie, de déception d'ordre professionnel ou privé, que je ne fusse capable d'oublier dans le quart d'heure suivant. Mais c'est la première fois que j'ai devant moi un être cher qui souffre le martyre deux jours durant, halluciné par les médicaments, tantôt sachant qui je suis et tantôt ne me reconnaissant plus, tantôt épouvantable et tantôt adorable. Et pendant tout ce temps je me suis senti complètement impuissant.
> Elizabeth s'est fait enlever l'utérus dimanche matin. L'opération a débuté à neuf heures pour s'achever à treize heures. J'ai bien essayé de lire l'ouvrage de Holroyd sur Lytton Strachey — quel personnage vil, cruel, égotiste —, mais je n'ai dû en lire que cinq pages dans le temps qu'a duré l'opération, et lorsque j'ai su qu'elle était au moins temporairement tirée d'affaire et avait regagné sa chambre, je me suis aperçu que je pouvais reprendre ma lecture au début.

Mais ce sont les nuits qui ont été les plus éprouvantes. J'ai pris une chambre voisine de la sienne, pour être auprès d'elle jusqu'à ce que la douleur retombe un peu. Les murs sont comme en papier, et je l'ai entendue gémir durant toute la première nuit. Il ne s'agit pas d'une hystérectomie banale — il y a eu toutes sortes de complications —, et elle souffre beaucoup plus que la normale. En plus, on lui a fait prendre un médicament qui apaise la douleur mais provoque de sinistres hallucinations entrecoupées d'extraordinaires éclairs de lucidité. Hier, elle s'est très longtemps crue à bord du bateau, et quand on lui a apporté des fleurs, elle a dit de les porter « en bas, dans la cabine de Liza ». Puis, levant les yeux de son livre (*Public Image*, de M. Spark), elle m'a dit d'un ton sévère qu'il ne fallait plus que j'engueule Raymond (le stewart de la *Kalizma*). Je lui ai répondu que je ne le ferais plus, et elle a dit : « Chut, il va t'entendre ! » « Regarde, a-t-elle fait à un autre moment, ils passent *Faustus* en couleur à la télévision. » L'écran était vide, mais un télégramme posé près du poste y envoyait un reflet rouge.

Vers minuit la nuit dernière, elle est venue dans ma chambre, soutenue par une toute petite infirmière originaire d'Amérique latine, me dire qu'elle se sentait seule. Il lui est interdit de se lever, sinon pour faire ses besoins. Je l'ai remise au lit. Une demi-heure plus tard, je l'ai entendue hurler « Jim ! ». Elle était debout dans le couloir. Je l'ai à nouveau remise au lit. Je lui ai dit qu'elle n'était pas raisonnable et elle m'a dit d'aller me faire foutre. Je lui ai dit que j'allais m'asseoir à son chevet. Elle m'a dit d'aller m'asseoir dans le couloir parce qu'elle ne supportait pas de voir ma tête. Puis elle m'a tourné le dos. Je suis resté cinq minutes et j'ai quitté la chambre. Il y a eu un grand cri : « Richard ! » L'infirmière et moi sommes arrivés en même temps. Elle était assise au bord de son lit. A un autre moment, je l'ai entendue heurter une chaise. J'ai bondi de mon lit et me suis précipité. A mon arrivée, elle était assise sur la lunette des WC, porte fermée.

Je leur ai demandé de lui donner si possible quelque chose qui ne provoque pas d'hallucinations. Bon Dieu, je serai content quand la semaine sera passée. Et elle donc. Vers les quatre heures du matin, elle a fini par s'endormir, ou du moins trouver quelque apaisement. J'ai dormi, mais en m'éveillant sans cesse dans cet état de qui-vive de l'homme qui craint de mourir pendant son sommeil d'une crise cardiaque.

Elle dort encore, et il est midi et demi. J'ai hâte de la voir.

Les journalistes n'ont pas cessé de nous harceler jour et nuit. Quels gens abjects, surtout les Anglais.

La leçon la plus inquiétante que j'aie tirée de tout cela est l'action extraordinaire que les drogues hallucinogènes peuvent avoir sur le cerveau. A certains moments, hier, E. m'a regardé avec une malveillance qui donnait froid dans le dos.

Il est quatorze heures quarante-cinq. E. est réveillée et tout à fait normale. Elle est parfaitement consciente de tout ce qu'elle a fait la nuit dernière ! Tout est bien qui finit bien !

Il semblait que, selon un curieux processus, la maladie d'Elizabeth soit devenue comme le noyau de leur mariage ; peut-être contribuerait-elle quelque temps à en assurer la cohésion.

Le lendemain, 24 juillet, Burton commençait de taper son journal à la machine. Cela pourrait être perçu comme un signal. Le signal que l'écriture occupe maintenant une place importante dans ses projets. Les pages se succèdent. Les carnets totalisent environ trois cent cinquante mille mots et embrassent tout ce qui fait sa vie : ses lectures, ses amis, la politique, les ragots, Elizabeth, ses méditations, le cinéma, les affaires, toutes sortes d'anecdotes, le métier d'acteur. Dût-on en faire un livre, celui-ci s'apparenterait autant au genre romanesque que les productions des joyeux mystificateurs qui, depuis quelque temps, s'abritent derrière cette souple étiquette. La maladie d'Elizabeth, qui continuerait d'avoir des répercussions, était assez sérieuse. Des choses encore pires arrivaient, et en rang serré.

(24 juillet) Janine Filistorf [propriétaire du café de la Gare] a appelé aujourd'hui de Genève pour annoncer l'atterrante nouvelle du suicide d'André Besançon, jardinier de notre maison de Céligny et brave et cher homme entre tous. A quelles extrémités la solitude peut-elle pousser ? Nous nous rendrons avec Ifor et Kate à Genève vendredi ou samedi afin d'assister à l'enterrement. Il s'est pendu. Je savais qu'il avait fait une dépression nerveuse il y a une douzaine d'années, après la mort de sa femme et avant que nous l'employions, en 1957. Il devait entrer en maison de retraite ce matin à dix heures. Il s'est tué hier soir. Je suis un foutu imbécile de ne pas avoir senti cela venir.

Il retourne passer la nuit à l'hôpital dans la chambre voisine de celle d'Elizabeth, envoie Kate à Hampstead avec Ifor et Gwen, tandis que Liza, Maria et les garçons sont au Dorchester avec le reste de la tribu. Pendant les deux jours suivants, il a de sérieuses explications avec Michael et Christopher à propos de leur comportement — tourne-disque assourdissant à deux heures du matin, brûlures de cigarette dans les draps et les rideaux, bouteilles disséminées un peu partout.

Puis il part pour la Suisse afin d'assister aux funérailles, emmenant avec lui Liza, Kate, Ifor, Gwen et Brook Williams.

L'enterrement terminé, Gwen et les filles sont conduites dans un hôtel. Brook, Ifor et Richard se rendent au café de la Gare, juste en face de la maison, pour boire et déguster la cuisine de poisson qui faisait la renommée de l'établissement. Brook, qui devenait de plus en plus l'inséparable copain (il travaillait sur tous les tournages de Burton, tout comme Ron Berkeley le coiffeur, Bob Wilson l'habilleur et beaucoup d'autres membres de « la famille »), est lui-même gallois, possède une excellente mémoire et s'entend à raconter les anecdotes avec force mimiques. Ifor était toujours adoré et respecté par Richard, cela en dépit du refroidissement de leur relation à l'époque où celui-ci avait quitté Sybil ; à présent tout était redevenu comme avant. Ils décident de passer la nuit à la maison, qui se trouvait juste en face, de l'autre côté de la voie de chemin de fer. Ils reprennent une ou deux tournées. Comme ils sortent enfin, la sonnerie retentit et la barrière du passage à niveau s'abaisse. Plutôt que d'attendre dehors au risque de s'enrhumer, autant aller reprendre un verre. Finalement, avec quand même un peu de vent dans les voiles, Ifor part devant. Il va ouvrir la maison.

Richard et Brook reprennent un verre. Ils attendent. Ifor a toujours été quelqu'un de méticuleux. Ils font le numéro de la maison. Pas de réponse. Tout à coup inquiets, ils partent, traversent la voie ferrée, la route, et dévalent l'allée menant à la maison enténébrée.

Ifor s'était pris le pied dans une grille nouvellement installée (dont il ignorait l'existence). Il était tombé et s'était brisé le cou sur le rebord de la fenêtre. Il était paralysé des épaules jusqu'en bas.

Richard fut terrassé par le chagrin et la culpabilité. C'en était fait de ce type merveilleux, qui lui avait été un père et un frère, qui avait toujours été là pour le soutenir, qui avait été son exemple en toutes choses. Par un cheminement pervers de sa culpabilité, Richard se disait qu'il l'avait « envoyé ouvrir la maison », comme un domestique, comme un inférieur, et que par sa faute cet homme robuste et sain, véritable pierre de touche, était perdu pour la vie. Cloué maintenant sur un fauteuil roulant, il attendait, comme il le disait, la mort.

Les carnets s'interrompent. Pendant deux mois, il n'y écrit plus rien.

Entre-temps, les Burton se rendirent à New York pour la convention démocrate. Ami de Bobby Kennedy, Burton accepta de dire le commentaire d'un court métrage sur lui. Liza les accompagnait, de même que Sally, la fille de Stanley Baker. Sally était gravement malade, et c'était non sans réticences que les Baker avaient permis à Richard de l'emmener sur le *Queen Elizabeth II*. Ils avaient exigé qu'elle fût préservée de toute publicité. Burton ne tint presque aucun de ses engagements. Il parla à la presse de la maladie de Sally, affirma qu'il n'y avait qu'un seul médecin capable de la guérir, un Russe, mais que, d'une façon ou d'une autre, il parviendrait bien à l'emmener le voir. Les Baker en conçurent une profonde angoisse et beaucoup d'irritation. Le chagrin alcoolisé de Richard, son rôle de patriarche autoritaire, tout cela l'avait amené à trahir ses engagements et à presque se prendre pour Dieu le Père.

1968 était placé sous le signe de la mort... Et ses vieux amis finissaient par renoncer à s'efforcer d'arriver jusqu'à lui.

A Paris, Elizabeth devait avoir pour partenaire Warren Beatty, qui venait de tourner *Bonnie and Clyde* et en lequel tout le monde voyait le nouveau séducteur hollywoodien. Le film était *The Only Game in Town (Las Vegas... Un couple)* avec George Stevens pour metteur en scène. Burton, lui, devait être dirigé par Stanley Donen dans *Staircase (L'escalier)*, étrange et modeste saga mettant en scène deux coiffeurs homosexuels. L'action du premier se passait à Las Vegas, celle du second dans l'East End londonien, mais les deux tournages eurent lieu en studio à Paris, ainsi que l'avaient exigé les Burton. Dispositions qui, sur le moment, n'étaient guère du goût de la production, mais dont Zanuck fit plus tard l'éloge officiel pour son aide altruiste à l'industrie cinématographique française !

Burton déclara avoir accepté ce script après que son vieux copain Rex lui eut dit : « Je le fais si tu le fais. » Tout comme Taylor de l'autre côté de la rue, il touchait un cachet d'un million deux cent cinquante mille dollars, plus les pourcentages et des frais exorbitants. Ils descendirent en effet au Plazza, où leurs cinq chiens purent s'abandonner à leur incontinence sur un étage entier.

Il répétait qu'il n'était pas homosexuel. Affirmation dont on peut penser qu'elle va de soi de la part d'un homme qui, avant l'arrivée dans sa vie d'Elizabeth, avait été le Don Juan du XXe siècle. Certains auteurs se sont cependant posé des questions. D'aucuns ont évoqué sa cohabitation avec Philip Burton et mis en doute la chasteté de cette relation maître-disciple. Quoiqu'il soit indéniable que Philip aimait Richard, je suis pour ma part convaincu que cet amour était paternel et sans équivoque. Cette affection était, toutefois, si forte qu'elle a très bien pu amener le jeune garçon à une prise de conscience et apposer sa marque sur son développement émotionnel. Mais « il ne s'est rien passé ».

« J'ai essayé une fois », disait-il, et sans doute était-ce à l'armée, à cette époque où des centaines de milliers d'hommes étrangers à cet amour qui n'ose pas dire son nom, trouvaient tant bien que mal un peu de réconfort et de soulagement dans cette chaleureuse promiscuité masculine qu'impose la guerre aux combattants de chaque camp. Il en va de même des collégiens anglais, qui depuis un siècle vivent une situation analogue. Dans la plupart des cas tout rentre dans l'ordre dès que s'ouvrent les portes de la prison. Lorsque, avec son physique saisissant, il arriva après la guerre dans le monde, en grande majorité homosexuel, du théâtre londonien, sans doute se hâta-t-il d'affirmer ses préférences hétérosexuelles, son talent le mettant à l'abri de tout ostracisme.

Cela lui était cependant une épreuve supplémentaire, tout comme presque tout ce qui lui arrivait depuis l'accident d'Ifor. Et il y avait la maladie d'Elizabeth... Ce Warren Beatty, trop beau garçon à son goût... Il se jeta à corps perdu dans l'écriture et la vie mondaine. Il prit, un temps, plaisir à se voir adopter par l'aristocratie et joua le jeu comme s'il était fait pour cela. Il se remit à écrire dans son journal.

Il achetait beaucoup de livres, qu'il lisait. Cis et Elfed envoyèrent un mot pour les remercier des cinq cents livres (sterling) qu'ils leur avaient offertes, et dire combien Tom (un de ses frères) et Hyral (épouse de ce dernier) étaient dans tous leurs états depuis qu'ils avaient eux aussi reçu la même somme. « Vivement l'ouverture de la banque, disait Tom. Ils vont sûrement m'en interdire l'entrée. » « On va poser à Ifor une nouvelle minerve qui lui permettra peut-être de garder la position assise... Psychologiquement, ce serait un grand réconfort. Il a fini par accepter de voir Cis. » Ifor a honte de son infirmité. La gêne de Burton à son endroit déteint sur le reste de la famille ; il est de nouveau tenaillé par la culpabilité. Mais le présent fait valoir ses droits. Les enfants retournent en pension. Le 1er octobre, il renoue à Paris avec le travail et la vie mondaine.

> *(1er octobre)* Eliz a commencé aujourd'hui de travailler, mais sans Beatty. Lui commence demain. Le tournage se poursuit avec Rex. Aujourd'hui, bizarrement, il était dans une forme éblouis-

sante, ne se faisait pas de mauvais sang au sujet de son texte, et nous nous sommes merveilleusement entendus. Hugh French m'a dit que D. Zanuck était plus emballé qu'il ne l'avait jamais vu, après avoir visionné les rushes de *Staircase*. Cela ne veut pas dire grand-chose, mais enfin c'est mieux qu'un direct au foie.

Cependant, toujours à cause de l'accident d'Ifor, il se cachait de la famille.

> Je suis beaucoup plus heureux à Paris qu'à Londres. Est-ce parce que je redoute de voir ma famille, ou du moins *une bonne partie* de ma famille ? Est-ce parce que j'aime faire chaque jour des progrès en français, ou parce que je le parle, quoique assez mal même si j'ai parfois de belles envolées ? Peut-être ai-je honte des insuffisances de la Grande-Bretagne. Il est affreux de voir combien la presse étrangère peut la dédaigner et la traiter en quantité négligeable. Il est huit heures du matin, je dois aller travailler.

Burton se met bientôt en tête d'acheter une péniche française. Il l'aménagerait pour se promener tranquillement sur le réseau fluvial européen, avec à bord une paire de bicyclettes, tous ses livres et, sur le pont, une piscine. « Cela ne devrait pas être ruineux. » Il se met donc en quête d'une péniche. Cependant Universal menace de le poursuivre en justice s'il ne fait pas *Anne Of The Thousand Days (Anne des mille jours)*. Lui voudrait tourner *The Man From Nowhere* avec Joseph Losey, mais Universal refuse d'en assurer le financement. Il tient bon.

Chaque jour, les rushes de *Staircase* et de *The Only Game in Town* sont examinés à la loupe. Zanuck est le premier à espérer que la machine à faire de l'argent Burton-Taylor, dissociée mais opérant parallèlement, va décrocher un double gros lot. D'un bout à l'autre du tournage, les nouvelles du front sont extatiques.

> *(5 octobre)* On dirait qu'Eliz est en passe de remporter un succès de plus (Seigneur, mon orthographe est si hésitante) selon un télégramme de John Springer [attaché de presse], qui n'est pas du genre à en rajouter dans les louanges, et qui dit qu'il n'approuvait pas au départ le choix d'E. mais est maintenant convaincu qu'elle est plus qu'une grande star, car elle vient de s'affirmer comme une grande actrice. Voooyez-vous ça.

La haute société française commence à les inviter. Il y avait déjà les Rothschild — le baron a un grand faible pour Elizabeth —, mais à présent ils ont percé, ou sont adoptés.

(6 octobre) Nous déjeunons avec quelqu'un du nom d'Alex ou Alexis qui est baron de Redee. Ensuite nous enchaînerons avec une réception à l'issue du grand prix de l'Arc de Triomphe, équivalent français du derby d'Ascot. Même si je ne connais pas grand-chose aux courses de chevaux, cela pourrait être intéressant. Ce sont le baron et Marie-Hélène de Rothschild qui nous invitent. La Callas y sera probablement et peut-être Ari Onassis. C'est pas chic, tout ça ?

Cela prend de l'ampleur.

(7 octobre) Nous sommes allés déjeuner chez le baron Redee. On nous a servi un délicieux plat de poisson, suivi d'un perdreau, et pour finir une magnifique glace fourrée de noisettes et de gâteau. Il y avait trois vins différents, dépourvus d'étiquette, et des alcools tout aussi anonymes, mais tous excellents. Deux conflits dévastateurs, une imposition écrasante, et l'aristocratie fortunée vit toujours en aristo. Ils doivent être plus futés qu'on ne le pense. Lorsque nous sommes partis, j'ai remarqué qu'il restait du vin dans tous les verres. Est-il impoli de vider son verre lorsqu'on se lève de table ou prend congé ? Il devait y avoir une centaine de convives à ce déjeuner. J'avais à ma droite une Mme Debreu, américaine, et Marie-Hélène Rothschild à ma gauche. En face de moi, il y avait un comte de quelque chose, un M. de X. et une dame étonnante avec un accent de Londonienne tout juste arrivée de sa province. E. était assise avec la Callas et le baron Guy. La maison était immense et somptueuse, et Marie-Hélène a dit qu'elle la considérait comme la plus belle de Paris. Je lui ai dit que la maison que je préfère est celle de Ferrières [propriété des Rothschild]. Elle a dit que Guy se faisait beaucoup de souci au sujet de son legs à ses enfants et qu'il allait faire de cette maison un musée d'art, alors qu'elle, Marie-Hélène, préférerait en faire don à quelque branche de la profession médicale. « Vous n'avez qu'à nous la donner », a dit Elizabeth. Un certain culot.

Il faut que je parte travailler. La suite à plus tard.

Plus tard, nous avons eu le privilège d'être admis dans le paddock, là où seuls les propriétaires ont le droit d'entrer. Nous étions donc là, au milieu d'un grand nombre de gens, quand apparaît tout à coup un grand type émacié, visiblement malade, avec une barbe de plusieurs jours et une minuscule moustache. Il était tout sourire et s'exprimait avec incohérence. Il avait la main droite brûlée jusqu'à l'os, entre l'index et le majeur. C'était Peter O'Toole.

(8 octobre) A propos de vie amoureuse, Maria Callas nous a annoncé dimanche qu'elle et Ari venaient de se séparer. Selon

elle, il était trop destructeur et cela affectait son art. Elle me fait l'effet de quelqu'un d'assez ennuyeux. Elle m'a dit que j'avais de très beaux yeux et qu'ils dénotaient une belle âme ! Elle m'a dit que cela l'intimidait un peu de me demander cela, mais lui serait-il possible d'interpréter lady Macbeth dans le film que nous allons tirer de la pièce. Faut croire qu'elle s'imaginait qu'Elizabeth allait jouer Macduff ou Donalbain. Peut-être était-ce un jour sans, mais elle m'a paru assez sotte. Elle a même dit du théâtre qu'il avait sûrement été mon « premier amour ». Elle se répand en platitudes. Du moins était-elle comme cela dimanche. Elizabeth, qui a des yeux dans le dos et des oreilles montées sur ressort, ne laissait rien échapper.

A propos, quand E. est allée du paddock à la loge en compagnie de Marie-Hélène et de Guy, les milliers de spectateurs qui étaient là l'ont applaudie d'un bout à l'autre. Pas mal pour une vieillarde de trente-six ans. Je suis toujours agréablement surpris par ce genre de chose. Cela fait des années que nous nous attendons à ce que cela s'arrête, mais non.

Huit heures cinq, l'heure d'aller travailler.

Lorsqu'elle réalise son infortune, Burton se montre compatissant et obligeant envers la Callas — sans grand empressement, pourrait-on penser, et cependant bien plus que la majorité des amis de la cantatrice, qui alors se détournaient d'elle. En comparaison, quoiqu'il ne la connût que de loin, Burton fait preuve de vaillance. Et pourtant, même là, il ne peut parler d'une autre femme sans évoquer abondamment Elizabeth.

(20 octobre) Dès vendredi matin, les journaux anglais ont annoncé à coups de gros titres que Jackie Kennedy va épouser Ari Onassis. Tout le monde s'étonne. Il a soixante-neuf ans, en avoue soixante-deux, alors qu'elle n'a que trente-neuf ans. L'encore jeune reine des USA et le bandit grec sur le retour. Il est plutôt vulgaire et on le soupçonne d'orgies et de diverses autres activités douteuses, alors que, bien que je ne l'aie jamais rencontrée, Jackie Kennedy me paraît être une vraie dame. Vendredi soir, j'étais placé à côté de la Callas, qui a très crânement affronté la soirée et la presse avec un visage rayonnant quoique un peu contraint. Quand en arrivant je l'ai aperçue, je suis allé la serrer dans mes bras, et je lui ai dit dans le creux de l'oreille qu'il était un salaud. Non que je sois moralement choqué qu'il l'ait plaquée, mais parce qu'elle a appris la nouvelle par la presse et qu'il l'a laissée sans un rond. Durant ces dix années, malgré tous ses millions, il ne lui a pas donné un sou. Marie-Hélène disait qu'il ne serait plus jamais invité chez elle. Je lui ai répondu qu'elle ne savait pas ce qu'elle disait, qu'après un certain temps les Onassis seraient les

chouchous de l'Europe entière. Et même nous irons les voir, ai-je fait. Par simple curiosité. Guy de Rothschild était de mon avis. Je suis ridiculement (j'espère) jaloux d'E. ces temps-ci parce qu'elle travaille avec un homme jeune et séduisant, qui à l'évidence est fou d'elle. Elle me dit que je suis un idiot, qu'il est comme un jeune frère pour elle. Eh, je réponds, l'inceste, ça existe. Mais, bien sûr, j'ai autant confiance en elle qu'en moi-même, ce qui n'est pas rien.

Nous sortons ce soir avec Maria Callas et Warren Beatty. Il semble que celle-là a besoin de notre présence, de notre sollicitude et peut-être aussi de l'attention que nous suscitons. Pourtant Dieu sait qu'elle ne passe pas inaperçue elle non plus. Mais j'ai remarqué vendredi soir que l'intérêt du public et des journalistes se portait surtout sur E-beth. Elle était renversante en robe blanche de chez Dior. Comme je m'en suis aperçu peu après à ma grande surprise, elle portait pour la première fois à Paris le collier et les boucles d'oreilles en émeraudes que je lui ai offertes il y a trois ou quatre ans. Dieu qu'elle est belle. De temps en temps, même après bientôt huit ans de mariage, je la contemple rêveusement dans son sommeil aux premières lueurs de l'aube.

L'intérêt, souvent malsain, du public pour leur couple semble ne jamais se démentir.

(9 octobre) J'ai lu la traduction d'un article paru dans *Oggi* à propos d'une actrice peu connue qui aurait dit qu'elle aurait pu facilement me souffler à Elizabeth, mais qu'elle avait eu la flemme d'essayer !

Il rapporte chaque événement de quelque importance survenant dans leur relation.

(10 octobre) Hier est à marquer d'une pierre blanche. De toute la journée je n'ai vu Elizabeth ni ne lui ai parlé. Je me traînais comme une âme en peine et, vers les cinq heures, je me suis mis à boire des Martini. Quand j'ai fini par rentrer à la maison, j'étais si soûl et fatigué que je me suis endormi, euphémisme pour tomber dans les pommes, sans presque prendre le temps de me déshabiller. Même si j'estime que c'est bon pour elle, je crois que je supporte mal qu'elle travaille de son côté, sans moi. Si tard que je sois rentré, elle est rentrée après moi.

J'ai reçu des télégrammes me menaçant de poursuites dans « six pays » si je n'accepte pas de faire *Anne of the Thousand Days*. J'en ai tellement marre des procès que je vais probablement donner mon accord aujourd'hui. Mais ce sera la dernière fois que je travaille pour ces gens-là. Bizarrement, du temps où j'étais pauvre, jamais on ne me poursuivait en justice ! Actuellement, si je compte la menace ci-dessus, j'ai quatre plaintes sur le dos.

L'argent.

(11 octobre) Il ressort de mes calculs qu'avec une chance moyenne nous devrions peser à nous deux, à la fin de 1969, dans les douze millions de dollars. Dont à peu près trois millions en diamants, émeraudes, biens fonciers, peintures (Van Gogh, Picasso, Monet, Utrillo, John, etc.) Notre revenu pour l'année tournera autour du million de dollars. Enfin, si Dieu le veut, s'il n'y a pas de guerre ou de crise de 29 !
Nous prenons ce soir le petit jet pour Nice (c'est un biréacteur Hawker-Siddeley De Havilland 125) et allons passer le week-end à bord de la *Kalizma*. Il me tarde de la retrouver. Nous pourrions rentrer lundi matin. Sheran et Simon Hornby viennent de Londres par le même vol et vont passer nous prendre. Ils forment un couple sympathique. Je pars travailler. La suite à plus tard, peut-être.

Sheran Hornby, née Cazalet, était une amie d'Elizabeth. Leur amitié datait du temps de leur petite enfance en Angleterre. Simon Hornby (à présent sir Simon) deviendrait président-directeur général de W.H. Smith.

Les Hornby descendirent à Saint-Jean-Cap-Ferrat et passèrent le week-end à bord de la *Kalizma*. Ce bateau était pour Richard source d'une joie tout enfantine.

(12 octobre) Nous passons la matinée assis sur le pont arrière. Tout est calme, l'eau est à peine ridée. Tout à l'heure nous descendrons à terre, probablement pour aller déjeuner à la Ferme Blanche. Simon et Sheran sont avec nous. Ils sont très plaisants, de même que le bateau. Le Monet est accroché dans le salon, le Picasso et le Van Gogh dans la salle à manger. Le buste de Churchill par Epstein en impose dans le salon, et il y a un Vlaminck (?) sur la paroi de l'échelle de descente menant à la chambre des enfants. Il est mal placé, et nous le mettrons ailleurs quand tous les autres tableaux seront arrivés. Hier Rex avait un début de grippe, aussi l'avons-nous renvoyé de bonne heure dans ses foyers, et j'ai fait des gros plans pendant le reste de la journée. Nous avons terminé assez tôt, vers sept heures moins le quart, et je suis allé prendre E. et nos invités aux studios de Boulogne. J'ai rencontré W. Beatty, qui m'a offert un verre et n'a pas tari d'éloges sur Elizabeth. Il m'a dit qu'elle était très belle, qu'elle était une grande actrice de cinéma. J'ai répondu qu'elle pensait la même

chose de lui. Après deux ou trois Martini, nous sommes partis pour l'aéroport. Le vol, très confortable, a duré à peu près une heure et quart. Personne ne paraissait tendu, mais il faut dire que quelques verres nous avaient ragaillardis. J'en ai d'ailleurs un en ce moment. Il s'agit d'un breuvage baptisé « Salty Dog ». C'est de la vodka avec du jus de pamplemousse en boîte et du sel collé sur le bord du verre. Nous ne nous sommes pas couchés avant trois heures trente du matin tant nous étions heureux de nous retrouver à bord. Ce bateau, je n'arrive pas à en décoller mon regard, à cesser de le caresser, comme s'il s'agissait d'un joli bébé ou d'un chiot adorable. Un tel objet, on a du mal à croire qu'il est bien à soi.

(13 octobre) Hier a été une très agréable journée. J'ai bien peur d'avoir été à moitié ivre du matin jusqu'au soir, et d'avoir peut-être un peu radoté, mais je ne pense pas avoir été trop déplaisant. Les Hornby forment vraiment un couple d'une merveilleuse intelligence. Lui, tout particulièrement, est très cultivé, plus que moi en certains domaines. Il y a plein de délicieux emplacements pour livres délicieux. Il faut aussi que je trouve un coin pour les ouvrages de référence, les albums, etc., qui, étant volumineux, exigent hauteur et profondeur. Ainsi, l'atlas mondial de *Times* doit faire dans les soixante centimètres par quarante.

Et il saisit une fois de plus l'occasion d'évoquer Elizabeth.

(13 octobre) Elizabeth a très peur de devenir infirme parce que, de temps en temps, elle a les pieds complètement insensibles. Elle m'a demandé si je cesserais de l'aimer si elle devait passer le restant de ses jours dans un fauteuil roulant. Je lui ai dit que peu m'importait si les jambes, les fesses, les seins lui tombaient et si ses dents jaunissaient. Qu'elle pouvait même devenir chauve. J'aime parfois tellement cette femme que je n'arrive pas à croire à ma chance. Elle m'a tant apporté.

Sur le plateau, les acteurs attendent que les éclairagistes en aient terminé. Les loges prennent alors des airs de salons où l'on cause. Les commérages comblent ces temps morts, comme du mastic bouche des fissures.

(16 octobre) Stanley Donen m'en a raconté une bien bonne à propos d'Osgood Perkins [un acteur américain]. Perkins jouait dans un mélodrame depuis longtemps à l'affiche. A la fin du dernier acte, il devait tuer un des personnages à l'aide d'un coupe-papier. Un jour, les accessoiristes oublièrent de disposer le stylet sur la table. Pas d'autre instrument en vue. Alors, au

lieu d'étrangler sa victime comme l'eût fait toute personne sensée, il lui donna un coup de pied au cul. L'autre s'effondra et feignit la mort. Et Perkins de dire en embrassant les spectateurs du regard : « Heureusement, le bout de mon soulier était empoisonné. »

Nouvelle lettre de Liza, qui nous a causé quelque perplexité. Elle y emploie le mot « irastosable » ! J'ignore ce qu'il signifie mais je compte bien en faire usage jusqu'à la fin de mes jours. Un nouveau vocable vient de s'ajouter au lexique anglo-gallois. Quelle irastosable journée. J'ai trouvé ce film absolument irastosable. Et ainsi de suite.

Par pure et savoureuse méchanceté, cette anecdote que je tiens de Michael Hordern. Le comte Robert Farquharson du Saint Empire romain, quatre-vingts ans, pédéraste et nécromant, réduit à son grand âge à travailler à la BBC parce qu'il ne parvenait plus à mémoriser ses répliques, tomba un jour, à la cantine de la BBC, sur un jeune écervelé qui lui demanda s'il avait jamais joué à l'Old Vic. C'était un peu comme de demander à Gielgud s'il s'est jamais attaqué à Hamlet. Or il avait fait sa dernière apparition à l'Old Vic à l'époque où Tyrone Guthrie y faisait sa première saison comme metteur en scène. Guthrie avoisine les deux mètres et devait, en ce temps-là, peser soixante-cinq kilos tout mouillé, comme on dit. Sa future (et actuelle) épouse frisait le mètre quatre-vingt-dix et devait peser dans les quarante-cinq kilos. Réponse du comte : Oui, j'ai travaillé à l'Old Vic. Je me souviens que dans les derniers temps où j'y étais, nous étions dirigés par une jeune dame de très haute taille. Je me souviens qu'elle portait des sandales ouvertes sur le devant, sans doute pour laisser s'échapper les gaz délétères. Et je me souviens surtout que vers le milieu de la saison, au grand étonnement de toute la troupe, elle s'est laissé pousser la moustache, s'est changée en homme et a épousé sa sœur.

Il écrit régulièrement à Kate, à Michael et à Christopher. La nouvelle qu'Ifor est maintenant capable de remuer les doigts de pied, est accueillie avec enthousiasme. Ils passent les week-ends sur le bateau.

Le Tout-Paris, ou du moins son haras de pouliches de haute origine, défilait sur le plateau de *The Only Game In Town* pour renifler Warren Beatty. Le soir à l'hôtel, Elizabeth dévidait les noms des altières juments françaises venues hennir autour de celui qu'on présentait comme le nouvel étalon. Elle instruisait également un Richard incrédule — encore et à jamais choquable en dépit de son non-conformisme gallois — des infidélités notoires ayant cours dans l'aristocratie. Elle lui donnait des exemples :

l'amant du mari fréquentait l'amante de l'épouse, l'amant de telle femme devenait celui de son ex-mari. « Pouah ! » écrit un Burton fort intéressé, mais plutôt horrifié.

Et sur la même page (le 23 octobre) :

> Le garçon vient d'entrer avec du jus de pamplemousse, a posé le pied sur une crotte de chien, en a étalé dans toute la pièce et est ressorti au bord de la crise de nerfs.
>
> *(25 octobre)* Nouvelle offensive insidieuse de l'ennemi. Beth a lu dans le journal que Ari Onassis a offert à Jackie pour un demi-million de livres de rubis entourés de diamants. Or Madame possède déjà, résultat de précédentes offensives, un des plus gros diamants du monde et probablement la plus stupéfiante collection privée d'émeraudes, elles aussi entourées de diamants, du monde. Voici que s'engage maintenant la bataille des rubis. Je me demande qui va la gagner. Cela va être une longue guerre d'usure, et l'idée est déjà dans l'air que je ne devrais pas me laisser damer le pion par un foutu Grec. Je me dis que je peux très bien être aussi vulgaire que lui. Reste maintenant à gagner l'argent nécessaire.
> Elliott Kastner est arrivé hier de Londres. Il m'a raconté qu'il est allé au Palace Hôtel de Montreux lire le dernier livre de Nabokov, *que celui-ci n'a pas encore terminé*, et pour lequel il demande un million de dollars. Tous les petits gars du cinéma ont pris un avion pour la Suisse en une tentative éperdue pour être le premier à déposer un million de billets verts dans la menotte moite du Russe. Et comment était le livre ? ai-je demandé à Kastner. Génial, il me fait. Un gros livre ? Huit cents pages. Comment diable as-tu fait pour le lire en six heures (il venait de me dire que Nabokov ne voulait pas laisser le manuscrit sortir de Montreux, et avait assigné à chaque intéressé un temps limité) ? Eh bien, me répond Kastner, j'en ai lu la moitié, et Alan (son assistant) a lu l'autre moitié. Mais alors, ai-je dit, comment peux-tu dire que ce livre est génial ? Tu as seulement lu la moitié d'un livre inachevé. Il a répondu qu'il avait foi dans le jugement d'Alan. Et vraisemblablement dans celui de Nabokov. Drôle de façon d'acheter un livre. N'empêche, je suis bien content qu'un grand auteur comme Nabokov soit capable de leur faire cracher du fric. Ce ne sont pas des choses que l'on voit souvent.

Rachel Roberts se trouvait à Paris avec son mari Rex Harrison. Elle lui soupçonnait une liaison, ce qui la mettait dans tous ses états. Lors de la première de *A Flea In My Ear (La puce à l'oreille)*, dans lequel Harrison tenait un premier rôle, elle avait fait un esclandre, s'en prenant à Elizabeth qu'elle soupçonnait (à tort) de quelque obscur complot... Quelques jours plus tard, vers six heures du soir, elle passe boire un verre avec Richard.

> *(26 octobre)* Rachel Harrison s'est mise à s'enivrer à toute vitesse. Pendant qu'elle était là, Elizabeth m'a appelé de l'hôtel. Elle avait sa journée hier, et j'ai demandé à Rachel si elle voulait lui parler. Oui, a-t-elle fait et, sans préambule, elle s'est mise à aboyer dans l'appareil. Littéralement aboyer. Comme son chien, un adorable basset baptisé Homer. Et elle n'a rien fait d'autre qu'aboyer. Eliz me dit qu'elle était si embêtée qu'elle ne savait quoi faire.

Paris semble une nouvelle fois être à la hauteur de sa réputation stéréotypique de ville du péché sophistiqué.

> *(27 octobre)* [Une de leurs amies] est allée déjeuner, hier, avec un célèbre roué français. Il l'a emmenée dans un restaurant chinois. Alors qu'elle dégustait des pousses de bambou, il lui a dit du ton le plus sérieux : « J'aimerais vous pénétrer au plus profond. » A la soirée donnée la veille par Louis Féraud, où ils venaient de lier connaissance, ce type de cinquante-sept ans l'a tout à coup attrapée par le sein, ce sur quoi elle lui a donné une sévère claque sur le derrière. « Frappez-moi encore, a-t-il dit, j'adore qu'on me frappe, pas vous ? » Il est apparemment très riche et possède des journaux et des magazines. Demain, Ron Berkeley saura me renseigner sur son nom et sa position. Dans la voiture qui les emmenait à l'hôtel, il lui a solennellement demandé de lui écorcher le poignet. Intriguée, elle s'est exécutée. Il a alors subitement porté la main vers le sexe de sa passagère. Elle l'a envoyé promener. Je dois préciser qu'elle fait un bon mètre quatre-vingts et qu'elle est aussi costaud qu'un première ligne. Autant dire qu'il est difficile de lui forcer la main. Il connaît quelqu'un, lui a-t-il dit, qui a chez lui une pièce spécialement réservée aux partouzes. « Du Dunlopillo d'un mur à l'autre. » Beurk ! Bizarrement, quand E. lui a demandé si elle accepterait de retourner au restaurant avec ce type, elle a répondu : « Oh oui, il est tellement séduisant. » Les femmes sont d'étranges créatures.

En allant promener un des chiens, il se perd dans Paris.

> *(28 octobre)* Comme toujours j'étais sorti sans argent et je ne pouvais donc m'arrêter pour prendre un verre, ce qui peut-être n'était pas plus mal. Je me suis retrouvé dans une rue complètement déserte. Étrangement déserte et silencieuse si on considère que, comme je m'en suis aperçu plus tard, elle se trouve à un jet de pierre des Champs-Élysées. Une fille, genre dure à

cuire, apparaît au coin de la rue. Furieux de m'être ainsi égaré, je ravale néanmoins mon orgueil et lui demande : *« Où est l'avenue Montaigne, s'il vous plaît ? »* « Je ne sais pas », me répond-elle en anglais. Je la remercie et poursuis mon chemin. Tout à coup je m'aperçois qu'elle a fait demi-tour et marche à mes côtés. *« Vous aimez Paris ? »* elle me fait. *« Oui, je l'adore* »*, je réponds. Puis je prends Een So sous le bras et traverse la rue en trottinant comme une jolie pucelle effarouchée. Je venais de me faire draguer ! La première fois depuis des années. Je me demande s'il s'agissait d'une prostituée.

(29 octobre) J'ai reçu aujourd'hui une lettre de Francis Warner. Il me demande s'il me serait possible et si je serais disposé à occuper, prochainement, une chaire à St. Peter, à Oxford. Je trouve cela sensationnel. Je vais lui proposer de commencer durant l'été 1970. Il mettra, dit-il, son logement à notre disposition ; en échange, je vais lui proposer le bateau et nos diverses maisons. Il dit avoir besoin d'un congé sabbatique. Comme ce sera drôle de donner des cours à Oxford sans posséder de diplôme ! J'ai toujours eu cette attirance — comme une envie de femme enceinte — pour la vie universitaire. Elle est probablement de l'ordre du fantasme, et nul doute qu'un trimestre de leçons particulières dans des odeurs de méthane et de cours magistraux à des boutonneux constituera une thérapie radicale. J'aimerais soit aborder les poètes médiévaux de langue anglaise, française, italienne et allemande, et peut-être les poètes celtiques, comme les Irlandais et les Gallois, soit me borner aux « métaphysiques », Donne, Trahearne, Henry Vaughan, George Herbert. Le premier poème de langue anglaise qui ait parlé à mon imagination :

Sweet day, so cool, so calm, so bright,
The Bridal of the earth and sky ;
The dew shall weep thy fall tonight :
For thou must die.
Sweet Rose whose hue angry and brave,
Bids the rash gazer wipe his eye.
Thy root is ever in the grave,
*And thou must die***.

Et cela ne s'arrête pas là. Je veux dire que ce type, Herbert, était pour moi comme une boîte pleine de douceurs. La langue anglaise me fait autant frissonner qu'une femme ravissante ou quelque

* En français dans le texte *(NdT)*.
** Poème de George Herbert (1593-1633).
Douce journée, si fraîche, si paisible et lumineuse, / Union de la terre et du ciel ; / Cette nuit la rosée pleurera ta chute / Car il te faut mourir. / Belle rose de flamme et d'orgueil, / Tu obliges le téméraire qui t'admire à se frotter les yeux. / Ta racine est à jamais dans la tombe, / Et il te faut mourir.

> rêve exquis, elle est naïve comme les rêves et profonde comme la mort. Bon Dieu, j'y cours et vais les assommer jusqu'à ce que les pentamètres iambiques leur sortent par les narines. Ils ne savent pas la chance qu'ils ont de s'exprimer, de lire et de penser dans la plus belle langue que l'homme ait inventée. Je vais leur apprendre.

Son enthousiasme est indubitable, authentique. Non seulement va ainsi se réaliser un rêve secret qu'il a toujours eu, mais peut-être cela va-t-il confirmer, voire provoquer, ce changement de direction qu'il désire tant imprimer à sa vie.

Il ne parle que très peu du métier de comédien, et n'en évoque jamais la théorie ; il pourrait tout aussi bien être un plombier parti en dépannage, et sans doute l'analogie lui eût-elle, pour certains rôles, paru pertinente.

> J'ai passé une bonne partie de la journée d'hier dans un bain avec pas mal de maquillage sur le corps. Quand je suis rentré, il a fallu qu'Elizabeth me lave le dos. Cela m'a ramené au pays minier, à ces femmes qui doivent laver le dos de leur mari de la crasse de charbon.

« J'ai l'impression d'avoir mille ans, écrit-il. L'arthrite, cette vieille compagne, m'est retombée dessus. » Il continue de mal dormir — parfois trop, le plus souvent trop peu.

> *(31 octobre)* S. Donen m'a dit, juste comme je partais hier soir, que les rushes montraient un grand numéro d'acteur. Il venait de visionner la scène avec l'épouvantable perruque noire. Bah, on verra bien.
>
> J'ai eu droit au cauchemar du comédien, le grand jeu, au cours du second sommeil, celui qui est si profond. Réveillé à trois heures trente, je m'étais rendormi après avoir bu deux litres d'eau glacée. Il y avait Rex. Et aussi E., tantôt parmi les spectateurs, tantôt sur scène. Rex était ivre et ne se rappelait plus son texte, et moi, bon camarade, je m'escrimais à lui venir en aide. Il s'agissait d'une pièce qui m'était tout à fait inconnue, et pleine de jeunes gens irrévérencieux. Il y a sans doute un lien avec l'OUDS*. Toujours est-il que je n'ai pas été fâché d'entendre le téléphone sonner et de reprendre pied dans cet autre rêve, quand même plus contrôlable.
>
> Il faut que je parte travailler, il est bientôt neuf heures et demie et il ne faut pas que je sois en retard sinon cela chamboule toute ma journée. E. dort toujours.

---

* Oxford University Dramatic Society *(NdT)*.

Les Windsor viennent visiter le plateau d'Elizabeth, puis celui de Richard. Lui et Elizabeth sont en train d'être « adoptés », ce qui lui permet de jouer sur deux tableaux. Il se laisse aller à un accès de snobisme et, en même temps, se réjouit ouvertement de ce que le douzième enfant d'un mineur gallois puisse frayer aussi intimement avec le prestigieux ex-prince de Galles. On imagine presque les cartes postales imaginaires qu'il envoie à Cis et à ceux de Pontrhydyfen : « Que dites-vous de ça ! » Il avait en lui un snobisme intellectuel dont il ne se départissait jamais. Son snobisme mondain, en revanche, était à éclipses ; ainsi, il pouvait prendre plaisir à une sortie dans le monde, puis s'en désintéresser complètement. Et c'était là le second avantage. Il pouvait jouer le jeu, mais il pouvait tout aussi bien s'en passer. S'ils cherchaient sa compagnie, il les traitait — malgré la fascination bien compréhensible qu'il éprouvait par moments — en égaux. Et c'étaient *eux* qui venaient à *lui*. Il prenait des notes sur tout cela, matériau destiné à des écrits futurs. C'est alors qu'une autre « tête de file de la société parisienne », la princesse Elizabeth de Yougoslavie, se met à les fréquenter.

> *(5 novembre)* La princesse Elizabeth est passée sur le plateau. Elle est très jolie mais sacrément impertinente. Je ne suis pas absolument certain qu'elle soit du genre à débiner les gens par-derrière. Mais je lui crois la langue acérée. Juste une impression. Elle a paru s'amuser des difficultés de Rex à se rappeler son texte. Moi, ça ne m'amuse pas du tout, en revanche. Elle est ensuite allée dîner avec Warren. Elle était plutôt excitée, quoiqu'elle cherchât à s'en cacher.

La Callas évolue dans les mêmes cercles. Bien qu'il ne la connaisse que superficiellement et ne puisse — dans ses carnets — taire ses réserves, il fait de son mieux.

> *(6 novembre)* J'ai travaillé par intermittence toute la journée d'hier, Rex ayant toujours de terribles problèmes avec son texte. Maria Callas est passée, et comme j'étais d'humeur à lire, elle n'a pas été la bienvenue. Je la trouve pathétique en dépit de sa réputation de grande cantatrice. Elle m'a raconté qu'elle devait voir je ne sais plus quel Italien dans une dizaine de jours. Il voudrait qu'elle interprète Médée dans un film. Il compte tourner une version opéra, alors qu'elle voudrait le faire selon l'original, c'est-à-dire sans parties chantées. M'est avis que d'un moment à l'autre elle va me demander de jouer Jason. Jamais on ne me fera faire ce truc assommant. J'ai malgré tout fait aussi bonne figure que

possible et l'ai emmenée à deux reprises sur le plateau pour qu'elle nous voie, Rex et moi, tourner de courtes prises. Elle a dit combien elle trouvait tout cela fascinant et a fini, à mon grand soulagement, par se rendre au studio d'Elizabeth, où elle s'était déjà rendue une fois dans le passé. E. m'a dit plus tard l'avoir trouvée plutôt triste. Lorsqu'elle est passée, E. et Caroline [O'Connor, son infirmière] étaient en train de jouer un gin-rami. Elle s'est assise et s'est mise à les regarder comme le ferait un enfant. Il advint à un moment de la partie que, devant la réussite de Caroline, E. a dit « merde ». Cela a fait sursauter Callas. « Ça non, a-t-elle fait, outrée, ah, ça non, je n'ai pas l'habitude d'entendre des mots pareils, non, non, non. » Et de marcher de long en large dans un état de grande agitation. E. et Caroline n'en revenaient pas. Qu'est-ce qui lui a pris ? La prochaine fois qu'elle vient me voir, j'essaie *« merde* »*, histoire de voir ce qui se passera. Elle n'est pas à proprement parler belle, mais, avec ses yeux noirs, son visage possède un côté ardent qui peut être très séduisant parfois. Elle a la jambe épaisse, mais le buste fin. Elle a des poches sous les yeux et porte en permanence des lunettes noires. Peut-être pleure-t-elle beaucoup. Elle est de toute évidence très seule depuis la rupture avec Onassis. Il est évident qu'elle voudrait faire quelque chose qui laissera pantois le monde artistique, fera la jalousie d'Onassis et lui démontrera qu'au change il a gagné, certes, une jolie femme du monde, mais a perdu un génie. Il y a sans doute du vrai là-dedans, encore que, si j'avais le choix et bien que je ne la connaisse pas, j'opterais j'en ai peur pour Jackie Kennedy.

(7 novembre) Un comprimé a eu hier soir raison de la toux sèche qui m'empêchait de dormir depuis plusieurs nuits. Ce médicament m'avait été prescrit l'été dernier en Angleterre, et E., l'accumulatrice de pilules et cachets, l'avait mis de côté en prévision de ce genre de problème. Mon mal de gorge a disparu. Je n'ai pas toussé une seule fois depuis mon réveil. J'ai à ma droite une bouteille de Perrier tout droit sortie du réfrigérateur, des cigarettes à portée de la main gauche, l'avenue Montaigne à mes pieds, il est neuf heures moins dix du matin et, hormis la victoire de Nixon aux élections américaines, tout va bien. Évidemment, un enfant meurt de faim toutes les minutes, les Biafrais se font tailler en pièces, le napalm brûle les bébés vietnamiens, mais que peut-on y faire ? Il y a les « bonnes œuvres » de ces infects Victoriens nantis. Un chaudron de soupe et un quignon de pain pour Mme Lewis, qui habite au bourg. Elle ne va pas fort, la pauvre. On va lire *La marche des pèlerins* à M. Jones sur son lit de mort, M. Jones l'illettré, puis l'on rentre

* En français dans le texte *(NdT)*.

chez soi, bouffi de bonne conscience, pour s'empiffrer d'un dîner à sept plats. Une grande maison, cinquante domestiques, d'immenses pelouses, des pavillons et des belvédères, des allées de chênes, et pas de tout-à-l'égout au village.
Eh, mais qu'est-ce qui me prend ?

Les rapports de Burton avec Stanley Donen, le metteur en scène, étaient en train de se détériorer, et son professionnalisme coutumier était mis à rude épreuve.

Hier, déplorable journée de travail. Il a fallu que je recoiffe le postiche chauve. Et Donen se montrait si peu obligeant que pour la première fois depuis le début du tournage la moutarde m'est montée au nez. Je me suis toutefois vite dominé. J'en suis à ce stade — et cela m'arrive sur chaque tournage — où tout me paraît ennuyeux et stupide. Je connais le même genre de chose au théâtre. Au bout d'un mois de représentation de la même pièce, je commence à m'ennuyer ferme, même dans des rôles d'une richesse infinie comme Hamlet. Et cependant je continue de faire ce métier. Je suis un homme riche. Pourquoi ne pas renoncer et me consacrer aux susdites « bonnes œuvres » ? Faire pousser deux brins d'herbe là où avant n'en poussait qu'un, ce genre de chose. Je serais bien incapable de cultiver de l'herbe même dans un bac, ou d'enfoncer un clou dans le mur sans enfoncer mon doigt avec. Autant continuer de donner de l'argent aux associations humanitaires.

(8 novembre) Hier soir, après avoir écrit dans ce carnet, tandis que, comme je m'y attendais, milady dormait à poings fermés, j'étais en train d'étudier quelques scènes du scénario quand la porte de la chambre s'est brusquement ouverte. Et voilà E. debout sur le seuil, en chemise de nuit presque transparente, avec une bretelle glissée de l'épaule. Et c'est ainsi que je suis allé me recoucher pour une dizaine de minutes. Elle m'avait fait le coup de la séduction, et je n'ai pas cessé, aujourd'hui, de la blaguer là-dessus au téléphone. Elle était vraiment très belle. Cela vient de ce que, au bout de tant d'années, cette gamine est encore capable de rougir. Il y a bien longtemps que j'ai perdu cette capacité.
A partir de ce soir, nous avons un délicieux congé de trois jours. Nous allons nous planquer à l'hôtel et ne pas mettre le nez dehors, si ce n'est occasionnellement pour aller au restaurant. Je vais lire et lire et lire.

(10 novembre) Hier, Caroline nous a raconté d'étranges anecdotes. Un jour, une femme est venue en consultation chez le médecin pour lequel elle travaillait, parce qu'elle et son mari n'arrivaient pas à avoir un enfant. Cette femme devait avoir dans les quarante

ans. En l'examinant, le médecin a la surprise de découvrir qu'elle est vierge. « Comment votre mari vous fait-il l'amour ? » demande-t-il. « Mais, par ici », dit-elle en montrant son nombril. Un autre couple, tout aussi immature, vint voir ce médecin pour le même problème. Ceux-là croyaient que c'était en se tenant par la main que l'on faisait les enfants ! « Cela fait des années que nous nous tenons par la main, et sans aucun résultat », se lamentaient-ils. Dans les deux cas, il s'agissait d'Anglais, et nullement illettrés. Mais ce n'est pas tout... J'ai raconté à E. et Caroline une anecdote que je tiens, je crois, d'un médecin de Hollywood. Un type est arrivé un soir aux urgences avec un tube cathodique de télévision dans le derrière, et si profondément enfoncé qu'il n'arrivait pas à le ressortir. Les médecins mettent plusieurs heures à le lui retirer sans le briser. Cela aurait évidemment déchiré les entrailles de ce malheureux. Libéré, celui-ci est aussitôt d'aplomb. Il remercie les médecins, puis demande à récupérer son tube cathodique, *parce qu'il en est amoureux* !
E. et moi avons reçu des télégrammes de félicitations de Richard Zanuck [fils de Darryl Zanuck et producteur délégué] pour notre prestation « géniale », « brillante », « superbe, etc. » dans nos films respectifs. Donen et Rex également. On est bien loin de ce jour où, à New York, juste comme j'allais interpréter Hamlet au Lunt-Fontanne — c'était d'ailleurs l'anniversaire de Shakespeare —, on m'a remis devant l'entrée des artistes un papier m'annonçant une poursuite en dommages et intérêts. Ils demandaient cinquante millions de dollars. Cela s'est réglé à l'amiable, bien sûr, mais au bout de trois pénibles années et d'innombrables dépositions.

Cela faisait des jours qu'il se plaisait à utiliser « irastosable », le mot de Liza. Il en use à nouveau au début de la description d'un dîner qui marque un tournant dans ses rapports avec la haute société française. Peut-être se mit-il à soupçonner ses représentants de condescendance à son égard ; peut-être un esprit de classe profondément enraciné vint-il tout à coup lui passer le goût des mondanités. Il y sacrifierait encore, mais avec beaucoup moins d'enthousiasme. Ce 13 novembre le doucha.

(13 novembre) J'ai dit hier que la journée pourrait bien s'avérer irastosable, et cela a été le cas. E. m'a dit hier soir que je me comportais comme Rachel Roberts. C'est sans doute vrai, et ce n'est pas plus mal, puisque ainsi nous ne serons plus jamais invités aux soirées du duc et de la duchesse de Windsor. Et Dieu merci, déclara-t-il avec ferveur. Rarement je m'étais aussi prodigieusement ennuyé. Il y avait vingt-deux convives à dîner et seulement deux noms connus de moi, uniquement grâce à une

réminiscence historique : le comte et la comtesse de Bismarck. Lui, le comte, ressemble autant à la représentation mentale que l'on peut se faire du chancelier de fer qu'un plat de spaghetti. Il est mou, rondouillard et hésitant. Il ne serait pas fichu de tailler le territoire de l'Allemagne actuelle dans un morceau de carton. Son âme n'a pas été touchée par l'airain de son grand-père. Le duc et la duchesse sont d'une petitesse extraordinaire. Deux minuscules figurines comme Toto et Nanette, que l'on pose sur le dessus de la cheminée. Ébréchées sur les bords. Quelque chose qu'on dispose dans le salon uniquement le dimanche. Royauté déchue. La solennité qui entoure un roi manque particulièrement de majesté. Charmant et insignifiant.

E. vient de me rappeler qu'à un certain moment, hier soir, j'ai dit à la duchesse : « Vous êtes indubitablement la femme la plus vulgaire que j'aie jamais rencontrée. » Aïe ! Elle venait de me faire remarquer que nous étions les seuls à cette soirée qui n'eussions pas de titre. Elle est loin de se douter que nous l'avons faite princesse de Pontrhydyfen. Le duc, me dit E., était furieux après tout le monde de n'avoir pas été placé à côté d'elle, et moi j'étais furieux de n'être pas à côté de la duchesse. J'étais entre deux Américaines, une duchesse et une comtesse. Elles étaient assez jeunes et d'une beauté austère. L'une d'entre elles m'a dit qu'elle m'avait vu jouer Hamlet à New York, et m'a demandé comment je faisais pour me rappeler mon texte. Je lui ai répondu qu'en fait je ne respectais jamais tout à fait le texte original, et que certaines de mes improvisations sur des monologues que je déteste, et donc ne parviens jamais à me rappeler, n'eussent pas été désapprouvées par l'auteur-acteur en personne, ce minable. Je lui ai dit avoir une fois prononcé « Être ou ne pas être » en allemand devant un public américain, mais de toute évidence elle ne m'a pas cru. Je lui ai dit que certains aspects de Hamlet, j'entends l'homme, étaient si écœurants qu'on ne pouvait les rendre que ivre. Ainsi de l'auto-apitoiement débridé de « Comme toutes les circonstances déposent contre moi, et éperonnent ma vengeance rétive ». Il faut être bourré pour venir à bout de cela. Du moins est-ce mon cas. Je crois que je l'ai choquée.

Une autre dame, d'au moins soixante-dix ans, qui s'était si souvent fait retendre la peau qu'elle avait le visage au sommet de la tête, m'a demandé s'il était exact que tous les acteurs sont des invertis. J'ai répondu que oui, et que c'était la raison pour laquelle j'étais marié avec Elizabeth, qui elle aussi, du fait de sa profession, était une invertie, mais que nous avions passé un arrangement. Du fait de l'excitation, son visage était presque redescendu jusqu'à son menton. « Comment faites-vous ? » me demanda-t-elle. « C'est simple, dis-je du tac au tac, elle habite une suite, moi une autre, et nous faisons l'amour par téléphone. »

Il semble qu'à un autre moment j'ai empoigné la duchesse et l'ai fait tournoyer et tournoyer comme un derviche. Elizabeth avait grand peur que je ne la laisse tomber ou que je ne m'effondre sur elle et la tue. Seigneur ! A présent je vais partir, rentrer chez moi, retourner vers ces mineurs du pays de Galles qui comprennent la boisson et les idioties qu'elle entraîne. Sainte Mère, afin de nous guérir on avait édicté des lois sur les débits de boissons, mais nous étions incurables. Je mourrai d'un excès d'alcool et de fard.

Je suis debout depuis huit heures. Elizabeth a tenté de m'enfermer dans la chambre d'amis, aussi ai-je été contraint d'essayer de descendre la porte à coups de pied. Et j'y suis presque parvenu, ce qui fait que j'ai dû ce matin passer un moment à quatre pattes pour ramasser les morceaux de plâtre, avec l'espoir que les employés ne s'apercevraient pas que l'hôtel a manqué perdre une porte en plein milieu de la nuit. Et j'ai pensé mettre cela sur le dos des chiots. Mais E. a dit que l'idée n'était pas très bonne, et peut-être demain matin me rangerai-je, comme toujours, à son avis. D'autant que nous n'avions avec nous, hier soir, qu'un seul des chiots. L'autre, Sebastian, était avec Caroline, sa mère adoptive. Et si c'était Caroline qui a enfoncé la porte afin de me soustraire aux griffes d'Elizabeth ! Allez savoir...

Au 14 novembre, il ne semble pas qu'il ait beaucoup réduit sa consommation.

(14 novembre) Hier fut une journée aussi vouée à l'échec que la civilisation hittite, mais plus plaisante. Je veux dire qu'il n'y a pas eu mort d'homme. Beaucoup de choses étranges sont arrivées. Rachel, qui ne déçoit jamais son monde, nous a exhibé sa toison pubienne et, en guise de dessert, s'est allongée en minijupe sur le sol pour montrer ses fesses à qui voulait regarder. L'obscénité, dans le cas de Rachel, est maintenant devenue la norme. Si elle prenait un jour une tasse de thé avec un croquet au gingembre et se mettait à discuter tranquillement de poésie moderne, nous perdrions tous la boule et montrerions nos parties intimes aux touristes en balade. Je n'ai pas été d'un grand secours. A un moment donné, l'œil voilé et malveillant, elle a lancé par-dessus ma tête à propos de Rex : « Je me fous pas mal de ses blondes glacées. » Pas de réaction. Et de répéter : « Je me fous des blondasses glacées. » « Et moi de même », fis-je avec un sourire aussi bidon qu'une police dentaire.

Je ferais mieux de partir travailler parce que je me suis assez mal conduit hier. A en croire mes amis, j'ai vidé au fil de la journée trois bouteilles de vodka. N'entre évidemment pas là-dedans la soirée, au cours de laquelle je pense avoir levé le pied. C'est une erreur de boire autant. Je vais manquer le mariage de mes enfants, et ils en seront fâchés car il n'y aura personne en cette occasion, en dehors de leur mère, pour faire de mauvais jeux de mots.

Rien de surprenant à ce qu'il écrive le 15 novembre :

> Je redoute cette journée. D'abord il va falloir que je joue la comédie, ce que j'aime faire de temps à autre, mais pas aujourd'hui. Ensuite, Aaron est ici avec ses incessantes questions sur des points de détail légaux. Troisièmement, il est probable que je vais une nouvelle fois être envahi. Quatrièmement, j'aimerais me retrouver seul avec E. pendant deux cents ans, et nous ne pouvons même pas avoir deux jours. Ce week-end, nous allons chez Guy et Marie-Hélène de Rothschild. J'aime leur maison et je les aime aussi, aussi ce sera peut-être plaisant. Nous ne partons que demain et rentrerons probablement lundi dans la matinée.
>
> Je crois que je vais aller faire un somme d'une heure. Il est dans les dix heures et je ne dois pas partir avant midi. Question joie de vivre, ce n'est pas vraiment ça.

Autre source de tristesse, son ami et avocat Aaron Frosch — qui craignait toujours de l'ennuyer — lui annonça qu'il souffrait d'un début de sclérose en plaques. La compassion de Burton est immédiate. Quoique son état de santé se détériorât rapidement, il continua de l'employer et alla le voir chaque fois qu'il passait par New York. Ce n'est que lorsque Susan Hunt et Valerie Douglas eurent plus de poids dans ses affaires, qu'il prit d'autres avocats à son service.

Zanuck continue de télégraphier que les rushes sont « superbes ».

> *(16 novembre)* Hier soir, un Aaron un peu gris m'a dit que j'étais l'homme le plus intelligent qu'il ait jamais rencontré ! Et il en a rencontré un paquet, a-t-il poursuivi avec impétuosité. Des juges de la Cour suprême, des philosophes, John Kennedy, d'éminents médecins, de grands comédiens, tonton Tom Cobbley, et j'en oublie. Même si sur le moment j'inclinais modestement la tête, ce compliment m'a tellement fait plaisir que je viens de le rapporter ici, je me trompe ? Un galet sur le rivage de l'immense océan de la connaissance et merci sir Isaac Newton. Je crois que je vais aller dormir une heure afin de soulager ma puissante cervelle. Non, pas de roupillon, ainsi je vais avoir le temps d'écrire aux enfants, mais *après* un Bloody Mary.

Ils passèrent le week-end avec les Rothschild en leur magnifique demeure, le château de Ferrières.

(17 novembre) Dimanche matin en la maison que je préfère. Il est bientôt midi et la première neige est tombée cette nuit. Il neige de nouveau en ce moment. Hier a été un peu fatigant, avec beaucoup de parlote. Assez bizarrement je n'étais pas d'humeur volubile, mais il a fallu que je me force. Nous avons amené Caroline avec nous pour lui montrer la maison et le parc. E. dit que, comme de juste, elle en a retiré un plaisir immense. Il faut dire que cet endroit est vraiment exceptionnel.
Guy et David étaient déjà ici lorsque nous sommes arrivés. Nous sommes tombés sur ce dernier comme il sortait des bois avec un lapin dans une main et un faisan dans l'autre. Il était accompagné des deux garçons et d'une jolie petite cousine. C'est Philippe, le cadet, qui avait tiré le lapin. Il s'agissait de son premier tableau de chasse. Se trouvait également là Lily, la fille de Guy, qui doit garder la chambre une bonne partie du temps depuis qu'elle a eu un caillot au cerveau il y a deux mois. L'ascenseur est tombé en panne dans la soirée. Son mari et moi avons donc dû la monter dans sa chambre au deuxième étage. Je suffoquais un peu en arrivant là-haut.
Avant l'arrivée de Marie-Hélène, la conversation a surtout porté sur les déviances sexuelles. Guy nous a raconté avoir connu un homme qui ne pouvait faire l'amour à une femme que si elle était nue à l'exception de *bottines à boutons**. Il s'agit de chaussures montantes à agrafes comme en portaient nos grand-mères. Lily, qui travaille dans une clinique psychiatrique, nous a cité le cas d'un type qui ne pouvait atteindre l'orgasme qu'en s'imaginant sa mère tombant du haut de l'immeuble et passant devant la fenêtre pendant qu'il faisait l'amour !
Marie-Hélène est arrivée dans tous ses états, s'étant fait maquiller par Alberto di Rossi. Elle n'a pas remporté le succès escompté. Elle est plutôt laide, avec un grand nez crochu et une bouche presque négroïde. Mais elle a de très beaux yeux de myope, et sa vivacité, son débit de mitrailleuse dans les deux langues lui confèrent beaucoup de charme.
Je ne sais pourquoi je suis toujours surpris que des gens riches puissent être intelligents. Après tout ils ont dès la naissance toutes sortes d'avantages, les meilleurs précepteurs, une solide éducation, etc. Mais Guy et David sont tous les deux très brillants, surtout celui-ci. Et tous deux ont une tournure d'esprit très humoristique. David fait de mauvais calembours qui me ravissent. Ma contribution à cette conversation à propos de sexe a été cette anecdote, que je tiens de David Niven, sur un acteur

* En français dans le texte *(NdT)*.

d'Hollywood qui adorait s'asseoir nu sur un gros gâteau pour se masturber. David a eu ce commentaire : « Il aurait fallu lui dire qu'il ne pouvait à la fois s'envoyer le gâteau et s'envoyer en l'air. »

Il y avait treize personnes à dîner, aussi a-t-on dressé deux tables côte à côte pour ne pas inquiéter d'éventuels superstitieux. A un moment, j'ai évoqué les Onassis, ce qui a aussitôt déclenché une discussion très vive entre Marie-Hélène et Lily. La première affirmait catégoriquement que les Onassis ne seraient jamais invités chez elle, tandis que Lily et moi disions que nous les inviterions chez nous.

(18 novembre) Hier a été une journée de rêve. Nous avons dormi jusqu'à midi et avons appris avec plaisir que le déjeuner serait une collation prévue pour le milieu de l'après-midi. Nous avons donc demandé qu'on nous serve le petit déjeuner dans la chambre. Œufs au bacon, brioche maison, tartines grillées de pain maison et petites pommes du verger. Puis, tandis qu'E. paressait au lit avec un livre, je suis allé faire une longue promenade dans les bois et la neige. De temps en temps j'entendais dans le lointain les coups de feu des chasseurs. E. m'a fait signe de sa fenêtre. La glace commençait de prendre sur l'étang. Cygnes et canards nageaient lentement dans les bras d'eau libre, très lentement pour je ne sais quelle raison, et très comiquement.

La collation fut un véritable festin. De la poule au pot avec toutes sortes de légumes, suivie d'une grande variété de fromages et de desserts. Châtaignes grillées, raisins secs, figues fraîches, mandarines, oranges, pommes, et d'excellentes confitures à l'évidence faites à la maison. Nous étions peut-être vingt-cinq à table. J'ai beaucoup conversé avec le ministre de l'Intérieur. Il m'a affirmé que sa fonction était bien plus importante et prenante que celle de notre Home Secretary. Il ne m'a pas donné à cela une explication satisfaisante. Il va falloir que je me renseigne. Ma méconnaissance de la politique française est abyssale. Peut-être parce que, jusqu'à l'arrivée de de Gaulle, elle m'a toujours paru comique et incohérente. Un nouveau premier ministre toutes les trois semaines. Il y en a même eu un qui n'a duré que le temps d'un week-end.

Ensuite, je suis monté lire, dormir un peu et prendre un bain avant le dîner donné en l'honneur de Marie-Hélène dont c'était l'anniversaire. Les convives étaient répartis entre plusieurs petites tables. J'étais placé entre la comtesse de Bardolini (?) et Mme Pompidou, épouse de l'ancien premier ministre de de Gaulle. Elle pense, disait-elle, que Georges, son mari, doit se démarquer de de Gaulle de sorte à avoir une chance de retourner aux affaires après la mort de ce dernier, dont elle estime, peut-être non sans

quelque espoir, qu'elle ne devrait plus tarder. Georges ne m'a pas fait forte impression. J'ai tour à tour contrefait la voix de chacun de mes commensaux, ce qui n'a pas laissé d'impressionner Mme Pompidou, ainsi que Marie-Hélène et plusieurs autres personnes me l'ont ensuite rapporté. Il s'agissait de voix faciles à imiter. La fille de l'ambassadeur du Brésil, avec une voix rauque et un accent portugais, deux personnes à l'accent italien, un type surexcité à la voix aiguë. Un accent allemand. En somme un simple travail de la glotte.
Guy de Rothschild, personnage habituellement plein de bon sens, était aux quatre cents coups parce que son petit teckel, Toutounet ou quelque chose comme ça, était souffrant. Il l'avait placé derrière sa chaise, dans un panier et enveloppé d'une couverture. Pendant le repas, il a bien dû se lever une vingtaine de fois pour aller voir comment il allait. Pour se faire dorloter, ce petit chien, une chienne en fait, en rajoutait de façon incroyable. Seulement, que voulez-vous, il l'aime — c'est quelque chose que je comprends. Marie-Hélène nous a plus tard confié qu'il est à ce point attaché à cet animal que si jamais il vient à mourir, elle, Marie-Hélène, ira se mettre au vert le temps qu'il surmonte son chagrin. Presque tous les invités sont repartis pour Paris au terme de la soirée. Mais nous avons veillé jusqu'à trois heures du matin avec les Rothschild allemands, Marie-Hélène, Alexis Redee et Lily. Je leur ai déclamé du Shakespeare, puis E. et moi avons chanté une chanson galloise, *« Ar lan y mor mae rhosys cochion »*. Elizabeth était si belle que les hommes en étaient sous le charme et que les enfants venaient s'asseoir à ses pieds. Elle a chanté délicieusement et sans affectation. Tout le monde était en admiration, moi compris. Je ne suis toujours pas blasé de cette femme.

(19 novembre) Nous sommes partis très tard de Ferrières à cause de ma lambine de Liz, mais, ô miracle, bien que nous ayons roulé lentement à cause de la neige et du verglas, nous sommes arrivés à l'heure. Un dénommé Flink, de *Look Magazine*, est venu passer une heure dans ma loge. Il m'a posé toutes sortes de questions sur l'homosexualité, auxquelles j'ai fait toutes les réponses habituelles. Vivre et laisser vivre. Il faut de tout pour faire un monde. Ne juge pas, de crainte d'être jugé. Ne jette pas la première pierre, de crainte d'être à ton tour lapidé. Certains de nos meilleurs amis sont homosexuels, etc., etc.
Au sujet de la soirée de dimanche, deux anecdotes que j'ai omises, ommises — l'un des deux est le bon — dans ce que j'ai noté hier. Nous étions peut-être une soixantaine à attendre, un cocktail à la main, de passer à table. Elizabeth et moi étions assis dans un coin en compagnie de Lily et de diverses autres personnes, quand Marie-Hélène est venue me trouver. « Richard, voudriez-vous

aller parler avec cette dame là-bas ? » « Mais enfin, Marie-Hélène, je ne la connais même pas... pourquoi moi, etc. ? » « Elle voudrait seulement entendre votre voix, elle la trouve merveilleuse. » Et mon Elizabeth, avec un accent américain à couper au couteau : « Dites-lui que j'arrive, que je vais lui faire une imitation. » Ma nana ne fait pas dans la demi-mesure. Plus tard, après le dîner, lorsque les enfants sont allés un par un en bout de table pour débiter un compliment un peu contraint, un voisin d'E. a parlé entre ses dents de « pensum vraiment petit-bourgeois ». E. et moi sommes d'accord pour dire que si les Rothschild, si Ferrières, si quatre-vingts personnes à dîner dans l'aile d'une maison où l'on est servi par une centaine de domestiques, si un parc dont les allées ont été plantées d'arbres par des monarques en exercice, si tout cela est petit-bourgeois, alors nous sommes, nous, des cloportes fraîchement sortis de dessous leur pierre. Les Rothschild, petit-bourgeois ? Ce sont des aristos, mon cher. C'est comme lorsque Syb qualifiait les Johnson (le Président et lady Bird) de « banlieusards ». Est-ce que par hasard elle trouve que Ferndale ressemble à une cité-dortoir ? Toujours est-il que, n'en déplaise à ce type, si célèbres, si riches et surpayés, si courtisés et insultés que nous soyons, E. et moi ne sommes ni las ni blasés. Nous ne sommes même pas jaloux. Simplement, nous avons de la chance.
Verni, je l'ai toujours été, mais ma plus grande chance a été de rencontrer Elizabeth. Elle a fait de moi quelqu'un de moral mais pas un petit saint, elle est une amante follement excitante, elle est timide et spirituelle, elle est fine, elle est une brillante actrice, elle est belle au-delà de tout, elle peut être arrogante et volontaire, elle est indulgente et tendre, *dulcis imperatrix*, elle arrive à tolérer mes impossibilités et mes ivrogneries, elle est ma douleur lorsque je suis loin d'elle, *et elle m'aime !* Elle est une promesse qu'on ne pourra jamais complètement cataloguer, elle est l'almanach de ce pauvre Richard. Je l'aimerai jusqu'à ma mort.

Après quelques semaines d'euphorie, survient un décès qui frappe durement Elizabeth.

(21 novembre) Le père d'Elizabeth est mort hier après-midi. C'est moi qui lui ai annoncé la nouvelle. Même si cela faisait des semaines que nous nous y attendions, elle en est devenue comme folle. Évidemment, il n'est pas d'amour comparable à l'amour réciproque d'un père et de sa fille. Je suis payé pour le savoir. La passion que je nourris pour mes filles est grotesque. Est-elle réciproque, comme dans le cas d'Elizabeth ? C'est une autre question. Je me sens comme un homme qui, ayant été frappé dans le dos, est en train de mourir de ses blessures. Si vous voyez ce que je veux dire. Je ne supporte pas de voir souffrir autrui.

Je préférerais de beaucoup que le coup m'ait été adressé, et je ne suis pas masochiste. Cette douleur par personne interposée m'est assez pénible. En dépit de tout ce qu'elle a pu dire sur sa mère pendant toutes ces années, E. ne songe plus maintenant qu'à la protéger et la chérir, comme la bonne petite fille qu'elle est. Moi de même. La mort est une saloperie.

Et il ajoute un peu plus loin :

Peu m'importe de mourir, mais que vais-je devenir si jamais *elle* meurt ? Je crois que je me changerai en pneu d'autobus pour écraser indéfiniment des pieds innocents.

Il lit toujours beaucoup. Des romans policiers, *The Double Helix*, la biographie de Haldane par Ronald Clark, *The Bible As History*, Osbert Sitwell, encore des policiers, l'ouvrage de Schlesinger sur Kennedy, lu en deux heures et aussitôt relu, *Finnegans Wake* — Joyce est « le grand écrivain du siècle ».

Début décembre, il laisse Elizabeth et sa mère à Paris pour aller tourner à Londres les dernières scènes de *L'escalier*. A son retour, il découvre que

Elizabeth est si éprouvée que je me dis qu'elle va finir dans un fauteuil roulant. Ainsi, les deux êtres que j'aime le plus au monde, déambuleront sur des béquilles. *Quelle vie**... Nous dînons ce soir dans un petit restaurant avec le duc et la duchesse de Windsor.

Il est de plus en plus inquiet au sujet d'Elizabeth.

(20 décembre) Je me fais du mauvais sang pour E. Elle est tout à fait indisciplinée en ce qui concerne sa santé. Tous les médecins sont d'accord pour dire qu'il lui faudrait passer un mois allongée sur le dos. La production a très généreusement interrompu le tournage pour lui permettre de se reposer, et j'attends encore de la voir rester une heure allongée sur le dos, en dehors des heures de sommeil. Elle soutient que les toubibs ne voient pas d'inconvénient à ce qu'elle boive. Cependant, la présence simultanée dans son organisme de l'alcool qu'elle absorbe et des médicaments que Caroline ne cesse de lui injecter ne peut qu'être néfaste. Elle ne prend absolument pas soin d'elle-même, et le résultat est que je m'énerve lorsque je la vois se traîner percluse de douleurs. A ce régime, sa maladie ne connaîtra jamais de

* En français dans le texte *(NdT)*.

rémission. Lorsque j'essaie d'aborder le sujet avec elle, j'ai l'impression de m'adresser à un mur. Je me soucie comme d'une guigne de ce que racontent les médecins. Ils ont manqué la tuer par deux fois et, par pure négligence, ils ont laissé mourir ma mère. Sur mille comédiens, combien y en a-t-il de bons ? Peut-être cinq, dans le meilleur des cas. Les autres sont au chômage. La même proportion s'applique aux médecins, et cependant aucun n'est au chômage. Ils sont tous occupés quelque part à prescrire le mauvais traitement, à faire le mauvais diagnostic ou à charcuter quelque pauvre diable inconscient et éthérisé.

Noël approche.

(21 décembre) Nous partons aujourd'hui pour Gstaad, où nous resterons jusqu'au 5 janvier. Nous avons affrété un avion spacieux. Je ne sais pas trop ce que c'est, mais il compte seize places et est à turboréacteurs. La raison de ce choix est que nous sommes un grand nombre. En plus de nous deux, il y aura Sarah, Michael, Chris, Liza, Maria, Caroline, John Quelque Chose, qui est le petit ami hawaiien de Simmy. Sinon, cela va être un Noël tranquille, à fumer la pipe en pantoufles au coin de la cheminée avec un volume de Dickens. Cela va être une maison de fous. Je vais m'enfermer trois jours dans ma chambre et me glisser dehors à l'insu de tous pour aller me promener dans les bois. Peut-être me sera-t-il possible de lire un *conte* de Noël devant le feu de bois de notre chambre. Et de faire tous les mots croisés, énigmes et charades de Noël. J'ai oublié de préciser que nous emmenons aussi quatre chiens, un chat et un canari. Je pense qu'à l'avenir je suggérerai de voyager chacun de son côté. Moi, je voyagerai du mien. Comme cela doit être plaisant de ne prendre qu'un passeport, un sac, une mallette et une machine à écrire. De prendre un train de nuit et découvrir à son réveil les chalets suisses et le tintement des cloches dans les alpages. Au lieu de « Liza, pour l'amour du Ciel, avance et cesse de caresser ce chat de gouttière. Maria, assieds-toi, ASSIEDS-TOI. Chris, veux-tu bien arrêter de jouer avec ces allumettes, tu vas mettre le feu à ce foutu aéroport. Mike, arrête de donner des coups de pied au pilote. Il essaie de conduire cet avion. Faites attention à Fatso. Rattrapez-moi ce chat. Il faut que quelqu'un ramasse la crotte de Jacob. Empêchez-moi ce chat de glisser la patte dans la cage du canari. Bon Dieu, quelqu'un va-t-il enfin empêcher Oh Fie de lever la patte contre la jambe du navigateur. Oh, et puis flûte, où est le parachute ? Je sors d'ici ! » J'avais oublié Jacob, cela fait *cinq* chiens.

Il ouvre son carnet pour la dernière fois de l'année le jour de la Saint-Sylvestre.

(31 décembre) Voici le dernier jour de l'année et je n'en suis pas fâché. Cela a été une année avec des hauts et des bas, surtout des bas. Je ne vais pas revenir sur toutes les calamités qui se sont abattues sur nous. La nouvelle année s'ouvre toutefois sur une bonne nouvelle dont j'espère qu'elle aura valeur d'augure. Au cours des dix derniers jours, Ifor a pu à trois reprises se tenir debout et a également réussi à nager à trois occasions. Chaque fois avec quelqu'un pour l'aider, bien sûr, mais au moins est-ce bon signe. Envoie-nous d'autres signes, ô Seigneur ! J'ai la poitrine, le nez et la gorge pris par un rhume dont je n'arrive pas à me débarrasser. Il semble que les rhumes soient plus fréquents depuis quelque temps. J'ai cessé de boire et diminué le tabac dans l'espoir de m'en débarrasser, du rhume j'entends, parce que cela me rend très irritable, impatient et exécrable avec tout le monde. Hier, je ne suis pas sorti de la chambre et ai lu ou plutôt relu le pavé de Schlesinger sur JFK. Y compris les repas et les séjours aux toilettes, j'ai bien dû lire seize heures d'affilée. Résultat, ce matin j'avais l'œil droit complètement injecté de sang. C'est un souvenir de cette bagarre devant la gare de Paddington il y a quelque sept ans, au cours de laquelle j'ai reçu un coup de chaussure dans l'œil. Mon œil a perdu sa conjonctive *(sic)* et a bien failli y rester lui aussi. Et plus tard, à mon âge, ces choses-là se rappellent à votre bon souvenir. De temps en temps aussi le bas de ma colonne vertébrale me fait un mal de chien. Toujours la même bagarre, mais peut-être pas la même chaussure. Ces petits monstres étaient à six contre Ifor et moi. En plus des soucis habituels au sujet des enfants, ma principale inquiétude en cette nouvelle année est l'état de santé d'E. Cela ne s'améliore pas, et elle n'y met pas du sien. Elle va de nouveau s'effondrer à tout bout de champ dès qu'elle aura repris le travail depuis quelques jours. Si elle réussit à mener ce tournage à son terme, elle va rester un moment sans travailler. Et si ses problèmes de sciatique persistent, je vais insister pour qu'elle ne retravaille *plus jamais*. Ce n'est pas bon pour elle et ce n'est pas bon non plus pour les compagnies qui l'emploient. Ainsi, par exemple, j'ai passé tout hier au lit, tandis qu'elle a passé toute la journée et jusqu'à plus de minuit dans la pièce principale, à bavarder, etc. Et bien sûr, inévitablement, à boire. Je ne suis jamais tranquille, le soir, lorsqu'elle a eu ses piqûres, qu'elle a pris ses cachets, et qu'elle arrive à peine à parler. En plus, elle prend de la cortisone, substance qui induit une prise de poids et nécessite par conséquent un régime sans sel assez draconien. Ce régime, elle l'a suivi *deux* jours. Eh merde. Et le pire avec cette habitude qu'elle a de ne rien se refuser, c'est que lorsqu'elle se met à gémir et à gémir de douleur, je n'éprouve que de l'ennui. Et le plus effrayant c'est qu'elle n'a plus le goût à rien. Jamais elle ne lit, ou alors pas plus de deux pages d'affilée. Il lui a fallu

> plus d'un mois pour venir à bout d'un petit polar de Carter Brown que j'aurais terminé en une heure. Cela va faire deux mois qu'elle n'a pas demandé à lire ce journal, alors qu'elle y a libre accès et que d'habitude cela la fait rire. J'ai toujours été un gros buveur, mais maintenant, à cause de cette demi-vie que nous menons, je bois deux fois plus qu'avant. Je vais en crever tandis qu'elle poursuivra allégrement cette misérable existence. Ne déprime pas comme cela, Rich. Demain le monde sera neuf.

Zanuck s'était trompé. *L'escalier* ne fut pas un succès. Quoique le spectacle de deux hétéros impénitents dans des rôles de « folle » ait eu le don de réjouir l'équipe du film et de faire miroiter à Zanuck des piles de billets verts, le public ne s'y trompa pas : il s'agissait d'un film à la mode construit sur un scénario très mince. La nouveauté de l'idée s'étiola avant même qu'elle n'eût été mise en œuvre. Le film fut médiocrement reçu par la critique comme par le public. *The Only Game In Town* ne fit guère mieux. Burton s'apprêtait à tourner *Anne des mille jours*.

Elizabeth allait accuser un coup sévère. On la considéra trop « mûre » pour interpréter le rôle qu'elle convoitait, celui d'Anne Boleyn. Pas plus que Richard, elle n'était du genre à s'illusionner. Trop mûre signifiait trop vieille. Tout à coup, Richard prenait la tête et volait de ses propres ailes.

CHAPITRE 18

« SCÈNES DE MÉNAGE »

En 1969, les carnets commencent le 4 janvier et s'achèvent le 12 décembre. Leur contenu équivaut à celui d'un roman de taille moyenne. Soigneusement dactylographiés, les feuillets sont reliés dans un classeur rouge vif. Burton écrit régulièrement, qu'il soit à Paris ou à Puerto Vallarta, à Londres ou à Gstaad, qu'il séjourne à Genève, à Saint-Jean-Cap-Ferrat ou au Bell Inn, l'hôtel d'Aston Clinton. La variété des sujets abordés ne le cède en rien à la diversité des lieux. Il est désormais à peu près évident qu'il s'exerce pour devenir écrivain — parallèlement à son journal il écrit des articles — et que par une discipline quotidienne (ou peu s'en faut) il délie son style et prend confiance en lui.

Il évoque Elizabeth, leur couple, où il y a le meilleur et le pire (parfois insupportable), la maladie et le talent de sa femme, son propre état de santé, l'infirmité d'Ifor, les enfants, les chiens, les écrivains qu'il apprécie — Evelyn Waugh, Octavio Paz, Nathaniel West, Ian Fleming. Il parle de l'alcool, de l'argent, de l'actualité — la conquête lunaire, le fameux accident de Ted Kennedy à Chappaquidick. Il s'étend sur son métier, sur le tournage d'*Anne des mille jours*. Il parle des grands de ce monde, de son passé gallois, de tout le cirque qui l'entoure. Il évoque des lieux comme Puerto Vallarta, Londres, Paris, Gstaad. Il parle de certains restaurants et de ce qu'ils lui inspirent, il disserte sur la poésie moderne et la sexualité. Il est impossible d'en citer plus qu'une fraction, mais la meilleure façon de lui faire justice dans le contexte de cette biographie est peut-être de le suivre linéairement au fil des jours, afin que le lecteur s'imprègne des sujets qu'il aborde et de la construction qu'il leur donne.

L'année — dans les carnets — commence et prend fin à Gstaad, qui était désormais leur premier port d'attache. La *Kalizma* était leur maison flottante. Au début de l'année, ils sont à Paris, où le tournage de *The Only Game In Town* a pris du retard. Elizabeth a du mal à travailler ; son opération l'a affaiblie, et il n'est pas douteux qu'elle souffre. (Le film sera un échec, et elle ne tournera pas pendant deux ans.)

Puis ils se rendent à Puerto Vallarta (leur retraite). Elizabeth compte se refaire une santé au soleil. Caroline, son infirmière, devient une figure centrale et, bien dans la manière de Burton, « une fille ». Ils séjournent jusqu'au mois de mai dans leur toute relative cachette mexicaine. Burton lit énormément, boit tout en s'efforçant de modérer sa consommation, rêve de se retirer, et se collette avec les enfants. Ce sera là un des thèmes majeurs de cette année 1969. Page après page, il évoquera les progrès de Michael et son inquiétude au sujet de Maria.

Il y avait : Michael, fils de Michael Wilding, adolescent qui ne connaissait guère de réussite à l'école ; Christopher, autre fils de Michael Wilding, de deux ans plus jeune, qui, lui, travaillait bien et ne posait aucun problème ; Liza, fille de Mike Todd, qui rattrapait son retard scolaire et que Richard adorait ; Maria, la fille adoptive, qui se relevait d'une opération et à laquelle, craignant qu'elle n'ait des problèmes d'adaptation, il consacrait beaucoup de temps et d'attention ; Kate, sa fille aînée, enfant brillante et sans problèmes, qui vivait à Manhattan avec sa mère, et dont il se souciait comme de la prunelle de ses yeux ; et enfin Jessica, confiée à la fondation Devereux. Il l'évoque aussi rarement que son propre état de santé. Rien qu'une ou deux phrases :

> Je m'efforce le plus souvent de ne pas penser à Jess, mais il arrive qu'elle s'impose à mon esprit avec une fulgurante et douloureuse acuité. Il vaut mieux oublier tout cela. L'ignorer. L'occulter. Tu ne peux rien faire, *bach gan, bach*. Devant Dieu. Tu ne peux que la rendre riche, Rich. Et elle est riche, Rich.

Il y avait aussi Simmy, fillette originaire des îles Samoa qu'avaient adoptée Howard (le frère d'Elizabeth) et sa femme Mara, qui habita un moment avec les Burton et dont ils payaient les études comme ils le faisaient pour plusieurs enfants de Puerto Vallarta. Il entreprit de réunir cent mille dollars pour y créer une école. Les études avaient beaucoup d'importance pour l'ancien collégien qu'il était.

De Puerto Vallarta ils se rendirent à Londres, où il devait interpréter Henry VIII dans *Anne des mille jours*. Au moment de commencer le tournage, on considérait que ce serait l'équivalent d'un autre *Becket*. La nouvelle arriva bientôt que *Quand les aigles attaquent* avait été le film MGM le plus rentable de l'année. La capacité qu'il avait d'engager sa carrière sur des voies totalement différentes, offrait à Burton — si cela le tentait — de nouvelles vies. La carrière d'Elizabeth semblait au point mort, encore que son inactivité pût se justifier par son état de santé et ses efforts pour élever une famille à problèmes dont les membres étaient disséminés un peu partout.

L'alcool était pour chacun d'eux un sérieux problème et un combat de tous les jours. Burton déclarerait plus tard : « De 1968 à 1972, j'ai été irrécupérable. Je n'ai pratiquement pas décuité pendant cinq ans. Je picolais dur. J'étais là-haut avec Jack Barrymore et Robert Newton. Leur fantôme était penché en permanence par-dessus mon épaule. » Il s'agit d'une déclaration faite au cours d'une interview. A la lecture de ses carnets de 1969, il apparaît qu'il était loin d'être « cuité » en permanence. Il menait toutefois un combat lucide et acharné contre l'alcool. Comme Brenda Maddox le reconnaît également dans son ouvrage sur Elizabeth Taylor, les interviews de Burton ne constituent pas un matériau utilisable. Il ne répondait jamais de bonne foi, s'y répandait en paradoxes de toutes sortes. Le vrai et le faux s'y mêlaient comme dans les délires alcoolisés auxquels sacrifiaient les rugbymen gallois pendant la troisième mi-temps.

Leur couple se délabre. Qu'il soit encore une réalité semble tenir du miracle. La violence de Burton se déverse tous azimuts. Repensant à son enfance, il s'en prend à ses hôtes titrés, leur hurle qu'il « hait leurs foutus privilèges », comme s'il les rendait personnellement responsables des privations de sa famille. Il sombre tout à coup dans une humeur noire. Il est alors capable de se déverser en sarcasmes et méchancetés contre n'importe qui, et plus particulièrement Elizabeth. Il la frappe parfois, comme il le confesse dans les carnets. Quoique largement assez forte pour encaisser sans broncher les soubresauts de son ego torturé, elle lui répond, souvent physiquement, et il a alors toutes les peines du monde à ne pas lui rendre coup pour coup. Il le fit une fois. « Et je n'ai pas très bien entendu pendant un mois », dit-elle. Il s'agissait effectivement du combat du siècle et l'on éprouve surtout de l'admiration en les voyant, tout au long de cette année, s'efforcer de préserver leur union, alors que tant de choses militent contre celle-ci, et au premier chef, leur ego démesuré.

L'actrice canadienne Geneviève Bujold, à qui on avait confié le rôle d'Anne Boleyn, et qui était de dix ans la cadette d'Elizabeth, allait beaucoup inquiéter celle-ci. Dans sa biographie d'Elizabeth Taylor, Kitty Kelley tient pour certain que Burton et sa partenaire eurent une liaison. Il la surnommait « Gin », indice révélateur, affirme Mme Kelley, car il avait toujours donné des surnoms à ses maîtresses. Et, toujours selon cet auteur, Elizabeth en était « folle de rage ».

Il n'est pas douteux que cette dernière soupçonnait quelque chose ; les carnets en font état. Et il est probable que, surtout dans les premiers temps, il aura fait le joli cœur avec la nouvelle venue. Cependant, celle-ci était accompagnée par son jeune mari et, surtout, Richard niait qu'il y eût quoi que ce soit entre eux. Il le nie dans ses carnets. Deux acteurs qui travaillaient étroitement avec lui sur ce film et ne faisaient pas partie de l'agence de renseignements d'Elizabeth rejettent sans hésitation cette hypothèse. Selon eux, Richard — qui avait mis beaucoup d'argent dans le film — s'est aperçu que la jeune comédienne avait le trac, a insisté pour qu'on la traite comme une star, la traitait lui-même comme une star, la flattait et la « mettait dans le coup ». Cela ressemble bien à son côté *paterfamilias*. Durant ses moments creux, il allait au pub avec les autres. Hélas, comme le dit William Squire. Squire était un ancien camarade du temps de l'Old Vic, que Richard avait fait engager pour le film en vertu du « Traité des vieux copains ». Squire s'était attendu à trouver un Burton sobre et sérieux, et au lieu de cela il avait devant lui un vieux copain négligent et souvent éméché.

Il est important, crucial même, d'éclaircir la question de Geneviève Bujold, puisqu'il évaluait, affirmait-il, sa passion pour Elizabeth à l'aune du désir qu'il avait de lui être fidèle. Elle était son « Océan ». Aucune autre ne lui arrivait à la cheville. Il était inutile qu'une autre attende quoi que ce soit de lui. Si tout ceci n'était plus vrai, alors, comme il dirait beaucoup plus tard, « la partie était terminée ». Néanmoins, même si son comportement a pu susciter maintes interprétations erronées, tout donne à penser qu'il n'y eut rien entre G. Bujold et lui.

Elizabeth se trouvait dans une passe très difficile. On lui faisait comprendre qu'elle ne pouvait interpréter un personnage de jeune femme, qu'on ne voulait pas d'elle pour jouer face à son mari ce rôle d'amoureuse, qu'en somme ce genre d'emploi n'était plus de son âge. Pour une telle personnalité, avec la position, le prestige, la beauté et le tempérament qui étaient les siens, c'était très dur à avaler. Tout à coup la championne du monde n'était plus sélectionnée dans l'équipe. Rien de plus humiliant, de plus exaspérant, rien de plus déstabilisant. Il ne faut pas s'étonner qu'elle ait considéré la jeune Gin d'un œil soupçonneux. Sur un plan plus neutre, cette situation avait aussi quelque chose d'angoissant; personne n'aime s'entendre dire qu'il est trop vieux pour tel ou tel boulot. Elle était de plus éprouvée par les suites de sa grave opération.

Parce que le cinéma est si prestigieux, si fascinant, si *glamorous*, on pourrait être tenté de lui apposer une étiquette de « facilité ». Cependant, la tension engendrée par la *nécessité* de faire passer l'émotion, les éventuels ricanements du public en cas d'échec, pouces pointés vers le bas devant le gladiateur vaincu; les délais, le plan de tournage, les tracasseries techniques; par-dessus tout cet effort singulièrement épuisant, mentalement déstabilisant, que l'acteur doit faire pour se couler dans son personnage, comme s'il était en permanence revêtu d'une combinaison spatiale, toujours prêt à effectuer une sortie dans l'atmosphère inconnue du plateau; tout cela a toujours eu un effet nuisible, voire dévastateur, sur les personnalités les plus fortes et les plus solidement ancrées. Dans le cas de Burton et Taylor, cet effet pouvait être terrible, et encore aggravé par la façon dont, au meilleur d'eux-mêmes, ils se donnaient entièrement.

A la fin de l'année, tels des oiseaux toujours en migration, ils partent pour Hawaii, où Howard, le frère d'Elizabeth, est professeur d'océanographie. Il va contribuer à l'éducation des enfants, et plus particulièrement de Michael.

Les carnets de 1969 commencent à Gstaad, alors que les Burton s'apprêtent à se rendre à Paris pour le tournage d'Elizabeth.

Je ne suis pas sorti de la journée. J'ai lu trois livres. Un historique du *Daily News*, rédigé dans un style journalistique par un certain John Chapman, *« le distingué critique dramatique!!! »*; *Captain*

> *Hornblower* de C.S. Forester, et *Bon vent vers la France* de H.E. Bates. Le prière d'insérer, en première et quatrième de couverture, m'avait séduit. On aurait pu croire qu'il s'agissait d'un chef-d'œuvre absolu. En fait, cela se laisse lire, sans plus.

Le lendemain ils reçoivent une lettre et un cadeau du duc de Windsor, et Burton s'emporte contre les douaniers français. « Je leur ai lancé qu'ils étaient une nation de femmelettes et que sans le secours des Anglo-Saxons ils auraient perdu leurs deux dernières guerres comme ils ont perdu celle de 70. »

A Paris, au Plazza Athénée, la vie suit son cours.

> *(7 janvier)* Il s'est passé une chose étrange le week-end dernier dans cet hôtel qui est somme toute un des plus réputés de Paris. Sur le palier du premier, près de l'ascenseur, John Lee [assistant de Dick Hanley, le secrétaire d'Elizabeth] a été témoin de cette scène : un homme complètement nu, allongé sur une banquette, avec une femme, habillée, en train de « lui faire une gâterie ». C'est-à-dire qu'elle lui faisait une fellation. John a appelé le responsable de nuit (il n'était pas tard, peut-être vingt-deux heures trente) qui a appelé la police. Après une terrible échauffourée au cours de laquelle il a jeté des potiches et des vases dans la cage d'escalier, l'homme nu a finalement été maîtrisé et emmené dans une camisole de force. On a appris par la suite que ce type avait pris de la drogue, probablement du LSD, et que la dame faisait commerce de ses charmes. C'est exactement le genre de spectacle qui convient à Liza, Maria et Kate. Quelle époque !
> Hier soir dans mon lit j'ai mis le nez dans une compilation d'articles de Henry Longhurst, chroniqueur de golf au *Sunday Times*. Cela m'a tellement fait rire que j'en avais les yeux noyés de larmes.

Il continue de lire avec avidité. Voici un aperçu des commentaires dont il accompagnait ses lectures.

> *(8 janvier)* J'ai lu hier soir un tiers de *The Age of Reason*, livre dont j'avais jusqu'alors ignoré qu'il était de Harold Nicholson. Cela se laisse lire, avec des passages d'une grande drôlerie. Toutefois, j'en trouve l'écriture insuffisamment travaillée. L'auteur se répète assez souvent. Connaissant ses exigences de concision et de style, je ne doute pas qu'il aurait évité cet écueil s'il avait disposé de plus de temps ou s'il y avait consacré plus de temps. Ce livre reste cependant très plaisant. Quel monstrueux plateau de personnages a produit le siècle des Lumières. On aurait aussi bien pu nommer

cette époque le siècle des monarques monomanes. Frédéric de Prusse, la Grande Catherine de Moscovie, Pierre le Grand, le Roi de Solieul *[sic]*. Sapristi, mon orthographe ! Meurtres et tortures, régicides, suicides, infanticides, bannissements, tous les forfaits et tous les vices figurent dans ce livre. La Grande Catherine avait une dame de compagnie connue comme l'« éprouveuse », qui comme son nom l'indique essayait au lit les jeunes officiers de la garde afin de voir s'ils sauraient combler l'impératrice de toutes les Russies. Imaginez ce que devait ressentir le recalé. Réflexion faite, le sort de celui qui était reçu dans la couche de cette vieille rombière peinturlurée, aux appétits émoussés et gluants, n'était guère plus enviable.

Suit le premier de très nombreux commentaires sur son poids et son régime.

(6 janvier) J'ai décidé de suivre un régime léger, connu sous l'appellation de « régime du buveur », pour voir si je ne pourrais pas perdre quelques kilos en douceur. Ce matin en pyjama je pesais quatre-vingt-trois kilos. Je voudrais n'en faire que soixante-dix-neuf. Pour mon dernier film on m'a demandé d'être replet, et je me retrouve maintenant avec de l'estomac. Ça ne me plaît pas du tout, et il faut que je m'en débarrasse.
Ce régime ne semble pas trop contraignant.

(10 janvier) Nous avons déjeuné tardivement à la Cascade, au bois de Boulogne. J'ai suivi mon régime. Après un whisky-soda en apéritif, j'ai pris une demi-douzaine de belons, un steak au poivre, une salade à la vinaigrette et un gros morceau de fromage. J'ai bu un Lafite 1960, à peu près deux verres, deux ou trois digestifs après le fromage, et un café sans crème ni sucre. Dans la soirée j'ai bu deux autres whisky-soda. C'est tout ce que j'ai bu comme alcool de la journée. Ce matin, la bascule montrait une perte de poids d'environ un kilo huit à deux kilos. Je n'en reviens pas.

L'alcool et Elizabeth, l'alcool et sa vision du monde — qui sous maints aspects n'est acceptable qu'à travers l'alcool — investissent cette même page.

E. était étonnamment ivre dès l'heure du déjeuner. J'espère que cela vient de ces médicaments qu'elle est obligée de prendre, non de l'alcool. Bon Dieu, j'espère qu'elle va s'en tirer. Ce serait épouvantable que de passer ce qu'il nous reste à vivre dans les vapeurs d'alcool et la fumée de cigarette. De n'être jamais tout à fait certain de ce que l'on a dit ou fait la veille, ou de ce qu'on a lu, que ce soit sensé ou stupide, tardif ou prématuré. Bon Dieu, je vais me préparer sur-le-champ un whisky-soda. Il est peu de plaisirs qui vaillent l'ivresse en ce monde cruel, surtout lorsque, comme moi, on pense que le monde tel que nous le connaissons ne va plus durer très longtemps. Nous vivons l'âge de l'abîme, et nous pouvons à tout instant retourner au chaos initial. Je ne sais quel foutu étranger va appuyer sur le bouton, et tout sera terminé. Même le Miner's Arms [un pub] à Pontrhydyfen. Nos misérables vies seront balayées dans un bang cosmique. « Des millions de visages blêmes, comme le dit Archie MacLeish, et puis, plus rien, plus rien du tout. » Mais il ne faut pas être continuellement bourré. Accordons-nous des journées et des journées de brillante clarté, aiguë et limpide, lucide et clinique. Je crois bien m'être infligé une overdose d'Histoire ces temps derniers. Plus j'en lis sur l'homme, sa nature follement impitoyable, son âme jalouse, obscène et meurtrière, plus je réalise qu'il ne changera jamais. Notre stupidité est immortelle, et rien n'y changera quoi que ce soit. Les mêmes erreurs, les mêmes préjugés, la même injustice, la même convoitise défilent interminablement à travers les siècles. Inaltérables et inéluctables. J'aimerais croire en un dieu, mais je n'y arrive pas.

Suivent d'abondantes considérations portant sur les repas, et le poids qu'ils prennent ou perdent. Un jour, lui et Elizabeth mangent et boivent exactement les mêmes choses et en mêmes quantités ; il perd trois cents grammes, elle prend plus de deux kilos. « Comment cela se peut-il ? C'est peut-être lié aux médicaments qu'elle prend, aux vitamines et aux anticorps. » Chaque jour, Elizabeth en appelait à l'alcool pour atténuer les terribles douleurs que lui causait son dos.

Sarah, la belle-mère de Burton, séjourne avec eux. A l'instar de sa fille, elle ne laisse jamais passer une occasion de solliciter de l'aide ou, de la façon la plus charmante, de demander un service à un gendre si obligeant. Il prend cela du bon côté et consent à aller voir avec elle un Utrillo, afin de s'assurer de son authenticité ; il accepte de lui acheter une maison si la sienne glisse dans un ravin, comme elle menace de le faire.

Mais c'est surtout l'alcool qui plane sur ces pages du mois de janvier.

(13 janvier) Mes péchés sont revenus me débusquer ! Qui aurait imaginé qu'un homme connu en son temps pour fracasser des fenêtres et ne craindre personne lorsqu'il était sous l'empire de l'alcool, serait un jour horrifié par l'éthylisme chez les autres ? Tout au moins chez ceux qui lui sont proches. Et qui m'est plus

proche qu'E. ? Depuis maintenant un mois à quelques exceptions près, elle va chaque soir se coucher non pas simplement grise ou éméchée, mais carrément soûle. Je dis bien soûle, incapable de marcher droit, tenant d'une voix aiguë et lente des propos sans rime ni raison, à la manière d'un enfant fiévreux qui délire. J'ai d'abord mis cela sur le compte des médicaments, mais, si j'ai bien compris, elle ne prend plus maintenant que des fortifiants ; il ne peut donc s'agir que de cette bonne vieille bibine. Le week-end dernier, tablant sur le fait qu'elle ne subissait pas la pression du travail, j'ai tenté de la raisonner. En vain. Le pire est que tout cela m'a dégoûté de l'alcool ! Cela a peut-être aussi ses bons côtés. Il n'y a pas grand-chose que je puisse faire. Ce serait une erreur de la sermonner à l'ancienne, en la menaçant du doigt, en élevant la voix. Cela ne pourrait que faire pourrir la situation. Je ne peux donc que continuer de prier le Ciel pour que ce ne soit là qu'une réaction psychologique à cette satanée ablation de l'utéris (?) l'été dernier, pour que ce ne soit que temporaire et qu'elle revienne peu à peu à la normale. Il va falloir que je fasse attention à ne pas me laisser glisser sur la même pente, sinon nous devrons engager un garde-malade. Seulement, à moins que je ne sois ivre moi aussi, l'ennui que me vaut la présence de quelqu'un à qui il faut tout répéter deux fois, m'est aussi douloureux qu'un vrai mal d'estomac. Évidemment, s'il s'agissait de quelqu'un d'autre, je prendrais mes cliques et mes claques, j'irais me mettre au vert, loger chez les trappistes. Seulement, il s'agit de la femme de ma vie. Je ne peux pas l'emmener avec moi quand je vais travailler, encore que je me propose d'essayer cet après-midi, histoire de voir comment elle va se comporter sur le plateau. La nuit dernière, je me suis fait un tel mauvais sang à son sujet que je n'ai réussi à m'endormir qu'une fois le soleil levé. J'ai essayé d'imaginer la vie sans elle, mais je n'y suis pas parvenu. La tristesse absolue de sa vie dans ces studios fait peine à voir. C'est une succession de longues prises, sous une multitude d'angles. Elle y est entourée par la plus sinistre bande de flagorneurs qu'il m'ait été infligé de rencontrer. Mise à part, bien sûr, la petite Caroline, qui est un amour et une perle rare. Qu'est-ce qui m'a pris de lui laisser faire ce film ? Elle y est si indifférente que cela confine à de l'apathie. Quand elle rentre le soir, elle n'en parle jamais comme je le faisais au temps de *L'escalier*. Jamais elle ne me raconte tout ce qu'il a pu se passer ce jour-là de marrant sur le plateau. Tout ce à quoi j'ai droit c'est : nous avons répété pendant deux heures et tourné treize pages, qu'il va refaire sous différents angles pendant les deux prochains jours.

L'état d'Elizabeth est l'objet de bien d'autres pages.

(16 janvier) Une chose étrange est arrivée hier soir à E. Elle venait d'essayer des pantalons et semblait parfaitement bien. Je lisais au lit. Elle a vaqué pendant une demi-heure à diverses choses. Il devait être aux alentours de onze heures quand, ayant passé sa chemise de nuit, elle est venue s'asseoir sur le bord du lit. Tout à coup, du coin de l'œil, j'ai remarqué qu'elle était dans une position bizarre. Elle avait une cigarette dans une main et une pochette d'allumettes dans l'autre. La pochette ne contenait plus d'allumettes. La moitié supérieure de son corps faisait un angle de quarante-cinq degrés par rapport à la verticale. Je me suis levé pour aller lui prendre cigarette et pochette. Elle avait les bras rigides, comme saisie d'une paralysie temporaire. J'ai fini au bout du compte par la mettre au lit, non sans peine car elle était un vrai poids mort. Incapable de parler, elle n'arrivait pas à m'expliquer ce qui lui arrivait. Aujourd'hui, elle n'en a qu'un souvenir très vague. Vers le milieu de la nuit elle s'est mise à gémir dans son sommeil. Parfois cela s'apparentait à des cris, et des larmes lui venaient. Seigneur, je ne serai pas fâché lorsque ce cauchemar prendra fin. Parfois, dans la solitude de la nuit, lorsque je suis particulièrement déprimé, j'ai le sentiment que je ne pourrai pas en supporter beaucoup plus. Mais chaque nouvelle journée me redonne espoir. Il va falloir que j'aie une longue entrevue avec les médecins et que je sache pendant combien de temps encore elle va devoir ingurgiter toutes ces pilules et autres médicaments. De toute évidence ils ne savent rien de l'impact que ces substances ont sur elle, et par ricochet sur moi !

Son monde est en train de devenir un monde de maladie. Il redoute et déteste la maladie. Et cependant il suit Elizabeth sur ce terrain comme il l'a toujours suivie en toutes choses. Il est l'amant, le protecteur, souvent irrité, parfois exécrable, mais toujours auprès d'elle tandis que se succèdent les hospitalisations. Sa compassion, toujours très vive, semble à cette époque élargir son champ d'action, et il se désole des problèmes psychologiques dont est alors affecté Frank Larue, un des maquilleurs d'Elizabeth.

(17 janvier) Cela fait un bail que cette calamité le menace — au moins quatre ou cinq ans. Peut-être toute sa vie d'adulte. Il doit avoir la cinquantaine. J'ai remarqué que si je veux le détendre complètement, je n'ai qu'à lui demander de me parler de son adolescence dans une réserve de chasse aux USA. Il me raconte alors que les chasseurs lui disaient avoir tiré un cerf et lui indiquaient où le trouver. Lorsqu'il était parti, ils s'amusaient à faire des paris. Combien de temps allait-il mettre pour ramener le cerf, ou encore, si la bête était particulièrement lourde, allait-

> il parvenir à la ramener, lui qui n'était pas très grand pour son âge. Il est d'ailleurs toujours de petite taille. Mais jamais il ne revenait bredouille. Il m'a décrit en long et en large les astuces qu'on lui apprenait ou qu'il mettait au point pour ramener le trophée à la maison. Comment se hisser la bête sur les épaules, comment se reposer contre un certain type d'arbre sans devoir déposer son fardeau, car, lorsqu'on était seul, le plus dur était de se le mettre sur le dos. Une fois, il lui a fallu la moitié de la journée et une partie de la nuit pour rapporter une de ces énormes bêtes. Mais il y est parvenu, et lorsqu'il est enfin arrivé les chasseurs ont fait cercle autour de lui, l'ont congratulé et lui ont tous donné un dollar. A l'évidence, il s'agit de la période la plus heureuse de son existence. Si j'ai eu droit à ce déballage de souvenirs, c'est qu'un jour que je me trouvais sur la plage de Vaianicha, je l'ai vu en maillot de bain. Ce type est une boule de nerfs et de muscles. Comme je lui en faisais la remarque, il m'a expliqué d'où il tenait une telle musculature. J'espère qu'il va se remettre, car c'est vraiment un brave homme. Un pauvre diable en train de vieillir dans la solitude. Il vient de passer nous dire au revoir. Il fait peine à voir.

Au moins trouve-t-on dans ce carnet une tentative soutenue de parler de lui-même en tant qu'acteur, de son métier et — nous sommes à l'époque d'*Anne des mille jours* — du cinéma. Il n'est pas toujours d'accord avec l'idée que s'en font les journalistes.

> *(20 janvier)* Ce qu'il ne comprennent pas et interprètent complètement de travers, c'est notre attitude existentielle par rapport à notre métier. Je crois avoir profondément heurté M. Thompson [il s'agit d'un journaliste] lorsque je lui ai dit que jouer sur scène ou devant une caméra était, en dehors de rares moments d'exaltation, une vraie corvée. Que si demain je cessais toute activité professionnelle, on ne me verrait jamais apparaître, par amour de la comédie, au sein d'une troupe de théâtre amateur. Il n'est pas parvenu à comprendre qu'il peut être frustrant et fastidieux de devoir apprendre par cœur le texte d'un autre, qui neuf fois sur dix vous est indifférent, quand on a quarante-trois ans et qu'on possède une culture assez étendue, de devoir jour après jour s'arracher au livre passionnant dans lequel on est plongé, et se traîner au travail. Cela lui plairait-il à lui d'être sans cesse confronté au comportement lunatique de tant de mes camarades acteurs, de ceux qui n'ont pas « percé » ? Jamais ils ne comprendront qu'E. et moi ne soyons pas « voués corps et âme » à ce métier, et que mon « premier amour » (Bon Dieu, combien de fois ai-je lu cela ?) n'a pas été les planches. Mais un livre plein de jolies phrases. Quand je me retirerai, ce que je

vais devoir faire d'ici peu, j'écrirai une violente diatribe contre cet univers bidon du journalisme et du show-business.

Cette diatribe, il ne cesse de l'écrire. Les allusions à l'écriture se font plus nombreuses.

Oisif à Paris pendant plusieurs semaines, il s'abandonne à une boulimie de lecture. « Je n'ai pas mis le nez dehors de toute la journée. J'ai lu un grand nombre d'éditoriaux de *Time*. E. est rentrée du boulot complètement vidée, et soûle comme un Cosaque. »

Il cesse subitement d'écrire jusqu'en mars. Fin janvier, il se rend à Londres pour la première de *Quand les aigles attaquent*. Le film est un succès. Il fait un saut au pays de Galles. Il y voit lord Harlech au sujet de Harlech TV, station dans laquelle Elizabeth et lui ont de gros investissements, et fait de nouveaux projets. Il rend visite à Ifor et installe de façon permanente Gwen dans un hôtel, le Bell à Aston Clinton, près de l'hôpital d'Ifor. Il lit et il boit. Puis, le tournage d'Elizabeth enfin bouclé, ils partent pour le Mexique. Ils sont tous les deux épuisés, minés et meurtris. Accablés, et pourtant tous les bienfaits de la richesse sont à leur disposition.

Richard *sait* que tout cela est absurde. Ce n'était pas pour rien que Camus était son auteur préféré et l'homme qui l'impressionnait le plus.

La franchise dont il fait preuve dans les carnets peut inspirer de la sympathie, surtout en ce qui concerne ses enfants, dont il est fou — et particulièrement Kate et Liza. Et cependant, même là, il ne cache pas son insatisfaction et la jette sur le papier. De plus en plus, il semble s'y confesser. Le couple est menacé.

> *(20 mars)* A nouveau un long silence dans ce pathétique journal. Occasionné, je suppose, par une profonde tristesse additionnée d'énormes quantités de culpabilité, d'alcool, de paresse, de craintes pour la santé mentale et physique d'Elizabeth, le tout bien brassé avec une ou deux pincées de pessimisme celte, et servi comme une recette efficace pour se suicider. Tout cela n'est nullement terminé. Je suis toujours aussi tendu que l'arc de John de Gaunt* et aussi irascible qu'on peut l'être. Mais cela va chaque jour un peu mieux.
>
> Les six ou huit derniers mois ont été un cauchemar. Elizabeth et moi y avons été chacun pour moitié. C'en est arrivé au point

* Jean de Gand, duc de Lancastre, fils d'Edouard III et père d'Henry IV, personnage peu reluisant de l'histoire d'Angleterre *(NdT)*.

> où nous avons envisagé une séparation. Je songeais à aller vivre dans une cabane au fin fond de quelque contrée pluvieuse. E. envisageait d'aller chez Howard, à Hawaii. C'est bien évidemment impossible. Nous sommes liés l'un à l'autre. Cerclés comme un tonneau.
> Elle s'est remise à lire et je me suis remis à écrire. Aussi il y a de l'espoir, vous ne pensez pas, les gars ? Je redoute l'arrivée des enfants. J'ai toujours les nerfs à vif, et je vais avoir du mal à répondre aux demandes incessantes de Liza et Maria, et, à un degré moindre, à celle de Chris et de Mike. En réalité, les enfants m'ennuient. Et je me suis aperçu au bout de deux jours de relative intimité avec Kate à Beverly Hills — et après tout je ne la vois pas si souvent — que je pouvais fort bien me passer d'elle. J'ai hâte qu'ils soient grands et ne viennent nous voir qu'à Noël. Je me construirai un igloo dans le jardin et n'en sortirai que pour le Nouvel An.
> Caroline a pris deux ou trois jours de congé avant notre départ pour le Mexique. E. venait d'être hospitalisée afin de décrocher des barbituriques et de l'alcool, et pour subir un examen complet de toutes ses fonctions physiologiques. Tout va bien à part son habituel mal de dos, dont elle souffrira jusqu'à la fin de ses jours, et un nouveau venu inquiétant mais nullement fatal : son foie ne fonctionne pas très bien.

A Puerto Vallarta la vie mondaine n'est ni sophistiquée ni stimulante. L'endroit a parfois des airs de prison dorée et reculée.

> *(24 mars)* Je me suis quelque peu enivré et n'étais pas fâché de rentrer à la maison. Je me suis réveillé le lendemain matin en piteux état, tout tremblant, avec en plus un terrible mal de dents, qui me taquinait depuis déjà quelque temps. Là-dessus j'ai appris qu'E. avait invité plusieurs amies à déjeuner. Je me suis enfilé deux vodkas-limonade afin d'adoucir mon humeur. Le déjeuner s'est éternisé jusqu'à dix-huit heures. [Une des invitées s'appelait quelque chose comme Honey Beans !] Toute une palette de noms de légumes s'étalait devant nous. Darling Turnips, Sweetie Swedes, Cherie Cucumbers, Lovie Leeks, Popsie Potatoes et ainsi de suite. Elle n'en revenait pas de me trouver l'air aussi jeune. Elle m'a donné dans les trente-cinq ans. Elle était aux anges de nous voir aussi splendides et à ce point pétris d'« humanité ». Pour vomir, j'ai décidé d'attendre dix-huit heures.

Il écrit avec régularité maintenant. Le magazine *Look* lui a demandé un article sur le pays de Galles, auquel il travaille avec assiduité. Cette tâche l'absorbe sensiblement plus que quoi ou qui que ce soit.

(26 mars) J'ai tout écrit à la main, hier soir, puis je l'ai laborieusement tapé à la machine, ce qui m'a emmené jusqu'aux environs de minuit. Comme j'étais debout depuis quatre heures du matin et m'étais réveillé deux heures plus tôt, c'est un homme fatigué qui s'est ensuite traîné jusqu'à son lit. Je redoute d'y jeter un coup d'œil ce matin. Il se pourrait que cela ne me plaise pas et qu'il me faille tout reprendre à zéro. Cela fait dans les 2 500 ou 2 600 mots. Je suis en train de tomber dans une chausse-trappe dont il va falloir que je me garde très attentivement si mes ambitions d'écrivain mineur doivent perdurer. J'ai tendance à trop parler de moi. J'ai toujours su que ce travers était fatal aux écrivains, surtout à ceux qui ont la langue aussi bien pendue que moi. Il m'arrive fréquemment lorsque j'écris, de renoncer à un tour de phrase heureux sous prétexte que je me le suis déjà entendu utiliser deux ou trois fois, ce qui fait qu'il me paraît être un cliché...

(27 mars) Tout le monde a bien aimé mon texte sur le pays de Galles, encore que E. en ait trouvé la fin un peu faible. Je l'ai réécrite. Ça lui a plu, aussi je n'y touche plus. J'attends maintenant de voir si *Look* va me le prendre — la date limite remonte à deux, non, trois semaines. S'il est trop tard, je le vendrai à un autre magazine. Les gens de *Time* m'ont toujours assuré qu'ils étaient prêts à passer tout ce que j'écrirais. Je pourrais donc le leur donner, quoiqu'il y ait peu de chances qu'ils me paient ce que proposait *Look*, deux mille cinq cents dollars. Par ailleurs, plutôt qu'un article, ils voulaient des légendes pour accompagner les photos du pays de Galles. Peut-être vont-ils me le refuser pour cette raison. On verra bien.
Je trouve ces vacances si plaisantes que je commence à envisager sérieusement de prendre ma retraite. Je me contenterais d'écrire un papier de temps en temps. Je vais m'observer pendant les cinq semaines à venir, histoire de voir si je tiens toujours en place. J'adore le soleil. Je suis heureux lorsque son action bénéfique atténue l'acné que j'ai dans le dos. J'aime me baigner et ce sentiment de grande propreté que donne toute une journée de sel et de soleil. Je vais peut-être faire encore un an ! Peut-être un film tous les trois ans contre un cachet modique. Et seulement quelque chose de vraiment valable.

Il lit tout ce qui lui tombe sous la main, mais il y trouve toujours matière à méditer et en tire toujours un bénéfice.

(28 mars) Encore une radieuse matinée. Je me suis réveillé à neuf heures. Je me suis couché aux environs de vingt et une heures hier soir et j'ai lu un livre de Ian Fleming intitulé *On ne vit que deux fois*. Un esprit de collégien assurément doué, mais atrocement

vulgaire. Régulièrement, il interrompt son récit pour se livrer à de petits sermons sur la nourriture, la boisson, le patriotisme, etc., qui sont tous d'une affligeante banalité. Et pourtant, depuis le succès phénoménal des films de James Bond, son héros, et le succès de ses livres — je ne sais pas trop lesquels l'ont d'abord fait connaître — et, bien sûr, depuis sa mort il est pris très au sérieux par les critiques sérieux. J'ai éteint vers minuit, ai dormi une paire d'heures, puis j'ai lu un court roman de Nathaniel West, *La demoiselle des cœurs brisés*. Cela vous change de Fleming. Le livre de West est dense, concis, déchirant, alors que l'autre est diffus, complaisant et creux. West se déteste et part de l'idée que l'on est toujours détruit par ce que l'on aime. Fleming, lui, s'adore, se vautre dans son goût pour les femmes et ses prouesses sexuelles, cultive le genre « petite-moue-cruelle » un rien sadique, et une attitude grotesque et suffisante vis-à-vis de la nourriture et des cocktails — « le Martini doit être secoué et non remué à la cuiller ». Il a l'outrecuidance de s'en prendre à une de mes découvertes préférées, le service rapide à l'américaine. L'eau me vient à la bouche quand je pense au snack de la 81ᵉ Rue Ouest, à un pâté de maisons de Central Park, là où dans un flou de prestidigitateur le cuisto fait apparaître un hachis de bœuf coiffé d'un œuf au plat, accompagné de frites et d'une salade, avec quatre ou cinq assaisonnements au choix. Le tout arrivant comme par magie sur votre table, tout chaud, avant même que vous n'ayez terminé les bandes dessinées du *Herald Tribune* ou la rubrique grinçante de Red Smith. Et cependant on ne peut s'empêcher de bien aimer Fleming. Il prend un plaisir tellement évident à camper ce boy-scout à la Hemingway, extraverti, sadique et érotomane, qu'on finit par le trouver sympathique. Je l'aime bien aussi pour sa réflexion au sujet de la mort. Si ce qu'on raconte est vrai, âgé d'environ cinquante-sept ans et se sachant depuis quelque temps déjà malade du cœur, il aurait dit : « Bah, ç'aura quand même été une sacrée foutue rigolade. » Et de fait, cela a été une partie de plaisir pour ce bon vivant, cet homme à femmes, cet esprit alerte et vif.

Le soleil, le village, les deux maisons reliées par leur passerelle, l'ambiance de Puerto Vallarta dont la population, depuis qu'ils ont « découvert » l'endroit, est passée de mille à vingt-cinq mille habitants, et qui est devenue une station touristique avec Burton pour maire officieux. Tout cela commence à faire son effet.

(29 mars) Elizabeth est superbement bronzée. Seulement, pour bien faire, il faudrait que cette paresseuse petite peste perde quelques kilos. La regardant hier d'un œil aussi critique que possible, je n'ai pu relever chez elle le moindre signe de vieillis-

sement, sinon qu'elle a pas mal de cheveux blancs, surtout du côté des tempes. Mais sa peau est toujours aussi lisse et dépourvue de rides qu'elle l'a toujours été. En dépit de leur volume et de leur poids considérable, ses seins pendent légèrement, mais pas plus qu'il y a dix ans. Elle a le derrière ferme et bien rond. Il faudrait qu'elle perde un peu de ventre, moins par souci d'esthétisme que parce que les médecins s'accordent à dire que cela soulagerait son dos. Elle a beaucoup nagé hier, et si elle continue à ce rythme, elle sera bien remusclée lorsqu'il nous faudra repartir pour Londres. Horrible perspective. La pluie, la toux, les rhumes, tous ces visages pincés, fermés, inamicaux, ces épouvantables journaux.

Il ne cesse de lire et d'écrire. En dépit d'immenses incertitudes, il semble qu'une douce existence soit en train de se dessiner.

(30 mars) Nous avons rôti et lu toute la journée au soleil. E. lisait *Portnoy et son complexe*, et moi un livre traduit de l'espagnol, *Le labyrinthe de la solitude*, dont l'auteur est un poète du nom d'Octavio Paz. Je le trouve un peu touffu, c'est un de ces livres pleins d'affirmations péremptoires qui me donnent envie de polémiquer. Comme beaucoup de ces ouvrages de philosophie nombriliste, il est complètement dépourvu d'humour. J'aime les philosophes légers. Pour me délasser l'esprit, j'entrecoupais Paz avec un assez plaisant polar à message de Simon Raven. J'ai du mal à comprendre comment on peut parler du Mexique et des Mexicains comme s'ils formaient un tout compact. « Le Mexicain est impassible, il est si fier qu'il ne se laissera pas découvrir, même par son meilleur ami, etc. » Foutaises. Des Mexicains, j'en connais plein, et ceux qui sont impassibles, quoique le terme le mieux adapté serait « renfrognés », sont presque toujours pauvres et incultes. Ceux qui sont instruits ressemblent à leurs équivalents espagnols ; ils sont gais, impétueux et romantiques. Paz se montre tout aussi réducteur avec les Yankees.

Jouant le jeu de responsables officieux de la municipalité, les Burton consacrent une journée à « une tournée de la ville et des différentes auberges ». Chaque fois, quelques minutes après leur arrivée, l'établissement est bondé, les touristes prennent des photos, demandent des autographes, et on remonte en jeep pour enchaîner sur le bar suivant. Elizabeth lit *Le parrain* — « mal écrit mais impossible à refermer » ; Richard lit « une histoire des Mayas en collection de poche, d'un dénommé Von Hagen, un recueil de célèbres nouvelles espagnoles, avec le texte anglais d'un côté et le texte original de l'autre, et je continue de lire laborieusement *Le labyrinthe* du señor Paz ». Il apprenait l'espagnol : « J'ai un mal fou avec la langue. Sans cesse, à moins que je ne fasse très attention, je m'aperçois que je suis en train de parler français ou italien aux domestiques. »

Entre Elizabeth et lui, les affrontements pouvaient encore être très virulents et survenaient de façon inattendue.

> *(4 avril)* Hier a été une drôle de journée. La première moitié s'est merveilleusement passée. Puis, vers trois heures de l'après-midi, cela a dégénéré en dispute. C'était en grande partie ma faute. Sans raison précise, je suis devenu brusquement irritable et le suis resté jusqu'au soir, quoique j'aie tenté, vainement, de me calmer vers les cinq heures. Bien évidemment, E. ne faisait rien pour arranger les choses et me tenait tête avec un orgueil bête, somme toute très masculin. Voici un bout de notre dialogue, si l'on peut parler de dialogue :
> Moi (étant monté lire sur notre lit aux alentours de vingt heures) : Est-ce que ça empeste toujours dans la salle de bain ?
> Elle : Oui.
> Moi : Non, ça ne sent plus rien. Ça vient peut-être de toi.
> Elle : Va te faire foutre. (Elle redescend en bas tandis que je me replonge dans ma lecture.)
> Elle (étant remontée au bout d'une vingtaine de minutes pour se planter sur le pas de la porte avec une expression haineuse) : Je ne t'aime pas, je te hais. (Il se peut qu'elle ait employé le verbe « détester ».)
> Moi (passant mon peignoir) : Bonne nuit, fais de beaux rêves.
> Elle : Toi de même.
> Et moi d'aller me coucher et lire dans la chambre de Chris.
> NB. Au bénéfice des acteurs de ce petit croquis de la vie domestique chez les Burton, il faut souligner que si les mots utilisés sont relativement anodins, ils sont cependant prononcés avec une venimeuse malignité.

Michael et Christopher arrivent le lendemain. « La ville est une vraie maison de fous. La semaine sainte a amené ici des milliers de gens... »

> *(5 avril)* Juste comme nous arrivions à la maison, nous avons été hélés par un Noir. Il se trouve qu'il s'agit de James Baldwin. Il était avec un jeune Français qui ne parlait pas un mot d'anglais. Il nous a expliqué qu'il était descendu jusqu'ici afin de fuir Hollywood pendant quelques jours. Nous avons parlé du Pouvoir noir, des Panthères noires — *Black is best, Black is beautiful* —, tout en vidant du Black and White. Il m'a demandé de l'air le plus naturel qui soit : « Richard, pouvez-vous me passer vingt

dollars ? » (« Me passer », remarquez bien, et non « prêter ».) J'en ai été plutôt surpris, car je l'aurais cru très à l'aise financièrement. « Vingt dollars ? ai-je fait.

— Deux cents, je veux dire », a-t-il corrigé. J'ai dit que bien sûr, que Jim [John Lee] les lui donnerait le jour même... Il doit repasser nous voir demain.

(9 avril) Nous croyons que James Baldwin est un voleur ! Val [Valerie Douglas] s'est fait voler environ deux cent vingt dollars dans son sac à main lundi, jour où Baldwin est venu déjeuner à la maison. Après toute une série de *reductio ad absurdum*, j'ai conclu que le coupable était Baldwin. Ou son ami français, ce qui revient au même. De plus amples détails demain, quand, il faut l'espérer, l'état de mon dos et de ma dactylographie se sera amélioré.

(10 avril) Nous avons conclu que c'est bien J. Baldwin qui a volé l'argent de Val. Voici les éléments, surtout d'ordre psychologique, de notre raisonnement : jamais en sept ans les domestiques n'ont subtilisé quoi que ce soit, cela malgré mon habitude de laisser de l'argent traîner un peu partout, dans mes poches de pantalon et ailleurs, et l'habitude qu'a E. de laisser toutes sortes de babioles sur sa table de toilette et en tous lieux. De leur vie, les enfants n'ont jamais rien volé... [Les autres invités étaient des amis de longue date en qui ils avaient toute confiance.] Enfin, ce n'est ni E. ni moi.

J'ai déjà raconté ici que Baldwin m'avait demandé vingt, non, deux cents dollars. Deux jours plus tard il a tapé Jim de cinquante dollars supplémentaires. Puis encore d'une centaine. Il y a peut-être deux ans de cela, il a emprunté dix dollars au même Jim (alors qu'il voyageait en première classe sur le *France*), et il ne les lui a jamais rendus. Nous étions en train de déjeuner quand il m'a vu tendre l'argent à Jim pour qu'il le donne à Val (elle me l'avait confié). Elle l'a glissé dans son sac à main. Elle est ensuite allée déposer celui-ci dans sa chambre de la maison du bas. Un peu plus tard, James est allé faire, seul, le tour du propriétaire. Nous ne serons jamais en mesure de prouver quoi que ce soit, et peu importe l'argent. Mais qu'est-ce qui peut bien le pousser à faire cela ? Est-ce qu'il vole aussi les Noirs, ou bien estime-t-il que c'est à l'homme blanc de pourvoir à ses besoins ? Il va falloir que je me renseigne pour savoir s'il a une réputation de kleptomane.

A ce même déjeuner, un invité belliqueux et passablement éméché m'a demandé quelque chose qui en gros voulait dire : comment faites-vous pour continuer de faire un métier aussi dégradant et méprisable que celui de comédien ? Avant de lancer son attaque contre ma profession, il avait eu soin de dire quel immense

potentiel j'avais comme écrivain, qu'il était vraiment dommage que je perdisse mon temps à faire l'acteur, etc., etc. Peu après, cela a été au tour de sa femme de prendre l'offensive, contre E. cette fois, ainsi que celle-ci me l'a ensuite raconté. Elle avait le dos bien plus mal en point que celui d'E. Liza (du sang d'E.) était maussade alors que Maria (adoptée) était délicieuse. Le rôle de V. Woolf serait allé comme un gant à cette femme. Ce jour-là était placé sous le signe de l'envie et de la jalousie.
D'un autre côté, Baldwin s'est en tout point montré bon et généreux, et il est d'une rare intelligence. En définitive, il peut bien revenir nous voler si cela lui chante.

Les enfants arrivent, et Burton se sent comme évincé. Néanmoins leur scolarité continue de l'obséder.

(11 avril) A la réflexion, cette école leur a été néfaste. Leur sens des valeurs en ressort singulièrement perverti. Michael s'y est mis à fumer et à boire. Il s'est mis à fricoter avec des filles mineures. Mais il faut bien reconnaître qu'il aurait pu faire leur connaissance dans n'importe quelle autre école. Depuis qu'il est ici, je ne l'ai pas vu lire autre chose que des bandes dessinées. D'ailleurs, je n'ai pas non plus vu Chris lire autre chose. Peut-être ne sont-ils pas des intellectuels, voilà tout. J'incline toutefois à penser que, comme leur oncle Howard, ils sont en fait lents à démarrer et qu'ils ne commenceront à vraiment se remuer les fesses qu'à la fin de leur adolescence, voire passé vingt ans. Malheureusement, le système éducatif moderne n'est pas fait pour des tempéraments de ce genre. Et, à moins qu'il ne s'agisse de génies, leur avenir s'en trouvera grandement compromis.

L'arrivée d'une équipe de télévision n'est pas pour atténuer l'impression qu'il a d'être envahi.

Hier encore il y avait dehors des caméras de télévision, ainsi que des photographes, qui n'avaient pas prévenu et refusaient de s'en aller. Comme nous avons refusé de mettre le nez dehors, moi parce que je pouvais à peine me traîner et aussi parce que j'avais une barbe de trois jours (pour les besoins du prochain film), et E. simplement parce qu'elle ne voulait pas, la journée a tourné court.
E. est présentement tout à fait adorable. Elle s'est prise de passion pour les puzzles depuis que Val nous en a envoyé tout un tas. Hier soir, comme je lisais au lit et qu'E. était de l'autre côté de la chambre, masquée par l'angle du mur, je lui ai demandé : « Qu'est-ce que tu fabriques, ma grosse ? »
Elle m'a répondu d'une voix sérieuse de petite fille : « Je joue avec mes bijoux. »

Une semaine plus tard, il est de nouveau pris au piège.

> *(20 avril)* Je traverse depuis trois jours une de ces périodes de déprime pendant lesquelles la simple idée de voir quelqu'un, à l'exception d'Elizabeth, me cause une réelle souffrance physique. Et lorsque je ne bois pas, comme c'est le cas depuis trois jours, c'est encore pire. En fait, au cours de ces douze derniers mois je suis devenu de plus en plus asocial et ne suis relativement à l'aise et détendu que lorsque j'ai un bon petit coup dans le nez. Les deux ou trois premières semaines que j'ai passées ici seul avec E. ont été une période très heureuse. Et j'en arrive à ce satané paradoxe. Les enfants me manquent terriblement quand ils ne sont pas là, surtout Liza. J'ai le cœur bondissant d'allégresse en les voyant débarquer de l'avion, et au bout de trois jours j'ai envie qu'ils soient déjà repartis. C'est à n'y rien comprendre. Il fut une époque où mon plus grand plaisir, après l'amour et un bon poème, était de me trouver à un bar en bonne compagnie pour délirer sur la poésie, la politique et toutes sortes d'idées — le plus souvent des idées reçues, bien sûr —, et aborder des sujets de toutes natures, sauf celui, abhorré, du métier d'acteur. Et aujourd'hui... je n'aime rien tant qu'être plongé dans un livre, dans notre chambre, avec l'air conditionné à fond pour noyer les bruits du monde extérieur. Cet état d'esprit n'est bien sûr que passager, et il n'est pas impossible que cette profession de foi tende à le dissiper.

Burton s'efforce de trouver un espace de quiétude, de s'extraire d'un nœud toujours plus compliqué de problèmes, dont, surtout, d'étouffants conflits domestiques. Michael est souvent évoqué durant cette période. Ses problèmes scolaires étaient sans doute comparables à ceux que connaissent des milliers d'autres garçons de son âge, simples péripéties que la plupart finissent par surmonter. Il est probable que l'obsession de Burton vis-à-vis de la scolarité formelle ait autant contribué à exacerber le problème qu'à le résoudre. Et puis Michael était l'aîné d'Elizabeth. La jalousie sous-jacente entre l'adolescent et son beau-père ne devait rien arranger. La timidité de Maria inquiétait également beaucoup Burton. Il était un solutionneur de problèmes, un pragmatique, et ce qu'il n'arrivait pas à résoudre rapidement et définitivement lui devenait un fardeau.

Cependant, par moments, il semble correspondre à la description qu'a faite de lui Mike Nichols : « L'homme le plus solitaire que j'aie rencontré. »

« La plupart du temps je lis au moins trois livres par jour, et cela peut parfois aller jusqu'à cinq livres. » Il se coule dans le moule de l'écriture et des écrivains, se retranchant du monde par certains côtés, s'y intéressant par d'autres. Il assume aussi le risque du métier d'auteur, cette interrogation permanente, cette quête de l'expression vraie, qui vous font parfois dangereusement flirter avec la dépression. Il lit la biographie de la reine Victoria par Elizabeth Longford. « ... toute la nuit... tout à fait passionnant... j'avais oublié combien ils étaient tous allemands... » Ce même jour :

> *(26 avril)* E. et moi avons complètement perdu la tête hier soir. Nous nous sommes gavés de bâtons de réglisse Callard and Bowsers. J'ai dû en manger une livre et E. peut-être un peu moins. Les résultats ne se sont pas fait attendre : ce matin, j'avais pris un kilo et demi, et E. un kilo. Nous n'avons aucun remords, mais sommes décidés à redresser la balance. E. voudrait redescendre à cinquante-huit kilos, moi à soixante-dix-sept. C'est faisable. Mais peut-être pas par nous.

A la fin du mois d'avril, l'inquiétude s'installe à la perspective du tournage prochain d'*Anne des mille jours*. C'est la seule fois que Burton évoque longuement un film dans ses carnets. Peut-être cela vient-il en partie de la singularité de ce tournage — Elizabeth n'en est pas, et il s'agit d'une œuvre alimentaire à prétentions historiques, genre auquel il n'a pas sacrifié depuis longtemps. Autre raison, il est heureux à l'idée de retrouver de vieux camarades qu'il a tenu à faire engager. Mais la raison la plus importante est que ce film vient à contresens de la vision nouvelle, humble et informulée qu'il a de lui-même : celle d'être une sorte d'écrivain. La perspective de ce film l'irrite donc dès le début, même si, honnête et lucide malgré tout, il s'en veut de se plaindre « alors que je touche un million de dollars plus dix pour cent des bénéfices bruts ». Et cependant :

> *(30 avril)* C'est le dernier jour du mois, ce qui nous remet en mémoire la date tant redoutée du départ. Je m'attends à détester Londres. Ainsi que le film. Pourquoi fais-je un film qui manifestement m'ennuie déjà ? Pourquoi faut-il que je me laisse convaincre de faire dans le médiocre alors qu'il ne tiendrait qu'à moi de choisir ce qu'il y a de mieux sur le marché ? Je n'arrive même pas à me résoudre à lire le script, sans parler de l'apprendre. Il le faut ! Il le faut ! Sinon je vais être rongé de culpabilité.

Pendant le séjour à Puerto Vallarta, il donne cinquante mille livres sterling à un parent de Sybil dont la chaîne de boutiques connaît des problèmes. Ayant lui-même naguère aidé à monter ce commerce, il en fait une affaire personnelle et envoie ses meilleurs avocats flanquer la frousse au créancier trop gourmand qui voulait faire des misères à son parent par alliance.

Outre cela, outre les chiens qui pissent partout et la famille trop bruyante :

> *(2 mai)* Ma mauvaise conscience au sujet du film et de la lecture du scénario a atteint son point limite. Je vais le lire aujourd'hui, dussé-je veiller toute la nuit. Ce retard est honteux et nullement dans mes habitudes, et je serais choqué par une telle paresse de la part d'un autre comédien. Cela m'est d'ailleurs arrivé il n'y a pas si longtemps, la dernière fois que j'ai joué Hamlet. C'était à Toronto, lors des premières répétitions. Aussi incroyable que cela puisse paraître, un des premiers rôles ne savait pas une ligne de son texte. Alors que dès la seconde répétition tout le monde travaillait sans livre, lui avait toujours le sien à la main au bout de trois semaines. Il a amassé un retard irrattrapable. C'était tout à fait sensible, ensuite, dans son jeu.

A Puerto Vallarta, la lecture lui mange tout son temps. Et, comme à son habitude, il affirme chaque fois avec force sa position.

> *(3 mai)* Je suis arrivé à la conclusion que je ne sais pas ce qu'est la poésie. Hier soir, dans un accès de mélancolie, je me suis plongé dans les morceaux choisis, « tout ce qu'il souhaite garder », de W. H. Auden. Sur dix mille vers il y en a à peine un de marquant. Il tire le plus souvent à la ligne, parfois il gribouille. Beaucoup de prose sans relief, qu'il a découpée en vers. Presque tout est informe. Qu'est-ce qui fait qu'un poème est un poème ? Auden a pourtant une aura certaine. Il faudra que j'y remette le nez afin de savoir exactement à quoi m'en tenir.

Burton se réfère toujours à Dylan Thomas, dont la personnalité — surtout celle qu'il déployait au pub — semble l'avoir autant que l'œuvre fortement séduit. Burton estimait que si l'on a quelque chose dans le ventre, le montrer fait partie du marché.

> Dylan était une exception. Écoutez en revanche Yeats ou T.S. Eliot. Écoutez, comme cela nous a été un jour imposé, Archie

MacLeish dire d'un ton gémissant et dénué d'inflexions sa délicieuse poésie. C'est dans une maison perchée sur une colline du Massachusetts qu'E., Ifor et moi avons traversé cette douloureuse épreuve, habités du violent désir de lui arracher le livre pour lire à sa place. Je crois que, dès lors que le moule de la forme est brisé par des chefs de file, tels que peut-être Pound et Eliot en poésie, ou bien (là, le « peut-être » est encore plus de rigueur car je connais si mal ce domaine) les impressionnistes en peinture, dès lors le premier venu peut — et va — rouler le profane dans la farine. Et nous ne saurons jamais s'il nous mène ou non en bateau.

Où qu'il débarquât, Burton s'intégrait aux autochtones. En Suisse il faisait des dons aux hôpitaux ; sur les bords de la Tamise, il était « branché » avec les pêcheurs cockneys ; à Puerto Vallarta, il était pour tous une véritable corne d'abondance.

(4 mai) Charlie, petit cireur de souliers du village, effronté et crasseux, adorable, est venu hier soir nager dans la piscine. Nous l'avons gardé à dîner avec son frère, qui est encore plus minuscule. Cet énorme moustique répond au nom de Jim. Nous avons mangé des tacos avec les garnitures habituelles, frijoles et guamacole, laitue, le tout assaisonné de différentes sauces, toutes très relevées. Jim refusait fermement tous les légumes. Non merci, rien que des tacos et du poulet. Pour prix de son repas, Charlie m'a fait mes chaussures. Il est très dégourdi et s'est très vite mis à l'anglais. J'aimerais beaucoup lui payer des études, mais nous avons déjà essayé ce genre de chose dans le passé, et les parents ne suivent pas. Ils sont si ignorants qu'ils ne voient pas au-delà de la semaine et de la pauvre poignée de pesos que va rapporter le cirage de souliers. La classe ouvrière de ce pays, contrairement à ce qu'il se passe au pays de Galles ou en Écosse, n'est pas prête à se saigner aux quatre veines pour payer des études à ses enfants. David Jones, voisin de Gwen aux Cunard Cottages, s'est crevé au travail, se refusant le moindre plaisir sinon celui de chiquer, il a contracté des dettes écrasantes, uniquement pour offrir des études secondaires à ses cinq ou six enfants, puis, sans faire de bruit, il s'est tranché la gorge.

Cette dernière phrase est la nouvelle, au sens littéraire du terme, la plus compacte, la plus dense, dont on puisse rêver.

Il gamberge sans désemparer sur le film à venir.

(4 mai) Je me suis montré très peu sociable au cours des deux ou trois derniers jours, et je le reconnais bien volontiers. Je ne vais pas tarder à reprendre le travail. Une fois que ce sera parti, tout

ira bien. Mais pas d'ici aux alentours du 4 juin, lorsque les premiers rushes auront été visionnés et, je l'espère, jugés satisfaisants. (Est-ce que je vais apprécier ma partenaire ? Le metteur en scène ? Vais-je les trouver ennuyeux ? Est-ce que je vais être bon ?) E. me dit que je serai un cul-de-jatte manchot.

Voici un exemple de ce qui contribue à rendre les Burton « parano » (quoiqu'ils le laissent très rarement voir).

(5 mai) Dans la nuit d'avant-hier, de dangereux petits malins ont mis du sucre dans le réservoir du buggy et trafiqué les freins. C'est en manœuvrant pour le mettre au garage que George en a perdu le contrôle. Il s'est mis à dévaler la côte en marche arrière et, pour s'arrêter, n'a eu d'autre ressource que de percuter la maison. Dieu merci, cette descente est raide mais pas très longue. Nos soupçons se portent sur deux représentants de chez Volkswagen, des types de Guadalahara, qui sont passés samedi soir pour demander si E. et moi accepterions de poser pour les photographes devant les modèles qu'ils exposent en ce moment en ville. Jim a répondu par la négative, et les autres l'ont très mal pris. Nous avons depuis appris qu'ils sont allés acheter du sucre à La Altena, l'épicerie voisine. Si jamais l'un d'entre nous était parti de l'*autre* côté de la colline, là où la pente est vraiment très raide, il aurait pu y avoir mort d'homme. D'autant qu'il y a toujours des nuées d'enfants en train de jouer dans les rues à cette heure de la soirée. Enfin, la chance est toujours de notre côté. Mais pareille malveillance m'effraie, et le monde en regorge. Cela me rappelle un petit incident pendant la guerre, en gare de Paddington. Venant, je crois, d'Oxford, je me rendais chez moi à Port Talbot. Je m'étais pointé de bonne heure pour être sûr de trouver une place assise. En ce temps-là, je voyageais bien évidemment en troisième classe. Donc, je me trouve une place, je m'installe et me mets à lire à la lueur d'une lampe-torche. Toutes les places sont bientôt occupées à l'exception d'une seule. Arrive un militaire, un simple troufion, suivi d'un porteur plutôt gringalet, chargé de son sac réglementaire, d'une valise et de plusieurs paquets emballés de papier kraft. Le soldat est de taille moyenne, dans les vingt ans. Il attend que le porteur mette ses affaires dans le porte-bagages, puis voyant que celui-ci attend une pièce, il lui lâche avec un accent de Cardiff à couper au couteau : « Et pis quoi encore ? Pour le pourliche, tu peux te brosser, mon petit pote. Allez, dégage. » J'ai été saisi d'une telle haine que j'aurais tué ce type avec plaisir. Je me suis forcé au calme, puis, très posément, je me suis levé, j'ai ouvert la porte du wagon et, dans un silence total, j'ai balancé un à un ses bagages sur le quai. Il m'a regardé avec une haine de cauchemar, mais n'a rien dit et est allé récupérer ses affaires. J'ai refermé la porte derrière lui,

la maintenant de sorte qu'il ne puisse revenir. Sans doute a-t-il trouvé une autre place. Je ne l'ai plus revu. Avec une « taciturnité » toute britannique, les autres passagers n'ont pas fait la moindre allusion à l'incident pendant les heures où nous avons été ensemble dans le compartiment. Drôle d'histoire.

Il finit quand même par se pencher sur le scénario.

(6 mai) Ça y est, hier je me suis enfin mis à apprendre les dialogues d'*Anne*. J'en ai vu une dizaine de pages, sur lesquelles il va falloir que je revienne aujourd'hui, tout en avançant d'une nouvelle dizaine de pages. Demain, le texte d'hier se sera plus ou moins gravé dans ma mémoire, cependant que je réviserai le texte d'aujourd'hui, et ainsi de suite. Il y a bien sûr un certain nombre de passages où je n'ai qu'une ou deux répliques, et d'autres qui contiennent, surtout dans une verbeuse reconstitution historique comme celle-ci, de longs monologues d'un seul tenant. Le script fait cent quarante-quatre pages. Il y en a trente-cinq où je ne dis rien. Restent cent neuf pages. A la cadence de dix par jour, cela me fait théoriquement tout le rôle en onze jours, quoique en fait il faille généralement le double de temps puisque la mémoire est de plus en plus sollicitée et que la longueur des révisions augmente jour après jour. Et puis il y a aussi les jours où la mémoire se montre tout à fait hermétique et où l'on doit alors se contenter de révisions.

En soi, ce scénario est tout d'une pièce et sans grande subtilité, mais il progresse à belle allure. J'espère que le metteur en scène saura lui imprimer le même rythme. Selon moi, Henry est dément. Si je continue de le percevoir ainsi lorsque je me serai bien imprégné du texte, c'est ainsi que je le jouerai. Il est vraiment démoniaque. Beaucoup de charme, de prodigieux accès de colère, le tout allié à une intelligence brillante et cynique. Il se pourrait que j'arrive à en faire quelque chose. Surtout si le réalisateur et ma partenaire sont bons et y mettent du leur. Comme je crois savoir que les autres personnages — Wolsey, Cromwell, Howard, Thomas Boleyn, etc., etc. — vont être joués par Hordern, John Calicos et des gens de leur stature, je n'ai pas d'inquiétude de ce côté-là. Surtout Michael Hordern. Je le tiens pour un des meilleurs comédiens au monde et, dans une scène à deux, un adversaire qui donne du fil à retordre.

Ses inquiétudes quant au scénario n'étaient pas sans fondements. Il ne contient guère d'idées ou de répliques originales. Il est cohérent, mais n'offre rien de nouveau, rien de surprenant. Il s'agit d'un honnête travail d'artisan. Comme à tant de projets qu'on lui soumettait, Burton s'y attela avec beaucoup de bonne volonté, tout en sachant dès le début que le produit fini ne serait pas de première qualité. La réalisation de Charles Jarrett, délibérément organisée autour de tableaux vivants, était bien dans l'esprit du scénario, mais ne servait, hélas, qu'à en souligner la pesante gravité. Le vif intérêt qu'il portait à Henry VIII, et la joyeuse ambiance du plateau, soutiendraient Burton un temps ; mais, très vite et avec raison, il s'attacha à « sabrer tout ce verbiage ».

L'écriture est plus que jamais son souci premier.

> *(7 mai)* Je me suis couché de bonne heure hier soir, vers les neuf heures, et j'ai lu pour la énième fois *Hissez le grand pavois* de Waugh. Je vais finir par le savoir par cœur. Il est étonnant de voir, chez un styliste aussi scrupuleux, le nombre de fois où, pour obtenir un effet comique, il recourt au mot « répugnance ». Il l'utilise pour la première fois, je crois, dans *Le déclin et la chute*, et cela donne quelque chose comme : « ''Je vous présente ma fille'', dit le principal, non sans quelque répugnance. » Je me souviens, qu'enfant, cela me faisait tordre de rire. C'est un bon truc, qu'il utilise fréquemment. « Le général toisa Basil avec répulsion. » Mais, abstraction faite de ces légères réserves, il est l'écrivain auquel j'aimerais le plus ressembler. Et voilà que Tom Pouce veut jouer à être Goliath, que l'éléphant rêve de devenir ballerine. Une chose est certaine, je n'écrirai jamais autre chose que d'occasionnels articles pour des magazines, à moins de passer chaque jour de cinq à six heures sur ce seul journal, et non pas une demi-heure comme je le fais actuellement.
>
> *(8 mai)* Impossible de m'arracher à Waugh. Au cours des deux ou trois derniers jours, j'ai lu *En exclusivité, Un peu de savoir, Officiers et Gentlemen* et je termine à l'instant *Hommes en armes*. L'argument global est une lamentation sur la mort et la dissolution de la classe des hobereaux. Ils étaient plus résistants que Waugh ne le pensait. Ils sont toujours là, aussi solidement en place que jamais. Dommage pour son propos. Ce qui est dommage, surtout, est qu'il soit mort avant d'avoir achevé son autobiographie. Il eût été intéressant de lire sa réaction vis-à-vis d'une société qui pour l'essentiel est demeurée inchangée. Les mêmes règles ont toujours cours pour ce qui concerne les alliances, les origines, les études. Seuls les domaines artistique et scientifique échappent à ces lois. Nulle université, quel que soit son prestige, ne peut faire de vous un artiste, un écrivain ou un physicien, si vous n'avez ni intelligence ni talent. A ce qu'on me dit, la majeure partie de la nouvelle génération de scientifiques que nous avons en Grande-Bretagne et que nous exportons aux USA s'exprime avec un accent provincial. Cependant, pour l'essentiel, l'ordre ancien n'a pas varié.

Comme on se prépare à regagner Londres, Burton avoue la terreur que lui inspirent les voyages en avion. « ... tout homme qui me confie que l'avion lui donne les chocottes, devient un ami pour la vie. » Mauvaise nouvelle du côté de Hollywood : les « previews-surprise » de *L'escalier* « sont désastreuses. Bizarrement, je me souciais de la carrière que ferait ce film, mais tant pis. Je vais finir avec un cerveau comme la paume de la main d'un mineur gallois. »

A Londres, après une séance d'essayage chez le costumier, il se rend en compagnie de Brook Williams, maintenant ami proche et visiteur assidu, aux studios pour rencontrer ses partenaires.

> *(21 mai)* [Tony] Quayle était là et se comportait exactement comme prévu, le regard pétillant, tout sourire, disant son texte avec une précision pleine d'onction et de retenue. L'actrice principale est très menue sous tous rapports, par la taille, par le poids, par la voix. Un murmure de moi suffirait à la couvrir. Elle a également un minuscule visage, mais les yeux et la bouche sont bien. Rien que par sa taille et son air effronté, elle me fait penser à la regrettée Vivien Leigh. Quoiqu'il soit un peu prématuré d'en juger après une simple lecture, il me semble qu'elle aura des difficultés avec les longs monologues, mais on pourra sans doute pallier cela par un montage judicieux, avec inserts sur ses auditeurs, et par un doigt de postsynchronisation.

Il évoque un autre problème, qui ne connaîtrait pas de rémission pendant ce pénible été de tournage en lourds costumes d'époque, tournage quotidiennement précédé et suivi de deux heures et demie de route. Il s'agit de ses insomnies.

> *(22 mai)* Il est cinq heures du matin et je suis réveillé depuis une heure, ce qui constitue une amélioration par rapport à la nuit précédente. J'ai un sachet de soupe aux pois cassés en train de cuire à feu doux. Hier soir j'ai pris deux pilules de somnifères, ce qui est pour moi une première. J'en ai repris une il y a une heure ! Burton le camé est enfin arrivé. Le médecin de mon assurance est passé vers dix-neuf heures et m'a annoncé que j'avais le pouls deux fois plus rapide qu'il y a un an ! Tiens ! tiens ! me suis-je dit. Il m'a conseillé au moins dix heures de sommeil pour le ramener à la normale. D'où les somnifères. J'ai réussi à aligner huit heures d'un sommeil toutefois intermittent. Je me sens quand même un peu mieux. Hier, j'ai répété la chanson que je chante dans le film. Elle est très jolie, mais difficile pour un chanteur amateur car pleine de drôles de petites syncopes difficiles à maîtriser en si peu de temps. L'enregistrement est pour ce matin.

L'amélioration est de courte durée. Son insomnie empire au fil du tournage.

Pour lui, un des avantages des studios de Shepperton est la proximité d'Aston Clinton, où Ifor est hospitalisé et où Gwen loge à l'hôtel, à ses frais. Il va les voir sans perdre de temps.

> *(23 mai)* L'état d'Ifor s'est considérablement amélioré. Il se déplace en fauteuil motorisé et m'a paru avoir excellent moral. Nous nous sommes raconté toutes sortes d'histoires, dont certaines l'ont fait rire aux larmes. Le dévouement que lui témoigne Gwen confine à la sainteté. Quelle femme merveilleuse. Cette autodiscipline à l'ancienne, cette vertu à l'ancienne, ce dévouement à l'ancienne envers un être cher ne sont pas choses courantes. Chez elle, il n'y a absolument rien du genre « après moi le déluge ».

Sur la Tamise, à bord de la *Kalizma*, il médite sur Sybil, puis sur Elizabeth.

> *(25 mai)* Comme ce monde est extraordinaire. On vit treize ans avec une personne, huit avec une autre, pour finalement s'apercevoir que ce sont toujours des inconnues. Elizabeth est une éternelle représentation unique. Elle est ma courtisane privée et personnelle. Lascive qui plus est. Il m'est impossible de vous dire en quoi consiste l'acte amoureux. Bon, je vous le dis quand même. E. sait recevoir, elle renvoie infatigablement la balle. Je ne parle pas très souvent de sexe, parce que cela me gêne. Sauf, allez savoir pourquoi, le sexe original, insolite, étranger à moi. A contre-courant.

Le lendemain :

> *(26 mai)* Comme l'aura compris toute personne de quelque discernement, le chapitre d'hier a été écrit sous l'empire puissant de plusieurs vodkas. Un jour, T. H. (Tim) White m'a écrit un poème intitulé « Poème-vodka à Richard Burton ». Une nuit à New York, alors que nous étions joyeusement ivres et que je venais de lui faire don de l'épée « Excalibur » que j'avais utilisée dans la pièce tirée de son *The One and Future King*, et après qu'il eut tenu à adouber avec moult accolades plusieurs chauffeurs de taxi éberlués, nous avons gagné mon appartement de la 81ᵉ Rue Ouest. Là, nous nous sommes écrit l'un l'autre un poème. Il les emporta et j'eus quelque temps plus tard le plaisir et la surprise de découvrir qu'il avait inclus le sien dans son dernier recueil. Le mien doit dormir quelque part dans ses papiers. Vodka en

est le mot clé. Tim est mort avant d'avoir atteint la soixantaine. Si je ne me surveille pas, j'aurai de la chance de friser la cinquantaine. Avec son énorme carrure, sa barbe et ses cheveux blancs, c'était un spectacle de voir Tim donner l'accolade à Harry Schwartz et Sol Schmuck*. Relevez-vous, messire Harry ! Relevez-vous, messire Sol ! Il y en avait qui mettaient vraiment genou en terre sur le trottoir new-yorkais ! Un barman, coutumier des excentricités éthyliques, s'agenouilla même pour être fait chevalier avec un verre de vodka dans chaque main. Un certain nombre de comédiens furent également adoubés au cours de cette folle nuit d'il y a si longtemps. Le seul dont je me souvienne est Jason Robards. Nul besoin de me faire chevalier, me disait-il, puisque dès le jour de notre première rencontre il m'avait mentalement conféré la dignité de baronnet. Quelle tristesse que White ne soit plus. Comme E. aurait adoré pareil loufoque. Et vice versa. C'était un esprit adorable et fou ! Un jour, je suis resté deux heures sous le charme à l'écouter discourir sur les asticots. Ces petits êtres, disait-il, accompagnent l'homme depuis la nuit des temps. Sans eux, nous mourrions tous. Quand tu mourras, disait-il, abandonne ton corps aux asticots, ils t'en seront reconnaissants. Rien ne justifie de le confier aux flammes ; même l'atmosphère pourrait ne pas vouloir des émanations délétères de ton corps en train de se calciner.

VODKA POEM TO RICHARD BURTON

Richard ap Richard,
For you are
Your father and your son,
Are you the spendthrift and the spent,
The slayer slain in one ?
Believer who does not believe,
Munificent and mean,
Trustless and trusting, insecure,
How will you get you clean ?
Do not. But suffer. Understand.
Mascara more the dust of coal
Nor male nor female lashes fanned
Are Gwalia nor the whole.
HAM. I mean HAMEN
Tim

Il tenait son journal tôt le matin, avant que la voiture passe le prendre pour le conduire à Shepperton. Il prenait le petit déjeuner seul. Du thé et une tranche de pain grillé, comme dans

* Noms stéréotypiques de juifs new-yorkais *(NdT)*.

la famille de D. H. Lawrence avant de descendre au fond de la mine.

(28 mai) A nouveau je bois trop, et bien que j'aime cela, je crains que cela ne finisse par m'endommager le cerveau. J'ai déjà remarqué que ma mémoire en pâtit. Mais peut-être est-ce dû au vieillissement. De toute manière, je vais essayer de mettre la pédale douce jusqu'à la fin du film, et peut-être, je l'espère, arrêter.
Ce film est important, même si nos derniers films, à Elizabeth et à moi, sont d'énormes succès financiers. Je veux parler de *Cérémonie secrète* et de *Quand les aigles attaquent*. Pardon du peu, avec son insouciance, son impertinence et son culot coutumiers, Elizabeth a même réussi à décrocher l'Oscar français. Je suis complètement fou d'elle en ce moment, bien qu'elle m'ait été vraiment indifférente. Cette dernière proposition doit se lire : « bien qu'elle *ne* m'ait *jamais* été vraiment indifférente ». Ah, que voulez-vous, il est très tôt.
Je suis très jaloux d'E. Je suis même jaloux de son affection pour Dick Hanley, homosexuel sexagénaire, et de quiconque avec qui elle déjeune. Des autres femmes, des chiens, je vais jusqu'à être jaloux du petit chat, parce qu'elle lui témoigne une immense tendresse. Mais tous ces animaux mourront avant moi, j'en sortirai donc gagnant.
Là-dessus, direction Shepperton et le boulot.

La presse est quotidiennement présente.

(29 mai) Barry Norman, encore un journaliste, du *Daily Mail* celui-là, et pétri d'enthousiasme candide, m'a posé l'inévitable question : « Pourquoi ne revenez-vous pas au théâtre ? » Je ne sais pourquoi, les Anglais considèrent que le théâtre est supérieur (quel drôle de mot) au cinéma ou à la télévision. J'ai pratiqué les trois avec succès, et je peux te dire, mon petit Barry, que tous trois présentent des difficultés, avec cette différence qu'après, disons, dix semaines dans la peau de Hamlet, on titube d'ennui, et que l'esprit rejette cette succession de citations galvaudées qu'est devenu ce rôle. Est-il un monologue plus fastidieux, après quatre siècles de constante répétition, que « Être ou ne pas être » ? Je n'ai jamais joué ce passage — et j'ai joué le rôle des centaines et des centaines de fois — sans savoir que tout le monde entre en une douce somnolence dès que retentit la formule fatale. Pour me venir en aide, E. n'a pas été tendre avec Norman, à tel point qu'il a fini par avoir les larmes aux yeux. Alors, elle lui a donné un baiser ! Personne n'arrive à comprendre que je diffère de tous les autres comédiens, à l'exception de Marlon Brando. Je ne

possède pas son extraordinaire talent, mais, comme lui, je m'ennuie très rapidement.
Marlon et Elizabeth possèdent une si forte personnalité, sans parler de leur beauté physique, qu'ils retombent toujours sur leurs pieds, mais celle-ci — à la différence de Brando — a acquis au contact des caméras, par osmose pourrait-on dire, une solide technique. Marlon doit encore apprendre à parler. Seigneur, combien de fois l'ai-je vu gâcher son jeu du fait d'une articulation insuffisante. Il aurait dû naître deux générations plus tôt et jouer dans des films muets. Gadge [Elia] Kazan, l'Actor's Studio, cet énorme battage fait autour de lui alors qu'il était encore immature, ont été les pires choses qui pouvaient lui arriver. J'adore ce garçon (quoique ce ne soit pas réciproque) et voudrais bien le prendre entre quatre yeux pour lui insuffler un peu d'enthousiasme. Seulement, tout comme Elizabeth et moi, il sait au tréfonds de son être que tout ça n'est qu'une gigantesque et triste farce. Tous les trois, chacun à sa manière, nous savons n'être que de gigantesques canulars.

Contrairement à son habitude, il aborde quelques aspects du tournage en cours.

(7 juin) J'ai eu une journée éprouvante, hier. Gareth [son neveu] est venu à bord la veille au soir, et nous avons passé la moitié de la nuit à parler et à boire. Puis je me suis mis en route au point du jour pour aller tourner face à Gin Bujold une longue scène, dans laquelle j'avais à faire l'essentiel de la conversation. Je suppose que Gin s'en tirera, mais elle manque de chien, de venin, d'arrogance pour ce rôle. Évidemment j'ai toujours au fond de moi l'idée qu'E. y aurait fait merveille et aurait été bien meilleure. Je m'en suis tiré sans trop de casse. Puis, ô soulagement, j'ai travaillé face à Tony Quayle et Michael Hordern. Merveilleuse paire de pros, rusés comme des renards. Aucun déchet. Je pense avoir été à la hauteur. Ils possèdent tous les haussements d'épaules, hochements de tête, mimiques et regards obliques, jamais mis au point. J'ai dit au metteur en scène que c'était comme de jouer entre la poêle et les flammes. Tout ce que Michael Hordern avait à dire était : « Oui, votre Grâce. » Il a bien dû prononcer quatre « votre... » hésitants, et les trois mots dits à sa manière inimitable devinrent légèrement plus longs qu'une tirade d'Hamlet. Aucune coupure. Tous deux variaient leur vitesse de diction avec le désir inconscient de faire « se planter » l'autre, et moi. Mais je suis un vieux singe. Je les ai amenés une ou deux fois à « se planter ». Même si aucun n'en a parlé, les trois vieux pirates que nous étions savent bien que dès que la caméra se met à ronronner, c'est chacun pour soi. Évidemment, lorsqu'on est « la vedette », le « fric », comme

disent les techniciens, on peut se permettre d'être magnanime, parce que le « fric » est presque automatiquement protégé. Mais il vaut mieux savoir à quoi on s'expose. Et faire savoir aux autres qu'on sait ce qu'ils mijotent. Il n'y a bien sûr aucune malignité dans tout cela ; tout est profondément enfoui dans le subconscient. Brook était en verve hier et m'a tellement fait rire que je ne cessais de me tamponner les yeux.
Les deux bébés viennent d'arriver de Suisse, et j'ai subitement réalisé qu'après ce tournage, il va falloir que je fasse le commentaire de l'investiture du prince de Galles. Et après cela il y aura Winston Churchill et cinq ducs de Marlborough pour le son et lumière du palais Bleinhim (?). Bon sang ! Ce que je pouvais être crevé. Liza est en train de devenir une petite dame, et je ne crois pas que Maria soit déficiente intellectuellement parlant. Dieu merci ! C'est la première fois que je me dis qu'elle a peut-être une chance de s'insérer dans ce monde difficile, même lorsque nous ne serons plus là.

Le même jour :

J'ai eu une sacrée frousse hier. Bon Dieu, c'est la deuxième fois que ça arrive à une semaine d'intervalle. E. et moi allions faire l'amour, l'après-midi, quand elle s'est tout à coup mise à saigner. Et quand je dis saigner, c'est SAIGNER. Non pas le genre rose pâle, mais de gros caillots de sang qu'il fallait triturer avec le bout du doigt pour qu'ils passent l'évacuation du lavabo. Je suis resté un long moment assis près d'elle, à la caresser, à tenter de la rassurer du mieux que je pouvais. Cela s'est finalement arrêté, mais c'est pour moi un véritable cauchemar. D'ailleurs, après deux week-ends de ce genre à bord du yacht, j'ai rebaptisé Princess Steps le « quai du cauchemar ».

... Il examine ensuite Elizabeth intimement et soigneusement. Il le fait, ainsi qu'il l'écrit, « avec amour ».

Et un peu d'angoisse. Je veux dire beaucoup d'angoisse. Elle va mieux ce matin, et les excroissances ont considérablement diminué. Mais je ne serai pas tranquille tant qu'elle n'aura pas été vue par un médecin, même si, *en aucune circonstance*, on ne devra employer le bistouri. Il existe d'autres méthodes.

Ce passage, et la description subséquente, détaillée et crue, qu'il fait de l'état d'Elizabeth, témoignent de l'immense affection qu'il lui porte. La récurrence et l'intensité de sa maladie, aggravée par l'absorption d'alcool et de barbituriques, menace de faire d'elle une patiente à perpétuité. Ce qu'il y a de meilleur en Burton s'exprime là. Mon opinion est que la maladie d'Elizabeth a prolongé leur mariage. La nature angoissée de Burton, ses doutes quant à lui-même jouent contre cette vie de famille itinérante. Mais tant qu'Elizabeth aura manifestement besoin de lui, il ne partira pas.

Il est curieux, compte tenu de son côté pudique, qu'il ait couché tout cela par écrit, mais je suppose qu'il applique là le même principe que lorsqu'il évoquait les outrances de Rachel Roberts. Rien de ce qui était humain ne devait lui être étranger. Et plus cela dépassait son attente ou son expérience, plus il était important pour l'écrivain de le consigner.

Quelques jours plus tard, Elizabeth était rétablie et avait recouvré sa pétulance.

> *(11 juin)* E. très excitante dans la plus courte des minijupes. Dès qu'elle s'écartait même légèrement de la verticale, elle révélait la totalité de son derrière à mon regard admiratif.

Kate séjourne avec eux, et Burton est aux anges.

> *(11 juin)* L'adorable Kate est toujours ici. Jusqu'à présent, elle m'a accompagné chaque jour au travail, bien qu'elle doive se lever à six heures du matin. Tout le monde l'adore, et ma partenaire dans le film m'a demandé si elle était à vendre. Je lui ai répondu qu'alors ce serait moi qui l'achèterais.

Le 14 juin, il se lève à quatre heures du matin. Direction le plateau.

> J'aime ma femme. Je l'aime tendrement. Parole. Beauté, silence, dépouillement... Le fleuve est comme un fantôme gris-bleu. Seigneur, même les habitations paraissent dormir. Et ce cœur formidable est... toujours assoupi.
> Seigneur encore, comme il devait être facile, aux premiers temps de cette langue, d'écrire de la poésie. Comme il devait être facile de rendre les sentiments factices d'un pâtre comme le « *Michael* » de Wordsworth. Ou la passion puissante et impavide de mes vers préférés : « *And I have felt a passion, a sense sublime, of something far more deeply interfused, whose dwelling is the light of setting suns, and the round ocean, and the living air and the blue sky, and in the mind of man**. »

---

* *Et j'ai éprouvé un sentiment sublime, la sensation de quelque chose de bien plus diffus, dont le séjour est la lumière des couchants, le vaste océan, l'air en mouvement, l'azur, et une part de l'esprit humain.*

Le dimanche était consacré au repos, à la réflexion.

(15 juin) J'ai ouvert les yeux à sept heures, ce matin. Je suis resté un long moment à contempler Elizabeth. Je suis inquiet pour elle. Son joli derrière et tout ce sang, tout cela me soucie. Mon adorable, revêche, difficile, intolérante, petite femme. Il n'est pas de créature qui ait dans le sommeil beauté aussi enfantine. « Quand tu as du chagrin, disait T.H. (Tim) White, apprends quelque chose de neuf. » J'ai modifié ce précepte en « pense à quelque chose de neuf ». Je me suis donc mis à passer en revue tous les gens intéressants que j'ai pu rencontrer, en me demandant duquel j'avais trouvé la compagnie la plus agréable. Après avoir bien réfléchi, allongé sur cette couche silencieuse, une cigarette meurtrière entre les lèvres — est-il position plus confortable ? —, je me les suis énumérés un à un. Churchill ? non ! Il n'y en avait que pour lui. Picasso ? Non ! trop égocentrique. Emlyn [Williams] ? Non. L'esprit en forme de rasoir, et une langue à l'avenant. Dylan ? Non ! Brillant mais mal dans sa peau. Willie Maugham ? Non ! Son seul souci était de jouer au bridge contre des joueurs médiocres. Gwyn Thomas ? Non ! Le type même du gars qui voudrait être grand, costaud et coriace et n'est que rondouillard, faible et fébrile. Camus ? Possiblement. Mais il a eu le sacré toupet de mourir jeune. John Osborne ? Non ! Pas une once d'humour. Gielgud ? Il serait en excellente position, mais j'ai le sentiment qu'il *me* trouve un peu trop mal dans ma peau. Edward Albee ? Non ! Une semaine en sa compagnie me semblerait une éternité, et il aurait le même sentiment à mon endroit. Mais pourquoi continuer ? Cela s'est ramené à deux personnes : Noël Coward et Mike Nichols. Tous deux ont la faculté de changer le monde dès qu'ils arrivent quelque part. Ils ont de l'esprit, mais cela leur est naturel, jamais laborieux et sans la moindre trace de méchanceté. Ils sont doux, intelligents, et dépourvus de la moindre duplicité. Noël est un vieillard, et je crois qu'il s'attend à mourir prochainement. Mike, lui, a l'intention de damer le pion à Mathusalem. Ce qu'ils possèdent, et que je leur envie, est une totale assurance. Ils ne savent pas ce qu'est la peur. Quand Noël entre quelque part de son pas mal assuré, tous les visages s'allument. Le mien aussi. Idem pour Elizabeth. E. et moi avons la remarquable capacité d'inspirer de la peur à autrui. J'ai vu des gens tressaillir en traversant la pièce pour être présentés à Elizabeth. De quoi diable peut-il bien s'agir ? D'où tenons-nous cela ? Je sais bien que nous sommes des êtres dangereux, mais nous sommes foncièrement gentils. Je veux dire que nous ne nous faisons du mal qu'entre nous. Et jamais nous n'agressons gratuitement les autres. Quelqu'un a un jour écrit (un type du nom de Robinson, avec qui j'étais à Oxford — Robinson, vous imaginez porter un nom

pareil ; c'est pire que Jenkins, si vous voulez mon avis) que lorsqu'elle était entrée dans la salle — pour donner une conférence de presse, à laquelle il se trouvait qu'il était présent —, elle donnait l'impression qu'il n'y avait personne d'autre dans les lieux. Que lorsqu'elle répondait aux questions, elle semblait le faire depuis quelque espace interstellaire.

Ses insomnies ne l'ont pas quitté. Il boit toujours. Les rumeurs vont bon train à propos de lui et « Gin ». Ses carnets nous renvoient l'image d'un homme irrémédiablement replié sur soi, sur sa femme, sa famille. Un homme en butte aux inextricables complications occasionnées par des associés qui l'empêchent de goûter cet éden qu'il s'est bâti à force de talent, de courage et d'audace.

Le tournage le rend maboule.

(19 juillet) Seigneur tout-puissant, en qui je ne crois décidément pas, quelle semaine, quel mois ! Une chose est certaine, il faut que je laisse tomber ce métier. Il me rend fou. A la seule idée de devoir aller travailler, de bonne heure tous les matins, j'éprouve comme une souffrance physique. Tout y est tellement ennuyeux. N'importe qui est capable de jouer Henry VIII. Même Robert Shaw, qui devrait jusqu'à la fin de ses jours se borner à jouer au ping-pong avec d'anciens champions sur le retour, l'a joué.

Il suit passionnément l'atterrissage sur la lune, captivé par Aldrin et Armstrong, même s'il se désole qu'ils ne sachent dire que « Euh, OK ». Il se met à détester le film sur lequel il travaille. Il s'arrête de boire.

Et l'effet sur mon métabolisme en est à l'évidence traumatisant.

(22 juillet) Je me suis très mal conduit avec toutes sortes de gens pour lesquels j'ai le plus grand respect en temps normal. Hier pendant le déjeuner, je m'en suis violemment pris à Sheran [Hornby] sans raison valable. Avec une parfaite impartialité, j'ai malmené Brook, Bob Wilson et Jim Benton [son secrétaire], et pour couronner le tout je n'ai pas cessé, aujourd'hui pendant le déjeuner et en présence du même Sheran, de tempêter contre E., alors qu'elle rentre juste d'une de ses douloureuses opérations, l'intromission dans le derrière de je ne sais quel redoutable instrument. Je suis bien sûr coutumier de ce genre de comportement dans les périodes où je bois beaucoup, mais je suis étonné que cela me prenne également en période d'abstinence.

Si dans un mois je me sens toujours dans les mêmes dispositions, je reviendrai à cette bonne vieille bibine, histoire de voir combien de temps il va lui falloir pour me tuer. Autant prendre du bon temps durant le peu qu'il me reste à vivre. Une des bizarreries que j'ai déjà observées chaque fois que je me suis arrêté de boire, est que lorsqu'on en retâte, l'odeur de l'alcool pur est écœurante, ceci à tel point que pour surmonter cette répulsion il faut se l'envoyer d'un trait, un peu comme un médicament, ou bien le couper généreusement de jus de fruit afin d'en atténuer l'odeur et le goût. Avant le déjeuner, je me suis versé un Martini que je n'ai même pas pu boire. J'y ai trempé les lèvres et cela m'a fait frissonner de la tête aux pieds. Je n'ai arrêté que vendredi soir, et encore ne s'agit-il que d'une diminution, puisque je m'autorise encore deux verres par jour. On finit par oublier combien l'eau et le lait peuvent être délicieux. Je poursuivrai ultérieurement ces confessions d'un alcoolique.

(23 juillet) Pas la moindre goutte d'alcool hier, pour reprendre les « confessions », et je suis une nouvelle fois en stand-by, quoique je ne pense pas qu'on me donnera cette fois ma journée. Les « hommes de la lune » ont déjà quitté les gros titres, remplacés par l'infortuné Teddy Kennedy. Je suis désolé pour lui et je peux comprendre sa panique. Il a raison, « cela peut arriver à n'importe qui », mais s'il ne fournit rien de plus solide la semaine prochaine face au tribunal, il peut dire adieu à ses ambitions présidentielles et peut-être même sénatoriales*. Les hommes Kennedy sont bien évidemment des satyres notoires. Je sais que du temps de sa campagne présidentielle, à l'époque où il séjournait à Palm Springs chez Frank Sinatra, l'endroit avait tout d'un bordel, avec John Kennedy en client le plus assidu. Bon Dieu, quand on songe aux risques que prenaient ces gars-là. Mais ils s'en sont toujours tirés. Tous, sauf le petit dernier.

(24 juillet) Dans le cadre des confessions : Hier soir, j'ai failli. Je me suis soûlé. Il ne m'en a pas fallu beaucoup. Aujourd'hui, je réintègre le droit chemin.
En trois ou quatre jours de (relative) sobriété, j'ai beaucoup appris. Ainsi, l'alcool est un remarquable antalgique. J'avais oublié combien les gens sont ennuyeux. J'avais oublié à quel point ils sont trouillards. J'avais oublié combien je peux être barbant. Et combien tous, nous vivons une vie de tranquille désespérance, et merde à Thoreau**. Il est je ne sais quelle heure impossible du matin.

* Évocation du fameux « accident de Chappaquidick ». Teddy Kennedy venait d'avoir, en pleine nuit, un accident de voiture au cours duquel sa passagère — sa « secrétaire » — avait trouvé la mort *(NdT)*.

** H.D. Thoreau (1817-1862), écrivain américain, auteur de *Walden ou la vie dans les bois*. Il menait une vie frugale et modeste et professait l'amour contemplatif de la nature *(NdT)*.

C'est la seule et unique fois (à ma connaissance) qu'Elizabeth et lui ont une conversation posée sur leurs films et leur carrière cinématographique. On est étonné de la modestie et du détachement dont ils font preuve à l'égard de toute l'agitation qui peut les environner, et de tous les succès qu'ils ont connus. Être numéro un au box-office n'est pas à la portée de tout le monde, et ceci pour des films au sujet desquels les critiques restent pensivement en arrêt. Liza est à l'origine de tout ça.

(26 juillet) Liza est allée voir *Becket* avant-hier soir et a, je crois, été surprise de voir que, malgré sa dissipation, son père était capable d'interpréter un saint. Voilà qu'elle s'est mise à vouloir voir tous les films qu'E. et moi avons faits. Nous lui avons expliqué qu'un gros pourcentage de ceux-ci étaient nuls et ne valaient pas le déplacement, mais qu'il y en avait cependant quelques-uns qui se laisseraient revoir. Lesquels ? nous sommes-nous demandé. E. a tourné environ une cinquantaine de films et moi une trentaine. Disons en gros quatre-vingts à nous deux. J'ai évalué au nombre de dix ceux qui se laisseraient revoir. Nous avons tenté d'en dresser la liste. Dans le cas d'E., cela donne :
Le grand National
Une place au soleil
Une chatte sur un toit brûlant
Butterfield 8 (uniquement pour sa prestation, si j'ai bien compris)
Soudain l'été dernier
Virginia Woolf
Boom
Cérémonie secrète (il me semble)
La mégère
Faustus (rien que pour ses yeux et ses seins)
Je ne vais pas tarder à en trouver quelques autres, mais ce qui est bizarre, puisqu'on tient les acteurs pour des niais, c'est de voir que les meilleurs films d'E. ont été faits *en dehors* de la compagnie qui l'avait sous contrat. Et pour ce qui est de moi, les seuls films que j'ai faits qui aient quelque valeur, sont ceux que *j'ai choisis*, là aussi *en dehors* de l'influence des contrats. Les deux seuls films potables que j'ai faits avant l'échéance de mon contrat de quatorze ans chez Fox et Warner Bros., ont été *Les corps sauvages* et *Alexandre le Grand*. Après cela, et du fait du remarquable impact qu'a eu E. sur le cours de ma vie, j'ai toujours été pratiquement livré à moi-même. Je n'ai presque pas commis de bévues, sinon par excès de prudence. Depuis qu'elle est auprès de moi, j'ai presque rattrapé Elizabeth. J'ai fait, voyons voir :
Becket
V. Woolf
L'espion

La mégère
Boom (en faire-valoir)
L'iguane
Faustus
L'escalier
A y regarder de près, ce n'est pas un mauvais bilan pour deux êtres qui s'aiment, qui rivalisent entre eux, et qui ont le même tempérament.
Cela tend à prouver que nous avons du goût. Et que si on nous laisse la bride sur le cou, nous ne décevons personne. Mon idée est que nous devrions redevenir de superbes amateurs, et que si E. souhaite tourner la vie amoureuse d'une tortue, avec elle dans le rôle du vétérinaire, c'est exactement ce que nous ferons. Je ferai la tortue.
Nous nous trouvons, durant une ou deux minutes, au zénith absolu de notre profession dépenaillée. Aussi, avant de se remettre à essayer de nous arracher l'un à l'autre, les autres devraient se retirer un moment sur la pointe des pieds. Cette dernière phrase ne veut absolument rien dire, aussi arrêtons les frais. Sur-le-champ. La matinée est toujours très belle.

Je pense qu'il se sous-estime. On peut sauver plusieurs scènes dans *The Last Days of Dolwyn* et dans *A Subject Of Scandal And Concern*, il y a *Quand les aigles attaquent* et (dans son genre) *Les rats du désert*, et quelques bons moments dans *Now Barabbas Was A Robber* et dans *The Prince Of Players*. En dehors de quatre ou cinq scènes, j'exclurais *Anne des mille jours*.

Les efforts qu'il a faits pour insuffler un peu d'énergie au personnage de Henry VIII l'ont épuisé. William Squire, qui apparaissait à ses côtés dans le film, impute cela à l'alcool. Mais ce n'était pas la première fois qu'il buvait, et il avait fait par le passé d'excellents films. A la base de tout, il y avait le verbe. Lorsque, dans un film d'action par exemple, il n'était pas question de texte sophistiqué, Burton s'intimait l'ordre de s'atteler à la tâche et s'en acquittait bien. En revanche, quand le rôle requérait éloquence et poésie, alors il mesurait son texte à l'aune de ses écrivains favoris. Lorsque le scénario ne soutenait pas la comparaison, il s'en désintéressait rapidement. Il s'agissait d'une sorte d'impatience, d'arrogance intellectuelle. Mais c'était aussi une forme d'honnêteté. Il était incapable de faire comme si. Son talent fonctionnait à l'inspiration. Il avait besoin d'y croire. Or, il trouvait peu crédible ce personnage de monarque lourdaud, bourru, sans surprise, avec ses six épouses successives. Et, très vite, ses carnets passent à autre chose.

Il donne de l'argent à un petit polio qui mendie sur ses béquilles. A.P. Herbert vient déjeuner à bord de la *Kalizma*, et Burton l'écoute avec grand intérêt. Mais c'est Elizabeth qui, une fois de plus, requiert toute son attention.

> *(30 juillet)* Je me doutais, hier, que quelque chose clochait. Je le ressentais au tréfonds de mon être de Gallois primitif. E. était en chirurgie pour recevoir sa troisième et dernière injection. J'ai enfin eu au bout du fil un médecin, qui, à demi-mot, m'a laissé entendre que mon bébé avait failli y rester. Je peux comprendre qu'un médecin généraliste de Galles du Sud, qui voit un mineur toutes les minutes et se trouve sans cesse sous pression, commette de temps en temps une boulette.

Ce qu'il n'admet pas de la part de spécialistes grassement payés.

> Je reste éberlué par les énormités dont sont capables ces manieurs de seringues. C'est la raison pour laquelle j'ai ouvert ce cahier en pleine nuit. Il est trois heures du matin. Enfin, elle a maintes fois résisté à leurs tentatives d'homicide. Il faudrait qu'elle réalise que les bons médecins sont aussi rares que les bons comédiens. Toujours est-il qu'elle est sortie d'affaire, même si je suis toujours sens dessus dessous. Que serait la vie sans elle ? Où irais-je ? Que ferais-je ? A côté d'elle, le monde me paraît bien pâle. Rien ne servirait de prendre une gamine de dix-huit ans en minijupe — elle ne tiendrait pas une semaine. J'imagine que je mourrais, d'une mort grandement précipitée. Enfin bon, elle va bien. Les salauds.

> *(1er août)* Aaron est passé hier aux studios. Il m'a paru en piètre forme et prématurément vieilli, quoiqu'il dise que non seulement la maladie [une sclérose en plaques] a été stoppée mais qu'elle a « régressé ». Cela ne m'a pas sauté aux yeux. Je lui ai demandé combien d'argent nous avions. Si nous avions les moyens de prendre notre retraite. Il m'a répondu que je disposais d'environ quatre millions à quatre millions et demi de dollars en fonds « débloquables », et E. d'un peu moins. Il convient de ne pas confondre cette somme avec les diverses maisons, la *Kalizma*, les peintures, les bijoux, etc., dont la valeur globale doit s'élever à trois ou quatre millions de dollars. *Si*, lui ai-je encore demandé, nous arrêtions de travailler, quel genre de revenu pourrions-nous espérer sans toucher à notre capital ? Au moins un demi-million de dollars par an, m'a-t-il répondu. Consacrons là-dessus cent mille dollars au maintien de R. Hanley, Benton et Wilson sur le train de vie auquel ils sont habitués, et à l'entretien des filleuls,

filleules, neveux et nièces, sans oublier Howard, Sarah, Will, et les divers frais de scolarité. Consacrons une même somme à l'entretien et au fonctionnement de la *Kalizma*. En retirant encore cinquante mille dollars d'imprévus et de frais divers, E. et moi devrions tenir avec deux cent cinquante mille dollars par an. Tous les enfants sont désormais nantis, certains plus que les autres, aussi n'avons-nous pas à nous inquiéter pour eux. Financièrement, j'entends. Il me semble qu'avec du papier, une machine à écrire, un approvisionnement généreux (sans être excessif) de vodka et de Jack Daniels, nous pourrions tout à fait survivre. Ainsi qu'Aaron me l'a fait remarquer, cela constitue, du fait de la non-imposition, un revenu plus important que celui des Rothschild de France. Il a de plus ajouté que si nous n'entamons pas le capital, celui-ci aura au minimum doublé d'ici mes cinquante ans. Nous vaudrons alors dans les vingt millions de dollars. Vingt millions. Tu plaisantes, non ? L'argent est quelque chose d'important. Ce n'est pas la seule chose qui compte, mais c'est bien utile. C'est la raison pour laquelle j'en ai tant parlé aujourd'hui, parce que si E. et moi avons la force de caractère de renoncer à la célébrité, au moins nous sera-t-il possible de vivre sur un pied plus que décent. Il me sera peut-être même possible de lui offrir de temps en temps un ou deux bijoux. Nous nous partagerons entre Gstaad, la *Kalizma* et Puerto Vallarta. Nous ferons de temps en temps un saut à Paris, histoire de donner une soirée pour les Rothschild. Nous prendrons le Transsibérien de Moscou à Vladivostock. Nous irons séjourner dans les montagnes du Cachemire. Nous nous promènerons dans les îles grecques. Nous visiterons Israël et les tombes égyptiennes. Nous retournerons au Dahomey pour voir s'il y a toujours du linge à sécher devant le palais présidentiel ; nous pourrons ensuite vagabonder le long des côtes à bord de la *Kalizma*. L'Espagne, les Antilles, l'Équateur, le Paraguay, la Patagonie, le cours de l'Amazone. Nous consacrerons un mois à nous promener en France, le guide Michelin à la main. Il y a beaucoup d'autres mondes, Coriolan. J'écrirai de jolis livres, que E. illustrera de ses photos.

Deux jours plus tard.

(3 août) Aujourd'hui, toutefois, j'ai cessé de m'apitoyer sur mon sort et je songe sérieusement à laisser complètement tomber ce métier, cette farce.

Le lendemain.

> *(4 août)* « Il me faut un fils qui gouvernera l'Angleterre après ma mort. Trouvez une solution, Cromwell. Trouvez une solution. Le pape. Le cardinal. Orviétan, mes seigneurs évêques. Divorçons d'avec Catherine. Divorçons d'avec Anne. Épousons Jane Seymour. » J'ai recours à toutes les ficelles pour rendre cela crédible, mais c'est un combat perdu d'avance. Tout cela est d'une affligeante médiocrité.
> Et c'est dans cette charmante disposition d'esprit qu'il partit travailler.

Ragaillardi par

> *(5 août)* Un trait d'esprit signé Tony Quayle : « Michael Redgrave est amoureux de sa propre personne, mais il n'est pas certain que cela soit réciproque. Voilà son problème. » J'en ai ri un bout de temps.

On apprend que *Quand les aigles attaquent* a rapporté plus de vingt et un millions de dollars aux États-Unis « et marche toujours très fort. » Burton fait aussitôt ses calculs. Il peut certainement prendre sa retraite à présent. Elizabeth apporte de l'eau à son moulin.

> *(20 août)* C'est pourquoi je sais qu'E. a raison lorsqu'elle dit que je devrais y renoncer un moment — à ce métier — et essayer de faire le point.

C'est avec grand plaisir qu'il revoit Emlyn Williams.

> En excellent état de marche et toujours aussi subtilement caustique. Les années ne l'ont pas ramolli, il est resté le même... Il n'est pas aisé de ne pas se faire malmener par Emlyn. Au plus petit signe de fausse modestie, de tartuferie ou de sentimentalisme, il vous porte l'estocade d'une formule bien sentie.

Comme il n'est pas rare sur ce genre de tournage, toute sorte de bruits circulent sur le premier rôle masculin et sa partenaire. Le 28 août, le cas Gin Bujold fait son entrée dans les carnets.

> En dépit de mes protestations d'innocence, E. n'est toujours pas tranquille en ce qui concerne Gin Bujold. Il s'agit d'une situation dangereuse, mais le danger est du côté de miss Bujold, non du nôtre. Je suppose qu'elle va trouver très difficile de retrouver la banlieue de Montréal après le clinquant de ce tournage. Enfin bon, fais ce qu'on te dit, et après toi le déluge.

Trois jours plus tard.

> *(10 août)* Voilà, c'est terminé. Il ne me reste que deux plans à faire, ensuite je me démaquille, je rentre à la maison et j'oublie tout. Je me suis rarement senti aussi mal. Je me souviens de la terreur qui était la mienne à l'idée de ne pas être accepté, lorsque j'attendais dans le courrier la réponse d'Oxford. Je me rappelle les tourments traversés lorsqu'il m'a fallu choisir entre Kate et Elizabeth. J'ai choisi la seconde et peut-être ne me le pardonnerai-je jamais. Quoique je les aime aussi passionnément l'une que l'autre. Même si E. n'en croit rien, je n'ai jamais trahi sa confiance.

On peut légitimement se demander s'il ne proteste pas de façon un peu appuyée. Je penche cependant pour l'innocence. Le jour même, il se comporte comme un dément.

> *(31 août)* Hier a de nouveau été une journée atroce. Je me suis conduit de façon si exécrable qu'à côté de moi une *banshee** eût paru bonne, aimante et douce. Complètement ivre, je n'ai pas cessé d'insulter Elizabeth, m'excusant ponctuellement comme un morveux, pour aussitôt repartir de plus belle. Parfois, je me sens tellement le fils de mon père que j'en ai la chair de poule. Il avait cette même faculté de blesser les autres verbalement, les mêmes emportements subits, il était aussi fidèle à Mam que je le suis à Elizabeth, il avait la même culture lacunaire, le même dydactisme (je parie qu'il y a là une faute d'orthographe), il admonestait l'innocence quand il se savait coupable. Comme moi, il contre-attaquait quand il savait sa position indéfendable.

La dispute a éclaté à l'hôtel d'Aston Clinton, quand Elizabeth a soudainement commandé ce qu'il estimait (légitimement) être un surcroît tout à fait superflu de serviettes, de draps, etc., et a noyé la chambre de Gwen sous ce fatras de cadeaux supplémentaires. Il a aussitôt éclaté. Elle a contre-attaqué.

> Donc, je suis devenu fou furieux. Pour finir Elizabeth s'est mise à me marteler le crâne avec ses poings chargés de bagues. S'il s'était agi d'un homme, je l'aurais tué. Et toute autre femme qu'elle aussi. Mais il me restait assez de lucidité pour me retenir, sinon je l'aurais très certainement envoyée pour un bon moment à l'hôpital, voire au cimetière de la synagogue pour une période

* Entité femelle du folklore gaélique dont l'apparition ou les plaintes avertissent les familles de la mort prochaine d'un de leurs membres *(NdT)*.

encore plus longue. La colère me reprend quand j'y repense. Je suis alors parti faire une longue marche du côté des fermes qui se trouvent à l'orée du bourg, et j'ai envisagé toutes les possibilités et leurs conséquences. J'en ai conclu que, au moins pour un temps, nous étions contraints de rester ensemble. Je pense qu'E. aurait besoin, tout comme moi, d'une longue période de repos dans un coin tranquille. Ensuite nous pourrions nous remettre ensemble. Cela fait un an que nous nous disputons à propos de tout et de rien. J'ai toujours été un gros buveur, mais, au cours des quinze derniers mois, j'ai eu une consommation quasi suicidaire. Même chose pour Elizabeth. Elle fait à l'instant irruption dans ce réduit où je me suis installé avec ma machine à écrire, et voilà que ça recommence. Ni l'un ni l'autre ne veut baisser pavillon, et si cela continue quelque chose va se briser. Mais il n'est pas question que je cède, je suis trop petit et pas assez féminin pour cela. J'étais fier, ce matin, de ne pas avoir de tremblements, mais depuis qu'E. est arrivée, ça y est, c'est reparti. Bordel, qu'est-ce que tout cela veut dire ? Evidemment il s'agit d'une de ces crises de cafard noir, bien dans la tradition celte. Je ne vois rien devant moi qu'une longue étendue grise et morne. Peut-être que cet après-midi le désert se parera de quelques couleurs, peut-être une oasis poindra-t-elle demain à l'horizon. Mais pour l'instant je suis au désespoir. Si nous n'arrivons pas à nous comprendre et, ce qui est pire, à nous supporter, le mieux serait que chacun parte de son côté et reprenne le travail... Elle tournera et moi j'écrirai.

L'écriture est maintenant considérée comme une planche de salut, voire un ultime refuge contre la folie. A Gstaad, cependant, les choses s'apaisent.

(28 septembre) Cela fait à peu près deux semaines que nous sommes ici — je vérifierai tout à l'heure —, et déjà cela m'a fait un bien fou. Peu après notre arrivée, Lillabetta et Brook sont arrivés avec Maria. Nous, Brook et moi, jouons au badmington tous les matins, et quelquefois l'après-midi. Nous avons fait plusieurs longues balades au pas de course. Pendant une semaine, j'ai été tellement courbatu que je parvenais à peine à me retourner dans mon lit, et j'avais les mains qui tremblaient tellement qu'il fallait qu'E. me tienne mon verre lorsque je voulais boire. Mais à présent je me sens calme comme un roc et infiniment plus alerte que je ne l'avais été depuis un bon bout de temps, même s'il me reste quelques raideurs dans les bras, l'arrière des cuisses et le bas des mollets. J'ai réduit ma consommation d'alcool à trois fois rien — selon mes critères. Un Martini-vodka avant le déjeuner et du vin au dîner. Et encore, il arrive que je ne prenne pas de vin. Cela fait trois jours que j'ai repris le « régime du buveur ».

Mais il ne parvient pas à garder très longtemps ses distances avec l'alcool.

> *(29 septembre)* Ma belle tempérance a volé en éclats la nuit dernière. Je suis resté à discuter avec Brook jusqu'à cinq heures trente du matin, buvant toute une bouteille de scotch à moi tout seul. J'en ressens les effets aujourd'hui, mais j'ai laissé tomber le régime et ne bois plus une goutte.

Sa grande joie — peut-être la plus intense de cette année-là — fut de recevoir, vers cette époque, la collection complète de l'Everyman Library, que lui offrait Elizabeth. « Mille volumes, numérotés, comme neufs. » Les éditeurs ont mis plus de cinq ans à les rassembler. Burton lui-même avait commencé de les collectionner à l'âge de douze ans, puis les avait dispersés au hasard de ses nombreuses maisons et résidences de passage. Les livres viennent d'être livrés dans des caisses. Avec une joie enfantine, il les déballe pour les ranger sur des rayonnages. « Je vais rester ici à bouquiner jusqu'à la fin de mes jours. Ils vont occuper tout un mur de la pièce. Une fantastique bibliothèque de référence dont j'ai tout l'index en tête. »

C'est l'occasion de conter une anecdote.

> *(30 septembre)* J'ai raconté à E. qu'à l'époque où j'étais à Oxford et dans la RAF, j'allais, chaque fois que c'était possible, passer le week-end à Londres afin d'aller voler des livres dans la gigantesque librairie Foyle's, sur Charing Cross Road. Je lui ai expliqué comment je procédais. Pendant la guerre, à l'époque de mes plus belles fauches, on connaissait une sévère pénurie de papier, et les libraires n'emballaient donc pas les livres comme cela se fait de nos jours. J'achetais un livre que je payais. L'employé me remettait un reçu que je laissais ostensiblement dépasser d'entre les pages du livre en question. Or, que l'on achetât un ou dix livres, on ne vous remettait qu'un seul reçu pour preuve de votre règlement. J'allais alors faire main basse sur un ou deux Everyman. Je prenais tout mon temps, restant parfois jusqu'à une heure avant de sortir tout tranquillement du magasin. J'ai bien dû voler des douzaines d'Everyman de cette façon. Un jour que je sévissais chez Foyle's, un de mes amis, N., était également là, occupé à la même coupable industrie. Particulièrement audacieux ce jour-là, j'avais pris cinq volumes en plus de celui que j'avais réglé. L'air de rien, N. vient se placer près de moi et me souffle entre ses dents : « Remets les livres en place, Gallois. Remets-les *tous*. » Très lentement, comme quelqu'un qui n'arrive pas à se décider, je les ai replacés un à

un. Plus tard, N. m'a expliqué qu'il avait vu un des vendeurs aller enfiler un imperméable dans le petit bureau vitré qu'il y avait en ce temps-là chez Foyle's, afin de suivre discrètement mon manège. Plus jamais je n'ai volé un seul livre. Et d'ailleurs étant devenu presque instantanément une « star » quelques mois plus tard, cela ne m'était plus nécessaire.

A Gstaad, il joue au badmington avec Brook Williams, dont il raffole de l'« humour dénué de malignité », et qu'il harcèle pour qu'il se mette à l'écriture. Ils se rendent à la galerie où sont exposés plusieurs des tableaux d'Elizabeth. Ils vont voir le docteur Rossier au service des paraplégiques de l'hôpital local. Ils achètent pour cinquante mille dollars de matériel médical, en partie pour l'usage d'Ifor lorsqu'il viendra séjourner chez eux comme ils en ont la ferme intention.

Ils se rendent une seconde fois à l'hôpital afin de lui choisir une chambre. Et puis :

(2 octobre) Quelque part entre l'hôpital et l'heure du dîner, l'atmosphère s'est dégradée. Longs silences ponctués de violentes agressions verbales. A un moment donné dans ce restaurant italien minable où nous nous trouvions, E., voyant que j'étais d'une humeur massacrante, a fait : « Allez, Richard, donnons-nous la main. » Moi : « Je n'en ai aucune envie. Tu as les mains rouges, moches, elles sont trop larges, de vraies mains d'homme. » Ou quelque chose comme ça. Après cela, j'ai eu comme une tumeur maligne dans la tête, j'étais incurable. Soit je restais bêtement muet, soit j'ouvrais la bouche pour déverser des injures. Mais qu'est-ce que j'ai ? J'aime ma femme plus que ma vie, j'adore Brook. Qu'est-ce qui m'a poussé à leur faire ainsi du mal et à gâcher leur journée ?
Je m'en veux terriblement ce matin. Mais un de ces jours il sera trop tard, connard, trop tard. E. vient de me lâcher qu'il fallait vraiment que je lui offre la bague de soixante-neuf carats afin de faire paraître plus fines et plus jolies ses grosses mains moches. Lady Elizabeth n'a pas son pareil pour retourner les insultes à son avantage. Cette insulte d'hier soir va me coûter très cher, je t'en fiche mon billet !

Le 1er novembre, il rattrape son retard en résumant les jours précédents.

Ensuite direction l'Angleterre et Ifor. Il m'a paru décliner rapidement. C'est le cas, bien évidemment. C'est quelque chose auquel j'aurais dû m'attendre ; je n'aurais pas dû en être à ce point ébranlé. Cela m'a démoralisé pour un bout de temps, jusqu'à la minute présente en fait. Je ne suis pas accoutumé à la mort, et Ifor a toujours été pour moi une espèce de dieu. De toute sa vie, jamais il ne s'est montré dur avec moi en dépit de son caractère emporté. Il ne m'a frappé qu'une seule fois, et encore l'avais-je bien cherché.

Puis il évoque la bague.

> Mais changeons de sujet. *J'ai acheté la bague à Elizabeth.* Son acquisition m'a valu de vives émotions. J'avais fait une offre de un million de dollars, excusez du peu, et voilà que Cartier surenchérit de cinquante mille dollars. Quand Jim Benton [son secrétaire] m'a appelé au téléphone pour m'annoncer cela (nous rendions visite à Ifor et Gwen au Bell Inn), je suis devenu comme fou et j'ai insisté pour qu'il dise à Aaron de m'appeler dès que possible. Charmante comme elle seule peut l'être, Elizabeth s'est mise à protester de ce que cela n'avait aucune importance, qu'elle n'en ferait pas une maladie si cette bague lui passait sous le nez, que la vie ne se réduisait pas à de telles babioles, qu'elle se contenterait de ce qu'elle avait. Entendez qu'elle faisait contre mauvaise fortune bon cœur. Mais pas moi ! A entendre le ton de Jim, son soulagement était manifeste. Même chose pour Aaron, lorsqu'une heure plus tard je l'ai eu au bout du fil. Je lui ai hurlé que, Cartier ou pas Cartier, j'allais avoir ce diamant dussé-je y laisser la vie ou deux millions de dollars, selon ce qui avait le plus de valeur. L'attente angoissée a duré vingt-quatre heures, et j'ai fini par l'emporter. *Ce sacré diam était enfin à moi.* Pour un million cent mille dollars. Il ne sera là que dans deux semaines ou un peu plus. D'ici là, il est exposé à Chicago après l'avoir été à New York, où chaque jour dix mille personnes sont venues le voir. Il a également eu la vedette du *Ed Sullivan Show*. Jim Benson et Aaron Frosch se sont ravisés du tout au tout quant au bien-fondé de cette acquisition. J'ai par la suite appris qu'Ari Onassis était au nombre de mes rivaux, mais qu'il s'était déballonné à sept cent mille dollars. En plus du fait que je suis un gagneur, je voulais ce diamant en raison de son incomparable beauté. Il convient donc que ce soit la plus belle femme du monde qui le porte. J'eusse fait une maladie s'il était allé à Jackie Onassis, Sophia Loren ou Mme Huntingdon-Plouc de Dallas, Texas.

Il ne cachait pas sa jubilation. Il s'agissait d'une victoire de plus, cette fois sur le marché libre de l'extravagance *brute*. Brook Williams donne de plus amples détails. Cet appel téléphonique fut passé depuis la cabine publique située dans le couloir menant au pub du Bell Inn. Dans la salle, les clients sirotaient des pintes d'ale ou de stout et, sans nul doute, tendaient l'oreille. L'opératrice était accaparée par les demandes de PCV, tandis que les usagers du cru attendaient patiemment de communiquer leurs paris au bookmaker local. Selon Brook, Elizabeth était effectivement *charmante*, ainsi que l'écrit Richard, mais elle avait les larmes aux yeux. Cette bague faisait quand même 69,4 carats.

Elle leur fut apportée par des convoyeurs en armes. Un homme armé d'une mitraillette se mit en faction. Le *New York Times* déplora qu'une telle foule se pressât devant chez Cartier, où le diamant était exposé, et taxa les Burton de vulgarité. La princesse Margaret trouvait elle aussi la bague vulgaire. Elizabeth lui proposa de se la passer au doigt ; mais oui, avec plaisir. « Elle ne fait plus si vulgaire maintenant, non ? » fit E. T. Peu de temps plus tard, Gielgud vint passer quelques jours. Comme il aidait à la vaisselle, il trouva la fameuse bague qui traînait sur l'égouttoir à côté d'une soucoupe. Il est étonnant — et édifiant — d'apprendre qu'Elizabeth faisait la vaisselle !

Il semble que l'éclat de ce diamant ait très vite terni.

> *(18 novembre)* Très tôt ce matin, la marmite a décidé de s'en prendre à la bouilloire et de lui faire passer un sale quart d'heure. E. la marmite, a violemment pris à partie ladite bouilloire, c'est-à-dire moi. J'ai été froidement accusé de pratiquement tous les péchés de la terre. J'étais un ivrogne (exact), un menteur invétéré (exact), j'étais ennuyeux (exact), infidèle (faux), j'étais laid (exact) après avoir été beau naguère (faux), et j'avais tous les vices possibles et imaginables à l'exception de l'homosexualité et du manque de générosité. A part cela cette bouilloire était non pas noire mais d'aluminium rutilant. Je veux dire que je m'en suis tiré pratiquement indemne.

L'état de santé d'Ifor continue d'être une préoccupation majeure.

> *(8 décembre)* Ifor passe par des hauts et des bas. En septembre dernier, il a eu dans son sommeil une attaque dont on ne nous a pas mis au courant. Il a beaucoup de mal à parler et se retranche de plus en plus en lui-même. En dehors de quelques éclairs sporadiques, il est devenu une tout autre personne. Il a une peur terrible, m'a-t-il confié, non pas de la mort en soi, mais à l'idée de devoir quitter ce monde et tout ce qui en fait l'agrément. Il fait peu de cas de la souffrance physique de la mort. « De toute façon je mourrai sûrement dans mon sommeil, sans

même m'en apercevoir. Mon attaque, à Stoke Mandeville, ne m'a même pas réveillé, et je n'ai réalisé ce qui s'était passé que quand les aides-soignantes sont arrivées dans la matinée, quand je me suis aperçu que je n'arrivais plus à parler. » Les malheurs se succèdent. Sans cette balade dans l'obscurité à Céligny, il aurait pu vivre jusqu'à quatre-vingt-dix ans. Gwen a une arthrite qui la handicape elle aussi beaucoup.

Les nouvelles du film sont bonnes.

(12 décembre) Reçu aujourd'hui un télégramme de Edd Henry de chez Universal disant que *Anne des mille jours* a été projeté à la presse à New York et Los Angeles, que l'accueil a été « rien moins que sensationnel » et « supérieur à celui fait à *Un homme pour l'éternité* et *Un lion en hiver* ». Nous verrons, M. Henry, nous verrons. Il ne serait pas mauvais que le film fasse un malheur, puisqu'il est prévu que je perçoive un pourcentage. Et alors, à nous les bagues, les vertugadins, les pavillons entiers d'hôpital. Il serait bon, aussi, que Gin Bujold décroche un Oscar, ce qui pourrait fort bien lui arriver puisqu'elle n'est pas connue, à condition qu'elle ne fasse pas état de ce qu'elle pense de Hollywood, et que le film connaisse le succès que lui prévoit Universal.

Bujold ne remporta pas l'Oscar, mais obtint le Golden Globe, autre distinction hollywoodienne. Dans son discours, elle déclara : « C'est à Richard Burton que je dois la qualité de mon interprétation. Il s'est montré généreux, attentionné, secourable et drôle. Ce tournage a été placé sous le signe d'une grande générosité. » Cela peut être entendu au premier degré ou bien, au contraire, comme une antiphrase. Tous les témoignages vont dans le sens de cette seconde solution.

Alors que 1969 tirait à sa fin, les Burton étaient en proie à maints tourments et projetaient de prendre un an de repos. Elizabeth était gravement malade, et sa guérison était lente et hésitante. Les enfants, surtout Michael, avaient besoin que l'on s'occupe d'eux — Maria avait tout à coup fait comme par miracle d'immenses progrès, à la grande joie de Burton. L'avenir professionnel d'Elizabeth était plein d'incertitude. Burton luttait contre l'alcoolisme, contre un état mental terriblement imprévisible et violent, contre l'angoisse que lui inspirait l'état de son couple.

Ils étaient, c'est certain, sincèrement désireux de se retirer. Ils saturaient. Le moment était favorable. Ils avaient de l'argent.

Richard pourrait se rabattre vers l'écriture. L'un comme l'autre ils adoraient l'oisiveté. Elle possédait quelques-unes des plus belles pierres au monde. Se retirer au faîte de leur gloire. Ils allaient essayer. L'année à venir serait l'année de tous les dangers, l'année au cours de laquelle ils allaient prendre l'exacte mesure de leurs propres ressources.

CHAPITRE 19

UNE ANNÉE SABBATIQUE

1970 serait l'année sabbatique. On arrêtait le chronomètre, on sifflait la mi-temps. Ils allaient remettre la caravane sur la bonne route, prendre un peu de repos et faire tout ce qu'ils n'avaient pu faire lors de leur traversée météorique des années soixante. Ils passèrent la majeure partie de l'année à Puerto Vallarta, dans les deux maisons qui composaient la Casa Kimberley et que reliait un pont des Soupirs miniature. Elizabeth eut trente-huit ans en février ; Richard en avait quarante-quatre ; *Cléopâtre* remontait à neuf ans, et cela en faisait six qu'ils étaient mariés.

Au début de l'année, ils reçurent pour une durée de trois mois John David Morley, aujourd'hui romancier, à l'époque ancien élève de Nevill Coghill, frais émoulu d'Oxford et ravi de devenir le précepteur des enfants. Il a relaté par écrit sa « brève rencontre avec les Burton », et son témoignage est précieux.

Il souligne la forte présence de Burton. La première fois qu'il le voit, il pense aussitôt à Heathcliff*. Au cours de la première conversation dont il fait état, Burton dit douze strophes d'un poète écossais, Dunbar, se terminant chacune par ce vers impressionnant : *« Timor mortis conturbat me »* — « la peur de la mort jette le trouble en moi. » Il parle de la mâle beauté de Burton, de son aura et de sa présence indéniable, du côté

* Personnage du roman d'Emily Brontë, *Les hauts de Hurlevent (NdT).*

sécurisant qu'il avait pour les enfants — c'était lui qui leur écrivait, Elizabeth se contentant d'ajouter des post-scriptum. Il lui ôte, non sans affection et, je crois, avec pertinence, son masque d'intellectualisme bourru, et révèle un homme passionné par les mots et la littérature, soucieux d'apprendre et de découvrir, un authentique intellectuel.

Elizabeth, dit Morley après un moment d'intimité avec elle, craignait d'ennuyer Burton. Elle était la plus enjouée des deux, elle était la compagne de jeu des enfants, un rien l'amusait. Burton, lui, était soucieux d'assurer la cohésion familiale, il était très attentif à Maria, et paraissait attacher plus de prix à la famille qu'à son mariage.

Burton était toutefois encore très attaché à Taylor. Elle le dépassait comme elle dépassait tout le monde pour ce qui était des gros titres dans les journaux tabloïdes et de la curiosité du public. Même s'il entrait parfois en compétition avec elle sur ce terrain, rien n'indique qu'il y ait attaché beaucoup d'importance. Il semble au contraire — et surtout dans ses carnets, où il s'exprimait avec sincérité — qu'il goûtait la célébrité de sa femme et admirait le cran et le génie instinctif qui allaient de pair. Elle l'ennuyait, c'est vrai, lorsqu'elle lui racontait encore et encore ses innombrables opérations ; de même qu'il l'ennuyait avec ce stock d'anecdotes qui était comme l'agenda de ses mille et une nuits de fêtes entre Gallois ou camarades de théâtre. Mais, par-dessus tout, elle savait encore le fasciner. Lorsque ce ne serait plus vrai, leur couple rencontrerait l'écueil fatal.

En cette année 1970, elle pouvait toujours passer pour le bonheur de sa vie. Il s'intéressait à elle un peu à la manière d'un zoologiste qui aurait découvert une vallée pleine d'espèces inconnues. Et elle s'épanouissait sous ce regard attentif, enrichie par ce qu'il lui faisait découvrir sur elle-même. Il lui attribuait une intelligence dont elle ne s'était jusqu'alors jamais crue possesseur. Une bonne part des femmes qui ont affectueusement évoqué Burton, ont insisté sur cet aspect, ce sentiment d'être énormément valorisée ; les femmes réagissaient vivement à l'attention intense qu'il leur témoignait.

Il en allait de même avec les hommes. Chaque fois qu'il s'engageait, il le faisait à fond, et la force de son personnage (Morley en fut lui aussi témoin) pouvait produire un effet saisissant et inoubliable. Il était capable de se « connecter » avec un individu, un groupe, la famille, les spectateurs, avec cet espace sombre qui entoure le halo des projecteurs, cet espace où l'objectif de la caméra est aveugle.

Et cependant, ceux qui lui étaient proches le décrivent comme un être solitaire et indifférent. Il peut se montrer très parcimonieux de confidences sur son propre compte. Il évoque une ou deux fois son arthrite, pour ensuite n'en plus parler — désormais les effets en sont pourtant manifestes à l'écran : épaules voûtées, raideur des mouvements de la tête et des bras. Peut-être est-ce de la honte, de la gêne, peut-être craint-il de passer pour une poule mouillée. Il ne parle pas du tout de l'épilepsie. Il évoque abondamment l'alcool, mais celui-ci est un des protagonistes de sa vie, un vieux compagnon retors, un confident, un adversaire, la possibilité de sortir de lui-même, et, sur la fin, l'instrument d'une exploration aux confins de son être qui se changerait peu à peu en tentative d'autodestruction. Mais cela fut, pour quelque temps, différé par le souci qu'il se faisait pour Elizabeth.

Il réfléchissait sans désemparer à ce qu'aurait pu être sa vie. Quelle aurait-elle été s'il était resté au pays de Galles ? S'il était retourné à Oxford ? Ou s'il avait donné suite à la proposition de Laurence Olivier en ce qui concernait le National Theatre ? Ces spéculations lui étaient un jeu un peu mélancolique. Il était trop pénétré de la brièveté et de l'étrangeté de l'existence pour se laisser aller à des regrets quant aux choix qu'il avait faits dans le cours de sa carrière. *« Timor mortis conturbat me. »*

Morley raconte que Burton transportait sa machine à écrire partout avec lui. Il allait s'enfermer avec elle des matinées entières dans un belvédère tout en haut de la Casa Kimberley, juste au-dessus de leur petite chambre à coucher. Il transportait sa machine comme il l'eût fait d'un stylo. Morley ajoute qu'il y avait toujours beaucoup de feuilles chiffonnées, et qu'il lui est une fois arrivé d'en défroisser une pour s'apercevoir qu'elle était vierge. On pourrait en inférer que Burton voulait être tenu pour écrivain, mais n'avait rien à dire et par conséquent n'écrivait rien.

En fait, au cours de cette année-là, Burton s'attela à son premier roman. Également, à partir de mars, il écrivit abondamment dans ses carnets. Cela lui ressemblait bien de n'en rien montrer à Morley, même s'il considérait celui-ci comme un homme cultivé. Nul n'était digne de son entière confiance sinon les membres de sa famille. Et encore...

Il écrivit environ vingt mille mots de ce roman. Il n'en est toutefois resté nulle trace. Il confia un jour à un journaliste avoir égaré son manuscrit cette même année à Los Angeles, à l'époque où il fut cité aux Academy Awards pour le film *Anne des mille jours*.

Cette perte laconiquement évoquée cache sans doute bien des choses. Cette année sabbatique avait été décidée, en partie afin de prendre quelque repos, en partie afin de voir s'ils pourraient vivre confortablement sans plus travailler, et en partie pour voir s'il serait capable de s'établir comme écrivain. Déjà, de nombreux journaux et magazines — l'*Observer, MCCalls, Vogue,* le *Daily Mail* entre autres — étaient disposés à passer tout ce qu'il pourrait écrire sur le pays de Galles ou le métier de comédien, sans parler du sujet de sa vie avec Elizabeth Taylor, pour lequel les organes de presse du monde entier lui eussent fait un pont d'or. Il ne sous-estimait ni ne rejetait cela, mais pour ouvrir boutique il lui fallait quelque chose de plus substantiel.

C'est par goût qu'il opta pour la fiction. La plupart des comédiens, lorsqu'ils prennent la plume — et après ce premier tâtonnement poétique auquel sacrifient presque tous ceux qui entrent en littérature — écrivent pour le théâtre. Nombre des meilleurs dramaturges ont d'abord été acteurs. En choisissant le roman, Burton se démarquait une nouvelle fois. Aux yeux du jeune boursier issu de la classe ouvrière, le roman était la Bible, et la poésie le livre de prières. Pour écrire, ainsi qu'il s'en était un jour confié, il devait puiser dans ses racines, non dans les branches qui lui avaient ultérieurement poussé.

Peut-être vit-il un augure dans la perte de ce manuscrit. Peut-être le jugeait-il sans qualités. Il ne se montrait jamais complaisant avec lui-même, même si, parallèlement, il ne doutait pas de la réalité de son talent de comédien.

Nous le retrouvons donc à Puerto Vallarta. Les enfants sont confiés à un précepteur. Il est donc libre de passer son temps devant sa machine à écrire, sur le toit en terrasse. Il ne descend guère en ville — il y est aussitôt assailli —, mais se laisse parfois tenter par une partie de pêche en mer, ou quelques heures de cheval dans l'arrière-pays. Enfin, il y a toujours Elizabeth, la lecture, la boisson et les carnets.

> *(24 mars)* Il y avait longtemps que je n'avais noirci ce journal. C'est lorsque j'ai passé quelques jours chez Sinatra que j'ai cessé de le tenir. Je dois avouer que ce type m'a paru très malheureux. Sa morosité naturelle mise à part, il était à l'époque en butte à des assignations émises par la justice du New Jersey, son État d'origine, où on le soupçonnait de complicité avec des gangsters locaux. Je pense que Sinatra n'a jamais été impliqué dans ce genre d'affaire. Nous avons depuis appris par les journaux qu'il avait fini par comparaître devant les juges du N.J., sans qu'il fût

besoin de l'extrader, ou quel que soit le terme employé entre États américains, et qu'il avait finalement été mis hors de cause. Donc, tout est bien. Sa maison est une sorte de super-motel dans la forme et dans l'esprit. C'est une enfilade d'appartements luxueux, équipés de tous les gadgets possibles, le tout plus ou moins distribué autour d'une petite piscine. Il y a ce qu'il appelle la pièce de chahut, qui contient un billard et un magnifique train électrique que lui a offert le fabricant et qu'il comptait faire installer dans un orphelinat ou quelque chose comme cela. Il est très agréable à petites doses, mais je le crois assez pénible à vivre, surtout maintenant qu'il a épuisé une bonne partie de son énergie et qu'il fait très attention à sa santé. Il a une bibliothèque assez conséquente, mais « Prince » Mike Romanoff m'a confié que Frank lui avait demandé d'en choisir les livres. Peut-être faut-il y voir une expression de vanité de la part d'un intellectuel comme Mike, mais j'ai vu pas mal d'exemplaires de *Encounter* un peu partout dans la maison, et je suis certain que Frank ne lit pas des trucs de ce genre. Elizabeth lui a fait les yeux doux pendant tout le séjour. Jamais je ne l'avais vue se conduire de cette façon et, en dehors du fait que cela excitait ma jalousie — sentiment que je méprise —, j'étais furieux qu'il reste sans réaction ! Nous avons lassé l'hospitalité de nos hôtes et nous sommes incrustés trois ou quatre jours de plus que prévu, quoiqu'il me tardât de partir. Nous avons enfin fini par regagner Vallarta. Nous sommes rentrés à Los Angeles via Palm Springs à bord du jet de Sinatra, dont le modèle se nomme Gulf Stream ou quelque chose comme ça. C'est un très bel avion et, bien évidemment, E. a aussitôt parlé d'acheter le même. Il vaut la bagatelle de trois millions sept cent cinquante mille dollars. C'est tout. Ça plus un hôpital d'un million de dollars, et nous sommes sur la paille. Le monde a changé — le nôtre, j'entends. Personne, je dis bien *personne*, ne va avant un sacré bout de temps nous donner un million de dollars pour faire un film. Je viens d'essuyer deux désastres financiers, *L'escalier* et *Boom*, même chose pour Elizabeth avec *Boom* et *Cérémonie secrète*. *Anne* suit son petit bonhomme de chemin et va rapporter un peu d'argent. Idem pour le film d'E. *The Only Game In Town*. Seulement *Anne* n'a coûté que trois millions de dollars alors que *The Only Game* en a coûté dix et ne se rentabilisera pas même en une vingtaine d'années. Je crains que nous ne soyons temporairement (j'espère que ce n'est que temporaire) des étoiles déchues et refroidies. Pas si déchues que cela — sans doute pourrions-nous encore ramasser sept cent cinquante mille dollars par film, ce qui n'est tout de même pas du pipi de chat. Ce qui est remarquable, c'est que nous soyons restés aussi longtemps au firmament.

Ce texte va être long et sans doute le terminerai-je demain. Comme promis à Elizabeth, je suis allé me faire faire un bilan complet au Hollywood Presbyterian Hospital. Et quel bilan ! Il a pris vingt-quatre heures, ce qui fait que j'ai dû passer la nuit à l'hôpital. Le premier jour, avant de me mettre au lit, ils ont soutiré des pintes de sang de mon bras gauche — non, droit ; ils m'ont donné tout un tas de drôles de petites pilules qu'il fallait que j'absorbe à raison d'une toutes les cinq minutes ; et Rex Kenemer, le médecin, m'a assuré, rien qu'en me palpant, que j'avais le foie trop volumineux, suite à trente années de consommation excessive d'alcool. Donc, quoique Elizabeth occupât la chambre voisine en guise de consolation, j'ai passé une très mauvaise nuit. Je n'avais pas qu'un peu peur des examens, même si je me rassurais en me disant qu'à part deux rages de dents, une opération de l'appendice à l'âge de huit ans, un gros rhume ou une petite grippe de temps à autre, je n'avais de ma vie jamais été malade. Les examens ont été terriblement ennuyeux. Ils ont duré des heures et des heures, entrecoupées d'interminables périodes d'attente dans de minuscules cabines rappelant les armoires individuelles qu'on trouve dans les clubs de golf, le temps qu'ils voient si les radiographies « donnaient quelque chose ». Ils m'ont dit au bout de plusieurs heures qu'ils craignaient que l'examen de la vésicule biliaire ne soit pas très bon. Cela signifiait-il, ai-je demandé, que ma vésicule était dans un sale état, ou que le cliché était de mauvaise qualité ? « Cela pourrait être l'un ou l'autre », m'a sorti le petit blond dégarni au visage de lune (dans les trente-cinq ans). Pas de problème avec ma vésicule en fin de compte. Je n'ai donc pas été obligé de passer une seconde nuit dans l'établissement. Kenemer est venu me trouver le lendemain pour me dire qu'il fallait tout bonnement arrêter de boire pendant au moins trois mois. Pourquoi ? ai-je fait. Parce que apparemment, compte tenu de la consommation qui était la mienne, j'allais faire dans les cinq ans une cirrhose du foie, qui empirerait progressivement. Très bien, ai-je dit, j'arrête totalement de boire. Cela m'est déjà arrivé dans le passé, une semaine par-ci, une semaine par-là, parfois plus longtemps. Mais ce sera là ma plus longue période d'abstinence. Cela fait maintenant dix jours que je n'ai bu une goutte d'alcool, et force m'est d'admettre que je me sens en bien meilleure forme. Nous partons déjeuner au Garza Blanca.

Grande nouvelle ! Au milieu des sujets éclectiques qu'il évoque abondamment au cours des trois ou quatre mois suivants, son abstinence et la manière dont il la vit occupent une place de choix. Il a une volonté de fer. L'amélioration de son état de santé est évidente, et il en fait état. Seulement, l'alcool n'était pas que l'objet d'une compulsion, il lui était aussi un compagnon, un passeport vers d'autres mondes. Sans lui, il se retrouvait vraiment seul.

Le problème surgit deux jours plus tard. La douleur du nouveau converti apparaît dans cette inclination plutôt comique au prêche :

> *(26 mars)* L'absorption d'un alcool fort, sous quelque forme que ce soit, avant de manger vous tue la papille gustative. En revanche un bourgogne, riche et rond, avec les viandes rouges, ou un bon porto en accompagnement d'un fromage typé, sont tout à fait délectables. De même qu'avec le poisson un bon blanc bien sec. Ce sont là des évidences, mais que je n'avais encore jamais pleinement vérifiées.

L'alcool ne se laisse jamais bien longtemps oublier. Il reçoit le lendemain une longue lettre affectueuse « et, j'imagine, légèrement grise » de Laurence Olivier, et une autre d'Anthony Quayle, dans laquelle celui-ci lui parle de son succès dans *Sleuth*. Burton entame une série de cours intensifs en espagnol. Il louche parfois de nouveau vers la bouteille.

> *(27 mars)* Cela fera aujourd'hui ou demain deux semaines que je ne bois plus. Jamais, depuis *Camelot*, je n'avais arrêté aussi longtemps. Cela ne me manque absolument pas, quoique j'aie passé un moment pénible lors d'une réception donnée par une famille du nom de Gunsberg, un buffet surprise organisé pour l'anniversaire de ce cher Phil Ober. Lorsque nous sommes arrivés, tout le monde en avait déjà un coup dans l'aile et tenait des propos décousus. J'ai été fortement tenté d'ingurgiter une énorme lampée de vodka et de me joindre à l'ennui général, mais je me suis retenu, j'ai affiché un grand sourire et attendu que ça se passe.

Le jour suivant, l'alcool revient à plusieurs reprises dans le texte.

> *(28 mars)* Aujourd'hui, le monde est moche. Je me sens très triste et aussi mélancolique qu'un cantique de Sankey et Moody. Périodiquement, ivre ou pas, ma méfiance et mon aversion instinctives pour le genre humain crèvent à la surface. Aujourd'hui est un tel jour. Le soleil brille. Les personnes qui m'entourent dans cette maison sont toutes très aimables mais, aujourd'hui du moins, je n'en veux voir aucune. J'écris ceci depuis le patio strictement privé qui se trouve sur le toit de la maison. Je suis coiffé d'un chapeau mexicain pour me protéger le nez, parce qu'en ce moment je pourrais jouer Bardolph sans maquillage... Le problème avec la sobriété totale est que, lorsque

l'on est, comme moi, un misanthrope né et un cynique, on ne voit plus le monde à travers un verre fumé (dans mon cas un verre d'alcool) mais que l'on se retrouve tout à coup nez à nez avec lui. Je me suis aperçu que, sobre, je suis relativement silencieux. Je ne raconte plus d'incessantes anecdotes, que mes interlocuteurs connaissent déjà, et surtout l'infortunée Elizabeth, qui les endure depuis huit ou neuf ans. Il y a eu un éclat aujourd'hui pendant le déjeuner. Norma [Heyman] me disait combien j'avais bonne mine depuis que j'avais laissé tomber l'alcool... Bon Dieu, ça ne fait quand même que quinze jours... Et j'ai répondu en désignant E. : « Voilà quelqu'un qui serait incapable d'arrêter de picoler. » Ce sur quoi celle-ci m'a rétorqué qu'elle me détestait, qu'elle ne pouvait plus me voir. « Ah ? » a alors fait cette petite semeuse de zizanie de Norma. « Mais tu l'aimes quand même, non ? » « Non, a fait E. Et je voudrais qu'il sorte de ma vie. Cela fait un moment que j'y pense. » « Disparais de ma vue », a-t-elle ajouté. Alors, comme les Arabes, j'ai pris ma tente et suis silencieusement monté ici. Quand je dis ma tente, il faut entendre ma machine à écrire, mon sombrero et ma méthode d'espagnol. Nous nous sommes déjà tenu pareil langage dans le passé, mais jamais elle ne m'avait parlé de la sorte *à jeun* et devant témoins. A supposer, bien sûr, qu'elle l'ait été, à jeun. Raymond fait des breuvages extrêmement tassés. Elle s'est si fréquemment laissée aller à ce genre d'éclat récemment — je dirais depuis un an —, que cela doit correspondre à quelque chose de bien réel. Ses yeux luisent de haine et de mépris, son beau visage en devient laid. Il faut voir les choses en face : il est tout à fait possible qu'elle s'en aille un de ces jours, et peut-être plus tôt que je ne crois. Cela fait déjà quelque temps que je le sais au plus profond de moi, mais jamais je n'avais laissé cette idée affleurer la surface. Enfin, peut-être tout rentrera-t-il dans l'ordre quand nous aurons surmonté notre cafard actuel. Demain réserve toujours une surprise. Notre petite scène avait tout de ces engueulades que l'on entend d'une chambre à l'autre dans les hôtels minables entre époux entre deux âges, mariés depuis vingt ans et atteints de l'ennui le plus crasse. Une bonne engueulade peut parfois faire le plus grand bien, avoir valeur de cathartique, d'émétique. Seulement, quand je suis à jeun, je n'ai absolument pas envie de manier l'invective. Tout cela est bien triste.

(29 mars) Pour ce qui est de E. et moi, il règne une sorte d'armistice. Chaque camp est sous les armes, les bombes sont amorcées, mais jusqu'à présent nul n'a appuyé sur le bouton. Les six premiers mois de notre congé sabbatique ont été complètement gâchés. Nous n'avons cessé de nous chamailler et de nous quereller, sauf lorsque nous étions seuls, et nous ne l'avons pratiquement jamais été.

Ce dernier aveu est le plus triste de tous. Elizabeth avait toujours été entourée — une star n'est jamais seule. Richard avait, lui, connu une tout autre vie, une existence sans courtisans, une existence qui n'excluait pas toute intimité. Même si l'on prend en compte l'énorme différence entre son mariage avec Sybil et son mariage avec Elizabeth, il n'en est pas moins absurde et triste qu'il n'ait pu mettre en place ce dont il savait que leur couple avait besoin. Mais peut-être cela donne-t-il la mesure de la paralysie qui était en train de fondre sur leur union.

Le 2 avril :

> Autre problème : j'ai temporairement perdu tout désir sexuel, ce qui est très frustrant pour E. Sans doute cela vient-il du terrible chamboulement qu'entraîne dans mon organisme une abstinence absolue qui dure depuis (bientôt) trois semaines, cela après trente ans de consommation régulière et parfois irrégulière d'alcool. Il faut attendre que tout se remette en place. Quand je vais retrouver mes moyens, on va assister à un feu d'artifice. *Si* je retrouve mes moyens. J'y ai tout intérêt.
> J'ai pris connaissance la nuit dernière du rapport de Aaron, qui fait plusieurs milliers de mots, sur notre situation financière respective. Il semble que nous ayons chacun dans les cinq millions deux cent cinquante mille dollars, mais que nos frais généraux s'élèvent pour l'année à environ six cent mille dollars. La seule assurance des bijoux et tableaux nous revient à deux cent mille dollars par an. La *Kalizma*, cent mille. Vallarta, vingt mille. Les salaires du personnel, les honoraires des avocats, les primes de fin d'année, etc., etc., donnent un total de trois cent soixante-dix mille dollars. Cette dernière somme étant en partie incluse dans la première. Cela fait beaucoup d'argent. Et c'est très préoccupant, non pas pour moi mais pour E. Elle serait bien capable de tout dilapider en l'espace de six mois, sauf, Dieu merci, ses fidéicommis.
> Il va falloir que je demande à Aaron comment nous pourrions ramener six cent mille dollars à quatre cent mille.
> Nous devrions pouvoir arriver à quelque chose.

Le 3 avril, il se rend à Beverly Hills pour la cérémonie des Academy Awards.

> Nous avons fait le voyage de Vallarta en deux heures et demie à bord du jet de Sinatra. J'ai perdu dans les huit kilos en deux semaines grâce à mon régime pauvre en glucides et n'ai pas bu le moindre verre depuis trois semaines.

En attendant la cérémonie, il se plonge à corps perdu dans le sport. Il achète des douzaines de balles de ping-pong, quelques « queues de billard de voyage », et le livre de Minnesota Fats sur ce jeu. Il va assister à un tournoi de golf, et rumine un peu sur les Oscars.

> *(6 avril)* Il semble que j'aie une petite chance d'être couronné, mais j'essaie de ne pas trop y penser, de crainte que la morosité ne me gagne si cela n'était pas le cas. Cela fait maintenant plus de trois semaines que je n'ai rien bu et que je n'y pense même pas. Demain soir, couronné ou non, ma volonté va être mise à l'épreuve, parce qu'à n'en pas douter tout le monde sera ivre. Il y a des soirs comme ça.

Comme on le voit, l'alcool n'est en fait jamais très éloigné de ses pensées.

> *(7 avril)* Aujourd'hui est le grand jour à Hollywood, le jour des Oscars. Le monde entier tourne cela en dérision, et cela n'empêche pas que tous les acteurs rêvent d'en décrocher un, et qu'on s'accorde à y voir le couronnement d'une carrière. Même le *Times* ou le *Guardian* sont d'accord là-dessus. Une des raisons en est, par exemple, que si John Wayne remporte ce soir l'Oscar du meilleur premier rôle masculin, ce sera par pure sentimentalité, parce que, bien que je n'aie pas vu son film, on m'a dit qu'il n'y fait guère plus que sa prestation habituelle, nullement comparable à celles de Voight ou de Hoffman. Je n'ai pas vu le film de O'Toole, et je suis mauvais juge en ce qui me concerne. Le meilleur second rôle féminin sera sans doute pour Goldie Hawn, parce qu'elle est une célèbre vedette de télévision. Le meilleur premier rôle féminin ira sûrement à Liza Minnelli du fait que sa mère est décédée l'année dernière — Judy Garland était un des enfants chéris de la communauté hollywoodienne. Et ainsi de suite. Voilà ce qui rend les Oscars si absurdes, et cependant si convoités, même par moi ! Mon seul avantage est d'être du côté Kennedy-Adlai Stevenson*, d'être une « colombe », alors que Wayne est républicain, un « faucon » du genre « Mon pays à tort ou à raison », et que la communauté « artistique » hollywoodienne est généralement plutôt à gauche. En outre, John Springer dit que beaucoup ont crié à l'escroquerie quand nous n'avons pas été couronnés pour *Qui a peur de Virginia Woolf ?*. Nous verrons bien. Je serais furieux de ne pas avoir l'occasion de faire étalage de mon nouveau smoking, qui comporte un gilet de brocart et une foule de colifichets, d'autant

* Adlai Stevenson (1900-1965) homme politique et diplomate américain *(NdT)*.

que je faisais ce matin soixante-seize kilos et tournais aux alentours de quatre-vingt-quatre ou quatre-vingt-cinq il y a à peine un mois.
Le reste de la journée va être chaotique, et il me tarde de retrouver Vallarta. Encore un jour à tirer.

(8 avril) Comme prévu, c'est John Wayne qui a décroché l'Oscar. Nous nous sommes rendus à la réception qui suivait. Nous étions assis avec les Peck, George Cukor et les Chandler (propriétaires du *Los Angeles Times*). Nous étions entourés de douzaines de photographes, qui, pour mon ravissement, ne s'intéressaient à personne d'autre, pas même aux lauréats. Barbra Streisand, qui se prend pour une grande star, était complètement éclipsée. Littéralement des centaines de gens défilaient à notre table pour contempler E. et me dire que j'avais été volé. Après toutes ces protestations, nous avons commencé de nous demander qui avait bien pu voter pour Wayne. Du fait des meutes de photographes, c'est avec beaucoup de difficulté que nous sommes repartis, nous arrêtant en chemin pour bavarder avec Gig Young, qui a eu l'Oscar du meilleur second rôle masculin. Hawn a eu, comme je l'avais prédit, celui du meilleur second rôle féminin. Ne pouvant trouver Duke Wayne, nous sommes rentrés à la maison, suivis de peu par la famille, puis par Brook et Liz [épouse de ce dernier], et beaucoup plus tard par une Norma très larmoyante — parce que « tout le monde l'avait plantée là ». Bien plus tard, nous avons vu débarquer Wayne en personne, très soûl, mais très affable à sa manière mal embouchée. J'ai réussi à tenir une soirée de plus sans alcool, mais, lors de la réception, j'ai pris deux des « pilules roses » d'Elizabeth. Elles sont censées détendre les muscles et combattre la douleur. Une chose est sûre en tout cas, elles soulagent l'ennui. Je les essayerai à nouveau au lieu de prendre du valium la prochaine fois que je serai entouré d'ivrognes.
Toujours est-il que j'ai une nouvelle fois perdu et que je suis le premier grand acteur à n'avoir jamais été couronné, bien que le plus nominé de l'histoire des Academy Awards. Ainsi, je me suis creusé ma propre petite niche au panthéon des Oscars du cinéma.

Burton donna ensuite une fête pour les « perdants », dont

Jane Fonda, « qui n'avait que les Panthères noires à la bouche et nous a soutiré, à E. et à moi, trois mille dollars chacun… cela s'est achevé vers les neuf heures et demie ».

(10 avril) C'est à cette heure que nous avons tous regagné, non sans plaisir, le bungalow. Tout le monde était ivre, sauf moi bien sûr (toujours pas la moindre goutte). E. en avait un solide coup dans l'aile. Je lui ai demandé de ne pas prendre sa mère au

téléphone, mais elle a passé outre. Cela a donné une prise de bec avec griefs et contre-griefs dont personne ne perdait une goutte dans la pièce voisine. Plus tard, à la faveur d'une seconde communication, elles ont paru se réconcilier. Ce sont deux natures. Je suis allé me coucher, et Elizabeth est allée dans la salle de bain. Puis j'ai entendu qu'elle m'appelait. Elle saignait à nouveau du rectum. Il s'est avéré qu'elle avait une hémorroïde qui avait crevé. J'ai aussitôt téléphoné à Kenemer, qui m'a dit d'envelopper un peu de glace dans une serviette pour qu'elle se l'applique sur l'hémorragie. Mais E. tenait à voir l'infortuné Kenemer, alors j'ai rappelé ce pauvre diable pour le tirer du lit — c'était au milieu de la nuit —, et il est arrivé dix minutes après. Bien sûr, comme cela arrive à chaque fois, l'hémorragie s'était entre-temps arrêtée. Il est néanmoins resté une demi-heure et lui a mis un bandage autour du derrière.

Le ton a sensiblement changé. Ce n'est plus cette tendre sollicitude qu'il lui témoignait naguère par ses soins et dans sa prose.

Quinze jours plus tard, ils sont les invités du général Garcia Barragan,

qui, me susurre-t-on, fait la pluie et le beau temps au Mexique. C'est lui qui va décider... de qui sera le prochain président... Echeverria, apparemment. On se croirait en plein Graham Greene. Ils, la famille, ont offert à Elizabeth tout ce qu'elle a montré du doigt, en disant : « C'est à vous. » Un cheval qu'elle a aperçu de leur avion, un palomino... Ce soir, ils lui ont offert une splendide selle mexicaine. Qu'y a-t-il derrière tout cela ?

Accablé d'ennui au bout d'une journée, il va lire des heures dans sa chambre, entrecoupant sa lecture de passages sur la bascule.

(27 avril) J'ai tellement perdu que je ne pèse plus que soixante-quatorze, soixante-quinze kilos. J'ai fondu de près de dix kilos en six ou huit semaines. (Cela vient de ce que j'ai complètement supprimé l'alcool — c'est ma septième semaine sans alcool sous quelque forme que ce soit —, de ce que je suis un régime pauvre en glucides, agrémenté de saccharine suisse et de bonbons sans sucre pour les moments où l'envie d'une douceur devient trop forte.) Résultat de cette perte de poids impressionnante — jamais je n'avais été aussi mince depuis l'époque de mes vingt ans, quand je jouais au rugby nuit et jour —, tous mes pantalons sont trop larges à la taille et aux fesses. Je suis allé m'en acheter

d'autres. On m'a pris mes mesures : 34 pouces. Mais c'était encore trop large, et je me suis décidé pour quatre pantalons de taille 33. Je crois que je pourrais porter du 32, mais le 33 va me permettre quelques entorses à la discipline. Il n'y a pas si longtemps je m'habillais en 38.

Tandis qu'il retrouve la forme, Elizabeth connaît toujours des problèmes de santé.

(5 mai) Ai bien dormi et ouvert les yeux à une heure civilisée — vers huit heures trente ou neuf heures, m'étant endormi vers une heure ou une heure trente. Une fois douché et rasé, j'ai fait ma gymnastique avec une « ceinture-sauna » autour de la taille. Cent flexions en avant, cent torsions sur le côté, en travaillant la respiration et, à chaque expiration, en essayant de me plaquer le diaphragme contre la colonne vertébrale. Activité fastidieuse, mais qui donne l'impression d'être vertueux. Je tourne autour de soixante-douze, soixante-quatorze kilos — les deux pèse-personnes ne sont pas d'accord. Je me sentirais plutôt du côté des soixante-douze kilos.
E. est au supplice à cause des démangeaisons que lui occasionnent les trombidions, ces créatures minuscules qui s'introduisent sous la peau pour y pondre leurs œufs. Mais elle souffre surtout des plaies, dont une assez profonde, qu'elle s'est faite à El Tuacon en montant à cheval sans bottes.

Ils retournent à Los Angeles après avoir passé quelques jours sur leur plage privée, d'une superficie d'environ quatre hectares.

(9 mai) Nous partons demain pour LA afin de participer à l'émission de Lucille Ball. Répétitions lundi, mardi, mercredi, et tournage jeudi *devant un public*. Ensuite E. sera hospitalisée pour une ultime (du moins l'espérons-nous) opération des hémorroïdes. Serai vraiment content pour cette pauvre E. quand tout cela ne sera plus qu'un souvenir. Il paraît que cela fait partie des affections les plus durablement douloureuses. Cela ne nous dit pas grand-chose d'aller à LA, mais je dois avouer que la perspective de jouer dans cette série n'est pas pour me déplaire, sans doute parce que cela fait un bout de temps que je n'ai pas travaillé. Il paraît qu'il est très usant de travailler avec L. Ball. Nous verrons bien.

(14 mai) Ceux qui nous avaient dit que Lucille Ball était « très usante », n'exagéraient pas. Elle ne l'est pas avec nous parce que nous ne la laissons pas faire. Cette série hebdomadaire, qu'elle fait avec succès depuis dix-neuf ans, est toute sa vie. Dix-neuf

longues années de comique de situation, de gags lourdingues, dix-neuf années passées à tirer furieusement la couverture à soi et à scruter les indices d'audience.

La colère croissante de Burton vis-à-vis de Lucille Ball et de ses méthodes de travail résulte d'un total antagonisme entre deux manières de procéder radicalement différentes. Burton attendait que son talent se matérialise ; lorsque celui-ci lui faisait défaut, il était totalement démuni. Lucille Ball, elle, agissait sur le sien en technicienne, le façonnant, le restructurant sans trêve, faisant avancer contre vents et marées la lourde machine dont elle était la vedette. Il s'agissait de la première comédie de situation américaine à laquelle Burton eût jamais collaboré, et il n'était pas du tout préparé à affronter cet implacable professionnalisme. En conséquence, et cela lui ressemblait bien, il rentra dans sa coquille. Peut-être son agacement grandissant se nourrissait-il d'un certain sentiment de culpabilité. Car enfin, pourquoi s'était-il embarqué là-dedans ? Afin de se montrer ? (Craignait-il par hasard qu'on finisse par l'oublier ?) Pour l'argent ? (Sûrement pas. Il était très riche.) En quête d'amusement ? C'est très probable. Auquel cas, il connut une cruelle déception. Au lieu de la partie de plaisir attendue, le tournage est un calvaire, et il est violemment ulcéré par miss Ball et sa façon de travailler.

> Je ne peux pas la voir, et cependant j'ai pitié d'elle. A compter de ce soir, je vais m'attacher à ne plus jamais la revoir. Nous travaillons, ou plutôt nous avons travaillé, puisque Dieu merci aujourd'hui est le dernier jour, de dix heures du matin jusqu'aux environs de dix-sept heures, et elle peut remercier sa bonne étoile de ce que je ne boive pas. Je l'aurais sans doute égorgée. Me voyant bâiller à m'en décrocher la mâchoire, le réalisateur, un homme charmant du nom de Jerry Paris, m'a demandé si j'étais fatigué ou si je m'ennuyais. Je lui ai répondu à haute voix que ce n'était ni l'un ni l'autre en particulier, mais que j'avais du mal à comprendre comment quelqu'un, qui n'en avait pas besoin pour vivre, pouvait s'infliger semaine après semaine et pendant dix-neuf ans ce stupide train-train. Miss Ball et son époux, qui étaient assis à côté de moi, n'ont pas pipé. On pourrait concevoir de se plier à un tel régime pendant un ou deux ans, à condition que l'on vous fasse un pont d'or, que l'on vous fournisse un réalisateur sympathique et une équipe de comédiens détendus. Mais pendant toute une vie ! Très peu pour moi. Il est fascinant d'observer son attitude face à Elizabeth. Elle l'appelle généralement Mme Burton ou miss Taylor, et parfois Elizabeth,

se reprenant aussitôt pour recourir à quelque chose de plus formel. Avec moi, c'est à la troisième personne : son Altesse ou M. Burton, et parfois Mia. Il s'agit d'une boutade lancée par E., le premier jour : j'avais tellement maigri — je fais actuellement dans les soixante-douze kilos — qu'elle a dit avoir l'impression de partager son lit avec Mia Farrow, qui est la cousine germaine d'une allumette.

Elle ignore complètement Brook. Elle ignore complètement son brillant faire-valoir, un dénommé Gale Gordon, qui, le pauvre travaille avec elle semaines après semaines. Elle ignore le réalisateur ainsi que Cliff Norton, qui tient un petit rôle. Hier, entre deux prises, elle nous a tous, Norton, Brook et moi, convoqués dans sa loge d'une petite tape sur le front — nous étions assis, en train de discuter avec Hugh French —, pour nous instruire de la façon dont nous devions jouer la scène que, selon elle, nous venions de bâcler. Alors, sérieux comme des papes et raides comme des piquets, nous lui avons débité nos répliques d'une voix ridiculement forte. « Voilà qui est mieux, Richard, maintenant c'est audible, et vous me faites rire. » De fait, elle riait. Et elle a ri les trois fois que nous avons répété l'opération. Il fallait voir l'expression médusée de Brook. Visiblement accoutumé à ce genre de chose, le troisième comédien prenait cela comme s'il était naturel qu'un interprète dise à ses camarades de quelle façon il convient de jouer une scène, et cela en l'absence du réalisateur. J'ai recommandé à ce dernier de bien la mettre en garde : si jamais elle essaie ce genre de truc avec Elizabeth, elle goûtera à la puissance d'une bombe H, toujours amorcée, de mille mégatonnes. Enfin, tout sera terminé ce soir. Encore une fois, Lucy aura eu de la chance que je sois en ce moment un tel petit saint. Demain, une bouffée d'air frais.

Les seuls commentaires de Burton sur le spectacle — tout se passa très bien — sont pour Elizabeth.

(16 mai) Comme toujours, E. a tout fait avec la plus grande facilité. Avec elle, tout a fonctionné comme un charme, et le public visiblement l'adorait. Sa présence sur un plateau (c'est la troisième fois que je ressens cela) est véritablement électrisante. Dans *Faust* à Oxford, lors du récital de poésie de New York, et aujourd'hui dans ce Lucy Show, elle tient son public comme entre les mâchoires d'un étau. A présent que nous pouvons nous le permettre, même si je serai autant sur le qui-vive qu'une tigresse avec ses petits, elle devrait essayer le vrai théâtre, comme on l'appelle. Comme elle y est de toute façon bien décidée, il ne servirait à rien que je m'y oppose... Nous avons eu un échange un peu violent hier, sans doute en réaction à cette semaine éprouvante, à l'angoisse d'E. à l'approche de son opération, à

mon angoisse de son angoisse, le tout ajouté à mon irascibilité naturelle et à mon manque de patience lorsque je ne bois pas. Elle m'a dit d'aller « me faire foutre », et je lui ai répondu à l'avenant.

Le gouvernement britannique lui rend hommage en le faisant Commander of the British Empire.

Quelque peu déçu de ne recevoir qu'un CBE. Je l'ai cependant accepté, même si E. voulait que je refuse, estimant qu'il n'y a rien de valable en dessous de la chevalerie. Le problème avec le CBE est que, bien qu'il soit bien plus prestigieux, il est facilement confondu dans l'esprit du public avec les pathétiques et dérisoires MBE et OBE. Tout comme l'OM et le CH*, il n'a pas grande signification car, bien qu'il s'agisse d'un titre — je suppose qu'on est habilité à se faire appeler « Commandeur » —, cela ne rend pas aussi bien que « sir et lady Richard ». J'en suis néanmoins immensément content. Content que ce ne soit pas une dignité pour « Beatles » [qui, eux, ont reçu l'« inférieur » MBE]. Content de le recevoir sans avoir levé le petit doigt pour cela. Content parce que cela signifie que nous ne sommes plus seulement célèbres, mais également « honorables ». Content parce que cela va faire plaisir à la famille. Content de voir qu'une telle dignité n'est pas après tout hors de portée d'un divorcé et d'un mauvais contribuable. Noël Coward a été le premier de ma profession à décrocher un CBE (et aujourd'hui le titre de Chevalier), cela alors qu'il transvasait son argent dans des banques suisses. Peut-être a-t-il ouvert la voie. On pourrait donc en définitive avoir le beurre et l'argent du beurre...

Ces bouffées d'aspiration à la respectabilité nous renvoient à ses origines. Mais sont toujours éphémères.

Je voudrais tellement qu'E. n'ait pas à subir cette opération. Je suis convaincu qu'il serait possible de régler le problème différemment. Par un régime approprié, une réduction drastique de tous les médicaments qu'elle ingurgite, et de l'exercice, je suis certain qu'on peut la guérir sans devoir recourir au bistouri. Mais cela demanderait pas mal de discipline et un bon bout de temps — un an peut-être. Mais je suis persuadé que ce serait faisable.

Encore et toujours, Burton aimait relater des anecdotes dans ses carnets. En mai, à Malibu, après avoir joyeusement noté que

* MBE : *Member of the Order of the British Empire*. OBE : *Officer of the Order of the British Empire*. OM : *Order of Merit*. CH : *Companion of Honor (NdT)*.

« Kate va pouvoir passer tout un mois avec nous cette année — voilà une bonne nouvelle », il se lance dans une histoire que lui a racontée un ami médecin. Cette anecdote-ci est intéressante à plus d'un titre.

(17 mai) Ce récit de quelques jours de la vie de Nick Hilton peu de mois avant sa mort est particulièrement effrayant. Il semble que, vers la fin de sa vie relativement courte (il avait environ quarante ans lorsqu'il est mort), Hilton ait subjugué et se soit laissé subjuguer par une espèce de [gourou], un type qui au temps où il était interne, avait laissé tomber ses études de médecine pour devenir analyste. [Le docteur X] connaissait vaguement ce personnage, mais n'avait jamais rencontré Nick Hilton. Un jour qu'il devait s'absenter pour une semaine, l'analyste en question demande à X de le remplacer. X accepte. Quelques heures plus tard, celui-ci reçoit un coup de fil venant de la propriété des Hilton, à Holmby Hills. On lui demande de s'y rendre sur-le-champ. X demande qui est à l'appareil. L'homme se présente comme l'infirmier de Hilton. Cela ne laisse pas de surprendre le médecin ; le gourou ne lui a rien dit qui puisse donner à penser que l'état de santé de Nick justifie la présence à ses côtés d'un infirmier. A son arrivée, X est accueilli par une femme qui, sans plus éclairer sa lanterne, lui dit de se rendre immédiatement dans la chambre du malade. Il s'y rend seul, frappe à la porte. Une voix lui dit d'entrer. Il découvre alors Nick Hilton assis sur son lit et tenant un pistolet chargé braqué dans sa direction. Selon X, il était évident, dès le premier regard, que Hilton était complètement cinglé. X se rend aussitôt compte qu'à la moindre erreur de sa part il est un homme mort. Il y a là non pas un mais trois infirmiers. X ne peut rien faire sinon trembler comme une feuille et rester là à essuyer les insultes obscènes dont l'autre l'abreuve depuis son lit. Il réussit finalement à ressortir de la chambre et va questionner la [femme], qui lui apprend que Hilton est dans cet état depuis déjà quelque temps, que la maison regorge d'armes à feu chargées, que le fameux psy a une influence extrêmement néfaste sur Hilton et ne s'intéresse qu'à son argent. X repart, convaincu de la nécessité d'enfermer Nick au plus vite. Au cours des heures suivantes, les infirmiers ne cessèrent pas de l'appeler au téléphone, au point qu'il crut bien en perdre lui aussi la raison. Il finit par solliciter l'aide d'un très fameux et très talentueux psychiatre de Los Angeles. Bien à contrecœur et uniquement pour lui rendre service, celui-ci accepta de l'accompagner jusque chez Hilton. Un coup d'œil lui suffit pour comprendre que le malade avait presque atteint le point de non-retour ; il estima qu'il ne restait plus qu'une seule chose à faire pour lui venir en aide... Il était prêt à aller dès le lendemain matin devant les tribunaux pour témoigner du caractère d'urgence qu'il

y avait à le transporter par vol spécial à Mennengers — apparemment ce qu'il se fait de mieux en Californie —, de la nécessité d'employer la manière forte et, au besoin, de l'estourbir.

On finit par découvrir que le gourou était toujours en ville, qu'il cherchait seulement à se cacher de Hilton.

Donc, on a demandé à ce gourou douteux de rappliquer, ce qu'il a fini par faire. Il faut préciser que tout cela se passait en pleine nuit. Lorsqu'on lui a eu expliqué ce que l'on se proposait de faire, l'autre a froidement et péremptoirement répondu que si ces hommes et cette femme laissaient cela arriver, il leur en coûterait des millions de dollars suite aux poursuites engagées par ses avocats.
Nick Hilton est mort six mois plus tard. On n'a jamais su de quoi.

Nick Hilton, bien sûr, avait été le premier mari d'Elizabeth. On comprend la fascination qu'éprouve Burton.
Elizabeth est une nouvelle fois hospitalisée. Cela va être sa vingt-septième opération.

(18 mai) J'ai donné la main à Elizabeth pendant qu'on lui faisait trois injections préopératoires, dont une a été assez douloureuse. Mais elle a seulement grimacé et n'a rien dit. Elle est très courageuse comparée à moi, que la seule vue d'une seringue fait fuir. Tandis que je lui tenais toujours la main, elle a peu à peu glissé dans un demi-coma. Mais elle a repris instantanément conscience quand ils sont venus la chercher. Comme cela remonte à une dizaine de minutes, je suppose qu'ils sont maintenant en pleine opération. On m'a dit que l'intervention n'allait pas excéder la demi-heure et qu'elle passerait ensuite une heure en « salle de réveil ». Je vais en profiter pour aller déjeuner et faire quelques courses. Rex [Kenemer] vient de passer me dire que l'opération était commencée, qu'il allait se montrer intraitable quant à la quantité de barbituriques qu'on lui donnera demain, et que, puisqu'elle est si sensible aux médicaments, il comptait bien y glisser quelques placebos... La demi-heure est révolue, et pas de nouvelle du docteur Swerdlow ou de Rex. Aussi, continue de taper à la machine, Rich, mais en croisant les doigts. C'est une belle journée, dit-il, le menton tremblant. Et il vient à l'instant de remarquer le titre du policier de John Macdonald, qu'il a apporté à sa femme pour qu'elle le lise pendant sa convalescence. Ce titre est *One Monday We Killed Them All**. Nous sommes lundi. Le bonheur, c'est une opération réussie.

---

* « Un lundi, nous les tuâmes tous » *(NdT)*.

Le docteur Swerdlow vient de passer pour me dire que tout s'est bien passé. Je m'en vais déjeuner. Hip hip Hourra.

(20 mai) Je viens d'avoir Elizabeth. Elle vient d'aller pour la première fois à la selle depuis son opération. Elle dit que cela a été incroyablement douloureux, que, par manque de chance, c'est arrivé bien plus tôt que ce qu'avaient prévu les médecins et que, par conséquent, cela s'est fait normalement, sans l'aide de laxatifs et de lubrifiants. Résultat : c'était à hurler de douleur. Je ne me sens pas d'humeur à supporter Aaron aujourd'hui, c'est-à-dire ce matin. Et, bien que j'aime tendrement E. et que je compatisse à ses souffrances, des souffrances dont on n'a idée que si on les a soi-même éprouvées, l'idée de devoir retourner à l'hôpital pour une nouvelle interminable visite, sans cesse interrompue par toutes sortes de gens... Ainsi par exemple, ils s'y mettent toujours à deux ou trois pour lui apporter son repas, et d'une fois sur l'autre ce ne sont jamais les mêmes. Il semble qu'on fasse la queue pour entrevoir ma nana. Les cinglés abondent, et parfois viennent jusque dans la chambre. On a de justesse empêché d'entrer une dame qui disait représenter le ministère de l'Amour. Une autre fois, alors que l'infirmière venait de s'absenter pour une seconde, un hippie noir est entré après avoir à peine frappé, pour ensuite déclarer qu'il voulait simplement « voir E. ». Je lui ai demandé très froidement de sortir. Une autre fois, alors que je dormais sur la banquette de la chambre, deux hippies de sexe masculin sont tout tranquillement entrés avec un nid d'oiseau, très artistiquement fait et parfumé, ont choisi un endroit où l'accrocher sur le mur, puis sont ressortis. Il s'est avéré que ce nid venait de chez une couturière du nom d'Elizabeth Courtenay, qu'E. connaît bien, mais il aurait tout aussi bien pu s'agir de deux émules de la secte de cinglés qui a assassiné Sharon Tate et Jay Sebring. Il m'est ensuite revenu à l'esprit ce que Rex Kenemer m'avait dit à propos de ces gigantesques hôpitaux où les viols ne sont pas chose rare. Il trouvait cela drôle. Moi, j'en étais horrifié.

(21 mai) E. a téléphoné vers sept heures et demie ce matin. J'étais debout depuis six heures trente, je m'étais douché et rasé, j'avais pris une tasse de café, m'étais habillé, j'avais dégusté un excellent filet mignon tiré du congélateur, et je venais de fumer ma première cigarette de la journée. Elle avait des larmes dans la voix et s'est amèrement plainte du traitement prescrit par Kenemer. Qu'est-ce qui ne va pas ? lui ai-je demandé. Elle m'a répondu qu'elle souffrait terriblement et qu'on lui avait fait prendre 2,5 cc de Demarol, mais qu'on refusait de lui en donner d'autre, et qu'à la place on lui faisait prendre, par voie orale, de l'Emp et de la Chodine n° 3, ainsi qu'un cachet jaune de Pergadon — du moins est-ce le nom que j'ai retenu. J'ai parlé à ses deux médecins, et

ni l'un ni l'autre n'avait grand-chose de valable à opposer à l'argument irréfutable d'E., qui est que, si elle n'a pas besoin de piqûres et ne doit prendre que des analgésiques par voix orale, pourquoi ne rentrerait-elle pas à la maison, là où l'ambiance est bien plus plaisante, moins « glaciale », comme elle dit, que dans un hôpital, à la seule pensée duquel, après toutes ces années marquées par des opérations, elle est frappée de terreur. Leur argument est qu'ils aimeraient être près d'elle au cours de l'ultime phase du sevrage, pour le cas où quelque chose clocherait. E. répond à cela que, de l'hôpital, ils pourraient être auprès d'elle en l'espace d'une demi-heure, et que de toute manière elle ne les voit jamais, qu'ils sont toujours ailleurs. Je vais donc tâcher de la faire sortir dans la journée ou au plus tard, à moins d'une catastrophe, demain avant midi. J'ai toutefois appris, à la faveur d'une très courtoise prise de bec avec Rex, qu'au cours des dernières trente-six heures on ne lui a pas donné 2,5 cc de Demarol, mais une infime fraction de ce dosage. Ainsi, le sevrage a commencé sans même que je le sache. Cela ne me plaît guère. Il ne me plaît guère qu'on nous traite, E. et moi, comme des enfants. Je mettrai E. au courant de tout cela un de ces jours, mais pas maintenant, car s'il y a une chose qu'elle ne supporte pas, c'est qu'on lui mente de cette façon. Elle pardonnera à Rex de lui avoir annoncé qu'il allait la priver aujourd'hui de Demarol, et d'avoir tenu parole. Elle lui pardonnera moins volontiers lorsqu'elle découvrira qu'au cours des dernières trente-six heures elle n'a pas eu, comme elle le pensait, du Demarol mais un banal tranquillisant.

Voilà que le téléphone sonne de nouveau. J'ai l'impression que cela fait des jours que j'y suis accroché.

Il meuble son temps en écrivant le premier brouillon d'un article sur le rugby pour Cliff Morgan : « L'endroit auquel je pense physiquement est Tonmawr avec son impressionnante solennité, quoique je n'y aie jamais joué. » Son passé demeurait lié à son présent. Il en tirait tantôt de l'orgueil, tantôt un sentiment de solitude, et parfois il se laissait aller à une profonde introspection.

Cependant, l'état de santé d'Elizabeth le soucie beaucoup. Il continue de lui témoigner un admirable dévouement. Il lui fait discrètement quitter l'hôpital sur un fauteuil roulant.

(23 mai) Dieu merci, il n'y avait aucun photographe. C'est le bon côté de la relative rareté des propositions que les grandes compagnies font à E. Personne, en effet, n'est disposé à miser sur ce qui passe pour une santé précaire. Je serais dans le même cas si je ne la connaissais pas et si, pour mon information,

je m'en remettais à la presse et aux rumeurs. Moins il y aura de ce genre de publicité, mieux ce sera. Au train où vont les choses depuis quelque temps, je vais bientôt être forcé d'écrire et de produire moi-même des films. On a beaucoup de mal à trouver des financements, et le marché est de plus en plus déprimé... E. paraît se sentir assez bien la plupart du temps, mais elle est parfois saisie de spasmes, ce qui est tout à fait normal. Je me demandais hier, et ce n'était pas la première fois, ce qui peut pousser un médecin à se spécialiser dans cette partie de l'anatomie. Il paraît tellement plus romanesque de se spécialiser en chirurgie du cerveau...

(25 mai) Je suis extrêmement heureux de ne plus être à lundi dernier. Répétant sans cesse le signe de croix, marmonnant sans trêve des prières. Il semble qu'il y ait une chance pour que l'opération d'E. ait été un succès total. Peut-être ne sera-t-il même pas nécessaire de faire un quelconque « brin de toilette ». Le prochain et, je l'espère, dernier cap difficile est pour le prochain week-end. Après cela, direction la maison.

Sa préoccupation sur l'état de santé d'Elizabeth l'amène à s'intéresser de plus près à une hygiène de vie. Il aborde le sujet avec fougue.

(26 mai) Donc, tous nos aliments sont toxiques [il venait de lire plusieurs ouvrages sur l'alimentation biologique] et, d'après Kenemer, qui est venu au dîner d'anniversaire de Liz, le soleil est néfaste et vous fait vieillir avant l'heure. « Sous ce bronzage, vous trouverez un petit Juif », lui a répondu un de ses patients qu'il complimentait sur sa bonne mine après quelques jours à Palm Springs. Donc, la bouffe, exclue. La bibine, exclue. Le soleil, exclu, les drogues, exclues, et Dieu est mort. A part ça, tout va bien.

Elizabeth se rétablissant, il reporte son attention sur Ifor.

(29 mai) Elizabeth va *beaucoup* mieux. En fait, elle est presque complètement rétablie, et j'en suis si content que je passe mon temps à inventorier les raisons que j'ai d'être heureux. Tout en fredonnant, je remplis les briquets, lave mes chaussettes et mes caleçons, vide les cendriers et dévore des livres à toute vitesse — lorsqu'elle n'allait pas bien, je n'arrivais pas à fixer mon attention même sur un roman policier.

J'ai eu Gwen au téléphone hier. Ifor vient d'être de nouveau hospitalisé, à Genève. Il a un rein qui fonctionne mal. La mort est tout ce que je lui souhaite désormais. Je ne supporte pas de le voir aussi désemparé et aussi puéril, non pas dans sa tête, mais par son côté grognon, cet agacement qu'il manifeste lorsqu'on l'aide. Il souffre de façon continuelle depuis qu'une sorte de vie moribonde a de nouveau investi sa carcasse. Pourquoi a-t-il fallu qu'il trébuche dans le noir ? Un si petit faux pas, une chute si formidable. Cette nuit de cauchemar me hantera à jamais. S'il est un Dieu, qu'Il soit remercié pour l'argent que nous avons. Au moins, nous ne manquons pas de cela. Il mourra en première classe, de même qu'il a toujours tenu à voyager en première classe. Il prendra un Pullman jusqu'à la tombe.

Le 2 juin :

Toujours pas d'alcool... cela fait maintenant onze semaines que j'ai bu mon dernier verre et, en temps ordinaire, je n'en éprouve aucun désir.

Elizabeth requiert une grande part de son énergie.

(4 juin) Elizabeth s'est mise, hier, à saigner du derrière, de grosses gouttes de sang qui faisaient peur à voir. Je nettoyais tout de temps en temps. A un moment, le sol de la salle de bain en était couvert, et je remerciais le Ciel de m'avoir donné la force de ne plus boire. Je suis certain que dans le cas contraire j'aurais été pris de vomissements violents. Le sang était d'un rouge profond, avec l'apparence et la consistance d'une gelée en train de prendre. La pauvre chérie a eu à peu près huit hémorragies le temps d'arriver à l'hôpital. Là, on lui a administré un sédatif qui n'a eu pour effet que de la rendre nerveuse et agitée. Il va falloir batailler aujourd'hui pour les empêcher de lui donner des barbituriques « durs », sinon elle devra subir une nouvelle phase de « sevrage », ce qui est plus que ce que la machine humaine peut endurer.
J'ai échangé d'interminables coups de fil avec Kenemer et Swerdlow, qui tous les deux estiment à l'évidence qu'il s'agit d'un problème mineur et qu'elle cherche surtout à ce qu'on lui fasse à nouveau des injections de sa drogue préférée. Finalement, nous avons fait venir Sisler, qui a fait pas mal de proctologie et se trouve être le médecin de Dick Hanley. Au terme d'une nouvelle série de coups de fil, il a été décidé de la transférer au Desert Hospital. Swerdlow a dû rouler à tombeau ouvert, puisqu'il n'a mis que quatre-vingt-dix minutes pour venir de Los Angeles. Il a attendu une nouvelle hémorragie afin d'examiner le sang. Il n'a pas eu à attendre longtemps. Il a décidé de l'endormir. En salle d'opération, il a découvert qu'un des points de suture avait cédé. Il l'a recousue, et en trente minutes tout a été terminé.

Pendant ce temps-là j'ai pris dix ans de plus. Tandis qu'on la roulait dans le couloir, elle était morte de peur et ne savait que répéter : « Richard, je t'aime. » « Moi aussi, chérie, je t'aime. »

Ils sont maintenant à Palm Springs. Il fait entre 46° et 48° à l'ombre.

(5 juin) Hier, j'ai voulu ouvrir les fenêtres de la chambre d'Elizabeth, des portes-fenêtres donnant sur une terrasse sur laquelle se trouvent des fauteuils d'aspect confortable. Pas moyen de les ouvrir. L'infirmière a fait venir quelqu'un du personnel d'entretien, un gros homme placide. Il a ouvert à l'aide de tout un tas de clés et de pinces. Plus tard, j'ai demandé à la directrice pourquoi toutes les fenêtres de l'hôpital étaient condamnées. Parce qu'il y a deux ans, m'a-t-elle dit, un malade du deuxième étage, un vieillard mourant de quatre-vingt-sept ans, s'est jeté par la fenêtre avec le fauteuil auquel il était sanglé. Mais nous sommes au rez-de-chaussée, ai-je objecté. Oui, je sais, a-t-elle fait.

(7 juin) E. est toujours à l'hôpital, avec un pouls et un moral très bas. Mais, si ce matin son pouls n'a pas de nouveau faibli ou s'il a remonté, elle sort aujourd'hui. Il va falloir qu'elle prenne beaucoup de repos, qu'elle évite toute tension, tout effort excessif, jusqu'à ce que tout soit redevenu normal sur le plan sanguin. Cela devrait prendre de six à huit semaines. Cela signifie qu'elle ne pourra probablement pas m'accompagner au Mexique pour le tournage [de *Raid on Rommel (Le 5ᵉ commando)*]. Cela va me faire bizarre, mais sans doute est-ce plus sage, car je vais avoir de longues journées, me coucher tôt pour me lever tôt ; de toute façon, nous nous serions à peine vus. Autant qu'elle se la coule douce à LA ou à Malibu en agréable compagnie. Féminine, bien sûr. Et puis il faut dire qu'à la différence d'E., quand je commence un film, je veux le terminer aussi vite que possible et que pour ce faire je travaille au besoin sept jours sur sept et du matin au soir. E., qui a grandi au sein de la machine MGM, ne leur donne jamais rien gratuitement et considère qu'il est de bonne guerre d'ajouter à leurs frais. Ce n'est pas que cela me soucierait outre mesure, seulement, authentique paresseux que je suis, je cherche à en terminer le plus tôt possible, de sorte à pouvoir paresser de nouveau ou aller me mettre au vert. De toutes les pièces et tous les films auxquels j'ai participé, il n'y en a pas un qui ne m'ait inspiré de l'ennui au bout de six semaines, c'est pourquoi j'aime en finir au plus vite.

Et le 8 juin :

J'ai tenu parole : cela fait trois mois que je n'ai bu une goutte d'alcool. Et je vais probablement continuer.

Cela n'était pas une mince réussite pour un buveur de sa capacité et un homme qui appréciait plus facilement la vie un verre à la main. Il conservera jusqu'à la fin de ses jours cette capacité à « laisser tomber » l'alcool lorsque bon lui semble. D'un autre côté, il deviendra beaucoup plus faible, physiquement. Les douleurs usantes dont il était accablé — et qu'il s'efforçait la plupart du temps de nier —, ajoutées au violent traumatisme occasionné à son organisme par les graves opérations qu'il subira plus tard, le rendront très vulnérable aux quelques verres qu'il aurait jadis vidés avant le déjeuner. L'alcool lui était aussi une drogue comme l'était l'opium pour Thomas de Quincey ; il est dispensateur de liberté, d'apaisement, de rêverie, inspirateur d'histoires, et il contribue à faire oublier la *« timor mortis »*. Il est aussi une drogue façon docteur Jekyll et Mr. Hyde. Lorsqu'il avait bu, Burton pouvait se montrer extraordinairement agressif et méchant, tout particulièrement à l'égard d'Elizabeth, et fréquemment envers ceux dont les privilèges lui paraissaient immérités et d'une certaine façon insultants pour ce passé gallois auquel il était aussi attaché qu'un cardinal digne de ce nom à son premier cilice. Acteur, il était remarquable lorsque son *knack*, son don, rencontrait un rôle à sa mesure, ou lorsqu'il était confronté à un auteur qu'il admirait. Il possédait aussi cette caractéristique — qui n'est pas rare chez les non-acteurs — de prendre plaisir à jouer plusieurs rôles dans l'existence. Par le fait, l'extrême variété de sa vie lui offrait des contacts très éclectiques ; tantôt il côtoyait le duc de Windsor, tantôt il s'occupait de Maria, puis il parlait rugby, arrivait sur un plateau de cinéma, achetait un diamant d'un prix exorbitant, gagnait à Monte-Carlo, bavardait avec des écrivains, retrouvait d'anciens mineurs à Port Talbot, et ainsi de suite. L'alcool lui permettait de faire tout cela sans quitter le bar. L'alcool était son Walhalla : quelques verres, quelques compagnons, une conversation sur le sport ou l'évocation de héros flamboyants... en y renonçant, il renonçait à une grande part de ce qui faisait sa vie. Cependant il le fit. « J'ai tenu parole : cela fait trois mois que je n'ai pas bu une goutte d'alcool. »

La convalescence d'Elizabeth est lente et difficile.

(9 juin) Elizabeth va bien ce matin, mais hier a été une des pires journées dont j'aie gardé le souvenir. Au cours de l'après-midi, elle s'est mise à avoir terriblement mal. Elle pleurait beaucoup. J'ai fini par faire venir le médecin. Il lui a fait une piqûre qui l'a rendue un peu vaseuse mais aussi plus tranquille. J'étais aussi désemparé qu'une feuille dans la bourrasque, qu'un bouchon dans la tempête... Je m'attends encore à deux journées difficiles avant que le cap soit franchi, mais, à moins d'une catastrophe, rien de comparable à hier. La tension nerveuse qui m'habite lorsqu'elle souffre est tout à fait extraordinaire. Je suis alors incapable de prendre du recul et ne cesse de me répéter que je préférerais souffrir à sa place, sauf qu'alors je serais bien plus intenable qu'elle.

Il passe le reste de son temps à écrire, tandis que la petite maison s'emplit d'enfants et d'invités — Brook et Liz Williams, qui vont rester quatre mois —, et que les mouvements intestinaux d'Elizabeth sont suivis comme un feuilleton. Il se réfugie sur le patio avec sa machine à écrire.

Une des constantes de Richard est l'intérêt sincère qu'il témoigne vis-à-vis de son ascension et de celle des autres bêtes de scène répercutées sur l'échelle des honneurs britanniques.

(13 juin) Le *Los Angeles Times* d'aujourd'hui annonce que Larry [Olivier] a été fait pair à vie, que Sybil Thorndike a été faite CH, Freddie Ashton CBE, comme moi, et David Frost OBE. Toujours rien pour Emlyn, à qui cela ferait pourtant plaisir. Larry m'avait dit il y a des années qu'il entendait bien être le premier « acteur-pair », en réponse à la question que je lui avais posée sur les mondes qu'il lui restait à conquérir dans notre profession.
Je vais lui envoyer un télégramme. C'est de sa part une belle prouesse si l'on considère qu'il n'a jamais été du genre « sociétaire » à la différence de Wolfit, Richardson ou Guinness. Il possède une énergie exceptionnelle, et ils se sont enfin décidés à le distinguer du troupeau.

En mars et avril 1969, les Burton avaient donné deux très chaleureuses interviews filmées à David Frost. Richard surtout avait parlé, mais ce n'était pas pour accaparer la vedette, puisque c'était à lui qu'étaient adressées la plupart des questions. Il parla avec beaucoup d'affection de ses origines et de son père. Il évoqua maintes fois Philip avec beaucoup de gratitude. Il était drôle, étonnamment beau, et récitait des paragraphes entiers de l'Ancien Testament, qu'il avait appris par cœur à l'âge de dix ans. Elizabeth portait deux bagues montées d'un diamant. La première avait coûté quatorze dollars ; il la lui avait offerte après lui avoir promis un diamant si elle parvenait à lui prendre dix points au ping-pong. « Je l'ai fait boire, raconta-t-elle. Et non seulement je lui ai pris dix points, mais je l'ai battu. Alors il a bien fallu qu'il aille m'acheter le diamant parfait. » 0,42 carat. L'autre était « le diamant le plus cher au monde, 69,42 carats ». « Ce n'est pas de la camelote », commenta Elizabeth tandis que la caméra faisait un gros plan sur sa main. Les Burton paraissaient alors en excellente forme.

Peu après, Sarah, la mère d'Elizabeth leur était tombée sur le dos, et Richard dut déployer des trésors de diplomatie pour maintenir la paix entre les deux femmes. Cependant, il travaillait à la préparation d'une entreprise singulière. D'immenses longueurs de métrage « de guerre » avaient été tournées pour *Tobrouk* et jamais utilisées. Le projet était de les utiliser dans un film — *Raid on Rommel* — que l'on tournerait aussi rapidement qu'autrefois un muet. « Il nous suffit d'écrire des dialogues suffisamment crédibles pour nous porter d'une explosion à l'autre. Il n'est pas question de tenter à tout prix de le parer d'une quelconque prétention "artistique". » Burton voyait plutôt cela comme un plaisant match de rugby. « Le plan de tournage a été ramené à trois semaines et deux jours. Si le film fait une carrière médiocre, j'en tirerai au minimum un million de dollars. Mais cela peut monter jusqu'à un million de livres. Pour vingt jours de travail. C'est moralement indéfendable. » Brook Williams et les autres étaient tous du casting. « J'ai fait en sorte que Brook soit traité avec le respect qui lui est dû, à la fois artistiquement et financièrement. »

A Malibu, il s'efforce de monter *Don Quixote.*

> *(22 juin)* Dustin Hoffman me paraît soit très craintif soit très vaniteux lorsqu'il dit hésiter devant le rôle de Sancho Pança parce qu'il redoute que mon Quichotte ne lui vole la vedette. Quelle étrange réaction de la part d'un si bon acteur. Il veut à l'évidence faire un one man show où aucun autre acteur n'aura sa chance. Avec ce genre de raisonnement, il refuserait Othello et/ou Iago. Il faut que j'aie une inaltérable confiance en moi, puisque jamais pareilles considérations ne m'ont traversé l'esprit.

Et il cherche une maison où loger la famille. Ils vont en visiter une qui donne sur la plage.

(24 juin) Le propriétaire avait tellement tout du pécore réactionnaire sudiste que j'ai été tenté de me faire sur-le-champ hippie contestataire. « Je vais vous dire trois mots, hé Valerie, restez donc ici, que je n'aie pas à parler par-dessus mon épaule. C'est un toast que m'a appris il y a bien des années un Suédo-Américain. Il tient en trois mots : voler, baiser et boire. Ne vole pas tes amis, ne baise qu'avec une femme et bois à la compagnie. Je bois à la santé des Burton et de Valerie. » Voilà ce que ce type nous a sorti. Il devait avoir la soixantaine, quoique ce fût difficile à dire avec sa tête de reptile juchée sur un cou anormalement épais, plus large que le sommet de son crâne, mais aussi large que sa mâchoire. Il a ensuite confié à Valerie ce qu'avait coutume de dire son père : « Quand tu vois une belle femme, dis-lui qu'elle peut quand elle veut venir mettre ses chaussettes dans ton café. » Confondant. Elizabeth médite de lui envoyer les siennes. J'ai lu presque tout le scénario de mon prochain film. Je vais essayer de trouver un moment pour le finir aujourd'hui. Il est très laborieux, mais je parie que nous en tirerons quelque chose de tout à fait regardable. Je frémis à l'idée de ce qu'en diront les critiques chic. En fait, non, je ne frémis pas. Leur lecture me réjouira plutôt... Il faut que j'allège au maximum mon personnage dans *Rommel.* Je parle trop et cela réduit à néant le léger mystère dont il est porteur.

Brook a lu le script hier et m'a dit vouloir jouer Reilly, un rôle nul, celui du type qui conduit le half-track et participe à toute l'action. « Le personnage du commandant, m'a-t-il dit, s'éclipse dès les premières pages après avoir lâché sa tirade où il dit qu'il ne veut pas participer de près ou de loin à la tuerie. » Bien au contraire, je me suis aperçu que c'est le commandant qui séduit la jeune Italienne, et qu'il endosse le seul propos « amoureux » du scénario. Cela me rappelle Jimmy Granger, qui venait de recevoir le scénario de *Odd Man Out (Huit heures de sursis)* de Carol Reed et qui, l'ayant feuilleté pour voir l'épaisseur de son texte, décida qu'il n'était pas assez fourni à son goût. Il avait omis de prendre connaissance des indications scéniques. James Mason obtint le rôle et ce fut le lancement de sa carrière. Il s'agit probablement du meilleur rôle de Mason, et c'est certainement le meilleur film qu'il a fait, alors que ce pauvre Granger n'est jamais apparu dans le moindre film digne de passer à la postérité. Il serait possible d'organiser un « Festival James Mason », mais inconcevable d'en mettre un sur pied en l'honneur de Stewart Granger. Sinon en manière de canular. C'est Granger lui-même qui le dit.

Burton ne boit toujours pas. Ce film alimentaire mis à part, la vie est dans le droit fil de cette année sabbatique.

(25 juin) On me demande de venir à Oxford pour le premier trimestre, du 11 octobre au 5 décembre, ou pour le second trimestre, à partir de janvier jusqu'en mars. Quel va être la teneur de mes conférences ? Il faut que j'écrive dès aujourd'hui à Francis Warner pour lui demander des tuyaux. Par exemple, de quoi parle-t-il, lui ? C'est la tribune idéale pour se débarrasser d'une bonne partie de son spleen. Je pourrais malmener durement quelques personnages publics et démolir quelques icônes.

Et les carnets se mettent à fourmiller de pensées et d'idées dont une vie universitaire lui permettrait d'enfoncer allégrement le clou.

(25 juin) Le monde a de terribles problèmes de châssis, pour reprendre la formule de Joxer, et j'entends en observer à distance le chaos et me préparer sans hâte et, j'espère longuement, à mourir. J'aime le monde et sa folie. L'humanité ne présente pas de différences fondamentales entre ce qu'elle est aujourd'hui et ce qu'elle était il y a cinq mille ans. On y retrouve la même cruauté, les mêmes vices et les mêmes vertus. La même stupidité, la même intelligence, et dans des proportions inchangées. Comment prendre au sérieux l'étudiant qui dit « A bas Nixon, vive Mao », et celui qui proclame l'inverse ? Tous deux sont des guignols. Tous deux sont risibles. Les « Pensées de Mao Tse Toung », mais chacune d'elles déclenche l'hilarité. Le monde ne changera pas en un jour. L'amélioration de l'humanité sera le triomphe de l'inévitabilité de la progressivité, comme le baron Passfield* le dit dans un tout autre contexte. S'il doit jamais y avoir triomphe. Jusqu'à présent cette progressivité a été si progressive qu'elle n'est pas visible à l'œil nu. Il va prochainement y avoir un holocauste. Tout ce que peut espérer l'homme de bon sens est de ne pas se trouver en plein milieu mais à la périphérie, et d'essayer d'y survivre, lui et sa famille. Je suis quelqu'un qui pense très fermement que le monde est un endroit dont les délices sont délicatement équilibrées par les atrocités. Sans chagrin la joie n'existerait pas. Dieu merci, le vrai bonheur est aussi passager, aussi éphémère que la vraie misère. *Plus ça change plus c'est la même chose***. Les révolutions française, américaine et russe n'ont rien changé. Ce sont toujours les privilèges et l'argent qui mènent l'humanité.

---

* Sidney Webb (1859-1947) : écrivain socialiste anglais, auteur d'ouvrages d'économie *(NdT)*.

** En français dans le texte *(NdT)*.

Ces considérations un rien condescendantes fleurent un peu le café du Commerce. Vus par le petit bout de la lorgnette, tous les hommes sont des vermisseaux, nul changement n'a d'importance, tout n'est que vanité. Toutefois, le scepticisme de Burton et son pressentiment en regard de la mort ne sont pas dénués de lucidité.

Le rétablissement d'Elizabeth lui remonte le moral. Mais le projet de *Rommel*, qui paraît « chaotique », le démoralise. Il se met en quête d'un autre scénario.

> *(27 juin)* Six heures du matin, l'heure que je préfère. Mais le ciel est gris, une fois de plus. Au terme d'un mois de procrastination, j'ai fini par lire le script intitulé *Hammersmith Is Out*, qui m'a été envoyé par P. Ustinov. Il est tout à fait extravagant et décousu, mais c'est exactement le genre de chose que j'ai envie de faire à l'heure actuelle. D'autant qu'il y a un rôle splendide pour E., et que nous cherchons depuis un bon moment un film où nous puissions être ensemble. Ustinov doit assurer la mise en scène, donc pas de problème de ce côté-là. Il devrait également tenir un rôle mineur. Tout commence et s'achève dans un asile de fous. Mon personnage est celui d'un tueur fou du nom de Hammersmith. L'idée n'est pas neuve. Qui est fou ? Ceux qui sont enfermés ou ceux qui sont dehors ? Les deux en l'occurrence. Le tournage devrait avoir lieu à l'automne. J'ai peur d'avoir un peu trop traîné. Je pense que nous saurons ce qu'il en est dans les prochains jours. Cela devrait être un tournage follement drôle, surtout avec quelqu'un d'aussi agréable qu'Ustinov et d'aussi brillant. Et cela pourrait bien être un gros succès commercial.

Le tournage de *Raid On Rommel* approche.

> *(28 juin)* Plus que deux jours avant le départ pour le Mexique. Ce qu'on me dit de l'endroit — San Felipe — n'est guère engageant. Une température qui tourne autour des 45°. Seulement deux restaurants. Une population de huit cents âmes. Des eaux infestées de requins. En pleine saison des ouragans. Rien que trente-trois lits pour les visiteurs, la plus grande partie des habitants vivant dans des caravanes ou sous la tente. Pas de téléphone. Seuls les pilotes expérimentés sont capables de s'y poser. A part cela, un bled impeccable.

Deux jours plus tard à San Felipe, lieu de tournage, sa première initiative est d'écrire à Elizabeth pour lui parler du film, de la nourriture, du temps, du casting, pour lui dire qu'il « ne boit toujours pas », concluant, mille mots plus tard par : « Sans toi, tout cela est très très très étrange, curieux, bizarre, singulier et sans attrait. Des millions de baisers et de caresses. *Le lit est immense !* »

Depuis leur mariage, ils ont rarement été séparés pendant plus d'une journée. Après avoir paru vidé de toute substance, leur couple semble à présent reprendre corps.

On travaille à la préparation du tournage.

> *(1er juillet)* Je suis en train d'apprendre l'allemand que j'ai à dire dans le film avec un comédien allemand. Ce type a inventé la raison du bâillement. Il est si ennuyeux que c'en est hypnotique. Tout ce que je lui demande c'est de prononcer mon texte pour que j'en fasse une retranscription phonétique à ma façon, que j'apprendrai ensuite par cœur. MAIS il faut qu'il discoure à n'en plus finir sur chaque réplique. « Che ne crois pas qu'un Allemand s'atresserait en ces dermes à une sendinelle. » A ce rythme, il faut une heure pour faire une page du script dans laquelle j'ai peut-être à dire trois phrases en allemand. Je me morfonds. « Che suis andimilidariste et ne defrais bas faire ce film, mais il faut pien fifre, et puis on fous aime beaucoup dans mon pays. »

Elizabeth lui téléphone et lui annonce son arrivée prochaine.

> *(3 juillet)* Elle m'a dit que je lui manque autant qu'elle me manque, qu'elle erre la nuit comme une âme en peine et qu'elle a failli fondre en larmes en tombant sur une paire de chaussettes à moi qui traînait dans un coin. J'ai raconté à tout le monde qu'elle dort avec mes chaussettes. Ma parole, voilà la nouvelle coqueluche, qui pourrait bien se répandre et remplacer la marijuana.
> Depuis ce coup de fil, je me sens en pleine forme, j'ai l'impression d'avoir rajeuni de quinze ans. Arrêter de boire a été ce que j'ai fait de mieux pour mon bien-être physique. Depuis que je suis ici, j'ai été par deux fois fortement tenté de boire un verre — dont une fois alors que j'étais seul. C'est le genre d'endroit et le genre de situation où l'on est tout naturellement porté vers la bouteille. On passe son temps à attendre le premier tour de manivelle, l'arrivée des tanks et des fusils, à subir les incertitudes de l'immigration mexicaine — « Nous démarrons avec vous dès demain, mais ce n'est pas certain, on vous le fera savoir dans la matinée... »

Un des grands plaisirs de Burton au cours du mois qui suivit fut d'étudier le très coriace, très militaire Henry Hathaway, metteur en scène du film.

(4 juillet) Je vais aller faire un tour du côté du plateau, pour assister au début du tournage et souhaiter bonne chance à mes camarades de captivité. Tout indique qu'il s'agit du tournage le plus folklorique que j'aie fait depuis longtemps. Depuis peut-être *La nuit de l'iguane*. Hathaway a lancé hier à un parfait inconnu qui se trouvait dans le bar : « Va te faire couper les cheveux et rase-toi ces foutus favoris. Combien de fois, bordel, faudra-t-il te le répéter ? » Le malheureux touriste n'en est pas encore revenu.

(5 juillet) Il semblerait que Hathaway a fait passer un sacré mauvais moment, hier, à l'acteur allemand Carl Otto Quelque Chose, et lui a fait faire cinquante-sept prises de la même scène, dont il coupait la plupart dès la première réplique avec des encouragements du genre : « Vous êtes vraiment le foutu acteur le plus con que j'aie jamais rencontré. » Il a de la chance que je n'aie pas été là. Un tel comportement à l'égard d'un second rôle sans défense me met dans une colère noire.

Il continue de pester contre la politique et les mensonges (par omission) auxquels même les personnalités les plus intègres semblent contraintes. Même si l'arrivée prochaine d'Elizabeth et la corvée quotidienne de ce tournage précipité et mouvementé, en plein désert par des températures de 45°, le préoccupent, il se livre à une surprenante quantité de commentaires politiques. Et il reparle de Hathaway.

(7 juillet) Ce Hathaway est plutôt cavalier comme metteur en scène. Il n'accorde entre chaque prise aucun répit à ses interprètes. Hier, Brook et les autres sont restés plusieurs heures entassés sur le plateau d'un camion, avec uniquement une pause pour déjeuner. Brook soutient qu'ils étaient hors champ la plupart du temps. Ce genre de mentalité me dépasse, même si j'ai pu dire hier qu'un homme qui se moque aussi manifestement qu'on l'aime ou pas ne peut pas être tout à fait mauvais.

Puis Elizabeth arrive en avion.

(8 juillet) Horrible journée. Il faisait une chaleur insupportable dans le désert, et j'ai passé la moitié de la journée vautré par terre, la bouche ouverte, faisant semblant de dormir, tandis que le sable, soulevé par un vent qui soufflait exactement dans la mauvaise direction, m'entrait dans le nez et la bouche. J'étais toutefois si content à l'idée de revoir E. que j'ai stoïquement enduré mon calvaire. L'avion transportant E., les enfants et

Norma [Heyman] a fait deux ou trois passages, et je bouillais de l'impatience d'en finir et de rentrer à la base. Comme tout ce que l'on a trop violemment désiré, les retrouvailles ont été un fiasco. Sitôt arrivé, je me suis précipité dans la « suite », et il n'y avait personne ! Kate est entrée me dire « bonjour », puis elle est ressortie. Quelqu'un avait éteint l'air conditionné, et le salon était un four. E. est entrée d'un air dégagé, et nous nous sommes embrassés et enlacés, bien que je fusse crasseux, couvert de sable et de cambouis, et guère enlaçable. Immédiatement, tout le monde s'est mis à faire des plaisanteries sur San Felipe, sur cet épouvantable endroit, et cela a été comme si on attaquait Pontrhydyfen — j'étais tellement sur la défensive. Jamais personne n'a fait preuve d'autant de chauvinisme à l'égard d'un patelin de merde. J'ai faiblement parlé de la beauté de sa plage, j'ai timidement évoqué ses eaux merveilleuses. Kate a répliqué qu'elles étaient trop chaudes, qu'on avait l'impression de prendre un bain brûlant. J'ai alors précisé, bravement mais toujours timidement, qu'il était possible de louer des chevaux. J'ai dit que l'endroit était bien plus cosmopolite que Bucerias, ce qui équivaut à prétendre l'enfer préférable au purgatoire. Nous sommes allés dîner en silence chez Reuben. L'atmosphère y était plus moite et poisseuse que jamais, à moins qu'elle ne fût pareille à celle des autres soirs ; toujours est-il que j'avais l'impression de vivre la pire soirée de l'année, l'impression que les divinités du climat avaient eu une dent contre moi. Un peu plus tôt, E. m'avait rendu furieusement jaloux en me disant qu'elle avait téléphoné à Brando, qu'ils avaient bavardé une heure durant et qu'il s'était montré plein de sollicitude à mon égard. Ce type est un petit salopard, vaniteux et suffisant, et il traite tout le monde par-dessous la jambe, sauf les Indiens et les Panthères noires. « Il garde un œil sur toi », a ajouté E. Cela m'a fait bouillir encore plus. Ce connard obèse et content de lui, avoir de la sollicitude à mon égard. Sinatra est pareil. Ils voient le Bon Dieu dans leur miroir. Des miroirs déformants, oui.
Cela va un peu mieux ce matin. E. va m'accompagner sur le tournage. Cette chaleur va la rendre dingue. J'oublie toujours que tout le monde ne supporte pas le soleil aussi bien que moi. Il est déjà arrivé que des gens s'évanouissent sur le plateau, et il m'était sorti de la tête qu'E. n'a pas encore refait tout son sang depuis ses hémorragies.

Mais la magie se remet à fonctionner dans le courant de la matinée.

(9 juillet) Hier fut une journée délicieuse. Je suis parti travailler à sept heures du matin, et E. a tenu à m'accompagner en dépit de la chaleur — il faisait vraiment très chaud. Je pensais qu'elle

ne resterait qu'une heure, peut-être moins, avant d'aller retrouver l'air conditionné, puisqu'elle n'était pratiquement pas sortie depuis son hospitalisation à Palm Springs. Mais elle est restée jusque après le déjeuner — quelque chose comme deux heures et demie. Tout le monde était ravi de sa présence. Et par la suite, tous étaient d'accord pour dire que cela a été jusqu'à présent la meilleure journée de ce tournage. Hathaway s'est montré aussi jovial qu'il peut l'être. Lorsque à un moment donné il s'est mis à engueuler un des acteurs, je lui ai dit qu'il faisait erreur, qu'il avait dit à l'acteur en question de se déplacer comme il venait de le faire. « Nom de Dieu, sûrement pas », a-t-il fait. « Nom de Dieu, sûrement que si », ai-je répondu. « Excuse-moi », a-t-il dit à l'acteur. Personne n'en est revenu, et un des gars a dit à Ron que c'était la première fois, depuis trente ans qu'il travaillait avec Hathaway, qu'il le voyait présenter des excuses à quelqu'un. Et ainsi je suis devenu une sorte de petit héros, le chef de ma petite bande, un petit Robert Emmet...

(11 juillet) On a l'impression d'être ici depuis onze semaines au lieu de onze jours. La chaleur, à laquelle nous sommes tous acclimatés, est écrasante. Et humide avec ça. S'il n'y avait pas l'air conditionné, nous serions en nage matin, midi et soir. En fait, mais peut-être n'est-ce qu'une impression, il fait plus chaud et plus lourd le matin, lorsqu'il n'y a pas le moindre souffle d'air susceptible d'apporter quelque fraîcheur. Le boulot consistait à balancer un Allemand dans un camion tandis que quatre ou cinq de mes hommes l'assommaient. Ensuite, il fallait sauter du camion. Aujourd'hui, il va y avoir pas mal de poignardage dans le dos, de mitraillage, etc., etc. Je vais peut-être même avoir l'occasion de faire quelques bons mots...

Il écrit à Chris, bavarde avec Kate, regarde Liza grandir, discute avec Brook, Ron, les copains, il prend sur lui pour ne pas adopter un chien de plus, — ils en ont déjà cinq en plus des quatre chats. Il est toujours très attentif à la politique — surtout l'ascension de Reagan et la chute de Wilson. Mais Elizabeth n'est jamais très éloignée de ses pensées.

(13 juillet) Elizabeth a très bien pris le soleil hier et ne s'est sentie partir qu'une ou deux fois, en se penchant pour ramasser quelque chose, à part cela elle m'a l'air en excellente santé. Elle possède un remarquable pouvoir de récupération et fait mentir les médecins, qui la voyaient à moitié invalide pendant trois ou quatre mois. Cet automne, elle devrait être en meilleure forme qu'elle ne l'a été depuis des années. Si elle parvient à perdre quelques kilos superflus, elle aura aussi l'air en bien meilleure

forme qu'elle ne l'a été depuis de nombreuses années. Ses appétits sexuels sont aussi violents que les miens, même s'il me semble que nous n'y attachons plus, ni l'un ni l'autre, la même importance qu'autrefois. J'ai craint un moment que le fait de laisser totalement tomber l'alcool ne fasse baisser mon désir, et cela a été le cas pendant quelque temps sans doute parce que j'étais si polarisé sur l'arrêt de la boisson que tout le reste est passé au second plan. J'avais par exemple du mal à me concentrer sur un livre. Mes pensées ne cessaient de sauter à une vitesse incroyable d'un objet à un autre. A présent que mon organisme est complètement libéré de ce poison — il paraît qu'il faut six mois pour décrocher totalement —, j'ai à nouveau les idées claires. Je n'embrasse pas le monde dans sa globalité, mais au moins le perçois-je clairement. Je n'ai plus cette angoisse cauchemardesque d'un désastre imminent, de disparitions prématurées, et je me sens plus équilibré. Je ne suis plus cette épave hagarde et tourmentée que j'étais pendant des jours lorsqu'il s'agissait de prendre l'avion. Je suis en fait devenu si tranquille vis-à-vis de cela, qu'il me faut maintenant me remémorer les dangers de l'aviation afin de ne pas trop forcer la chance. Je pense que d'ici deux ou trois mois il me sera possible de me mettre à écrire de façon continue. Je n'ai plus ce sentiment d'urgence qui était le mien, ce sentiment que jamais je ne pourrais écrire quoi que ce soit qui nécessite assiduité et constance. Voici que peu à peu je me mets à y croire.

Après une déclaration aussi paisiblement optimiste sur sa vie et ses perspectives d'avenir, après une vision aussi lucide des dangers de l'alcool — au rythme où il consommait — on peut tenir pour certain que plus jamais il n'en reboira une goutte. La vie a repris un cours heureux. Le tournage se déroule dans la bonne humeur, l'absence de prétention, et dans les temps. Elizabeth, les enfants et les copains l'entourent. Et sa plume acérée est en parfait état de marche.

(15 juillet) J'ai lu hier dans le *Los Angeles Times* que Frankie Sinatra a « pris position pour Reagan ». Laurel prenant position pour Hardy. Je ne pense pas que l'un ou l'autre ait jamais eu une idée personnelle. Haber, du *Times*, a demandé à Frankie: « Connaissant l'intérêt et la générosité que vous témoignez à l'égard des organisations humanitaires, compte tenu de vos prises de position en faveur des minorités ethniques et des couches défavorisées, etc., quel est votre sentiment sur le fait que le gouverneur Reagan a sabré de dix millions de dollars les allocations versées aux personnes âgées et aux non-voyants? » « Il a fait ça? a répondu Frankie. Il va falloir que je lui en touche

> un mot. » La belle affaire. Si l'on apprend prochainement que Reagan n'a réduit les allocations en question que de neuf millions neuf cent mille dollars, nous saurons que la haute main de Francis Albert Sinatra est derrière tout cela. L'un comme l'autre, tout ce qu'ils savent faire c'est compter — sur leurs doigts, bien évidemment. Selon Hathaway, Frankie serait mû par la rancune. « Il a jadis essuyé une rebuffade de la part de Jack [John] Kennedy. » « N'appelle plus, Frankie, c'est nous qui te ferons signe », aurait dit celui-ci, juste après les élections, à un Sinatra qui le harcelait de coups de téléphone. Pourtant, même Frankie, malgré sa monomanie, devrait être capable de s'apercevoir que Reagan est complètement creux et dangereusement stupide. Il faut espérer que Jesse Unrah le battra en novembre et que Sinatra en sera ainsi couvert de ridicule*. Pauvre con.

Ses sentiments envers Sinatra avaient changé depuis qu'il soupçonnait Elizabeth de lui avoir fait les yeux doux. Celle-ci s'est absentée quelques jours. « Snapshot rentre demain, et la vie va redevenir plus intense et un peu plus folle. Sans elle, je mènerais très facilement une vie de reclus. »

Hathaway se laisse un peu aller.

> *(18 juillet)* Hathaway m'a raconté hier qu'il avait eu il y a de nombreuses années une idée de film : « Jésus en soldat inconnu. » Il lui fallait quelqu'un pour l'écrire. Il est allé voir William Faulkner, qui a aussitôt trouvé que c'était une « fabuleuse idée ». Plusieurs mois après, celui-ci appelle Hank pour lui dire : « Comme je ne sais pas écrire un scénario, je vais d'abord en faire un roman, ensuite nous en tirerons un film. » « Parfait », répondit Hank. Le livre est sorti quinze ans plus tard, dédié à Hathaway et intitulé *A Fable***. Hank m'a demandé si je l'avais lu et j'ai répondu par l'affirmative. Lui aussi l'avait lu, mais n'avait pu le terminer parce que « je n'y ai pas trouvé la plus petite trace de mes putains d'idées ».

La maisonnée continue de grincer et de gémir comme une datcha russe dans un automne de mécontentement. Liza entamait le difficile parcours de l'adolescence. Très belle fille, elle attirait les garçons, et Elizabeth se montrait aussi protectrice qu'une mère supérieure avec une novice. Des choses aussi naturelles que la maturation des enfants, avec tous les problèmes qui en

* Il s'agit bien sûr, en 1970, des élections au poste de gouverneur de Californie. Reagan sera élu *(NdT)*.

** Publié en 1954. Titre français : *Parabole (NdT)*.

découlent, surgissent de façon quelque peu inattendue dans l'existence exotique des Burton. Leur vie commune était si insolite, si chaotique, si publique que de telles périodes de banale intimité peuvent sembler inopportunes. Cependant les Burton font face et, tandis que Liza commence de s'éveiller à la sexualité, ils assument leur rôle comme n'importe quels autres parents.

Burton lit la biographie de Krupp qu'a écrite William Manchester. Il se montre circonspect lorsqu'on lui parle des « superbes rushes » du film. *L'escalier*, dit-il, l'a guéri de ce genre de crédulité. Il continue de trouver le tournage fatigant mais plaisant — peut-être en raison de l'effort physique qu'il demande, de son absence de prétention, et surtout de sa brièveté.

> *(22 juillet)* Tout le monde tient [un membre de la distribution] pour un brave crétin. A ce qu'il semble, il devait hier sauter précipitamment à bord d'une voiture pour nous prendre en chasse, moi et mes hommes. Il a foncé vers la voiture comme on le lui demandait, mais, pour sauter dedans, il a exécuté une espèce de bond à la Chaplin qu'il a accompagné d'un grand cri. Hathaway est sorti de ses gonds ; il était au supplice et ne cessait de sautiller fébrilement sur place. Tout le monde était si ébaubi que l'hilarité générale n'a éclaté que dans la soirée, pour durer jusque vers les dix heures du soir.
> Chaque samedi soir, Carl Otto se met sur son trente et un, pantalon noir moulant, chemise noire brodée au fil d'argent et sombrero noir rabattu très bas sur le front. Cela donne un tableau incroyable, car il a le teint très blanc, un énorme ventre et le visage comme deux melons superposés, en contact à hauteur des yeux. Le soir, au bar, il danse comme un fou. L'autre soir, après avoir évolué sur la piste avec une lourdeur et une maladresse éléphantesques, il est venu se pencher au-dessus de la table des gars — Brook, Ron et les autres — et, toisant les autres danseurs d'un air méprisant, a déclaré : « Il serait quand même bon que les gens apprennent à se mouvoir harmonieusement. »
> Lorsqu'il est entré samedi dernier dans le restaurant où E. et moi dînions près de la fenêtre, celle-ci a demandé d'un ton de sincère étonnement : « Qu'est-ce que c'est que ça ? » « Ça, ai-je fait, c'est notre Allemand de service. » M'empressant d'ajouter : « Surtout ne regarde pas dans sa direction, sinon il va nous coller toute la soirée. » « Bonsoir, fait-elle aussitôt. Quel beau costume vous avez là. » « Danke schön. Che le borte tous les zamedis zoirs en l'honneur du pays qui me reçoit. » « Quelle gentille attention », a fait milady. A partir de là, ni elle ni moi n'avons plus saisi quoi que ce soit de ce qu'il disait.

La lecture de cette biographie de Krupp l'amène à se demander pourquoi aucun des attentats contre Hitler n'a réussi. Il s'inquiète des éruptions de boutons dont son dos est continuellement couvert. Cette sévère « acné » — c'est le terme qu'il emploie — a, selon lui, débuté à Oxford. L'état de son épiderme le soucie de temps en temps, mais il ne semble pas que cela soit par vanité. Simplement, il s'interroge.

> Comment se fait-il qu'aucun de mes frères et sœurs ne soit atteint de cette surprenante maladie ? Je suis propre jusqu'à l'obsession et l'ai toujours été. Je me suis aperçu que cela fait exactement cent quarante jours, soit cinq mois de quatre semaines, que j'ai arrêté de boire. Cela ne peut donc venir de l'alcool. Enfin, il ne s'agit pas d'une épreuve bien terrible.

L'état de son dos l'inquiète, et cependant

> *(26 juillet)* à part cela j'ai retrouvé toute ma souplesse à force de monter à bord de tanks et de camions, d'en redescendre, de courir dans le sable et de plonger dans des trous lorsqu'il est censé y avoir des explosions. Hathaway m'a dit hier que travailler avec moi était une révélation. Il avait entendu dire, m'a-t-il confié, que j'étais un grand professionnel, un super pro, super ponctuel, etc., etc. Je lui ai dit combien j'admirais sa minutie, et qu'il faudrait qu'un de ces jours nous entreprenions ensemble quelque chose de plus ambitieux. Rien ne lui ferait plus plaisir, a-t-il répondu. Dont acte. Ou comment se faire des amis.

Il apparaît à l'évidence qu'il trouve très difficile de ne pas boire lorsqu'il passe tant de temps à se chamailler avec une Elizabeth toujours entre deux verres. Celle-ci est de nouveau souffrante. Le problème hémorroïdaire semble réglé. Elle revient en revanche en piteux état d'un aller et retour chez son dentiste californien. Elle souffre le martyre, recourt aux barbituriques, est d'une humeur effroyable. « Seigneur, que c'est difficile quand votre entourage a bu quelques verres et pas vous, même si cet entourage est constitué d'une seule personne, que l'on aime profondément. »

Des problèmes, aussi, du côté du pays de Galles, où le seul frère cadet de Richard, Graham, qui par le passé l'a déjà beaucoup contrarié en recevant la presse, vient de remettre cela.

> *(28 juillet)* Mon frère Graham a une nouvelle fois reçu la presse pour lui parler de mon jeune temps. La presse en question est un torchon entre les torchons, le journal *The People.* Ils se proposent de faire une série d'articles sur ma vie et mes amours. Cela va être embarrassant le temps d'une journée, puis cela sombrera très rapidement dans un oubli mérité. Cela n'en reste pas moins agaçant. Pourquoi le petit Graham fait-il cela ? Surtout après ce qu'il s'est passé il y a quelques années avec *New of the World.* Il a reçu chez lui l'auteur de l'article, puis a emmené toute l'équipe faire la tournée de la famille, et il a largement aidé et encouragé ces gens-là de toutes les façons possibles. Il est incorrigible. Je ne sais si je dois lui écrire une lettre incendiaire ou bien laisser tomber. Aaron a reçu une lettre d'un type de *The People,* qui semble indiquer que ce qui les intéresse est vraiment le tréfonds du panier. Qu'y faire ?

On les retrouve à Beverly Hills, où Richard découvre le plaisir de regarder le base-ball sur un poste de télévision en couleurs — il devint fervent spectateur et pratiquant très assidu de ce sport —, où Elizabeth doit se frayer un chemin entre des attroupements de curieux afin de poursuivre son traitement chez le dentiste, et où Richard peste contre les mots croisés américains. « Tous, même ceux du *New York Times,* ont des définitions par synonymes, sauf le dimanche où l'on trouve des tests de culture générale, pour la résolution desquels il faut s'armer d'ouvrages de référence. Pas de jeux de mots, pas d'énigmes, pas d'anagrammes... » Les recherches commencent pour lui trouver un partenaire dans *Hammersmith Is Out.* On pense un moment à Robert Redford.

> *(31 juillet)* Suis allé voir *Butch Cassidy et le Kid* hier soir. Un film charmant, tout à fait dans la lignée de *Bonnie and Clyde.* L'homme Redford, dont on m'avait tant rebattu les oreilles, m'a un peu déçu. Je l'ai trouvé très ordinaire à côté de Newman, qui est bien plus convaincant. Il n'est pas plus mal qu'il ait refusé *Hammersmith,* car je lui trouve un côté ennuyeux. Et je vois assez bien pourquoi il a mis si longtemps à devenir une vedette. Je pense qu'il aurait coulé notre film simplement en raison de son aspect si léthargique. Et il serait tout à fait incapable de rendre cette espèce d'idiotie démoniaque, propre au personnage de Billy Breedlove. [Beau Bridges obtint le rôle.]

Le 2 août, à bord du train qui l'emmène à New York, il note :

> Il est bien agréable de nous retrouver seuls, E. et moi. Nous sommes arrivés à la conclusion que c'est la première fois depuis la même époque l'an dernier que nous sommes sans invités ou domestiques ou les deux à la fois. Et nous allons avoir encore plus de temps à nous à bord du *Queen Elizabeth*.

Et d'ajouter à la fin :

> J'allais oublier une grande nouvelle. Hier soir au dîner j'ai bu un Jack Daniels avec du soda et deux verres de vin rouge de la Napa Valley. Délices de la transgression. Je me suis retrouvé somnolent, sans aucune allégresse, aucune ivresse, ni rien de ce genre. E. n'arrêtait pas d'avoir le fou rire. Je ne vois pas pourquoi, puisque je supportais tout à fait bien ces trois verres. Ce n'est pas ma faute si le train oscille.

Elizabeth l'accusait d'être ennuyeux lorsqu'il ne buvait pas. C'est pourquoi il recommença, même s'il se passerait quelque temps avant qu'il revienne se mesurer aux champions de l'éthylisme.

Ce n'était pas tant la décision de se remettre à boire que celle de renoncer à un mode de vie qui à l'évidence lui réussissait bien. Un mode de vie grâce auquel il se sentait bien physiquement, grâce auquel il avait retrouvé beauté et énergie. Un mode de vie qui ne connaissait pas ou peu les crises de mélancolie, les terribles dépressions. Un mode de vie qui lui donnait la force de faire face aux maladies apparemment sans fin d'Elizabeth, aux angoisses que la maladie faisait naître chez celle-ci. Dans cette vie-là, il parvenait à écrire et conservait son équilibre ; sans rien perdre de son mordant ni de sa colère, il semblait atteindre à une vision plus large du monde et de lui-même. Plus tard, il cesserait de boire pendant neuf mois ; il était toujours capable d'arrêter dès qu'il le voulait. Mais le pur et simple fait est qu'il semble être arrivé à la conclusion que la vie était plus douce, ou plus tolérable, avec l'alcool. Aussi, peu à peu, il s'y remit. Compte tenu du côté usant — et des provocations — d'Elizabeth, on peut considérer que sa tempérance prolongée mériterait la croix de guerre de l'alcoolisme. Deux jours plus tard, il accompagne d'une bouteille de bourgogne une tranche de foie et du bacon.

Ils gagnent la Méditerranée et retrouvent leur bateau à Portofino. Il lit Machiavel et l'applique aux présidents américains. Il boit de nouveau, mais sans excès jusqu'au 1er septembre : « N'ai pas vu passer hier, ai été toute la journée plus ou moins stupéfié par l'alcool. » De l'hôtel Le Verniaz, à Évian, le 8 septembre :

> Nous sommes arrivés ici dimanche, ayant éprouvé le besoin d'être seuls ensemble — si l'on me passe le paradoxe — pendant deux ou trois jours avant le tohu-bohu londonien et la reprise du travail. Au terme d'une nuit horrible à bord du bateau, compliquée par une morose soûlographie de ma part, et après des heures d'accusations et de contre-accusations, nous nous sommes réconciliés et avons fini par conclure que nous sommes tous les deux plus heureux lorsque nous sommes seuls. Là-dessus, nous avons demandé le jet, nous avons débarqué et quitté Ajaccio pour Genève. De là un hélicoptère nous a déposés ici, dans notre petit hôtel favori, chez notre petit chef préféré, qui a le chic pour flatter Elizabeth. A notre arrivée, lorsque nous avons traversé le jardin, on nous a applaudis !

Seuls ! Où qu'ils allassent, toute intimité leur était quasi interdite.

Ainsi, le bilan de cette année sabbatique touche à sa fin. Ils ont pris de nouvelles résolutions auxquelles il leur sera sans doute impossible de se tenir. La foule les applaudit ; le monde est toujours leur scène privilégiée. Ils vont prochainement tourner ensemble. Elizabeth paraît enfin rétablie. Richard, lui, semble avoir recouvré un certain équilibre. Mais l'année sabbatique, en tant que tentative de donner une nouvelle orientation à leur vie, a été un échec. *Raid On Rommel* fut un succès. Il était toujours un valeureux soldat.

CHAPITRE 20

CINQ D'AFFILÉE

Entre l'automne de 1970 et la fin de l'année 1971, Burton tourna cinq films : *Villain (Salaud), Under Milk Wood, Hammersmith Is Out, The Battle of Sutjeska* (dans lequel il incarne le maréchal Tito), et *The Assassination of Trotski (L'assassinat de Trotski).* Il écrit énormément durant la seconde moitié de cette période, surtout à l'époque où il réfléchit au personnage de Tito. Non content de noircir son journal, il écrit une nouvelle de quatre mille mots, publiés dans le *Daily Mail*, et toute une série d'articles pour des magazines américains. Dans ses carnets, nous le voyons non seulement se « faire la main » — décrivant tantôt une journée en compagnie de Tito, tantôt une soirée avec le duc et la duchesse de Windsor —, mais aussi s'interroger sur ce qu'il pourrait bien écrire — autobiographie, roman ou mélange de ces deux genres ? La famille reste un de ses soucis majeurs. Il continue d'envoyer régulièrement des chèques au pays de Galles ; les enfants sont très présents ; des amis sont reçus pendant des semaines, voire des mois. Elizabeth et lui ne cessent de répéter combien ils aiment se retrouver entre eux, mais ils y parviennent rarement. Une vie privée aussi limitée, cette absence d'intimité devaient être éprouvantes.

Il y avait aussi le chapitre de l'argent. Ils possédaient suffisamment. Oh, bien sûr, ils s'inventaient de petites paniques et redoutaient de « mordre sur le capital », mais ils n'étaient plus animés du souci d'amasser le plus possible afin de pourvoir aux besoins et d'assurer l'avenir de leurs proches, de se bâtir une forteresse contre un monde horrible et menaçant. Cela, ils s'en étaient occupés. A moins d'une guerre mondiale, ils étaient financièrement en sécurité. En fait un conflit aurait aussi bien pu accroître qu'entamer leur fortune. Dans les années soixante, il y eut une période où ils avaient plus de rentrées annuelles que quelque particulier que ce soit sur la planète, mis à part l'Aga Khan et un ou deux rois du pétrole. L'appétit pécuniaire, tout comme le désir sexuel, avait été quelque chose d'important pour Burton ; il n'était capable de contrefaire ni l'un ni l'autre. A présent que le premier s'était atténué, il lui fallait le simuler, exercice dans lequel il n'excellait pas.

Les graves problèmes de santé d'Elizabeth avaient sévèrement entamé non seulement sa constitution et peut-être leur couple, mais aussi sa carrière. Au cours de l'automne de 1970, elle tournerait *X, Y and Zee* (autre titre : *Zee and Co*), un de ses plus mauvais films. Edna O'Brien, auteur du scénario, la décrit comme « étonnamment anxieuse », à cette époque, « surveillant Richard de près, comme si chaque femme représentait une menace ». Il s'agissait là d'une constante de leur existence commune. Dans le monde amoureux, giboyeux et permissif qu'ils fréquentaient, les Burton étaient en première ligne, et tout le monde voulait faire un carton. Séparer Liz de Dick ! Séparer Dick de Liz ! En plein dans le mille ! Aussi belle femme que bon scénariste, Edna O'Brien voyait juste quant aux craintes d'Elizabeth.

Burton avait une grande acuité. Comme le montrent ses carnets, il était conscient de l'évolution de sa carrière. Rien ne lui échappait des changements de tendance de l'industrie cinématographique, même s'il ne lisait pas les revues spécialisées et, ce qui était peut-être préjudiciable à son art, ne voyait que fort peu de films. Mais il savait que de profonds bouleversements étaient en cours, et il était tout à fait capable d'y faire face et de trouver sa place dans la nouvelle distribution des rôles. En bien des domaines, dont le cinéma, l'instinct d'Elizabeth était plus aigu que le sien. Il semble toutefois qu'elle était à cette époque dangereusement à la dérive. Elle était en panne de jugement, et son jeu n'était pas en phase. Tous deux semblaient manquer de cette énergie, de cette conviction dont ils faisaient naguère preuve à l'écran. C'était comme si leur vie intérieure, les incessants problèmes de santé d'Elizabeth, les épuisantes crises de mélancolie de Richard, ses abus éthyliques, sa peur d'une maladie handicapante leur avaient à tous les deux ponctionné quelque force essentielle. Il ne leur restait plus grand-chose à donner à l'écran.

Burton fit quelques choix audacieux et, sur le papier, pertinents. Chacun de ces cinq films était à priori défendable et justifiait les meilleurs espoirs. Aucun ne marcha vraiment. Deux étaient franchement mauvais. Par leur succession rapprochée, ils faisaient naître l'idée que sa carrière était en déconfiture. Mais après tout, puisque l'histoire Burton-Taylor était encore porteuse, le chapitre « déconfiture » pouvait faire les choux gras de la presse à sensations.

Avec *Villain*, Burton prit derechef le risque de travailler avec un nouveau réalisateur — Mike Tuchner —, risque qu'il avait successivement pris avec Mike Nichols et Zeffirelli. Il y incarnait un chef de gang cockney et tirait assez bien son épingle d'un scénario sans grande imagination. Le rôle l'intéressait plus que le cachet, qui était modeste en comparaison de ce à quoi il avait eu droit dans les années soixante. Il aimait les films policiers et avait toujours voulu en faire un. De même que pour *Rommel*, on lui reprocha, surtout les critiques américains, de trahir son « immense talent » en se cantonnant dans un genre jugé commercial. En fait, son dangereux salaud *(Villain)* était un personnage tout à fait crédible, et de plus en plus crédible au fur et à mesure que le temps passe et que paraissent des études sur l'East End. Les critiques étaient bien plus soucieux de son image qu'il ne l'était lui-même. Il s'en souciait pour sa part comme de sa première chemise, trouvant même plaisir à prendre le contre-pied de ceux qui entendaient l'y enfermer. Il n'en faisait qu'à sa tête. Les critiques étaient toujours passés à côté d'un trait essentiel de sa personnalité : il était un authentique démocrate, aussi apprécié d'Arthur Ibbetson, le caméraman, que des préposés aux rafraîchissements ou de ses partenaires féminines. Il était un chic type, étonnamment peu prétentieux. Jusqu'à la fin, sur le plateau de *1984*, il resterait toujours aimable et accessible. Cette profonde absence de snobisme (quoiqu'il fût capable de jouer le jeu de tous les snobismes, social ou intellectuel) faisait qu'il ne disqualifiait pas certains genres en les taxant de non artistiques ou de sans valeur. Grand amateur des romans policiers de John D. Macdonald, il ne laissa pas passer l'occasion de tourner un film qui les lui rappelait. De même que, fasciné par l'histoire du XXe siècle, et appréciant le côté « Pan !

T'es mort ! » présenté à l'époque dans les films de guerre, il accepta de faire *Rommel*. Et encore une fois il faut souligner que *Villain* constituait une initiative audacieuse. Le film marcha assez bien en Grande-Bretagne et en Europe, et fut un échec en Amérique, où il fallut faire un doublage car l'accent cockney ne « passait » pas.

Burton buvait à l'époque du tournage, et cela transparaît de temps à autre dans le film. Il est difficile de dire s'il en était à deux ou trois bouteilles de vodka par jour, mais il est certain qu'il buvait ferme. Bernard Weintraub se trouvait sur le plateau pour le compte du *New York Times*. Personnage intéressant, il sut se gagner la confiance et l'estime de l'acteur. Celui-ci était en pleine déprime. Peut-être était-ce la boisson, peut-être était-ce la fatigue due au rôle d'infirmier que lui imposait Elizabeth — que l'on se rappelle combien il craignait et détestait la maladie, la sienne ou celle d'autrui —, peut-être était-ce l'accablement, toujours présent en lui, d'avoir abandonné Jessica et dans une certaine mesure Kate, ou était-ce cette terrible poisse qui ne voulait plus le lâcher. « La gloire est pernicieuse, de même que l'argent », déclara-t-il à Weintraub. Celui-ci écrivit : « En dépit de sa voix, de son style puissants, il paraît, en ce moment, singulièrement vulnérable, fragile même. Les ombres du passé se sont encore assombries. Le franc buveur, le séducteur, le héros, toutes ces images se sont diluées en une silhouette étonnamment lasse. »

Le jour de son quarante et unième anniversaire, il se rendit au palais de Buckingham en compagnie d'Elizabeth et de Cis — ce qui est bien dans sa manière — pour y recevoir son CBE. Cette part de son être qui aspirait toujours à damer le pion des Anglais à leur propre jeu avait espéré la dignité de chevalier — mais un CBE était déjà fort respectable, à mi-chemin de la chevalerie et de la roture.

Alors qu'Elizabeth tournait toujours *Zee and Co*, en train de largement dépasser les délais, Richard annonça qu'il allait passer quelque temps au pays de Galles. Andrew Sinclair, romancier et historien, avait acheté les droits de *Under Milk Wood* de Dylan Thomas, cette pièce pour la radio dans la première représentation de laquelle avait joué Burton. Le choix de ce sujet était audacieux, voire excentrique, mais Sinclair, qui appartient à une lignée très particulière d'érudits, s'était mis en tête qu'il lui serait possible d'en tirer quelque chose. La première du film aurait lieu au festival de Venise de 1971 et, n'eût été la décision toute politique de ne décerner aucun prix, il aurait certainement été primé. Évidemment il y avait ceux qui affirmaient que cette tentative était condamnée dès le départ, quoi qu'on en fît, et que cette pièce écrite pour la radio ne rendrait rien à l'écran.

Sinclair avait persuadé Peter O'Toole d'incarner le capitaine Cat. Burton ferait la Première Voix. Elizabeth accepta d'interpréter Rosie Probert, mais uniquement après que O'Toole l'en eut persuadée, ce pour quoi il réclama « une sorte de Victoria Cross » — il s'était en effet brouillé avec elle à l'époque de son passage dans *Hamlet*, lorsqu'il avait pris position contre le mariage avec Richard. Ils acceptèrent de tout petits cachets, et on leur promit d'énormes pourcentages. Lors d'une réunion préparatoire, Sinclair annonça qu'il leur consentirait « à tous deux cent pour cent », et quitta la pièce. Le budget total était de trois cent mille livres.

Leur première rencontre eut lieu à Squire's Mount, propriété que possédait toujours l'acteur à Hampstead. Burton, raconte Sinclair, « donna aussitôt le coup d'envoi ». « On me dit que vous avez une très grande maison, Andrew. » Sinclair louait à l'époque une maison, très élégante, très prestigieuse, qui donnait sur Regent's Park. Il expliqua qu'il avait fait un marché de dupe en signant ce bail et qu'il lui fallait vider très bientôt les lieux. Mais Burton continua son numéro. Sinclair venait de le complimenter sur ses tableaux, un Van Gogh, un Matisse et un Monet. « Ce ne sont pas nos meilleures peintures, dit Richard avec superbe. Les plus belles sont à bord du bateau. » « Ah, en ce cas celles-ci sont vos toiles de voyage. » Cela plut à Burton, qui aussitôt se détendit.

Il fut ravi de découvrir qu'Andrew avait fréquenté Cambridge, dont il était sorti avec les honneurs, qu'il connaissait la littérature, qu'il était « un intellectuel ». Il y a quelque chose de touchant dans cette vénération que Burton témoigna toute sa vie durant aux gens cultivés. Il en paraît un peu gauche, un peu lourd. Cela trahit la pauvreté de ses relations à cette époque de sa vie, cela donne la mesure de l'isolement où l'avaient placé le succès et la richesse.

Il se soulagea ensuite la conscience au sujet de son héros, Dylan Thomas. Il raconta à Sinclair la fois où Dylan lui avait demandé deux cents livres. « Sinon, disait-il, il allait être obligé de s'embarquer pour l'Amérique [voyage qui le tua]. Je n'avais pas cette somme — à l'époque je travaillais à l'Old Vic —, mais je n'ai, depuis, jamais cessé de me répéter que j'aurais pu la trouver. » La vie de Burton est trop émaillée d'anecdotes illustrant l'importance essentielle de l'argent pour que quiconque lui fasse grief de l'intérêt qu'il y portait ; et pourtant le milieu du théâtre britannique des années cinquante et soixante trouvait décidément à cela un côté très « entrée des fournisseurs ».

Puis il mit Sinclair sur le gril. « Seriez-vous d'accord avec moi, Andrew, pour dire que je suis le plus grand comédien vivant ? » L'œil était malicieux, mais la voix puissante. « C'était une question impossible, raconte Sinclair. Si je disais oui, le film lui était acquis ; si je disais non, il en était offensé. » « Qu'avez-vous répondu ? » « J'ai fait entendre un vague borborygme, et Burton est parti d'un grand éclat de rire. »

Burton se montra « totalement professionnel » sur le tournage. « Vous avez de la chance, Andrew, que je sois sobre. » « Qu'entendez-vous par sobre ? » « Pas plus d'une bouteille de vodka par jour. » Selon un ou deux de ses partenaires, il paraissait de temps à autre un peu ivre. Aaron Frosch, son avocat, lui avait fortement déconseillé de faire ce film, mais Burton avait déjà annoncé qu'il retournait au pays de Galles, terre de la poésie et des chansons. « Il assurait ses propres relations publiques », dit Sinclair, qui était au nombre de ceux qui percevaient les faiblesses de l'homme, mais n'en était pas moins stupéfié par sa force et sa classe. Quant à Elizabeth, « il la soutenait de a à z. Il était là pour chaque prise, l'aidant pour ce qui était de l'accent et de bien d'autres choses. Il était merveilleux avec elle. »

Burton se prit également d'une grande affection pour Ryan Davies, un autre de ses partenaires. Un jour, vers la fin du tournage, Sinclair, Ryan et Burton bavardaient joyeusement autour d'un verre. Il y avait deux gobelets en argent sur le dessus de la cheminée, présent que « le peuple gallois » avait fait à Richard. Il en remet un à Ryan, l'autre à Andrew. Entre Elizabeth « enveloppée d'un immense vison jaune Donald dont les basques traînaient par terre, avec en dessous la première culotte fantaisie que j'aie jamais vue. Je me demande même si elle n'était pas garnie de pompons. Elle a ouvert son manteau et s'est mise à tourner sur place. "Alors, Richard, comment trouves-tu ça ? — Très joli, Elizabeth", fit patiemment Burton, visiblement désireux de revenir à la conversation. » Pivotant à nouveau, Elizabeth remarque alors que les deux hommes ont les gobelets d'argent à la main. « La tempête a éclaté ! Nous lui avons donné les timbales et nous avons décampé. » Il est de plus en plus patent qu'elle l'ennuie et ne parvient à attirer son attention que par ses ennuis de santé ou ses éclats d'humeur.

Cependant, en dépit de cela, Burton déclare un jour à Sinclair : « Toi et moi, Andrew, sommes peut-être des intellectuels — il avait absorbé une bonne dose de vodka —, mais Elizabeth est bien plus intelligente que nous. » Toujours cette fascination, quoiqu'il soit difficile de dire s'il était fasciné par Elizabeth telle qu'il la voyait ou telle qu'il se l'inventait...

Lorsqu'on le revoit aujourd'hui, *Under Milk Wood* n'est pas sans moments d'une grande efficacité.

Le couple retourne au Mexique pour tourner *Hammersmith Is Out*, écrit et dirigé par Peter Ustinov. Burton y incarne un malade mental démoniaque qui s'évade de l'asile pour semer la dévastation. Taylor interprète la ronde et sexy serveuse qui lui emboîte le pas. L'argument du scénario était bon, mais Ustinov le développa en usant d'un tel mélange de styles que la mayonnaise ne prit pas. Comme dans *Villain*, Richard incarnait un personnage auquel son public ne put s'identifier. Le film était raté. Il fut un échec commercial.

On peut se demander — et c'est aujourd'hui l'intérêt de ce film — pourquoi ils y furent à ce point mauvais. Taylor a un jeu délayé, inconsistant, elle sort de son personnage puis le réintègre tour à tour à la façon d'une rotule qui se démet ; l'effet en est pénible. Burton ouvre de grands yeux hallucinés pour suggérer la possession — ce qui n'est déjà pas facile à faire passer à l'écran —, mais il n'a rien de sa concentration, de sa flamme intérieure habituelles. Il ne se produit entre eux aucune magie, aucune étincelle. Elle est encore pire que dans *Zee and Co*, et cela confirme son déclin. Étaient-ce ses problèmes de santé qui l'avaient à ce point vidée ? Ou bien les barbituriques, qui avaient d'abord été un aspect secondaire de ces problèmes de santé, pour ensuite en devenir la cause, voire la justification ? A moins que leur relation ne fût désormais très détériorée — ce qu'ils ne voulaient pas admettre. On dirait deux champions poids lourd qui se sont affrontés jusqu'à l'épuisement mais ne peuvent se résoudre à rompre le combat. Taylor est complètement à côté du film. Burton est plus éloigné de son personnage qu'il ne l'a jamais été de toute sa carrière. Il paraît perdu, torturé, isolé. On ne peut imputer tout cela au seul alcool.

On pouvait avoir foi, à priori, en ces trois films car leur scénario n'était pas sans qualités. La proposition suivante — celle d'incarner le jeune maréchal Tito, dont on disait qu'il ressemblait au Burton de *Quand les aigles attaquent* — fut acceptée en dépit des conseils de son entourage. Le scénario, de deux cent cinquante pages, était rédigé en serbo-croate. Mais, une fois encore, on devine le raisonnement de Burton. Tito était un grand homme ; ce serait une aventure. Il l'entreprit.

Il en relate au fur et à mesure le désastre dans ses carnets.

Le dernier de cette série de cinq films était lui aussi très prometteur. Le réalisateur était Joseph Losey. Le script était signé par un bon romancier et scénariste, Nicholas Mosley. Le partenaire de Burton était Alain Delon. Et le sujet, l'assassinat de Trotski, ne manquait pas de force. Malheureusement, Losey était non seulement en méforme mais, semble-t-il, si constamment las ou ivre qu'il en fut quasi inexistant. Le script se réduisit de plus en plus à de longs monologues qui reposaient entièrement et cruellement sur la capacité de Burton à « porter » des scènes entières avec un texte essentiellement tiré des discours et de la correspondance de celui qu'il incarnait. Le découpage était ampoulé, le rythme très lent. Nouvel échec commercial.

Ces échecs étaient d'autant plus désastreux que l'industrie du cinéma se trouvait dans un état de désarroi extrême, et encore le terme d'hystérie serait-il plus approprié. Nul ne savait ce qui allait être rentable. Le système des grands studios avait vécu. La télévision régnait en maître. La désaffection du public continuait de s'affirmer. Des stars apparaissaient, scintillaient une ou deux fois, puis retombaient. Cinq fours d'affilée n'étaient pas un bilan susceptible d'encourager de frileux investisseurs. Burton était-il encore « banquable » ? Il semblait que non.

Son esprit de rébellion, ce côté « va te faire foutre » profondément celtique, travaillait maintenant contre lui. S'il était homme à se faire facilement des amis, en revanche il n'était pas du genre à démarcher les bailleurs de fonds. Il les tenait tous pour des requins ou des charlatans. Il avait la langue acérée, et ses déclarations faisaient leur chemin. Nombre de maris bafoués et de séducteurs envieux, nombre de producteurs transis et de délégués bornés tiraient satisfaction de ce qui apparaissait comme le déclin inexorable de Richard Burton, et faisaient la queue pour être le prochain à lui dire « non ». Peu leur importait le fait qu'il eût travaillé avec Ustinov, le désir qu'il eût de rendre hommage, voire de payer sa dette — et Burton payait toujours ses dettes — à Dylan Thomas, le plaisir de faire un thriller, le désir d'incarner deux des hommes les plus importants du siècle, Trotski et Tito. Cela ne comptait pas. Cinq revers financiers. Hollywood entrait dans l'ère du tiroir-caisse, et les petits gars y faisaient leurs additions.

Plus important encore, et cela apparaîtrait avec encore plus d'évidence l'année suivante, il y avait indubitablement quelque chose de mort dans le jeu de l'acteur. Tout se passait comme s'il attendait que survienne le « knack », l'inspiration, mais attendait en vain. D'autres facteurs entraient bien sûr en ligne de compte, les scénarios, les metteurs en scène, la production ; et, à deux exceptions près, il connut en l'occurrence une série noire. Mais derrière tout cela et en dépit d'éclairs occasionnels, il y a chez lui une brisure de plus en plus marquée. Tout se passe comme si son attention et son ardeur se portaient ailleurs. Comme s'il avait profondément conscience de ce qu'un chapitre de sa vie arrivait à son terme, comme s'il réfléchissait déjà à ce qu'il allait faire ensuite, comme s'il cherchait à déchiffrer les augures. Au fil de ces cinq films, *Burton* est de moins en moins présent.

Cependant, les carnets nous montrent un homme qui s'intéresse toujours au monde extérieur, qui s'y investit toujours autant. Il continue de travailler à un rythme effréné et absurde qui, dans ce contexte, ressemble plus à un combat contre les forces qui cherchent à le faire sombrer, qu'à un souci de faire des choix pertinents.

Au beau milieu de tout cela Michael (dix-huit ans) se marie, et Elizabeth devient grand-mère. Bientôt un différend éclate au sujet de son petit-fils, et la paix ne revient que lorsque l'infortunée Beth, sa bru, se résout à retourner en Amérique avec son bébé.

Les carnets restent muets sur *Villain*, sur *Milk Wood* et sur *Hammersmith*. Il les inaugure en juin 1971, à Gstaad, où il s'apprête à incarner Tito.

> *(27 juin)* Me sens excessivement paresseux, et quelque peu désappointé par la façon dont on prévoit de traiter *Tito*, que je ne trouve pas très bonne. Une succession de violentes détonations comme dans n'importe quel film de guerre. Je vais tenter de les faire se concentrer plus sur Tito que sur la bagarre héroïque des résistants du cru, qui, bien que très certainement exacte d'un point de vue historique, a été montrée en long et en large dans tous les films sortis de Hollywood. S'ils ne veulent pas m'entendre, je n'aurai plus qu'à me retirer. Je vais continuer de travailler le serbo-croate. Je trouve cette langue fascinante.

La vie familiale, maintenant synonyme de maladie, reste un facteur dominant et épuisant.

(28 juin) Je prends une journée de congé supplémentaire pour Liza. Ce n'est pas que cela me plaise, mais elle a tellement insisté que j'ai fini par baisser pavillon par souci de tranquillité. Comme W.C. Fields, je n'ai vraiment aucune patience avec les enfants. Je les trouve tous excessivement ennuyeux.

Son arthrite est revenue.

(1er juillet) J'ai maintenant la main et le poignet gauches complètement hors service, aussi ce texte sera-t-il sans majuscules. J'étais si mal en point la nuit dernière que le moindre mouvement m'arrachait des gémissements de douleur.

La douleur augmente. Il prend des analgésiques.

(11 juillet) Le médecin est venu voir Elizabeth et lui a donné de nouveaux comprimés qui se sont avérés très efficaces. J'en ai profité pour lui demander de regarder mon bras, qui me fait encore très mal chaque fois que, l'oubliant, je fais un mouvement brusque. Il m'a prescrit des cachets, des gélules en fait, qui m'ont fait beaucoup de bien. Il m'arrive encore de grimacer, mais je suis incomparablement plus à l'aise avec ma main et mon poignet. Aussi inconcevable que cela puisse paraître, je suis, ou plutôt j'étais incapable d'amener l'extrémité de mon pouce contre n'importe lequel des doigts de la même main. A présent, je suis capable de soulever des objets légers. Puisque à l'évidence je vais être accablé des différentes formes de goutte et de leurs cousines, la bursite, l'arthrite, etc., il va falloir que je me trouve un régime qui rendra les attaques moins fréquentes et moins violentes.

Il écrivait vers cette époque un article pour *Vogue*. Après une introduction un peu travaillée, il entre dans le vif du sujet : Elizabeth et lui assistent à Puerto Vallarta à la représentation d'un petit cirque local. Le couronnement du spectacle est le lancer de couteaux sur une cible humaine :

Arriva le moment fort, le clou de la soirée. Les lumières s'éteignent le temps de nous laisser souffler sinon de reprendre haleine, puis un énorme projecteur s'allume. Il illumine une jolie fille crucifiée sur un panneau incliné en arrière. Elle a l'air hagard mais résigné d'un condamné. En face d'elle un jeune homme féroce d'aspect annonce qu'il va l'entourer de couteaux de lancer. J'ai ensuite examiné ces poignards ; ils devaient faire dans les vingt-cinq centimètres, étaient aussi acérés que La Rochefoucauld et tout aussi redoutables. Je frémis encore de ce que j'ai permis que l'on fasse subir à ma femme. Je frémis plus encore en repensant à ce qu'on m'a fait subir.

Laissez-moi vous raconter cela, ce que je cherche à faire depuis plusieurs feuillets, mais je ne cesse de digresser. Donc le décor est planté : l'aveuglante lumière, la fille et le garçon, aussi tendus l'un que l'autre, et ces terribles poignards. Avec une violence sadique, un rien étudiée, il lance ses lames autour du corps de sa partenaire, et sans doute lui est-il arrivé dans le passé de commettre quelques menues maladresses car elle tressaille à chaque fois. Les lames se fichaient vraiment dans le plateau. Il fallait être costaud pour les en arracher.

Et voilà que l'homme au micro déclare : *Tenemos sta noche las muy famosas actores del mondo* ou quelque chose comme cela. J'attends qu'il annonce Elliot Gould et Jane Fonda, mais il s'avère — une fois de plus égarés que nous sommes par notre modestie — qu'il s'agit de nous. J'eusse aimé voir débarquer George C. Scott*. Il les aurait envoyés promener ou bien il aurait fait main basse sur les couteaux et les aurait avalés. Mais il s'agissait bien de nous. Que faire ? Sans inquiétude apparente, ma femme gagna en ondulant de façon exquise le centre de l'arène, toute disposée à ce qu'un maniaque mexicain, un parfait inconnu, lançât sur elle sa panoplie de cimeterres. Debout au bord du gouffre, j'attendais qu'un glissement de terrain m'emporte. Après tout, il ne s'agissait que d'un petit cirque ambulant, et quelle assurance avais-je que ce Mexicain ombrageux ne serait pas saisi de tremblements à l'idée de lancer ses dangereux ustensiles sur une si fameuse silhouette ? Le risque qu'il réduisît à trois fois zéro ce 96, 58, 86, devait me tenailler l'esprit. Mais il ne flancha pas. Il manqua de peu le 96, à un millimètre près il faisait connaissance avec le 58, et il cerna le 86 avec une étroitesse digne d'un homme aux nerfs d'acier ou d'un maniaque sexuel.

Je n'avais pas quitté mon fauteuil parce que, comprenant mal l'espagnol, j'avais pensé que l'on n'attendait d'elle qu'un bref tour de piste, jusqu'à ce que, sous mes yeux de plus en plus interdits, il la conduisît jusqu'à la cible et l'y installât, et que je comprisse d'un coup qu'il se proposait de lancer des sagaies sur ma femme. Le temps que je descende jusqu'à la piste, le premier javelot — ils ne cessaient de grossir — venait de s'enfoncer avec un bruit mat à cinq bons centimètres de son oreille gauche. Puis une hallebarde se ficha à deux effrayants petits centimètres de son oreille droite. Les yeux grands ouverts, alors que l'autre fille les avait gardés fermés, souriante, Elizabeth me souffla : « Ne bouge pas, Richard, cela pourrait le rendre nerveux. » J'obéis. Bien des épouses pourraient en prendre de la graine. Il ne fallut peut-être pas plus d'une minute à Alejandro Fuentes pour lancer ses

* George C. Scott, acteur américain né en 1926, personnage fort en gueule et sûr de lui. Il refusa l'Oscar que lui avait valu sa prodigieuse composition de Patton *(NdT)*.

poignards, mais il n'en fallut pas plus aux poils de ma poitrine pour virer au gris.
Puis une ovation digne d'un combat de taureaux monta de la foule. Je serrai la main à Fuentes, embrassai Elizabeth, ébouriffai quelques têtes. J'entraînais l'héroïne de la soirée en direction de la loge et du seau à champagne, quand, pour mon plus grand effroi, un rugissement monta du public, et, avec un hurlement silencieux, je me sentis traîné vers l'effroyable planche. Contrairement à Elizabeth, qui avait fait face à Fuentes avec la superbe d'un brave devant le peloton d'exécution, on me plaça de profil, avec un ballon entre les lèvres et un dans chaque main. Je présentais mon flanc gauche au lanceur, j'avais la main droite placée bien au-dessus de la tête de sorte que, quand il ferait éclater le ballon que je tenais entre les dents, le poignard se fichât dans le bois et non dans mon bras. L'autre ballon, celui que j'avais dans la main gauche, se trouvait derrière moi, à hauteur des genoux. J'avais l'air d'un soldat avec un fort penchant homosexuel, sur le point d'être fusillé pour attitude efféminée face à l'ennemi, et affrontant néanmoins crânement la mort. Bref, j'avais l'air du parfait crétin. L'arrivée des couteaux — trois pour les ballons et, pour faire bonne mesure, un de chaque côté de ma tête — me fut l'occasion de prodiguer un cours de perfectionnement à Mme Loth.
De retour à la maison, nous nous sommes installés en compagnie des Ober sur la terrasse qui domine la ville. La folle cacophonie des samedis soir montait jusqu'à nous. Phil Ober porta très obligeamment un verre de vodka jusqu'à mes lèvres, car la statue de sel était maintenant saisie d'incoercibles tremblements. La conversation était ponctuée de silences. A la faveur de l'un d'eux, Elizabeth dit : « Il faut que nous soyons fous. »

Il ne lit pas autant qu'il le voudrait. Un roman de Kingsley Amis, *The Green Man*, fait exception. Son poids le préoccupe comme ce sera le cas jusqu'à la fin de sa vie. Il parle fort peu de son physique, hormis quelques imprécations à propos de l'état de son épiderme. Mais son poids semble être une question très importante, comme si les évolutions de la balance eussent été le reflet de sa force de caractère et de son bien-être. Voici un extrait typique :

(12 juillet) Je suis descendu aux alentours de soixante-dix-neuf kilos. Je vais descendre à soixante-quinze, puis m'autoriserai quelques écarts. Toujours le régime du buveur, mais sans la boisson. La goutte me taquine toujours, mais rien de bien méchant. Aujourd'hui, je fais un essai sans gélules. Jusqu'à présent tout va bien.

Autre souci persistant, le devenir des enfants, Maria, Liza, Michael, Christopher, Kate, qui ne cessent d'arriver et de repartir, comme la parentèle dans les comédies de Tchekhov.

Après huit mois furieusement alcoolisés, il est de nouveau au régime sec. Il rouvre ses carnets. Il retrouve rapidement le ton égal qui est le sien. L'alcool est une force qu'il convient de maîtriser. Le bébé de Beth naît le 26 juillet. A quarante ans, Elizabeth devient la « grand-mère la plus prestigieuse de la planète ».

> Liesse générale. Première entorse à ma sobriété depuis le 15 juin, j'ai bu un verre d'un champagne assez traître et deux — ou était-ce trois ? — Martini plutôt raides. Me suis retrouvé sur le flanc. Dormi trois heures ou plus cet après-midi... Ce n'est pas que j'aime boire, mais la convivialité des bars me manque.

Les problèmes avec Michael ne sont pas réglés. La longue et lente agonie d'Ifor s'éternise. Deux choses qui affectent Burton et l'irritent. Peut-être se montre-t-il un peu dur avec Michael, dont, c'est le moins qu'on puisse dire, l'enfance a été difficile.

> *(28 juillet)* Je crois bien qu'E. et moi abandonnerions volontiers pour quelque temps Michael à son idiotie, n'étaient Beth et le bébé. Nous sommes pieds et poings liés par notre souci de Beth et de l'enfant. Il m'arrive de craindre que Michael ne se gagne la haine de sa mère. Je la connais si bien que je sais prévoir ses réactions, comme par exemple lorsqu'elle apprécie la compagnie de quelqu'un et lorsque c'est le contraire. Je crois que pour sa part il voit simplement sa mère comme une très belle femme qui ne doit qu'à son physique d'être devenue une star de cinéma très cher payée. Il n'entrevoit pas du tout son exceptionnel talent et par conséquent il méprise sa fortune.

Pour Burton, le fana de mots croisés, les problèmes étaient faits pour être résolus. Surtout ceux des autres. Une absence de solution le faisait bouillir. Sa manière était alors de se dérober pour se consacrer à ce qui importait vraiment.

> Ifor est au bout du rouleau. La mort est inscrite sur son visage. Il ne m'a pas reconnu lorsque je suis allé le voir hier. Il peut à peine parler. C'est comme s'il était déjà de l'autre côté. Il vaudrait mieux qu'il y soit. Après toutes ces émotions au sujet du bébé, de Beth et de Michael, la seule vision d'Ifor a suffi à faire fondre E. en sanglots, et elle a pleuré pendant tout le trajet

> de retour jusqu'au Dorchester et même après. Liza a été un ange avec Elizabeth et s'est occupée d'elle comme si les rôles étaient renversés, qu'elle fût la mère, et E. la fille. J'adore cette enfant. Il lui arrive d'être une vraie petite garce. Mais, fondamentalement, elle est un ange, et on peut compter sur elle dans les moments difficiles.

Et de se rendre en Yougoslavie où ils font la connaissance du maréchal Tito. Conscient de son itinéraire héroïque pendant la guerre et de son indépendance par rapport au bloc communiste, Burton est tout disposé à l'admirer.

> *(1er août)* Le président est étonnamment petit et frêle. Des bras, des jambes très courts et une petite tête aux traits menus. Il porte des verres légèrement teintés, et je n'ai pu me faire vraiment une idée de la couleur de ses yeux. Il a une bonne bedaine, mais le reste de sa personne est très mince. Pas de fesses, le torse et les jambes sont secs. Il marche lentement et à petits pas. Lorsqu'il prend place à table, ce qu'on voit de lui est vraiment impressionnant. Je ne sais que penser de la nervosité avec laquelle les domestiques nous servent. L'endroit baigne dans un luxe comme je n'en ai vu nulle part ailleurs, et je suis de l'avis de la princesse Margaret lorsqu'elle dit qu'à côté Buckingham fait très petit-bourgeois. Après le déjeuner, le président et moi avons longuement bavardé sur la guerre en général et sur Sutjeska en particulier. Je lui ai demandé s'il aimait Staline. Il a attendu un long moment avant de répondre et a finalement déclaré : « Je l'aimais ou plutôt l'admirais en tant qu'homme politique, mais je n'aimais pas l'homme. »

> *(2 août)* Vraiment, si ce n'était pour le ravissement que trouve E. dans cette puissance et ce faste, je ferais mon possible pour me tirer d'ici. Tout ici m'ennuie, à commencer par ces interminables conversations avec interprète. Tito [Broz de son vrai nom] et Mme Broz racontent l'un comme l'autre de très longues histoires sans permettre aux interprètes de placer un mot, si bien que d'ici à ce que ceux-ci en aient terminé, on se fiche pas mal de ce qui a pu se dire. Madame a une voix très pénétrante qui finit au bout d'un moment par devenir extrêmement pénible. Le protocole exige que je sois toujours avec elle, tandis que son mari est avec E. Ils ont un interprète professionnel, alors que j'ai, de mon côté, la femme d'un ministre dont l'anglais laisse pas mal à désirer.

Le fait qu'il soit au régime sec n'arrange rien.

> *(2 août)* Il n'est pas plus mal que je ne boive pas, sinon il pourrait m'arriver de poser des questions fort malvenues. Il y a de temps en temps un moment savoureux. Tito en anglais : « J'ai été très content quand ma grand-mère est morte. » E. : « Mais pourquoi ? » Lui : « Parce qu'ainsi elle ne pouvait plus me battre. » E. : « C'est horrible de dire des choses pareilles. » Lui : « Elle était petite mais très vigoureuse et toujours en colère. » Tito reçoit un jour Churchill, qui se trouve dans les parages, à bord du yacht d'Onassis. Winston C. de prendre un tout petit whisky. Tito, comme à son habitude, se fait servir largement. « Pourquoi une si petite quantité ? demande-t-il. Vous m'avez habitué à en boire de plus tassé. » « Ça, c'était à l'époque où nous étions tous deux au pouvoir, répond Churchill. A présent, vous y êtes encore, mais, moi, je n'y suis plus. »
>
> Le pouvoir corrompt vraiment. Je ne suis pas certain que Tito se souvienne encore des gens dont il est issu, sinon lorsque ceux-ci agitent des drapeaux ou portent des bannières.

Et plus tard :

> L'atmosphère de crainte qui entoure Tito continue de me tracasser. Je ne saisis pas. Pas plus qu'aucun de nous.

Cela fait deux mois qu'il n'a bu une goutte d'alcool, et il s'en félicite régulièrement. Et puis cela le conduit à lire davantage et à faire un retour sur son passé.

Les carnets apparaissent maintenant de plus en plus comme le travail préparatoire à une autobiographie. Fascinantes seront ses réflexions et ses idées sur ce qu'il tient pour les événements clés de sa vie. Cela nous est l'occasion non seulement de voir ces événements sous un angle différent, mais aussi de mesurer combien ils l'ont changé. Utilisés non pas à l'époque à laquelle ils se réfèrent, mais de nos jours, ces passages à caractère autobiographique sont essentiels pour souligner la façon dont Burton, à travers cette période même, posait un regard critique sur sa vie. Certainement avec l'idée d'écrire sur elle. Mais également dans le but de la mesurer à ses espérances, de lui trouver un sens, de décider de ce qu'il allait désormais en faire.

Il décida de faire venir la *Kalizma* à Porto Santo Stefano afin de résoudre quelques-unes des nombreuses difficultés que soulevait le film sur Tito. La chose était horriblement mal organisée, et Burton prit souvent sur lui d'y mettre un peu d'ordre.

(13 août) L'autre raison est notre désir de revoir ce café où, un matin avant l'aube, en route pour la baie voisine et un week-end clandestin, nous avons bu notre premier verre de la journée. E. et moi avions quitté Rome en pleine nuit à bord d'une voiture de location — je me souviens qu'il s'agissait d'un petit coupé Fiat — afin d'échapper aux paparazzi. A cette heure-là, il n'y avait pas un chat dans les rues, et dans le café, uniquement deux clients en plus d'un jeune garçon, d'un chien et du serveur. La presse du monde entier était à nos trousses. Nous pensions les avoir semés. Or un des consommateurs de ce café se trouvait être un reporter envoyé par son journal, mission de routine, pour couvrir l'arrivée du couple royal néerlandais. Et voilà que là, devant lui, apparaît le couple le plus « brûlant », le plus scandaleux de la planète. Repartant après un café-cognac ou deux, habités d'une bienheureuse tranquillité, nous remontâmes en voiture pour gagner l'hôtel qui nous avait réservé une petite villa, encore en chantier, située à un petit kilomètre de l'établissement lui-même, et d'où l'on jouissait d'une superbe vue sur la mer et d'un isolement total. Sitôt arrivés, nous nous mîmes à gambader comme des enfants, à dévaler les rochers jusqu'à la plage, à nous amuser comme s'il s'agissait des dernières vacances qui nous fussent accordées. Nous nous aperçûmes bientôt que chaque buisson, et il y en avait des centaines, abritait un paparazzo. Nous étions bel et bien pris au piège. D'une idylle, le week-end se changea aussitôt en cauchemar. Nous nous mîmes à boire jusqu'à l'abrutissement. Pas question de mettre le nez dehors. Nous n'étions pas mariés. Nous étions pétris de culpabilité. Nous essayâmes de lire. En vain. Nous faisions l'amour, un amour crispé et sans joie. Nous jouions au rami. E. n'arrêtait pas de gagner et, bizarrement, c'est de ce jeu idiot que tout est parti. A un moment donné — qui se souvient de la conversation qui a amené cela ? —, E. dit qu'elle était prête à mourir pour moi. Facile à dire. Je suis certain qu'aucune femme ne se tuerait pour moi, rétorquai-je en me vautrant dans l'auto-apitoiement. Allez savoir quelles bêtises sont ensuite venues se greffer là-dessus. Qui pourrait se souvenir d'une conversation aussi lointaine et de surcroît noyée dans les miasmes de l'alcool ? Je me rappelle E., debout à côté de moi, un tube ou un flacon de somnifères à la main, affirmant qu'elle en était capable. Eh bien, ne te gêne pas, lui dis-je, ou quelque chose comme ça. Ce sur quoi elle s'en verse une poignée qu'elle avale comme si de rien n'était. Tout d'abord, je n'ai pas cru qu'il s'agissait de pilules somnifères. Pour moi, cela pouvait être de la vitamine C, ou quelque chose dans ce goût-là. Je crois qu'elle est ensuite allée se coucher dans la pièce voisine. A partir de là, tout est très flou. Je me revois vaguement en train d'essayer de la réveiller, de réaliser qu'elle ne plaisantait pas. Je me souviens de l'avoir chargée dans la voiture, d'avoir

regagné Rome à tombeau ouvert, l'avoir déposée à l'hôpital. Ensuite, je me suis claquemuré chez moi. Officiellement, E. avait des problèmes gastriques ou quelque chose comme cela, ce dont la presse s'est aussitôt faite l'écho. Je ne pouvais me rendre à l'hôpital à cause des photographes et je ne répondais pas au téléphone, alors que Roddy McDowall, Mankiewicz, tout le monde cherchait désespérément à me joindre.
Nous rentrons à l'instant de ce même café. Comme lors de la première fois, E. a pris un *café latte*, et je me suis aperçu que nous sommes un vendredi 13. Dieu fasse que je ne revive jamais quelque chose comme cet épouvantable jour de Pâques. Et si elle était morte ? Pire encore, si elle s'en était tirée avec des lésions au cerveau ? Je suis certain d'être incapable de me suicider, aussi serais-je probablement toujours de ce monde. Que serait-il advenu de moi ? Sans doute me serais-je noyé dans l'alcool. Enfin, même si rien n'est oublié, tout cela appartient au passé. En tout cas, cela aura guéri la famille de toute tentation suicidaire. Cette même année, Sybil avait elle aussi tenté de se mettre en l'air. J'avais été furieux après elle, alors que, bizarrement, je ne l'ai pas été après E. Sans doute avais-je imaginé Kate devenant orpheline de mère. Je ne pouvais ressentir la chose de la même manière en ce qui concernait Liza, Maria et les autres, car je ne les connaissais encore que très peu.

C'est cette double perspective qui confère à tout ceci un caractère aussi poignant.

Il revient sur son étude de Tito. Incarner un héros toujours vivant, la chose n'était pas commune.

(même jour, vendredi 13 août) Tito m'a dit qu'il n'avait jamais élevé la voix de toute sa vie, sinon pour se faire entendre de loin — par exemple pour communiquer d'un versant de vallée à l'autre —, et qu'il avait toujours trouvé cela bien plus efficace et, en certaines occasions, plus terrible que les vociférations hitlériennes ou mussoliniennes.

Tandis que la *Kalizma* vogue à destination de Capri, les incursions dans le passé continuent. A bord, on projette un film...

(15 août) E. a regardé *Cléopâtre* hier soir avec les enfants. J'ai pointé mon nez pendant une dizaine de secondes, puis je suis allé redormir une paire d'heures. Je n'ai rien à dire sur ce film ! En fait, c'est E. ce matin qui a dit qu'il n'était pas mal du tout, que c'était un merveilleux spectacle, etc., etc. Mon désintérêt de ma propre carrière, passée, présente ou future, est presque total. Je

> crois que j'ai toujours eu secrètement honte d'être acteur, et plus je vieillis plus j'ai honte. Je pense que si je parviens à m'en accommoder c'est grâce à la ferme conviction que la personne qui interprète tous ces rôles est quelqu'un d'autre. C'est sans doute pour cela que je vois rouge dès que quiconque attire mon attention sur un journal ou une revue où l'on commente mon travail. En revanche, les potins du genre « vus en train de se promener hier soir sur la Via Veneto » ou « les Burton à bord de leur luxueux yacht » ne me dérangent pas. Et je suis tout aussi agacé que l'on me louange ou que l'on m'éreinte, quoique j'aie le plus souvent droit à des louanges. Cela fait de nombreuses années — en fait depuis mon arrivée à Hollywood dans les années cinquante — que la presse fait entendre le même son de cloche : je suis ou j'étais en puissance le plus grand acteur du monde et le successeur de Gielgud, d'Olivier et des autres, mais j'ai dissipé mon génie, l'ai « dilapidé » dans le cinéma, l'alcool et les femmes. Une intéressante réputation, absolument pas terne mais absolument fausse.

Où qu'ils aillent, ils sont assaillis par la foule. L'achat d'une paire de sandales tourne à l'échauffourée. Burton ne souligne guère ce pénible carcan, mais les quelques allusions qu'il y fait mettent en évidence ce paradoxe d'une célébrité planétaire assortie d'un isolement extrême.

Malgré des problèmes avec le scénario et la tendance des Yougoslaves à toujours tout remettre au lendemain, il essaie maintenant de s'imprégner du personnage de Tito en le questionnant directement.

> *(18 août)* Je voudrais également faire passer, de la façon la moins didactique possible, le fait que Tito a toujours refusé de fusiller les ennemis capturés, fût-ce les traîtres de Cetnik. Il m'a raconté une histoire terrible. Il avait avec lui une centaine de prisonniers allemands à un moment où il était forcé de se replier. Les emmener eût terriblement grevé ses ressources, toujours très réduites. Aussi annonça-t-il à l'Allemand le plus élevé en grade qu'il allait les relâcher afin qu'ils regagnent leurs positions. Bien évidemment, les prisonniers en furent étonnés mais ravis. Dans ce genre de guérilla, l'habitude était de fusiller tous les prisonniers. Il avait par ailleurs caché ses blessés jugés incapables de le suivre. Il découvrit plus tard que les Allemands libérés étaient revenus sur les lieux après son départ pour achever les résistants sans défense. Malgré cela, jamais il ne chercha à se venger.

Cela ne laisse pas d'impressionner Burton, mais lui met également la puce à l'oreille. Il continue son observation, son étude d'un « rôle » vivant.

> Entre autres petites bizarreries, j'ai découvert que, pendant la guerre, Tito s'est rasé tous les jours à l'exception d'un seul, celui où il a été blessé au bras par des éclats de bombe. Et que d'un bout à l'autre de cette folie, il s'est toujours habillé aussi impeccablement que possible. Autre anecdote : il avait envoyé un message à Staline où il lui disait avoir relâché les prisonniers allemands. Il reçut en retour un télégramme lapidaire auquel il répondit de la façon la plus glaciale que si Staline ne lui envoyait pas une aide matérielle ou, au moins, une mission militaire, dont la présence remonterait le moral de ses hommes, il n'avait qu'à s'occuper de ses oignons. Lorsque plus tard Tito se rendit à Moscou pour y voir Staline, il y eut une petite réception à laquelle, parmi maintes autres personnalités, se trouvait le très redouté Beria, chef de la police secrète. De nombreux toasts furent portés, tous inévitablement adressés à Staline. Cela faisait quatre ans que Tito n'avait bu une goutte d'alcool, et l'éternelle vodka eut sur lui un effet désastreux. Quand arriva son tour, il porta un toast à l'inévitable Staline, à la suite de quoi celui-ci lui demanda haineusement : « Pourquoi lèves-tu ton verre à ma santé après m'avoir envoyé ce télégramme insultant ? » Tito bredouilla une réponse apaisante, mais l'atmosphère demeura très lourde de menaces. Un peu plus tard, se sentant pris de nausées, il alla vomir dehors. Une ombre se profila entre les arbres. Il s'agissait de Beria, qui lui dit : « N'aie pas peur, ce n'est que ton camarade le policier ! »

Le tournage débute comme il se poursuivra : un cauchemar.

> *(22 août)* J'ai appris à ma grande surprise que l'acteur qui va me donner le plus fréquemment la réplique ne parle pas un traître mot d'anglais et se propose de dire tout son texte en serbo-croate. J'ai refusé, disant que cela rendrait impossible la tâche du doubleur en anglais et que cela empêcherait le film d'être distribué à l'Ouest. Au point où en sont les choses, je ne donne pas une chance à ce film s'ils disent tous leurs dialogues en mauvais anglais pendant que moi je m'exprimerai en parfait oxfordien. Je pense que nous pouvons laisser tomber avant même de commencer.

Son humeur se dégrade sensiblement.

> *(24 août)* J'étais sur le point d'exploser. Déjà ce matin, je me suis montré très cruel avec Liza, très méchant. Elle venait de dire que je devrais garder en permanence avec moi le chien du film. Je lui ai répondu que ce foutu clebs était si attaché à son maître qu'il passerait la nuit à gémir et à gratter, et que d'autre part le foutu maître allait jusqu'à voir d'un œil mauvais que je caresse la tête de son chien. « Mais c'est ton chien », a fait Liza. C'est alors que de ce cloaque de cruauté gratuite que d'aucuns appellent un cerveau, est sorti : « Ne dis donc pas de conneries. Il n'est pas plus mon chien que tu n'es ma fille. » Vaillante petite bonne femme, Liza a alors dit avec un petit rire triste : « Voilà qui est très gentil. » E. en était devenue livide. J'aurais voulu fondre en larmes ou me trancher la gorge.

« Je me suis finalement réconcilié avec l'une et l'autre, écrit-il, mais cela ne peut rien effacer. »

Burton adorait Liza, et cela a dû terriblement lui coûter de relater ce douloureux épisode. Nous pressentons cet incontrôlable démon qui pouvait, semble-t-il, littéralement le « posséder » (et l'épilepsie a longtemps été considérée comme une preuve de possession), mais cela est du même acabit que son talent, qui lui aussi jaillissait d'une source cachée et inconnue et le possédait. On observe également son absolue détermination à exposer ici la vérité sur lui-même — méchancetés, mesquineries, blessures, tout. Il semble que cet homme, qui cultivait ailleurs à plaisir les faux-semblants et la supercherie, ressentît le besoin de dire la vérité et toute la vérité à cette époque et de cette façon. Les carnets étaient la Bible sur laquelle il jurait. Ceux-ci nous intéressent non seulement pour ce qu'ils racontent, mais aussi pour ce qu'ils nous apprennent de sa quête sous-jacente. Ici, alors qu'il lutte contre l'alcool, qu'il affronte les incessants problèmes de santé de la femme qu'il aime, qu'il a peur de l'ennui destructeur que lui inspire sa carrière, de la solitude qui gagne, de sa santé déclinante, il cherche à enraciner sa vie, il se force à témoigner sur ce qu'il est, et il se juge. Il cherchait à se changer en profondeur, et les carnets étaient son divan et son laboratoire. Les maux d'Elizabeth ne connaissent pas de répit.

> *(30 août)* E. s'est entaillé jusqu'à l'os l'extérieur du mollet droit juste au-dessus de la cheville. C'est arrivé lorsqu'elle a flanqué par terre mon autre machine à écrire, la rouge, qui en tombant lui a heurté la jambe. Une très mauvaise blessure, et qui a mis au moins deux heures à s'arrêter de saigner. Pauvre petite empotée. Elle doit être la championne du monde des victimes

d'accidents mineurs. Cependant, une fois qu'elle a eu fait constater sa blessure par tout le monde, elle n'en a plus reparlé.

Parfois, les problèmes de santé et leurs à-côtés pourraient presque passer pour une occupation à part entière. Sa mère étant elle aussi tombée malade, Elizabeth se tient prête à prendre à tout instant l'avion pour les États-Unis...

(5 septembre) Je n'avais jamais vu E. dans un tel état de lassitude. Elle a toujours été quelque peu indolente de nature, je veux dire qu'elle n'est pas le genre de fille qu'on voit courir sans cesse du terrain de golf au court de tennis, ça non. Mais, depuis deux jours maintenant, elle peut à peine mettre un pied devant l'autre. Cela vient bien sûr en grande partie de la tension de la semaine dernière, mais je trouve cela sacrément inquiétant. Elle ne boit pas plus que d'ordinaire, cela ne peut donc venir de là. Simplement, on dirait qu'elle trouve tout trop fatigant.

Il avait été question qu'elle ait un petit rôle dans le film, mais elle avait en fin de compte refusé ; elle aurait joué une infirmière. Leur souci est toujours de se ménager du temps ensemble et de parvenir à un équilibre au sujet de l'alcool. Le fait que l'une boive et l'autre pas donne de mauvais résultats, et les carnets font brièvement état de scènes violentes. Le plus étrange est que, quoiqu'il soit bien conscient de la gêne que constitue leur entourage, Burton soit apparemment impuissant à y porter remède.

(9 septembre) Heyman m'a dit que tout le monde s'accorde pour dire que les Burton sont deux êtres charmants, mais qu'il n'y a pas plus emmerdant que leur entourage. Et que, dès qu'on l'évoque devant eux, tous les producteurs se mettent à prier avec ferveur pour que ces gens trépassent dans la nuit de crises cardiaques galopantes. C'est triste à entendre, lui ai-je répondu, même si je suis d'accord à quelques exceptions près. La première, bien sûr, est Ron, et même si j'aime bien les autres, je ne crois pas qu'aucun d'eux me soit vraiment nécessaire. J'aime bien avoir Bob Wilson comme barman et maître d'hôtel stylé. Jim est bien utile pour le courrier, mais il n'a pas ce charme qui est essentiel pour côtoyer autant de personnes si différentes les unes des autres. Ce n'est pas un Dick Hanley. Sauf à petites doses, tous les autres m'ennuient très vite.

Le tournage traîne en longueur. Burton est face à des comédiens qui ne parlent pas sa langue. Pour gagner les lieux de tournage on prend des hélicoptères-kamikazes. Elizabeth est d'humeur changeante. Lui ne boit toujours pas. Il se réfugie dans ses carnets et les noircit abondamment pendant plusieurs semaines.

(13 septembre) Reçu hier une longue lettre plutôt incohérente de Larry Olivier à propos du National Theatre. Il faut qu'il ait été ivre la dernière fois que nous lui avons parlé, car on ne pouvait refuser le boulot avec plus de fermeté que je ne l'ai fait. Mais, comme de toute évidence il ne s'est pas fait une raison, je lui ai écrit une longue, du moins assez longue lettre lui expliquant qu'il ne devait pas se faire de reproches pour n'avoir pas réussi à me recruter, que je refuserais ce boulot même s'il m'était offert sur un plateau. Ou alors il faudrait que soient apportées de profondes réformes. Ainsi, je ne supporterais pas d'être déjugé par un conseil d'administrateurs sur un projet que j'aurais en tête. Si j'avais été à la place de Larry lorsqu'il travaillait sur la pièce de Hochhuth Churchill *[Soldiers]*, j'aurais laissé tomber, considérant que la pièce était mal écrite ou mal traduite, ou les deux à la fois. Il dit également dans sa lettre qu'on ne leur a pas donné de quoi monter *Guys and Dolls*. Quel genre de théâtre national est-ce là ? Non, cette mafia d'anciens d'Eton me rendrait cinglé en moins de six mois...
(dans la soirée) Assis sur le pont arrière en compagnie de ma femme infiniment bien-aimée, qui est l'objet de mon amour encore accru. Je ne cesse, mentalement, de regarder alentour pour m'assurer qu'elle est bien là. Pour quelle raison cette nouvelle réaffirmation de mon adoration, de mon adulation ? D'où vient cette promesse de ne plus jamais être méchant avec elle ? Je vais vous le dire. Tout cela vient de ce que, pendant trois minutes cet après-midi, je me suis cru sur le point de mourir, sans avoir le temps de lui redire combien je l'aime, de m'excuser de n'avoir pas tenu ma promesse de toujours la protéger, m'excuser de la laisser tomber avec un gros *boum* (le calembour est voulu), de n'avoir plus le temps de lui dire les millions de choses qu'il me restait à lui dire, et m'excuser enfin de n'avoir pas donné toute ma mesure d'époux, d'amant, etc.
Je n'ai pas travaillé aujourd'hui, ce qui est en train de devenir la norme sur ce film. Je suis resté toute la journée dans la hutte de Tito à boire du thé et du Nescafé et à essayer de lire le script de *Gingerbread Lady* [de Neil Simon] qu'on vient de soumettre à E. et qu'elle a envie de faire. J'ai été interviewé par un type avec une de ces étranges barbes qui, larges d'un centimètre, suivent précisément l'arête de la mâchoire. J'ai écrit le début d'une lettre

à Kate, j'ai mastiqué du fromage et un peu de ce jambon local, si réputé, et dont je commence à avoir le dégoût. Enfin on est venu m'annoncer que la journée était finie, qu'on « remballait », et nous sommes montés à bord de l'hélico direction Kupari. J'ai pris place à bâbord, derrière le pilote, avec Vesna, l'interprète, à côté de moi et, à sa droite, Brook. Ron est monté à l'arrière avec Gianni. Et nous avons décollé. Le plafond était très bas. Nous y sommes entrés sitôt en l'air et avons commencé, comme tant d'autres fois, à nous faufiler dans le dédale des montagnes. Tout à coup et sans préavis nous nous sommes retrouvés en pleine purée de pois. Il n'y avait rien à voir à l'extérieur de l'habitacle, absolument rien. Un néant blanc. Pour couronner le tout, une pluie torrentielle s'est mise à tomber. Les essuie-glaces s'agitaient comme des criquets en train de s'aiguiser frénétiquement les pattes. Le copilote venait de se changer en dispositif antibuée. Il ne faisait plus que cela. Nous volions de cette façon depuis peut-être une demi-minute, qui m'a paru durer une heure, quand tout à coup nous sommes arrivés à toute vitesse et selon un angle de 45° droit sur une paroi rocheuse. Le pilote — bénis soient ses merveilleux réflexes — a basculé l'appareil vers la droite. Là, horreur ! se dresse une nouvelle paroi. Le copilote a donné un coup sur l'avant-bras du pilote et nous nous sommes dégagés vers la gauche. J'ignore de combien il s'en est fallu, mais il m'a semblé qu'il y avait la longueur d'une pale, plus peut-être deux mètres. Quoi qu'il en soit, nous ne sommes pas passés loin, sinon nous n'aurions rien vu du tout de ces deux pans de rocher. Et nous avons continué de voler à l'aveuglette. Tout le monde, sauf Gianni et moi, et bien sûr les deux pilotes, fermait les yeux. J'ai vu Ron se mettre en boule, à genoux sur le plancher, les bras autour de la tête, dans la position conseillée lorsqu'un avion doit se poser sur le ventre. Je fixais le vide de mon côté, la main en position pour avertir le pilote si jamais quoi que ce soit se profilait dans le brouillard. Le pilote, lui, regardait droit devant. Le copilote continuait d'essuyer la buée, gardant l'autre main en position pour alerter son collègue. Gianni fixait Ron d'un regard vide, comme un homme qui entrevoit l'éternité. A un moment j'ai lâché un « nom de Dieu » d'une voix étranglée. A part cela personne n'a émis un son. Du moins aucun son audible. Nous avons continué de voler ainsi pendant une éternité (peut-être une, peut-être deux minutes, allez savoir), redoutant de voir surgir la montagne sans possibilité, cette fois, de se dérober. C'est alors que l'appareil s'est mis à perdre assez rapidement de l'altitude. Je le sentais, même si je n'osais interrompre ma vigie le temps de consulter l'altimètre. Je me disais que le pilote avait perdu la tête. J'ai compris peu après combien il avait eu raison. Nous avons continué de tomber comme une pierre jusqu'à ce qu'apparaisse tout à coup par miracle la route, cette route jusqu'alors tellement débinée. Rarement il m'avait été donné de voir une aussi belle route, un chef-d'œuvre de voirie, un exemple pour les Romains du temps jadis. Je n'arrivais pas à comprendre comment j'avais pu dire que cette route sinueuse était un foutu cauchemar, une merde étirée. C'est avec joie que je lui aurais présenté des excuses, que je me serais prosterné pour embrasser chacun de ses kilomètres. Le pilote nous a expliqué qu'il s'était laissé descendre pour retrouver quelque visibilité. Tenter de monter au-dessus du nuage aurait été courir au suicide, car pour prendre rapidement de l'altitude il lui aurait fallu décrire des cercles et, comme nous le savions, le coin est planté de nombreux pics, de différentes hauteurs et largeurs ; et puis il ignorait quelle pouvait être l'épaisseur de ce nuage. Il y avait en revanche de bonnes chances pour que sa base ne repose pas sur le fond de la vallée. Je tremble à postériori en pensant au nombre de fois que nous avons dû frôler la catastrophe au cours de ces deux ou trois minutes. Des aperçus sur l'éternité qu'il ne nous avait encore jamais été donné d'entrevoir.

Autre révélation qui donne froid dans le dos : le nombre des niveaux sur lesquels l'esprit fonctionne dans les instants de désastre imminent. « Croyez-moi, monsieur [Burton cite imparfaitement le docteur Johnson*], quand un homme sait qu'il sera pendu demain, son esprit s'en trouve merveilleusement stimulé. » J'ai été habité par une flamboyante représentation mentale, qui m'a semblé durer d'un bout à l'autre de cette épouvantable parenthèse. E. est sur son lit à bord du bateau. Posé à l'envers près de sa main droite, un livre ouvert à la page où elle a interrompu sa lecture. Le titre en est visible, ainsi que le prière d'insérer. Elle porte une de mes chemises de nuit préférées, une chose bleue, assez courte, qu'elle portait peut-être ce matin quand je lui ai dit au revoir. (C'était le cas, je viens de lui poser la question.) Elle a une jambe repliée et l'autre tendue. A un autre niveau de conscience, je lui répétais sans désemparer que je l'aimais, que je l'aimais, que je l'aimais. A un moment précis, j'ai cherché à me rappeler un vers d'Alun Lewis : « S'il fallait un jour que je parte, ma bien-aimée, ne dis pas... » et pas moyen de m'en souvenir alors que cela fait peut-être vingt-cinq ans que je le connais. Dès que tout a été terminé, cela m'est immédiatement revenu.

S'il fallait un jour que je parte,
Ma bien-aimée,
Ne dis pas :
Il m'a oubliée.
A jamais tu es
Une côte qui chante en mon flanc rêveur.

---

* Samuel Johnson, le « docteur Johnson » (1709-1784) : polygraphe et moraliste anglais.

Chose étonnante que notre esprit. S'il fallait que je couche par écrit tout ce que je me rappelle de ces interminables secondes, cela ferait des millions de mots. C'est d'ailleurs le sujet d'*Ulysse* de James Joyce, sauf qu'il accorde à Bloom toute une journée quand il aurait pu se contenter de trois minutes puisque « l'esprit s'en trouve merveilleusement stimulé ». Quelque chose de comparable m'est arrivé autrefois, lorsque j'avais dix-neuf ou vingt ans, mais je n'avais à l'époque pas encore appris à aimer et à aimer jusqu'à l'obsession. J'arrête là jusqu'à demain matin. Il va falloir que je relise *Ulysse.*

On a rappelé à Burton une célèbre actrice qu'il a connue à Hollywood, et sa découverte des joies de la masturbation.

(15 septembre) « Pourquoi diable personne ne m'en a-t-il parlé lorsque je me trouvais dans ce putain de pensionnat ? disait-elle. Pense aux empêtrements sentimentaux dont j'aurais pu faire l'économie au lieu de baiser avec des types que je n'aimais même pas, simplement parce que j'avais le feu aux fesses. Bon Dieu, j'ai passé ma jeunesse à chercher des grosses bites alors que j'aurais pu m'enfiler un manche de brosse à cheveux. » Et ainsi de suite.

Ces propos édifiants m'étaient tenus dans une sorte de pension de famille plutôt minable de Sunset Boulevard, où descendaient les comédiens new-yorkais. Je crois qu'elle existe toujours sous le nom de Sunset Towers. Au milieu des années cinquante, il était de bon ton lorsqu'on était comédien new-yorkais, de loger dans cette monstruosité de stuc, ceci afin de témoigner son mépris des stars sous contrat, de montrer qu'on était libre comme l'air et non pas attaché à quelque studio, et sitôt bouclé le fichu navet en cours on allait retrouver le grand THÉÂTRE new-yorkais, seul lieu où une âme d'artiste trouvait à s'exprimer, seul lieu de véritable création. Parce que j'étais un vrai comédien de théâtre et avais interprété les grands classiques, j'y fus accepté en dépit du fait que j'avais un contrat d'un million de dollars chez Fox. Marlon et Monty Clift en furent eux aussi un temps les habitués parce qu'ils parlaient toujours de remonter incessamment sur les planches (ce qu'ils finirent d'ailleurs par faire pendant une très courte période ; Marlon joua pendant deux mois d'été *Le héros et le soldat*, et Monty alla faire *La mouette* off-Broadway). Mais Brando prit peu à peu ses distances, jusqu'au jour où il eut une maison à lui. Cela dut être une période pénible pour Marlon car il était dans la position de chef de file de la faune qui s'entassait là. Tous lui vouaient un culte et se consolaient de leurs propres échecs en se disant en substance : « Marlon est le plus grand comédien de la planète et aussi la plus grande star du cinéma, mais il est du même bord que nous et, bon sang, la saison prochaine il va faire Henry III et Hamlet, et envoyer paître tous les connards de ce bled bidon. » Mais il ne l'a jamais fait et son étoile au cinéma a commencé de décliner ; cela a été la grande désillusion. Alors, il est devenu de bon ton de lui casser du sucre sur le dos. « Il a trahi. » « Il faut bien le reconnaître, Marlon est mauvais, sauf quand Gadge [Kazan] est là pour lui dire ce qu'il doit faire. » Arguments qui me sont familiers puisque je suis la version britannique de Brando. Cela a été bien pire dans mon cas, car dès le début j'ai été mis en parallèle avec Paul Scofield. Nous étions les héritiers naturels de Gielgud et d'Olivier, Paul étant Gielgud et moi Larry. « Mais Burton a déçu tous les espoirs », etc., etc. Ce qu'on semble oublier c'est que Paul a tout fait pour devenir une star de cinéma. Je me souviens qu'il multipliait les bouts d'essai, mais qu'on ne l'engageait pas, cela surtout parce que personne ne savait comment photographier ce merveilleux visage. C'était l'époque des belles petites gueules : Rock Hudson, Jimmy Dean, Paul Newman, et même Marlon et moi. Cependant, en grande partie à cause d'une espèce de dette envers mes origines et parce que j'avais l'impression de devoir à Phil Burton de devenir un grand comédien classique, je détruisais continuellement ma carrière cinématographique en revenant encore et toujours au théâtre. Et cela en dépit du bon sens. Jusque vers mes trente-cinq ans, je n'ai pas cessé d'être « Scofield et Burton ».

Ensuite tout a changé. Je suis allé vivre à Genève, je me suis rapidement fait un million de dollars, j'ai tout fait pour me libérer de mon contrat chez Fox, jusqu'à tourner deux épouvantables navets intitulés *The Bramble Bush (Le buisson ardent)* et *Ice Palace (Les aventuriers)*, et je me suis enfin retrouvé libre de faire ce que je voulais et, ce qui était plus important encore, libre de refuser ce qui ne me plaisait pas. Je suis allé bronzer tout l'été à Céligny — il faisait un temps splendide sur l'ensemble de l'Europe —, et je refusais film sur film. Je me rappelle avoir décliné cet été-là une offre de trois cent cinquante mille dollars pour incarner le Christ dans un film intitulé *The King of Kings*. C'était très tentant. Cinq mois en mon Espagne adorée et, même si le scénario était au-dessous de tout, il devait être dirigé par Nick Ray, qui avait quand même déjà réalisé un bon film, *Rebel Without A Cause*, et était tout à fait capable de sauver les meubles. Mais j'ai refusé, et bien m'en a pris. Stratford et l'Old Vic m'ont tous deux offert des saisons entières. Vous jouez ce que vous voulez. Là aussi, j'ai refusé. On me proposait des pièces par douzaines. De toute cette année-là, les seuls trucs que j'aie faits ont été la version filmée de *Look Back in Anger*, qui fut un échec, et une interprétation pour la télévision d'une autre courte pièce d'Osborne intitulée *A Subject of Scandal And Concern*. Je logeais au Savoy pendant les répétitions. C'était pour le compte de la chaîne de télévision de la BBC, et il paraît aujourd'hui risible que nous ayons dû tenir une conférence de presse, Tony Richardson, Osborne et moi, pour prendre la défense de la BBC à qui on reprochait de me donner mille livres pour une heure de représentation et quinze jours de répétitions. Jusqu'alors le plus gros cachet avait été de cinq cents livres. La pièce a eu un énorme succès ; il va falloir que j'en trouve une copie pour la projeter à bord. Quand on pense aujourd'hui que la BBC avait solennellement annoncé à ses téléspectateurs que son choix d'une diffusion à une heure tardive était destiné à leur permettre de coucher leurs enfants, car la pièce avait pour sujet un homme « qui ne croyait pas en Dieu ». Mince !

Le fait est que j'occupais une position enviable. Quoique je fusse malmené par la presse, et particulièrement la presse britannique, pour laquelle j'étais un millionnaire arrogant et un traître à mon pays pour avoir déserté un Empire britannique sur lequel le soleil avait fini par se coucher, j'étais plus courtisé que presque n'importe quel acteur au monde. Je savais fichtrement bien, après *Bramble Bush, Ice Palace* et *Look Back in Anger*, que je n'étais pas considéré comme une mine d'or, mais je savais également que chaque film refusé par Brando m'était automatiquement proposé, et que toute pièce un tant soit peu ambitieuse m'était d'abord soumise avant de descendre la hiérarchie des comédiens de théâtre. J'avais une adorable petite fille, j'aimais beaucoup ma femme, j'étais millionnaire, je possédais une agréable petite propriété à Céligny. J'avais un superbe cabriolet Cadillac (qui demeure une de mes préférées parmi toutes les voitures que j'ai eues), une grande bibliothèque, une soif inextinguible de connaissances et les moyens de la satisfaire, j'avais la possibilité de jouer tout ce qui me plaisait et j'étais terriblement malheureux.

La veine autobiographique s'affirme. Comme dans nombre d'autobiographies, il y a autant d'autojustifications que de révélations. La légèreté de ton est tout à fait caractéristique ; c'est celle de l'homme qui ne se paie pas d'illusions, ne s'apitoie pas sur lui-même, et est content de mentionner que la chance est de son côté. L'absence de vantardise et de vanité est remarquable, de même que sa lucidité quant à sa capacité à attirer les foules dans les salles de cinéma. Le plus frappant, toutefois, ce sont ces deux derniers mots. Au milieu de ces dons du Ciel — qu'il appréciait et pour lesquels il était reconnaissant — il était « terriblement malheureux ». Cela pourrait bien évidemment n'être que ce banal état dont on dit qu'il affecte ceux qui n'ont plus rien à désirer. Il pourrait s'agir d'un moyen de se motiver ; l'insatisfaction induirait de la fébrilité, et celle-ci se canaliserait en un surcroît d'activité qui donnerait de nouveaux fruits. Aucun éclaircissement ne nous est offert. Mais cela s'inscrit dans un autre schéma, celui d'un être doué d'une vigueur de héros et affecté de terribles faiblesses, qui était fondamentalement à la merci de forces telluriques qui montaient en lui à la manière de ces furoncles jamais expliqués qui crevassaient sa peau. Et il se sentait à la merci de ces forces, tantôt sombres, tantôt éblouissantes...

Il lit Dickens, Soljenitsyne, Anthony Powell, et continue de s'interroger sur le personnage de Tito (celui-ci s'est entiché d'Elizabeth, qui, en retour, lui a offert un chien).

> *(24 septembre)* J'ai été un peu interloqué par quelque chose que m'a raconté Ron Berkeley et qu'il va falloir que je vérifie. L'article ou le texte que je m'apprête à écrire sur Tito va être fondé sur l'idée qu'il n'a jamais fait exécuter personne, pas même les prisonniers allemands qui avaient commis des atrocités parmi ses compatriotes sans défense, ni les traîtres à la résistance. Ron vient de me raconter qu'il se trouvait l'autre soir dans un bar de Dubrovnik, conversant avec un groupe de Yougoslaves. Il leur a dit la fascination que lui inspirait Tito en raison de ce fait. Aussitôt deux des hommes se lèvent et quittent le café. Ron interroge les autres sur ce comportement car les Yougoslaves sont généralement très courtois. Le patron, qui est, croyez-le ou non, un Slave cockney, lui dit alors que ces deux hommes ont eu leur père fusillé lors de la purge de 1948. Il me faut donc essayer de savoir si ces deux exécutions (selon Ron, un total de quarante et une personnes auraient été fusillées dans ce temps-là) étaient des règlements de comptes ou si l'ordre en venait d'en haut. Si tel est le cas, je veux dire si l'ordre est venu de Belgrade, je serai fortement déçu. Il faut aussi que je voie si les gens sont disposés à parler. Jusqu'à présent, après d'innombrables conversations avec toutes sortes de gens, je n'ai pas entendu la moindre chose négative sur Tito et fort peu de remarques péjoratives sur le communisme, quoique j'en aie relevé un certain nombre sur la bureaucratie et les maux qui en découlent, tout particulièrement le népotisme et le fait qu'un membre du parti, même s'il est moins méritant que tel camarade qui ne possède pas sa carte, obtiendra toujours les suffrages. J'ai demandé à Branko, vieux comédien qui se débrouille en anglais, pourquoi personne, mais absolument personne, ne dit du mal de Tito. Faut-il y voir de la prudence, de la peur peut-être ? Branko m'a répondu que ce n'était ni l'une ni l'autre, mais que Tito avait toujours une image de père. Aux yeux de l'ancienne génération — les gens de mon âge et du sien (57, 62 ans ?) — Tito et Sava ont toujours été les

sauveurs légendaires du pays ; quant à la jeune génération — ceux de trente ans et moins —, elle n'a jamais connu d'autre président. Tito et président sont deux mots synonymes. Un peu de la même façon que César a fini par vouloir dire empereur. « Kaiser » et « czar » descendent peut-être étymologiquement de Jules et de ses successeurs. Les jeunes savent qu'il les a sauvés de la Bête nazie et de l'Ours soviétique ; et ceux qui étaient susceptibles de se dresser contre lui à la faveur de la crise de 1948 auront sans doute été zigouillés ou incarcérés, si toutefois ce que m'a raconté Ron se vérifie. Il va falloir que je questionne à nouveau Branko, en étant à l'affût d'éventuels signes de prudence ou de crainte de sa part. Je pense pouvoir percevoir ces choses. Il faut que je le questionne sur Djilas, que je lui demande s'il me serait possible de le rencontrer ou s'il vaudrait mieux que j'en parle à quelqu'un comme Popovic, qui est membre du parti.

L'entaille qu'Elizabeth s'est faite à la jambe lui cause de fortes douleurs, et les carnets parlent de cachets et d'insomnies. Burton continue de garnir d'ouvrages de poche la bibliothèque de la *Kalizma*. Il achète et « dévore » *Ulysse*, tenant ainsi la promesse qu'il s'est faite quinze jours plus tôt dans son journal. Il est parfois insouciant et prend du bon temps, comme chaque fois qu'il se trouve en compagnie d'une paire de copains.

(30 septembre) Je commande un thé. Une dame d'âge mûr, d'aspect redoutable quoiqu'elle me sourie, va me le préparer. Elle reparaît dix minutes plus tard *sans* lait. Je lui en demande donc. Je commence à me débrouiller en serbo-croate. Elle revient au bout de dix minutes avec le lait, mais le thé est soit refroidi soit déjà bu. Cela arrive trois fois par jour et vient encore de se produire. Ce matin j'ai astucieusement placé le petit pot de lait sur le rebord de la fenêtre, à l'extérieur, de sorte que la prochaine fois qu'elle oubliera, je sois à la hauteur de la situation. Seulement, faisant preuve d'une astuce supérieure, elle en avait ôté le lait. Un point pour elle. A présent, je le cache sur le balcon. Au moins ne pourra-t-elle venir le subtiliser en pleine nuit. A moins qu'elle ne soit fille d'un monte-en-l'air. Ou qu'elle n'enjambe mon lit dans l'obscurité après avoir crocheté la serrure de la chambre.

Mais le lendemain :

(1er octobre) Ma copine la servante vient de me damer une nouvelle fois le pion. Alors que j'avais mon lait tout prêt sur le balcon,

voilà qu'elle m'en apporte d'un air malicieux avec mon thé, je me retrouve donc maintenant à la tête de deux pots de lait...

(5 octobre) Hier soir après le dîner, Gianni Bozzachi m'a fait rire aux larmes en me détaillant la note hebdomadaire qu'on nous fait payer pour la maison. Il faut savoir que nous sommes cinq à y loger, Gianni, Claudie, Raymond, E. et moi, encore que E. et moi y soyons très rarement, dormant généralement à Cavtat à bord de la *Kalizma*. Il faut également savoir que sur ces cinq personnes seule Elizabeth boit, *mais* qu'elle ne boit *que* de l'alcool provenant des réserves de la *Kalizma*, du Jack Daniels et de la vodka Smirnoff, breuvages introuvables en Yougoslavie. Il ressort de cela que, dans cette maison, nul d'entre nous ne commande d'alcool. Cependant, on nous a demandé cinq mille dinars, nouveaux dinars, pour une semaine. Et la semaine suivante, cela est monté à huit mille dinars. J'ai demandé combien coûte une bouteille de scotch. Le Johnny Walker label rouge est à cent dinars. Il s'ensuit donc que si nous buvions tous et *si* nous ne prenions que l'alcool le plus coûteux ici, qui est le whisky, nous en aurions vidé cinquante bouteilles la première semaine et quatre-vingts la seconde. A supposer que nous ayons tous la même consommation, nous aurions bu au cours de la première semaine une bouteille trois septièmes par personne et par jour, et deux bouteilles deux septièmes par personne et par jour pendant la deuxième semaine. Seuls des alcooliques au dernier degré seraient capables d'une descente pareille. Je suis certain qu'il m'est arrivé en mon temps de vider trois bouteilles de vodka dans la journée, mais jamais deux jours de suite, et encore moins pendant une semaine. Sinon je ne serais pas là pour m'en vanter. Non, pour prétendre à une telle consommation, il faudrait que soient réunis Bobby Newton, Bernie Lee, Trevor Howard, Errol Flynn et Jason Robards, pour ne citer que quelques-uns de mes amis, dont, assez bizarrement, deux seulement ne sont plus. Si nous avions opté pour le vin local, qui semble très buvable et coûte dix dinars la bouteille, nous aurions en deux semaines fait un sort à cent trente bouteilles. Erreur, mille trois cents bouteilles. Quant à la nourriture, le prix qu'on nous en demande est scandaleux. Cela me rappelle la fois où Dick Hanley s'est aperçu qu'inclus dans le loyer mensuel de la maison qu'il occupait via Appia Pignatelli, il y avait pour cinq cents dollars de pain...

(6 octobre) Brook vient de m'annoncer que nous retournons demain à Sarajevo. La bataille du lait va reprendre avec cette charmante servante. Je pourrais bien sûr me dérober en allant acheter un carton de lait chez le crémier du coin, mais, non, je vais accepter ce combat à la loyale jusqu'à son dénouement.

Il se rend à Londres à bord du jet privé pour aller voir Liza, qu'on vient d'hospitaliser suite à une chute de cheval qui l'a légèrement commotionnée. Puis il monte à Hampstead où il trouve Ifor dans une forme étonnante.

A la fin du mois d'octobre, il quitte le tournage du film sur Tito, qui sera terminé ultérieurement, pour aller commencer à Rome *L'assassinat de Trotski*. Il s'inquiète, non sans raison, des longs monologues que lui réserve le script. De plus, Losey — qui a la plus grande admiration pour Richard — y ajoute au dernier moment plusieurs paragraphes supplémentaires, qui sont d'exactes citations de Trotski. Parce qu'il est capable de les dire, Burton est écrasé par ces monologues. Ils deviennent un expédient pour un metteur en scène peu sûr de lui.

Michael et son mariage continuent d'empoisonner sa vie privée, de même que le monde et tout ce qui s'y passe empoisonnent sa vie publique.

> *(21 octobre)* Il y a un type du nom de Jeffrey Archer, membre de la Chambre des communes, qui, depuis des semaines, harcèle Raymond [Vignale] pour me parler. J'ai toujours refusé de lui parler et j'ai dit à Raymond de lui demander de quoi il souhaite m'entretenir. Il a refusé de s'en ouvrir, disant que c'était quelque chose de très important et que cela avait à voir avec son altesse royale la princesse Margaret. En ce cas qu'il écrive, M. Burton ne souhaitant pas le prendre au téléphone...

La lettre arrive. Elle parle de leur éventuelle apparition dans une pièce pour le compte de sir Lew Grade.

> Dès réception de notre accord de jouer [pour la télévision] cette pièce dont nous n'avons pas encore eu connaissance, sir Lew Grade établirait un chèque de cent mille livres au bénéfice de l'association des ambulances St. John. Nous ne toucherions rien.

Arrive la conclusion de cette affaire. Ce libelle est un joyau d'extravagance bien dans la manière de Burton.

> *(25 octobre)* J'ai eu la princesse Margaret au bout du fil hier soir vers dix-neuf heures vingt-cinq. Elle avait dit dix-neuf heures quinze, mais ce n'est pas mal pour un membre de la famille royale, et une bonne surprise de la part des services téléphoniques italiens, qui nous ont donné une excellente ligne. Elle m'a demandé si le projet de Lew Grade était acceptable, et je lui ai dit que l'idée était bonne sur le principe, encore que nous ne

trouvions pas la pièce très bonne et que nous en ayons deux bien meilleures de John Osborne (j'espère que nous les avons). Je lui ai dit que nous projetons de les faire en mars de l'année prochaine et que les cent mille livres seraient bien au rendez-vous, sauf qu'elles proviendraient d'une source différente. Que voulais-je dire ? m'a-t-elle demandé. Eh bien, ai-je repris, nous avons déjà signé pour faire les deux pièces d'Osborne pour Harlech TV. Harlech a donc la priorité. Et les pièces sont — ont déjà été financées par une chaîne américaine. Par conséquent, les cent mille livres viendraient de nous et non de Lew Grade. Vous voulez dire de Harlech TV ? a-t-elle fait. Non, ai-je précisé, d'Elizabeth Taylor et Richard Burton. Dieu du Ciel, a soupiré M., comme c'est généreux à vous. J'en suis toute retournée, et autres sottises du même tonneau. Puis nous avons échangé des banalités à propos de Tito. Il faudra quand même que nous nous voyions à notre retour en Angleterre, afin d'échanger nos albums-photos et de partager nos anecdotes sur Tito et la Yougoslavie. Elle m'a dit n'avoir plus de voix et je lui ai dit que cela lui allait plutôt bien, que cela lui donnait des accents tendres et dolents. Telle est mon humeur actuelle, a-t-elle dit. Elle m'a dit de transmettre son affection à Elizabeth, je lui ai demandé de faire part de la nôtre à Tony. Je n'y manquerai pas dès qu'il rentrera d'Amérique, a-t-elle fait. Eh bien, au revoir, je suis encore confondue par votre extraordinaire générosité. Ce n'est rien du tout. Au revoir. J'ai été ravi de vous avoir. Moi de même. Eh bien, au revoir. Au revoir, votre Altesse.

Une fois de plus, il s'inquiète de la qualité du film dans lequel il s'est aventuré. Il ne peut descendre en marche, et cependant tout ce qu'il voit autour de lui parle d'un désastre en puissance.

(23 octobre) A nouveau une bien étrange journée de travail hier. Moi qui pensais avoir laissé ce genre de problèmes en Yougoslavie. Pour la seconde fois cette semaine j'ai joué une scène face à deux personnes incapables d'aligner trois mots d'anglais et tout aussi incapables de répéter, fût-ce comme des perroquets, leur modeste texte. Nos nerfs ont été mis à rude épreuve d'un bout à l'autre de la journée, mais nous sommes restés très calmes et très patients. Je voudrais bien savoir ce qui a poussé Joe à les choisir.

(28 octobre) Je ne reconnais décidément plus Joe. Contrairement à son habitude, il ne sait pas le scénario sur le bout du doigt. Il faut sans cesse que la script-girl ou moi-même lui rappelions des détails qui pourtant crèvent les yeux. Un exemple : au cours d'une des scènes, je dicte un texte tout en faisant les cent pas dans le jardin. De temps à autre, je m'immobilise, car me reviennent des

> bribes de ma dernière conversation avec Sheldon Hart, auquel sa fidélité envers moi a été fatale. Joe m'a demandé pourquoi je m'arrêtais. Je le lui dis. « Ah oui ? Attends que je jette un coup d'œil au script. En effet, tu as raison. » C'est tout à fait singulier.

Burton fait preuve d'une grande magnanimité. Losey buvait ferme, et ses problèmes personnels interféraient avec le tournage.

Burton se replie sur sa vie familiale et y trouve un soulagement inattendu.

> *(28 octobre)* La soirée d'hier a été un véritable enchantement. C'était comme si nous étions revenus cinq ans en arrière, et que Michael fût de nouveau lui-même. Il se montrait très affectueux avec le bébé. Il était agréable de lui parler *et de l'écouter parler*. Elizabeth était heureuse comme seule une grand-mère peut l'être. Beth était en bonne forme. Et jusqu'à moi-même, qui étais de charmante humeur. J'avais très envie de prendre la petite, mais, n'en ai rien fait de crainte de lui donner mon rhume (qui s'est bien amélioré, mais ne m'a pas encore quitté). C'est le bébé qu'on souhaiterait à tout le monde. Elle donne des coups de ses petites jambes, elle serre ses poings minuscules, elle fait des bulles de salive, sourit beaucoup et ne crie presque jamais. Tout le monde déteste les bébés braillards. N'arrive-t-il pas de temps à autre, surtout dans les classes laborieuses, qu'une mère au bout du rouleau tue le sien ? Mais on ne peut qu'adorer une charmeuse comme notre Layla…

> *(30 octobre)* Je viens d'avoir une longue conversation avec Liza à propos de la masturbation, suite à un article de Dear Abby qu'elle est en train de lire. Je lui ai dit que c'était un épisode tout à fait naturel de la vie des adolescents, surtout chez les garçons. Pourquoi surtout chez les garçons ? Parce que, lui ai-je répondu, je sais ce qu'il en est des garçons, en ayant moi-même été un, mais n'ai, que je sache, jamais été une fille. Je lui ai raconté quelques-unes des choses effrayantes et stupides qu'on nous disait autrefois. Qu'on risquait de devenir aveugle, chauve avant d'avoir atteint vingt-cinq ans, etc., etc. Un ramassis de sottises. Lui ai également dit qu'une pratique excessive de la masturbation pouvait conduire à l'onanisme, ce qui pouvait rendre difficile l'accession à une sexualité normale, mais que je n'en étais, là non plus, pas vraiment certain.

Cela fait toute une semaine qu'Elizabeth ne boit plus (à l'exception de ce singulier mélange de bière et de Martini auquel elle sacrifie quoditiennement). Cassius, le chat, se fait marcher dessus. On le veille et le soigne toute une nuit.

(3 novembre) E. est une drôle de fille. Lorsque c'est un humain qui est blessé — comme la fois où le type est tombé du balcon en pleine nuit à Mismaloya, se fracturant le dos et le crâne, et qu'elle s'est mise à engueuler et à gifler Flo Nightingale, pendant que tout le monde, moi y compris, faisait semblant de regarder ailleurs. Son désarroi devant un animal qui souffre fait peine à voir. C'est de famille. Nous parlions un jour à Liza d'un horrible accident de voiture qui était arrivé à une famille accompagnée d'un chien. Je ne me souviens plus qui étaient ces gens, ni des circonstances de cet accident. Après nous avoir écoutés avec grande attention, Liza a conclu en disant : « Oh, pauvre bête. »

Son amour de la littérature n'a pas décru.

(5 novembre) Actuellement ma grande joie est de lire Baudelaire. C'est une chose merveilleuse que de découvrir la poésie à l'âge qui est le mien. La plupart des hommes ingurgitent leur dose de vers avant l'âge de vingt-cinq ans et vivent dessus jusqu'à la fin de leurs jours — ceux, j'entends, qui ont quelque goût pour la poésie. Je parle, bien évidemment, de la découverte en poésie, car il y a aussi ceux qui, toute leur vie durant, régurgitent les mêmes poèmes cent fois rebattus. Baudelaire, je l'avais bien sûr déjà lu en anglais, langue qui le rend méconnaissable. Que ne m'a-t-on enseigné le français dans mes jeunes années ? Mais peut-être est-ce mieux ainsi.

A nouveau un régime.

(7 novembre) Nous nous sommes tous les deux mis au régime sec, hier. Je pèse soixante-seize kilos. N'ai pas encore commencé de perdre les deux kilos habituels. L'arrêt quasi total de l'alcool a superbement transformé E. Elle est plus active, de meilleure humeur, plus vivante et en même temps plus détendue. Et elle est encore plus belle qu'avant. Son visage s'est très subtilement affiné, et ce double menton de bébé qu'elle a toujours eu s'est beaucoup résorbé. Il est forcé que l'alcool la bouffisse. Que ce régime lui fasse perdre encore dans les deux ou trois kilos, et on lui donnera à nouveau vingt-cinq ans. Et il n'est pas douteux qu'un peu de gris en moins dans les cheveux lui ôterait également quelques années.

Et le ton devient plus léger.

(8 novembre) J'ai lu hier d'une seule traite l'autobiographie de David Niven. C'est très drôle quoique très moyennement écrit. Bien sûr, comme toutes les biographies d'acteur, c'est plein

d'anecdotes et de « c'est alors que Mike Todd m'a appelé pour me dire : "Amène-toi vite fait" ». Il raconte une scène à bord du bateau de Bogie qui ne s'est pas du tout passée comme il le dit. J'y étais. Il raconte que Sinatra a chanté toute la nuit sur le pont d'une vedette à moteur avec, tout autour, des tas d'autres yachts « sous le charme », comme il dit. Frankie, c'est vrai, a chanté toute la nuit et il y avait effectivement des tas de gens qui s'arsouillaient à bord de leur bateau, mais Bogie et moi sommes allés poser des casiers à langouste, et Frankie en avait plein le cul de Bogie. Et David Niv, qui se décrit comme aux anges d'un bout à l'autre de la nuit, a même à un certain moment tenté de mettre le feu au *Santana*, parce que personne n'arrivait à faire taire Francis. Moi, je buvais des « chaudières » avec Bogie, du rye avec de la bière en boîte, aussi n'ai-je gardé qu'un souvenir assez vague de tout cela, mais je crois me rappeler une fille qui se battait avec son mari ou son copain à bord d'un canot à rames et qui a fini par se faire balancer à l'eau par son compagnon hors de lui. Il me semble qu'elle voulait rester à écouter Francis, alors que lui voulait partir. Le lendemain, Bogie et Frankie en sont presque venus aux mains à propos du tour de chant de la veille. Et j'ai dû reconduire Betty [Bacall] chez elle tant elle était furieuse des plaisanteries dont Bogie accablait Frankie. A l'époque Frankie était sans engagements et donc particulièrement vulnérable. Et Bogie faisait preuve de cruauté gratuite. Toujours est-il que cela ne correspond pas à la description de Niv. Il se montre très gentil à l'égard d'Elizabeth comme d'ailleurs à l'égard de pratiquement tout le monde.

Il a un an de plus.

(10 novembre) J'ai quarante-six ans aujourd'hui. Il m'arrive d'être étonné d'avoir tenu le coup aussi longtemps. J'avais toujours eu le sentiment que je mourrais à trente-trois ans. Cette idée m'a été mise dans le crâne il y a bien longtemps par un idiot d'Irlandais. Cela se passait dans un club privé de Londres, par une fin d'après-midi dominicale et pluvieuse, alors que nous faisions une pause pendant une lecture de poésie. Il y avait là Dylan, Constant Lambert, Louis Macneice et Esme Percy — mon Dieu, tous sont morts — et nous buvions ferme sans états d'âme particuliers, sinon le fait que nous devions une heure plus tard — tout au moins Esme et moi — dire de la poésie un peu hermétique en direct à la radio. Non, je fais erreur, nous faisions *L'abbaye de cauchemar* de Thomas Love Peacock. Le club en question était et est toujours une sorte de réduit crasseux, mal tenu et peu engageant. Je n'ai jamais bien su si j'en étais membre, quoique je doive sûrement en être maintenant, depuis que je leur ai « prêté » cinq cents livres l'hiver dernier par

l'entremise de John Dearth. Sa seule utilité était que l'on pouvait y boire après la fermeture des pubs. Toujours est-il qu'en ce fameux après-midi, après avoir eu droit à l'injonction habituelle « pause jusqu'à 18 heures 30, répétition jusqu'à 19 heures 30, la lumière rouge s'allume à 20 heures », nous nous sommes rendus, Esme et moi, au club en question. Je baignais dans un océan de félicité. Pensez : un dimanche à Londres, au micro de BBC 3 — assurément la meilleure station de radio au monde — à interpréter Shelley dans le merveilleux texte de Peacock, au milieu d'une pléiade de brillants comédiens anglais — Esme donc, le comte Robert Farquarson du Saint Empire romain, qui avait la réputation d'être sataniste, Ernest Thesiger, Andrew Cruikshank, Robert Speaight, Michael Hordern, parfois Dylan Thomas et James Crock, et toujours la troupe maison de la BBC, dont un des membres, James McKechnie, était vraiment un grand acteur, si une telle chose est possible sur les ondes. Nous voici donc en mon morne paradis, ce royaume de la belle langue, pour l'usage de laquelle *on nous donnait de l'argent*. Nous voici au studio 8 de la BBC à Portland Place. Les journaux du dimanche passent de main en main. Les conversations vont bon train, c'est un feu roulant d'anecdotes personnelles et, la compétition étant intense, personne ne monopolise bien longtemps la parole, même si Dylan est de la partie. Il faut dire que Dylan, quoiqu'il fût le parleur le plus fascinant que j'aie connu, était étrangement gêné en présence de ces comédiens anglais, froids et précis, avec leur impeccable accent. On déjeunait au club de l'un ou de l'autre. J'allais parfois au Savile avec Esme. Mais le plus souvent nous descendions tous à la cantine de la BBC, cul de basse-fosse situé au sous-sol de l'énorme bâtiment. Il s'agissait d'un self-service, et il fallait voir l'auguste comte Farquarson, emmitouflé comme un bandit de grand chemin, et les autres grandes présences faire la queue pour s'acquitter des tarifs prohibitifs que pratiquait la BBC. Les soiffards, en revanche, allaient se caler l'estomac du contenu d'une bouteille au George ou au Stag ou bien encore au Roebuck, ou un nom comme cela. Mais c'était le travail qui était en soi un émerveillement. Le public était de peu d'importance car très réduit. En plus du fait que la longueur d'onde de BBC 3 était quasi introuvable sur les postes de la majeure partie du pays, cette station tournait délibérément le dos au grand public, allant même jusqu'à passer les classiques dramatiques grecs dans la langue originale. Si par extraordinaire une de ses émissions connaissait un vif succès, elle était aussitôt rediffusée sur ondes longues. C'est là que j'ai fait les meilleures choses auxquelles j'ai collaboré. Je suis venu un nombre incalculable de fois y dire de la poésie et toutes sortes d'adaptations d'œuvres de qualité, surtout des choses relativement peu connues. Tous les *Hamlet* et autres *Henry V* étaient réservés aux ondes du vulgaire. En revanche, les *Dommage qu'elle soit une putain**, les œuvres de Love Peacock, de Bessie D'amboys, de Chaucer, *In Parenthesis* et *Anathemata* de Jones, *Finnegans Wake* et *Ulysse* de Joyce, etc., étaient tous pour « notre » programme.

Pour en revenir à cet Irlandais de Cardiff, il s'agissait d'une silhouette familière des débits de boissons miteux — je me souviens bien de lui même si son nom m'échappe. C'était un écrivain qui n'avait jamais publié, un comédien qui n'avait jamais joué. Bref, le voilà qui se met en tête de nous lire les lignes de la main pour nous dire la date de notre mort. Mon père, qui était venu passer une semaine, que j'avais emmené avec moi pour lui montrer les studios de la BBC et que j'allais reconduire jusqu'à Hampstead au terme de la beuverie de l'après-midi, s'est entendu dire qu'il mourrait à quatre-vingt-un ans. Dylan à trente-neuf ans, Lambert à cinquante-cinq et moi à trente-trois ans. Cela m'avait secoué, tellement secoué que je m'en souviens encore. L'effet en a été renforcé quand Dylan s'est effectivement éteint à l'âge de trente-neuf ans (j'en avais alors vingt-neuf) et quand, vers la même époque, mon père est mort à quatre-vingt-un ans. Mes frères soutiennent que le vieux est mort à quatre-vingt-trois ans, mais son âge a toujours été un peu flou, et de toute façon le prophète se sera au pire trompé de deux années. Lambert est mort lui aussi, mais j'ignore à quel âge, et je ne me souviens plus si l'autre avait également prédit la date de la mort d'Esme, mais celui-ci n'est plus, lui non plus. Ma conduite pendant ma trente-troisième année a dû sembler délirante à ceux qui n'étaient pas au courant. A cause de l'inévitable voyage en avion, j'ai refusé un film qui devait être tourné à Durango avec Burt Lancaster et Audrey Hepburn. N'eût été le fait que je n'osais parler de cela à personne, je n'aurais pas du tout travaillé cette année-là et j'eusse célébré mon trente-quatrième anniversaire par une gigantesque beuverie. J'étais déjà très riche et ne cessais de me répéter en voyant affluer les propositions : « Pourquoi risquerais-je ma vie pour cent cinquante mille petits dollars quand j'ai un million à la banque ? Pourquoi ne pas m'installer ici à Céligny et ne pas même quitter le parc jusqu'à ce que l'année s'achève ? Je pourrais apprendre l'hébreu ou quelque chose comme cela. Le tout est de ne pas offrir la moindre ouverture aux dieux de vengeance. » Le plus bizarre est qu'en temps normal je ne suis absolument pas superstitieux, et tout le contraire d'un fataliste. Il faudra que je voie à quel âge est mort Lambert. Je me demande si on le tient toujours pour un génie, comme c'était le cas de son vivant.

---

* *'Tis Pity She's a Whore :* tragédie anglaise de John Ford (1586-1639) mettant en scène l'amour incestueux d'un frère et d'une sœur.

Une nouvelle fois apparaît cette conviction que la vie, surtout dans ses aspects essentiels, est une force sur laquelle il n'a aucun contrôle, une force dont il est le jouet. La crainte superstitieuse d'une mort subite ou prématurée n'est pas chose rare, mais Burton la cultive d'une manière outrée et un peu ridicule. Cette crainte semble cependant bien réelle et avoir pour lui valeur d'avertissement. Cela l'apparenterait plus aux anciennes sociétés tribales, où l'on cultivait sorcellerie et possession psychique, qu'au rationalisme du monde occidental. Il semble que Burton procédait de ces deux influences, menant simultanément « comme elle venait » une vie objective dont les événements extérieurs pouvaient être minimisés ou au moins canalisés, et une vie subjective dont les humeurs et les impératifs étaient d'un tout autre ordre.

Lui et Elizabeth prennent une cuite sévère. « Cela a commencé de sérieusement se dégrader vers une heure, quand je nous ai préparé à chacun un Martini bien tassé. » Elizabeth a un kyste sur le nez ; l'opération aura lieu à Paris. Ils dînent en compagnie de Peter Sellers et d'un ami de celui-ci, un Hindou mystique. Ils s'enivrent une nouvelle fois de spectaculaire façon et, le lendemain matin, envoient des fleurs pour se faire pardonner. Les propositions continuent d'affluer (sous forme de lettres que lui remet Bob Wilson, son habilleur et ami).

> *(20 novembre)* Bob m'apporte à l'instant un télégramme de Tony Richardson me demandant de faire *Antoine et Cléopâtre* face à Vanessa Redgrave « au début de l'année ». Je réponds non. Courtoisement. Cet homme doit avoir le cuir le plus épais de toute la chrétienté. C'est la deuxième proposition qu'il me fait cette année, la première ayant été de jouer dans un film tiré de *I, Claudius**. Après notre cuisante débâcle sur le projet de *Laughter In The Dark*, on aurait pu penser qu'il aurait désormais peur de m'approcher, fût-ce pour une partie de scrabble.
> Mais ce serait mal connaître notre Tony.
> Et maintenant direction Paris...
>
> *(23 novembre)* Frings (un producteur) est passé vers dix-huit heures, et nous avons discuté du scénario que j'ai lu cet après-midi. Ça ne vaut rien du tout. Il s'agit cependant de quelque chose que je n'ai jamais fait, un « film d'horreur », et cela fait des années que les enfants attendent que l'un de nous en tourne un. Le

* *Moi, Claude* : roman historique de l'écrivain anglais Robert Graves, publié en 1934. Il s'agit d'une sorte de biographie romancée de l'empereur Claude *(NdT)*.

personnage est Barbe-Bleue, un comte ou un marquis allemand ou d'Europe centrale, ou peut-être transylvanien, ce qui serait encore mieux. Je ne quitte jamais bottes et éperons, je suis impuissant, et je tue mes huit épouses, toutes d'une grande beauté, juste comme elles s'attendent à me voir les rejoindre dans leur lit. Seulement tout cela est plein de scènes horribles. Je n'arrive pas à me décider. En tout cas, s'ils persistent à vouloir le tourner en janvier, il va falloir que je décline. D'un autre côté, le tournage doit avoir lieu en Hongrie, pays où je ne suis jamais allé, et puis, après Tit et Trot, quelque chose de léger me ferait du bien. Il est prévu que je déjeune au Fouquet's avec le metteur en scène, un certain Dmytryk, dont je ne me suis aperçu que ce matin que je l'avais pendant des années confondu avec un dénommé Siodmak. Tous deux ont en commun d'avoir fait d'excellents débuts puis d'être retombés dans la médiocrité ambiante.

Le combat qu'il doit mener pour atteindre à une vie domestique acceptable, semble être de tous les instants.
De retour à Gstaad...

(27 novembre) J'en suis à ma deuxième tasse de thé. E. dort toujours. J'ai fait du feu dans le séjour et ramassé les éternelles crottes de chien. Ils sont bien dressés. Présentez-leur une pièce de cinq mille mètres carrés, entièrement nue à l'exception d'un tapis d'un demi-mètre carré. C'est sur ce tapis qu'à tour de rôle ils vont venir faire leurs besoins. Ils ont leurs habitudes. Il y en a deux qui font sur le tapis des toilettes de l'étage, et deux qui ont élu la descente de lit de Raymond. L'avantage est que l'on sait où regarder. Quand ils sont bien portants et que leurs crottes sont dures, la corvée n'est pas trop pénible ; mais quand il y en a un ou plus qui a la diarrhée, c'est à vous soulever le cœur. En ce moment, les crottes sont dures.

(29 novembre) Je suis en proie à la tentation. E. essaie de me convaincre de prendre un Martini avant le déjeuner, parce qu'elle en veut un et n'aime pas boire seule. Ayant pesé le pour et le contre, je pense que si j'en prends un ce sera ce soir. Comme je l'ai expliqué *ad nauseam* à E., un verre ne me suffit pas. Pour que je sois content il m'en faudrait deux ou trois bien tassés, mais cela signifierait retomber lentement dans l'ivrognerie, ce qui est tout à fait exclu. Le problème d'Elizabeth est que, contrairement à moi, elle ne fume pas, sauf lorsqu'elle boit un verre, ce qui lui donne en permanence un gros appétit. Il y a des mois où elle n'a pas d'appétit, où il faut la convaincre de s'alimenter raisonnablement. Dans ces périodes, bien sûr, pas de problèmes de prise de poids. Mais voici que depuis peut-être un mois, elle

est animée d'un appétit vorace. Ainsi ce matin, elle a été saisie d'une boulimie que rien ne peut apaiser, ni la lecture ni quoi que ce soit. Nous avons tout essayé, thé-citron, bouillon, morceaux de poulet froid qui restent d'hier soir, mais en vain. Elle vient de monter nous préparer du steak au poivre. Je vais lui préparer un Martini-vodka. Quant à moi, je vais m'abstenir.

Le lendemain, 30 novembre, apporte une évocation exceptionnellement substantielle du livre qu'il voudrait écrire.

A force de chercher désespérément — non, pas désespérément, mais continuellement — un sujet qui ne soit pas autobiographique, du moins pas ouvertement, je crois tenir enfin quelque chose. J'ai beaucoup aimé un « roman » yougoslave intitulé *Le pont de la Drina*, dont il me semble que j'ai déjà parlé à la faveur capricieuse de cet exercice quotidien. Il ne s'agit pas précisément d'un roman mais d'une succession d'histoires à moitié légendaires dont le théâtre est le pont en question ou ses environs immédiats. A travers cette unité de lieu, l'auteur nous conte en raccourci la saga des Slaves du Sud de la Yougoslavie. J'ai pensé à notre perle, la fameuse et scandaleuse Peregrina, et à son histoire. Trouvée au XVIe ou à la fin du XVe siècle par un esclave, elle fut jointe à un butin expédié à la cour d'Espagne. L'esclave fut affranchi. Qui était-il ? Eut-il des descendants dont on pourrait retrouver trace ? Ceux-ci étaient-ils également libres ? Où se trouvaient à l'époque mes ancêtres ? Où se trouvaient ceux d'Elizabeth ? Il sera difficile de retracer l'itinéraire de cette perle. Il me faudra imaginer mes ancêtres et ceux d'E., à moins que ne puisse se vérifier l'idée de sa mère selon laquelle elle descendrait de Mary, reine d'Écosse ! Voilà qui donnerait un sacré coup de pouce au livre. Sa rédaction prendrait bien évidemment des années et exigerait le recours à des ouvrages spécialisés et sans doute l'emploi de documentalistes. Cela a déjà été fait. Je me souviens qu'un assez bon film a été fait sur le même sujet, l'objet étant cette fois une jaquette. Cette perle, elle, concerne plusieurs dynasties et possède en soi une histoire authentique. Je pourrais tirer parti de ma vision tragi-comique de l'humanité et broder sur une ou deux pages de son Histoire. Toute la question est de savoir si je possède la force intellectuelle capable de mener à bien une telle entreprise, et de savoir si mon écriture serait à la hauteur. Il me faudra être assez proche d'une grande bibliothèque, Oxford ou Londres. Pas en permanence, mais au moins de temps en temps. Je crois que la première personne à consulter sera Nevill Coghill. Il m'indiquera une méthode de travail et les gens qu'il convient d'employer ou de rencontrer.

Ce projet est d'une ambition démesurée et presque risible, mais c'est ce qui le rend remarquable et touchant. Cela aurait pu donner un de ces ouvrages en marge de la littérature anglaise du XXe siècle, un de ces livres qui ouvrent une troisième voie entre la production conventionnelle et une avant-garde officiellement reconnue. Sa teneur eût été dans le droit fil de l'attitude au monde de son auteur. L'intérêt de ce passage réside dans le fait que Burton envisage maintenant d'écrire quelque chose qui ne sera pas nécessairement autobiographique. Ce choix de se détourner d'une exploitation facile de son renom donne la mesure de son souci de trouver à sa vie une voie qui le satisfasse comme aucune autre n'a encore su le faire, du moins pendant très longtemps.

Pendant ce temps, leur style de vie de maharajah et de maharani les poursuit jusque dans leur propre foyer.

Un vendeur de chez Van Cleef leur rend visite avec pour trois millions de dollars en pierres précieuses.

> *(1er décembre)* A l'époque où elle tournait *Zee and Co*, E. avait échangé la ceinture en or qu'elle s'était — ou plutôt que je lui avais — achetée chez eux, et il lui avait apporté à la place leur nouvel ensemble ceinture et collier. Comme je l'ai dit, et sans doute est-ce l'usage avec tous les clients, il a apporté avec lui, en plus, pour deux ou trois millions de tentations. Je ne me suis cependant pas laissé tenter, sinon par une paire de boucles d'oreilles assorties au collier qu'E. s'était vu « prêter » pour quelque temps et auquel comme de juste elle a fini par s'attacher. C'est ainsi que procèdent ces vendeurs. Ils mettent à votre disposition pour une occasion bien précise, par exemple une première ou une réception chez les Rothschild, un bijou splendide quoique d'un coût raisonnable, avec l'espoir que celle qui le porte ou le spectateur, moi en l'occurrence, décidera finalement de l'acheter. Le collier et ces boucles d'oreilles en sont une parfaite illustration, puisque j'ai fini par acheter ces dernières. Elles m'ont coûté dans les six mille dollars.

Les Rothschild donnaient un bal, bien sûr décrit comme le bal du siècle, auquel les Burton étaient invités. D'où les bijoux pour Elizabeth. Ils étaient reçus à Ferrières chez les Rothschild. Richard, friand de snobisme, s'y rend en reporter avide de matériau pour son papier. La relation qu'il en fait devient en soi un exercice de style.

(3 décembre) Voici donc le bal terminé. Ce n'est qu'à sept heures ce matin que la musique s'est enfin tue et que les danseurs impénitents ont grimpé en voiture pour reprendre la direction de Paris. Nous avions pour notre part pris congé vers quatre heures trente du matin, mais, après avoir ôté la bijouterie « lourde » pour la déposer dans le coffre de la maison, nous sommes redescendus pour nous asseoir dans un coin et bavarder de choses et d'autres jusqu'à ce que l'orchestre arrête de jouer. Quoique j'y eusse été douloureusement tenté pendant le dîner, je suis parvenu à ne pas consommer la plus petite goutte d'alcool, et c'est pourquoi, en dépit de ces quatre malheureuses heures de sommeil, je me sens dans une forme éblouissante. Nous venons de prendre le thé, tout comme nous l'avons fait à cinq heures ce matin. Il est une heure quinze de l'après-midi.

Nous sommes passés prendre Grace au 32 avenue Foche [sic], qui n'a pas l'air d'être l'ambassade, mais j'ai oublié de demander à Son Altesse si cela l'était ou non. Un très aimable Rainier l'a accompagnée jusqu'au portail en lui portant ses deux petits sacs — considérable différence avec Son Altesse E.T.B., même si Grace ne restait pas pour la nuit. Nous avons été retardés par E., qu'il a fallu attendre douze minutes, et par une circulation très dense sur les Champs-Élysées. Nous avons mis près de deux heures pour nous rendre à Ferrières, alors que Gianni et Claudie, partis après nous, y sont arrivés avec près d'une heure d'avance. Avec ces traversées urbaines c'est toujours à quinze ou vingt minutes près tout l'un ou tout l'autre, et si nous n'avions pas eu à aller chercher Grace dans la « mauvaise » direction, nous nous en serions très vite sortis. Nous avons été pris, quelque part en banlieue, dans un sévère embouteillage au cours duquel nous avons mis une demi-heure pour parcourir un petit kilomètre. Cependant, Grace et E. passaient le temps à bavarder à l'arrière, tandis que j'étais devant à côté du chauffeur. Grace était charmante et détendue et, après la gêne initiale que j'éprouve toujours avec des gens comme elle, qui sont un peu en porte-à-faux et le savent, tout le monde s'est mis à parler à cœur ouvert. Grace nous a fait une très précise description de la fameuse ou scandaleuse réception donnée par le shah d'Iran. Elle s'est mise à en défendre l'extravagance avec un extraordinaire entêtement, quoique aucun d'entre nous n'en ait dit du mal. Cette fête, disait-elle, avait eu pour but de rendre un hommage au peuple de Perse et de mettre en lumière l'excellente façon dont le shah administre son pays, apportant l'alphabétisation aux illettrés, l'hygiène aux victimes de l'insalubrité, et la culture aux abrutis. Elle parlait du shah comme d'un homme merveilleux, allant même une fois jusqu'à le qualifier de grand homme, ce qui est quand même un peu excessif. Elle disait qu'en cette occasion la presse occidentale a fait preuve d'un cynisme aussi vulgaire que monstrueux;

d'ailleurs tous les journalistes n'avaient-ils pas commencé d'écrire leur papier avant que tout ait vraiment débuté ? E., la gentillesse et l'esprit de conciliation personnifiés, a fait observer qu'en effet Tito et les Hongrois et tous les autres pays communistes y étaient représentés et qu'aucun d'eux n'a paru choqué par le « capitalisme » frappant de toute l'affaire. Absolument, a renchéri Grace, et d'ajouter combien il était merveilleux de voir tous ces gens de confessions, d'obédiences et de races aussi diverses se dégeler après un premier moment de flottement et finir par fraterniser, merveilleux de voir comment tel petit Chinois, tout d'abord raide et réservé, ne s'exprimant que par le truchement d'un interprète, s'était mis, le dernier jour, à sourire sans cesse et à s'exprimer intarissablement en un anglais impeccable. Dont acte. Tout cela tend à démontrer que par-delà nos différences nous sommes tous frères. Et d'ailleurs pourquoi, bon sang, la presse occidentale ne s'en prend-elle pas aux sommes colossales qu'elle investit chaque année dans la publicité, à la façon dont elle corrompt les jeunes esprits en rivalisant de stupidité ? Et ainsi de suite. Personne n'a hasardé qu'il eût peut-être été plus utile au bien-être de ses sujets horriblement déshérités qu'il organise une sorte de foire internationale, une exposition universelle, dont la publicité aurait été financée par d'autres. L'initiative du shah d'Iran était d'une suprême idiotie, et si elle était destinée à célébrer le grand pas en avant qu'il a fait faire à son peuple, elle était d'une ineptie qui relève de la candeur.
Voilà pour le trajet en voiture. Dans les derniers kilomètres avant Ferrières, il y avait un gendarme, surtout des motards, environ tous les cinq cents mètres. Nous avons par la suite appris que Guy avait demandé que des policiers jalonnent la route depuis Paris à raison d'un motard ou d'une voiture par kilomètre. Cela sur tout le parcours depuis Paris ! Il faut savoir que le président Pompidou a travaillé pour Guy de Rothschild avant et après son mandat de Premier ministre, et que le Premier ministre actuel, qui devait être des nôtres mais n'a pu se libérer, vient d'appeler Marie-Hélène pour lui présenter ses excuses et lui dire la raison de son empêchement, demandant en outre le nom de ses voisins de table afin de leur présenter à eux aussi ses excuses. *Toujours la politesse**. Il ne faut donc pas s'étonner que Guy puisse s'il le désire réquisitionner l'ensemble des forces de police de Paris. Arrivant dans l'allée, nous nous sommes retrouvés face à la maison, qui, pour la première fois depuis que nous y venons, était entièrement illuminée. Le spectacle était magnifique et on aurait pu se croire revenu un siècle en arrière si le clop-clop des chevaux, l'odeur du cuir des harnais, un plaid sur les jambes, eussent remplacé le ronronnement de la Cadillac à air conditionné.

* En français dans le texte *(NdT)*.

L'entrée principale étant dévolue au gros du troupeau, nous sommes entrés comme à notre habitude par la porte latérale afin de gagner directement nos chambres, éprouvant quelque difficulté à savoir laquelle était à qui. Nous nous sommes finalement retrouvés dans la chambre rose, tandis que Grace disposait pour se changer et se coiffer de la chambre au balcon. Nous allons y emménager ce soir. Quoique très plaisante, lambrissée et décorée à la Wedgwood, la rose ne dispose pas d'une salle de bain. Il nous faut ressortir pour gagner celle qui nous est réservée, et lorsqu'on est en petite tenue, il faut passer un peignoir pour le cas où l'on tomberait sur M. Olivier, qui partage notre bout de couloir. De plus, à notre grande surprise, nous nous sommes aperçus que l'on entend tout ce qu'il se passe dans les chambres voisines ; il en découle que n'importe qui peut nous entendre. Il sera quand même plus agréable de pouvoir parler normalement.

J'ai attendu, assis, que les copines soient prêtes. Mes copines étant la duchesse de Windsor, la princesse de Monaco et bien sûr ma propre « copine ». Prête avec une dizaine de minutes d'avance, Grace est venue prendre un verre dans notre chambre. E. aurait été prête dans les temps, mais Alexandre, le coiffeur, après être arrivé en retard, a consacré un temps fou à la coiffure de M.-H. Nous devions descendre à neuf heures dix précises et passer à table à neuf heures trente. Nous sommes descendus à dix heures et demie et sommes passés à table à onze heures. Le grand hall avait été transformé pour l'occasion en salle à manger. A partir de la porte, il m'a fallu quinze minutes — j'ai chronométré — pour gagner ma place. Après avoir piétiné d'interminables traînes, bousculé d'exorbitantes coiffures, pratiquement escaladé une douzaine de personnes, je me suis retrouvé à la table 11 avec Mme de Montesquieu à ma gauche et l'ancienne Mme Louis Malle à ma droite, que, Dieu merci, je connaissais toutes deux. Là, j'ai enduré une heure ou plus d'absolue agonie. Les serviteurs n'ayant pas la possibilité d'évoluer entre les tables, la plupart des tablées dont la nôtre ont fini par élire une personne pour recevoir les plats qu'ensuite on se passait de main en main. Les mets étaient divins, mais peut-être étais-je si affamé qu'ils me paraissaient meilleurs qu'ils ne l'étaient réellement. J'ai conclu un accord avec Mme Malle, qui est très belle mais gigantesque : elle me donnait son eau en échange de mon vin. Il faut qu'elle ait une sacrée constitution car elle a bien dû boire plus d'une douzaine de verres de différents crus, du champagne, un blanc, l'inévitable Lafite et un second blanc que j'ai aussitôt soupçonné, du fait de sa traîtrise, d'être un château-yquem, ce en quoi je ne me trompais pas. D'entrée toutefois mon attention est restée rivée à l'homme qui se trouvait en face de moi. Immobile, on aurait dit un cadavre, et quand il bougeait, ce qui arrivait rarement, on pensait à un échec de la chirurgie plastique. Il n'avait ni cils ni sourcils et portait sur le front un toupet blanc comme neige, moumoute ou décoloration, d'un épouvantable effet, alors que le reste de ses cheveux était, un peu comme les miens, d'un indéfinissable châtain. Son visage, atrocement fardé, était parsemé d'étranges excroissances, un visage façonné en pâte à modeler par un enfant malhabile. Je venais de demander à l'oreille de Mme Malle quelle était cette chose extraordinaire qui me faisait face, quand il s'est penché en avant pour dire : « Où est donc mon Elizabeth ? » « Euh, ai-je fait, eh bien euh, elle est à l'autre bout de la pièce, à la euh table symétrique de celle-ci euh mais pas tout à fait euh à la même place, si vous me suivez. » « Je regrette qu'elle ne soit pas ici », a-t-il dit, inférant par là qu'il l'aurait volontiers échangée contre moi. A vrai dire, moi aussi, ai-je reparti avec une présence d'esprit que n'eût pas désavouée le révérend père Sydney Smith... Au terme de cet étrange et bref échange avec Andy Warhol, car ce personnage de film d'horreur n'était autre que lui, nous nous sommes tous attaqués au contenu de nos assiettes. Je conversais sur ma gauche avec Mme de Montesquieu, qui descend réellement du grand Charles-Louis Secondat, baron de la Brède et de Montesquieu, auteur de *L'esprit des lois*. Elle a tout de suite embrayé sur la poésie, me racontant qu'elle avait récemment écouté chez des amis un de mes enregistrements, *« Le vieux marin* » »*, et que la maîtresse de maison, qui avait mis le disque, avait ensuite expliqué à ses invités qu'elle m'avait entendu dire de la poésie chez les Rothschild et que « même Guy écoutait », et que le lendemain elle était allée acheter tous mes enregistrements de poésie qu'elle avait pu trouver. Par deux fois je lui ai demandé qui était cette femme et par deux fois elle me l'a dit, mais j'aurais dû noter son nom car je l'ai déjà oublié. J'aimerais bien savoir de qui il s'agit, par simple curiosité. Ce n'est pas Lili Rothschild, dont je sais qu'elle a certains de mes disques. Et nous avons parlé un moment de la poésie française, dont je lui ai dit que je commençais seulement de la lire et l'apprécier. Mme Malle et son autre voisin de table étaient beaucoup plus distrayants, et je suis sûr qu'E. apprécierait cette femme. Elle a un côté triste, je dirais même désespéré, qui est paradoxalement tout à fait plaisant. Elle, moi et son voisin de droite avons parlé de peinture. Je leur ai fait part de mes idées coutumières et pas si sottes sur l'art. Je leur ai dit que je n'y comprenais absolument rien et que, même s'il m'arrivait parfois de prendre plaisir à regarder une peinture, je n'avais décidément pas l'« oreille picturale ». Je leur ai dit que nous possédions un Van Gogh dont tout le monde s'accordait à dire qu'il était très beau mais que, bien que je n'y fusse pas insensible, je ne voyais pas en quoi il est si remarquable, et que ce qui me fait le plus

* *Le dit du vieux marin*, de Samuel Coleridge (1772-1834) *(NdT)*.

d'effet c'est sa valeur estimée, qui est énorme. En dehors de la langue écrite et parlée — avec une préférence pour cette dernière —, le seul autre genre artistique capable de m'émouvoir est la musique, populaire ou classique. Mes interlocuteurs ont alors protesté de ce que musique et peinture, à leur meilleur, sont si apparentées que je devais absolument refaire la tentative de découvrir cette dernière.

Pendant ce temps-là, à leur table, E. et Grace prenaient du bon temps. Ces sacrées veinardes avaient avec elles Guy, la duchesse de Windsor, Maurice Herzog, Jean-Paul Binet et quelques autres. Le clou de la tablée était, selon elles, la duchesse, qui pourrait bien être en train de verser dans le gâtisme. Elle avait dans les cheveux une plume gigantesque qu'elle ne cessait de mettre partout, dans le potage, dans la sauce, dans la crème glacée ; chaque fois qu'elle tournait la tête, cette plume venait fouetter l'œil ou la bouche de Guy, manquant même une fois lui emporter la fausse moustache qu'il s'était collée. Elle a fait un bon mot qui a fait rire Grace aux larmes. Après avoir passé un peu partout son incroyable plume, voilà que, désireuse de nous noter son numéro de téléphone, qui a changé depuis qu'ils ont vendu leur maison, elle s'est mise à demander à la ronde de sa voix perçante : *« Est-ce que quelqu'un qui a une plume* ? »* [sic] Elle a beaucoup insisté pour qu'E. et moi venions voir le duc avant de repartir pour Gstaad, laissant pressentir à E. que celui-ci était en train de décliner. Nous dînons lundi soir avec eux. Binet faisait du rentre-dedans à E., mais cela dans la plus pure tradition française. Tous deux faisaient montre de la même fébrilité à se servir, avec Grace dans le rôle du passe-plat.

Après le dîner, Guy a demandé à E. de l'aider à enlever sa moustache, qui commençait de l'ennuyer. Ils sont allés aux toilettes pour hommes, ou plutôt non, il s'agissait de toilettes pour les deux sexes. Un domestique était de faction devant la porte. C'est ce moment précis que Bettina a choisi pour aller y faire un tour, ignorante que Guy et E. s'y trouvaient. E. venait de lui décoller sa moustache et s'appliquait à enlever les traces de colle, lorsque Bettina a fait irruption au nez et à la barbe du domestique et les a trouvés dans cette position singulière. Tout donnait à penser qu'ils s'étaient bécotés en douce, E. effaçait les traces de rouge laissées sur sa bouche. Cela a grandement réjoui Bettina. Mais le reste des invités, ceux de la liste « B », étaient en train d'arriver. Un homme les annonçait d'une voix de stentor et d'un grand bâton très ouvragé — j'ai oublié comment on appelle ce genre d'objet — dont il martelait le plancher avant de tonner « Madame et Monsieur Hubert Machin-Chose », fascinante information à laquelle nul ne prêtait la moindre attention sinon

* En français dans le texte *(NdT)*.

ceux-là mêmes qui venaient de lui souffler leur nom. Je me suis faufilé au milieu de tous ces gens, suivi de Mme Malle, de son amie Elsa Martinelli et d'une autre personne (non invitée), que j'ai conduite aux toilettes de notre chambre. E. était déjà là-haut en train de se faire un raccord en compagnie de Bettina. C'est avec plaisir que je me suis assis pour fumer une cigarette avant de redescendre dans le maelström. Nous sommes ensuite, E., Grace et moi, allés faire salon dans un coin habituellement tranquille de la première pièce. Des douzaines, peut-être des centaines de gens ne cessaient de passer sous les prétextes les plus futiles afin d'apercevoir E. et Grace. Au bout d'un moment je suis allé me promener, échangeant deux mots par-ci deux mots par-là, m'entretenant entre autres avec Jacqueline de Ribes, Pierre Salinger et sa femme, Sam Spiegel et celui que nous appelons « Nez-cassé », le ravissant grand frère de M.-H. De temps à autre j'apercevais E. qui, où qu'elle allât, était l'objet de tous les regards, avides quoique furtifs. J'ai félicité Salinger pour le succès de son livre, lui ai dit l'avoir dévoré d'une traite, et lui ai demandé s'il en avait vendu les droits au cinéma. Oui, m'a-t-il répondu, à CBS. Puis nous avons évoqué cette merveilleuse soirée à LA au cours de laquelle Bobby Kennedy et moi insultions nos origines respectives, salaud d'Irlandais contre salaud de Gallois, l'habituel duel de citations Kennedy-Burton. Nous avons parlé de la rosserie de Rudi Noureïev. Et nous avons de nouveau parlé de Bobby, de sa gentillesse et de l'affection que nous lui portions, de l'effroi et la stupeur que nous a inspirés son assassinat.

Au bout de quelque temps, Grace est venue me demander de l'accompagner en haut pour l'aider à enlever ce collier qu'on lui avait prêté, et ensuite la raccompagner jusqu'à sa voiture. Il devait être environ une heure trente. J'ai manqué l'étrangler en essayant de lui ôter le collier. Je m'y prenais si mal avec le fermoir que ce foutu collier, bien trop serré pour commencer, ne cessait de se tortiller et de me glisser entre les doigts. D'ailleurs, avant de descendre, j'avais dit à Grace de l'enlever, qu'elle n'en avait pas besoin. Nous avons fini par lui faire opérer un demi-tour, de sorte qu'elle pût le voir dans la glace et parvînt enfin à se libérer. Même enlevé, il fallait déployer une force considérable pour manœuvrer le fermoir. Nous sommes redescendus. Au pied des escaliers nous tombons sur Sam Spiegel, tout seul. Où est-ce que vous allez tous les deux ? « Sam, pour l'amour du Ciel, fait Grace, ne dites rien à Elizabeth. Elle est là-bas, elle danse, elle est heureuse. Richard la mettra au courant. Ce sera un choc, bien sûr, mais ce sont les choses de la vie, etc., etc. » Sur le moment, du fait de l'habituel sérieux de Grace, de son excellent numéro d'actrice et de l'air rongé de culpabilité que j'affichais, Sam a tout gobé. Nous l'avons planté là. Après avoir pas mal

erré dans un froid vif, nous avons fini par trouver la voiture de Grace, et elle est partie.
Jamais nous ne l'avons vue aussi agréable qu'hier soir. Et David Rothschild a dit sa surprise de la voir aussi gaie. Jusqu'alors, a-t-il fait remarquer, elle avait toujours été un peu un poids mort. C'est tout le contraire, avons-nous dit, seulement elle a besoin qu'on la prenne par la main. En fait, depuis des années, depuis qu'elle est princesse, jamais nous ne l'avions vue aussi vivante. Pendant un moment, au cours de l'épisode du collier étrangleur, je me suis imaginé les gros titres de *France-Soir* et de *News of the World*. Un acteur célèbre étrangle une princesse chez les Rothschild.
Nous avons continué de nous balader pendant le reste de la soirée. Nous sommes tombés sur Audrey Hepburn et son psychiatre italien de mari, le risiblement nommé docteur Dotti, que je n'ai pas trouvé excessivement sympathique*. Nous nous sommes fait photographier par Cecil Beaton, qui dans un autre genre n'est pas lui non plus très sympathique. Puis, dans une autre pièce, nouvelle séance de photos avec cette fois Audrey Hepburn et son mari, le docteur Troques et Madame. Ceci après une bien étrange rencontre, celle de la belle-sœur de Marie-Hélène, Gabby Van Svillen, qui affirmait être la tsarine de toutes les Russies. Avait-elle ce sentiment, lui ai-je poliment demandé, parce qu'effectivement du sang Romanov coulait dans ses veines — du sang Mike Romanoff**, ai-je ajouté. Non, a-t-elle fait, tout le monde est quelqu'un d'autre, et moi je suis la tsarine. Et vous ? Je veux être frère de toutes les âmes. Vous voulez être quoi ? a-t-elle encore dit avant de se désintéresser de mon cas. J'ai été sauvé par un dénommé Valéry qui est le fils du poète. Il était charmant, et nous avons parlé de poésie. Il m'a raconté la fois où tout le monde assurait son père qu'il aurait le prix Nobel de littérature cette année-là. C'était archicertain. Son père est assis dans le jardin, tout ému. Tout à coup la bonne vient lui annoncer qu'on l'appelle de Stockholm. Il bondit à l'intérieur, prêt à s'entendre annoncer la grande nouvelle, mais ce n'est qu'un faux numéro. Jamais il n'a obtenu le prix Nobel...
A un moment, alors que je me trouvais au bar en compagnie de la femme de Salinger à qui je parlais de Tours et de la campagne environnante, dont je raffole, Marie-Hélène est venue vers nous. « Où est Richard ? a-t-elle lancé. Il y a une femme qui meurt d'envie de faire sa connaissance. » « C'est moi, Hamlet le Danois », ai-je fait, ce sur quoi elle a poussé un petit cri et est repartie à toute vitesse en oubliant de m'emmener avec elle. Et je n'ai pas rencontré la femme qui mourait d'envie de faire ma

* En anglais *dotty* signifie toqué *(NdT)*.
** Le « Prince » Mike Romanoff, patron d'un célèbre restaurant et night-club de Hollywood, descendant de la lignée des tsars *(NdT)*.

connaissance, et Marie-Hélène a déjà oublié de qui il s'agissait, et jusqu'à cet incident.

... Et la comédie de la vie mondaine parisienne continue.

(7 décembre) Nous sommes allés hier soir chez le duc et la duchesse pour dîner en compagnie d'une demi-douzaine des raseurs les plus achevés de Paris. Je ne sais pas leurs noms mais n'en aurai jamais besoin car j'ai dans l'idée qu'ils ne fréquentent que les Windsor, dont l'un ou l'autre, probablement le duc, mourra très prochainement, quoique ce soit elle qui est maintenant complètement gaga. Cela a été une triste et pénible soirée, dont la relation nécessiterait beaucoup de temps, or je n'en ai guère. L'un comme l'autre, ils ne cessaient de revenir sur le fait qu'il fut jadis roi. « Et empereur », ai-je ajouté à un moment donné. « Et empereur, a-t-elle repris. Et empereur, nous l'oublions toujours. Et empereur. » Physiquement, il tombe en morceaux. Il a l'œil gauche complètement fermé, il boite terriblement et ne peut se passer de canne. Elle a complètement perdu la mémoire, mais a parfois des réminiscences, aussi vives que subites. De toute la soirée elle n'a pas cessé de dénigrer Grace Kelly, la traitant de snob ennuyeuse. J'ai pris la défense de Grace, mais la duchesse était sourde à mes arguments. J'ai fini par laisser tomber, me rendant compte que la moitié du temps elle ne savait pas ce qu'elle disait. Il y avait là une femme, une Française, qui protestait violemment de ce qu'elle n'était pas suisse — quel mal y a-t-il à être suisse ? Elle était mariée à un comte hongrois qui, de toute évidence, ne voyait pas que la duchesse battait la campagne, et pathétiquement s'efforçait de lui opposer une argumentation rationnelle. J'ai fini par lui faire comprendre que ses efforts étaient vains. Il disait également que Tito est l'enfant naturel d'un comte hongrois qui exerçait un droit de cuissage sur les femmes de la branche maternelle de sa famille. J'ai dit que je le mettrais en boîte là-dessus la prochaine fois que je le verrais. J'en doute. A la fois de l'allégation et de la mise en boîte.

C'est le 21 décembre qu'il écrit pour la dernière fois de l'année dans ce carnet. Ses deux principaux soucis sont la santé d'Elizabeth et un article de trois mille mots qu'il vient d'écrire pour le *Daily Mail*.

Je m'inquiète pour ma douce E. Elle n'a pas du tout l'air bien et souffre de nouveau cruellement du dos. Je commence à soupçonner que l'altitude ne lui convient pas du tout. Quand je pense que nous aimons tant cette maison. A Dubrovnik elle pétillait, à Rome elle rayonnait, à Paris elle était redevenue une

> jeune fille, mais ici elle a en permanence l'air indifférent, comme si elle s'ennuyait un peu, pas seulement avec moi, mais vis-à-vis de tout le monde et de toute chose. Je crois qu'il lui tarde déjà que nous nous retrouvions tous les deux seuls. Il faut que ce séjour ait valeur de test, car si cela vient effectivement de l'altitude, nous n'aurons qu'à descendre nous établir un peu plus bas.

En apparence tout est normal. Elizabeth n'est pas bien portante, Richard écrit, les propositions affluent, des films sortent, le couple a une palette de relations fort étendue — Tito, les Rothschild, Bob Wilson, le duc de Windsor, David Niven —, Richard lit énormément et, mieux encore, reste de longues périodes sans boire. Mais ces cinq films, mis bout à bout, devaient porter gravement atteinte à sa réputation. Pire, ils allaient saper sa confiance en sa capacité à choisir des productions de qualité. Les maladies et les exigences d'Elizabeth l'éprouvaient de plus en plus et même s'il ne cessait de se répéter — dans ces carnets qu'elle feuilletait de temps à autre — qu'elle était toujours le centre de sa vie, cela serait bientôt démenti. Il avait toujours porté un masque, même en présence d'Elizabeth. Dans *Barbe-Bleue (Bluebeard)* il allait l'arracher. Et une part de lui-même mourrait.

CHAPITRE 21

BARBE-BLEUE

Si l'on peut juger un homme à l'étendue de ses amitiés et relations, la nature et la variété du courrier qu'il reçoit peuvent aider à la compréhension que l'on a de lui. Burton entretenait une abondante correspondance. Il ne se souciait pas de conserver toutes les lettres qui lui arrivaient. Mais celles qu'il a gardées, même si l'on n'en fait qu'une sélection correspondant à la période qui nous intéresse maintenant, révèlent une étonnante diversité. Il y a les lettres sérieuses, auxquelles il répondait avec sérieux. Celles de l'Association des invalides de Port Talbot, dont il était le président. Celles de Laurence Olivier, dans lesquelles celui-ci lui demandait s'il était intéressé de prendre sa suite à la tête du National Theatre. Olivier propose d'en assumer conjointement la direction dans un premier temps, puis, la mort dans l'âme, il lui explique dans une autre lettre que le président n'est pas d'accord avec ce projet. Il y a les longues lettres de Cis (partiellement en gallois) et d'autres membres de la famille. Il y a celles de J. K. Galbraith, et Christopher Isherwood et de sir Stephen Spender. Ce dernier, poète, essayiste et militant des droits de l'homme, parle avec enthousiasme du plaisir qu'il prend à sa compagnie. « Cela faisait des années que je n'avais autant ri », écrit Peter Ustinov au lendemain d'un dîner. L'Abevaron Rugby Football Club (dont le terrain et les vestiaires sont sis au TALBOT ATHLETIC GROUND) le tient au courant des résultats locaux de son sport préféré et le remercie de ses dons ; c'est là une parmi les nombreuses lettres de gratitude que lui envoient ses bénéficiaires, petits et grands. Burton pratiquait la charité à la manière d'un supérieur de monastère médiéval. Le poète John Ormond correspond avec lui, de même que Frank Sinatra. L'historien A. L. Rowse lui écrit en termes des plus flatteurs. A la veille de sa mort, T. H. White lui envoie un long courrier dans lequel il lui parle de son alcoolisme, de sa mélancolie. Il y a aussi des lettres de camarades d'école ou de la RAF, des lettres de Richard Nixon. Un grand nombre de lettres de « Tim » Hardy, souvent signées « le Tsar », la plupart pour le remercier d'un service, de lui avoir, par exemple, prêté le jet pour lui permettre d'aller en lune de miel en Grèce avec sa seconde femme. Nevill Coghill et Francis Warner lui écrivent d'Oxford. Des lettres, bien sûr, de Gielgud, d'autres de Warren Mitchell, d'Emlyn Williams. De Richard Findlater, qui lui demande d'écrire de nouveaux papiers pour l'*Observer*. Et puis des lettres des enfants.

Burton se reproche de ne pas écrire plus souvent à ces derniers. Mais Kate parle de nombreuses lettres — « il m'aimait si fort qu'il ne savait pas comment le dire ». Leur ton nous est révélé par deux lettres qui ne furent pas postées. La première était pour Maria :

Grand hôtel Miramonte Majestic
Cortina, D'Apezzo, Italie

le 28 mars 1973

Ma chère Maria,

Comme ta lettre nous a fait plaisir. A quelques exceptions près, tout le monde est très malade dans le film, sauf ce très coriace vieux papa. Même maman est patraque, bien qu'elle se borne à dire des choses comme « J'ai l'impression qu'on s'est amusé à me marteler le squelette » ou « Richard, tu as dû me donner pas mal de coups de pied cette nuit » ou encore « Tu es sûr que ce n'est pas Maria qui a dormi avec moi cette nuit ? Parce que la dernière fois je me suis retrouvée par terre à quatre reprises. »

Et moi de lui répondre, sévèrement, que jamais il ne me viendrait à l'idée de lui faire subir pareil traitement, ni à ma fille de la faire tomber du lit. « Comment oses-tu prétendre que les deux êtres les plus aimants de la terre, ton mari et ta fille, pourraient envisager de te traiter comme si tu étais un bloc de charbon qu'il convient d'extraire si nous voulons du lait au petit déjeuner ? Seigneur tout-puissant, comment oses-tu seulement envisager une telle somme d'aberrations ? »

Tu sais combien ta maman raffole du modern style. Eh bien, en ce moment elle ne parle que d'une chose : un vase argent et lavande, dont elle dit qu'il est comme par ironie à la fois l'objet d'art le plus tactile et le plus intouchable qu'elle ait jamais vu. Si jamais te prend l'envie de me faire un cadeau, me dit-elle, il ne me répugnerait pas que ce soit cette chose ! Et, tout comme toxi — euh, excuse — quand elle a quelque chose en tête, ta maman tire toutes les ficelles de la séduction féminine.

Sache que tu nous manques énormément, que nous t'aimons toujours davantage, que nous n'arrêtons pas de parler de toi et que tu nous rends presque gagas. C'est délibérément que j'utilise toutes sortes de mots, des longs et des courts. Regarde dans le dictionnaire la définition de ceux que tu ne comprends pas, et sers-t'en lorsque tu nous écriras. Maman me dit de te dire qu'elle t'aime encore plus que la raclette, et moi je t'aime encore plus que Huckleberry Finn. La prochaine fois que je te vois, je vais t'attraper, te lancer en l'air et t'étouffer de baisers. Voilà que maman demande si elle pourrait avoir droit au même traitement.

Avec tout notre amour.

La seconde était destinée à Kate, deux ans plus tard :

Gstaad, Suisse

le 23 septembre 1975

Chère Ivy League*,

Merci de ta lettre dûment affranchie, bien reçue et qui, dans l'instant, obtient réponse.

Content que tu trouves Browns « charmante ». Je ne peux pas dire qu'Oxford m'ait fait le même effet. J'étais mort de trouille, et mes copieuses lectures sur la Ville aux clochers rêveurs, aux tours penchées, la ville cernée par les eaux, ma lecture de Shelley, de Bowra, les fantômes des milliers d'étudiants qui y étaient passés, rien de tout cela ne m'incitait à la trouver charmante. Effrayante serait plus indiqué dans mon cas...

Israël nous a fait l'effet d'une maison de fous, notre seul répit ayant été une longue conversation avec Nancy et Henry Kissinger. Sympa de sa part de me qualifier de « très intelligent » — dans ta lettre tu oublies le « très ». Ce n'est pas par hasard que les problèmes du Moyen-Orient ont été si rapidement réglés après notre conversation. On a entendu des hommes forts, endurcis, blanchis sous le harnais d'interminables négociations,

* Ivy League : locution adjective caractérisant les très prestigieuses universités de l'est des USA, les plus anciennes du pays, dont l'enseignement est généralement de grande qualité et dont la fréquentation est le reflet d'une position élevée dans l'échelle sociale *(NdT)*.

murmurer d'un ton poignant : « Pendant trois ans, Kissinger, Sadate, Rabin et Perez n'ont pas cessé de faire la navette entre Alexandrie, le Caire et Tel-Aviv (mais ne le répète à personne), est-il possible qu'après trois heures avec Burton tout ait été signé et scellé en l'espace de trois jours ? » Qu'ai-je donc dit pour résoudre ce meurtrier déséquilibre ? Mes lèvres restent closes et ne s'ouvriront que trente ans après ma mort, époque à laquelle tu t'appelleras probablement Katherine Kissinger-Burton ; et le secret de ma subtilité — étrange mot — sera une leçon de diplomatie et sans doute l'inclura-t-on dans la Torah et le Talmud, reléguant ainsi au second plan Moïse et les autres prophètes. Je suis parfois confondu par ma modestie, mais je sais que tu feras la part des choses.

Ce soir — il est sept heures du matin —, nous partons pour Johannesburg afin d'aller aider les Noirs à jouer au tennis ou quelque chose comme cela. Je ne sais pas exactement ce dont il s'agit, mais on m'assure que c'est une « bonne cause ». Si superbement tempérant que je puisse être, tout le monde est terrifié à l'idée que je pourrais me mettre à l'ouvrir au sujet de l'apartheid. Elizabeth croise les doigts avec l'espoir forcené que ce prêcheur de coin de rue, à savoir ton timide de père, ne va pas être saisi d'un de ses emportements meurtriers contre l'injustice et se faire coffrer à perpétuité par une police fasciste qui ne jure que par Hitler. Tiens-toi prête...

Un petit conseil de ton vieux paternel. Quelle que soit la matière principale que tu choisis, et que tu sois cigale ou bien fourmi, essaie donc d'acquérir des connaissances scientifiques. La physique, la biologie sont des domaines terriblement difficiles à aborder par soi-même. Autre univers intéressant : l'anthropologie. Si tu choisis les sciences politiques, les sciences susnommées te seront une base solide. Je regretterai toujours de n'avoir pas persévéré en maths plutôt que d'avoir choisi la littérature anglaise et l'italien. Ces deux matières s'acquièrent naturellement, alors que les sciences nécessitent un coup de pouce. On ne peut plus devenir omniscient, mais il n'est pas interdit de s'y essayer. Darwin et l'inexplicable mystère des nombres sont une continuelle fascination. Je t'aime au point que c'en est douloureux, aussi, je t'en prie, sois une méchante enfant. Si tu choisis les sciences politiques, fais-le-moi savoir, je t'enverrai les meilleures revues anglaises, françaises et italiennes. (Quoique tu ne connaisses guère l'italien, tu seras capable de le lire de façon satisfaisante en l'espace de trois semaines...)

Et maintenant je plie bagages pour descendre à Céligny en compagnie de Brook. Elizabeth va nous rejoindre un peu plus tard. Cela nous fait sourire. Brook te dit toute son affection.

Et il y a bien sûr le courrier d'affaires, des centaines, des milliers de lettres, soigneusement classées dans des chemises beiges, véritable autobiographie par les chiffres.

1972 allait être une année décisive. Avant d'y plonger, il n'est pas inutile de jeter un rapide coup d'œil sur la situation dans laquelle se trouvait Burton. Même s'il avait pris ses distances avec le théâtre, il en parlait toujours et caressait des projets qui furent souvent sur le point d'aboutir.

On l'accusait à Londres de trahir son talent, mais cela paraissait fort peu l'affecter. Il s'était bâti une solide carrière de star du box-office et pouvait se prévaloir de plusieurs excellents films et, pour faire bonne mesure, de deux chefs-d'œuvre du cinéma. Au cours des deux années passées, il avait pris des risques dans le choix de ses sujets (Trotski, Tito), il avait travaillé avec des réalisateurs inhabituels (Ustinov, Andrew Sinclair) et n'avait cessé d'aller de l'avant sur des projets qui lui tenaient à cœur. Même si ses choix étaient toujours réfléchis, ils comportaient toujours une grande part de risque. Ses récents échecs ? Certains de ses amis pouvaient parler de loi des séries. S'agissait-il vraiment de cela ? Certains critiques parmi les plus attentifs voyaient bien qu'en lui l'acteur était en train de reculer, de battre en retraite. Quelque chose était en train de le vider, de l'épuiser.

Il avait de lourdes charges à supporter. La parentèle galloise était toujours là, et il se sentait toujours autant de responsabilités à son endroit. Graham était toujours le même fauteur d'embarras et de contrariété. Neveux et nièces, parents par alliance et voisins n'étaient pas en reste. Et, de même que les robes d'Elizabeth étaient envoyées à Hilda pour que les dames de Pontrhydyfen viennent y faire leur choix, les chèques de Richard étaient régulièrement déposés dans les mêmes banques galloises. Cela lui faisait plaisir, disait-il. Ce qui l'usait et le rongeait de culpabilité était l'état d'Ifor, qui continuait de se dégrader. Ifor, le père, l'ami, le frère, de la paralysie duquel il était d'une certaine façon directement responsable.

Les enfants — Liza, Kate, Michael, Christopher et la rarement évoquée Jessica — lui étaient également causes de soucis. De même qu'Elizabeth. Ses problèmes de santé, sa dépendance à l'égard des drogues qu'on lui prescrivait, le désir obsessionnel qu'elle avait de sa présence. Et cependant il disait toujours l'aimer, et il est fort probable qu'à cette époque il ne l'avait encore jamais trompée. Cela impliquait de réprimer un naturel volage, ou une compulsion, qu'il s'était mis à cultiver dès l'âge de dix-huit ans. Chose peu acceptable à l'époque, mais nécessité historique et sans doute biologique ; Burton était par nature l'homme de plusieurs femmes. Pourtant, il y avait renoncé en épousant Elizabeth ; la monogamie était la punition qu'il s'infligeait pour le crime d'avoir quitté Kate, Jessica et Sybil. Et depuis maintenant dix ans il s'y tenait.

Il y avait l'alcool, qu'il semblait toutefois maîtriser. Pas de demi-mesures. C'était tout l'un ou tout l'autre. L'alcoolisme ou l'absolue tempérance. Mais cela fonctionnait, et les bilans médicaux ne faisaient pas apparaître de problèmes particuliers de ce côté-là. Plus préoccupant, il y avait l'arthrite, la goutte, les douloureuses et handicapantes crises dont son dos et son cou étaient affligés. Des pilules, du moins le pensait-il, régleraient le problème.

Il s'était entouré d'une cour, à laquelle était ensuite venue s'ajouter celle d'Elizabeth, et cela avait pris des proportions qu'il n'appréciait pas vraiment. Il avait toujours trop envie d'entamer le livre suivant. Le fourmillement des potins, des nouvelles, les séances de rigolade, la bonne conversation, tout cela était par-delà ce buisson d'épines que constituait son entourage. Jamais il n'était seul.

Il ne fut jamais du genre à se lamenter ou à se noyer dans un verre d'eau. Les problèmes avec lesquels il se colletait étaient bien réels : l'amour, la famille, le sexe, la poésie, l'alcool, l'argent, la sécurité ; quant à sa carrière, elle lui était de peu d'importance. Il était de plus en plus séduit par l'autodestruction, de plus en plus obsédé par l'inconcevable idée de la mort. Quel que fût leur sexe, leur niveau social, leur race ou leur degré d'intelligence, presque tous ceux qui le rencontraient voyaient en lui un homme digne de leur amour, de leur admiration ou de leur estime. Il ne dépendait toujours que de lui-même, il était toujours quelqu'un d'unique. Mais il ne restait plus guère de sable dans le sablier.

Les carnets pour 1972 sont étrennés en Arizona. Il a accompagné Elizabeth venue prendre soin de sa mère. Sarah est en effet à nouveau souffrante. Admirateur d'une société américaine républicaine et dénuée de préjugés, Burton s'était attendu à débarquer dans une localité à l'esprit vraiment démocratique. Il perd très vite ses illusions.

(28 janvier) J'ai vécu hier soir une expérience unique — enfin, unique pour moi. Je suis allé dîner en compagnie des W. au country club le plus chic du coin, ou le plus friqué, ou les deux. Vers la fin du dîner j'ai appris que ce club était exclusivement réservé aux Gentils. *On n'y admet pas les Juifs*. C'est Mary Frances qui me l'a dit. Le club leur a annoncé, aux Juifs, qu'ils étaient tout simplement trop nombreux, qu'avant longtemps ils deviendraient les patrons de la boîte, et qu'ils n'avaient qu'à fonder leur propre club. J'en étais sidéré. J'aurais dû annoncer immédiatement cela au reste de la famille, et sans doute aurions-nous vidé les lieux comme un seul homme. Mais j'ai aussitôt pensé à Sarah [la mère d'Elizabeth] ; si nous étions venus dîner ici avec les W., c'était dans le seul but de la sortir, et cela sans fausses notes et dans la bonne humeur. Je ne pouvais néanmoins laisser passer cela sans rien dire. Elle [Mary Frances] n'a pas tardé à me donner l'occasion de soulager ma conscience. Toute rayonnante, elle a lâché : « Et vous savez quoi, Richard ? Ils ont connu des problèmes de financement et ont été contraints de solliciter notre aide, à nous autres, Gentils. Qu'est-ce que vous dites de ça ! » Je me suis engouffré dans l'ouverture. « C'est très étrange, ai-je fait. Il n'est pas fréquent que les nôtres soient confrontés à ce genre de difficultés. » Elle a pris cela avec l'air de se demander si, oui ou non, j'y avais mis une pincée d'humour anglais. J'ai assené le coup final : « Comme vous paraissez l'ignorer, Elizabeth s'est convertie au judaïsme et, de ce fait, notre fille Liza est juive, de même que mon grand-père était juif lui aussi. » Elle était désemparée. Elle a dit « Oui », en y mettant plusieurs voyelles supplémentaires dont je serais bien incapable de faire la transcription.

Il serait fastidieux de faire ici la relation des platitudes et inepties de leur conversation. En nous rendant à ce dîner, E., moi, Howard et Mara savions à quoi nous attendre. Mais ces gens réagissent avec une telle précision à tous les stimuli qu'il est finalement peu de chose qui les différencie des toutous de Pavlov. On agite telle idée pour aussitôt obtenir la réponse attendue. Au mot près. Nous sommes par la suite tous tombés d'accord : ils ont subi depuis l'enfance un tel lavage de cerveau qu'aucune argumentation, aucun appel à l'intelligence ne saurait les faire évoluer. Je n'en donnerai qu'un seul exemple. W. a dit que ce qui avait fait la grandeur de ce pays était ce creuset où étaient venus se fondre tous les peuples de la planète. Je bâille, les lieux communs me font toujours bâiller. Et cependant ils venaient de dire à l'instant que les Juifs n'étaient pas admis dans leur club ! Il était par conséquent inutile de poser la question des Noirs. Plus tard, à l'hôtel, nous nous sommes laissés aller à des crises de fou rire. Mais, tout au fond de nous, c'était l'écœurement qui dominait.

Ils se transportent à Beverly Hills, emmenant avec eux Howard, le frère d'Elizabeth, et sa femme Mara. Les célébrités défilent, et Burton porte un jugement acéré même sur celles qu'il apprécie le plus.

> *(29 janvier)* Paul Newman est venu passer un moment. Paul est ce que j'appelle un authentique acteur. Il est un homme charmant, extraordinairement jeune d'apparence, avec une telle fraîcheur de teint que je l'ai tout d'abord cru maquillé. Chacun de ses mouvements fait penser à quelqu'un qui ferait des exercices de maintien devant un miroir mural, mais sans plus avoir besoin de s'y regarder. Je ne dis pas cela méchamment. Il n'en est même pas conscient. C'est un fanatique du maintien en forme et, Bon Dieu, cela lui réussit. Il a au moins mon âge, et cependant, avec un petit raccord autour des yeux et les cheveux teints, on pourrait encore lui donner dans les vingt-quatre ans. Je détesterais lui ressembler. C'était le cas avant que l'acné me refaçonne le visage, et je n'aimais pas du tout ma tête. Le côté bellâtre me révulse.

Burton se prépare à partir pour la Hongrie, où il doit interpréter le rôle-titre de *Barbe-Bleue*. Le réalisateur en était Edward Dmytryk, qui avait signé des films comme *The Caine Mutiny (Ouragan sur le Caine)* et *The Young Lions*. Burton avait antérieurement parlé à son sujet de parcours « de plus en plus médiocre ». Au nombre des huit « victimes » de *Barbe-Bleue* figuraient Raquel Welch, Virna Lisi, Nathalie Delon et Joey Hetherton. Le tournage devait avoir lieu à Budapest et dans les environs. Bien qu'il ne pulvérisât aucun record, le cachet de Burton était tout à fait honorable ; si le film était un succès, une petite fortune lui reviendrait. Il se plaint de « l'impossibilité de trouver quelque livre que ce soit sur la Hongrie contemporaine... Il est inconcevable qu'un grand État moderne inspire si peu de chose. La seule réponse possible est le désintérêt. » Il fait le plein de livres de poche et parle de réduire le tabac (il fume à peu près cinq paquets par jour). Lui et Elizabeth sont heureux d'apprendre qu'ils figurent encore très confortablement à ce qu'il nomme « le top dix du box-office ». Il savoure à l'avance son séjour en Hongrie. Et continue d'acheter des livres.

> *(6 février)* Le départ est pour demain. Je suis plein d'impatience. Ce nom même de Budapest fleure le romanesque et la tragédie, on y entend la folle musique magyare. En dépit de certains amis, qui la tiennent pour la capitale la plus déprimante de toute l'Europe, je ne peux tout simplement pas croire qu'elle puisse

être terne. Du moins suis-je bien décidé à ne pas prêter l'oreille à ces allégations négatives, et à juger par moi-même. Et puis l'expérience communiste me fascine toujours autant. Il doit bien y avoir une alternative à cette course de rats, à cette ineptie meurtrière qu'est la « démocratie », et même si je me doute que le communisme n'est pas la panacée, il est différent. C'est pourquoi je suis intéressé de découvrir un pays communiste de plus.

Je suis allé hier à la librairie Lion. J'y ai encore acheté une pile de livres en prévision de ce séjour de dix semaines à Buda et Pest. Le Journal de Cadogan, les deux tomes de A. L. Rowse, *The Early Churchills* et *The Later Churchills*, *Le Premier Cercle* de Soljenitsyne, *Chosen Words* d'Ifor Brown. Deux éditions bilingues de chez Penguin, l'une de Mallarmé, l'autre sur la poésie française du XIXe siècle. Un livre d'Auberon Waugh, fils d'Evelyn. Le livre d'Isaac Deutscher, dont le titre est, je crois, *La Chine rouge, la Russie et les USA*. Une grammaire hongroise. Une poignée de romans policiers. Cela devrait largement suffire pour ces dix semaines.

Avant le départ, il écrit un assez long commentaire sur le grand producteur et homme d'affaires hongrois Alexandre Korda.

(17 février) Pour ce qui est des Hongrois, les seuls que j'aie connus étaient des exilés qui avaient réussi. George Tabori, et celui qui m'a donné sa parole et un contrat de cent livres par semaine à l'époque où je ramais encore sur les planches, l'incomparable Alex Korda. Quand je m'imagine les Hongrois, je vois toujours ce merveilleux forban, avec son charme ineffable, son immense générosité, ses énormes mensonges, ce personnage qui vivait dispendieusement, bien au-dessus de ses moyens. A l'époque des vaches maigres, à Paris, il lui était une fois arrivé, m'assura-t-il un jour avec le plus grand sérieux, de subsister six semaines grâce à un gigantesque gâteau que lui avait envoyé sa mère. Le jour où, de façon tout à fait inattendue, il m'a invité à déjeuner au 146 Piccadilly, déjeuner qui se résuma à du café et des cigares, pour me demander avec son énorme accent hooongrrrois si je serais disposé à travailler avec lui, j'ai balbutié quelque chose comme : « Oui, assurément, mais il faut d'abord que je... » « Cela ne dérangera en rien votre carrière théâtrale. Je tiens d'ailleurs à ce que vous fassiez passer le théâtre avant toute chose. Je vais vous donner cent livres par semaine pendant cinq ans. Je ne vous ai jamais vu jouer, mais je tiens d'un ou deux de mes amis que vous allez devenir un comédien important. Mon ami et collègue Laurence Olivier m'a dit que vous aviez une noblesse naturelle, et maintenant que je vous ai vu, je sais qu'il disait vrai. J'investis

donc cinq mille livres sur l'hypothèse qu'Olivier et moi avons vu juste. Apprenez tout ce que vous pourrez dans le domaine de l'art dramatique. Essayez de ne pas participer à des choses qui restent trop longtemps à l'affiche, multipliez les rôles. Allez à Stratford, achetez-vous une voiture, offrez un vison à votre femme. Prenez du bon temps. » Je nageais dans une brume de contentement. Je devais avoir vingt-quatre ans — non, vingt-trois, et n'avais jamais gagné plus de douze livres par semaine. « Signez ici », a-t-il dit en désignant un document. Je commence par le lire. « Bravo, fait-il. Ne signez jamais un papier avant de l'avoir lu et compris. » Ce contrat stipulait en substance que je devais être à la disposition de Sir Alexander Korda pendant un maximum de douze semaines par an à *ma* convenance, pour une durée maximum de cinq années durant lesquelles, dans le cas où je tournerais pour quelqu'un d'autre, je toucherais les cinq mille livres habituelles plus la moitié du cachet que me verserait l'autre maison de production. L'autre moitié irait à « London Films », la compagnie de Korda. C'est en dansant de joie que j'ai redescendu Picadilly jusqu'au pub le plus proche. Là, j'ai appelé la maison pour tout raconter à Sybil. J'ai appelé Stanley Baker. J'ai fait part de ma bonne fortune au barman, un parfait étranger. J'ai appelé Ifor par l'entremise de Dai John Philips. A la fermeture du pub, il devait être quinze heures, j'ai pris un taxi, ce qui eût été de la plus folle extravagance quelques heures plus tôt, et me suis fait déposer au M.L. Club, près de la BBC, où j'étais sûr de trouver des camarades qui se réjouiraient de ce qui m'arrivait. Pour couronner le tout, il y avait là le cher et regretté Dylan ainsi que le tout aussi cher et regretté Macneice, tous deux déjà bien éméchés. J'ai le vague souvenir d'autres silhouettes se profilant dans les vapeurs de l'alcool et la fumée des cigarettes. Ma première semaine de salaire était déjà bien entamée quand je suis rentré à la maison au petit matin.

Il s'agissait d'un étonnant pas en avant. Nombre de jeunes comédiens, dont de très bons comme Dirk Bogarde, Donald Houston, Andrew Crawford, Jimmy Granger — il me semble — et Jean Simmons, avaient de lamentables contrats chez Rank Organisation, alors que, moi, je venais de signer chez Sir Alexander Korda, dont les autres poulains étaient Olivier, Vivien Leigh, Ralph Richardson et tout un tas de grands noms. Quelque chose de bien plus chic, de bien plus distingué que l'écurie Rank. Je n'ai en définitive jamais rien tourné pour Alex. Il m'a prêté à Emlyn Williams et à Tolly de Grunwald [pour *The Last Days of Dolwyn*], puis à la Fox pour un film intitulé *My Cousin Rachel* où j'avais Olivia de Havilland pour partenaire. Je n'avais toujours pas d'agent (à moins que l'on ne considère Korda comme mon agent), et la Fox m'a proposé cinquante mille dollars. Or j'avais dit à Syb et à la famille que j'allais exiger sept mille livres. Quand le représentant de la Fox, qui, bizarrement, s'appelait Freddie Fox, m'a offert à peu près le double, j'ai bien cru rêver. Je confesse que j'ai ensuite menti à tous mes amis, leur racontant que j'avais bataillé ferme pour décrocher cet énorme cachet. Pour couronner le tout, Korda m'annonce qu'il ne va pas prélever ce qui lui revient, et me conseille d'aller immédiatement acheter une Rolls-Bentley. Mon choix s'est porté sur une Jaguar Mark 8. Cela ne s'est pas arrêté là. L'homme qui avait insisté pour que l'on m'engage était George Cukor, homme adorable et plein de facétie, qui était un des tout premiers metteurs en scène de l'époque. Il m'avait vu et me voyait dans une pièce de Lillian Hellman, *Montserrat*. Si le livre et le scénario m'avaient laissé complètement froid, j'appréciais en revanche énormément Cukor. De plus, il m'avait assuré que ma partenaire serait soit Garbo (qui, quelques mois plus tard, après avoir vu le film, m'a dit mensongèrement mais de la façon la plus charmante qu'elle aurait accepté de faire ce film si elle avait su que j'étais si bon) soit Vivien Leigh. Nous nous sommes donc embarqués en première classe sur le *Queen Mary*, moi, Sybil et son frère Chai Mogs, qui arrivait de Cambridge où il avait très moyennement réussi et devait me tenir lieu de secrétaire, quoique au bout du compte je me sois retrouvé en train de répondre non seulement à mon courrier mais aussi au sien.

Lorsque cinq jours et demi plus tard nous avons touché New York, Cukor soit avait été viré, soit s'était retiré (je n'ai jamais pu en avoir le cœur net), et ma partenaire était Olivia de Havilland, qui venait de décrocher deux Oscars en l'espace de trois ans et qui, dans le jargon d'Hollywood, était « hot, hot, hot ». Elle était mariée à un personnage très excentrique, parfaitement oubliable. Là-dessus j'apprends de la bouche de Lew Schreiber, homme à tout faire de Zanuck et l'homme le plus chauve que j'aie jamais rencontré, que miss de Havilland ne permettra pas que je partage avec elle la tête d'affiche. Ce problème d'affiche a toujours été le cadet de mes soucis. Néanmoins j'ai eu l'impression, plus tard confirmée, qu'on espérait me voir reprendre mes billes avec la superbe d'un Rex Harrison. Ils voulaient — ou du moins miss de Havilland voulait — quelqu'un d'autre pour ce rôle. Je crois me souvenir qu'il s'agissait de Gregory Peck. Je réponds non sans agacement à Schreiber que j'avais travaillé avec les plus grands acteurs et actrices de l'époque, et qu'aucun n'avait jamais fait d'histoires à propos de l'affiche. Je suis donc resté, mais en gardant une petite dent contre miss de H. Pour je ne sais plus quelle raison, le tournage a été retardé de sept semaines. Nous logions dans un petit, quoique vaste à nos yeux, appartement en duplex sur Charleville Boulevard. C'est pendant ces sept semaines que je me suis mis à faire l'article pour Jean [Simmons]. Les résultats ne se sont pas fait attendre. Quel rapport avec la Hongrie ? Tout cela finira bien par nous ramener à cet adorable gredin qu'était Sir Alex Korda. (La suite au prochain numéro.)

Il poursuit le lendemain.

(8 février) Mais revenons à Korda. Suite à l'énorme succès de *My Cousin Rachel* et du film suivant, un navet intitulé *The Robe (La tunique)*, la Fox m'a proposé un million de dollars sur sept ans à raison d'un film par an. Ce n'est que plus tard que j'ai découvert qu'en plus de ce million ils avaient versé un demi-million à Korda, ce à quoi ils étaient contraints par le fait que j'étais sous contrat chez lui. Quelques années plus tard, après que j'eus découvert cela, je suis allé dîner chez lui à Millionaire's Row, où il avait emménagé avec sa nouvelle femme après avoir vécu des années au Claridge. Son frère lui avait déniché un Canaletto. Me voyant le contempler, Alex me fait : « Appréciez-le, mon garçon, c'est vous qui l'avez payé. »

Une nouvelle fois, Burton présente du passé une image trompeuse. Tout était facile, dit-il. L'âge d'or. Il était protégé des dieux. Écrit de cette manière et à cette période tardive, cela possède la résonance de toute évocation d'un âge d'or ; le passé est considéré comme une époque d'innocence, de facilité et de splendeur. Cela est habituellement la marque d'une insatisfaction quant au présent, d'un désir de tout envoyer promener pour tenter de s'enfiler à travers le chas de l'aiguille du temps vers un avenir aussi resplendissant que ce passé magnifié.

Ils s'installent dans la suite présidentielle de l'Intercontinental, situé en plein Budapest. La vie conjugale reprend ses droits.

(9 février) Hier soir E. et moi avons fait ensemble nos exercices vespéraux. J'ai beaucoup de mal à rester sérieux lorsqu'elle fait ses mouvements, car elle y met une hargne solennelle proprement hilarante. Le plus comique c'est quand nous courons sur place. Elle est obligée de tenir ses seins, un dans chaque main, car si fermes qu'ils soient (à bientôt quarante ans, elle a les seins d'une femme de trente ans), ils sont assez volumineux, et leur oscillation non seulement serait gênante mais pourrait leur être préjudiciable. C'est un spectacle captivant et, fût-il ouvert au public, je gage qu'il attirerait des foules d'amateurs.
J'ai délaissé hier les mots croisés du *Times* pour me mettre au hongrois. J'ai trouvé une grammaire qui est exactement du genre que j'adore, très condensée, avec un peu de vocabulaire et d'exercices à la fin de chaque leçon, les solutions se trouvant

renvoyées dans la seconde moitié, ou le dernier tiers, du volume. Toutes mes réponses se sont avérées exactes. Comme il ne s'agit ni d'une langue slave ni d'une langue latine, le seul apprentissage du vocabulaire n'est pas une mince entreprise. Il n'a aucun rapport avec les racines que je connais.

Elizabeth dort énormément, et on dit qu'en l'espace de quatre semaines, elle n'a quitté qu'une seule fois l'hôtel. Burton aborde très sérieusement le personnage de Barbe-Bleue.

(11 février) J'avais oublié de quel rôle écrasant il s'agissait et sur quelles perspectives il ouvrait. Il faut aussi que j'apprenne à jouer ce genre de mélo façon Maria dans l'Étable rouge*. Il convient de faire cela avec beaucoup d'ironie en demi-teinte. J'essaie de me rappeler comment le maître — son nom m'échappe —, Vincent Price joue ça. Ce genre de chose, j'entends. Un ton de voix égal, une diction mesurée, des mouvements et déplacements calibrés, le tout avec d'occasionnels affleurements de violence. Il importe d'être à la fois drôle et sérieux. Tout cela va me venir à la seconde où je me mettrai à jouer, du moins je l'espère. Aujourd'hui, répétition des premières scènes. Ce n'est que demain que nous commencerons à tourner.

Le problème était que Richard n'avait que fort peu vu « le maître — son nom m'échappe — Vincent Price** ». Il voyait si peu de films que lorsqu'il se rendait à Hollywood, il se retrouvait au milieu d'un océan de visages inconnus et, pour donner le change, appelait tout le monde « chéri ». Michael Hordern a judicieusement fait remarquer que Richard « n'était pas fait pour porter une perruque », entendant bien sûr par là que tous les détails astucieux et convaincants qui — outre le talent — servent un rôle de composition, n'étaient pas dans son registre. Ce film le prouverait. « Son-nom-m'échappe » y eût fait merveille ; Richard, lui, ne put éviter cette violence et cette intrépidité qui émanaient de lui et s'imposaient à la caméra. Il est cependant très consciencieux et, comme avant lui tant d'autres metteurs en scène, cameramen, éclairagistes et accessoiristes, Dmytryk tire parti de cette bonne volonté et s'en félicite. Il s'efforce de bâtir le personnage de ce comte riche et

* *Maria Martin* ou *Murder in the Red Barn* : célèbre mélodrame anglais, inspiré d'un fait divers *(NdT)*.

** Vincent Price : acteur américain né en 1911. Longue silhouette, belle prestance, diction étudiée, il se spécialise très tôt dans le cinéma fantastique *(NdT)*.

fou qui épouse successivement plusieurs belles femmes et chaque fois les tue parce qu'elles déçoivent son idéal de perfection.

Norman Parkinson vient photographier Elizabeth. Après s'être méfié de lui, Burton en vient à admirer son savoir-faire. Et cela l'amène à envisager le grand âge.

> *(14 février)* Regardé hier soir tout un tas de belles photos d'E., prises par Norman Parkinson, qui se révèle un homme amusant *et* gentil. Sur plusieurs douzaines de portraits, il n'y en a guère que cinq ou six qui lui fassent le visage un peu rond. Il faudra refaire appel à lui. Ces anciens aristos, comme Beaton ou Parkinson, savent vraiment ce qu'ils font. Ce n'est que maintenant que je réalise la différence qu'il y a entre un Parkinson ou un Beaton et les autres. Pas la moindre retouche ne s'impose. En partie grâce à ses éclairages, et surtout par le fait qu'E. a perdu trois ou quatre kilos, la rondeur de la gorge, le léger double menton sont gommés.
>
> Il ne m'a pas aussi bien traité, mais je crois qu'il n'a pas la même réussite avec les hommes. De toute façon je n'ai jamais été très photogénique — pas depuis vingt ans en tout cas —, et il y a peu de chances pour que je fasse jamais « un » pin-up. Trop d'excroissances, trop de déformations du squelette. J'ai les cheveux qui commencent à sérieusement se raréfier, même si je ne suis absolument pas dégarni. Quand j'ai la tête mouillée, très mouillée, on voit combien j'ai le cheveu rare. Comme je trouve terriblement fastidieux de devoir, quand je tourne, me faire teindre le scalp au crayon par Ron, il se pourrait que j'essaie un de ces jours les transplants. Ce ne sera pas comme ces crétins qui sont vraiment chauves et sur lesquels les transplants sautent aux yeux. Moi, je n'aurai besoin que de m'en faire repiquer quelques-uns au sommet du crâne. Je ne crois pas en revanche que je me ferai jamais retendre la peau comme cet ignoble [...] qui, outre qu'il ne veut pas l'admettre, ressemble maintenant à la moitié d'une paire de fesses.

Il continue de prendre soin de sa santé. *Et* « je suis toujours aussi parfaitement sobre que le rejeton de deux AA* ». Il lui faut batailler ferme pour réussir à trouver son content de sommeil. Le tournage se poursuit : il joue de l'orgue, un faucon rôde dans les environs, un chaton doit mourir — Elizabeth est dans tous ses états à la pensée que ce chaton soit vraiment sacrifié. Arrive Wolf Mankowitz, qui vient travailler au film sur Tito, encore inachevé. Burton apprécie beaucoup sa compagnie.

* Alcooliques Anonymes *(NdT)*.

(20 février) Plus délicieusement cockney que jamais, il a à l'évidence trouvé Elizabeth à son goût. La chose était réciproque. « C'est tout à fait le genre d'homme que je pourrais aimer si tu n'étais pas là, je l'adore. » Foutaise, ai-je fait, acerbe. Elle a néanmoins bon goût, ai-je pensé. Les goûts et les préférences des gens sont toujours teintés d'étrangeté. Pour ma part, mon type de femme a toujours été celui de la Juive brune de taille moyenne, et tout ce qui s'en approche. Elizabeth, elle, a toujours eu un faible pour les Juifs, point. Avec eux, elle semble être plus en intelligence qu'avec le tout-venant anglo-saxon. Elle et Wolf auraient à l'évidence pu converser toute la nuit. Et sur toutes sortes de choses. Ainsi hier soir, alors que je n'étais pas là, ils ont parlé de Wedgwood puis des dispositions à prendre pour se protéger des pique-assiettes lorsqu'on donne une surprise-partie, etc., etc. Et, dans le cas d'E., cela n'a rien à voir avec la beauté masculine. Au physique, Wolf est un désastre. Il est à peu près de ma taille, avec un ventre énorme et flasque qui, lorsque son propriétaire pivote un peu rapidement, suit le mouvement avec une fraction de seconde de retard ; il a un double menton et l'air négligé, quoiqu'il ne soit pas malpropre. Il possède en revanche une intelligence aiguë. Aucun déchet chez ce personnage aux intérêts multiples, à l'impeccable érudition. Il ouvre des galeries pour vendre du Wedgwood, après avoir eu soin de devenir expert en la matière, ce qu'il démontre en écrivant un livre somptueusement illustré. Dans la foulée, il revend les magasins qu'il possède avec sa sœur, un demi-million de livres, plus-value exonérée d'impôts. « Et à qui, selon toi ? Eh bien, à un Wedgwood, figure-toi. » Il vient de créer ou de ressusciter une petite imprimerie à Cork ou Dublin, enfin quelque part en Irlande, et sa première publication est un recueil de ses propres poèmes. Voilà qu'il veut que j'écrive quelque chose pour lui. « N'importe quoi, dit-il, des rondeaux, des triolets égrillards, de belles pages, l'histoire de ta vie, des graffiti, ce qui te chante, mon vieux. » Son intelligence supérieure se double d'un grand sens poétique.

Mais voici qu'arrive le quarantième anniversaire d'Elizabeth, à l'occasion duquel une grande fête va être donnée.

Les commentaires cyniques vont bon train, comme chaque fois que les Burton font quoi que ce soit. La carrière d'Elizabeth, affirme-t-on, est dans une telle déconfiture qu'elle ressent le besoin de démontrer qu'elle est toujours capable de faire parler d'elle. Si tel était le cas, elle fut comblée. Les journaux foisonnaient de photos de la famille (Jenkins) et de célébrités (la princesse Grace, Ringo Star, Michael Caine, David Niven, Susannah York, Stephen Spender) en train de retirer leur billet pour Budapest, billets payés par les Burton. Des journalistes hongrois étaient invités, dont la prose ferait le tour des chroniques mondaines de la planète. On disait qu'Elizabeth redoutait que le fait de n'avoir pas moins de sept partenaires féminines dans *Barbe-Bleue* ne fût préjudiciable à Richard et à leur couple. Ces craintes étaient réelles si l'on en juge d'après ce qui suivit. Jusqu'à présent toutefois, Burton ne buvait toujours pas et, semble-t-il, était un mari fidèle. Néanmoins, voyant la liste des invités s'allonger à l'excès, Elizabeth décida de « désinviter les nanas de *Barbe-Bleue* ». Raquel Welch vint quand même.

Le plus vraisemblable est qu'Elizabeth avait simplement envie de donner une fête, cela sans arrière-pensées. Elle adorait faire la fête, célébrer les anniversaires, Noël, tout ce qui lui rappelait la nursery MGM. Et puis il y avait les cadeaux.

Deux cents invitations partirent de Budapest.

> Nous serions heureux de vous recevoir à Budapest pendant le week-end des 26 et 27 février pour que vous m'aidiez à fêter l'anniversaire de mes quarante ans STOP L'hôtel fait très Hilton mais la ville regorge d'endroits amusants STOP Pantalons pour le samedi soir dans quelque sombre cave et quelque chose de gai et de joli pour le dimanche soir STOP Verres fumés pour le langoureux entre-deux STOP Affectueusement, Elizabeth et Richard STOP PS : veuillez RSVP le plus rapidement possible à l'Intercontinental Hotel de Budapest, que je sache combien de chambres je dois retenir.

A peine les télégrammes envoyés, Richard voulut en envoyer une seconde volée disant « PAS DE CADEAUX ». « Mais j'ai invité Bulgari » [le joaillier], objecta Elizabeth.

Richard l'assura de son indéfectible amour en lui offrant un diamant en forme de cœur d'une valeur de cinquante mille dollars. Cette pierre, qui datait du XVIIe siècle, avait été dessinée par l'architecte du Taj Mahal. « J'aurais aimé lui offrir le Taj Mahal, mais le transport eût coûté trop cher », déclara Richard, qui en public ne répugnait pas à en rajouter.

Dmytryk parla de la plus belle fête à laquelle il était jamais allé. Il semble que les Gallois, la famille, emmenés par le comédien Victor Spinetti, aient pris la direction des opérations, gagnant au petit matin le toit en terrasse de l'hôtel pour donner le signal de la « vraie fête », le chant.

La seule fausse note fut le fait d'Alan Williams, romancier, fils d'Emlyn et frère du grand ami et fidèle compagnon de Richard, Brook. Alan Williams, auteur d'écrits sur la révolution hongroise, se mit à interroger Elizabeth sur ce qu'elle pensait de ce fait historique ; plus tard, il se mit à critiquer son désintérêt de la Hongrie contemporaine. Il semble qu'il soit ensuite allé provoquer un Burton sobre et décidé à éviter tout éclat. Alan persistant cependant dans son attitude, Bob Wilson et Gaston le chauffeur finirent par le jeter dehors. Son opinion fut malgré tout reprise dans la presse londonienne, assortie de son portrait de la quarantaine : « Un superbe beignet couvert de diamants et de strass. » Emlyn Williams passa la journée du lendemain à arpenter lugubrement les berges du Danube en compagnie de son fils. Il y eut des échanges de lettres. Burton préféra oublier. C'est lors de cette même fête que Francis Warner lui offrit une chaire honoris causa au collège St. Peter d'Oxford. A cette fête également Dmytryk vit une très belle jeune femme traverser la pièce et dire : « Il est amoureux de moi », après avoir conversé une dizaine de minutes, apparemment de choses et d'autres, avec Burton. « Il est certain qu'il produisait un effet phénoménal, commente Dmytryk, homme non dénué d'expérience. Il lui suffisait de parler pendant quelques minutes à une fille pour qu'elle soit convaincue qu'il était amoureux d'elle ou n'allait pas tarder à l'être. » Toujours est-il qu'elles l'étaient de lui. « On me trouve sexuellement attirant », déclara-t-il un jour avec un rire qui démentait cette immodestie. Selon lui et contrairement aux affirmations de maints psychiatres, aimer plusieurs femmes n'était en rien morbide ; c'était un plaisir délicieux, et maintes femmes abondaient dans son sens.

Le lendemain, au cours d'un *brunch*, il promit de remettre à une bonne cause l'équivalent de ce qu'avait coûté la fête. Fidèle à sa parole, le 8 juillet 1972, il confia quarante-cinq mille dollars à Peter Ustinov, ambassadeur itinérant de l'UNICEF.

La fête fait l'objet de deux pages de ses carnets.

> *(26 février)* Pour tout le monde, cela a été une journée de grande frénésie. Quelque quatre-vingts personnes sont arrivées au fil de la journée pour passer ce week-end avec nous. Ce sont bien sûr les familles qui nous ont causé la joie la plus vive, la mienne et celle d'Elizabeth, mais peut-être devrais-je dire la nôtre et la nôtre. Viennent en seconde position Grace, qui une fois de plus méritait cinq étoiles, Nevill Coghill, Spender, sans oublier Mme Ladas, Simon et Sheran. Quelles exquises manières ils ont tous, chacun dans son genre. J'avais montré aux filles comment exécuter une révérence et aux garçons comment donner une poignée de main lorsqu'on est devant un membre de la famille

royale, et tous s'en sont admirablement tirés. Nous avons donné dans notre suite, réaménagée pour la circonstance, un cocktail qui s'est très bien déroulé, le dernier groupe de traînards prenant à contrecœur congé vers minuit. Howard, Mara et les gosses sont restés jusqu'à la fin, car nous avions prévu que ce serait le seul moment du week-end où nous pourrions bavarder tout notre soûl. J'ai pu avoir plusieurs palabres avec ceux de ma tribu dans une des chambres qu'ils occupent. J'ai emmené la petite Maria avec moi — pas si petite en fait — et lui ai présenté des milliers d'oncles et de tantes inconnus. Sans même nous en apercevoir, nous nous sommes mis à papoter en gallois, jusqu'à ce qu'enfin nous réalisions que Maria était complètement perdue. Je lui avais bien sûr maintes fois expliqué qu'un certain pourcentage de Gallois parle une langue tout à fait différente de l'anglais. Mais, jusqu'à ce qu'elle nous entende hier soir, je ne crois pas qu'elle ait réalisé à quel point cette langue pouvait être étrangère. Sans doute s'imaginait-elle vaguement que c'était équivalent à l'accent irlandais ou à l'écossais des Highlands. La famille l'a bien sûr adorée du fait de sa ressemblance avec Kate. D'ailleurs, Will le Bigle et un ou deux autres ont vraiment cru qu'il s'agissait de Kate. Il y a, c'est vrai, une légère ressemblance. La rondeur du visage, les joues de chérubin, le teint aussi. La famille était dans une forme éclatante. A soixante et onze ans, Tom est le plus dynamique de la bande. Le vol a été très confortable et a tout spécialement ravi Verdun dont j'ai appris, à mon grand étonnement, qu'il n'était jamais monté en avion, et encore moins en jet de sa vie. Rien que cela aurait suffi à son bonheur. Avec cette capacité encore intacte à s'émerveiller, ils ont tout trouvé absolument renversant. Les salles de bain, le fait qu'il y a un bar dans chacune des pièces, les fenêtres donnant sur le Danube légendaire, le fait de rencontrer Elizabeth et, bien sûr, Grace, tout cela les a comblés. E. et Grace se sont superbement comportées. E. est redescendue aux alentours des cinquante-sept ou huit kilos et, ce soir comme demain, va être aussi resplendissante qu'à son habitude. Le petit Mickey Caine a amené de LA un de ses délicieux gitons, comme toujours une espèce de Marlon Brando asiatique. Howard et Mara, mon adorable [Margaret] Leighton, les tout aussi adorables Chris et Alleyn, ont tous parcouru près de la moitié du globe. Et je suppose que le décalage horaire va quelque peu les affecter aujourd'hui et demain, mais cette ambiance de fête va les soutenir. Victor Spinetti est venu avec une amie, de même que Ringo et sa femme. Il y a aussi Susannah York, Mick, Liz et Brook, la dame de compagnie de Grace, une certaine Mme Aurelli, le professeur Warner, Doris Brynner, Bettina, Marie Lou Tolo [une de ses partenaires dans le film], Yves le Tourneur et sa femme, Vanhattan de Van Cleef — je veux dire Cartier, de New York —, Hebe Dorsey, Vicky

Berkeley livrée avec son Ron, Billy Williams et sa femme (Williams est l'excellent cameraman de *Zee and Co*), Kurt Fings, John Springer, et bien d'autres.
Nos chères Chris et Liza viennent de me dire bonsoir. Elles m'ont fait de gros baisers, plusieurs sur chaque joue.
Pour en revenir à Fings, il s'est comme à son habitude mis à parler affaires et, après m'avoir extorqué la promesse que je ne le jetterais pas dans le Danube, m'a annoncé que le consortium Lerner-Loewe-Donen était toujours obsédé par l'idée de me faire jouer *Le Petit Prince*. Ils ont une façon si pénible de me tarabuster que j'ai dit que j'y réfléchirais. Il pense également qu'E. devrait remettre *Night Watch* à plus tard au profit d'un autre film intitulé *Twig* grâce auquel « sur la tête de ma mère elle décrochera un Oscar ». Il estime que je devrais faire *Le Petit Prince* parce qu'ils sont maintenant tous à genoux sur mon paillasson. Il a aussi déclaré que nous représenter, E. et moi, était la grande expérience de sa vie, et que nous ne réalisions pas de quelle magie nos deux noms sont porteurs, et enfin qu'après *Zee and Co* E. est plus cotée ou au moins aussi cotée qu'elle l'a jamais été. Et que le respect et même la vénération que suscite dans toute assemblée l'évocation de notre nom sont proprement extraordinaires, que cela fait quarante ans qu'il est dans le métier et que les Burton y sont nimbés d'un prestige égal à celui du couple royal.
Autre échange à la volée au milieu du brouhaha général : Francis Warner m'a glissé qu'il voulait me voir seul à seul une demi-heure au cours de la journée. J'ai répondu que je l'appellerais dès mon retour du studio. Je ne lui ai pas demandé de quoi il entendait m'entretenir exactement, mais à l'évidence il n'attendait que cela. Très vite, sur le ton de la conspiration, il m'a glissé : « Honorariat à Oxford. » Je suis intrigué. Il pourrait s'agir d'une étape vers le doctorat ès lettres, seul honneur que je convoite vraiment. J'attends donc avec impatience l'entrevue de ce soir après le tournage.
La presse mondiale est venue en masse. Littéralement de partout, semble-t-il. D'Inde, du Japon et de tous les coins imaginables de l'hémisphère occidental. Je crois qu'il va falloir que je leur parle aujourd'hui — peut-être collectivement. Corvée des corvées et dam éternel.
Mes frères (ainsi que leurs épouses en l'occurrence) sont dingues de l'équipe galloise de rugby de ces trois dernières années. Ils ont apporté avec eux des films 16 mm contenant les moments forts du match contre les All Blacks et de plusieurs autres rencontres. Je vais essayer de voir ça cet après-midi pendant que tous les autres dormiront.

(29 février) La fête a été un énorme succès. Quatre fêtes en réalité : le cocktail, la sauterie dans la cave, le brunch du lendemain et

enfin la fête d'adieux. En dehors d'un petit problème avec Alan Williams, tout s'est déroulé sans anicroches. Il y a eu une conférence de presse qui s'est très bien passée. Je l'ai tenue tout seul. C'était sans doute préférable puisque E. prend la mouche au moindre soupçon de critique. J'ai vu deux heures de film 16 mm sur l'équipe de Galles et ma parole ces gars-là sont sacrément bons...
Je viens de me raser. Dans une demi-heure je pars pour les studios. Ce week-end a été une incontestable réussite. Je suis certain que sans la fantastique exubérance de ma famille, cela n'aurait pas été moitié aussi bien. A leur contact, tout le monde s'est détendu. Personne n'avait jamais vu Grace dénouer ses cheveux. Et Mme Aurelli, sa dame de compagnie, n'était pas non plus la plus triste. Grace m'a avoué qu'elle ne se serait jamais crue capable de s'amuser autant. Elle a même participé à de furieuses danses hongroises. A un moment donné j'étais assis dans un rencoignement avec Frankie Howard, Ladas, Spender, Susannah York et son mari. Soudain tous les autres sont passés à côté de nous en dansant une conga endiablée. J'en ai ouvert des yeux ronds. La famille menait la danse, puis, au beau milieu du groupe, j'avise Grace qui s'amusait comme une folle. Incroyable.

(1er mars) Un vrai cauchemar, hier, quand en arrivant sur le plateau j'ai découvert que la scène du jour était une réception, une de plus, avec smokings et robes du soir. Pendant une seconde je me suis cru condamné aux réceptions à perpétuité. Terminant assez tôt, je suis rentré directement pour m'apercevoir qu'E. était sortie déjeuner une heure plus tôt (à seize heures) et ne rentrerait pas avant dix-huit heures environ. J'ai eu une longue conversation avec Aaron, et nous avons enfin décidé de retourner en Angleterre et de payer nos impôts. J'ai également — ils sont revenus à l'assaut — définitivement et irrévocablement refusé de faire *Le Petit Prince*.
Nous avons demandé à Simon et Sheran de nous chercher un point de chute près de chez eux et pas trop loin d'Oxford, avec assez d'espace pour accueillir un ou deux chevaux et un ou deux gros chiens, de sorte que je puisse faire un saut à Oxford quand l'envie m'en prendra.
Il me faut envoyer plusieurs télégrammes ce matin afin de mettre en branle les engrenages de notre retour en Angleterre. D'accord pour y payer nos impôts, mais il n'est absolument pas question d'y passer l'hiver.

Où l'on voit que cette existence vagabonde touche à son terme. Burton venait de passer huit ou dix années à amasser assez d'argent pour parer à toute éventualité. Il pouvait maintenant mener la vie qu'il voulait. Se trouver à proximité d'Oxford et de ses bibliothèques ; y enseigner de proche en proche. Se trouver à faible distance de Stratford et de Londres. S'essayer à jouer Lear. Travailler avec les jeunes metteurs en scène de théâtre. Aller chaque dimanche retrouver les vieilles connaissances au pub du village. Faire un film de temps en temps. S'adonner aux plaisirs de la conversation. Cette vie de rêve lui semblait enfin réalisable. Cela faisait longtemps qu'il attendait cela. Le 15 mars, ils fêtèrent leur huitième anniversaire de mariage. « Selon certains critères, cela ne correspond pas à grand-chose. Selon d'autres, il s'agit d'un exploit monumental. Durant cette période nous avons eu en outre la particularité, rare dans ce métier, d'avoir été fidèles l'un à l'autre. » Burton va cependant ne plus tenir ses carnets pendant huit années.

Ifor mourut.

Cette éventualité, Richard l'avait tour à tour désirée, redoutée, écartée, il l'avait portée en lui depuis cette soirée où Ifor avait quitté le café de la Gare pour se rendre à la maison et s'était accidentellement brisé la nuque. Richard l'avait laissé y aller seul ; peut-être avait-il inconsciemment considéré, un peu à la façon d'un majordome, qu'il était dans les attributions d'Ifor d'aller ouvrir la maison. Quoi qu'il en soit, compte tenu de cette responsabilité énorme, écrasante dont il se sentait investi à l'égard de sa famille et de ses amis, Richard se sentait fautif. Il aimait Ifor. Ifor avait remplacé Dic, lui avait offert la bicyclette si convoitée ; il avait été un modèle pour ses camarades mineurs, pour l'équipe de rugby locale ; il avait le goût de la poésie ; Gwen avait été la seule femme de sa vie.

Richard et Elizabeth se rendirent aussitôt au pays de Galles via Londres. Lorsqu'ils rentrèrent, il n'était plus le même homme. Selon Dmytryk, en l'espace d'une semaine, il avait sensiblement vieilli et avait perdu toute joie de vivre. Jusqu'alors parfaitement sobre, il se remit à boire du jour au lendemain. La journée débutait maintenant à huit heures avec une grande vodka-orange, après que Bob, son habilleur, et Gaston l'eurent transporté, droit comme un i, de la Rolls à sa loge. Les démons qu'il avait toujours si furieusement combattus — perdant assez souvent la bataille de l'alcool, mais toujours vainqueur sur le terrain de la fidélité conjugale, inexpugnable dans son souci d'assurer la sécurité des siens, superbe de désintéressement dans ses efforts pour soutenir Elizabeth —, ces démons avaient maintenant la bride sur le cou. Il était une âme en peine. Ifor n'était plus et la partie était terminée.

Un jour qu'une jeune actrice faisait un peu trop ouvertement à Burton des avances auxquelles il n'était pas insensible, Elizabeth, qui avait des antennes pour ce genre de chose, lança à la jeune personne au beau milieu du plateau ce qu'elle nommait une « châtaigne ». Ainsi que l'a raconté Hollis Alpert, elle n'intervint pas assez rapidement la fois suivante. On tournait de nuit. Burton devait descendre une rue en compagnie de Nathalie Delon. Ce qu'ils firent. Ils disparurent au coin de la rue. L'équipe attendait en vain qu'ils reparaissent. Finalement, Dmytryk envoie son deuxième assistant. Pas de Burton. Pas de Nathalie. Gaston était venu les attendre avec la Rolls, et salut la compagnie. On ne les revit pas du lendemain. Elizabeth se vengea en prenant l'avion pour Rome afin de dîner avec Onassis, venu, lui, sans Jackie. Ce tête-à-tête se mua en une bagarre entre vingt-sept paparazzi, le personnel du restaurant et la police romaine. Quittant l'établissement à l'aube, Elizabeth et Ari partirent à bord de deux voitures différentes vers deux hôtels différents. De retour dans sa chambre, elle empoigna le téléphone, appela l'Intercontinental de Budapest et hurla : « Enlève cette femme de mon lit ! » « Comment était-elle au courant ? » demanda Burton à Dmytryk, le lendemain matin. « Vous ne voyez donc pas qu'elle a mis des espions tout autour de vous ? » répondit le vieux singe, éberlué par la naïveté du Gallois.

Burton était méconnaissable. Le couple se rendit un soir à l'ambassade britannique pour un dîner officiel. Burton injuria deux ambassadeurs et leurs épouses, insulta ses hôtes, condamna toute forme de privilèges et s'en fut. Elizabeth resta courageusement, parlant de ses opérations et de ses enfants. Il n'était plus maître de lui. Le jour où Kate et Liza allèrent le trouver afin de le supplier d'arrêter de boire, il fondit en larmes et promit tout ce qu'on voulait. L'instant d'après, il empoignait la bouteille.

La mort d'Ifor l'avait détraqué. Au moment où il se proposait de rentrer au bercail et de mener la vie dont il avait toujours rêvé : dans la campagne anglaise, environné de ses vieux amis, avec à sa disposition la Bodleian Library, revenant au théâtre londonien et tournant de temps en temps un film. Tous ces beaux projets venaient d'être d'un coup balayés. Sa furieuse et tenace pulsion autodestructrice avait repris ses droits. La disparition d'Ifor avait tué une trop grande partie de son être. Il était à la dérive.

CHAPITRE 22

LA PARTIE EST TERMINÉE

L'existence de Richard Burton entre 1973 et 1975 est celle d'un homme qui garde la pédale d'accélérateur à fond et roule à tombeau ouvert. Parfois il bloque les freins et met à profit cette brusque et brève halte pour souffler un peu avant de foncer derechef. Cette course folle s'arrêterait à l'hôpital, où les médecins ne lui donneraient plus que deux semaines à vivre. Il était possédé du démon. Il était en train de rompre avec Elizabeth. Mais, de même que leur union avait été l'aboutissement d'une succession de mélodrames, d'ultimatums, d'illusoires périodes d'apaisement et de soubresauts émotionnels, leur séparation connut maintes péripéties.

Tout commença de façon assez calme. Peu après leur retour de Budapest, ils empruntèrent à Simon et Sheran Hornby leur maison de Pusey, dans l'Oxfordshire, et Richard put pendant quelques semaines accomplir une des ambitions de sa vie. Il enseigna la littérature à des étudiants d'Oxford. Tous les témoignages le présentent comme un professeur fantasque mais inspiré et vivant. Si Philip Burton avait eu la passion de l'enseignement plutôt que celle du théâtre, peut-être Richard serait-il, comme nombre de boursiers brillants, devenu universitaire... auquel cas Ifor n'eût sans doute pas eu cet accident stupide en Suisse. Mais cette paisible carrière en Angleterre n'était plus à l'ordre du jour. Seul l'effet anesthésiant de l'alcool était maintenant en mesure de limiter l'agitation de Burton.

Il se rendit en Yougoslavie pour terminer le film sur Tito. Il était la plupart du temps ivre. Puis il se mit en tête de faire quelque chose pour Harlech TV. Déjà, la caution de son nom avait permis à la chaîne d'obtenir le droit d'émettre au pays de Galles et de percevoir ainsi la manne publicitaire que lui valait son monopole. Il avait de plus promis de travailler un jour à un spectacle télévisuel. On se doutait toutefois dans la profession que le cahier des charges ne pourrait être intégralement respecté, et bien peu de gens pensaient ou même prenaient la peine d'espérer que les Burton trouveraient un jour le temps nécessaire à la réalisation d'une dramatique. Mais Richard s'était engagé, et son sens de l'obligation morale était aussi vaste que son réservoir à culpabilité. Les deux s'abreuvaient à la même source.

De même qu'ils s'étaient rencontrés à la faveur d'un tournage, celui de *Cléopâtre*, qui avait abondamment et juteusement exhibé leur vie privée et leur rôle public, de même les premiers signes vraiment publics du naufrage de leur mariage apparurent dans le trop justement intitulé *Divorce His Divorce Hers*, deux films de soixante-quinze minutes racontant une séparation, d'abord du point de vue du mari puis de celui de la femme.

John Osborne signa le scénario original. Osborne était un des rares auteurs dramatiques contemporains connus de Burton, qui avait pour lui une grande admiration. Le projet de venir vivre en Angleterre avait fait long feu, et on demanda à Osborne de situer l'action ailleurs que dans ce pays. A bord de la *Kalizma*, à Rome, à Acapulco, n'importe où pourvu que les taxes y fussent réduites. Nonobstant, Osborne écrivit son scénario comme il le voyait. Burton le refusa, témoignant par ce fait de son instabilité d'alors, de son aveuglement quant à ce qui pouvait lui être profitable. John Hopkins, excellent auteur qui s'était fait une réputation en travaillant pour la télévision, le réécrivit. Sa version était compatible avec les impératifs fiscaux.

Elizabeth était en train de faire *Nightwatch (Terreur dans la nuit)*, un autre de ses films tristement dépréciatifs, et le tournage avait accumulé du retard. On annonça abruptement à Waris Hussein, le tout jeune réalisateur de *Divorce*, qui comptait disposer d'Elizabeth pendant quelques semaines, qu'il lui faudrait s'estimer heureux de l'avoir quelques jours. Citoyenne britannique, elle avait le choix entre quitter l'archipel ou s'acquitter de deux millions de dollars d'impôts. La mort d'Ifor les renvoyait à l'errance de naguère, mode de vie désormais inenvisageable.

Hussein a accordé à Paul Ferris une interview très circonstanciée. Il y décrit les terribles scènes qui opposaient Burton et Taylor. Elle l'asticotait sur ses soi-disant qualités d'acteur de théâtre, il lui répondait sur le même mode à propos de ses prestations au cinéma. Ceci au cours d'interminables déjeuners abondamment arrosés, cependant que poireautait la coûteuse équipe de tournage. Hussein est aussi perspicace que magnanime. Sa première phrase est lourde de sens : « Je pense que beaucoup de ce qui s'est passé était dû à leur désespoir réciproque. » Sa version, comme le témoignage plus sévère de Cary Nye (comédienne qui tenait un second rôle), met en évidence une absence de professionnalisme, nouvelle chez Burton. Il arrivait et repartait comme bon lui semblait. Il ne faisait aucun cas du metteur en scène. Il se conduisait très mal. Hussein fait preuve de compassion. Il dit, comme s'adressant à Burton : « Je regrette de n'avoir pu mieux vous connaître. Je regrette tout ce qui s'est passé. Parce que j'admire Richard Burton. » Il évoque une semaine de tournage excellente, à Rome. Burton était seul et buvait assez peu. On tournait des extérieurs-nuit lorsque arrive Elizabeth avec une escorte de police, gyrophares en batterie, et un essaim de paparazzi à sa suite. « Faites comme si je n'étais pas là », dit-elle à Hussein. Burton boit de plus belle, et il faut des heures pour tourner le moindre plan. Il semble que la disparition d'Ifor ait projeté tous ses démons sur Elizabeth. Et cependant il s'efforce encore de donner le change. Ainsi, des amis comme Spinetti, venus leur rendre visite, peuvent affirmer que tout va pour le mieux. Pas l'ombre d'un problème. Les deux parties de *Divorce*, très médiocres, furent éreintées par la critique. « Un couple parfaitement assorti dans le désastre » *(Times)*. « Aussi réjouissant que d'assister à une autopsie » *(Variety)*. Le film comportait bien sûr quelques bons moments, comme Hussein le fait remarquer, des éclairs de vraie tendresse, çà et là, ou d'angoisse. Mais ces instants ne pouvaient sauver un film avec lequel ils ne cadraient pas. Il devenait maintenant officiel que le numéro Burton-Taylor était en train de déraper.

Burton déclara plus tard : « Dès que je me suis senti attiré vers d'autres femmes, j'ai compris que la partie était terminée. » C'était la stricte vérité. Le sacrifice qu'il avait fait, la trahison dont il s'était rendu coupable en épousant Elizabeth lui avaient imposé la fidélité. Il avait rompu cet engagement tacite. Même s'il pouvait s'accorder des circonstances atténuantes — la mort d'Ifor —, la rupture avait eu lieu. Il avait conclu un pacte avec lui-même stipulant qu'Elizabeth serait l'aboutissement de sa vie. Il ne se dissimulait pas la vérité. A présent, ce pacte était brisé. Il commençait de brûler d'un mélange de honte et de soulagement, de liberté et de culpabilité, de sentiment d'échec et à la fois d'espoir. Mais ce serait une combustion lente. Elizabeth n'allait pas renoncer facilement ; d'ailleurs, jusqu'à la mort de Richard, jamais elle ne renoncerait. Et lui aussi était toujours prisonnier de cette étreinte qui emporte les couples naufragés au fond de la rivière.

L'atmosphère environnante était toujours aussi mélodramatique : gardes du corps, jets privés, menaces de kidnapping, tentatives de vol de bijoux, maladies subites (E.), abrupts accès d'ivrognerie (R.). Leur existence était toujours celle de nomades, mais dénuée de ce sentiment de défi merveilleusement régénérateur qui, dans les années soixante, leur avait insufflé une énergie de francs-tireurs. Ce n'était plus maintenant qu'une errance sans nécessité. Ils n'étaient plus des flibustiers prélevant un butin à bord des grands galions des studios et des gouvernements pour le redistribuer au petit peuple de leurs familiers. Ils étaient des agioteurs avides et las. Les chiens qui ruinaient moquettes et tapis n'étaient plus aussi drôles. On commençait de prendre très mal le désintérêt que Burton manifestait à l'égard du cinéma, alors qu'il avait une telle passion pour la lecture et l'écriture. Quant à Elizabeth, elle était en pleine perte de vitesse.

Et cependant leur énergie vitale était extraordinaire. Elizabeth avait traversé des épreuves et des traumatismes qui auraient dû la laisser diminuée, physiquement et psychologiquement. Après avoir temporairement accusé le coup, elle s'en était toujours remise. De même, Richard se soumettait à des tensions, relevait des défis, qui, ajoutés à ses propres faiblesses physiques, à l'alcool et à ses cent cigarettes quotidiennes, eussent dû le laisser sur le flanc. Lui aussi tenait le coup. Leur mariage était maintenu dans un étau de leur propre fabrication.

Au début de 1973, Burton est en Italie. Il tourne avec Marcello Mastroianni *Massacre In Rome*, d'après l'histoire authentique de représailles exercées par les Allemands suite à une action des résistants italiens. Burton interprète l'officier allemand chargé de faire fusiller les otages. Comme le diraient la plupart des critiques deux ans plus tard à la sortie du film, il se tire très bien d'un rôle sans grande substance. Encore et toujours on lui propose ce qui, *sur le papier*, doit apparaître comme un personnage intéressant, mais on lui demande de lui donner vie en enfilant une succession de monologues ; invariablement, les metteurs en scène estiment que, par leur intensité, sa voix et son physique suffiront à soutenir le rôle d'un bout à l'autre. On lui confie un personnage sans épaisseur, dénué de particularismes, de ces petits riens qui l'eussent aidé ; on ne lui demande que d'être Burton. Il en allait de même pour *Hammersmith* et *Trotski*, et il en serait toujours ainsi. Le plus extraordinaire est que, prisonnier comme il l'était de son monologue, il soit néanmoins parvenu à être crédible.

Elizabeth commença *Ash Wednesday (Noces de cendre)*, dans lequel elle incarnait une fois de plus une femme très riche. Burton, qui refusait des offres faciles, qui essayait de mettre sur pied *Don Quichotte* et divers autres projets, qui buvait, lisait et travaillait à des articles destinés à des magazines, se déclara écœuré par le fait qu'elle ait choisi ce rôle. C'est là un autre aspect de sa personnalité post-Ifor : les principes qui lui tenaient tant à cœur lorsqu'il était jeune homme refaisaient surface. Il détestait, disait-il, les membres de la *jet society*, car ils consommaient toutes sortes de substances douteuses, ne connaissaient pas la valeur de la vie, étaient tous d'ignobles parasites, etc.

Minute ! Il s'agit du Richard Burton dont la compagnie possède plusieurs jets privés, qui aime aller à Ferrières chez les Rothschild et manger au bistro avec le duc et la duchesse de Windsor, dont le yacht est le plus prestigieux de toute la Méditerranée et dont la femme s'exhibe parfois aussi étincelante qu'un arbre de Noël mais ornée de vrais diamants, émeraudes et saphirs... Et cependant sa sincérité n'est pas à mettre en doute. Ce paradoxe n'a rien d'unique. Les plus virulents antisémites sont souvent des Juifs ; il n'est pas rare de voir un aristocrate anglais faire preuve d'une rosserie meurtrière à l'égard de l'aristocratie ; pour prendre un cambrioleur, rien de tel qu'un autre cambrioleur. Burton avait pris beaucoup de plaisir à enchérir sur Onassis, à traiter d'égal à égal avec les Rothschild, à en mettre plein la vue à Sinatra et sa bande ; encore qu'il semble que cela n'a été guère plus qu'un jeu, voire une farce. En dépit de cette manne — soixante-dix ? quatre-vingts millions de dollars ? — qui s'était abattue sur lui au cours des douze dernières années, ses goûts et ses préférences ne s'étaient pas altérés. Un bon bouquin, un bar agréable, une poignée d'amis, une femme qu'il aimât, un emploi satisfaisant en perspective. Il n'avait pas non plus contracté les travers du nouveau riche. Voici qu'il entreprenait de réaligner non seulement son couple mais tous les aspects de sa vie. L'éruption avait pour objet de recouvrir tout ce qu'avait infecté la décadence de sa période pompéienne, et de retrouver la pureté cathartique de la flamme dont il brûlait jadis. D'être digne d'Ifor.

Bientôt, les cordages commencèrent de rompre, les mâts de craquer ; ils subirent l'assaut de la tempête qu'ils avaient eux-mêmes levée. Zeffirelli, observateur pénétrant du mariage des autres, remarqua que Burton répondait désormais avec agacement et de façon ouvertement agressive à l'étouffante possessivité d'Elizabeth. Elle manifestait son affection en lui donnant des tapes sur l'avant-bras, en l'interpellant à travers la pièce d'une voix stridente, comportements que légitimait un amour obsessionnel. Plus tard, lorsque le charme fut rompu et qu'elle eut cessé d'être la féerique créature avec laquelle il avait conclu un marché faustien, semblable attitude devint peut-être aux yeux de Richard celle d'une matrone despotique. Les deux parties commençaient d'émettre des commentaires moyennement amènes. Richard déclara en juin 1973 : « Quand Elizabeth est amoureuse d'un homme, elle n'est pas heureuse tant qu'elle ne le possède pas tout entier... Quant à moi, je suis quelqu'un de très indépendant. Nos deux natures n'inclinent pas à la paix conjugale. » Elizabeth se rendit en Californie. Il s'agissait officiellement de rendre visite à sa mère malade, mais ses rencontres avec de vieilles connaissances telles que Peter Lawford (qui pendant une ou deux semaines fut présenté, bien à tort, comme « l'autre homme » par les tâcherons du journalisme, qui rappliquaient désormais comme des parents démunis au chevet d'une tante fortunée et moribonde), Laurence Harvey, malade mais encore robuste, Rex Kenemer et Roddy McDowall, furent largement évoquées dans la presse. A aucun de ces hommes elle ne cacha son infortune.

Au lieu de la rejoindre comme prévu en Californie, Richard alla séjourner dans le bungalow de la villa d'Aaron Frosch à Long Island près de New York. Il lui téléphona et, apparemment, lui intima l'ordre de venir immédiatement. Il alla la chercher à l'aéroport mais, le temps de regagner Long Island, les choses s'étaient déjà à ce point envenimées qu'elle repartit sur-le-champ pour New York où elle descendit à l'hôtel Regency.

Le 4 juillet, fête de l'Indépendance, elle fit paraître une lettre ouverte qui partagea la une des journaux avec Nixon et le Watergate ! Elle l'avait écrite à la main. Ce n'était rien de moins que les déclarations d'une femme certaine d'avoir dans l'inconscient collectif un statut de reine.

> Je suis convaincue qu'il serait bénéfique et constructif que Richard et moi nous séparions pour quelque temps. Peut-être nous sommes-nous aimés avec trop de force. Jamais je n'aurais cru une telle chose possible. Mais nous sommes restés constamment collés l'un à l'autre, et je crois que cela a provoqué une interruption passagère de la communication entre nous. Je veux croire de toute mon âme que cette séparation aura pour effet de nous ramener là où nous devrions être, c'est-à-dire ensemble. Je pense repartir dans quelques jours pour la Californie, car c'est là que se trouvent ma mère ainsi que plusieurs amis sincères. Les amis sont faits pour s'entraider. C'est bien ce que l'on attend d'un ami, n'est-ce pas ? S'il se trouvait un lecteur pour voir là quelque équivoque, je lui répondrais qu'elle n'est le fruit que de sa seule imagination. Souhaitez-nous le meilleur en cette période difficile. Priez pour nous.

Une lettre confidentielle adressée à des millions de lecteurs, le type de confidence qu'une femme dans le désarroi réserverait à sa meilleure amie ; mais Taylor connaissait son public, et c'est auprès de lui qu'elle choisit de s'épancher. Elle prenait le monde pour confident. Après avoir invité le public à son mariage, elle lui faisait maintenant officiellement part de la séparation. Même si, entre-temps, elle n'avait cessé de lutter pour se ménager des espaces d'intimité. Elle offrait toujours au public ce qui lui revenait, et elle avait le « contact » d'un grand communicateur et harangueur de foules.

Les journalistes déferlèrent le lendemain matin sur Long Island, où Burton, vodka à portée de la main, les reçut volontiers, amusé par la dernière initiative de sa déroutante épouse. Il avait l'air disposé à jouer le jeu. A Nigel Dempster, chroniqueur du *Daily Mail*, qui occupait la tête de la meute, et à ses confrères, il déclara : « C'était inévitable. Quand deux personnes s'entrechoquent de façon continuelle, il finit forcément par y avoir du tirage. » « Mes journées ne font que vingt-quatre heures. J'écris, je lis, je tourne. Elizabeth passe son temps à s'inventer toutes sortes de problèmes... Elle voudrait que je laisse tout tomber pour venir chercher la petite bête avec elle. Cela m'est impossible. » Cette déclaration paraît exprimer la réalité et témoigne de ce que, même dans la position d'interviewé détendu, il défend activement son point de vue. La partie était bel et bien terminée. Jamais auparavant il n'avait fait de déclaration publique aussi nette et aussi dommageable. Cependant : « Notre amour et notre attachement réciproques ne sont pas en cause, ajouta-t-il bravement. Je ne considère même pas qu'Elizabeth et moi soyons séparés. »

Des amis choisissaient leur camp. Le bruit courait qu'en Californie Elizabeth voyait un certain Henry Wynberg, homme d'affaires spécialisé dans le marché de la voiture d'occasion. Richard faisait ses descentes à Manhattan. Il commença également, sous contrôle médical, sa première cure vraiment sérieuse de désintoxication.

Il ne buvait plus depuis une ou deux semaines lorsqu'il partit pour Rome et prit ses quartiers dans la maison où Sophia Loren recevait ses hôtes. Il expliqua qu'il avait besoin de fuir le harcèlement incessant des paparazzi ; l'explication était plausible. L'avocat annonça que Burton ne buvait plus, que le couple s'était réconcilié. Elizabeth arriva à Rome, où elle devait tourner *The Driver's Seat*, tandis que Richard et Sophia, dirigés par le grand metteur en scène italien Vittorio de Sica, tourneraient *Il Viagio (Le voyage)*.

La réconciliation dura neuf jours. Burton parla pour la première fois de divorce. « Je n'approuve pas que le divorce puisse être considéré comme une simple formalité. Mais quand deux êtres ne peuvent absolument plus se supporter, ou lorsque ensemble ils s'ennuient à mourir, alors ils doivent divorcer ou se séparer sans attendre. C'est tout à fait certain. » Elizabeth quitta la maison de Sophia Loren pour une suite au Grand Hôtel.

Elle était terriblement éprouvée. Le tournage commençait le lendemain. Elle n'arriva sur le plateau qu'à cinq heures de l'après-midi. Elle demanda à toute l'équipe de lui pardonner son retard et fut follement applaudie. Elle confia au producteur qu'elle avait toujours cru ne jamais revivre une journée aussi terrible que celle de la mort de Mike Todd. « Je me trompais. Aujourd'hui est la deuxième triste journée de ma vie. Je suis désolée. » Son chagrin était sincère et profond, et lui seul peut expliquer son comportement du moment et en particulier le fait qu'elle se lia avec Henry Wynberg.

Apprenant la nouvelle, Burton répondit laconiquement qu'il était certain que, exactement comme les voitures d'occasion de

« M. Wiseborg » (il n'arriva jamais à se souvenir de ce nom), « au moment psychologique, ce sera la panne ». Brutale dans son souci de cautériser ses blessures, elle dit à plusieurs reprises qu'elle se servait de cet homme. Et lorsqu'elle s'en fut servie, elle le jeta. C'était comme si le fait de perdre Burton l'avait coupée de ses ancrages et qu'elle fût partie à vau-l'eau.

Mais sa détresse était bien réelle et posait de grands problèmes à son entourage. Un jour, elle se serait allongée à côté de Laurence Harvey, qui était en train de mourir d'un cancer généralisé, et aurait murmuré quelque chose à propos de « partir ensemble ». Après sa mort elle fit dire une messe de souvenir dans un temple de l'Église épiscopale de Californie, ce qui ne laissa pas de surprendre les autres amis de Harvey, qui tous le savaient Juif lituanien. Elle mit le grappin sur Andy Warhol afin de lui raconter sa vie, à la suite de quoi le pape du pop'art se fit l'écho de ce que mainte ménagère de l'Amérique profonde pensait : « Seigneur. Elle a tout. La magie, l'argent, la beauté, l'intelligence. Mais enfin, pourquoi est-elle malheureuse ? »

Elle ne pouvait être heureuse sans Burton, qui, pendant ce temps, était lui aussi en pleine crise. Selon Vittorio de Sica, il était « en train de se tuer ». Son seul amour, l'amour de sa vie était « Elizabetta ». Pareils à des correspondants de guerre, les amis envoyaient dépêche sur dépêche. Rien qu'avec une information aussi fracassante, n'importe qui dans un rayon de trente kilomètres autour de Taylor ou de Burton pouvait compter sur une bonne diffusion.

Puis, quelques semaines avant Noël 1973, Elizabeth lui passa un coup de téléphone. Elle ne voulait pas vivre et mourir seule, lui aurait-elle dit. Pouvait-elle revenir à la maison ? Elle était hospitalisée à Los Angeles, et lui tournait en Sicile. Il prend aussitôt l'avion, survole le pôle et atterrit en Californie. « Salut, ma grosse », dit-il. « Salut, le grêlé », répond-elle. Il flanque Wynberg à la porte, passe la nuit avec elle à l'hôpital et, le lendemain, la ramène en Italie avant de l'emmener passer Noël à Puerto Vallarta. Une nouvelle déclaration arrive sur les télex : « Je crois au père Noël », dit Elizabeth. Et, de fait, ce serait le plus joyeux Noël de son existence. Il est difficile et cependant crucial d'admettre que derrière ces formulations parfois enfantines il y a une femme bien réelle, adulte et unique, en train de faire de très sérieux commentaires sur sa vie.

Sur la chaîne NBC, John Chancellor annonça à ses compatriotes américains : « Elizabeth Taylor et Richard Burton sont réconciliés de façon permanente... et non plus temporaire. »

Elizabeth était cependant convaincue que Richard avait eu une liaison avec Sophia Loren. Elle se montrait inébranlable en dépit des dénégations répétées de Richard et de Sophia. Celui-ci fut quelque peu desservi par un article qu'il était en train d'écrire sur celle-ci (pour le *Ladies Home Journal*) et qui contenait des formules comme « aussi belle qu'un rêve érotique ». Singulièrement, Philip Burton, qui est le contraire d'un colporteur de ragots, y fait allusion dans son manuscrit inédit. Il évoque la fois où, après très longtemps, Richard et lui se revirent (nouveau retour aux sources). Cela se passait à l'automne 1973, à la faveur d'un des voyages éclair de Burton à New York.

> Richard était à l'hôtel Regency. Je l'appelle pour lui dire que je ne vais pas le harceler de coups de fil — je savais combien il détestait le téléphone —, mais que je compte l'entendre m'annoncer sa venue à la maison. Il m'a bien rappelé quelques jours plus tard, mais c'était pour me parler de son dernier dilemme, résultant de sa liaison avec Sophia Loren ; il se pouvait qu'il fût obligé de repartir pour Rome dans quelques jours. Aaron m'a appelé le lendemain, me laissant entendre que Richard se faisait une montagne de pas grand-chose. Cela, c'était le samedi. Le lundi, Richard me retéléphone. Il n'allait plus à Rome et venait me rendre visite le jour suivant. Mais il n'est pas venu pour cause d'empêchement ; le médecin lui avait interdit de sortir en raison d'une grippe intestinale. Le vendredi suivant, je suis monté à New York. Le médecin m'a aussitôt rassuré sur son état. Il avait l'air en forme, quoiqu'il éprouvât quelque difficulté à marcher. Il décida de me raccompagner jusqu'à Asbury Park et d'y rester jusqu'au samedi soir.
>
> Nous avons passé un merveilleux week-end, rattrapant un arriéré de conversation de plusieurs années. Je crois que cela lui a fait du bien ; on m'a plus tard rapporté qu'il était un « homme différent » après ce week-end. Bien que la marche lui fût pénible, il a tenu à m'accompagner plusieurs fois pour de brèves promenades. Une chose amusante arriva au cours d'une de ces sorties. Nous étions assis sur un banc de l'extrémité la moins fréquentée du front de mer. Vint à passer un petit groupe de jeunes adolescents. L'un d'eux a reconnu Richard et s'est approché timidement pour lui parler. Quand il a été certain qu'il s'agissait vraiment de Richard Burton, il est devenu quasi extatique, il ne trouvait plus ses mots. Richard lui a parlé avec beaucoup de gentillesse et pour finir lui a donné un billet de vingt dollars. Quand le garçon est reparti avec ses camarades, tous jetant force coups d'œil en arrière, Richard a dit avec un sourire : « Sa mère ne va jamais le croire. Quant aux vingt dollars !... »

Le samedi, nous avons téléphoné à Elizabeth, qui se trouvait à Rome. Cela n'a pas été une conversation facile, et il n'en est rien ressorti. J'avais le sentiment que la situation était sans espoir. Lorsque Richard est reparti le dimanche soir, toute ma sympathie était pour Elizabeth ; en effet, dans la voiture qui est venue le prendre, il y avait une jeune comédienne, jolie et agréable. Elle m'a paru si vulnérable elle aussi, que je me suis senti un élan protecteur. Néanmoins, en dépit de tout, cela a été un week-end très profitable.

Je n'ai pas été étonné d'apprendre le mercredi suivant que Richard, en quête de solitude, s'était envolé pour le Montana, mais il n'a pas tardé à revenir à New York pour se rendre en Italie. Je suis allé le voir, mais n'ai pu me trouver un moment seul avec lui. J'avais l'impression que son état s'était détérioré, physiquement comme psychologiquement, et cela me préoccupait énormément. J'aurais voulu passer une heure avec lui en tête-à-tête, mais cela n'a pu se faire. (Il m'a donné, soit dit en passant, une machine à écrire toute neuve, que je vais désormais utiliser pour taper ceci.) La fois suivante où je l'ai eu au bout du fil, Aaron m'a dit que Richard était de nouveau à Quogue, et qu'il avait avec lui une autre jeune femme que celle que j'ai vue à Asbury Park.

Pendant ce week-end ensemble, Richard et moi avons eu une conversation préliminaire sur un projet qui devait nous occuper des années et que seule sa disparition prématurée empêcherait d'aboutir. Il s'agissait de tirer une pièce du *Richard III* de Shakespeare, attendu que ce personnage apparaît également dans les seconde et troisième parties de *Henry VI*, où il n'est encore que le duc de Gloucester. Son meilleur monologue, et le plus révélateur, se trouve dans *Henry VI*, troisième partie. Je ne suis pas du tout le premier à avoir cette idée. Colley Cibber a eu la même en l'année 1700...

Après un séjour à Puerto Vallarta, Burton se rendit en 1974 à Novilla en Californie pour jouer dans *The Klansman (L'homme du clan)*, film sur l'affrontement entre le Ku Klux Klan et le mouvement pour les droits civiques. Il partageait la vedette avec Lee Marvin. Terence Young assurait la mise en scène.

Burton arriva ivre et le demeura d'un bout à l'autre du tournage. Marvin était le pochard en second. Elizabeth survint, escortée d'une infirmière. Elle buvait elle aussi, mais cela ne l'empêcha pas d'entrer dans une colère noire quand gros titres et photos lui apprirent qu'il avait offert une bague de quatre cent quatre-vingts dollars à une serveuse de dix-huit ans « qui lui faisait penser à Kate ». Une petite vendeuse et au moins deux figurantes avaient également eu droit à leur bague... Elizabeth repartit. Richard en était à trois bouteilles de vodka par jour.

Cependant, raconte Hollis Alpert, un attaché de presse particulièrement délicat annonça à l'attention des média de la planète : « Si vous voulez interviewer un ivrogne, si vous voulez voir un ivrogne s'affaler dans les massifs de camélias, c'est ici que cela se passe. » On ne se le fit pas dire deux fois. Et l'on vint voir Burton comme s'il s'agissait d'un phénomène de foire et Kerwin du *Chicago Tribune Magazine* d'écrire :

> Ses poignets grêles dépassent d'une chemise informe. Son vaste pantalon de toile brune est celui d'un vieillard. Son visage, naguère énergique et viril, présente une pulvérulente pâleur. L'iris est bleu vif, mais le reste de l'œil est injecté de sang et le blanc se réduit à quelques mouchetures. Il affiche un sourire hébété, comme s'il venait de se réveiller sous le feu des projecteurs en plein milieu d'une opération chirurgicale.

Excellente plume. Et impitoyable. Puis ce fut la curée des interviews. Tout ce qu'il répondait était retourné contre lui. « La mort fascine. La mort et la vérité. Deux choses après lesquelles nous courons durant tout notre beau séjour ici-bas. L'alcool y aide. » Ou bien encore : « On boit parce que la vie est énorme, elle aveugle. Elle vous accapare en permanence par tous les côtés, et il faut lui mettre la pédale douce. La poésie et l'alcool, voilà les deux bonheurs de l'existence. Les femmes mises à part. » Les journalistes gobaient puis régurgitaient. Il leur racontait des choses abracadabrantes sur sa famille, qui, autrefois, ne se nourrissait que de saumon poché (calembour voulu), il leur récitait des poèmes par cœur, et cela faisait le tour de la planète.

Le tournage n'avançait pas. Bien souvent, Burton butait sur une phrase de son texte, s'y essayait encore et encore, échouant chaque fois, complètement abattu, presque au bord des larmes. Détail curieux : quoiqu'il compatît et fût pleinement conscient du problème, Terence Young attendit d'avoir achevé le tournage pour faire venir un médecin. On ne faisait pas de quartier à Burton. On lui annonça qu'il ne lui restait plus que deux ou trois semaines à vivre. Il était bien dans sa manière de rétorquer aux médecins : « Je m'étonne que vous croyiez que l'on peut se débarrasser de moi aussi facilement. »

Il fut admis à l'hôpital St. John de Santa Monica. Pendant six semaines, les médecins firent leur possible pour rafistoler son organisme. Physiquement et émotionnellement, il ne serait plus jamais le même. Alors qu'il achevait sa convalescence, Elizabeth se décida à divorcer. Les choses seraient rondement menées.

En plein milieu de son traitement, il téléphona à son avocat afin de s'assurer que l'on n'oubliait pas de pourvoir aux besoins de ses proches, frères et sœurs, neveux, nièces, amis. Et pour s'assurer qu'en plus des bijoux, peintures et biens fonciers, Elizabeth allait toucher une part substantielle en argent liquide. Susan Strasberg vint lui rendre visite. Elle l'accosta alors qu'il faisait sa promenade dans le parc. Il mit quelque temps à la reconnaître. Elle le trouva usé, amaigri, presque un vieil homme. Il quitta l'hôpital en mai. C'est le 26 juin 1974 qu'une cour suisse accorda le divorce à Elizabeth. « J'ai tout essayé, déclara-t-elle. Mais nos différences sont rédhibitoires. » Ils avaient été mari et femme pendant un peu plus de dix ans. Elle était indubitablement très affectée et toujours amoureuse de lui.

C'est Lee Marvin qui eut le commentaire le plus percutant sur le Burton de l'époque de *The Klansman*. « C'est un homme qui souffre, dit-il. Qui sait ce qu'il traverse ? »

Les symptômes étaient bien visibles. Le délabrement physique, si amoureusement décrit par les échotiers. Cette claudication, dont certains pensaient que c'était celle de son personnage dans le film, mais qui résultait en fait d'une cruelle sciatique. Le tassement des épaules, la douleur dans le bras gauche. Marvin avait raison : Burton souffrait.

« Qui sait ce qu'il traverse ? » A cette époque pourtant proche, les signes extérieurs de l'alcoolisme étaient perçus de façon très négative. Témoin cet attaché de presse invitant les pisse-copie à venir assister à sa déchéance. L'ivresse était quelque chose de honteux. On en ricanait, on s'en prévalait, ou bien on la tenait pour un mal inévitable. Mais on ne la considérait pas encore comme une étape vers l'alcoolisme, et celui-ci n'était considéré comme une maladie grave que dans des cercles médicaux très restreints. La prise de conscience générale était encore à venir. Comme toujours, Burton était en avance sur son temps. Tout ceci se passait avant l'éclosion du culte du corps et de la forme physique. Les alcooliques ne recevaient ni sympathie ni compréhension de la part du grand public.

Même au lendemain de sa cure de désintoxication, même après avoir été à deux doigts d'y rester, Burton ne voulut pas admettre la réalité de tout cela. Il ne le pouvait pas. Sa culture et sa nature étaient par trop liées à l'alcool. La boisson était le moyen de faire prendre un tour poétique à la conversation, elle était le rendez-vous des corps et des âmes en peine, elle constituait une preuve de virilité dans un monde où il importait d'être un homme, d'être fier, de tenir sa parole, de ne pas reculer, d'avoir des tripes. Et puis elle engendrait la rigolade. La déprime, la gueule de bois, la nausée étaient le prix à payer, mais on s'en acquittait de bonne grâce, voire avec humour. Cette vision insouciante de l'alcoolisme avait fortement impressionné son ami Lee Marvin.

La mort d'Ifor ne le quittait pas. A l'hôpital, son sommeil en était hanté. Il a raconté qu'il ne parvenait à dormir que par tranches d'environ trois quarts d'heure et qu'à son réveil il voyait souvent Ifor « en pleine forme, sur ses jambes, dans la chambre à côté de moi ». Au cours de cette hospitalisation, Burton perdit près de vingt kilos.

Et puis il y avait la rupture avec Elizabeth. Comme elle l'avait écrit dans sa lettre ouverte du 4 juillet 1973, ils avaient vécu collés en permanence l'un à l'autre ; lorsqu'ils se séparèrent, les artères se rompirent. Quoi qu'il pensât d'elle, si nombreuses qu'eussent été les fois où il lui avait dit de « foutre le camp », il savait qu'avec elle c'étaient dix années qui partaient, des promesses qu'il s'était faites, qu'il avait faites à d'autres, et qu'il n'avait pu tenir, dix années de joies et de souffrances.

Il y avait derrière tout cela encore un autre élément, celui-là profondément enfoui. Il parlait souvent de ce goût très celtique pour l'alcool. Il parlait de la honte qu'il éprouvait à se grimer, à être acteur, et de la nécessité de boire pour surmonter cela. Son idée était que, chez un homme, l'exercice de ce métier était intrinsèquement l'expression d'une homosexualité latente, et l'on buvait aussi par peur de cela.

Mais, sur la fin, ce recours à l'alcool ne pouvait guère s'expliquer qu'en termes de pulsions autodestructrices. « Tout homme tue ce qu'il aime. » D'aucuns soutiennent que l'organisme humain porte ce principe en lui. Cela fait presque deux siècles que la notion d'autodestruction, avec sa force poétique et romantique, est présente dans la littérature occidentale ; chez certains êtres, elle correspond à une réalité. Dans les moments de profonde déréliction, détruire ce qui a été si merveilleusement et mystérieusement agencé peut être source d'un délicieux plaisir intellectuel. Le plaisir peut provenir de la méthode utilisée et, en l'occurrence, l'alcool a toujours été dispensateur de plaisir chez Burton. Ceux qui ne boivent pas ne pourront jamais comprendre la simple et incomparable délectation qu'offre l'alcool.

« Tout homme tue ce qu'il aime. » Et si, comme c'est le plus souvent le cas, ce que l'on aime c'était soi-même ? Soi-même que, simultanément, l'on hait ? Deux raisons à cela. Burton était une fantastique créature. Une constitution de mineur. Un prodigieux visage de héros. Un bel, peut-être un exceptionnel intellect. Un redoutable et incontestable talent. Une forte capacité à l'emporter dans nombre de ces domaines où les hommes donnent leur mesure. Un amour immodéré des femmes, et immodérément payé en retour. Une facilité à se faire des amis de toutes sortes d'hommes. Une loyauté singulière, voire anormale, envers ceux qui l'avaient connu ou avaient été en relation avec ceux qui l'avaient connu dans son passé gallois. Une terrible insouciance. Une voix ensorcelante. Il arrivait si facilement que toutes ces caractéristiques entrent en antagonisme. Au lieu de voguer d'une seule voile, elles pouvaient s'égailler aux quatre coins de sa tête, et il vivait alors le cauchemar du non-être que seule pouvait apaiser cette matière solide et palpable qu'était la boisson. L'alcool, l'amour, la poésie, il n'y avait que cela de vrai.

Sans doute cette course à la mort s'apparentait-elle à celle de Dylan Thomas, son héros. Dans ce bled perdu de Novilla, Lee Marvin avait compris cela et savait quelle attitude adopter. Il fallait rester à l'écart, le laisser se remettre seul les idées en place. Et il faillit y parvenir. Comparée à l'intensité de ce combat intérieur, la question de savoir s'il valait mieux qu'il fît du théâtre à Londres ou qu'il continuât de tourner n'avait pas grande importance.

Tandis qu'il reprenait quelques forces et qu'une ombre de Burton, un homme décharné, non encore quinquagénaire, à la vie tissée de passions et de grands accomplissements, s'apprêtait à quitter l'hôpital, les lignes téléphoniques et les chroniques mondaines du monde entier évoquaient toujours le divorce. Comme cela lui était si souvent arrivé depuis son éclosion dans *Cléopâtre*, le couple Burton-Taylor faisait de nouveau la une de l'actualité. Pourquoi s'étaient-ils séparés ?

Il se trouva forcément des cuistres pour faire remarquer qu'ils s'y attendaient depuis le début, que cela n'avait jamais eu la moindre chance de fonctionner. Elle était trop tournée vers le cinéma, il était trop porté vers le théâtre. Elle avait le goût du luxe, lui celui du risque. Ils étaient chacun à sa manière des monstres. Cela ne pouvait marcher. Mais alors comment expliquer ces presque treize années ensemble ?

Ses amis à elle n'en démordaient pas. Il buvait trop et trop souvent. Elizabeth, sur la fin, n'avait tout simplement plus eu la force d'assumer cela. L'alcool faisait de lui un autre homme, il devenait George et elle avait depuis longtemps cessé d'être Martha*. Ajoutez à cela le retour du don juan en Burton. La partie était terminée.

Cette explication est plausible et sans doute en grande partie pertinente. Cela n'explique pas toutefois pourquoi par la suite, et *jusqu'à la fin*, elle se mit en chasse ou en frais chaque fois que se présentait la plus infime chance de le rencontrer. Mais n'importe quelle cour se fût prononcée à son avantage à elle. Et il n'était pas faux de dire que c'était lui qui l'avait amenée devant les juges, et que cela allait à l'encontre de son profond désir de toujours, celui d'être mariée.

Ses défenseurs à lui disaient que le fardeau n'était plus supportable. Les maladies d'Elizabeth étaient en soi une maladie. Il lui servait avant tout d'infirmier. Et il y avait les autres problèmes, son besoin morbide de médicaments, les enfants, les chiens, l'intérieur toujours en désordre, cette compulsion à toujours être en retard, cette voix suraiguë qui glapissait « Richard ! Richard ! » à travers la pièce ou le plateau chaque fois qu'il adressait la parole à une représentante de la gent féminine, ou encore son désir — son avidité dès qu'il était question de cadeaux ou de gratifications. Cela faisait trop pour un seul homme. Il avait fini par suffoquer. Et puis il fallait toujours lui expliquer les mots un peu longs, ou se justifier d'en utiliser... Les deux parties ne manquaient pas de griefs utilisables.

La disparition d'Ifor avait tranché les liens qui les retenaient ensemble. Le chagrin et la culpabilité de Burton étaient incommensurables. La mort, imminente et sans appel, faisait paraître bien vaines toutes ces choses qu'il avait bâties, cette vie errante et cependant domestique, l'organisation du travail, ce mouvement en direction de l'écriture. Il se vengeait de la mort en jetant à bas tout ce qui faisait sa vie — nouvelle réaction viscérale et destructrice —, et c'était lui que cette vengeance frappait le plus durement. Peut-être quitta-t-il Elizabeth parce que c'était à l'époque le coup le plus violent qu'il pût s'infliger.

* Personnages centraux d'*Un tramway nommé Désir*, pièce de Tennessee Williams *(NdT)*.

Et cependant cette somme de renoncements lui répugnaient et avaient pour lui un goût de défaite. Peut-être était-ce sa première défaite. Il avait pris d'assaut l'Old Vic et Stratford ; il était devenu numéro un au box-office et avait fait plusieurs films de qualité ; il avait commencé d'écrire, il avait enseigné à l'université de ses rêves à la façon *Jude l'obscur* ; les plus belles femmes du monde étaient passées entre ses bras, il avait ramassé des diamants comme graviers dans le lit d'un torrent ; la haute société européenne recherchait sa compagnie et les poètes lui parlaient d'égal à égal. Mais il s'était lassé d'être avec Elizabeth, lassé peut-être de la soutenir.

Lorsqu'elle alla se réfugier près de Wynberg, on eut l'impression que tout ce dont elle avait besoin était d'être soutenue. N'importe qui pouvait faire l'affaire. Sans Richard, elle avait l'impression d'avoir perdu sa propre personnalité. Car celui-ci lui avait fait le très grand compliment de la prendre au sérieux et de ne pas la traiter comme une « nana » (un des termes qu'elle s'appliquait) ni comme « une simple star de cinéma » (autre terme dont elle usait à son propre endroit), mais comme une femme intelligente et sensible, pleine d'énigmes uniques et surprenantes, et sur laquelle il convenait de méditer aussi sérieusement que sur une mystérieuse rune celtique. A ses yeux, elle avait été quelqu'un. Et elle avait vu tout le monde — metteurs en scène, écrivains, hommes d'État, comédiens, amis —, écouter Richard, respecter son intelligence et même se laisser convaincre par lui ; et toutes ces qualités, il les avait déposées à ses pieds. Même s'il ferait à l'avenir des choses de médiocre qualité, il en ferait aussi d'excellentes. Oui, une part du meilleur de ce qu'il laisserait était encore à venir ; et son esprit, son humour fonctionnaient toujours et impressionnaient ceux qui avaient des oreilles pour entendre. Leur séparation démontra — à ceux qui en doutaient encore — que, même si Taylor mena la barque pendant leurs années Laurel et Hardy, c'était lui qui tout le temps l'avait nourrie et soutenue, qui l'avait découverte. Nul ne s'en était soucié avant lui. Nul n'avait estimé que cela en valait la peine. Nul ne l'avait aimée de cet amour plein d'intelligence.

Elle lui avait offert une grande aventure. Amoureux de toutes les femmes, il avait fini par trouver son « Océan », premier surnom qu'il lui donna, et il en avait dressé la carte aussi complètement qu'un capitaine Cook. Son goût immodéré des apparences — toilettes, bijoux, possessions diverses —, ses engouements violents — pour les gens, les chats, les bonnes causes —, tout cela l'avait mis sous le charme. Et puis il y avait le *glamour*, et cette force dont elle faisait preuve dans ses affrontements avec les grandes compagnies. Elle avait su montrer cette maîtrise de soi, ce courage très particulier que se doit d'avoir une star si elle veut durer, mener les inévitables batailles et maintenir le public en haleine. Burton pouvait remonter presque jusqu'au germe de ce cocktail de volonté, de maîtrise de soi et de chance, qui avait présidé à l'avènement et à la pérennité de la star Elizabeth Taylor. Sa renommée lui était dispensatrice d'un bien-être suprême. Burton, lui, la comprenait et la reconnaissait dans l'idée qu'elle se faisait de son moi intime. Lorsqu'elle fut privée de cela, un désarroi extrême s'abattit sur elle.

Mais il avait mené le bon combat. Tel un guerrier solitaire menant quelque fabuleuse quête, il avait conquis des citadelles, pris des villes, enlevé la belle princesse pour la couvrir de mille splendeurs. Mais le moment était venu de passer à autre chose. Quelques semaines après être sorti de cet hôpital où il avait flirté avec la mort, encore fragile et pâle mais nullement entamé, Burton oublia la maladie, dédaigna toute mise en garde (on se souvient de Cliff Morgan, le grand rugbyman, qui disait que Burton était « sans peur ») et repartit pour l'Europe, déclarant aux inévitables journalistes : « Je compte parcourir le globe à la recherche de créatures de rêve. »

La partie venait de reprendre, une fois de plus.

engouffrant [illegible] pour les [illegible] chez les [illegible] cassés — [illegible] avec Taylor [illegible] guerre. Lorsqu'il y avait [illegible] [illegible] grande [illegible] de se montrer cette maîtrise de soi, ce courage [illegible] qu'il [illegible] d'avoir une [illegible] [illegible] et [illegible] presque jusqu'au [illegible] de [illegible] sa [illegible] de [illegible] de la [illegible] Elizabeth Taylor [illegible] [illegible] sublime [illegible] le [illegible] et la [illegible] qu'elle [illegible] Lorsque [illegible] sur elle.

[illegible] le bon combat [illegible] [illegible] presque [illegible] splendeurs. Mais [illegible] à [illegible] [illegible] avec la [illegible] encore [illegible] Burton [illegible] souvent de [illegible] Burton était [illegible] aux [illegible] de [illegible]

La partie [illegible] de plus.

Troisième Partie

CHAPITRE 23

LE REMAKE

Quelques mois plus tard, en 1974, Burton oublia la mise en garde de ses six semaines d'hospitalisation. Il n'avait plus la prodigieuse « descente » d'autrefois, mais cela n'était pas pour l'arrêter. Il était en proie à de violentes crises d'arthrite, auxquelles il refusait de prêter attention.

Au début, il fit preuve de prudence. On l'avait sollicité pour interpréter Churchill dans un film de quatre-vingt-dix minutes coproduit par NBC et la BBC et sponsorisé par les cartes de vœux Hallmark. Les producteurs lui avaient rendu visite à Puerto Vallarta, où il récupérait. Il s'accordait un peu de vin blanc. Les visiteurs le trouvèrent quelque peu perdu, hors du coup. Il lut à haute voix des passages du script, puis s'endormit. Ils s'en allèrent sur la pointe des pieds. Il s'agissait à l'évidence d'un homme malade, et cependant Jack le Vien (le producteur) tenait à ce qu'il fît le film. Tout le monde se souvenait de sa superbe imitation de la voix de Churchill dans *The Valiant Years*, et puis qui aurait-on pu lui substituer ? Il allait se remettre.

Tandis qu'il s'y employait, on lui proposa de jouer dans *Brief Encounter*. Robert Shaw avait d'abord été pressenti, mais il était encore aux prises avec *Les dents de la mer*, qui était en dépassement. Sophia Loren avait suggéré que l'on fît appel à Burton. Pour deux cent mille livres plus les frais et pour Sophia, il accepta de collaborer à ce désastreux remake. Il fallait qu'il fût vraiment très attaché à Sophia Loren. Trevor Howard et Celia Johnson avaient définitivement marqué leur personnage dans la version de David Lean de *Brief Encounter (Brève rencontre)*, et tous ceux qui travaillaient à ce remake étaient sur un coup qui n'allait aboutir à rien. Selon Alan Bridges, le metteur en scène, Burton ne témoignait que très peu d'intérêt à ce projet. Rien d'étonnant à cela. Cet acteur avait toujours fonctionné à la manière d'un missile à tête chercheuse : en présence d'un rôle ou d'un texte, ou même d'un acteur ou d'un réalisateur qu'il estimât (ou, ô merveille, des trois réunis), il donnait le meilleur de lui-même. Lorsque le projet était médiocre, il le sentait tout de suite, fermait boutique et s'acquittait en professionnel, mais mécaniquement, de ce qu'on lui demandait de faire. Ce fut le cas dans ce film. Il y est bien trop lisse, il sourit beaucoup trop à Sophia, et véhicule la charge émotionnelle d'une calculatrice de poche.

Brook Williams, qui l'avait accompagné à Winchester, lieu du tournage, se rappelle non sans amusement l'attitude de l'équipe. « C'était du genre "Attention ! le voilà !" Nombre d'entre eux avaient déjà travaillé avec lui, et c'était "Salut, Rich ! — Salut, Coco ! — Un petit sur le pouce, Rich ? — Non merci, Coco." Il n'a pas bu la moindre goutte pendant toute la durée du tournage. Le matin, il arrivait à bicyclette pour essayer de se refaire les muscles. Son hospitalisation l'avait laissé comme une allumette. » Burton ne retrouverait jamais cette carrure, cette vitalité, cette présence physique qui lui donnaient le double avantage d'une tête bien faite sur un corps sain et robuste. « Il y a eu la fois où il est arrivé au pub pour commander une double vodka. Visiblement, les gars se sont dit : "Ça y est, ce coup-ci, c'est parti !" Mais il y a trempé les lèvres et a renoncé. Et de repiquer à l'eau gazeuse. Il y a eu un hoquet d'incrédulité comme un coup de tonnerre. »

Il fut remarqué que lorsqu'elle déclare, dans le film, ne pouvoir quitter son mari pour venir vivre avec lui — Burton —, les yeux de Sophia se mouillent de « vraies larmes ».

Peut-être avait-il été également appâté par les deux cent mille livres. Égal à lui-même, il se montrait très accommodant en ce qui concernait le règlement du divorce. Les bijoux (il devait y en avoir pour quinze millions de dollars actuels*) avaient été achetés comme un investissement *commun*, et cependant Elizabeth en conservait la totalité. Les observateurs les moins complaisants

* Soit environ quatre-vingt-dix millions de francs *(NdT)*.

purent affirmer qu'elle l'avait presque entièrement dépouillé. Si tel fut le cas, rien n'indique qu'il ait tenté quoi que ce soit pour l'en empêcher. Son insouciance à l'égard de l'argent, doublée de la certitude que d'une manière ou d'une autre il parviendrait toujours à prendre soin de ceux qui avaient besoin de son aide, avait toujours été un de ses attraits aux yeux d'Elizabeth.

Après *Brief Encounter*, il reporta son attention sur Churchill, l'alcool, la princesse Elizabeth de Yougoslavie et Jeanne Bell. Jeanne Bell était une très belle fille qui avait été le premier modèle noir à faire la double page de *Playboy*. Burton l'avait remarquée sur le plateau de *The Klansman*. « Vous n'êtes pas mal du tout, pourquoi ne seriez-vous pas des nôtres ? » On lui avait ménagé un petit rôle. Ils avaient gardé le contact. La princesse Elizabeth de Yougoslavie était parente de la famille royale britannique et une vieille connaissance du couple Burton-Taylor. A l'époque, elle était séparée de son banquier d'affaires de mari, Neil Balfour, et en instance de divorce. C'est par son entremise que Burton fit la connaissance de lady Churchill. Celle-ci était ravie qu'il interprétât son mari, le grand homme ayant toujours été de ses admirateurs depuis le fameux *Hamlet* de l'Old Vic. Immédiatement après, on vit Burton et la princesse sortir ensemble. Simultanément à l'annonce de leurs fiançailles, Elizabeth Taylor eut de graves problèmes de dos et fut mise en rééducation. Cela n'avait rien à voir avec la princesse Elizabeth, qui était une « amie chère », déclara-t-elle avec véhémence.

On a dit que Burton ne s'était pas présenté pour le premier jour de tournage de *Walk With Destiny*. Rien ne prouve que ce fut le cas, même si cela se produisit indubitablement par la suite. Il était ivre presque en permanence. Robert Wise, le réalisateur, avait toutes les peines du monde à le diriger. On dut éliminer (à cause de l'interprétation austère de Burton) une partie des premières séquences, dans lesquelles Churchill était censé avoir l'âme légère. Lorsque des journalistes passaient sur le plateau, il ressortait son stock d'anecdotes : Churchill à l'occasion d'une représentation d'*Hamlet*, leur rencontre en sa maison de Hyde Park Gate, le grand homme, le grand Anglais. L'attaché de presse était aux anges.

Le *New York Times* lui demanda un article. Il fit du grand homme un portrait au vitriol digne d'un John Osborne. Les gens du film n'en revinrent pas. Et cependant, si l'on considère attentivement l'altération de son caractère depuis la traumatisante disparition d'Ifor, en passant par son propre flirt avec la mort, et jusqu'à son divorce, cet article participe de ce retour en arrière qu'il était en train d'opérer afin de se constituer un nouvel équilibre. Seul devant sa machine à écrire, il avait longuement réfléchi sur Churchill et était arrivé aux mêmes conclusions que le jeune comédien gallois qui jadis était révolté par les conditions faites aux mineurs de son pays, écœuré par les tueries de la guerre, et méfiant à l'égard de ces hommes qui briguent le pouvoir. « Je viens de réaliser que je hais Churchill et tous ses semblables, écrivit-il. Je les hais avec violence. » Il s'en prend ensuite aux déclarations de l'ancien et défunt Premier ministre. Quand en 1939 celui-ci déclara à propos des Allemands : « Il faut qu'ils saignent et qu'ils brûlent, il faut les recouvrir de ruines fumantes », s'agissait-il réellement d'une simple hyperbole ou bien parlait-il au premier degré ? Ayant appris les atrocités que les Japonais faisaient subir à leurs prisonniers, Churchill déclara : « Nous allons les éliminer, hommes, femmes et enfants. Il ne restera plus un seul Japonais à la surface du globe. » Et Burton de commenter : « Un désir de vengeance aussi féroce m'emplit d'horreur. Attila, Gengis Khan, Tamerlan, Lénine, Hitler, Staline ne m'inspirent pas d'autre sentiment. » Il poursuit en prêtant à Churchill une profonde timidité, en critiquant le style de sa prose, en reconnaissant cependant qu'« il a été une des rares personnes, au nombre desquelles Picasso et Camus, qui, lorsque je les ai rencontrées, m'ont si fortement impressionné que j'en avais presque du mal à parler ». Il s'appliqua toutefois à déboulonner le grand homme.

Les réactions gravirent rapidement l'échelle de Richter. Il eut droit à un blâme du Parlement. Son propre passage sous les drapeaux fut passé au crible et tourné en ridicule ; on s'empressa de retrouver des « amis » de cette époque, qui se répandirent en calomnies sur son compte. De vrais amis — Sheran Hornby, Tim Hardy — lui envoyèrent des télégrammes de protestation ou de colère. La compagnie Hallmark Cards prit peur et se retira de la production. NBC prit ses distances. L'émission, en revanche, ratissa une très large audience. La presse se montra en grande partie laudative. Lorsqu'il réalisa, quelques années plus tard, un second volet à son émission, Le Vien ne fit toutefois pas appel à Burton.

Pourtant, avec le recul, l'article de Burton ne paraît pas si extrémiste que cela et, de nos jours, ne vaudrait certainement pas à son auteur de se voir menacer de lynchage. Sans doute Burton annonçait-il ce mouvement plus général qui mettrait en cause certaines des initiatives des Alliés, dont Churchill. Son tort fut de s'être exprimé trop crûment, prématurément et publiquement, et de n'avoir été qu'un acteur. Il avait probablement définitivement renoncé à s'établir au cœur de cette Angleterre pastorale célébrée par Gilbert et Sullivan.

Après s'être fiancé avec la princesse Elizabeth, il l'emmène visiter le Maroc, faisant halte dans tous les souks et casbahs. Il écrit à Philip :

> Sans cesse, de vieux bonshommes austères et ratatinés, peut-être plus âgés que moi, m'appelaient Saint Becket ou Major Smith. Cette dernière appellation m'a laissé perplexe jusqu'à ce que j'apprenne de la bouche de John Huston, rencontré comme si de rien n'était en plein milieu du massif de l'Atlas, que *Quand les aigles attaquent* est resté des semaines à l'affiche dans ce pays et y a connu un immense succès. Quant à *Becket*, il semble que ce soit un classique là-bas.

Burton se rendit sur la Côte d'Azur pour tourner *Jackpot*, qui ne fut jamais terminé, ce qui n'est peut-être pas un mal à en juger par son scénario. Le tournage dura cependant un moment, avant de s'arrêter pour cause de factures impayées. Jeanne Bell avait un rôle dans le film. Là-bas à Londres, la princesse Elizabeth tomba sur une photographie de Miss Bell et M. Burton se promenant bras dessus bras dessous. Il rentra à Londres pour fournir des explications. Il fut pardonné pour cette fois. Mais il y eut d'autres fois. Il arriva même qu'un soir les deux femmes fussent dans la même boîte, tandis qu'au-dehors, dans sa Rolls, Burton semblait se demander laquelle il attendait... Un ultime rendez-vous de réconciliation au Dorchester fut retardé de deux heures par la princesse, qui n'était pas prête. Burton passa ces deux heures au bar de l'hôtel. « J'ignorais qu'une seule femme ne suffisait pas à empêcher un homme de boire », dit-elle. Les fiançailles étaient rompues. Elizabeth Taylor fut presque immédiatement en ligne et à partir de ce jour ne cessa plus de téléphoner.

Elle se trouvait à Leningrad, tournant *The Blue Bird (L'oiseau bleu)*, une production russo-américaine. Elle avait amené Wynberg dans ses bagages. Entre autres maux, et à l'instar de toute l'équipe de tournage, elle contracta une dysenterie amibienne et, au cours des six mois que dura finalement le tournage, perdit huit kilos. Pendant ce temps, Richard, qui ne travaillait pas, essayait de se refaire une santé en Suisse. Il avait réduit au maximum sa consommation d'alcool. Il suivait un régime, prenait de l'exercice, lisait et envisageait de monter une pièce de Sartre. Jeanne Bell était venue vivre avec lui, et il avait inscrit le fils de celle-ci dans un coûteux pensionnat suisse. Elizabeth continuait de téléphoner, et de plus en plus fréquemment.

Au mois d'août 1975, elle prit l'avion pour Genève, toujours flanquée de l'infortuné Wynberg. Elle rencontra Burton. Le lendemain matin, Wynberg prenait l'avion pour Los Angeles, Jeanne Bell quittait le chalet et les Burton étaient de nouveau réunis. Elle était bien décidée à ce qu'ils se remarient. Lui n'était pas très chaud. Le remake débutait.

La détermination d'Elizabeth eut-elle finalement raison de l'inertie de Richard ? S'agissait-il de démontrer à la face du monde qu'elle était capable de récupérer son homme quand elle le voulait ? Semblables explications ne sont pas appropriées.

Elizabeth Taylor nourrissait à l'endroit de Richard Burton un amour profond et tenace. S'il faut en croire ses déclarations publiques, cet amour ne l'a jamais quittée, même après la mort de Richard.

Ils partirent pour l'Afrique. Pour défendre une bonne cause, comme il l'expliquait dans une lettre adressée à Kate. On craignit d'abord pendant vingt-quatre heures qu'Elizabeth n'eût un cancer. Bientôt, au terme d'une campagne de tous les instants — dont des billets divulgués au public : « Je t'aime, Richard. C'est à toi de décider. Je t'en prie, réponds. » —, elle finit par décrocher la timbale. A force de provocations et de cajoleries, elle l'amena à lui demander sa main. Ce qu'il fit, croit-on savoir, à genoux en manière de dérision. Elle s'empressa d'accepter. Cela faisait plusieurs mois qu'il ne buvait plus. Il recommença.

Elizabeth était en plein délire romanesque et pour le moins baroque. Ils allaient se marier, déclara-t-elle, « en plein *bush*, au milieu des leurs ». Ils furent unis au Botswana par un commissaire de district de la tribu des Taswana. Une nouvelle fois, Elizabeth déclara courageusement à la face du monde que ce serait « pour la vie ». Puis ils sablèrent le champagne au milieu « des leurs », deux hippopotames et un lointain rhinocéros, qui n'en perdaient pas une miette. « C'était comme un rêve tiré par les cheveux, déclarera Burton. Je me souviens de m'être demandé : mais qu'est-ce que tu fabriques ici ? Drôle d'endroit pour se marier. En pleine brousse. Ce fonctionnaire noir. Cela sortait vraiment de l'ordinaire. Une extraordinaire aventure, condamnée avant même d'avoir commencé, bien sûr. » Il contracta la malaria. Un jeune pharmacien, Chen Sam, arriva en hélicoptère, rentra à Londres avec eux et finit membre de l'entourage d'Elizabeth.

Le jour de son cinquantième anniversaire, à Londres, Richard ne but que de l'eau minérale. Ses amis le trouvèrent « usé », « portant toute la fatigue du monde sur son dos ». Peut-être étaient-ce les suites de sa malaria.

Seule banalité de ce mariage insolite, il lui offrit un diamant fort coûteux. Elle déclara aussitôt que, bien qu'elle raffolât de ce bijou, elle allait le revendre afin de bâtir des hôpitaux au Botswana. Kitty Kelley, qui a enquêté sur ce point, rapporte qu'en 1979 elle n'en avait toujours rien fait, ayant seulement versé vingt-cinq mille dollars pour un projet de construction d'un hôpital.

Elizabeth avait toujours souhaité vivre un conte de fées. Voici qu'elle avait recapturé son prince. Elle l'installa en son palais de Gstaad, au sommet de la montagne, bien en sécurité et rien que pour elle.

Les lézardes étaient toutefois déjà apparentes lors du séjour londonien. Retour d'Afrique du Sud, Elizabeth avait dû se faire une nouvelle fois hospitaliser en raison de maux dans le dos et le cou. Au bout de quelque temps, Richard refusa de continuer à passer la nuit à l'hôpital. Elle lui en voulut terriblement. Leurs proches de l'époque donnaient raison à Burton. A force d'exiger sa présence permanente, de lui imposer ses problèmes, Elizabeth finissait par le faire suffoquer. Il lui fit quitter l'hôpital pour l'emmener à Gstaad où ils passèrent ce Noël 1975. Tout fut fait dans les règles, avec la famille et les amis ; on envoya Brook Williams, chargé de cadeaux, au pays de Galles. Tout semblait reparti comme autrefois.

Mais, à l'instar de *Brief Encounter*, il s'agissait d'un piètre remake. Ainsi que Burton l'avait dit, « la partie était terminée ». Il estimait à présent avoir tout tenté pour que cela reprenne comme avant. Il n'allait pas une nouvelle fois se laisser attirer dans la clinique de cette envoûtante Montagne Magique.

Il va souvent faire du ski. Un jour, dans un téléphérique en compagnie de Brook : « Je me retourne et, là devant moi, se trouvait une splendide créature. Je me sentais tout petit à côté d'elle. Elle irradiait. Je n'avais qu'une seule pensée : quand me serait-il donné de la revoir ? Par chance, Brook la connaissait un petit peu. Elle a commencé à venir à la maison. Une fois, trois fois, puis quatre fois par semaine. »

Cette blonde était mannequin et se nommait Susan (Suzy) Hunt. Elle était en train de divorcer du coureur automobile James Hunt. Dans son genre moyenne bourgeoisie anglaise, Suzy était neuve, saine, sans complications, élégante et très séduisante. « Elizabeth a su d'instinct que Susan n'était pas comme les autres », déclarera-t-il.

Lorsqu'il se rendit à New York pour commencer les répétitions d'*Equus*, Burton appela Suzy Hunt pour l'inviter à venir le retrouver. Elle prit le risque et franchit l'Atlantique. Elizabeth alla à la discothèque du coin et se choisit un publicitaire maltais de trente-sept ans nommé Peter Darmanin. « Ne me quitte pas, je t'en prie, quoi qu'il arrive », répétait-elle tandis qu'ils dansaient ensemble. Par cette supplique à la fois pitoyable et tyrannique, elle s'attacha cet homme pour quelques semaines. « Que fallait-il que je fasse ? Que je dorme seule ? » avait-elle un jour rétorqué à un journaliste qui l'avait critiquée de s'être liée à Eddie Fisher si peu de temps après la disparition de Mike Todd.

Burton la convoqua à New York. Elle laissa tomber Darmanin comme une vieille chaussette. A New York, les yeux dans les yeux, il lui demanda le divorce. Il souhaitait que les choses aillent vite car il désirait épouser Suzy Hunt. « C'est pour me demander ça que tu m'as fait faire tout ce chemin ? » Néanmoins, sachant aussi bien que lui que tout était terminé, elle traversa les États-Unis pour aller rendre visite à ses amis californiens, renouant brièvement et de façon quelque peu déconcertante avec Wynberg, puis se liant avec l'ambassadeur iranien Ardeshir Zahedi, et enfin avec le futur sénateur John Warner, qu'elle finirait par épouser. Pendant tout ce temps elle ne cessa de téléphoner à Burton. Elle retarda le divorce jusqu'à ce qu'une publicité néfaste — le montant de sa pension alimentaire venait d'être publié dans la presse — la forçât à donner son accord.

Burton se considérait désormais libéré d'elle. Très sérieux en ce qui concernait les êtres pour lesquels il avait de l'affection, il ne critiqua que rarement Elizabeth, et de façon toujours mesurée. Cette femme l'avait fasciné, séduit, obsédé, et même si ses sentiments pour elle avaient changé, ils demeuraient toujours très vifs à l'instar de ceux qu'il témoignait à Cis, à Ifor, à tous ses vieux amis. Il était d'une grande loyauté à l'endroit de tous ceux qui avaient fait un bout de chemin en sa compagnie. Mais à présent il songeait à de nouvelles conquêtes.

CHAPITRE 24

RESSAISISSEMENT

« Tu as le cran d'un cambrioleur aveugle. » Ce commentaire qu'elle fit sur la décision de Richard de remonter sur les planches pour assumer le rôle fleuve de Dysart dans *Equus* de Peter Shaffer, aurait pu tenir lieu à Elizabeth de déclaration d'adieu.

Cette pièce met en scène un jeune homme qui a crevé les yeux de six chevaux parce qu'ils l'avaient vu faire l'amour avec une jeune femme. Dysart est le psychologue qui démêle les motifs d'un acte aussi atroce. Il s'agit d'un rôle extrêmement exigeant. Pour quelqu'un qui n'avait pas fait de scène depuis 1964 (hormis *Faustus*, mais l'expérience n'avait duré qu'une semaine), une telle entreprise était plus qu'audacieuse et confinait à l'imprudence.

L'exercice de la scène s'apparente par maints aspects à l'athlétisme, à la danse et à la musique. Une pratique régulière y est essentielle. S'abstenir un mois peut être dangereux ; un arrêt d'un an peut se révéler fatal. Les amis comédiens de Burton étaient tout à fait conscients de cela, et c'est pourquoi ils le poussaient à reprendre. Si l'on reste trop longtemps sans travailler, la rouille se met dans la machine. La voix s'étiole, tout comme le sens du public et des partenaires, la maîtrise du texte, l'énergie qui permet de donner chaque semaine huit représentations, dont on attend que toutes soient impeccables. Les muscles deviennent flasques, et cela se voit. A fortiori dans un rôle qui exige autant de la part de l'interprète et du public. Il fallait effectivement avoir beaucoup de cran.

Deux autres éléments concouraient à placer très haut la barre. Il était le troisième à incarner le personnage après les interprétations, très acclamées, d'Anthony Hopkins et d'Anthony Perkins. De plus, il passait parallèlement des auditions pour le film que Sidney Lumet allait réaliser d'après la pièce. Marlon Brando et Jack Nicholson avaient été pressentis. On choisit finalement Burton. Mais toutes sortes d'anecdotes circulant dans les milieux du cinéma au sujet de ses jours et ses nuits d'éthylisme, les producteurs exigèrent, en préalable sine quá non, qu'il fût d'une absolue sobriété pendant toute la durée des représentations. La dernière fois qu'il était passé à Broadway, il avait battu le record du nombre de représentations consécutives de *Hamlet* ; eût-il même voulu doubler ce nombre que le public aurait continué d'affluer. Voici qu'on le mettait à l'épreuve.

Arriva Susan. « Elle m'a sauvé la vie », déclara-t-il sur le moment et pendant plusieurs années. Elle ne mit pas l'alcool sous clé — les bouteilles de vodka et de gin étaient bien en vue —, mais elle le renforça dans sa résolution. « Alcoolique » était un terme qu'il ne voulait pas entendre, qu'il trouvait insultant et qui lui faisait peur. Il s'accommodait mieux de l'appellation d'« ivrogne », car dans son imagerie les ivrognes s'en remettaient d'un jour sur l'autre. Et ainsi, de proche en proche, il buvait un verre, voire plusieurs. Et, chaque fois ou presque, il finissait par aller vomir. Son organisme était devenu bien moins résistant. Des années plus tard, un simple verre de digestif suffirait à faire de lui une épave agressive. Mais on n'en était pas encore là. Il importait cependant qu'il se refrène, et la présence, la sévérité de cette jeune personne de vingt-sept ans, fille d'un général devenu avocat, étaient exactement ce dont il avait besoin.

Brook Williams était lui aussi à New York. Il l'aida à travailler le rôle. Burton, qui ne ratait jamais une répétition, croyait aussi au travail solitaire. Son approche du théâtre institutionnalisé avait été celle d'un franc-tireur, d'un solitaire, de quelqu'un qui arrivait « de nulle part », ainsi que le formula Gielgud, et qui aussitôt s'imposait. C'est dans la solitude ou avec l'aide d'une seule personne qu'il combinait l'alchimie de ses interprétations. Il avait besoin de concentrer ses forces à sa manière. De susciter cet indiscible instinct qui était le sien. Jusqu'alors son soutien avait toujours été Philip Burton. Mais celui-ci se trouvait présentement à Key West, en Floride, et ne pouvait faire le voyage jusqu'à New York. Brook, l'ami de toujours, le comédien, rejeton d'une lignée de gens de théâtre, et un des hommes qui comprenaient le mieux Burton, était disponible.

Ils disposaient le mobilier de la suite du Lombardy selon les indications scéniques et, tandis que Brook lisait tous les autres rôles, Richard disait son texte. Susan, présente, lui apportait confiance et rafraîchissements — en l'occurrence, du lait.

On a dit que John Dexter, metteur en scène de la pièce, n'était pas satisfait de ce que faisait Burton durant les répétitions. Le fait que ce dernier n'avait pas fait de théâtre depuis fort longtemps, sa réticence à exprimer toute la puissance du rôle *avant le moment venu*, tout cela devait amener Dexter à se faire des cheveux. Toutefois, Brook Williams, qui était présent, dément la rumeur selon laquelle il aurait passé un savon à Burton devant le reste de la troupe et l'aurait traité d'ivrogne. (Il ne but pas une seule goutte pendant tout le temps que durèrent les répétitions et une bonne partie des représentations.) Il affirme également que l'idée selon laquelle Dexter aurait « forcé » Burton à apparaître dans la générale du samedi, à la veille de la première prévue pour le lendemain, n'est pas exacte. Cette représentation était une idée de Burton, qui avait absolument besoin de se tester devant un public.

« C'était la première fois de ma vie que je montais sur scène sans avoir rien bu, déclarerait-il un an plus tard. Jamais je n'ai éprouvé une telle trouille. » Avoir un trou, être pris de trac, oublier des passages entiers, les angoisses de tout comédien se trouvaient avivées par le fait qu'il n'avait pas pratiqué depuis douze ans. En plus, on était à Broadway ! Il n'y aurait pas de deuxième chance. On travaillait sans filet. Le monde croyait connaître le Burton erratique, picoleur, le Hollandais volant, star de cinéma, célébrité internationale, acheteur de bijoux exorbitants, et écrivain en herbe ; on allait à présent voir ce dont il était capable lorsque seulement quelques mètres d'obscurité le séparaient de ses critiques.

Elizabeth vint le voir vers la fin de la période de répétition et repartit au terme de deux jours de violentes disputes, non sans avoir préalablement visité sa loge et avoir écrit à l'aide d'un bâton de rouge sur le miroir : « Tu es fantastique, mon amour. » Il ne l'effaça jamais. C'est néanmoins vers Susan qu'il se tourna. Et il se reposa sur Brook pour trouver l'énergie de jouer la pièce soir après soir.

Burton est du bois dont sont faits les héros. Encore et toujours il réalise des prouesses dont seuls d'héroïques jeunes gens peuvent rêver. Relevant de graves problèmes de santé, retrouvant la scène au bout de plusieurs années, les nerfs en marmelade, à jeun, cependant qu'une certaine presse se repaît du cadavre encore frais de son mariage, il remonte sur les planches, pour, selon Walter Kerr du *New York Times*, y donner « la meilleure interprétation de sa carrière ». Dans ce même journal, Clive Barnes ajoute qu'il s'agit « indéniablement de la prestation d'une star. [Burton] est le comédien anglais le plus prometteur de sa génération ». Tout cela était au goût de Burton. Il y avait quelques avis contraires : le *New York Post*, par exemple, le trouvait « peu plausible », et il y avait ceux qui préféraient Hopkins ou Perkins à Jenkins. Mais le gratin de la critique le célébrait. On fit salle comble pendant les douze premières semaines, et une prolongation de quinze jours entama à peine les files d'attente. Chaque soir, le public applaudissait debout pendant de longues minutes. « Suzy m'a sauvé la vie, disait-il. Je m'étais dit : si tu ne te lances pas maintenant, tu ne remonteras jamais sur scène. » Dehors, la foule lui faisait escorte jusqu'à sa voiture. Le petit gars du pays de Galles, le héros, le génie, avait une fois de plus remporté la partie. Un Tony Award fut frappé à son intention, sur lequel on lisait : « Bienvenue de nouveau à Broadway. »

Déjà, il avait de nouveaux projets. Cette fois ce serait Shakespeare, *Le roi Lear*. Considérant que Lear ne serait pas suffisant, l'idée était d'alterner avec *Roméo et Juliette*, dans lequel il jouerait le rôle relativement modeste de Frère Laurence. La troupe d'*Equus*, dont la fin du passage sur Broadway approchait, travaillerait comme une compagnie à demeure. Dexter assurerait la mise en scène. Alexander Cohen s'occuperait de la production. On se produirait au Metropolitan Theatre du Lincoln Center. Il semble que le projet soit retombé du fait que Burton exigeait de ne donner que six représentations par semaine, soit une par jour plus un jour de relâche. On jugea que s'il était absent des deux matinées, le projet ne serait pas viable. D'autres difficultés et malentendus vinrent se greffer là-dessus. Le projet n'aboutit pas.

Au mois d'août, il épousa Susan en Virginie. Elle fut à l'heure. Il était à jeun.

Avant d'attaquer le tournage d'*Equus*, le film, il fit *Exorcist II (L'hérétique)*, destiné à capitaliser le succès de *L'exorciste*. La présence de John Boorman, l'excellent réalisateur britannique *(Délivrance)*, semblait une garantie de qualité. Sept cent cinquante mille dollars, que le dépassement arrondirait au million, constituaient un attrait supplémentaire. Burton y incarnait

— une nouvelle fois — un prêtre. Très vite il avoua être passablement déconcerté par une œuvre dont Boorman lui-même dirait : « Je me suis trompé de film. » Robbie Lantz, agent de l'acteur, y avait vu un gros cachet qui tombait à point nommé entre *Equus*, la pièce, et *Equus*, le film. Une fois de plus, Burton se couvrait de ridicule dans un film médiocre.

Mais peut-être la tentation de ce million de dollars avait-elle occulté toute autre considération. A la faveur de ce second divorce, Elizabeth avait, semble-t-il, achevé de le dépouiller. Elle avait pris le reste des bijoux, la maison de Puerto Vallarta, les parts de Burton sur la *Kalizma* ainsi que les dernières œuvres d'art. Dès qu'il s'agissait de tractations, elle avait toujours été beaucoup plus coriace que lui et que quiconque. Comme toujours, il offrait une image de générosité et de désintéressement, ce qui, compte tenu de ses origines, de sa connaissance de la valeur de l'argent, et de l'énergie dépensée pour le gagner, donne la mesure de cet homme. Il n'était pas question qu'il s'abaisse à de sordides marchandages.

En juin 1976, mourut son vieux camarade de théâtre Stanley Baker (sir Stanley). Il en fut très affecté. Animé d'un singulier mélange de chagrin et de colère, il écrivit un texte intitulé « Complainte pour un Irlandais défunt », qui fut publié dans l'*Observer*. Stylistiquement parlant, il s'agissait d'un de ses textes les moins bons. En revanche, jamais il n'écrivit rien de plus émouvant. Son insistance sur l'inculture de Stanley, sa rosserie tous azimuts et son image de philistin bagarreur offensèrent profondément lady Baker. Le plus remarquable est la nécessité dans laquelle il s'était trouvé d'écrire ce texte. Il ne s'agissait pas d'une commande. C'est lui qui le proposa. En un sens, il y plaide pour Ifor et y met bien sûr beaucoup de lui-même. Mais les portraits qu'il y brosse, ceux de ses frères et celui de Baker, sont si éloignés de la réalité qu'une incertitude demeure. Peut-être le décès de Baker avait-il une nouvelle fois rouvert des blessures toujours fraîches, celles d'un homme qui s'est arraché à sa condition et s'aperçoit que ceux qui l'entourent maintenant ont un peu trop tendance à oublier ce fait. Ses emportements occasionnels contre la haute société britannique, contre les privilégiés de toujours, sa charge contre Churchill participent du même esprit. L'univers de la moyenne et grande bourgeoisie anglaise s'ouvrait plus facilement à un colonial, à un étranger, qu'à un individu issu des classes laborieuses. Le monde dont ils étaient originaires, lui et Baker, était un monde de deuxième catégorie, opprimé depuis des siècles et toujours ignoré. Son message, lorsqu'il affleurait, passait toujours par le music-hall, où il était déformé et ridiculisé. Les chansons populaires étaient son seul apport culturel. Chaque fois que ses messagers venaient raconter ce qu'y était vraiment la vie, ils se voyaient tourner en dérision, traiter avec condescendance et paternalisme, ou plus communément accuser d'être ennuyeux. On leur refusait toute compréhension , et c'était comme une porte qu'on leur claquait à la figure. Dans cet article, le cri de Burton est celui de quelqu'un qui lance : Dites ! Est-ce que vous réalisez ce qu'a dû surmonter Baker ? La volonté, l'intelligence, la ruse et l'audace dont il a dû faire preuve pour se retrouver sur un pied d'égalité avec les privilégiés ?

Puis il s'est hissé encore plus haut. Alors qu'il était issu de la plus extrême pauvreté, de la misère la plus noire. Il faut que cela se sache. Que l'on admire le parcours de cet homme.

Un des problèmes de l'acteur Burton était que, lorsqu'il était en forme, il se montrait si bon, si extraordinairement « professionnel », qu'on était tenté d'en tirer parti à l'excès. Ainsi, Sidney Lumet tourna en un seul jour les huit grands monologues de Burton/Dysart ! En dépit de cela — pas le temps de souffler, de sentir le personnage évoluer au fil de l'intrigue, de trouver l'accent le plus juste d'une rupture de ton —, *Equus*, si contraignant qu'en fût le texte, lui permit une interprétation plus qu'honorable. Pour la septième fois, Burton fut cité aux Academy Awards. Et une nouvelle fois il n'obtint aucun Oscar. Il était cependant manifeste que la machine était relancée. Même si son interprétation peut être critiquable du fait de certaines outrances, elle est néanmoins celle d'une star, et contient des moments d'une fascinante intensité. Burton était de nouveau en selle.

Pour couronner cette année au cours de laquelle il avait recouvré santé et confiance, imprimé une nouvelle impulsion à sa carrière, il revint vers ce qu'il appelait son « premier amour », la BBC, la radio, où pour quatre mille livres il enregistra le commentaire narratif d'un feuilleton de vingt-six épisodes intitulé *Chronicle of an English Crown*. « Je me sens comme chez moi », déclara-t-il. La voix était moins pleine, mais toujours capable de captiver et d'emporter l'auditeur comme le flot d'un torrent.

Il avait retrouvé sa cadence de travail. Il avait tenu à conserver Céligny. Susan se mit à y apporter des transformations, des aménagements, commença à s'y établir pour de bon. Très désireux de faire des enfants, ils n'avaient pas encore eu cette chance. Mais ils avaient le temps. Elle peaufina la décoration du salon, ajoutant de petites choses ici et là, et fit installer des rayonnages sur tout un mur de l'étage de la grange. Cette grande pièce devint le bureau, le repaire de Richard. En la visitant aujourd'hui, on sent qu'il devait y être parfaitement bien. Un feu de cheminée, un ou deux fauteuils confortables, le bureau, la machine à écrire et les livres. Dans le règlement du divorce, une de ses rares exigences avait porté sur les livres. Des milliers de volumes, dont aucune édition spécialement rare. Cette bibliothèque, restée telle quelle, est celle de quelqu'un qui lisait ; on y voit des livres maintes fois feuilletés, des ouvrages de référence, la riche pagaille d'un homme dont la curiosité était immense, les goûts éclectiques, d'un amoureux de la langue et des mots.

Alors qu'Elizabeth se morfondait dans le rôle de l'épouse de John Warner, lequel sans son charisme et son action n'eût jamais été élu sénateur, alors qu'elle ne tournait plus et commençait d'être la risée de tout le pays du fait de son obésité — elle était passée de cinquante-huit à soixante-dix-huit kilos —, Richard, lui, semblait florissant.

C'est pendant qu'il était avec Susan qu'il prit en main ses finances, jusqu'alors laissées à vau-l'eau. Je crois utile de reproduire cette lettre *in extenso*.

le 27 juillet 1978

Mon cher Aaron,

Avant toute chose, laisse-moi te dire à quel point j'ai été impressionné et ému (le mot est inapproprié) par l'évidente amélioration de ta condition physique, à la fois ton élocution et ta façon de te déplacer. Il faut que je me procure de cette vitamine B 13 — ou 15 ? que tu as prise.

Abordons les choses sérieuses. Pour la première fois de mon existence, j'ai examiné avec la plus grande attention tous les relevés, comptes, débits, crédits, etc. Quand, avec l'aide d'une calculatrice, j'ai eu fait globalement le point de ma situation financière, une extrême inquiétude m'a saisi. Non pas tant en ce qui concerne ce que j'appellerai la période élizabéthaine, qu'en ce qui concerne ce qui s'est passé depuis. Depuis, en fait, que j'ai presque complètement cessé de boire il y a de cela deux ans et demi.

Ce que je voudrais, et je sais qu'il ne s'agit pas d'une mince affaire, c'est une analyse complète et même jusque dans les plus petits détails de la façon dont Mme Warner et moi avons dépensé quelque chose comme trente millions de dollars. J'aimerais que tu m'en fasses le détail. Ainsi, je ne vois mentionné nulle part la propriété de Ténériffe et ce qu'il est advenu de cet investissement. Sur une échelle infiniment plus modeste, je ne trouve aucune mention des vingt hectares et de la bicoque en Irlande. Il me faudrait, s'il te plaît, tous ces détails.

Je m'aperçois que j'ai vécu comme Riley et que la somme des divers prélèvements, salaires et le reste a été énorme. Ainsi, en supposant que vous touchiez également dix pour cent des revenus d'Elizabeth, toi et ton organisation avez en gros perçu trois millions de dollars, et les différents agents une somme équivalente. Voilà donc six millions de dollars partis d'un seul coup.

J'insiste sur le fait que c'est plus par curiosité que par colère — j'ai laissé passer une journée pour me calmer — que je désire savoir comment le reste a été dépensé. J'étais surtout furieux contre moi, de n'avoir pas su m'attacher une personne qui fût suffisamment responsable pour me voler, me cacher mon propre argent et le placer, afin de me protéger de ma générosité exacerbée. Du moins au cours du cauchemar passé.

Il passe ensuite l'année précédente au crible et enchaîne par une succession de questions agacées.

Pourquoi ne vois-je aucune indication des fonds « transférés » ?

Où est pointé votre pourcentage de dix pour cent chacun, à toi et à Lantz ?

Pourquoi le relevé des rentrées est-il porté à la fin de 1977, alors que des dépenses importantes vont jusqu'à fin 1978 ?

Surtout, *encore une fois*, comment se fait-il que mon dépôt personnel soit maintenant réduit à moins d'un demi-million ?

Pourquoi certains biens immobiliers figurent-ils sous leur valeur « d'acquisition » quand d'autres sont portés sous leur valeur actuelle ? Encore une fois, qu'en est-il des propriétés de Ténériffe et d'Irlande ?

Il est regrettable que je n'aie pas dans le passé pris une part active à la gestion de mes affaires. Néanmoins, je m'intéresse maintenant vivement à tous les tenants et aboutissants et compte recevoir par retour tous les documents concernant mes « biens terrestres ». A vrai dire, Aaron, par-delà tous les gémissements et grincements de dents, j'ai pris plaisir à cet exercice de mathématiques.

Ainsi que Valerie [Douglas] te l'a dit, je voudrais souscrire une assurance sur la vie au nom de Susan pour un montant de cinquante millions de dollars. Si possible, et cela devrait l'être après tous les foutus examens que j'ai passés, j'aimerais bien ne pas en subir d'autres. A ce propos, je suis en parfaite santé.

J'envisage de faire un nouveau testament. Voudrais-tu s'il te plaît également m'instruire de la situation réelle en ce qui concerne Squire's Mount et Bushel Investments Ltd, à savoir la part de Gwen, ce qu'elle désire, etc. Tout cela n'a jamais été clair dans mon esprit.

Voudrais-tu aussi envoyer à Valerie le double des relevés que je te demande, et de tout ce qui a « personnellement et confidentiellement » trait à mes affaires et à celles de Susan. Envoie-lui de surcroît copie de tous les contrats dans lesquels j'ai soit des reports soit un pourcentage continu.

Je suis désolé que nous ayons dû modifier nos projets et que nous n'ayons pu nous retrouver à l'aéroport, car j'avais prévu de te remettre cette lettre et d'en discuter certains aspects. Mais nous devrions passer par New York cet automne. Tous deux nous espérons que tu vas poursuivre cette magnifique remise en forme.

Très affectueusement,

Richard.

Le film suivant, pour cinq cent mille dollars payés d'avance, fut *The Medusa Touch (La grande menace)*. Jack Gold, le metteur en scène, avait fait un remarquable passage par la télévision britannique et avait réalisé plusieurs longs métrages de qualité. Il s'agissait d'un film insolite — un homme possède un « don pour le désastre » et peut faire survenir à volonté explosions et sinistres divers —, insolite mais bien fait et qui fut assez bien accueilli. Burton ne buvait plus. S'il n'en rajoutait pas dans la bonne humeur, s'il paraissait très tranquille sur le plateau, la raison, tacite, en était qu'il livrait deux rudes batailles.

Il considérait qu'il était en train de remporter celle de la boisson. Un peu de vin de temps en temps, et parfois une petite défaillance du côté des alcools forts. Mais il suivait un régime assez strict et, lorsqu'il travaillait, s'imposait une abstinence absolue.

La seconde bataille concernait son état de santé. La douleur dans les épaules et le bras, l'arthrite, la sciatique et la goutte étaient revenues en force pendant *Equus* ; il prenait des pilules fortement dosées pour supprimer la douleur. On peut se demander si, à long terme, ces substances ne firent pas autant sinon plus de mal que de bien. Il ne se plaignait pas et n'évoquait jamais ses problèmes physiques, même auprès de son entourage.

Il est d'autant plus remarquable qu'il ait accepté le rôle du colonel Faulkner dans *The Wild Geese (Les oies sauvages)* et s'y soit investi avec une telle fougue. Mais il avait toujours été un valeureux soldat. Nous sommes en 1978.

Il est bon de s'attarder sur *Les oies sauvages*. Burton prit beaucoup de plaisir à faire ce film. Entouré de ses compères Richard Harris et Roger Moore, il y offrit une épatante prestation. Le film rapporta beaucoup d'argent, démontrant une fois de plus que Burton attirait les foules. Deux témoins dignes de foi évoquent ce tournage : Euan Lloyd, le producteur, et Brook Williams, qui y avait un petit rôle. Ces témoignages éclairent et identifient cet ennemi bien réel et de plus en plus inquiétant que Burton devait affronter.

Le metteur en scène était Andrew McLaglen. Reginald Rose, auteur de *Douze hommes en colère*, avait signé le scénario. C'est lui qui avait tenu à Burton. Le tournage eut lieu à Tshipise, dans le nord du Transvaal, par des températures de 40° et approchant parfois les 50°. Lloyd avait pris des dispositions pour qu'un nombre, exceptionnel pour l'époque, de Noirs fissent partie de l'équipe. Burton incarnait le colonel Faulkner, personnage inspiré de « Mad » Mike Hoare, mercenaire qui, à la tête d'un commando de soldats de fortune, mena un coup de main destiné à faire évader un leader africain. C'était de l'action et encore de l'action. Un film de qualité dans ce genre que, exempt de snobisme, Burton avait toujours ouvertement apprécié.

Je me suis longuement entretenu avec Euan Lloyd, qui connaissait Burton depuis l'immédiat après-guerre. « A cette époque il était le type le plus beau, le plus fougueux, le plus rayonnant qu'on puisse imaginer. » Lloyd se souvient d'un match international disputé à Twickenham à la fin des années quarante. « Il était grimpé à un des poteaux de l'en-but et attachait à la barre horizontale les poireaux* que lui passaient Stanley Kaker et Donald Houston. La foule rugissait de plaisir... C'était toujours lui qui commandait les applaudissements et les chants, des canettes de bière dans les poches de sa veste... »

Le problème principal n'était pas la boisson — « il avait dit qu'il ne boirait pas, et il tint parole » —, mais les problèmes de dos. « Ses maux de dos étaient si violents qu'il ne se trouvait pas un assureur pour accepter de prendre le risque. C'était un budget de dix millions de dollars. Si son dos ne tenait pas, nous étions coulés. Et ce n'était pas un tournage de tout repos ; d'un bout à l'autre, ce n'étaient que des bagarres et de l'action. Mais nous tenions tous à lui, aussi avons-nous pris le risque. Il était vraiment méritoire. Courageux, je dirai. Les jours où il souffrait

* Le poireau est l'emblème du pays de Galles *(NdT)*.

atrocement, il se bornait à parler de ''légères inflammations, aujourd'hui''. Nous n'avons dû interrompre qu'une seule fois le tournage. Il était incapable du moindre mouvement. Un spécialiste est arrivé en hélicoptère et lui a fait des injections massives, un vrai remède de cheval. Le lendemain, il était de nouveau sur le plateau. Le seul luxe qu'il avait exigé, c'était un piano quart de queue pour Susan. Elle était une bonne pianiste et jouait deux ou trois heures chaque jour. Burton s'était fait apporter dans les cinq cents livres. Il passait ses soirées à lire. Il était très renseigné sur son rôle, sur la situation politique passée et présente. Il était très consciencieux. »

Richard Harris, lui aussi connu pour ne pas dédaigner un verre ou deux, faisait partie de la distribution. Le marché était que la moitié de son cachet lui serait retenue si jamais il se mettait à boire plus que de raison. Brook Williams se rappelle « le soir où Richard Harris a succombé à la tentation ». Une bicoque avait été transformée en pub ; on l'avait baptisé Le Bœuf Rouge. Harris, Roger Moore et le reste de l'équipe s'y rendirent un soir. Burton s'y trouvait déjà, devant sa bière sans alcool. Les Gallois se mirent à chanter. Voyant les verres se vider et l'atmosphère s'animer, Lloyd commença de paniquer : « Messieurs, s'il vous plaît, c'est l'heure », annonça-t-il à la façon d'un tenancier de pub, mettant ainsi un terme à la soirée. Le lendemain matin, Harris arriva en se tenant la tête. « Désolé, patron. Cela ne se reproduira pas. » Et il tint parole. Cependant, Burton fit venir Lloyd et lui passa un savon. Il considérait que celui-ci les avait tous insultés, et tout particulièrement lui-même, en les traitant comme des gamins. Il était blême de colère. Une heure plus tard tout était terminé et le travail reprenait.

Le film contient une ou deux plaisanteries faciles. Lorsque Burton/Faulkner boit son premier verre et se voit taquiner à propos de sa consommation, il répond qu'il ne boit jamais pendant le travail, mais ajoute : « Mon contrat comporte une clause spéciale qui stipule que mon foie devra être inhumé séparément, et avec les honneurs. » Un peu plus loin au cours de la même conversation, il déclare : « Je travaille pour n'importe qui du moment qu'on me paie. C'est un des incorrigibles aspects de mon personnage. » Le plus intéressant dans cette scène est la manière dont il boit. Il est installé sur un vaste canapé chez le magnat international qui le recrute. Il doit tenir à deux mains son verre de whisky et, même ainsi, est contraint d'incliner légèrement la tête. Il avait beaucoup de peine à lever le bras à hauteur de l'épaule. On découvrit plus tard qu'il avait un nerf lésé au niveau d'une vertèbre. Cela s'ajoutait à son arthrite et aux divers autres maux de dos dont il souffrait depuis sa pratique acharnée du rugby, et qui lui causaient une très douloureuse « gêne » — tel est le mot qu'il employait le plus souvent. Il prenait des pilules très fortement dosées, dont les effets secondaires le rendaient morose et irritable.

Tel était son plus sérieux ennemi. Il y avait bien des soirs où il buvait de façon excessive. Le producteur de télévision Humphrey Burton se rappelle ainsi un dîner chez Léonard Bernstein. Avant de venir, Richard avait bu deux ou trois verres en petit comité. Lorsqu'il arriva, il était déjà bien « parti ». Richard était quelqu'un d'obstiné. Il surveillait sa consommation, mais ne se résolvait pas à ce qu'il considérait comme la capitulation de l'abstinence totale.

Cette déchéance physique, apparemment incurable et irréversible, lui prenait une grande part de son énergie vitale. Cette « distance » dont parlent un ou deux témoins, la vie paisible, de plus en plus recluse, qu'il menait s'éclairent si l'on considère que cet homme actif et vigoureux était aux prises avec une maladie littéralement handicapante. Comme cela est souvent le cas, sa colère et sa frustration faisaient qu'il s'en prenait à ses proches ; Susan était en première ligne.

Elle réagissait en faisant sienne une plus grande part de la vie de son mari. Euan Lloyd ne fut pas sans remarquer combien elle était aux petits soins avec lui. Elle ne cessait de lui passer la main dans les cheveux, de lui apporter des tasses de thé qu'il ne buvait pas, des bols de potage auxquels il ne touchait pas. John Springer, son ami et attaché de presse de longue date, éprouvant de plus en plus de difficultés à le joindre, finit par lui envoyer une lettre via Bob Wilson, dans laquelle il lui disait qu'il cessait de lui facturer des prestations, se trouvant dans l'impossibilité de les lui fournir. Puis ce fut le tour de Ron Berkeley, coiffeur et maquilleur, que Richard avait fait engager sur tant et tant de films. Susan se substitua à lui dans cette double fonction. Brook Williams, qui n'avait pas quitté Richard depuis l'adolescence de celui-ci, se sentait inopportun.

« Elle cherchait à éloigner tous les vieux copains, dit-il, ce qui laissait Richard terriblement isolé. Déjà, c'était assez dur. Mais quand elle et Valerie Douglas se sont ensuite mises à superviser sa carrière, alors là ça a été le désastre. Mon opinion est qu'elles ne connaissaient pas Richard. Ainsi par exemple, Andrew

McLaglen, qui avait réalisé *Les oies sauvages*, voulut réunir à peu près la même équipe pour tourner *Sea Wolves* à Gao. Superbe idée. Richard aurait été aux anges. Il se serait amusé. Il aurait gagné de l'argent. Eh bien non. Il y aurait pris un tel plaisir. Il a raté cela. Nous lui avons envoyé des tas de cartes postales. »

Il tourna en revanche *Absolution*, sur un scénario d'Anthony Shaffer, frère du Peter Shaffer d'*Equus*. Il avait travaillé dès 1970 à mettre ce projet en route, avant, donc, l'entrée de Susan dans sa vie. Le cachet était de cent vingt-cinq mille dollars payés d'avance, ce qui était largement inférieur à ses tarifs de l'époque, mais ce rôle de prêtre (une nouvelle fois) à qui l'on vient confesser un meurtre sur fond de collège anglais, avait piqué sa curiosité. Sa création est tout à fait à la hauteur, et ce film ne le desservit pas. Le scénariste et comédien écossais Billy Connolly jouait également dans le film et, comme une bonne part de la nouvelle génération de scénaristes, acteurs et metteurs en scène anglais, avait pour Burton de l'affection et de l'admiration. Ce que celui-ci ne réalisait pas est qu'il y avait en Angleterre tout un lobby prêt à se prononcer en sa faveur ; tout ce qu'il aurait eu à faire était d'aller y réclamer sa couronne.

Il fut payé sept cent cinquante mille dollars pour chacun des trois films suivants : *Tristan and Isolt*, tourné en Irlande, dans lequel il incarnait le roi de Cornouaille, *Breakthrough* avec Rod Steiger et Robert Mitchum, et *Circle Of Two* avec Tatum O'Neal. Tous trois sont très mauvais.

Au cours des deux années correspondantes, Burton passa du pinacle au marasme. Dans *Equus*, la pièce et le film, il avait témoigné de son audace et de sa classe ; grâce aux *Oies sauvages* il avait démontré sa capacité à attirer les foules ; avec *Absolution* il était resté en contact avec certains des jeunes talents les plus brillants de l'époque. Ces trois derniers films étaient, en revanche, épouvantables de nullité. Ils avaient certes été très bénéfiques à sa situation financière, mais aux dépens de sa réputation.

On explique difficilement qu'il ait pu se fourvoyer ainsi, sinon par son éternel excès de générosité. Peut-être estimait-il que Susan n'obtenait pas ce à quoi elle était en droit de s'attendre. Elle donnait parfois l'impression de le traiter un peu comme un enfant ; et, afin de lui complaire, sans doute arrivait-il à Burton de se prêter au jeu. Ce n'était pas pour lui un rôle facile à jouer, et Kate, sa fille, est loin d'être la seule à avoir remarqué combien cela l'agaçait, le faisait bouillir même, et combien il s'efforçait de maîtriser son irritation. Et cependant Susan le rendait très heureux, lui apportait un foyer, une bibliothèque, du temps pour lire, elle était loyale et amoureuse, et toujours très belle lorsqu'ils sortaient. Que pouvait-il souhaiter de plus ?

Comme tous les êtres sortant de l'ordinaire, ce que souhaitait Burton était souvent en contradiction avec le sens commun. Il fut repris par cette bougeotte qui fait la fertilité des grands talents. Il se savait par trop assagi. Il était un homme vieillissant, de plus en plus traité comme un invalide, coupé de ses vieux amis, enchaîné à la nécessité de faire de l'argent, avec une réputation qui lui filait entre les doigts. Il avait, de plus, conscience de ne plus avoir la force d'antan. Néanmoins, il mit au point une stratégie.

Il allait lui falloir la force d'un jeune homme en pleine possession de ses moyens. Il allait s'exposer aux feux très meurtriers de la rampe la moins complaisante qui fût. Cela le fortifierait ou l'achèverait. Il décida d'entreprendre une longue tournée à travers les États-Unis, d'une côte à l'autre, avec de très longues étapes, des villes encore jamais visitées, avec maintes premières à jeter en pitance à la critique. Il allait remonter *Camelot*. Pendant douze mois, soir après soir, il allait être au cœur de cette immense production, y jouer, y chanter, y manier la rapière. Il y resterait ou en ressortirait guéri.

Et de quitter sa maison, le pays de Galles, pour une nouvelle fois partir vers l'ouest. Comme chaque fois qu'il s'était senti en danger, Burton passa à l'attaque. Telle était sa stratégie.

CHAPITRE 25

CAMELOT REVISITÉ

Il recommença pour quelque temps de tenir un journal. Le spectacle débuta à Toronto. Burton touchait soixante mille dollars par semaine. La première new-yorkaise eut lieu au mois de juin 1980. Susan se fit autant secrétaire personnelle et infirmière qu'épouse.

> *(29 juin)* Pas fait grand-chose à part manger, respirer et me laisser hanter par le cauchemar de *Camelot*. Il se pourrait bien que nous ayons partie gagnée. Je n'en sais trop rien mais, si l'on en juge par l'accueil du public de Toronto, alors nous sommes assurés d'un succès total, quoi que pourront dire les critiques ici dans l'« Empire State ». Nous commençons les avant-premières dans deux jours.

Les problèmes de santé font maintenant partie du quotidien.

> Vais aller voir « le père de tous les spécialistes occidentaux du cou et des épaules »... ai beaucoup de mal à trouver le sommeil... mon content de sommeil — ah, le sommeil, ce bien entre les biens, révéré d'un pôle à l'autre. Sois louée, Sainte Marie, si du paradis tu m'envoies le doux sommeil réparateur. Vais essayer encore de dormir. Il est cinq heures trente.

Camelot fut encore mieux accueilli que la première fois.

> *(12 août)* Le spectacle remporte un énorme succès. En ce qui me concerne, cela est certes gratifiant mais aussi très surprenant car ce n'est que maintenant, six semaines après la première, que je commence à m'y sentir vraiment à l'aise. Nous avons pulvérisé semaine après semaine notre record d'entrées. C'est pour moi un insondable mystère, puisque dès la première semaine nous faisions salle comble.

Et Frank Rich d'écrire dans le *New York Times* : « Burton ne se contente pas de dominer la scène, il la possède par droit divin. » Une nouvelle fois, après cinq années d'inactivité au théâtre, partiellement handicapé, jugulant son désir d'alcool par la prise d'une puissante substance, l'Antabuse, Burton entrait en scène et remplissait ses engagements.

Il se connaissait bien et avait vu juste. Loin de l'épuiser, les exigences qui éprouvent son talent, ses nerfs, ses tripes, le revigorent — du moins pendant les premiers mois. Le fait qu'il recommence à écrire en témoigne.

> *(12 août)* J'écris pour me faire plaisir, même si j'ai le sentiment dans un recoin de ma tête — peut-être dans la glande pinéale, cet appendice du cerveau sans doute à peu près aussi utile que celui de l'intestin — que cela pourrait être publiable. Ce n'est pas pour rien que j'ai écrit. J'éprouve toujours de temps à autre une extrême gêne dans la nuque — ce n'est pas une bursite mais un nerf lésé —, seulement maintenant cela me prend de chaque côté. M'en serais-je lésé un deuxième ?

Burton et Susan commencèrent de voir assez fréquemment Henry et Nancy Kissinger. Burton était visiblement ravi de converser d'égal à égal avec l'homme d'État. Il rapporte que Kissinger n'était guère favorable à une éventuelle réélection de Carter, sur lequel il avait une piètre opinion du fait de sa méconnaissance des problèmes de politique étrangère. Nombre de réputations flatteuses furent ainsi déboulonnées.

> *(14 août)* Nous avons soupé au « 21 ». Le docteur avait dans les six gardes du corps à portée de voix. Cela m'a rappelé qu'on m'avait dit qu'à Jérusalem il y en avait sept cent cinquante. Deux cent cinquante Yankees, autant d'Israéliens et autant d'Arabes, cela pour *un seul* homme. La conversation s'est poursuivie des heures (nous avons fait la fermeture du « 21 »), encore que ce fût plutôt un monologue de la part de Kissinger. Nous, moi surtout et occasionnellement Susan, donnions la réplique. Un de ses bons

mots fut : « La présidence est maintenant ouverte à tout mégalomane au chômage. »

Camelot continue d'avoir un gros impact, aux répercussions souvent étranges.

(16 août) Hier soir un type très bizarre, un spectateur, nous a proposé mille dollars pour que nous rejouions le dernier acte, prétextant que le public ne m'avait pas bien compris lorsque j'avais beuglé « Vive le roi ». Vers l'extrême fin de la pièce, au moment où je tiens le jeune Tom de Warwick sous mon bras, ce même individu est monté sur la scène et a essayé d'arracher son épée à l'un des « chevaliers » tout en répétant : « Il me faut ses yeux... il me faut ses yeux » et « J'ai un message de la part de Dieu », et pour finir : « J'ai failli. J'ai failli. » Je crois qu'il a finalement été emmené par la police. J'ai enchaîné tant bien que mal. Cet air presque enfantin de Lerner et Loewe produit parfois un très extraordinaire effet sur le public. Un effet saisissant et un peu inquiétant. Il y a des gens, et non des moins intelligents, qui viennent en coulisses dans un état second, rendus muets et incohérents par l'émotion. D'autres attendent d'avoir séché leurs larmes pour venir me trouver. Alors que certains autres restent impavides, ou du moins le paraissent, et se montrent aussi doucereux qu'une banane. Je sais d'expérience que l'impact émotionnel d'une langue agile et souple débitant de plaisantes banalités, est capable de mettre sens dessus dessous les publics les plus blasés. Il paraît que Lloyd George s'y entendait à merveille, et sans doute le discours, l'autre jour, du sénateur Edward Kennedy procédait-il du même principe.

La réaction du public le laisse perplexe.

(17 août) Lorsque nous étions à Toronto et qu'*invariablement* le public nous ovationnait à la fin de chaque représentation, je répétais à la troupe de ne pas se laisser griser, que si cela se produisait jamais à New York ce ne serait que de façon très occasionnelle. Eh bien, je me trompais. La même chose se produit ici avec une régularité jamais démentie. Il m'était déjà arrivé avec d'autres pièces de voir toute une salle se soulever d'enthousiasme, mais ici c'est tous les soirs. En ira-t-il de même à Chicago et dans les autres villes ? C'est un phénomène qui me dépasse. Est-ce de la nostalgie ? Lorsque j'entre en scène pour mon second solo, je suis accueilli par des rugissements d'exaltation quasi forcenée. S'agit-il d'une faim du passé, d'une profonde « hiraeth », d'une sorte de puissante aspiration au « foyer », à la sécurité et à la paix pure et simple ? Je ne sais. Cela ne peut venir que du spectacle.

Certains soirs, inévitablement, même si je m'évertue à répondre à l'attente du public, je ne suis pas si bon que cela. N'empêche, la réaction finale est toujours la même. Cela vient-il de ce que, du fait du battage qui a entouré mon passé tumultueux, le public me connaît — ou s'imagine me connaître ? Est-ce parce que mon jeu est maintenant à ce point efficace ? Non, ce ne peut être cela, puisqu'il n'y a que deux semaines que je le maîtrise parfaitement. Il faut que cela soit une combinaison de tout cela. Je ne le saurai jamais vraiment. Mais je dois dire que pour un timide petit Gallois cela est très gratifiant.

Son journal reste le lieu d'une problématique qui le tenaille.

(19 août) « Seule notre conception du temps nous permet d'envisager le Jugement dernier en tant que tel ; il s'agit en réalité d'un tribunal en session perpétuelle. » Cet extrait d'une lettre de Kafka m'obsède. On est soi-même le juge suprême de cette scrutation de l'âme. C'est Je qui agit, Je qui fait l'action ou a la pensée, et il n'y a que Je pour juger l'action ou la pensée. Je suis accusateur et défenseur, Satan et saint. Je suis totalement responsable de mes péchés et de mes bonnes actions. Et je suis seul. Le grand entrepôt de la connaissance et de la mémoire, de l'ignorance et de la sottise, de l'intelligence et de la banalité, du bien et du mal, se trouve dans mon cerveau, et seul mon cerveau peut s'appeler à la barre pour subir la torture de l'introspection. Examen oral de toute la vie. Je voudrais disposer de plus de temps pour réfléchir.

Et le papotage reprend tous ses droits.

(19 août) Bernstein est décidément un être fascinant, génie et nigaud, homme et femme. Garçon et fille. Il n'est pas d'enfer personnel comparable à celui que vit Lenny. Tout le temps, tout le temps, jour et nuit, c'est l'affrontement entre son moi démesuré et son profond mépris de lui-même. Je crois bien que le maître a l'intention de mourir prochainement, à moins que le désir de vivre ne le reprenne. Et tous ces flagorneurs interchangeables qui se pressent autour de lui. Répugnant. C'est son anniversaire dimanche prochain, et ni moi ni Susan n'avons envie de voir les gens qui en seront immanquablement. Par chance, il se trouve que nous ne pouvons nous y rendre de toute façon. Nous remballons et partons le lendemain pour Chicago. A force d'écrire et de gamberger, me voici en pleine déprime. Ah ! comme j'apprécierais en ce moment la panacée d'un verre bien tassé. Un double Martini-vodka frappé, le verre embué, à ras bord et puis cul sec, et le flot anesthésiant et chaud qui atteint l'estomac, puis

> le cerveau, et une heure de douce euphorie mélancolique. Au lieu de cela, je vais prendre une bière sans alcool. Dégueulasse.

Susan, bien sûr toujours présente, continue de lui fournir exactement ce dont il paraît avoir besoin. Burton mentionne cela avec gratitude puis, comme toujours dans ses carnets, enchaîne fiévreusement et sans transition sur un autre sujet.

> *(22 août)* Nous avons célébré hier notre anniversaire de mariage, le quatrième. Susan m'a offert le cadeau qui manquait à mon bonheur. Une bibliothèque portative, très solide, qui à vue de nez devrait pouvoir contenir une centaine de gros volumes ou le double en éditions de poche. Elle l'a fait construire en douce par les accessoiristes et le menuisier. N'est-ce pas Francis Bacon qui a dit que les livres étaient le meilleur des mobiliers. Il avait bien raison. Je ne parviens pas à m'en détacher. Elle est peinte de *ma* couleur. En rouge. Très joli, un vrai plaisir. Ce cher John Neville vient d'appeler. Il vient voir la pièce ce soir. Un homme remarquable, brillant comédien, metteur en scène et administrateur. John Gielgud et Larry Olivier mis à part, personne de ma connaissance ne maîtrise aussi bien que lui les aspects pratiques du théâtre. Je parle à voix basse car Susan dort encore. Elle était très fatiguée hier soir, après avoir emballé tous nos vêtements et tout notre bric-à-brac ou presque. Elle devrait terminer aujourd'hui. Je ne peux l'aider du fait que mon bras droit — et c'est en train de gagner le gauche — est incapable de soulever le plus petit poids plus haut que mon diaphragme. Après le spectacle, je ne suis capable de manger que des choses qu'il m'est possible de porter à ma bouche d'une seule main. Grotesque.

Outre la première, l'événement le plus saillant du passage sur Broadway survint le soir où l'on dut abaisser le rideau au beau milieu de la représentation, Burton titubant sur la scène, incapable de donner le change. « Qu'on lui serve un autre verre », lança un spectateur charitable. Sa doublure le remplaça aussitôt, mais une bonne partie du public quitta la salle et exigea d'être remboursée.

Il n'était pas sous l'effet de l'alcool, ou alors très légèrement. Les médicaments qu'il prenait rendaient impossible l'absorption excessive d'alcool. Il avait cependant bu, dans le courant de la journée, deux verres de vin avec Richard Harris ; le soir venu, il était hors d'état de jouer. Il se réveilla à trois heures du matin et demanda à Susan ce qu'il s'était passé. Dans la journée, il appela Mike Merick, le producteur. « Il a dit que cela ne se reproduirait plus, et cela ne s'est jamais reproduit. »

Égal à lui-même, Burton ne se déroba pas et apparut quatre soirs de suite dans l'émission télévisée de Dick Cavett. Dans sa présentation, Cavett déclara : « Les rares fois où il manque une représentation, cela fait tous les gros titres de la planète. »

On comprend que Cavett ait apprécié Burton. A côté de lui, la plupart des invités de talk-show ont l'air de somnambules. Il était drôle, plein de verve, touchant, enjoué, honnête, avec un visage raviné, qui a dû tourner en ridicule la rumeur selon laquelle il s'était fait retendre la peau. Il avait le visage aussi abîmé que celui d'un homme qui a passé toute sa vie à tailler du granit. Il parla franchement de son échec d'un soir. Comme à son habitude, il fit preuve d'une hardiesse en avance sur l'époque et se montra tout à fait à la hauteur lorsqu'on en vint au sujet le plus délicat. L'alcoolisme ? Il ne fit pas dans l'équivoque.

« L'alcoolisme est une terrible maladie. J'ai la plus profonde compassion pour les alcooliques américains. Ils s'adressent à moi comme le représentant de cette terrible maladie, et me racontent leur histoire. Je ne prétends pas en être venu à bout. Il y a quelques années de cela, alors que j'avais des problèmes avec la boisson, j'ai reçu une lettre d'Irving Berlin, un vieil ami très cher. "N'oublie pas, m'écrivait-il, que c'est un perpétuel combat. Ton adversaire c'est l'alcool. Tu esquives, tu esquives, mais un de ces jours, si tu ne fais pas gaffe, il va te coincer." Au soir d'une journée sans boire, on se dit : je l'ai battu. Et ainsi on reste jusqu'à la fin de ses jours avec cette silhouette sinistre à côté de soi. Il y a toutes les raisons possibles et imaginables de boire un verre. J'ai une mauvaise critique. Je crois que je vais boire un coup. La presse est bonne. Je vais arroser ça. »

Le lendemain du jour où il n'avait pu terminer, il eut droit en arrivant sur scène à une ovation de trois minutes et demie. « Ce soir-là, je me suis donné comme sans doute jamais. J'avais l'impression de voler. Cela a été une des plus extraordinaires expériences que j'aie vécues au théâtre. »

Le spectacle fut ensuite donné à Chicago. La salle était si vaste (quatre mille deux cents places) et si lointaine que Burton n'avait pas la moindre idée de ce qu'éprouvait le public ; cela ne laissait pas de le mettre mal à l'aise. Mais chaque soir, la troupe avait droit aux mêmes ovations.

Le couple se rendit à une réception chez les Kissinger.

(28 août) Le thé, le cocktail et le dîner chez les Kissinger, tout a été très intéressant, quoique un peu éprouvant pour les nerfs de Susan, qui ne savait plus qui était qui, n'ayant pas su retenir les noms de tous ces gens. Je la dépannais aussi vite et aussi souvent que possible, c'est-à-dire lorsque nul ne pouvait nous entendre. « Joe Alsopp, écrivain et chroniqueur politique, célèbre, parfois brillant et toujours profondément intègre. » « William F. Buckley (Bill), animateur vedette de débats télévisés, brillant lui aussi, écrit lui aussi sur la politique, ne sais trop que penser de lui. » Nous avons dû nous renseigner sur Harry Evans, que nous ne connaissions ni l'un ni l'autre. Avec son accent provincial, il est directeur du *Sunday Times* de Londres. Quarante-deux ou quatre ans, je ne sais plus. Gallo-Irlandais. Contrefait très bien l'accent gallois, comme il m'en a fait la démonstration. « Happy » Rockefeller faisait grise mine. Cela n'a rien de surprenant après la mort de Nelson Rockefeller. Et la façon dont il est mort. J'ai passé un long moment à la consoler. Susan également. Les Kissinger, Susan et votre humble serviteur, tous très sobres éthyliquement parlant. Prudence, le patron du *Times* était là. Joe Alsopp, toujours très courtois et maniant une langue des plus châtiées. Il s'exprime en un anglais très haute société britannique. « Où diable un Yankee tel que vous a-t-il pu attraper un accent aussi anglais ? » lui ai-je demandé. « J'ai été très mal élevé », m'a-t-il répondu. Buckley, dont le visage ressemble à un miracle de la chirurgie plastique après un sévère accident de voiture — sans doute a-t-il eu dans sa jeunesse de sérieux problèmes d'acné, ou bien, effectivement, le visage brûlé ou écrasé, ou quelque chose de ce genre —, Buckley, donc, était congestionné et s'évertuait pour que cette soirée fût brillante. On parlait beaucoup du Moyen-Orient. Seule la Jordanie (le royaume, pas les politiciens) était en mesure de clarifier la situation avec l'OLP, etc., etc. Nous apprécions de plus en plus les Kissinger, et Susan se sent comme chez elle avec eux. Cela a toujours été mon cas. Je m'étais dit après notre première rencontre à Jérusalem qu'ils ne me réinviteraient pas à moins qu'ils n'eussent quelque sympathie pour ce petit et timide moi.
Tous semblaient avoir lu l'un ou l'autre des quelques articles de moi parus dans la presse, et à mon grand soulagement paraissaient plus intéressés par cet aspect de ma personne que par l'acteur. Rien ne pouvait me faire plus plaisir. Le patron du *Sunday Times* de Londres m'a suggéré d'écrire quelque chose sur l'arrière-pays américain. Je m'y rendais pour la première fois — pourquoi ne pas en faire un livre ? Il serait prêt à en publier des extraits dans le *Sunday Times*. Il a payé William Manchester trente-deux mille livres — ou trente-huit mille ? — pour passer six ou huit extraits de son dernier bouquin. Pourquoi pas moi ? Oui, pourquoi pas moi ? me suis-je dit. Je lui ai répondu que

> j'allais y réfléchir et peut-être lui envoyer quelques dizaines de feuillets pour qu'il voie si cela lui plaît ou non. Je ne me suis toujours pas décidé, mais la tentation est forte. Mais comment m'y prendre pour aller reconnaître les lieux, humer l'atmosphère ? Je ne peux m'attarder dans un jardin public, une place, un restaurant, un bar ou une église, sans être reconnu en l'espace de quelques minutes. Être fameux ou infâme présente ce désavantage, et il y en a d'autres, même si je me hâte de préciser que les avantages l'emportent largement sur les désavantages. Une des bizarreries qu'amène une célébrité comme la mienne, est que dans presque tous les endroits où je mets les pieds, ce sont les autres, non moi, qui changent. Ainsi au restaurant, dès que l'on sait que je suis là — et la même chose se produit de plus en plus avec Susan —, les autres clients commencent à se surveiller, à jouer inconsciemment un personnage. Les femmes, tout particulièrement, deviennent ironiques ou arrogantes, minaudières ou ultra sophistiquées, et cela d'un seul coup. Et tous, discrètement, pensent-ils, se mettent à détailler Susan — ses cheveux, ses bijoux, ses vêtements, ses ongles, son visage, sa silhouette, ses jambes et ses pieds. Un grand nombre de restaurants de ces « limited States » sont équipés d'une profusion de miroirs. Il est parfois distrayant, lorsqu'on attend une table, de s'asseoir au bar face à un vaste miroir, moi avec mon inévitable bière sans alcool, Susan avec son sempiternel et insolent « Chivas Regal et Coca-Cola sur deux glaçons, s'il vous plaît », et d'observer les subtils changements d'attitude, de position, de maintien, qui s'opèrent parmi les clients. J'ai appris à Susan, qui, contrairement à moi, est d'une timidité presque maladive, à les observer, et je pense que cela a grandement atténué son trac. Elle n'en reste pas moins agacée par le fait que chaque fois qu'elle se rend aux toilettes, elle est invariablement suivie par une troupe de femmes désireuses de la voir de près et sa petite culotte, comme Bill Buckley le dirait zeugmatiquement.

Un peu plus loin, dans ce qui est une de ses pages les plus détendues, il explique qu'il dit le plus souvent la vérité lorsqu'il est dans son état normal, mais qu'« in vino, ce qui ne m'arrive plus désormais, je ne sais plus ce que je dis, je mens comme un arracheur de dents, à propos de tout et de rien, et avec perfidie en plus. Dans ces moments-là, je ne suis pas un si brave type que cela. J'espère que cela ne me reprendra jamais. »

Il raffole de Chicago. « Si je n'y prends pas garde, cela va entamer mon affection pour Londres et New York, dans l'ordre mes deux villes préférées (Rome, Los Angeles et Paris sont de gros bourgs *avec beaucoup de banlieues**). »

---

* En français dans le texte *(NdT)*.

La préoccupation du moment est de tirer la sœur de Susan et son bébé d'un mariage désastreux en Afrique du Sud et de les rapatrier aux États-Unis. Burton s'y emploie avec son habituelle ténacité et arrive bientôt à ses fins. La petite le comble de ravissement. « J'ai joué avec elle pendant des heures. J'essaie de me rappeler ce à quoi ressemblaient les miennes, Kate, Jessica, Maria, au même âge. Je ne m'en souviens pas, évidemment. »

Au retour d'une représentation, il est contrarié de ne pouvoir réciter entièrement *Rhapsody on a Windy Night* de T. S. Eliot. Il en griffonne fébrilement une partie dans son carnet, mais « pas la totalité. Demain, petit crochet par une librairie ».

C'est à Chicago qu'il se lance dans un de ses rares textes de quelque longueur sur les acteurs et le métier d'acteur. Le prétexte est la première à La Nouvelle-Orléans de *My Fair Lady*, dans lequel joue Rex Harrison.

> *(23 septembre)* Je pense que Rex est, dans son genre, le plus grand acteur au monde, le meilleur d'entre les meilleurs. Le délicieux Noël Coward, pas moins, a dit un jour : « Rex est le plus grand des comédiens légers » — silence — « après moi ». Je les placerai à égalité, avec un petit avantage à Rex. Je vais penser à lui toute la soirée. Susan et moi lui avons envoyé chacun un télégramme, plus un autre au nom de toute la troupe. Le type de jeu de Rex et sa personnalité à la ville sont inextricablement confondus. Une manifestation évidente en est par exemple le fait que sa voix de tous les jours est la même que sa voix sur scène. Je crois qu'il en va de même pour moi. C'est également le cas de George Scott, de Gielgud, de Jason Robard, de Fonda, de Richardson, c'était le cas de Coward. Olivier, Guinness et Scofield, en revanche, changent complètement de voix. Même s'il règne un silence de cathédrale, Alec et Paul ont tendance à « tonner ». Quant à Larry, il adopte une diction saccadée, façon mitrailleuse, occasionnellement ponctuée d'un cri « afin, comme il me le dit un jour, de maintenir ces couillons éveillés ». Je ne sais s'il voulait parler de ses camarades, des spectateurs, ou des deux. Mais il faut se méfier avec Larry. C'est un pince-sans-rire de première magnitude, et on ne sait jamais très bien s'il est en train de vous faire marcher ou d'inventorier très subtilement vos points faibles. Mais tous sont de très grands acteurs. La diction d'O'Toole, aux accents excentriques quelque peu outrés dans la vie de tous les jours, reste la même sur scène. Je me demande ce qu'il faut en conclure. Cela signifie-t-il qu'Olivier, Guinness et Scofield sont par nature des acteurs de composition , alors que le reste d'entre nous, mentionnés ci-dessus, ne présentons sur scène que des prolongements de nous-mêmes ? En fait, plus je joue, plus je

réfléchis à tout cela (ce qui n'arrive pas souvent), et moins j'en sais sur le nœud de ce mystère. Je ne saurais expliquer ce qui fait que tel individu va croire en tel comédien et lui prêter une absolue intégrité, cela au détriment de tel autre acteur pourtant tout aussi éblouissant. Je ne peux que m'en accommoder et toucher du bois.

Pour en revenir à O'Toole, c'est tout à fait par hasard que j'ai appris qu'il avait reçu une terrible volée de bois vert, et en première page encore, de la part de la critique anglaise pour sa prestation dans *Macbeth*. C'est Onllwyn Brace, venu superviser mon commentaire du documentaire sur le rugby gallois, qui m'en a parlé. « Votre copain O'Toole, m'a-t-il dit, s'est fait assassiner par les critiques. » J'ai téléphoné à Peter le soir même dès que les heures ont concordé, et j'ai réussi à l'avoir juste avant qu'il quitte l'Old Vic. « Deux gars de la BBC sont passés faire des enregistrements, lui ai-je dit. Ils m'ont appris que les critiques t'avaient fait des misères. » « C'est exact. » « Comment est la salle ? » je lui demande. « Archipleine tous les soirs. » « En ce cas, mon petit, lui ai-je dit (il est de quatre ans mon cadet), garde présent à l'esprit que tu es l'acteur le plus original à avoir émergé en Angleterre depuis la guerre, et que les critiques aillent se faire voir. » « Je te remercie. » « Pense à tous les mots de cinq, huit, dix et douze lettres, à toutes les obscénités que tu connais, et carre-les-leur dans le cul, où je ne doute pas, ai-je fait, paraphrasant Robert Atkins, qu'il y ait beaucoup de place. » « Je n'y manquerai pas. » « Bonne nuit, Peter. Ne te laisse pas abattre. Je t'aime beaucoup. » « C'est réciproque. » « Allez, bonne nuit. » « Oui, bonsoir, Richard, et merci. »

Telle a été la teneur de notre conversation. Mais, dans le courant de la nuit, j'ai été pris de rage à l'égard des critiques — encore une nuit sans sommeil —, et j'ai pensé à tout ce que j'aurais dû dire à Peter, et j'ai pensé lui écrire une lettre, ce que je n'ai pas fait. Je priais le Ciel pour qu'il ne m'ait pas perçu comme un faux-jeton se réjouissant en secret de ses mauvaises critiques. Mais j'ai fini par me rassurer : il sait bien que j'ai connu moi aussi ce genre de désagrément, que j'ai été payé pour savoir ce que c'est. Il s'agit d'un phénomène encore inexpliqué : certains d'entre nous (O'Toole, Sinatra, Brando, Elizabeth Taylor, Jane Fonda, Barbra Streisand et quelques autres) sont la proie d'un parasite qui pourrait s'appeler « média-jalousie », cela surtout dans nos patries respectives. Pourquoi cela ? Parce que nous prenons des risques et allons à l'encontre des conventions. Cela ne peut venir de ce que nous avons du succès et gagnons des millions, quoique ce ne soit pas le cas de tous, puisque l'on n'entend jamais parler de telles attaques contre Robert Redford ou Dustin Hoffman, Paul Newman ou De Niro. Il en va tout différemment pour Al Pacino. Vous imaginez cela, ma chère, une star de cinéma, américaine

> de surcroît, qui ose interpréter *Richard III* ! Et en plus, suprême abomination ! il compte s'attaquer à *Othello*. L'*Othello* de Shakespeare, pas moins. Je vois déjà les critiques, les mauvaises langues distiller leur vitriol. M. Pacino ne manque certes pas de courage. Il a droit à ma profonde admiration. Le travail sur scène, au cinéma, pour la télévision diffère grandement en ce qui concerne l'investissement nerveux qu'ils exigent, mais la suite à plus tard.

Il n'y eut pas de suite.

Il souffre de plus en plus, mais n'en parle que de façon sporadique et concise : « J'ai à nouveau les deux épaules prises. » Il faut se rappeler qu'il donne chaque jour une représentation de trois heures, avec de nombreux changements de costume, des duels, des parties chantées, de longues plages de dialogues, et plus de quatre mille spectateurs qu'il lui faut imprégner de l'âme même de son personnage. « Je suis perpétuellement en nage. Cela doit venir de cette gêne dans les épaules. »

Il lit toujours beaucoup. Il découvre en ce moment Peter de Vries, dont on lui a dit qu'il s'apparentait beaucoup à Evelyn Waugh. Il fait une rapide analyse comparative qui s'achève par « sinon superficiellement, tout les oppose ». La tournée gagne Dallas où, au début d'octobre, Burton interrompt son journal.

Ils vont ensuite se produire au Mexique.

Richard avait emmené Susan au pays de Galles, où la famille avait accueilli celle-ci à bras ouverts. Il l'avait également emmenée à Key West, en Floride, pour lui faire connaître Philip. Celui-ci raconte cette rencontre dans ses Mémoires inédits.

> Dans un endroit aussi confiné que Key West, aucune précaution ne pouvait empêcher la nouvelle de leur arrivée de se répandre comme une traînée de poudre. Richard allait-il devoir rester enfermé à la maison ? Susan aurait toute liberté d'aller se promener, mais pas lui. Tout se passa le mieux du monde. Tous trois, nous ne nous sommes risqués dehors qu'à deux reprises, une fois le dimanche matin pour aller à l'église Saint-Paul, où je les ai présentés au recteur, et l'autre fois pour aller au restaurant...
>
> Moi qui avais envisagé des mets élaborés, je me suis vite aperçu qu'ils préféraient une nourriture toute simple et en petites quantités, mais j'ai été heureux de voir que Richard était dans une de ses périodes « sèches ». Il ne s'autorisait même pas un verre de vin. Susan le suivait dans ses choix en matière d'alimentation et de boisson.

> Susan m'a tout de suite plu, et cette sympathie instinctive n'a cessé de croître au fil de leur séjour. Mais il faut dire que, dès que j'ai eu appris à les connaître, ses quatre femmes successives ont su s'attirer mon affection. Susan n'allait pas connaître la période la plus rose, puisque le sort voulut qu'elle lui tînt lieu d'infirmière pendant sa longue maladie, et il n'était pas un patient très facile.
>
> Richard a consacré une bonne partie de son temps à lire, une très vieille habitude chez lui. Il a tenu à lire mon autobiographie de Burgoyne et y a pris beaucoup de plaisir. Puis il a voulu que je lui passe l'enregistrement de mon cours-récitation sur *Hamlet*. Il ne cessait de sourire en l'écoutant, car cela lui remémorait maints souvenirs.
>
> Le troisième soir, Susan est restée après que Richard fut allé se coucher. Elle voulait avoir une longue conversation avec moi, ce dont je lui fus reconnaissant. Au terme de cet entretien, je notai dans mon journal : « Elle est quelqu'un de bien. »
>
> De quoi Richard et moi parlions-nous ? Du passé, de Kate dont le vingtième anniversaire tomberait deux jours après leur départ, et, bien sûr, de Shakespeare. Il s'est enflammé pour mes idées à propos de la nouvelle version de *Richard III*, mais il voulait surtout que je lui parle du *Roi Lear*. Il avait de plus en plus envie d'interpréter le rôle-titre, et cela m'enthousiasmait.

Quelques pages plus tard, Philip cite des passages d'une lettre de Richard. Par le même courrier, celui-ci lui avait envoyé le « Nouveau Shakespeare annoté de Rowse ». « Rowse est égal à lui-même, très acerbe et parfois astucieux », commente Philip, avant de continuer de citer des passages de la lettre. L'affection de l'élève pour son maître et père adoptif est toujours aussi profonde.

> La nouvelle de l'énorme succès de ta dernière conférence m'est arrivée par de multiples sources. Affichant un sourire plein de modestie, j'ai chaque fois répondu que, tout ce que tu savais, c'était moi qui te l'avais enseigné ! Je dis aux gens que ce que tu fais n'a rien à voir avec une banale conférence, qu'il faudrait frapper un nouveau mot pour signifier ce que tu offres à tes auditeurs. Je leur dis que tu montres dix fois plus de fougue au cours d'une telle « conférence » que moi en dix représentations de *Hamlet*. Comment appeler cela ? Conférenceagonisteappassionata ? Cela jetterait sur un panneau d'affichage, tu ne trouves pas ? Tu dois être au courant de la mort il y a quelques semaines de mon frère aîné Tom. Il allait sur sa soixante-dix-neuvième année. Pas mal pour quelqu'un qui avait du charbon plein les poumons. Susan et moi sommes allés à son enterrement. Susan

a été bouleversée par les chants. Il faut dire que toute la vallée était venue en force. Par une curieuse ironie du sort, son unique enfant, Mair, qui est mariée depuis vingt ans, s'est subitement trouvée enceinte *pour la première fois* à l'âge de quarante et un ans. Et qui plus est, elle a mené sa grossesse à terme. La mère et l'enfant sont en excellente forme. Le Seigneur donne...
Cis était là. Toujours le même ange. Elle m'a chargé de te transmettre toute son affection. « Ah, ce que je voudrais en avoir autant que lui dans la tête. » Imagine que tu te sois occupé de cette intelligente et délicieuse créature lorsqu'elle était jeune.
Dès que possible, nous nous esquivons pour venir te voir. Sinon, nous essaierons d'amener *Camelot* à Miami.
A quand la prochaine conférenceagonisteappassionata ? Veux-tu dire à ces crétins de faire pour une fois en sorte que l'enregistrement soit potable ? Suis dans une forme éblouissante (mis à part un rhume passager) et Susan de même. Toutefois, je n'arrive pas à arrêter la cigarette, alors que l'alcool n'est plus qu'un lointain (et délicieux) souvenir. Vais à nouveau essayer en ce qui concerne goudrons et nicotine. Mais ce n'est pas exempt de risques ; la dernière fois que j'ai arrêté — pendant cinq jours —, j'ai *totalement* perdu la mémoire. Il semble que ce ne soit pas exceptionnel.
Joyeux anniversaire. Reçois toute mon affection et celle de Susan. Excuses habituelles pour long silence.
PS : S'il te prend l'envie de lui envoyer un mot, Kate est au cours d'art dramatique de Yale.

Il semble que c'est Richard qui fit en sorte que la tournée passe par Miami, afin que Philip puisse voir *Camelot*. Les longs voyages lui étaient interdits, mais il pouvait se permettre le trajet Key West-Miami. Il fait un compte rendu plein d'effervescence. Le retour sur le passé, le bilan, les regrets pouvaient attendre.

Je n'avais pas instruit Richard de notre venue, sachant qu'il aurait alors repoussé à plus tard sa visite ici. Mais lorsque nous sommes arrivés au théâtre, je me suis dit qu'il eût été déloyal de ne pas lui faire savoir que j'étais là. Je suis donc allé seul à l'entrée des artistes — ses amis pourraient le voir après la représentation —, mais les entrées y étaient si filtrées qu'il a fallu aller chercher un responsable, qui, finalement, m'a laissé passer.
La première chose qui m'a frappé en arrivant dans la loge est le fait qu'il se faisait maquiller par Susan. Il avait le bras droit pratiquement inerte ; sur scène, il maniait l'épée de la main gauche. Quand il est revenu de sa surprise et que je lui ai eu expliqué les circonstances de ma venue, il m'a demandé où nous étions placés. Je lui ai dit que nous étions bien placés vers le

milieu du parterre. Il a fait venir le directeur pour lui demander de nous mettre plus près de la scène. La salle était bondée, j'ignore comment le directeur s'y est pris pour nous déplacer, mais il nous a mis au sixième rang, environ, et bien au centre. Le spectacle avait été habilement remanié pour s'accommoder des vingt années supplémentaires de Richard ; il débutait par un prologue dans lequel le roi Arthur était d'âge mûr, et qui introduisait un retour en arrière. Je n'avais nul besoin de braquer un œil critique sur le spectacle et l'interprétation de Richard — ils n'étaient pas sur le point d'aborder Broadway —, aussi étais-je libre de me détendre et de me laisser aller à mon plaisir, ce que j'ai fait.

A la fin de la représentation, toute la salle s'est levée pour une formidable ovation au terme de laquelle Richard a improvisé à mon sujet un petit discours si émouvant que je n'étais pas le seul à avoir la larme à l'œil. Il a dit qu'il avait ce soir-là éprouvé plus de trac qu'au cours de n'importe laquelle des représentations précédentes, parce que son père se trouvait dans la salle. Puis il a fait mon panégyrique et a dit qu'il me devait tout.

J'avais supposé que nous gagnerions quelque suite d'hôtel, l'ordinaire d'une star en tournée, mais on nous conduisit à ma grande surprise jusqu'à une belle maison d'un quartier très chic de Miami, Golden Beach. Ils l'avaient louée pour le mois et y logeaient en compagnie de Vivienne, sœur de Susan, et de sa petite fille, Vanessa.

Après un très agréable thé, Richard me fait signe et je le suis à l'étage. Il me conduit jusqu'à une jolie chambre donnant sur une plage privée. « Voilà ta chambre », m'annonce-t-il. Je lui dis que je ne peux rester et commence de lui en expliquer les raisons. « Pourquoi crois-tu que j'ai loué cette maison ? » m'interrompt-il. J'en fus profondément touché, et nous convînmes que je viendrais passer une semaine au début de novembre et que je serais présent à son cinquante-cinquième anniversaire, le 10... Sur mon insistance, c'est en car que je fis le voyage ; Richard avait voulu m'envoyer une voiture à Key West.

Après ses deux représentations quotidiennes, il restait généralement au lit jusqu'à midi ; mais, ce jour-là, il se leva à neuf heures. Mis à part les excellents repas qu'elle nous prépara et qu'elle prit avec nous, Susan nous laissa seuls le plus possible, et nous passâmes presque toute la journée à parler, non pas du *Roi Lear*, de *Richard III* ou de projets d'avenir, mais de questions intimes et personnelles. Je lis dans mon journal : « J'ai appris des choses étonnantes dont beaucoup forcent l'admiration. » L'homme qui m'apparut à la faveur de ces conversations était très différent de celui que connaissaient ses camarades comédiens. Ceux-ci, il les berçait généralement d'histoires sur son passé que les années embellissaient peu à peu. Il éprouva le besoin de me parler de son moi secret. Le garçon que j'avais appris à connaître, à admirer et à aimer, était toujours là. Il n'essayait pas d'atténuer ou de justifier les souffrances qu'il avait pu infliger à certaines personnes, mais en concevait un profond regret. Il se remémorait avec plaisir les moments de vrai bonheur. Il me faisait part de ses rêves. Vers la fin de sa vie, il était un érudit et un écrivain frustré. Un des éléments de mon estime pour lui était sa générosité intrinsèque. Il pourvoyait largement aux besoins de ses anciennes femmes. Il se montrait très prodigue avec ses nombreux frères et sœurs et leurs enfants. Il avait opéré pour les siens de substantiels placements. La nécessité de trouver les moyens d'une telle générosité l'avait amené à tourner de nombreux films qu'il méprisait, ce qui, à son tour, l'avait amené à boire afin de noyer un certain sentiment de culpabilité artistique...

Le lendemain, dimanche 10 novembre, était le jour de son cinquante-cinquième anniversaire.

La fête, que Susan avait organisée pour après la représentation, fit de cette journée un souvenir inoubliable. Toute la compagnie avait été invitée et nous étions au moins une centaine. Susan avait retenu la salle et loué les services d'un très grand restaurant de Miami. Nous avions en fait accès exclusif à quatre salles : une salle à manger, une piste de danse, un bar et un buffet comportant toutes sortes de choses appétissantes, en sorte que les invités pussent continuer de grignoter après le dîner et jusque très tard dans la nuit. Notre groupe familial ne rentra pas avant deux heures du matin, et nous avons dû être les premiers à prendre congé.

Richard et moi étions à une table de quatre, les deux autres places étant occupées par Susan et Valerie, mais celles-ci devaient veiller à tant de détails qu'elles venaient s'asseoir le temps d'avaler une bouchée et repartaient aussitôt. Avant de passer à table, j'avais pris plaisir à converser au bar avec plusieurs membres de la troupe. Certains profitèrent de l'occasion pour me demander en quoi ils pourraient améliorer leur jeu. Ce n'était pas la première fois qu'une telle chose m'arrivait ; Richard m'a toujours dépeint par avance comme l'homme-miracle du théâtre. Beaucoup, en me rencontrant, ont dû se trouver cruellement désillusionnés.

Lorsque nous eûmes pris café et digestifs, un personnage imposant, sans doute le propriétaire du restaurant, vint inviter Richard à visiter sa cave à vin. Richard le suivit. Franz Allers et son épouse étaient venus s'asseoir à notre table. Franz avait été le chef d'orchestre de la première production de *Camelot* et il était revenu, vingt ans plus tard, faire travailler les orchestres locaux associés au spectacle. Cette conversation à trois prit un tour si plaisant qu'ils finirent par dire qu'ils viendraient me rendre visite à Key West le vendredi suivant. Ils durent peu après repousser leur venue au mois de janvier ; je ne les ai toujours pas vus.

Durant cette conversation, je n'avais cessé de me faire du mouron pour Richard, et la suite prouva que je n'avais pas tort. Susan vint me dire que nous rentrions à la maison. Elle n'eut pas à m'en préciser la raison : Richard était ivre. Il avait toujours fait en sorte que je ne le visse pas dans cet état, et je crois qu'il n'avait pas bu depuis des mois. Pendant le trajet, je ne parvins pas à communiquer avec lui et finis par y renoncer. Il parlait sans désemparer dans le but, je suppose, de paraître dans son état normal.

Lorsque je le vis le lendemain matin, il avait l'air étonnamment normal, et nous eûmes une agréable conversation au cours de laquelle nul ne fit allusion à la cave à vin. Puis il dit qu'il allait se chercher un jus d'orange, et je ne le revis pas. Il s'était allongé sur son lit et s'était endormi. Je devais partir dans l'après-midi, toujours en car, et nous décidâmes, Susan et moi, de ne pas le réveiller car il devait jouer ce soir-là.

Et, à juste titre fier et heureux, Philip regagna Key West en autocar.

Une des choses que l'on remarque dans ses Mémoires est le dévouement de Susan pour Richard et, aussi bien, l'assujettissement d'une existence qui, pendant de longues périodes, se bornait à une totale servitude. Elle a toujours refusé de parler de ces années passées avec Burton. Ceux qui les ont connus sont réticents à lui imputer une quelconque responsabilité dans ce qui allait les conduire au divorce. Une version est qu'après s'être longtemps laissé materner il lui en aurait voulu de cette attention de tous les instants. Il se peut tout simplement que la nature plus conventionnelle de Susan ait fini par se lasser des exigences exceptionnelles de cet homme.

Tandis que se poursuivait la tournée, les souffrances physiques de Burton devinrent intolérables. On remarquait dans son entourage que la douleur et la volonté dont il devait faire preuve pour la combattre et pour donner huit représentations hebdomadaires devant des salles toujours combles auraient tué tout autre que lui. Et cependant, il continuait. Sans doute du fait de son entêtement, parce qu'il ne pouvait admettre que son corps, jadis souple et vigoureux, fût devenu cette chose pitoyable, il haïssait et combattait la maladie comme un ennemi mortel. Peut-être pareille lutte, pareille angoisse transportaient-elles un homme tel que lui jusqu'en des régions hallucinées. Il avait toujours été profondément fasciné par l'inconcevable idée de la mort. « *Timor mortis conturbat me.* » « La peur de la mort jette le trouble en moi. » Mais me rappelle aussi la fragile et suprême valeur de la vie. Au cours de cette période il passa de soixante-dix-huit à soixante-trois kilos.

Pendant trop longtemps, sa seule attitude fut de combattre. On découvrit, à San Francisco, qu'il avait un nerf lésé dans la région cervicale. La douleur était maintenant si intense qu'il ne pouvait plus se servir de son bras droit et ne pouvait amener le gauche à hauteur de son épaule. Les cachets qu'il prenait lui donnaient des nausées. Et cependant il continuait. A Los Angeles, les réservations battaient tous les records. En dépit de nausées et d'une abondante sudation, il continuait. Il arrivait qu'entre deux scènes il aille vomir dans les toilettes. Puis il remontait sur scène. Le public était extatique. La presse était bonne. Il finit par s'effondrer, et il fallait cela pour qu'enfin il se laissât hospitaliser. Il fut admis à l'hôpital St. John de Santa Monica. On a depuis laissé entendre que l'opération n'était pas nécessaire. A l'époque il en fut jugé autrement. Les séquelles pouvaient être très graves. Elle le furent. Les muscles de son cou en furent définitivement affaiblis. Désormais il souffrirait en permanence.

Il alla se remettre à Céligny, mais connut bientôt de nouveaux problèmes. En octobre, il dut se faire opérer de plusieurs ulcères.

Lorsque arriva la fin de l'année, Susan et lui étaient séparés. Elle prendrait la seconde maison qu'il avait achetée à Puerto Vallarta, et un million de dollars. Il ne fit pas de difficultés. Elle en avait vu de dures, et il était le premier à le reconnaître. Il avait maintenant besoin d'une très longue période de repos absolu. Rien qui ressemblât de près ou de loin aux tensions nerveuses de son très étrange métier, à la charge écrasante que représentait la direction d'une troupe importante ou la réalisation d'un grand projet. Il avait besoin de paix, de tranquillité, et il pouvait se le permettre, en dépit des sommes consacrées à ses anciennes femmes, à de parfaits étrangers, à ses vingt-neuf frères et sœurs, neveux et nièces. Cis le vit vers cette époque et lui dit, très simplement, ce que beaucoup auraient voulu lui dire : « Pourquoi ne pas te reposer, Rich ? Tu as fait ta part. »

Sa réputation n'en eût pas souffert. Elle aurait même pu bénéficier du caractère mûrissant de l'absence. *Camelot* avait fait une fois de plus la démonstration de son statut de superstar, de sa capacité à attirer les foules. Les quatre mauvais films seraient bientôt oubliés au profit de *Virginia Woolf*, de *Becket*, de *La nuit de l'iguane*, d'*Equus* et des *Oies sauvages*, qui, chacun dans son genre, s'élèveraient avec le ferment du temps. Il pouvait attendre, gagner la touche, pour revenir lorsqu'il serait remis, et être accueilli en grand aîné.

Mais ce qui, génie ou démon, menait Burton ne l'entendit pas de cette oreille. Semblable à quelque légendaire roi celte qui, privé de troupes, privé d'armement, ne se rend ni ne se replie, mais attaque et attaque encore, il n'était pas question pour lui de se limiter ou de donner l'impression qu'il renonçait. Il n'avait plus aucune force dans les bras. Son dos lui faisait en permanence souffrir le martyre. Son corps tout entier implorait le repos. Mais il redoutait que la mort ne vienne le faucher sitôt qu'il prendrait sa retraite.

Au début de 1982, il accepta le rôle le plus écrasant de sa carrière cinématographique. Une fois de plus, en dépit de tous les avis contraires, il partit à la bataille.

CHAPITRE 26

LA NOUVELLE CAMPAGNE

« Lorsqu'il voulait attraper la confiture de l'autre côté de la table, explique Brook Williams, il était obligé de lever une main à l'aide de l'autre main et simultanément de pencher au maximum le buste en avant. Les muscles de ses bras et de ses épaules étaient inertes. Il était incapable de lever les bras en l'air. Mais jamais il ne se plaignait, ni moi ni personne ne l'avons jamais entendu y faire la moindre allusion. » Cela se passait pendant le tournage de la vie de Richard Wagner, compositeur dont l'itinéraire artistique n'était pas sans similitude avec celui de l'acteur. Il s'agissait d'une longue série divisée en courts épisodes pour la télévision. Burton y incarnait Wagner.

Maintenant que Susan était partie, Brook Williams, le plus ancien et plus proche ami de Burton, se rapprocha de lui. En plus de tenir plusieurs rôles de composition dans le film, il était la doublure de Richard. Son humour, son goût de la littérature, sa vision ironique du show-business étaient exactement ce dont celui-ci avait besoin. Par ailleurs, et peut-être était-ce le plus important, l'amitié de Brook remontait au bon vieux temps... C'était à Emlyn Williams, père de Brook, que Richard devait d'avoir tourné son premier film et d'avoir fait sa première prestation marquante sur les planches. Et puis Brook connaissait les Jenkins, il connaissait tous les comédiens de Londres, il avait conservé des relations amicales avec Elizabeth, et avait lui-même survécu à une union difficile. Il savait, enfin, ce qu'était le professionnalisme à la Coward — apprendre son texte et ne pas se prendre les pieds dans le tapis. Burton fut chanceux et clairvoyant de s'attacher un tel ami à cette époque. *Wagner* allait presque l'achever, mais, simultanément, le remettre sur pied.

La période allait être des plus éprouvantes. Un tournage de sept mois à travers l'Europe entière, avec des déplacements incessants. « C'était un luxe que de pouvoir défaire ses bagages », dira Brook. Dans le rôle de Richard Wagner, créateur non seulement d'un nouveau style d'opéra mais aussi d'une nouvelle vision de l'Allemagne, Burton était de presque toutes les scènes du film. On en tirerait une version de dix heures et une autre, la plus fréquemment diffusée, de six heures.

L'hôpital tint à le faire accompagner d'un physiothérapeute. Brook estime que ce fut une erreur. « C'était un type formidable — et Brook de l'imiter : ''La dernière fois que je suis venu en Europe, j'étais à sept mille pieds et j'leur balançais des bombes sur la gueule aux frisés.'' Mais la dernière chose dont Richard avait besoin au terme d'une journée de dix ou douze heures, c'était bien de se faire pétrir et bourrer de coups pendant une heure. Oui, une heure ! Tout ce à quoi il aspirait, c'était se reposer. Cependant, fidèle à lui-même, il respectait les termes du contrat. »

Wagner était mis en scène par Tony Palmer, qui s'était fait une réputation grâce à ses portraits filmés, plusieurs fois couronnés, de Benjamin Britten, William Walton, Stravinski. Il était et est resté fasciné par Burton. Au cours de cette intense période, les deux hommes apprirent à se connaître.

« Aujourd'hui encore, même s'il fut quelque peu critiqué, je ne vois pas qui aurait pu donner plus de vérité au personnage. Avant toute chose, ils étaient si semblables : les femmes, la boisson, le verbe, le sens du destin ; et le prénom ! En plus, tous deux avaient la tête très grosse. Nous avions fait un portrait photographique de Burton en Wagner, d'après un cliché d'époque ; leur ressemblance était saisissante. ''Je suis Wagner'', avait-il coutume de dire. »

Palmer a aujourd'hui conscience du degré de surmenage qui fut imposé à Burton. Mais pas une fois il ne se plaignit. Il arriva pourtant que des hommes plus jeunes et en meilleure forme ne puissent pas suivre le rythme de ce tournage à travers l'Europe. « Il est merveilleux quarante pour cent du temps, très bon quarante autres pour cent, et très mauvais sur les vingt pour cent restants. Mais la responsabilité m'en revient en grande partie. Par manque d'expérience, je n'ai pas su resserrer le découpage, et lorsqu'*il* a suggéré qu'un comédien plus jeune joue le jeune Wagner, j'ai commis l'erreur de m'y opposer. Le plus étonnant était son talent. Il a tourné pendant cent cinquante-deux jours, et chaque jour, quoi qu'il eût fait la veille au soir, il savait son texte sur le bout du doigt. Même lorsqu'il s'agissait de monologues ou de dialogues incroyablement fournis. Et une seule prise suffisait le plus souvent. Storaro [l'excellent cameraman italien] et moi mettions au point de très très longues prises d'un seul tenant, afin d'épouser le rythme et le sens des très longs monologues, et il s'en tirait haut la main ! Mais bien souvent, quand je disais ''superbe'', il me répondait : ''N'as-tu pas remarqué que j'ai dit 'à travers' au lieu de 'vers' ? Allez, on reprend.'' Et si je n'avais rien remarqué, il ne me ménageait pas son ironie. »

« De tous les acteurs avec qui j'ai travaillé, dit encore Palmer, Burton était le plus sujet au doute et à la nervosité. Avant une prise importante, il tremblait littéralement. » Je ne crois pas qu'on puisse parler de doute. David Lean a un jour fait remarquer : « Il n'est aucun acteur un tant soit peu valable qui ne soit nerveux avant une prise difficile. Il n'y a que les acteurs médiocres pour ne pas s'en faire. » En outre, tout l'art de Burton résidait dans l'invocation de forces qui le dépassaient et que, d'ailleurs, il ne prétendait ni ne voulait comprendre. Il ne mettait pratiquement aucune technique en œuvre. Ainsi, ses bras, comme l'avait fait remarquer Gielgud, étaient « trop courts » et « s'agitaient dans le vide », aussi ne les utilisait-il que rarement. Il avait la technique en horreur ; il ne voulait surtout pas donner toujours la même représentation, toujours faire le même film. Il savait que son talent était un don. C'était une des nombreuses raisons qui faisaient qu'hommes et femmes de toutes natures et conditions l'aimaient et lui faisaient confiance. Eux aussi croyaient et croient en ce don, croient que, de façon tout à fait inexplicable, certains êtres reçoivent le talent. Le don du sport, du dessin, du jardinage, des affaires, de l'écriture. Lorsque ce don est aussi marqué que chez Burton, et que celui qui l'a reçu est issu d'une classe sociale terriblement défavorisée, cette combinaison paraît miraculeuse. Tout à la fois lucide et superstitieux, Burton connaissait la puissance mais aussi les limites de ce don. Il lui fallait faire appel à lui, sinon rien ne se passait. Dans plusieurs films — *Hammersmith Is out, L'homme du clan, Barbe-Bleue, Circle Of Two* et, hélas, quelques autres — rien ne se passe. Il est une présence privée de moteur. Dans la plupart de ces films — comme par exemple dans *Circle Of Two* — il s'ennuie tellement que son ennui devient l'élément le plus puissant et occulte toute autre chose. S'il tremblait avant les longues prises de *Wagner*, c'est qu'il avait conscience de devoir faire revivre un grand esprit et n'ignorait pas que le traumatisme des graves opérations qu'il venait de subir avait peut-être détruit la source de son talent. Je pense que cette nervosité était tout autre chose que du trac ou de la peur, même si elle en avait les caractéristiques.

Palmer lui posa une ou deux fois la vieille, vieille question : avait-il gâché son talent ? « Jamais il n'avait eu le sentiment d'avoir gâché sa vie. Il estimait avoir été malchanceux à une ou deux reprises, et c'était tout. Il était fâché de n'avoir pas créé *Le roi Lear* à New York quelques années auparavant, mais il projetait toujours de le faire un jour, à condition de recouvrer suffisamment de force pour pouvoir porter Cordélia. Il avait vraiment du mal à avaler que sir Peter Hall ne lui eût jamais demandé de faire quelque chose au National Theatre. » Sans doute en partie parce que Olivier avait, lui, fait preuve de tant de générosité par ses multiples propositions.

Il lui arrivait de temps à autre de boire pendant *Wagner* — pas fréquemment, mais chaque fois avec des résultats désastreux. C'est à l'une de ces occasions que Palmer fut mis au courant de ses tendances épileptiques. « Il m'a dit que cela s'était pour la première fois manifesté lorsqu'il était jeune comédien, vers l'âge de vingt ans. On l'avait trouvé saisi de convulsions en coulisses. Deux verres d'alcool, et il avait pu entrer en scène. » Sally avait pour rôle ingrat de toujours avoir dans son sac à main une sorte de court bâton muni d'une éponge en son extrémité, qui en cas de besoin devait permettre de lui dégager la langue au terme de la crise. « Il a servi plusieurs fois », dit-elle. Pendant le tournage de *Wagner*, sentant venir la crise, il fit deux brefs séjours à l'hôpital. Mais la boisson avait toujours été le meilleur remède. Un remède peut-être pire que le mal.

Le portrait qui se dessine est celui d'un indomptable combattant, d'un guerrier qui ne connaît pas la défaite. Et toujours, en dépit de tout, il conservait et la même élégance — « Il n'aurait pu être plus courtois avec chacun » — et la même funeste impulsivité.

Un jour, une soirée qu'il donnait tourna à la catastrophe.

Sir Laurence Olivier, sir John Gielgud et sir Ralph Richardson jouaient tous les trois dans *Wagner* ; c'était la première fois qu'ils étaient réunis depuis le film qu'Olivier avait tiré de *Richard III*, trente ans plus tôt. Burton était ravi, tout comme eux. Tous étaient amis de longue date. Leurs scènes furent tournées à Vienne, au tout début. Chacun décida de donner une soirée pour les trois autres. Lors de la fête de Richardson, on servit des plats exotiques, mais le service était épouvantable. Gielgud avait, lui, fait venir par avion toutes sortes de mets et de cadeaux, mais les mets en question se révélèrent quelque peu insipides. Olivier semblait (une fois de plus ?) assuré de l'emporter ; il avait fait imprimer des menus et organisé une somptueuse réception. Malheureusement, en raison d'indications défectueuses, les invités eurent du mal à trouver l'endroit et arrivèrent en retard, certains même fort tard. Burton semblait devoir mettre tout le monde d'accord. C'était un jeu, l'art de « se souffler la vedette », auquel, comme les autres, il aimait s'adonner. On s'y est souvent trompé : pareille rivalité n'était pas pour lui un élément essentiel du spectacle, mais simplement un jeu destiné à l'épicer.

Sa fête eut lieu dans l'enceinte du célèbre palais Schwarzenberg. Il y avait là les trois chevaliers, Palmer le metteur en scène, Storaro l'opérateur, Shirley Russell la décoratrice, lady Richardson et Burton, qui, selon son habitude, avait devant lui un verre de vin (auquel il ne toucherait pas) et un verre d'eau, constamment vidé et rempli.

Dans une forme éblouissante, il fut intarissable pendant une paire d'heures, enchaînant anecdotes et histoires drôles, neuves ou anciennes. Les trois chevaliers étaient enchantés et faisaient aussi bonne figure que possible. Richard leur avait damé le pion, et nul ne lui en voulait. Tandis que se succédaient d'irrésistibles imitations, anecdotes, drôleries et duels de citations, alors que la soirée battait son plein, Burton commença de se sentir très las. Il commença de se tasser de plus en plus sur sa chaise. Ses dix heures de travail, les rudesses du physiothérapeute, la tension nerveuse. Au beau milieu d'une histoire pleine de tenants et d'aboutissants sur les Jenkins et le pays de Galles, il tendit tout à coup le bras, saisit son verre de vin et le vida d'un trait. Une transformation s'opéra en l'espace de cinq minutes. Une saisissante métamorphose, comme celle de Jekyll en Hyde.

Il se fit aussi mesquin qu'il avait été généreux, aussi agressif qu'il avait été amical. Il se mit à les épingler tous un par un. Olivier était « une grotesque parodie d'acteur. Tout en technique. Sans la moindre émotion vraie. » Gielgud fut l'objet de mordantes allusions sur sa sexualité. La mise en place fameuse de Richardson n'était rien de plus que la marque d'une mémoire défaillante ; il ne pouvait se rappeler son texte et était obligé de se tourner vers les ardoises pense-bête. Le plus bizarre, raconte Tony Palmer, était que lorsque l'un d'entre nous se trouvait de la sorte agressé, les autres ne prenaient pas sa défense et semblaient même vaguement opiner. Richardson était atterré ; « Pauvre Richard », murmura-t-il. Gielgud avait les yeux perdus dans le vague, avec un air de dédain et de tristesse mêlés ; Burton était peut-être son meilleur disciple et, il le savait, son plus grand admirateur. Olivier ne disait rien, mais il observait et prenait note, et l'on avait le sentiment que tout ceci ressortirait un jour à la faveur d'une représentation. Regagnant sa voiture, il dit à Palmer : « Je comprends maintenant pourquoi vous avez choisi Richard pour incarner Wagner. » Regagnant la sienne, Burton déclara : « Mon Dieu, oh mon Dieu, j'y suis allé un peu fort, non ? » Aucun des protagonistes de cette soirée n'y fit par la suite la moindre allusion.

« Cet homme avait une force intérieure, un charisme, qui faisait peur », dit Palmer.

Il loue ensuite le sérieux avec lequel Burton avait préparé le rôle : « Il s'était procuré toute une série d'ouvrages sur Wagner. Il était très attaché à l'exactitude historique, et cela jusque dans les plus infimes détails. Il devait être redoutable sur le tournage de ses premières reconstitutions historiques. » Le metteur en scène fut également impressionné par son professionnalisme. « Il avait fait la fête une partie de la nuit avec, disons, Franco Nero ; eh bien, admettons que ce dernier voulût remettre cela le matin suivant sur le plateau, c'était tout à fait exclu pour Burton. » Il fallait reprendre le travail. Enfin, Palmer, qui toute sa vie a fréquenté des gens très évolués, ne laissait pas d'être continuellement « surpris par l'étendue de ses connaissances. Au sein d'un groupe, c'était toujours lui le plus cultivé. »

C'est dans la quatrième semaine du tournage que lui et Susan annoncèrent leur intention de divorcer. Nombre de leurs amis en furent choqués et peinés. Elle lui avait apporté un soutien considérable. Sa mère à elle imputait à l'alcool la faillite du couple. Burton considérait que tout était sa faute à lui. Il confia à ses proches que leurs disputes avaient crû en violence et que Susan avait toutes les raisons du monde de partir. Elle avait désiré des enfants ; lui aussi, au début, puis il s'était ravisé.

Depuis Sybil, depuis la naissance de Jessica, son seul « enfant » avait été Maria, qu'Elizabeth et lui avaient considéré comme leur propre progéniture.

Elizabeth avait quelques mois plus tôt divorcé du sénateur Warner. Son existence au côté de cet homme passionné d'élevage bovin avait été quelque peu limitée. Elle consistait pour l'essentiel, ainsi qu'elle la décrivit, à se prélasser au lit, à regarder la télévision et à manger. Son obésité était devenue aux USA un véritable sujet de plaisanterie. Elle, dont l'énergie et le charisme avaient hissé Warner au sommet d'une échelle que jamais ses aptitudes innées ne lui eussent fait gravir, avait fini par sombrer dans l'ennui. Certains étaient convaincus qu'elle ne se remettait pas d'avoir perdu Richard. Tout ne pouvait que lui paraître insipide après ces douze années passées auprès d'un homme qui avait su la tenir en haleine, l'écouter, la comprendre et l'apprécier. Burton lui renvoyait d'elle-même une vision flatteuse et qui, semble-t-il, correspondait à la réalité. Privée de lui, elle avait l'impression de n'être rien de plus qu'« une nana ». Bref, pour formuler les choses plus simplement, elle l'aimait toujours.

Susan partie, le téléphone se mit à sonner au moins trois fois par semaine. Elle lui demanda si elle pouvait venir le rejoindre sur le tournage, alors à Venise. Burton consulta Palmer. Celui-ci n'étant pas chaud, il répondit par la négative. Cela ne mit pas pour autant un terme aux coups de téléphone.

Inspirée, selon certains, par le succès de Burton dans *Camelot*, Elizabeth avait fait une cure d'amaigrissement, perdu dix-huit kilos, et obtenu un rôle dans une pièce, *The Little Foxes*, qui, de façon tout à fait inattendue, avait été fort bien accueillie par la critique et le public. Voici que cette pièce se transportait à Londres, où elle débuterait quelques jours après la célébration de son cinquantième anniversaire. Comme à son habitude, elle n'allait pas manquer de faire parler d'elle.

Pure coïncidence, Richard avait depuis longtemps pris ses dispositions pour passer ce week-end-là à Londres. Il devait y apparaître dans un gala de charité, une représentation unique de *Under Milk Wood*. Il lui téléphona. Elle lui demanda d'être son cavalier. Il loua un jet privé. « Où est mon cadeau ? » demanda-t-elle. Ils dansèrent toute la nuit, puis, toujours manœuvrant quoique passablement éméché, il se livra à un de ces numéros dont il avait le secret et qui, matériau de premier choix, lui valaient cinq étoiles dans le guide du parfait petit journaliste. Liza était de la fête, ainsi que Maria, mannequin et mariée de fraîche date. Il avait « perdu la tête », dit-il en revenant sur le tournage — à temps et suffisamment dégrisé pour jouer.

Les amis et l'entourage de Taylor avaient redouté sa venue, soucieux qu'ils étaient de protéger celle-ci de l'homme dont ils savaient qu'elle le suivrait dans l'instant sur un simple hochement de tête ; et ils lui en voulurent, paradoxalement, d'être reparti seul. De son côté, Richard déclara que quoique ce week-end eût été merveilleux, il l'avait conforté dans la conviction que tout était terminé entre eux, même si Elizabeth continuait de le fasciner.

Comme pour confirmer cela, il avait commencé de s'intéresser, prudemment, à Sally Hay, qui allait devenir sa quatrième femme. Après avoir travaillé à la BBC, Sally était devenue, avec succès, attachée de presse free lance. Elle avait un appartement à Londres. Elle avait eu quelques liaisons sporadiques. Belle femme de trente-quatre ans, elle avait déjà, par le passé, travaillé avec Palmer et était « ravie d'avoir quitté Londres pour quelques temps et de travailler sur *Wagner* ». Ce film ne pouvait qu'être très bénéfique à sa carrière. Elle était arrivée en novembre au camp de base de Vienne. Richard avait rejoint le tournage en janvier. Et Brook, qui devint et resta ami avec la jeune femme, arriva deux semaines plus tard.

« Il était très maigre, se souvient-elle. Mais très bronzé. Je l'ai trouvé superbe. Tous nous pensions qu'il était en train de relever un formidable défi. Sans doute entendait-il se prouver qu'il en était capable. Au tout début, il avait encore espoir de tout arranger avec Susan. « Il faut que j'aille téléphoner à ma femme », disait-il fréquemment. Il était très fier d'elle. Il travaillait dur. Il était très heureux chaque fois que de nouveaux acteurs arrivaient pour quelque temps sur le tournage, les trois « sirs » bien sûr, mais aussi Dicky Pascoe, Ronald Pickup. Il ne buvait pas une goutte pendant deux ou trois semaines, et puis, tout à coup, il se laissait aller à une petite fête bien arrosée. Il avait le chic pour maintenir la cohésion de toute l'équipe. Il lisait beaucoup. Le physiothérapeute lui faisait des soins tous les soirs. Bob Wilson est arrivé plus tard, quand il a commencé à être vraiment fatigué. »

Le pèlerinage commença. Vienne, Munich, Venise, Sienne, Venise de nouveau, l'Allemagne, la Hongrie, l'Autriche à nouveau, Dublin. Il y eut la fameuse soirée avec les trois « sirs », puis le week-end avec Elizabeth alias E.T., comme l'appelle malicieusement Sally. « Après la rupture avec Suzy, il y avait pas mal de femmes qui lui tournaient autour. Je m'étais sentie attirée moi aussi, il était si beau. Mais je m'étais dit : laisse tomber. Et puis à Venise, un soir qu'il dînait en tête-à-tête avec une fille, j'ai été tout à coup extrêmement jalouse et je me suis dit : "Fais gaffe, tu files un mauvais coton." Et puis un soir je suis allée le trouver à son hôtel. Vittorio [Storaro] me suivait à peu de distance. Cela devait être à la fin du troisième mois de tournage. Je voulais lui expliquer je ne sais plus quel point de détail. Je logeais dans le même hôtel. Il m'a invitée à dîner avec lui. C'est là que tout a commencé. Je me souviens d'avoir pensé : je ne vais pas tout gâcher. Je ne vais pas prendre peur, ni perdre la tête. Je verrai bien ce qui arrivera. Très vite, cela a pris tournure. Je veux dire que je suis venue vivre avec lui. »

De même que, bien sûr, celle de Burton, la version de Brook Williams est plus flatteuse pour Sally. On y trouve de la part de Burton toute une période de pose de jalons, d'attente, d'espoir, que n'évoque pas celle-ci. Elle était en fait très circonspecte.

« Je me disais : cela ne durera que le temps du tournage. Je ne voulais pas souffrir. Cela va être très bien, je vais beaucoup m'amuser (ce fut le cas), et puis cela prendra fin (ce en quoi je me trompais). Mais voilà qu'au bout de six semaines, il s'est mis à parler de mariage. Je n'ignorais pas que Richard était très mariage, et cela m'inquiétait. Il était très sérieux. Attends un an, a-t-il dit, puis nous en reparlerons. Je n'arrivais toujours pas à y croire. »

Vers la fin du tournage, « il n'était pas très bien portant. Son dos le faisait beaucoup souffrir. Il y avait de l'électricité dans l'air. Nous étions tous épuisés. Il se faisait du souci au sujet du film. "Je pense que cela va devenir une curiosité cinématographique", disait-il. Sitôt la fin du tournage, nous sommes allés à Los Angeles pour qu'il se fasse ausculter. C'est à ce moment-là que j'ai réalisé que je faisais partie de sa vie. Les médecins insistaient pour pratiquer une nouvelle opération du côté des lombaires, mais Richard ne voulut rien savoir. De même qu'après son opération des ulcères, il n'avait pas voulu entendre parler d'analgésiques. Mais il avait finalement dû se résoudre à en prendre. »

Richard devint très attaché à Sally. « Elle sait tout faire, dit-il un jour à Brook. La cuisine, taper à la machine, écrire en sténo, elle sait tout faire. Elle est aux petits soins avec moi. Tu sais, Brookie, je remercie le Ciel de l'avoir rencontrée. »

Plusieurs amis de Richard lui trouvaient des points communs

avec Sybil ; elle s'entendait à créer un foyer agréable, elle était aussi gaie et intelligente que séduisante. Il y avait un facteur supplémentaire : le père de Sally était alcoolique — détail que la presse britannique ne mit pas longtemps à découvrir ; elle savait donc de quoi il retournait.

Après les quelques jours à l'hôpital de Los Angeles, ils allèrent prendre le soleil sur une plage, quelque part du côté de Malibu. « Une drôle de petite bicoque, un supermarché sur la rue. Nous faisions notre propre cuisine, nous lisions beaucoup, nous buvions un petit peu, de temps à autre. Il a commencé de beaucoup s'intéresser aux régimes alimentaires, et la maison était pleine de livres de régime. Dès qu'il se mettait à en suivre un, il s'y conformait à la lettre. »

La question était de savoir ce qu'il allait faire à présent. Burton voulait passer à autre chose, il était bien décidé à effacer les échecs des dernières années, à prendre des risques et montrer à la face du monde de quoi il était capable. Peut-être *Wagner* avait-il servi ce but, mais il était encore trop tôt pour le savoir. Il voulait se remettre en selle comme un cowboy après une chute. Mais où était le cheval ?

Elizabeth Taylor avait à point nommé renoué le contact. Mike Todd Junior allait réaliser un film, *Herself Surprised*, et il était question que Richard y ait un rôle. Cela l'emmènerait jusqu'à la fin de l'automne de 1982. Au printemps, il ferait *A Long Day's Journey Into Night*. Il commençait de remettre en place le mode de fonctionnement qui lui convenait. Les deux projets tombèrent à l'eau, et Burton finit, à force de cajoleries, par accepter de jouer dans *Private Lives* pour l'« Elizabeth Theatre Group », qu'elle avait monté avec Zev Bufman. Trois pièces figuraient sur son agenda : *Private Lives* de Noël Coward, *The Corn is Green* et la troisième « non encore précisée ».

Cela se mit en place par à-coups. Mais brusquement, un dimanche, apparut dans les pages centrales du *New York Times* un énorme cœur percé d'une flèche, avec cette accroche : « De nouveau réunis ! » Les billets étaient en vente.

« Tout cela semblait accidentel, dit Sally, mais j'incline aujourd'hui à penser que c'était très bien joué de la part d'Elizabeth, quoique peut-être inconsciemment. Au départ il n'avait été question que d'en faire un enregistrement. Puis il a été décidé de la donner préalablement sur scène. Enfin on a décidé d'en faire la pièce phare de la toute jeune compagnie d'Elizabeth. L'enregistrement a été continuellement renvoyé aux calendes. Finalement il n'a jamais été fait. Si elle lui avait demandé : "Est-ce qu'une tournée de sept mois avec *Private Lives* te tente ?", Richard aurait fui à toutes jambes. Mais arrivé à ce point, il était déjà trop engagé pour faire machine arrière. »

Au début de 1983, Richard se rendit en Haïti pour régler les problèmes de son divorce. Peu avant, il inaugura un journal qu'il tint pendant six semaines environ. Son désir de devenir écrivain semble être quelque peu retombé. Ces quelques pages ne sont cependant pas sans intérêt dans la mesure où elles évoquent le retour d'Elizabeth au premier plan de sa vie. « J'étais terrifiée à l'idée de faire sa connaissance, raconte Sally. Mais elle s'est montrée très, très gentille. Après cette rencontre, je me suis sentie très rassurée, bien plus tranquille. »

C'est en Suisse qu'il étrenne ce nouveau carnet. Bien dans sa manière, les premières pages sont pour Sally et la famille galloise.

> *(14, 15, 16, 19 février)* Sally très déprimée toute la journée. Inquiète à propos de Haïti, du divorce, de New York, et du retentissement qui pourrait, selon elle, s'ensuivre. Pauvre chérie. Je suis retourné travailler... S. toujours déprimée et sans doute lasse de son rôle de bonne à tout faire. La vie avec moi n'est pas aussi enchanteresse que les gens se l'imaginent... Insomniaque jusque vers les cinq heures. Levé vers midi et demi. Verdun de nouveau placé en soins intensifs suite à une nouvelle crise cardiaque. Saura-t-il repousser la camarde cette fois encore ? Dieu fasse que oui. Il a pris bien trop de poids depuis qu'il a arrêté de fumer. Il est la clé de voûte de la famille depuis la mort de Tom. Sa disparition serait un coup terrible... Ai regardé Irlande-France. Écouté Galles-Écosse à la radio. Match sans relief, l'une ou l'autre équipe pouvait l'emporter.

Le bon vieux temps, les bonnes vieilles habitudes étaient de retour. Ç'aurait pu être Sybil à Hampstead trente ans plus tôt.

> le 10 février 1983
>
> Chère Sally,
>
> Ou très chère Sally ou Sally adorée ou indispensable Sally ou ravissante Sally surtout avec un minimum de vêtements, ou astucieuse Sally ou sexy Sally, habille-toi pour moi ce soir ou plutôt devêts-toi et attends voir le résultat car je t'aime et t'adore au point d'en défaillir parfois, parfois éperdument, parfois douloureusement. Aussi, sitôt le dîner, ce sera toi et moi, et ensuite retour à ce satané Coward. Je te certifie qu'après cela le sommeil ne se fera pas attendre !

C'est la première fois que je touche une machine à écrire depuis peut-être deux ans, et mon premier exercice de dactylo est pour toi. Mon maniement de la machine, comme moi, a perdu en rapidité mais non en précision. Qui sait si je ne vais pas me remettre à écrire. Pour de l'argent, j'entends. Ou même pour mon plaisir et le tien.
Tu vas donc dîner et te coucher de bonne heure et je pense que ma soirée ne va pas non plus s'éterniser.
Seigneur, ce que cet endroit va me manquer lorsque nous allons être de nouveau plongés dans le maelström. Dans ce chaudron où nous sommes la cible de tous les regards. Peu importe, nous le sousmonterons (sic). Cette *machine à écrire** saute une ligne de temps à autre. Pas ma faute. Parole.
A bientôt.
Étreintes, caresses et diverses autres choses. Jusqu'à présent, je n'ai pas mal aux bras. C'est un bon point, non ?

Les premières répétitions approchant, il commence à apprendre son rôle. Il doit interpréter Elyot, rôle que Coward écrivit pour lui-même et dont il fut le premier créateur.

(25 février) Toujours pas d'appétit. Je suppose que c'est la tension qui monte. Milton Kalselas (le metteur en scène) m'a appelé pour me dire que les répétitions sont retardées de deux jours, d'où peut-être un séjour d'autant prolongé sous le soleil — je touche du bois — de Haïti. A Port-au-Prince, cela devrait être le début de la saison des pluies. Je me demande si E.T. ne serait pas en train de faire des siennes sur son tournage, d'où ce retard.
Sally s'est échinée toute la journée avec les bagages. Ce n'est pas une mince affaire car nous partons pour longtemps. Ma seule contribution a été de boucler le sac de livres. Des ouvrages de référence et des grammaires étrangères. Puis j'ai remis le nez dans Noël [Coward]. Je suis sur un passage morne et ennuyeux. Le travail s'éternise, alors que tout devrait se mettre en place. Ai eu Verdun au téléphone. Il m'a paru en forme.

Ils sont en Haïti. Il obtient le divorce.

(28 février) Je suis à nouveau divorcé. L'arrêt a été prononcé aujourd'hui au palais de justice. Cela a pris à peu près une demi-heure. On a demandé un interprète. Comme il tardait à venir, le juge et moi avons décidé que nous pouvions nous en passer, mon français n'étant pas si mauvais. Lui ne parlait pas anglais. Le pays nous plaît beaucoup.

* En français dans le texte *(NdT)*.

Très tenté d'y acheter quelque chose. Tout est très bon marché. Nous allons voir quelques maisons. Les gens sont gais et gentils, et l'on est très bien servi. Sally est ravie elle aussi. Il est tellement utile de posséder la langue. Cet endroit est plus facile d'accès que le Mexique (Puerto Vallarta), et seulement à trois heures de New York.

Il travaille son texte en compagnie de Sally et reprend des forces.

(4 mars) Dormi comme un bébé. Me suis réveillé à six heures du matin. Superbe journée. Ai pris mon petit déjeuner au soleil. Puis je suis resté allongé une paire d'heures à revoir mentalement *Private Lives*. Il a fait très chaud. J'ai piqué de fréquentes têtes dans la piscine. Comme je ne peux encore nager le crawl, j'ai mis au point une nouvelle nage. Le papillon coulé. Une respiration tous les cinq mouvements. Vivement les prochaines olympiades.

De retour à New York, il reprend immédiatement contact avec tout le monde.

(13 mars) Journée ensoleillée. Ai eu Kate au téléphone. Elle passera lundi soir. Elle travaille off-Broadway. Une pièce irlandaise. Maria est passée avec son bébé. Ensemble, nous sommes allés voir E.T., qui occupe l'appartement de Rock Hudson. Peu ou pas de livres. Appartement très moche. Pour ce qui est d'E., le visage ça va, mais la silhouette une catastrophe. En plus, elle picole. En plus, elle n'a pas encore lu la pièce ! Bravo ma grande !

L'absence de ponctualité d'Elizabeth, sa difficulté à apprendre son texte sont autant de problèmes à combattre.

(14 mars) E.T. mauvaise. Même pas capable de lire convenablement son texte. Sans doute finira-t-elle quand même par s'en tirer. Pour l'instant, elle ne vaut pas tripette. Sally a fait le tour des épiceries diététiques. Ces sept mois vont être très, très longs. E.T. commence à devenir ennuyeuse, chose qu'il y a des années je n'aurais jamais crue possible. Le temps est quelque chose de terrible...

(15 mars) E.T. n'avait que quinze minutes de retard, mais elle en a passé quinze autres à se faire les sourcils. Elle sent l'ail — a-t-on idée de manger de l'ail au petit déjeuner ? Sans doute

prend-elle aussi autre chose car il y a çà et là des répliques qu'elle n'arrive tout simplement pas à prononcer. Tout cela est très inquiétant. C'est horrible à dire, mais je ne serais pas chagriné si elle prenait conscience qu'elle n'y arrivera pas et qu'il nous faille la remplacer par quelqu'un d'autre. Elle est, de plus, terriblement à plat. Elle n'arrête pas de me dire combien elle est seule. J'ai pitié de ce pauvre Buffman...

(16 mars) Le temps est toujours aussi agréable. E.T. avait une heure de retard aujourd'hui. Elle s'est coincé deux Véganine dans la gorge. En essayant de les faire passer (avec un Fernet Branca), elle a fini par vomir. Puis cela a été sa voiture qui ne voulait pas démarrer, et je lui ai envoyé la mienne. Aujourd'hui, elle carburait au vin blanc. Elle m'a acheté un foulard Cartier tout à fait superflu, « le Must »...

(20 mars) Vu le deuxième acte avec E.T. Atroce. Lorsque nous nous y sommes mis, elle avait déjà un solide coup dans l'aile. Elle n'arrivait même pas à *lire* son texte, sans parler de s'en souvenir...

(22 mars) Furieux du matin au soir. E.T. invraisemblablement ivre toute la journée. A tel point qu'elle n'arrivait même pas à *lire* son texte. Même chose pendant le dîner avec les Hornby.

D'autres considérations n'interviennent qu'occasionnellement dans ce qui devient un combat pour mettre sur pied un spectacle qui semble irrémédiablement prendre l'eau. Même là, E.T. est omniprésente.

(23 mars) Ai travaillé sans interruption de midi à dix-neuf heures. E.T. occupée à une interminable séance d'essayage (deux heures et demie), me suis donc passé d'elle. Moins ivre que d'habitude mais ne savait pas un traître mot du deuxième acte, que nous avons pourtant abondamment travaillé dimanche dernier en compagnie de Brook. N'ai pu faire autrement que de promettre de me rendre (en tant qu'« une des stars ») à un service religieux à la mémoire de Tennessee Williams. Ai fait deux films tirés de son œuvre ; l'un et l'autre assez bons, je pense. Je n'aimais même pas ce type. Durant les mois que nous avons passés ensemble, je ne crois pas l'avoir vu une seule fois à jeun. Un emmerdeur, toujours en train de s'attendrir sur son sort. Et puis il a un jour fait du plat à mon Chris, qui n'avait que huit ans.

L'horizon s'éclaircit un peu.

> *(27 mars)* E.T. s'est énormément améliorée dans le premier acte. Elle est encore un peu hésitante dans le second, et elle lit le troisième. C'est la première fois que je prends plaisir à répéter cette pièce. Pourvu que cela continue.

Cela continue.

> *(2 avril)* Deux répétitions globales aujourd'hui. Quelle différence sensationnelle avec ce que nous donnions il y a encore deux jours. Les comédiens se mettent à faire preuve d'invention. J. Callum [qui joue Victor] est bien au point. En ce moment, il n'y a que moi qui dénote. Je suis peut-être trop dangereux pour jouer Coward. Ma foutue voix est trop riche ou que sais-je. Bah, je vais voir ce que je peux y faire.

Ici s'arrêtent les carnets.

Les problèmes d'Elizabeth sont compréhensibles. Si elle avait mis tout cela sur pied, c'était afin d'être avec Richard — « à nouveau réunis » —, et voici qu'elle trouvait Sally solidement installée dans sa vie. Sa silhouette s'était empâtée, et elle allait l'exposer non pas à l'écran avec ses éclairages et cadrages complaisants, mais sur scène, là où rien ne passait inaperçu. Elle avait sa propre méthode pour préparer un rôle. Elle allait à son rythme, et rien ne pouvait y changer quoi que ce soit. Il en avait toujours été ainsi. Elle menait une approche intuitive du personnage, et l'apprentissage de son texte n'était pas la première de ses priorités, même si, le jour venu, elle le connaissait sur le bout du doigt. Cette approche s'accordait difficilement avec celle, tout aussi singulière, de Burton. Encore sous le coup de ses opérations chirurgicales et des sept mois de tournage de *Wagner*, il ne buvait pas. Elizabeth non seulement buvait mais recherchait un soulagement et/ou une énergie supplémentaires dans les substances qu'elle parvenait à se faire prescrire.

L'aveu ultérieur de sa dépendance à certains produits chimiques éclairerait tristement mais de façon édifiante ce qu'avaient été ses années de mariage avec Richard. En ce qui concernait l'alcool, celui-ci ne manifestait aucune autocomplaisance ; jamais il ne contredit ou chercha à tempérer la version officielle, selon laquelle Elizabeth avait fini par l'abandonner du fait de son alcoolisme. C'est ce qu'elle avait dit à Sophia Loren. C'est ce qu'elle avait dit à Ava Gardner, éclatant en sanglots, murmurant qu'elle n'avait pu supporter de le voir ainsi, jour après jour, se suicider à petit feu. D'un autre côté, il est possible que les innombrables et interminables hospitalisations de Taylor comportent une autre explication : elles lui étaient le moyen d'obtenir les drogues dont elle avait un impérieux besoin. On l'avait dès l'adolescence habituée à consommer toutes sortes de médicaments et substances vendues en pharmacie. Cette dépendance s'était renforcée au fil des ans. Ajoutée à la quantité d'alcool qu'elle ingurgitait, cela devait terriblement affecter son corps et son cerveau. Richard n'y faisait cependant que très rarement allusion, et seulement pour mettre en cause les médecins. Soit qu'il n'en vît pas le danger — ce qui se conçoit à cette époque antérieure au culte du corps et de la santé —, soit qu'il eût préféré ne pas voir la réalité en face dans un souci de protéger le couple. Mais peut-être était-il parfaitement conscient de la situation et prêt à en supporter les conséquences. Burton donne l'impression d'avoir toujours cherché à s'imposer quelque fardeau ; il fondait des familles qu'il lui fallait ensuite entretenir, il secourait tout un réseau d'amis de longue date, il endossait un rôle de parrain auprès de tous ceux qui avaient besoin de lui.

Brook Williams accompagna Richard et Sally d'un bout à l'autre de la longue tournée. « La presse n'était pas bonne, en partie à cause d'une première pour le moins folklorique. Le rideau se leva avec trente-cinq minutes de retard et le premier entracte dura plus longtemps que le premier acte. Puis quatre représentations furent annulées à cause de la laryngite d'Elizabeth. Et la suite fut à l'avenant. Mais qu'on ne s'y trompe pas, ils se firent une fortune. Le public en redemandait. » Burton avait gagné un million de dollars avec *Wagner ; Private Lives* lui en rapporta neuf cent mille. Même en ces années quatre-vingts, cela n'avait rien de ridicule. Le Midas gallois n'avait rien perdu de son pouvoir. Et cependant, il n'accorde plus le même prix à ces cachets mirifiques. Cette époque-là est révolue. Il aspire maintenant à se ressourcer dans une vie domestique intelligente et équilibrée avec Sally. *Private Lives* l'en empêchait, et il lui fallait taire son insatisfaction, faire appel à une autre de ses qualités, la constance. « Il n'a pas bu de toute la tournée, dit Brook et d'autres témoins le confirment. Il ne pouvait se le permettre. »

« Soir après soir, le manque de ponctualité d'Elizabeth le rendait fou. Il arrivait avec plus d'une heure d'avance. Il se maquillait, papotait, prenait une tasse de thé. ''Où est-elle, Brook ? Est-ce qu'elle est arrivée ?'' Et il était saisi d'une grande agitation. Elle finissait par arriver, se maquillant pendant le trajet. Elle avait deux minutes d'avance sur le lever de rideau. Mais la moitié du public était en train de l'attendre dans la rue. Il fallait faire rentrer tout ce monde-là. La représentation ne commençait jamais à l'heure prévue. Quinze minutes de retard était un minimum, et cela le rendait fou. "C'est bien la preuve, disait-il, que jamais je ne pourrais retourner avec cette femme." »

Cette réflexion indique combien il avait conscience des pressions qui s'abattaient sur eux. « Je crois qu'elle était un peu jalouse, reprend Brook. Pas uniquement de Sally. Mais également de Richard et de moi. Nous nous amusions bien. Nous avions des amis. Richard ne buvait pas et était drôle. Tandis qu'elle avait un entourage ennuyeux, qui sombrait dans des intrigues et des vacheries sans nom. Elle avait des gardes du corps, les antidépresseurs, l'alcool, et quand elle regardait du côté de notre hôtel, notre joyeuse bande devait lui paraître enviable. Un jour, elle est arrivée avec un perroquet, Alvin. »

Elle amenait Alvin au théâtre tous les soirs et le laissait dans sa loge. Puis elle s'est mise à jouer la dernière scène avec le volatile sur l'épaule. Cela lui valait évidemment un surcroît d'applaudissements. Quand Alvin saluait, les spectateurs se levaient, lançaient des fleurs sur la scène. Mais le perroquet prenait peur. Et un soir : « Mais où est Alvin ? — Il n'a pas pu venir, explique Elizabeth, très triste. — Ah, pourquoi donc ? — Les applaudissements le perturbent. — Mais alors, Elizabeth, où est-il ? » Pas de réponse. « Oh non, ne me dis pas qu'il est chez un psy pour perroquets ! » Elizabeth de hocher la tête. « Mais c'est tout à fait inutile, dit Brook. En réalité, Alvin est très vexé parce que le sénateur Byrd* était hier soir dans la salle et n'est pas venu le saluer après le spectacle. »

Une des fonctions de Brook était de filtrer les appels téléphoniques importuns. Seulement il aimait se mettre au lit avant minuit. Or Elizabeth n'avait pas d'heure pour appeler. « Il arrivait fréquemment qu'elle téléphone à trois heures du matin. Une nuit, le téléphone sonne. "Est-ce que je peux parler à Richard ? — Je suis désolé, Elizabeth, mais il dort. — Ah." Silence. Sanglot. "Brookie... — Oui, Elizabeth ? — Je suis aveugle. — Oh, mon Dieu. Mais c'est très grave." » Il y eut alors, raconte Brook, un gros bruit au bout du fil accompagné d'un « Merde ! » et de plusieurs autres explétifs élizabéthains. « "Est-ce que ça va, Elizabeth ? Qu'est-ce qui c'est passé ? —

* Bird : oiseau *(NdT)*.

Alvin m'a renversé mon Jack Daniels. — Ah… — Qu'est-ce que je vais devenir, Brookie ?… Je suis aveugle. — Eh bien, tu pourrais faire venir ton médecin. Ou encore appeler celui de Sammy Davis. (Là, elle commence à rigoler.) Ou encore tu pourrais terminer le Jack Daniels, dormir et voir, si je puis dire, ce qu'il en sera demain matin.'' »

Elle s'était mis un cil dans l'œil, ce qui lui valait cette cécité passagère.

Toutefois, lorsqu'elle était en forme, reconnaît Brook, « elle n'en laissait pas passer une et pouvait être très, très drôle ».

C'est pendant la tournée de *Private Lives* que Sally et Richard se marièrent. « Elizabeth était souffrante, elle était en arrêt, raconte Sally. Richard avait cinq jours de liberté devant lui. ''Et si on se mariait ?'' a-t-il dit. J'ai tout d'abord cru qu'il plaisantait. Je n'arrivais pas à croire que la vie pouvait me gâter à ce point. Pour l'occasion, j'ai mis une robe tout à fait banale. A quoi bon mettre une robe de haute couture, m'étais-je dit. Autant prendre quelque chose qui pourra me resservir. » Le mariage eut lieu à Las Vegas. Valerie Douglas et Brook Williams furent les témoins. Richard était à jeun. Après la cérémonie, il but un ou deux verres, rien de bien méchant.

Elizabeth leur envoya des fleurs et toutes ses félicitations. Aussitôt après, elle se fiançait à un séduisant avocat mexicain, Victor Lunar.

Ce qui chagrina Sally pendant la majeure partie de la tournée furent les plaies et bosses de Richard. « Comme vous le savez, la pièce comporte plusieurs scènes de ménage. Debout en coulisse, je ne vivais pas. A cette époque, Elizabeth faisait son poids. Et elle n'est pas la personne la mieux coordonnée qui soit. Il doit être possible de régler une bagarre qui soit la même tous les soirs et n'amoche personne. Ç'aurait été trop beau. Chaque soir, c'était différent. Elle l'empoignait violemment ou bien se jetait sur lui de tout son poids. Je le voyais grimacer ; il souffrait encore de sa grave opération. Ce n'est pas que cela lui plaisait, mais il disait : ''Que veux-tu que j'y fasse ? Elle est comme ça, Elizabeth.'' Même les choses les plus simples posaient problème. Elle devait lui casser un disque sur le crâne — un accessoire spécialement peu résistant —, eh bien elle était incapable de le faire convenablement. Tous les soirs il arrivait en sang. Il fallait que je l'essuie et que je refasse son maquillage. Tout cela était très agaçant, mais lui se contentait de dire : ''Elle est comme ça, notre Elizabeth. Elle nous surprendra toujours.'' »

Tout se passait comme pour la première version de *Camelot*. « Franchement, dit Sally, ni l'un ni l'autre ne convenait à son personnage. Ce n'est pas ainsi que je me représente Elyot et Amanda. » En dépit de cela, malgré toutes sortes de problèmes avec Elizabeth et le metteur en scène, le spectacle continuait tant bien que mal sa carrière, grâce à Richard qui passait son temps à recoller les morceaux. New York, Philadelphie, Washington, Chicago, Los Angeles, une tournée de sept mois qui eût éprouvé même des jeunes gens en pleine forme et fut un voyage en enfer pour un homme qui venait d'être gravement malade et était déjà très fatigué. Il n'y eut pas de première à Chicago car Elizabeth était souffrante. A Washington, où Elizabeth avait naguère émis le désir — à la réalisation duquel elle ne s'était pas attachée avec sa fameuse ténacité — de devenir une grande hôtesse du monde politique, dans ce Washington de Warner, son sénateur, où l'on pouvait considérer qu'elle avait essuyé un cuisant revers et où elle était l'objet de ricanements, Elizabeth joua de façon exemplaire. « Elle était très, très bonne, dit Sally. Tous les soirs. Et très drôle. En plus, elle arrivait à l'heure. Elle avait l'air en pleine forme. » Elle est comme ça, Elizabeth, pour reprendre la formule de Richard.

Mais la tournée tourna court à Los Angeles, et nul ne s'en désola outre mesure.

Cette tournée avait été une désastreuse erreur, et survenant au plus mauvais moment possible. Burton était remonté sur les planches, initiative toujours courageuse de la part d'un acteur de cinéma et, dans son état, d'une audace folle. Mais il n'en avait retiré ni le rafraîchissement ni la satisfaction que semblables retrouvailles avec le théâtre lui avaient valus dans le passé.

De plus, il venait de passer à côté d'une proposition exceptionnelle. Alors qu'ils se produisaient à Boston, John Huston lui téléphona pour lui demander de jouer dans *Au-dessous du volcan*, d'après le merveilleux roman de Malcom Lowry. Il y aurait incarné le consul. L'alcoolisme du personnage, sa déchéance morale et intellectuelle, sa relation avec sa femme, avec les autres, le rôle semblait tout entier fait pour lui, et il le savait. Mais il était coincé dans *Private Lives*, portant Elizabeth à bout de bras, essuyant le mépris de la critique, les acclamations sans discernement du public, et le dédain de ceux qui, comme Lauren Bacall, considéraient qu'ils « se contentaient de monnayer leur image ». Il avait fait au moins un film exceptionnellement bon avec Huston ; celui-ci pourrait en être un autre. Huston pouvait-il attendre ? « Et si je mourais ? avait répondu le réalisateur. Non, il faut que je le fasse maintenant. Je n'ai pas le temps d'attendre. »

A la fin de 1983, ils allèrent se reposer au soleil de Haïti. Le choix de cet endroit parut étrange à Sally, mais Richard le considérait seulement comme un simple point sur la carte où il pourrait prendre le soleil et faire le plein d'énergie pour les campagnes à venir. Il venait de faire face à deux énormes engagements, de sept mois chacun, qui eussent épuisé un jeune homme en bonne santé. Burton les avait menés à bien, et l'on attribuait cela non seulement à sa force de caractère, mais aussi à la vigueur toute neuve que lui apportait son nouveau mariage. Il recommençait à écrire. Il commençait une nouvelle vie. Il maintenait à nouveau le cap.

CHAPITRE 27

1984

A Haïti, Sally et Richard aménageaient la maison, lisaient beaucoup et nageaient beaucoup. Il faisait des longueurs de piscine, un peu plus chaque fois. Il buvait très peu et réfléchissait à ce qu'il allait faire ensuite. Le moment était propice à un bilan général.

Il n'avait nulle raison d'être déçu des deux dernières années. *Wagner* avait démontré qu'il était toujours capable de s'imposer à l'écran, et *Private Lives* à la scène. Le monde était toujours acheteur.

Vers la fin de 1983, il avait prononcé lors de la soirée du Variety Club un discours très applaudi en hommage à Frank Sinatra, panégyrique qu'il avait lui-même rédigé. Cela lui avait valu une lettre de Sinatra : « ... tu m'as touché comme aucun homme avant toi. Chaque jour de ma vie, je te serai reconnaissant. » Et un autre de Richard Nixon : « Votre hommage était émouvant sans être larmoyant, sincère sans être stupide, éloquent sans être ampoulé. » Aussi, de ce côté-là, il avait toutes les raisons d'être satisfait.

Il envisagea, une fois de plus, la possibilité de prendre sa retraite. Ses biens avaient été quelque peu ponctionnés par les deux départs d'Elizabeth et la sortie de Susan, et il donnait et dépensait toujours avec la même largesse. Néanmoins, comme lui et Sally le calculèrent, la retraite ne poserait pas de problèmes.

Toutefois, il avait toujours envie de travailler.

Il fut question de monter *La tempête* avec Anthony Quayle. Burton jouerait Prospero et la pièce débuterait à Bristol. Mais les négociations tournèrent court. « Il voulait retravailler avec Anthony Quayle, explique Sally (c'était Quayle qui lui avait mis le pied à l'étrier du théâtre classique avec le rôle du jeune Hal à Stratford), mais revenir à Shakespeare était une entreprise si exigeante qu'il tenait à prendre tous les risques et à monter la pièce à Londres. » Il y eut maints échanges de courrier, mais les choses en demeurèrent là. Comme toujours, il était « terrifié » à l'idée de remonter sur une scène ; comme toujours, il rassemblait pour ce faire tout son courage. Il était toujours hanté du désir d'interpréter le roi Lear, « le grand roi gallois de Shakespeare », comme il l'appelait. Mais ses bras étaient-ils suffisamment vigoureux ? — il parcourait inlassablement des longueurs de bassin. Était-il capable d'incarner un vieillard ?

Ils séjournèrent quatre ou cinq mois en Haïti. Durant cette période, Burton raconta sa vie à Sally. Son enfance. « Il parlait de ses rapports difficiles avec Elfed, dit Sally. J'ai toujours pensé que cela devait venir de ce que Richard était un adolescent extrêmement difficile. Je pense que Cis et Elfed étaient l'un et l'autre des gens merveilleux, pour l'accueillir ainsi comme leur propre enfant alors que les temps étaient si durs. » Hilda, qui faisait les courses pour toute la famille et se voyait interdire par Ifor d'acheter du chocolat, mais passait outre et inscrivait « confiture » à la place, jusqu'au jour où Ifor, épluchant les comptes de la semaine, avait demandé en un gallois guttural : « Hilda, où est donc passée toute cette confiture ? » Des histoires simples, chaleureuses, comme en connaissent toutes les familles unies face à l'adversité. « Cis était une figure de madone. Une créature céleste. Enfant, il lui vouait un véritable culte. » Et cette image de madone fut apposée sur d'autres femmes, dont la qualité essentielle lui faisait ignorer les imperfections, pardonner les fautes.

Sally et lui parlaient d'Elizabeth. « J'ai toujours su qu'E.T. ferait partie de notre vie. Il lisait ou entendait quelque chose à son sujet et disait : "Tu ne devineras jamais ce qu'elle fait en ce moment. Ça, elle nous surprendra toujours, celle-là." » Au fur et à mesure que je l'ai interviewée, sur une période de deux ans, Sally est peu à peu arrivée à cette opinion en ce qui concerne les « autres épouses » : « Pour chaque époque de sa vie il a eu besoin d'une femme différente. »

A propos de Susan : « Il était extrêmement fier de sa beauté. Je pense que Susan a été une part importante de la vie de Richard. Sitôt leur divorce, elle a tout simplement disparu. J'admire cela. On a un peu tendance à faire comme si elle n'avait jamais existé. Il adorait la classe de cette femme. Quand il faisait un malheur à New York avec *Equus* et qu'ils entraient dans un restaurant, tout le monde les applaudissait ! Elle était très soucieuse de leur image. »

Sybil : « Il disait toujours qu'ils étaient si jeunes à cette époque. Ils s'amusaient comme des fous. Ils ont connu de merveilleux moments ensemble. Ils étaient devenus comme des frère et sœur. »

« On ne peut parler d'''échecs''. Simplement, chaque phase requérait une personne différente. Richard suivait sa voie. Aucune de ses épouses n'aurait fait l'affaire à un autre moment de sa vie. »

Après qu'ils avaient passé la journée à acheter des pièces, peintes à la main, de mobilier traditionnel, à prendre des bains de soleil, et, en ce qui le concernait, à tenter de se remuscler le dos, les épaules et les bras, il passait le dîner à évoquer les figures de son passé, brossant pour sa nouvelle femme le tableau de ce qu'avait été sa vie. « Il parlait de John Neville, de ''Tim'' [Robert] Hardy, de Stanley Baker, de Paul Scofield, des choses qu'ils avaient faites ensemble. Ceux-là étaient ses vrais amis. C'était l'époque où il *avait* de vrais amis. Du temps d'Elizabeth, il y avait surtout l'entourage et des gens de la haute société ; je crois que Brook était le seul qui arrivait à franchir sans trop de peine les barrières dont ils étaient entourés. » Cela m'a remis en mémoire la fois où Tim Hardy avait été « convoqué » à une soirée que donnaient Richard et Elizabeth au Dorchester. Peu à peu au fil de la soirée, les meilleurs amis s'étaient rapprochés du couple prestigieux. Un peu comme à la cour d'un petit prince allemand, avait fait Hardy. Fais-moi grâce du « petit », avait rétorqué Burton. « Au temps de Susan, reprend Sally, il ne s'agissait pas vraiment d'amis, mais plutôt des relations sporadiques du genre Gunther Sachs. Quand j'ai fait sa connaissance, j'ai trouvé étrange qu'il n'eût apparemment pas de vrais copains. Alors qu'il était lui-même quelqu'un de très liant. Mais il semble que ce soit le lot des grandes stars. »

Sally « n'en revenait pas du nombre de choses qu'il savait et qu'il avait assimilées ». La jeune femme avait pourtant, du fait de sa profession, rencontré nombre de gens cultivés et informés.

Il possédait une vaste culture, et de temps à autre il se mettait à la régurgiter. A propos de ses ambitions : « Même s'il revenait toujours au théâtre, il n'avait nulle envie de passer sa vie sur scène à faire tous les soirs la même chose. Il parlait de temps en temps de devenir universitaire, mais je crois qu'il s'agissait plus d'un fantasme que d'autre chose. Son grand bonheur, et sa fierté, aurait été de devenir écrivain. Il caressait le projet d'écrire une autobiographie et présentait ses carnets comme le matériau où il puiserait. »

Au printemps, bronzés, sereins, en pleine forme, ils revinrent à Céligny. « Il était vraiment dans une forme éblouissante », dit Sally, et les photographies de cette période en témoignent. Les outrages du temps n'étaient pas effacés, mais il n'avait plus cet air ravagé, torturé, qui le marquait quelques mois plus tôt. Ils demeurèrent en Suisse jusqu'en mai ; Burton mit au point sa nouvelle campagne.

En août, il allait tourner *Wild Geese II* avec Euan Lloyd. Ce serait un tournage plaisant, et le film, qui avait toutes les chances de connaître une carrière honorable, rappellerait au monde du show-business qu'il était encore capable de faire recette lorsqu'il voulait bien s'en donner la peine. En octobre, il commencerait *The Quiet American*, mis en scène par le jeune Anglais Charles Sturridge. Il était très content de faire ce film du fait de la qualité et de la pertinence de son sujet*. Il avait foi en Sturridge, qui venait de réaliser *Brideshead Revisited* pour Granada Television. Prendre des risques avec un jeune talent, travailler sur un sujet fort et bien écrit, tout cela ne pouvait que séduire Burton.

On lui proposa d'apparaître dans un feuilleton pour la télévision américaine, *Ellis Island*. Il ne voulait pas le faire. Kate, sa fille, s'y était vu offrir un rôle important qui constituait pour elle un grand pas en avant. « Sans que cela ait été en aucune manière formulé, je suppose qu'il s'agissait d'appâter papa », dit-elle, modeste à l'excès. Burton finit par y accepter un petit rôle, qui ne lui prendrait qu'une quinzaine de jours, s'en justifiant en parlant de « jeter un coup d'œil à ce nouvel univers des séries télévisées ». Et il y avait une pièce, *Painting Churches*, qu'il comptait jouer à la fin de l'année sur Broadway.

Il s'était constitué un programme solide, mais le meilleur allait lui être amené sur un plateau. Il s'agissait de *1984*, l'adaptation

* *Un Américain bien tranquille*, roman de Graham Greene, satire anti-américaine qui pose le problème de la responsabilité individuelle dans un conflit armé *(NdT)*.

au cinéma du roman de George Orwell, dont Michael Radford assurait la mise en scène. Six semaines de travail en juin et juillet, qu'il lui était impossible de caser dans son programme. Il était aux anges. Il téléphona à Philip.

> J'ai reçu en mai, dans la même journée, deux longs coups de téléphone de Richard, alors chez lui à Céligny. Le prétexte du premier coup de fil était qu'il voulait que je lui envoie un exemplaire de mon livre, *The Sole Voice*, pour A.L. Rowse. Je devais l'envoyer à Londres, où il devait se rendre prochainement et où il comptait voir Rowse. Richard était visiblement d'une exceptionnelle bonne humeur. Il m'a dit qu'il se sentait mieux que cela ne lui était arrivé depuis des années, et qu'il devait cela à Sally. Il avait hâte de me la présenter et allait l'amener à Key West vers la fin janvier ou le début de février 1985. Qui plus est, ils allaient rester plusieurs semaines de sorte que nous puissions travailler *Le roi Lear* et ma nouvelle adaptation de *Richard III*. Il était très heureux à la perspective de jouer dans *Mille neuf cent quatre-vingt-quatre* de George Orwell, parce qu'il comptait apporter un peu d'humanité au personnage apparemment désincarné d'O'Brien. Puis il m'a parlé d'*Ellis Island*, feuilleton pour la télévision tiré d'un roman ; il avait accepté d'y participer parce que Kate en était et qu'ils auraient quelques scènes ensemble. Après cela il y avait un film dont la majeure partie du tournage devait avoir lieu en Allemagne, et puis il devait se rendre à la fin de l'année en Inde pour tourner *The Quiet American* d'après Graham Greene... et ensuite Key West. Il y avait des années que je n'avais eu au bout du fil un Richard aussi rayonnant.
>
> Il m'a appelé une seconde fois parce qu'il avait oublié de me dire une chose lors du premier coup de fil. Il avait oublié de me dire d'écrire à Cis ; elle commençait à accuser son âge, et une lettre de moi serait la bienvenue. Il comptait lui rendre prochainement visite, chez elle près de Londres. Le fait de parler de Cis nous a amenés à évoquer maints souvenirs. Richard n'était pas quelqu'un qui s'épanchait facilement, mais cette conversation a fait remonter à la surface des souvenirs que nous chérissions l'un comme l'autre. S'y révélaient ses vraies valeurs. C'est pourquoi je conserve un si bon souvenir de cet entretien.

Il n'était pas le premier choisi pour *1984*. Le rôle avait d'abord été attribué à Paul Scofield, mais celui-ci s'était cassé la jambe. Le tournage était déjà considérablement avancé lorsque Richard arriva, et Mike Radford lui fit visionner tout ce qui avait déjà été mis en boîte. John Hurt y figurait largement. Burton le connaissait déjà et l'appréciait beaucoup. « Cette fois, il va falloir que je me donne à fond », confia-t-il peu après à Sally.

« Radford le *dirigeait*, dit celle-ci. Il aimait cela. » Et de fait, par bien des aspects, Richard correspondait à ce que recherchait la nouvelle vague des réalisateurs britanniques. Une grande star, mais qui avait une compréhension immédiate du style et du radicalisme qui servaient de véhicules aux idées de beaucoup d'entre eux. Le cinéma britannique intelligent était en pleine éclosion, et Burton était l'acteur idéal pour des rôles qui, tout en n'étant pas des premiers rôles, exigeaient un interprète qui eût l'air intelligent et expérimenté, qui donnât l'air d'avoir vécu. Le personnage d'O'Brien dans *1984* lui convenait. Il laissa tomber la « diction Burton », et joua le rôle paisiblement, avec détachement même. Ce tortionnaire et pilier de l'État totalitaire se contente de faire son boulot. Il est même capable d'un peu de compassion et de compréhension, d'intérêt pour sa victime. Mais au début et à la fin il est totalement imperméable à toute trace de sentiment susceptible de le détourner de sa fonction, qui est de briser l'opposition. Il s'agit d'une excellente interprétation, et qui fut perçue comme telle par la critique.

Richard était plein d'entrain. Il échangeait histoires et ragots avec Hurt, appréciait le style et l'homme lui-même. Il était de nouveau en selle.

« C'était une chose merveilleuse que de travailler avec Richard, dit Hurt. Il aidait ses partenaires. Il comprenait ce qu'ils essayaient de faire. Et puis il ne faisait jamais d'histoires. S'il fallait refaire une prise, il la refaisait. Il était vraiment merveilleux. » Hurt, qui n'est pas connu pour bouder la boisson, fit une ou deux virées nocturnes avec Burton. Tout se passa le mieux du monde ; pas de malaise foudroyant, pas de descente aux enfers, pas de Jekyll se changeant en Hyde.

En juillet, il fit *Ellis Island*. Sally et Kate s'en souviennent pour l'attention qu'il témoigna à celle-ci. « Il était très fier d'elle, dit Sally. Quand elle tournait une scène, il allait se placer à quelque distance, pour ne gêner personne, et la regardait intensément. J'en avais les larmes aux yeux. » « Je pense qu'il voulait me prendre par la main pour me guider dans ce monde, dit Kate. Dès que je lui posais une question, il se montrait très pratique. Il m'expliquait comment épauler un partenaire pendant qu'on fait un gros plan de lui. Toute l'équipe le trouvait sensationnel, pour tout le monde il était quelqu'un. Moi aussi, j'étais très fière. »

C'est en cette occasion, me confia Kate, qu'elle avait appris à mieux le connaître. « Il me parlait de son enfance, de la honte que lui inspiraient certains des rôles qu'il avait acceptés, de la honte que lui inspirait son ivrognerie. J'ai pris la mesure de son manque d'assurance. Nous sommes devenus très proches. »

On pourrait ajouter ceci : il faut qu'un homme ait beaucoup d'assurance pour confier ses doutes à sa fille. Il n'est pas douteux qu'il manquait parfois d'assurance ; mais mon interprétation est que cela avait plus à voir avec son approche de tel ou tel rôle qu'avec un sentiment de profonde insuffisance. Ces moments avec Kate, ces conversations à l'époque de *Ellis Island*, prennent aujourd'hui l'apparence d'un discours d'adieu, d'un dernier legs à sa fille. Il lui disait en quoi il avait échoué, oui, mais il lui disait également, par cet aveu même, combien il avait fait son possible. En sorte qu'elle conservât de lui une image bien réelle et non celle d'un Dieu le Père qui ne pût lui être d'aucune utilité dans son mûrissement.

Il regagna Céligny pour préparer *Wild Geese II* et *The Quiet American*. Il donna à Philip un nouveau coup de téléphone plein d'allégresse.

> Il m'a rappelé à nouveau après le tournage de *mille neuf cent quatre-vingt-quatre* et de *Ellis Island*. Il était très content du premier, mais m'a bien précisé que s'il avait fait ce feuilleton pour la télévision, c'était uniquement pour être avec Kate. Pour lui, comme pour moi lorsque je l'ai vu, ce *Ellis Island* était une exploitation honteuse d'un grand sujet. Il avait passé un bon moment avec Kate, à la fois dans le travail et en dehors. J'avais depuis longtemps senti qu'il s'en voulait de négliger la petite ; ces retrouvailles et le fait de travailler ensemble ont donc dû leur être très bénéfiques à tous les deux. Il m'a redit combien il se sentait en forme et combien il était heureux avec Sally. Cela se passait vers le milieu du mois de juillet.

Ce furent quelques journées de bonheur. John Hurt se trouvait en Suisse, sur un nouveau tournage, et ils sortirent ensemble un ou deux soirs. Sally se trouvait au café de la Gare le soir où Richard but et s'enivra. C'était le vendredi 3 août. Il avait trouvé un équilibre. Au cours d'un récent portrait télévisé, il s'était présenté comme un alcoolique. Mais, égal à lui-même, il avait décidé de traiter le problème à sa manière. Il buvait en général très peu ; il s'en abstenait pendant des semaines, parfois des mois. Puis un beau jour il faisait la fête et en acceptait les conséquences. Il fumait toujours beaucoup. Il n'était pas homme à renoncer à l'un ou à l'autre de ses plaisirs assurés. Il n'était pas homme à agir autrement qu'« à sa guise ».

Le 4 août, il dit avoir la migraine, et Sally lui donna deux cachets d'aspirine. Elle pense aujourd'hui qu'elle aurait dû s'en inquiéter plus. « Mais avec lui on ne pouvait jamais savoir. Il ne se plaignait presque jamais. » Elle ramena John en voiture jusqu'à son hôtel genevois — il avait passé la nuit au chalet. Il faisait beau et chaud.

Brook était parti en avant pour travailler sur *Wild Geese II*. Incroyablement amincie par le tout dernier régime, Elizabeth se trouvait à Gstaad. « Elle faisait une nouvelle tentative, dit Sally. Elle téléphonait. Elle lui disait qu'il fallait qu'ils retravaillent ensemble. » « Elle me fascine toujours autant », confia-t-il à John Hurt. Sally le savait et ne s'en inquiétait pas outre mesure. « Tous deux étaient très satisfaits, dit Brook Williams. C'était comme un retour à la case départ. Lui et Sally, et moi de temps en temps pour mettre un peu d'organisation. »

Il se coucha de bonne heure ce soir-là, vers vingt-deux heures, ainsi qu'il avait coutume de le faire pour lire ou jeter quelques notes sur le bloc qu'il avait toujours sur sa table de chevet. Il dormait lorsque Sally vint se coucher. Lorsqu'elle se réveilla tôt le dimanche matin, il avait une respiration très oppressée et elle ne parvint pas à le réveiller. Elle comprit que quelque chose n'allait pas.

Le médecin arriva vingt minutes plus tard. Il ne jugea pas la chose très grave et le fit transporter par ambulance au petit hôpital local de Nyon. Dès que l'on comprit la gravité de son état, on le fit transporter à Genève. Il avait fait une hémorragie cérébrale.

A l'hôpital de Genève, Sally apprit qu'on allait opérer, que cela allait durer longtemps et qu'il valait mieux qu'elle rentrât chez elle et prît les dispositions qu'elle jugerait nécessaires. On lui dit que de toute façon l'hospitalisation risquait de se prolonger. Elle pressentit — et cela lui fut confirmé plus tard — que si l'opération réussissait, Richard se retrouverait cloué sur un fauteuil roulant, privé de l'usage de la parole... cela aussi serait un cauchemar. A peine avait-elle regagné Céligny que le téléphone sonna. Pouvait-elle revenir à Genève ?

Lorsqu'elle arriva à l'hôpital, on lui annonça que Richard était mort. Elle alla le voir. Seule. « Je me rappelle avoir pensé : Bravo ! Te voici débarrassé de cette vieille carcasse. Tu t'embarques pour une nouvelle aventure. Bravo ! »

Lors de notre entretien, Sally me confia : « Je ne cessais de me répéter que c'était une tragédie pour nous mais non pour lui.

Cela m'a aidée dans les semaines qui ont suivi. Mon sentiment était que Richard avait de nombreuses vies en lui, mais pas celle d'un vieillard. »

Il avait cinquante-huit ans.

Les jours, les semaines qui suivirent furent très agités.

« Lorsque j'ai offert à ce garçon son premier rôle au cinéma, déclara Emlyn Williams, jamais je n'aurais imaginé que sa mort ferait la une et les gros titres des journaux. »

Au festival de théâtre de Stratford, dans l'Ontario, John Neville apprit la nouvelle dans la soirée. La représentation terminée, il s'avança au bord de la scène, annonça la chose aux spectateurs, fit l'éloge de Richard, « un grand acteur et un ami cher » et se mit à pleurer. « Il était encore si jeune, dit Olivier en apprenant la nouvelle. Si jeune. » A Hollywood, Valerie Douglas passait des coups de téléphone un peu partout à la surface du globe. Elle appela Key West. Philip Burton était effondré. Il reçut également un coup de fil de Sybil. A New York, Kate recevait les marques de sympathie de douzaines de gens qui avaient connu et aimé son père.

Nul ne savait comment annoncer la nouvelle à Cis. Finalement, ses deux filles allèrent la voir et lui dirent qu'elle venait de perdre le garçon qu'elle n'avait jamais cessé d'aimer parce que « c'était plus fort qu'elle ». La nouvelle atteignit le pays de Galles et sans doute fut-elle commentée dans chaque pub et chaque foyer du pays. La télévision, la radio couvraient l'événement. Une foule de journalistes convergea vers la Suisse... Arriva le jour de l'enterrement.

Brook revint du plateau de *Wild Geese II*, dont les producteurs se retrouvaient « avec un problème de plusieurs millions de dollars sur les bras ». Valerie Douglas arriva de Californie pour prêter main forte à Sally. La confusion était générale. On se livrait à mille spéculations. Le corps serait-il inhumé au pays de Galles ? Elizabeth Taylor allait-elle se manifester ? Et les autres ex-épouses ? Et la famille ?

Il avait très tôt exprimé le désir d'être enterré en Suisse. Cela était clairement stipulé dans son testament. On redoutait l'attitude de la foule et de la presse, et par-dessus tout l'association de Graham Jenkins avec cette dernière — on se souvient des problèmes que Richard avait eus avec son frère. Brook appela Graham en déployant des trésors de tact, mais l'autre en prit ombrage. La nouvelle se répandit qu'aucun membre de la famille ne serait le bienvenu. Ajoutant au chagrin de Sally, Cis arriva convaincue que sa présence « n'était pas souhaitée ». Sally avait toutes les peines du monde à s'occuper de tout, recevoir les gens, organiser le service funèbre, mettre sur pied les repas, commander les gerbes... Lorsque Graham arriva flanqué d'un journaliste de la BBC, elle entra dans une colère noire.

Les funérailles eurent lieu sur les hauteurs de Céligny. L'église du village ressemble à une chapelle galloise. Petite, avec une nef de bois voûtée. Un ami gallois vint jouer de l'orgue ; la veille il était venu accorder l'instrument à son idée. Brook, Kate et Graham montèrent en chaire. La petite église était pleine à craquer. Le service fut très émouvant. On chanta en gallois. « Et la mort n'aura pas le dernier mot », dit Brook du haut de la chaire. Sally mit un poème dans une enveloppe et le glissa dans le cercueil. Tout autour se pressaient journalistes, cameramen et photographes.

Les questions de préséance furent réglées avec courtoisie et compréhension. Sally avait pensé ne pouvoir supporter la présence d'Elizabeth à la cérémonie — « la presse serait devenue folle ». Elle téléphona à Taylor pour le lui dire. « Je le regrette aujourd'hui. » Elizabeth accepta la chose et ne vint que quelques jours plus tard. Elle commit l'erreur, bien compréhensible, de se rendre au nouveau cimetière de la paroisse et chercha vainement la sépulture. Elle s'en fut la mort dans l'âme et revint à la nuit tombante pour se faire conduire à l'ancien cimetière, petit ruban de terrain au bord d'un torrent de montagne. Susan assista à l'office célébré à Los Angeles ; Sybil assista, seule, à celui de New York. Elizabeth se rendit au pays de Galles ; tout le monde eut les larmes aux yeux en entendant les chants dans la chapelle de Pontrhydyfen. « Richard aurait aimé entendre ça ! » dirent plusieurs personnes. Susan et Elizabeth assistèrent à la messe du souvenir qui fut célébrée à Londres, et Sally s'étonna de voir Elizabeth — serrée de près par Graham — assise au milieu de la famille galloise, à côté de Cis.

Sally s'était embarquée pour ce qui avait dû lui paraître une merveilleuse aventure avec un homme qui semblait de jour en jour se remettre. Tout s'était arrêté d'un coup. Elle allait mettre deux ou trois ans à vraiment le comprendre et l'accepter.

Lorsque les gens furent repartis de Céligny et qu'elle connut ses premières heures de tranquillité et un avant-goût de la terrible solitude qui l'attendait, Sally entreprit de faire du rangement. Sur la table de chevet elle trouva le bloc-notes de Richard. Se réveillant fréquemment en pleine nuit, il y couchait ses pensées à l'aide d'un stylo rouge. Voici ce qu'il avait griffonné à la veille de sa mort :

> Les vastes mers incarnadines,
> Changeant le vert en rouge.
>
> Demain et demain et demain...
>
> Nos réjouissances sont maintenant terminées...
>
> Conférant le...

La dernière ligne est inachevée.

Les vaisseaux sanguins se rompirent et inondèrent le cerveau, et il n'y eut plus de mots.

Chapitre 28

« RICH »

Ceux qui lui étaient le plus proches l'appelaient « Rich ». Cela depuis l'enfance. Sa richesse intérieure n'échappait à personne, pas même à ceux qui le connaissaient à peine. Cet homme attaqua et s'empara de citadelles qui, dans son enfance et son adolescence, avaient dû lui paraître aussi fantastiques et hors de portée que la caverne d'Ali Baba. Homme aux multiples facettes, il portait en lui quelque chose d'intangible, quelque chose que peut-être il ne connaissait pas lui-même, qu'il ne voulait pas connaître ; peut-être était-ce, pour reprendre la formule de l'ancien professeur d'Emlyn Williams, le diable en lui. Assurément, il s'agissait d'un pouvoir.

Non des moindres, ce pouvoir de laisser sa marque sur les êtres. Des douzaines de personnes m'ont écrit pour m'offrir le souvenir qu'elles ont conservé de lui. Ceux que j'ai rencontrés ont puisé au plus profond de leur mémoire, il leur était de la plus haute importance de lui rendre justice.

Il fréquenta une extraordinaire palette d'individus, et cela témoigne de son charme, de sa modestie et de son sens très gallois de l'égalité. Pour citer un autre Celte, il savait qu'« un homme est un homme » et tablait là-dessus. Que ce fût avec des mineurs ou le duc de Windsor, avec le baron de Rothschild ou Bob Wilson, son habilleur noir, avec Dylan Thomas ou la princesse Margaret, avec Gielgud ou un débutant, Kissinger ou un politicien de comptoir, Burton était lui-même. Il était, selon Tim Hardy, un « aristocrate naturel ». Selon lui-même, il n'était rien de plus qu'un travailleur gallois. Qui recherchait plus que tout l'estime et le respect d'Ifor.

Sa générosité se manifesta une dernière fois, dans son testament, par des legs à ses diverses familles. La famille où il avait vu le jour, celle qu'il avait héritée d'Elizabeth, sa propre famille, et les autres, les amis, Bob Wilson, Ron Berkeley, les camarades qu'il avait si souvent fait engager dans ses films, Philip Burton bien sûr. Il faisait aussi toute une série de dons particuliers à diverses institutions.

Il ne fallut pas moins de trois années pour exécuter ce testament. Il y avait tant de compagnies dans tant de pays, dont le consortium Taylor. Avocats et hommes de loi pouvaient se frotter les mains. Résoudre toutes ces questions ajouta au traumatisme de Sally, mais, au bout du compte, aida à son rétablissement. Cette phase conflictuelle lui fut l'occasion de poursuivre et même d'approfondir sa découverte si cruellement interrompue de Richard. Cette période de luttes menée à bien, le chapitre était clos, et elle put tourner la page.

Elle a vendu la maison de Céligny pour revenir habiter Londres. Elle a publié un roman et entamé une carrière d'écrivain et de journaliste de télévision. La carrière d'actrice de Kate est en plein épanouissement, et elle vient d'avoir son premier enfant. Liza est sculpteur. Après avoir été mannequin, Maria est maintenant mariée et mère de famille elle aussi. Michael est comédien à New York, Christopher monteur à Hollywood. Elizabeth continue de suivre son impénétrable parcours. Susan fuit toute publicité mais, lorsqu'on l'entr'aperçoit, elle est toujours aussi éblouissante. Sybil, chaleureuse, satisfaite, reste toujours muette au sujet de Richard. Philip mène à Key West une vie fondée sur l'étude et l'amitié. Soignée par ses filles dans une banlieue verte de Londres, Cis chérit le souvenir de Richard. Depuis plus de vingt ans, Jessica est muette.

Peut-être une bonne part de la douloureuse mélancolie de Burton avait-elle Jessica pour origine. Non seulement un sentiment de culpabilité, l'idée que la façon dont il avait quitté Sybil avait exacerbé la maladie, la mauvaise conscience « ordinaire » de qui abandonne un enfant, mais aussi la pensée obsédante, torturante, de la terrible solitude, non conceptualisée, de sa fille. La condition de cette enfant était son cauchemar.

« Timor mortis conturbat me », la peur de la mort jette le trouble en moi. Certains êtres ont plus conscience de l'inéluctabilité de la mort que d'autres ; Burton était de ceux-là. D'une manière sourde et diffuse qui n'est pas sans évoquer les intuitions télépathiques des peuples dits « primitifs », il avait une conscience aiguë de la fragilité de l'existence, des ténèbres sur le point de l'engloutir, de l'extrême et absurde brièveté de ce vol de moineau dans un couloir éclairé, ce bref passage entre la nuit et la nuit. Son jeu d'acteur était en quelque sorte une divination de ce moi obscur. Il ne possédait, disait-il, rien d'autre qu'un truc, un *knack* — toujours cette modestie ; d'aucuns ont appelé cela « le knack du diable ». La puissance de l'acteur et la mélancolie de l'homme venaient toutes deux de la même source. Et, d'une certaine manière, en faisait également partie sa fille Jessica, la jolie autiste et schizophrène, dont l'unique parole avait été un cri : « Rich ! » Elle était la face sombre de Burton, son angoisse, son cauchemar.

Ses propres problèmes de santé, qu'il traitait tellement à la légère, eussent anéanti tout autre que lui. Les attaques rampantes, handicapantes de son arthrite, l'omniprésente angoisse de l'épilepsie, le traumatisme d'opérations répétées : il était également riche en infortunes.

Mais c'était la bonne fortune qui l'avait fait. Il était l'enfant du hasard. Si la chance le servait, c'était toutefois parce qu'il possédait les tripes et le talent. Il surmonta ce qui écrase ou soumet des millions d'êtres. Il sut faire cet incroyable saut qui le déposa au milieu d'un conte de fées, d'une vie à grand spectacle.

Tout cela était fondé sur son talent. Il possédait bien sûr un physique impressionnant, un visage sculptural, avec des yeux bleu-vert très écartés, une peau grêlée, qui parlaient de grandeur et de souffrance. Sa voix faisait naître des frissons. Beaucoup la tenaient pour le premier de ses dons. Harvey Usill, qui produisait ses enregistrements de poésie, déclara : « Je n'ai jamais travaillé avec une voix comme celle de Richard ; elle était le produit de son intelligence et de son sens du rythme. Mais cette voix n'était pas son don essentiel et décisif. Il possédait quelque chose que chacun éprouvait mais que personne n'était capable d'expliquer. Quelque chose qu'on rencontre aussi bien dans les ruelles malfamées que dans les grandes maisons, sur les terrains de sport comme dans les salons : il avait une ''présence''. Sa singularité était manifeste. Il ne ressemblait à nul autre, et son pouvoir venait de l'exploitation de cette singularité. Attendu que cet attribut échoit de façon arbitraire et n'échappe pas à quiconque y est confronté, il y a à cela une dimension à la fois démocratique et aristocratique. Car ce talent de comédien, cette capacité à fasciner une salle et à crever l'écran, ne procédait pas d'une technique ou de l'application d'une recette, mais jaillissait de son être même. Et cependant ce fut sa vie qui toujours lui importa, et c'est à la vivre qu'il mit tout son génie.

Des nombreux hommages qui suivirent sa disparition, celui qui l'eût le plus touché fut le fait de BBC Radio dans un numéro spécial de l'émission culturelle *Kaleidoscope*. Pour évoquer celui qui, selon le grand metteur en scène de théâtre Douglas Cleverdon, avait été sans égal, le producteur de l'émission réunit un plateau de qualité. On entendit en introduction Richard Burton dire le premier vers de *Under Milk Wood*. Puis ce fut un enregistrement où il décrivait sans détours le milieu dont il était issu. Tel le chœur des pleureuses, les invités complétèrent ensuite le portrait. Le professeur Nevill Coghill déclara : « Il y avait en lui un élément de magie ou de mystère gallois à la Glendower*, comme pour nous rappeler les aspects ineffables de la vie. » John Gielgud : « Il arrivait à la première répétition et se coulait aussitôt dans le rôle. Je n'avais jamais rien à lui dire sinon de cesser de bâiller quand arrivait l'heure du déjeuner... il avait une merveilleuse approche, instinctive, immédiate. » A propos de son premier rôle vedette dans le West End — *The Boy With A Cart* —, le critique Harold Hobson de déclarer : « Il arrivait coiffé de sa propre cathédrale. » Paul Daneman, qui était avec lui dans la pièce, évoqua la toute première lecture : « Il l'a lue de façon magique. Je veux dire que cela avait quelque chose de magique. Nous étions tous assis là en train de l'écouter, fascinés par sa merveilleuse voix et son extraordinaire compréhension de la poésie. » Anthony Quayle, qui l'amena à Stratford : « Cela ne faisait absolument aucun doute. Il allait devenir une immense vedette. Il avait une façon de se concentrer sur lui-même et sur sa destinée, sur son périple à travers la vie, sur son aventure. Il ne se souciait pas d'apporter une quelconque contribution à l'art avec un grand A. Non, il se souciait de l'odyssée de Richard Burton et c'est ce qui faisait de lui un personnage aussi fascinant. »

Il se battit toute sa vie durant pour être un homme. Un

* Owen Glendower (1359-1416), chef de clan gallois qui se dressa contre Henry IV d'Angleterre *(NdT)*.

homme dont il pût être fier. Un homme qui veillait sur sa famille et ses amis. Un homme qui était sur ses gardes. Un homme qui recherchait le plaisir et les récompenses. Un homme qui ne faisait aucune courbette et agissait toujours à sa guise. Jamais il ne se départit de cet idéal de héros du bassin houiller, coriace, ombrageux et poète, même lorsqu'il fut environné par les douteux accessoires du succès et les richesses de l'Arabie. Même quand il tenta de se détruire, ce fut d'une manière qui pût être comprise de ceux dont il était issu, par l'alcool. Il avait ces excès que les Celtes revendiquent, l'amour de la poésie et des chants, le goût du combat, la proclamation de la brièveté de la vie, l'engourdissement contre cette abomination.

La splendeur de son parcours de météorite est celle de l'intrépide guerrier descendu des collines. Ses carnets montrent un homme plus stable, plus drôle, plus tourmenté et plus sain d'esprit. Partant d'où il partait et visant la lune, il se condamnait nécessairement aux tensions, aux emportements, aux remords et aux épreuves douloureuses ; l'étonnant est qu'il ait su garder autant d'humour, cultiver d'aussi fortes amitiés, témoigner une telle loyauté et arriver à réaliser de si grandes choses. Il était aussi heureux que possible dans sa bibliothèque de Céligny : un feu de cheminée, un fauteuil confortable, un bon éclairage et des centaines, des milliers de livres à lire et relire, et auxquels peut-être apporter un jour sa contribution.

A la fin il se retourne vers le passé envoûtant de ce pays de Galles, petit et immortel, dont il parlait si bien la langue. Il y a quelque chose d'intangible en Burton — il se disait calculateur et il détestait être touché —, peut-être était-il effectivement un « génie », comme le dit Nevill Coghill ; peut-être était-il effectivement possédé du démon, puisqu'il était à la fois capable d'éruptions de violence qui le transformaient, et, par l'effet de son talent, capable de transformer les autres. Mais jamais ce noyau triste et obscur ne le quitta. Et cependant cet isolement, ce détachement, ce retrait en soi s'alliaient à un entregent, une libéralité d'esprit exceptionnels ; il était pain bénit pour les intervieweurs, il était l'acteur le plus cité de la planète, et très souvent ses citations étaient bonnes. Mais la conversation ne vous rapprochait pas de lui. On doit au bout du compte chercher la vérité de l'homme dans sa vie, dans « Rich », le garçon élevé par Cis, dans l'homme qui faisait conquête sur conquête — la gloire, les femmes, l'argent, les mots — et qui cependant à toutes ces merveilles préférait un verre en compagnie d'un ami, un nouveau livre, le rêve d'écrire un jour. Un homme chez qui alternaient des accès de mélancolie profonde et physiquement douloureuse et des moments d'humour ravageur. Heathcliff et le jeune prince Hal en un même homme. Un être aux multiples facettes. Nul ne lui ressemblait.

Il repose dans un petit cimetière en surplomb d'un torrent limpide. La tombe de pierre brute porte pour toute inscription : RICHARD BURTON 1925-1984. La dernière fois que j'y suis allé, c'est à la nuit tombante par une journée d'hiver. Il n'y avait que le bruissement de l'eau. Une légère brise agitait les arbres. Tilleuls, frênes et sapins. Il avait bien choisi son repos, ce héros gallois mort au combat en une terre étrangère. Rich fut beaucoup pleuré. Il restera dans notre mémoire.

Remerciements

De nombreuses personnes ont apporté leur contribution à ce livre et je leur en suis reconnaissant. Pour chaque épisode de la vie de Burton, je me suis adressé au témoin clé. J'ai chaque fois rencontré beaucoup de générosité et une détermination à lui rendre justice, à rendre compte de ses aspects les moins flatteurs, certes, mais aussi de sa splendeur et ses hauts faits.

Un des aspects de la constitution de cet ouvrage fut le large intérêt dont il a bénéficié. Ainsi, alors que je me trouvais en Australie à l'occasion d'un colloque d'écrivains, une femme qui avait fait le voyage pour se rendre sur la tombe de Burton m'a donné des photos qu'elle avait prises et un texte qu'elle avait écrit peu après. Me promenant sur Hampstead Heath — où Ifor et Richard venaient s'aiguiser l'appétit avant un déjeuner au pub —, j'ai été hélé par une dame très galloise qui, d'une distance de peut-être vingt pas, m'a annoncé que Burton, alors âgé d'une quinzaine d'années, avait un moment fréquenté sa cousine jusqu'à ce que l'oncle Jack y mette un terme. « Personne ne sait comment elle s'appelle, me lança-t-elle à travers les arbres. Et personne ne va le savoir. » Je pourrais multiplier les exemples de ce genre. Du pays de Galles me sont arrivés des lettres d'encouragements, des témoignages, qui prouvent en quelle affection et en quelle estime sa patrie le tient. Plusieurs personnes m'ont écrit pour me parler des dons, parfois substantiels, que Burton leur a faits. Des anecdotes sur son compte courent toujours, comme si elles étaient de la veille, dans les bars de Londres et de New York où se retrouvent les gens de théâtre. Ses plus vieux amis ne m'ont pas ménagé leurs souvenirs : Simon (aujourd'hui Sir Simon) Hornby, qui s'attache toujours à une vision faustienne de Burton ; le caricaturiste Nick Garland, qui m'a raconté avoir vu Burton à l'Old Vic dans *Henry V* et s'être dit : « Si j'étais Olivier ou Gielgud, je tremblerais » ; la comédienne et metteur en scène Maria Aitken, qui m'a conté ses magnifiques excentricités lorsqu'il jouait *Doctor Faustus* à Oxford ; Gore Vidal aussi et bien d'autres. Burton avait dans la profession une énorme clientèle, et il est probable qu'il n'avait qu'une faible idée de la taille de celle-ci ou de la valeur de l'estime qu'elle avait pour lui.

La famille est un des éléments clés qui permettent d'accéder à Burton, et j'ai eu le bonheur de pouvoir m'entretenir avec Cecilia (Cis), celle de ses sœurs qui l'éleva de l'âge de deux ans jusqu'à ses dix-sept ans, lorsqu'il alla habiter chez Philip Burton. Les filles de Cis, Marian et Rhianon, qui furent comme des sœurs pour Richard, n'auraient pu m'être d'un plus grand secours, et leur description de leur père, Elfed, m'a été très utile. Je suis également très reconnaissant à Gareth Owen, le fils de Hilda.

En me permettant d'utiliser ses Mémoires inédits, Philip Burton a fait preuve d'une générosité qui commande la plus profonde gratitude. Les passages que j'ai reproduits témoignent de l'autorité et de l'affection d'un homme qui, encore aujourd'hui à plus de quatre-vingts ans, suscite la plus intense admiration de quiconque s'intéresse à l'étude, au théâtre et aux idées. Richard était un garçon qui sortait de l'ordinaire ; sa grande chance fut d'être remarqué et épaulé par un homme extraordinaire. Celui qui, d'une certaine manière, prit le relais de Philip, l'auteur et comédien Emlyn Williams, s'est montré on ne peut plus coopératif, de même que le troisième des grands mentors de Richard, sir John Gielgud, qui avait pris des notes en prévision de notre entretien et me les a lues à toute vitesse et avec une diction parfaite.

Burton avait plusieurs excellents amis parmi les comédiens londoniens. Tous m'ont très volontiers parlé de l'homme et de sa carrière. Robert « Tim » Hardy, « le Tsar », rencontré à Oxford, et qui fut toujours un véritable ami ; Michael Hordern ; John Neville, avec lequel je me suis entretenu à Stratford, dans l'Ontario, et qui m'a impressionné par sa profondeur de sentiment et sa vitalité — il a presque exactement le même âge que Burton ; Warren Mitchell, qui un jour doubla Richard dans la réalité ; Bryan Forbes, qui donna le coup d'envoi des bouleversements politiques que connut l'Old Vic dans l'immédiat après-guerre ; William Squire, qui, comme bien d'autres, me parla des accès de prodigalité de Burton.

Pour ce qui concerne l'époque bénie de son travail pour la radio, j'ai eu la chance de m'entretenir avec Douglas Cleverdon et d'écouter, en sa compagnie, les enregistrements de *In Parenthesis* et de *Under Milk Wood*. Frank Hauser, producteur de sa version radiophonique de *Henry V*, est également quelqu'un qui a suivi de près sa carrière théâtrale et cinématographique.

Mes conversations avec des comédiens tels que lord Olivier, sir Alec Guinness, John Hurt, ont embrassé toute l'étendue du travail de Burton. Sir Peter Hall est un des nombreux metteurs en scène à m'avoir parlé de l'impact dynamique, de l'effet d'exemplarité produits par le jeune comédien de théâtre Burton.

J'ai contacté certaines personnes pour qu'elles me parlent d'épisodes bien précis : John Le Carré à propos du film tiré de son roman *L'espion qui venait du froid* ; Andrew Sinclair, qui réalisa le film tiré de *Under Milk Wood* ; Tony Palmer, qui mit en scène *Wagner* ; Euan Lloyd, qui connut Burton sur une longue période et dirigea *Les oies sauvages* ; Jeremy Treglown, qui assista à Oxford au récital de poésie Auden-Burton ; Lauren Bacall, qui aida à préparer le terrain pour son entrée à Hollywood ; Donald Trelford et Richard Findlater, de l'*Observer*, journal pour lequel il écrivit plusieurs articles ; Frank Delaney, qui passa quelque temps avec lui à Dublin ; Cliff Morgan, qui connut le joueur et le passionné de rugby ; l'opérateur Arthur Ibbetson, qui sut mieux que beaucoup le comprendre.

Burton père de famille m'a été décrit par sa fille Kate, aujourd'hui actrice, qui m'a également un peu parlé de la vie très pleine et très heureuse de sa mère, Sybil, après et depuis la séparation avec Richard.

Burton fut l'ami de toujours et, pendant une période, la préoccupation centrale de l'acteur Brook Williams, qui lui témoigna une affection et une sollicitude de tous les instants. On comprend facilement que « Rich » l'ait toujours trouvé de si bonne compagnie, et la qualité de l'amitié de Brook est flatteuse pour l'homme qui accordait tant de prix à la camaraderie masculine.

On écrit de plus en plus sur Burton, et les ouvrages de Philip Burton, bien sûr, de Paul Ferris, de Penny Junor, de Fergus Cashin et John Cottrell, de Hollis Alpert, et l'essai de Bryan Forbes, sont tous, à leur manière, intéressants et plaisants. En ce qui concerne Elizabeth Taylor, le livre de Kitty Kelley fait autorité, mais ceux de Brenda Maddox, Ruth Waterby et Dick Shepherd sont également intéressants. *The Cleopatra Papers*, de Jack Brodsky et Nathan Weiss, est excellent pour ce qui est de cette période, de même que l'ouvrage de Richard L. Sterne, *John Gielgud Directs Richard Burton*, et celui de William Redfield, *Letters From An Actor. The Broadway Hamlet.* Citons encore *Limelight And After* de Claire Bloom, *Lauren Bacall by Myself*, l'autobiographie de Zeffirelli, celle de Joseph Mankiewicz, la biographie de Darryl F. Zanuck par Mel Gussow. J'ai pu revoir de nombreuses interviews télévisées, menées par David Frost, Dick Cavett ou James Fenton. David Frost s'est montré tout particulièrement prodigue de ses souvenirs. Les prestations dramatiques et cinématographiques de Burton ont suscité une incroyable quantité de matière imprimée. Il a laissé une montagne de coupures de presse. Je suis redevable à Annette Balfour-Lynn pour ses recherches et tout particulièrement pour son travail sur les appendices (ainsi qu'à St. John Howell, qui a inventorié tout ce qui concernait enregistrements et passages à la radio). J'offre des remerciements tout particuliers à mon excellente amie Julie Matheson pour son travail sur le texte.

Le matériau qui jusqu'alors n'avait jamais été imprimé est les carnets de Burton. Ces trois cent cinquante mille mots furent pour moi une merveilleuse découverte qui, avec sa correspondance et les nombreux contrats archivés, m'a permis d'étudier l'homme dans le détail. J'ai revu tous ses films, écouté ses disques, lu ses articles, parlé avec ceux qui l'ont connu, mais rien de tout cela n'a été aussi révélateur que ses carnets, qui m'ont permis d'approcher l'homme au plus près. J'y ai même découvert ses difficultés avec l'orthographe (Sophia Loren le battait souvent au scrabble, et en anglais encore !). Ainsi cet ouvrage est-il en partie l'autobiographie qu'il parla si souvent d'écrire.

Entre autres choses, ses carnets ainsi que certains autres de ses écrits m'ont fourni un fil conducteur entre Sybil, Elizabeth et Susan. Il y a abondamment évoqué ses trois premières femmes. Dans le cas d'Elizabeth, les interviews qu'elle a données, ses écrits autobiographiques m'ont bien évidemment été d'un grand secours.

C'est à Sally que je suis le plus redevable. Sally qui a vécu une tragédie si peu de temps après s'être engagée dans une nouvelle vie. J'ai beaucoup admiré la patience avec laquelle elle a fait face au débrouillement du testament, à son exécution, et à la versatilité de la presse. Elle est restée inébranlable dans sa conception de la façon dont Richard Burton doit être présenté et respecté. Elle n'a fait aucune tentative pour restreindre ma totale liberté dans la réalisation de cet ouvrage, bien qu'elle l'éclaire de sa vision tolérante, réfléchie et vive de Rich.

Melvyn BRAGG, 1985-1988.

APPENDICE

Au théâtre

Novembre 1943
Royal Court Theatre, Liverpool
Janvier 1944
St. Martin's Theatre, Londres
Druid's Rest
Première apparition professionnelle au théâtre dans une comédie écrite et mise en scène par Emlyn Williams. Richard Burton y jouait le rôle de Glan, fils aîné d'un couple de tenanciers de pub. L'action se situe au début du siècle dans l'arrière-salle d'un modeste pub du pays de Galles. Gladys Henson et Roddy Hughes étaient les parents.

Été 1944
Christ Church Cloisters, Oxford
Mesure pour mesure, de Shakespeare
Engagé à l'origine comme doublure pour le rôle d'Angelo dans cette production de l'Oxford University Dramatic Society, il interpréta le personnage lorsque le titulaire du rôle tomba malade. Mise en scène de Nevill Coghill.

Février 1948
Lyric Theatre, Hammersmith
Castle Anna
Drame d'Elizabeth Bowen et John Perry. L'action se passe au tournant du siècle, dans le salon d'une gentilhommière. Burton interprétait Mr. Hicks, jeune officier cantonné dans les environs. La distribution comptait Hazel Terry, Richard Leech et Arthur Sinclair. Mise en scène de Daphné Rye.

Mai 1949
Globe Theatre, Londres
La dame ne brûlera pas
Burton dans le rôle de l'employé orphelin. L'action de cette comédie de Christopher Fry se passe chez le maire d'un petit bourg. Avec John Gielgud et Claire Bloom. Mise en scène de Gielgud et Esme Percy.

Janvier 1950
Lyric Theatre, Hammersmith
The Boy With A Cart
L'action de cette autre pièce de Christopher Fry débute dans un village de Cornouailles, puis se transporte à Steyning, dans le Sussex. Burton y tenait le rôle de Cuthman. Mary Jerrold, Hazel Terry et Diana Graves étaient de la distribution. Il s'agissait d'une double affiche, l'autre pièce étant *Shall We Join The Ladies* de J.M. Barrie. Les deux pièces étaient mises en scène par John Gielgud.

Mars 1950
Dolphin Theatre, Brighton
Un phénix trop pressant
Christopher Fry, auteur de cette pièce en un acte, en assurait la mise en scène. Burton y jouait Tegeus, le soldat romain qui réconforte la veuve éplorée. Avec Diana Graves.

Novembre 1950
Royal Theatre, New York
La dame ne brûlera pas
Sa première apparition sur une scène new-yorkaise. Toujours dans le rôle de l'employé orphelin. Avec John Gielgud, qui assurait également la mise en scène.

Été 1951
Shakespeare Memorial Theatre, Stratford-upon-Avon
Henry IV (première partie)
Mis en scène par Anthony Quayle et John Kidd
Henry IV (seconde partie)
Mis en scène par Michael Redgrave
Henry V
Mis en scène par Anthony Quayle
Dans le rôle du prince Hal dans le cadre du Festival de théâtre de Grande-Bretagne.
La tempête
Mise en scène de Michael Benthall
Dans le rôle de Ferdinand, fils du roi de Naples. Avec Alan Badel dans le rôle d'Ariel.

Décembre 1951
The Plymouth Theatre, New York
Legend of Lovers
Burton interprétait le musicien dans cette adaptation de l'*Eurydice* de Jean Anouilh. Avec Dorothy McGuire et Hugh Griffith. Mise en scène de Peter Ashmore.

Avril 1952
Lyric Theatre, Hammersmith
Montserrat
L'action de l'adaptation très libre que fit Lillian Hellman de la pièce d'Emmanuel Roblès se situe dans le palais du gouverneur de Valencia, au Venezuela, en 1812, pendant la lutte pour l'indépendance. Burton y jouait le rôle titre face à Noël Willman, qui incarnait le colonel Izquierdo. La mise en scène était de Noël Willman et Nigel Green.

Septembre 1953
Assembly Hall, Edinburgh
Hamlet
Dans le rôle titre. Claire Bloom dans le rôle d'Ophélia. Mise en scène de Michael Benthall. Il s'agissait d'une production de l'Old Vic.

1953-1954
Compagnie de l'Old Vic (saison)
Hamlet
Mise en scène de Michael Benthall
Dans le rôle titre.
Le roi Jean
Mise en scène de George Devine
Dans le rôle de Philippe le Bâtard, avec Michael Hordern dans celui du roi Jean.
La nuit des rois
Mise en scène de Denis Carey
Dans le rôle de Sir Toby Belch, avec John Neville en Orsino et Claire Bloom en Viola.
Coriolan
Mise en scène de Michael Benthall
Dans le rôle titre, face à William Squire dans le rôle de Menenius Agrippa.
La tempête
Mise en scène de Robert Helpmann
Dans le rôle de Caliban, avec Michael Hordern en Prospero et Claire Bloom en Miranda.

1955-1956
Compagnie de l'Old Vic (saison)
Henry V
Mise en scène de Michael Benthall
Dans le rôle titre, avec John Neville disant le « chœur ».
Othello
Mise en scène de Michael Benthall
Burton et John Neville jouaient en alternance les rôles d'Othello et de Iago.

Novembre 1957
Morosco Theatre, New York
Time Remembered
Adaptation faite par Patricia Moyes de *Léocadia* de Jean Anouilh. Il s'agit d'une comédie romanesque dont les personnages sont une duchesse, un

prince, une ballerine et une modiste. Burton était le prince Albert, face à Susan Strasberg dans le rôle de la modiste et Helen Hayes dans celui de la duchesse de Pont-au-Bronc. Mise en scène d'Albert Marre.

Décembre 1960
Majestic Theatre, New York
Camelot
Dans le rôle du roi dans cette comédie musicale de Lerner et Loewe, dirigée par Moss Hart. Inspiré de *Once and Future King* de T.H. White, ce spectacle valut à Burton le Prix des critiques dramatiques new-yorkais 1961. Avec Julie Andrews dans le rôle de Guenièvre.

Avril 1964
Lunt-Fontanne Theatre, New York
Hamlet
Dans le rôle titre. Mise en scène de Gielgud. Avec Hume Cronyn dans le rôle de Polonius et Linda Marsh dans le rôle d'Ophélia.

Février 1966
Oxford Playhouse
Doctor Faustus
Cette pièce de Christopher Marlowe est inspirée de la légende médiévale de l'homme qui vendit son âme au diable. Avec Burton dans le rôle titre et Elizabeth Taylor dans celui d'Hélène de Troie. Il s'agissait d'une pièce montée par l'Oxford University Dramatic Society et mise en scène par Nevill Coghill. On en fit un film, à Rome, l'année suivante, à la réalisation duquel Burton collabora.

Mars 1976
Plymouth Theatre, New York
Equus
Après Anthony Perkins, Burton incarnait ici le personnage du psychanalyste Martin Dysart, rôle qu'il rejoua plus tard au cinéma. Cette pièce de Peter Shaffer était mise en scène par John Dexter.

1980-1981
En tournée aux États-Unis, dont New York
Camelot
Reprise de la comédie musicale de Lerner et Loewe. Burton à nouveau dans le rôle du roi Arthur.

Mai 1983
Lunt-Fontanne Theatre, New York
Private Lives
La subtile comédie de Noël Coward sur un couple divorcé dont l'homme et la femme retombent amoureux l'un de l'autre alors qu'ils sont en lune de miel avec un autre partenaire. Burton et Taylor dans les rôles d'Elyot Chase et Amanda Prynne. Mise en scène de Milton Katselas.

Au cinéma

(Les dates indiquées sont celles de la sortie des films)

The Last Days of Dolwyn *1948*
Débuts au cinéma dans le rôle de Gareth, fils adoptif de la veuve Merri, jouée par Edith Evans. Il s'agit d'un mélodrame sur l'engloutissement, au siècle dernier, d'un village gallois. Scénario et mise en scène étaient d'Emlyn Williams. Le producteur était Anatole de Grunwald.

Now Barabbas Was A Robber *1949*
L'action se passe dans une prison à la veille d'une exécution. Burton est Paddy, saboteur irlandais. Avec sir Cedric Hardwicke dans le rôle du directeur de la prison, Richard Greene, Kathleen Harrison et Beatrice Campbell. La mise en scène est de Gordon Parry, le scénario d'Anatole de Grunwald d'après la pièce de Williams Douglas Home.

Waterfront *1950*
Il s'agit de l'adaptation d'un roman de John Brophy. Le personnage de Ben Satterhwaite, ingénieur naval au chômage, éclairait les problèmes du sous-emploi à Merseyside. Avec Avis Scott, Robert Newton, Kathleen Harrison et Susan Shaw. Scénario de John Brophy et Paul Soskin, également producteur du film. Mise en scène de Michael Anderson.

The Woman With No Name *1950*
Histoire romanesque d'un aviateur norvégien, Nick Chamerd, qui épouse la déjà mariée mais amnésique Yvonne Winter, jouée par Phyllis Calvert. Adapté de *Happy Now I Go* de Theresa Charles, ce film fut produit par John Stafford et réalisé par Ladislav Vajda.

Green Grow The Rushes *1951*
Les premiers rôles acceptèrent de ne toucher qu'un modeste cachet et d'attendre un pourcentage sur les recettes de ce premier long métrage de ACT Films Ltd, syndicat de l'industrie cinématographique. Avec Roger Livesey et Honor Blackman. Adapté par Howard Clewes d'après son roman du même titre et par Derek Twist, qui en signa également la mise en scène, ce film fut produit par John Gossage.

My Cousin Rachel (Ma cousine Rachel) *1952*
Le premier film américain de Burton. Dans le rôle de Philip Ashley, jeune héritier qui tombe passionnément amoureux de la veuve de son père adoptif, jouée par Olivia de Havilland. Adapté par Nunnally Johnson, également producteur du film, à partir du roman psychologique de Daphné du Maurier, dont l'action se passe en Cornouailles. Mise en scène de Henry Koster. Cité aux Academy Awards pour l'Oscar du meilleur second rôle.

The Robe (La tunique) *1953*
Premier long métrage de Burton en Cinémascope. Il interprète Marcellus Gallio, officier romain qui assiste à la crucifixion du Christ et finit par se convertir au christianisme. Avec Jean Simmons, Victor Mature, Michael Rennie et Ernest Thesiger. D'après le roman de Lloyd C. Douglas. Scénario

de Gina Kaus. Produit par Frank Ross et réalisé par Henry Koster. Cité aux Academy Awards pour l'Oscar du meilleur premier rôle masculin.

The Desert Rats (Les rats du désert) *1953*
Dans le rôle du capitaine MacRoberts, officier anglais commandant une unité de soldats australiens qui défendent Tobrouk contre Rommel, joué par James Mason. Avec Robert Newton et Robert Douglas. Scénario de Richard Murphy. Produit par Robert L. Jacks et réalisé par Robert Wise.

Prince of Players *1954*
Ce film suit les tribulations de la famille Booth, où l'on est comédien de génération en génération, et dont les querelles intestines vont conduire à l'assassinat du président Lincoln. Burton y est Edwin Booth, frère de John Wilkes Booth, le meurtrier, joué par John Derek. Avec Raymond Massey, Charles Bickford et Elizabeth Sellars. Scénario de Moss Hart d'après le livre d'Eleanor Ruggles. Produit et réalisé par Philip Dunne.

The Rains of Ranchipur (La mousson) *1955*
Adaptation du roman de Louis Bromfield, *The Rains Came*. En Inde, sur fond de mousson et de tremblements de terre, Burton est l'impénétrable jeune docteur Safti, face à Lana Turner, Fred MacMurray et Michael Rennie. Scénario de Marle Miller. Produit par Frank Ross, réalisé par Jean Negulesco.

Alexander the Great (Alexandre le Grand) *1956*
Dans le rôle du fabuleux érudit et guerrier qui conquiert le monde sans jamais connaître la défaite. Avec Danielle Darrieux, Claire Bloom, Peter Cushing et Fredric March. Écrit, produit et réalisé par Robert Rossen.

Sea Wife (L'épouse de la mer) *1957*
Histoire poignante de la survie d'un groupe de quatre personnes qui abordent une île déserte après le torpillage de leur navire. Joan Collins est la religieuse, surnommée Sea Wife, Burton l'officier de la RAF dont le surnom est Biscuit. Écrit par K. Burke, produit par André Hakim et mis en scène par Bob McNaught.

Bitter Victory (Amère Victoire) *1958*
Burton est le capitaine Leith, Curt Jurgens le major Brand. Ils commandent un commando britannique chargé de s'infiltrer derrière les lignes ennemies pour s'emparer de documents secrets. L'action se passe dans le désert. Écrit par René Hardy, Nicholas Ray et Gavin Lambert. Produit par Paul Graetz, réalisé par Nicholas Ray.

Look Back In Anger (Les corps sauvages) *1959*
Dans le rôle de Jimmy Porter, d'après la pièce du même titre de John Osborne. Avec Mary Ure, Gary Raymond et Claire Bloom. Sur un scénario de Nigel Kneale. Produit par Gordon L.T. Scott et Harry Saltzman. Réalisé par Tony Richardson.

Bramble Bush (Le buisson ardent) *1959*
Avec pour décor une petite ville du Massachusetts, ce film pose le problème de l'euthanasie et, sur fond de chantage et d'adultère, culmine avec le procès du docteur Guy Montford, interprété par Burton. Avec Barbara Rush et Angie Dickinson. D'après un roman de Charles Mergendalh, sur un scénario de Milton Sperling et Philip Yordan. Produit par Milton Sperling, réalisé par Daniel Petrie.

Ice Palace (Les aventuriers) *1960*
Cette adaptation du roman d'Edna Ferber évoque la vie de Zeb Kennedy, joué par Burton, et l'histoire de l'Alaska depuis 1918 jusqu'à sa constitution en État, en 1958. Avec Martha Hyer, Carolyn Jones et Robert Ryan. Sur un scénario de Harry Kleiner. Produit par Henry Blanke, réalisé par Vincent Sherman.

The Longest Day (Le jour le plus long) *1962*
Récit du Jour J, le 6 juin 1944. Burton y interprète un pilote de la RAF au milieu d'une imposante distribution dont Robert Mitchum, John Wayne, Red Buttons, Henry Fonda en président Roosevelt, Trevor Reid en général Montgomery et Henry Grace en général Eisenhower. Scénario de Cornelius Ryan d'après son propre livre. Produit par Darryl F. Zanuck. Réalisé par Ken Annakin, Andrew Marton, Bernhard Wicki et Darryl F. Zanuck.

Cleopatra (Cléopâtre) *1962*
Scénario de Ronald MacDougall, Sidney Buchman et Joseph Mankiewicz, d'après les écrits de Plutarque et de Suétone, et l'ouvrage de C.M. Franzero, *The Life and Times of Cleopatra*. Avec Elizabeth Taylor dans le rôle titre, Burton en Marc Antoine et Rex Harrison en Jules César. Produit par Walter Wanger et réalisé par Joseph Mankiewicz.

The VIP's (Hôtel international) *1963*
Burton et Taylor de nouveau réunis dans les rôles de Paul et Frances Andros. Le retard d'un vol pour cause de brouillard, l'attente en compagnie d'autres personnages importants dans le salon des première classe, ont des répercussions inattendues sur la vie de ce couple. Avec Louis Jourdan, Elsa Martinelli, Margaret Rutherford, Maggie Smith et Rod Taylor. Sur un scénario de Terence Rattigan. Produit par Anatole de Grunwald, réalisé par Anthony Asquith.

Becket *1964*
Dans le rôle titre, face à Peter O'Toole en Henry II, sir John Gielgud en Louis VII de France, sir Donald Wolfit en évêque de Londres et Martita Hunt dans le rôle de la mère du roi Henry II. Le scénario était tiré de la pièce de Jean Anouilh. Produit par Hal Wallis, réalisé par Peter Glenville. Cité au Academy Awards pour l'Oscar du meilleur premier rôle masculin.

The Night Of The Iguana (La nuit de l'iguane) *1964*
Burton y incarne le révérend Laurence Shannon, prêtre défroqué qui tente de retrouver le chemin de Dieu. Avec Ava Gardner et Deborah Kerr. Scénario d'Anthony Veiller et John Huston d'après la pièce de Tennessee Williams. Produit par Ray Stark, réalisé par John Huston.

Hamlet *1964*
Dans le rôle titre. Ce long métrage fut fait à partir de deux représentations publiques, filmées, de la pièce montée à New York par Gielgud. Produit par William Sergent Jr. et Alfred W. Crown. Réalisé par Bill Colleran.

What's New Pussycat *1965*
Comédie avec Peter O'Toole. Burton y fait une apparition dans laquelle il interprète son propre personnage. Réalisé par Clive Donner.

The Sandpiper (Le chevalier des sables) *1965*
Nouvelle collaboration Burton-Taylor. Le décor en est principalement la station balnéaire de Big Sur en Californie. Avec Eva Marie Saint et Charles Bronson. Scénario de Dalton Trumbo et Martin Wilson d'après une idée originale de Martin Ransohoff. Produit par Martin Ransohoff, réalisé par Vincente Minnelli.

The Spy Who Came In From The Cold (L'espion qui venait du froid) *1965*
D'après le roman de John Le Carré. Burton y est l'espion, Alec Leamas, face à Claire Bloom et Michael Hordern. Scénario de Paul Dehn et Guy Trosper. Produit et réalisé par Martin Ritt. Cité aux Academy Awards pour l'Oscar du meilleur premier rôle masculin.

Who's Afraid Of Virginia Woolf?
(Qui a peur de Virginia Woolf?) *1966*
Burton et Taylor à nouveau réunis dans cette adaptation de la pièce d'Edward Albee. Avec George Segal et Sandy Dennis. Scénario de Ernest Lehman, également producteur. Mise en scène de Mike Nichols. Nombreuses citations aux Academy Awards.

The Taming Of The Shrew (La mégère apprivoisée) *1967*
Burton collabora à la mise en scène de Franco Zeffirelli. Il est Petruchio ; Taylor incarne Catharina. Scénario tiré de la pièce de Shakespeare par Paul Dehn, Suso Cecchi D'Amico et Franco Zeffirelli.

Doctor Faustus *1967*
Burton finança, coproduisit et coréalisa cette version cinématographique de *La tragique histoire du docteur Faust* de Marlowe. Le tournage eut lieu à Rome, avec Taylor dans le rôle d'Hélène de Troie, Nevill Coghill, coréalisateur, incarnant un professeur, tandis que nombre de seconds rôles étaient joués par des étudiants de l'université d'Oxford.

The Comedians (Les comédiens) *1967*
En Haïti, sur fond de vaudou, de corruption et de tontons macoutes, Burton incarne Brown, chrétien déchu qui tient un hôtel délabré et entretient une liaison avec la femme d'un ambassadeur latino-américain, jouée par Taylor. Avec Peter Ustinov, Alec Guinness et Lilian Gish. Le film fut tourné au Dahomey. D'après le roman de Graham Greene, qui signa également le scénario. Produit et réalisé par Peter Glenville.

Boom *1968*
Les Burton sont de nouveau partenaires dans cette adaptation de *The Milk Train Doesn't Stop Here Any More* de Tennessee Williams. Taylor interprète la belle millionnaire mourante, Burton l'Ange de la mort, et Noël Coward la Sorcière de Capri. Ce conte allégorique a pour théâtre une île méditerranéenne. Produit par John Heyman et Norman Priggen. Réalisé par Joseph Losey.

Where Eagles dare (Quand les aigles attaquent) *1968*
Burton et Clint Eastwood à la tête d'un commando chargé de faire sortir un général américain d'une inexpugnable forteresse bavaroise. Le scénario fut adapté de son propre roman par Alistair MacLean. Produit par Elliott Kastner, réalisé par Brian G. Hutton.

Candy *1968*
Fantaisie érotique et psychédélique d'après le roman de Terry Southern. Burton y est McPhisto, poète gallois exalté. Avec Marlon Brando, James Coburn, Ringo Star, Walter Matthau, Charles Aznavour, John Huston, et Ewa Aulin dans le rôle de Candy. Scénario de Buck Henry. Produit par Robert Haggiag, réalisé par Christian Marquand.

Staircase (L'escalier) *1969*
Rex Harrison et Burton se partagent la vedette en incarnant un couple de coiffeurs homosexuels. Avec Cathleen Nesbitt. Scénario de Charles Dyer d'après sa pièce du même titre. Produit et réalisé par Stanley Donen.

Anne Of The Thousand Days (Anne des mille jours) *1970*
D'après la pièce de Maxwell Anderson mettant en scène les relations de Henry VIII avec l'infortunée Anne Boleyn, personnages incarnés par Burton et Geneviève Bujold. Irène Papas est la reine Katherine, Anthony Quayle interprète Wolsey. Scénario de John Hale et Bridget Boland, adaptation de Richard Sokolove. Produit par Hal B. Wallis, réalisé par Charles Jarrott. Citation aux Academy Awards du meilleur premier rôle masculin.

Raid On Rommel (Le 5e commando) *1971*
L'action se situe pendant les événements préludant à la bataille d'El Alamein. Avec Burton dans le rôle du capitaine Foster, et Wolfgang Preiss dans le rôle de Rommel. Scénario de Richard Bluel. Produit par Harry Tatelman.

Villain (Salaud) *1971*
Burton en dangereux psychopathe. Avec Nigel Davenport. Scénario de Dick Clement et Ian La Fresnais, adapté par Al Lettier du roman *The Burden of Proof*. Produit par Alan Ladd Jr. et Jay Kanter. Réalisé par Mike Tuchner.

Under Milk Wood *1971*
Burton est le narrateur dans l'adaptation faite par Andrew Sinclair du poème en prose de Dylan Thomas. Avec Elizabeth Taylor dans le rôle de Rosie Probert et Peter O'Toole dans celui de l'aveugle capitaine Cat. Produit par Jules Buck et Hugh French. Réalisé par Andrew Sinclair.

The Assassination of Trotski (L'assassinat de Trotski) *1971*
Reconstitution historique des événements qui amenèrent la mort de Trotski, interprété par Burton. Avec Alain Delon et Romy Schneider. Scénario de Nicholas Mosley. Coproduit par Norman Priggen et Joseph Losey. Réalisé par Joseph Losey.

Hammersmith Is Out *1972*
Hammersmith, joué par Burton, est un dangereux malade mental évadé d'un hôpital psychiatrique. Avec Elizabeth Taylor et Beau Bridges. Scénario de Stanford Whitmore. Produit par Alex Lucas, réalisé par Peter Ustinov.

Bluebeard (Barbe-Bleue) *1972*
Dans le rôle titre, celui du fameux baron Kurt von Sepper, le légendaire Barbe-Bleue, avec ses sept femmes congelées dans une cave réfrigérée, dissimulée dans les profondeurs de son château. Avec Raquel Welch, Nathalie Delon, Virna Lisi et Joey Heatherton. Les extérieurs furent tournés à Budapest et Rome. Scénario d'Ennio di Concini, Edward Dmytryk et Maria Pia Fusco. Produit par Alexander Salkind, réalisé par Edward Dmytryk.

The Battle of Sutjeska *1973*
Reconstitution de la bataille au cours de laquelle, cernés en pleine montagne, Tito et ses vingt mille partisans parvinrent à forcer l'encerclement des troupes allemandes. Burton persuada les producteurs de revoir et récrire son rôle, celui du maréchal Tito, afin qu'il concorde avec la relation de première main que fit F.W.D. Deakin de cette bataille dans son livre *The Embattled Mountain*. Avec Irène Papas. Scénario de Branimir Scepanovic, Sergei Bondartchouk et Wolf Mankowitz. Produit par Carlo Ponti, réalisé par Stipe Delic.

Rappresaglia (Massacre in Rome) *1974*
Burton, en colonel Kappler, se voit confier la déplaisante tâche de choisir trois cent vingt personnes qui seront fusillées en représailles pour l'exécution par la résistance romaine, à la fin de la guerre, de trente-deux SS. Avec Leo McKern et Marcello Mastroianni. Scénario de Robert Katz d'après son livre *Death in Rome*. Produit par Carlo Ponti, réalisé par George Pan Cosmatos.

The Klansman (L'homme du clan) *1974*
Affrontements raciaux dans une petite ville de l'Alabama. Burton interprète Breck Stancill, propriétaire terrien libéral en conflit avec les activités du Ku Klux Klan. Lee Marvin est Big Track Bascomb, le shérif qui tente de maintenir l'ordre et faire respecter la loi. Il s'agit d'une adaptation du roman pour lequel William Bradford Huie obtint le Prix Pulitzer. Scénario de Millard Kaufman et Samuel Fuller. Produit par William Alexander, réalisé par Terence Young.

The Voyage (Le voyage) *1974*
Cette histoire d'amour située en Sicile au tournant du siècle fut le dernier film du metteur en scène Vittorio de Sica. Burton y est Cesare Braggi, profondément épris de la femme de son frère cadet, jouée par Sophia Loren. Le tournage eut lieu en Sicile, à Palerme, Naples, Milan, Venise et Rome. Basé sur une nouvelle de Luigi Pirandello, le scénario était de Diego Fabri, Massimo Franciosa et Luisa Montagnana. Produit par Carlo Ponti.

Jackpot *1975*
Le tournage fut interrompu à la moitié du scénario. Ce film d'action était basé sur un récit de Charles Long. Burton y interprétait Reid Lawrence, comédien, paralysé suite à un accident d'ascenseur. James Coburn y jouait le rôle de Reagan, enquêteur pour le compte de l'assurance. Scénario de Millard Kaufman et Peter Draper. Le producteur était William Alexander, le metteur en scène Terence Young.

Exorcist II; The Heretic (L'hérétique) *1977*
Dans cette suite à *L'exorciste*, Burton incarne le père Philip Lamont, envoyé par le Vatican pour exorciser un jeune enfant. Avec Linda Blair et Max von Sydow. Scénario de William Goodhart. Produit par Richard Lederer et John Boorman, qui signa également la mise en scène.

Equus *1977*
Dans cette adaptation pour le cinéma que fit Peter Shaffer de sa pièce du même titre, Burton incarne le psychanalyste Martin Dysart, qui tente de mettre au jour la névrose profondément enfouie du jeune Alan, joué par Peter Firth, qui crève les yeux des chevaux. Produit par Lester Persky et Elliott Kastner, réalisé par Sidney Lumet. Cité aux Academy Awards pour l'Oscar du meilleur premier rôle masculin.

The Medusa Touch (La grande menace) *1977*
Jack Gold coproduisit ce film avec Ann V. Coates et en assura la mise en scène. Burton y campe un écrivain occultiste, qui possède le don d'engendrer des catastrophes par sa seule force mentale. Avec Lino Ventura et Lee Remick. Scénario de John Briley.

The Wild Geese (Les oies sauvages) *1978*
Tourné à Tschipise, dans le nord du Transvaal, ce film d'aventures met en scène une bande de mercenaires qui est chargée de faire sortir un leader noir des geôles d'un dictateur africain. Burton est le colonel Allen Faulkner, recruté par le magnat de la presse sir Edward Matheson, joué par Stewart Granger. Roger Moore, Richard Harris et Hardy Kruger sont à leur tour recrutés. Scénario de Reginald Rose. Produit par Euan Lloyd, mis en scène par Andrew V. McLaglen.

Breakthrough (La percée d'Avranches) *1979*
Burton est le sergent Steiner dans cette suite de *Cross of Iron*. Il tente d'y obtenir un cessez-le-feu et une reddition honorables. Avec Curt Jurgens et Robert Mitchum. Scénario de Tony Williamson et Lucas Heller. Produit par Wolfgang Hartwig, réalisé par Andrew V. McLaglen.

Absolution *1979*
Burton est le père Goddard, prêtre et professeur dans un collège de garçons. Il se voit entraîner dans un jeu à mort par deux de ses élèves. Avec Dominic Guard et Billy Connolly. Scénario d'Anthony Shaffer. Produit par Danny Donovan et Elliott Kastner. Réalisé par Anthony Page.

Tristan and Isolt 1980
Dans ce film inspiré de l'opéra de Wagner, Burton incarnait le vieillissant roi Marke de Cornouailles. Avec Kate Mulgrew et Cyril Cusack. Tourné en Irlande. Scénario de Claire Labine. Produit par Tom Hayes et Claire Labine. Réalisé par Tom Donovan.

Circle Of Two 1982
Fossé des générations et histoire d'amour entre un artiste raté de soixante ans et une adolescente de seize ans. Burton est le peintre Ashley St. Clair et Tatum O'Neal est Sarah Norton, collégienne délurée qui ne craïnt pas d'encourir la désapprobation de ses parents en poursuivant l'artiste de ses ardeurs. Scénario de Thomas Hadley. Produit par Henk Van Der Volk, réalisé par Jules Dassin.

Wagner 1983
Burton joue le rôle titre dans ce film biographique de neuf heures. Gemma Craven et Vanessa Redgrave y interprètent les première et deuxième femmes du compositeur. Le tournage eut lieu en Suisse, en Bavière, à Vienne, à Sienne et en Hongrie. Parmi une distribution pléthorique figuraient des acteurs prestigieux tels que John Gielgud, Ralph Richardson et Laurence Olivier. William Walton interprétait Frédéric II. Scénario de Charles Wood. Produit par Alan Wright, réalisé par Tony Palmer.

1984 1984
Michael Radford signa le scénario et la mise en scène de cette version cinématographique de la vision futuriste de George Orwell d'un monde sous la domination de Big Brother. Burton est O'Brien, l'ambigu membre du Parti, et John Hurt est Winston Smith, sa victime. Le film fut produit par Simon Perry.

Pour la télévision
(Liste non exhaustive)

Les Hauts de Hurlevent 1958
Dans le rôle de Heathcliff, face à Yvonne Furneaux dans le rôle de Cathy. Mise en scène de Daniel Petrie.

La cinquième colonne 1960
John Frankenheimer réalisa cette adaptation du roman d'Hemingway. Avec Burton, Maximilian Schell et Sally Ann Howes.

La tempête
Dans le rôle de Prospero. Avec Lee Remick et Roddy McDowall. Mise en scène de George Shafer.

A Subject of Scandal and Concern
L'action de cette pièce de John Osborne se situe en 1842. Burton y incarnait le conférencier socialiste George Holyoake, traduit en justice pour avoir

déclaré ne pas croire en Dieu. Avec John Freeman dans le rôle du narrateur, et George Devine dans le rôle du juge. Mise en scène de Tony Richardson.

Divorce His, Divorce Hers *1973*
Mélodrame en deux parties écrit pour la télévision. Un mari et sa femme exposent tour à tour et chacun de son point de vue les raisons de la faillite de leur couple. Burton et Taylor en Martin et June Reynolds. Scénario de John Hopkins. Produit par Terence Baker et Gareth Wigan. Mise en scène de Waris Hussein.

Walk with Destiny *1974*
Il incarnait Winston Churchill dans cette coproduction NBC-BBC. Avec Virginia McKenna dans le rôle de Clemmie, épouse du grand homme. Scénario de Colin Morris. Coproduit par Jack le Vien pour NBC et Andrew Osborn pour la BBC. Mise en scène de Herbert Wise.

Brief Encounter *1976*
Il y incarnait le médecin de campagne dont l'amour pour une femme mariée, jouée par Sophia Loren, est condamné à ne jamais être consommé. John Bowen signa cette adaptation de la pièce de Noël Coward. Alan Bridges en assura la mise en scène.

The Fall Guy *1982*
Dans son propre rôle, il aide Lee Majors pendant un voyage en train à travers le pays.

Alice au pays des merveilles *1983*
Il y incarnait le Roi Blanc, avec sa fille Kate dans le rôle titre. Il s'agissait d'une adaptation du spectacle scénique d'Eva LeGalienne.

Ellis Island *1984*
Série mettant en scène la vie des immigrants américains au début de ce siècle. Burton y interprète le riche sénateur Phipps Ogden. Kate y joue la fille de ce dernier. Ce fut le dernier rôle de Burton. La diffusion eut lieu après sa mort. Parmi les premiers rôles figuraient également Claire Bloom, Peter Reigart et Faye Dunaway. Les scènes d'époque de New York furent pour la plupart tournées à Billingsgate, à Londres et aux studios Shepperton. Scénario de Fred Mustard Stewart et Christopher Newman, d'après le roman de Stewart. Produit par Nick Gillott, réalisé par Jerry London.

Crédits photos

Les illustrations reproduites dans le cahier hors-texte appartiennent toutes à Sally Burton, à l'exception de :
— Les parents de Richard, les photos représentant Richard seul (p. 1) : © Hilda Owen ;
— Cécilia (p. 1), avec Philip Burton (p. 2), dans la RAF au Canada (p. 4), dans le rôle de Coriolan (p. 7) : © Philip Burton ;
— En compagnie de Sybil Williams (p. 5) : © Brook Williams.

Cet ouvrage a été réalisé sur
Système Cameron
par la SOCIÉTÉ NOUVELLE FIRMIN-DIDOT
Mesnil-sur-l'Estrée
pour le compte des Presses de la Renaissance
le 16 mars 1989

Imprimé en France
Dépôt légal : mars 1989
N° d'impression : 11604